祝贺高放教授九十华诞

高放教授

1949 年 3 月，高放教授开始
在华北大学执教

1988 年 11 月，高放教授访问
香港中文大学

2011 年 11 月，高放教授参加深圳大学国际研讨会

2013 年 1 月，高放教授在世纪大讲堂录制节目

2017 年 6 月，高放教授与部分博士研究生合影

2017 年 9 月，国创书院名誉院长高放教授挥毫题字

2017 年 9 月，高放教授在张自忠路 3 号中国人民大学老校区门口留念

2017 年 10 月，中国人民大学 80 周年校庆学术大师剪影

GAO FANG

A Collection of Scholarly Reviews

高放治学评论集

中国人民大学国际关系学院◎主编

中国工人出版社

图书在版编目（CIP）数据

高放治学评论集 / 中国人民大学国际关系学院主编. —北京：中国工人出版社，2017.12

ISBN 978-7-5008-6875-0

Ⅰ.①高…　Ⅱ.①中…　Ⅲ.①高放－纪念文集　Ⅳ.①K825.46-53

中国版本图书馆CIP数据核字（2017）第313064号

高放治学评论集

责任编辑　罗荣波　徐晏曦
责任校对　孙逎伟
责任印制　栾征宇
出版发行　中国工人出版社
地　　址　北京市东城区鼓楼外大街45号　邮编：100120
网　　址　http://www.wp-china.com
电　　话　（010）62350006（总编室）　（010）62005039（出版物流部）
　　　　　（010）82075935（工会与劳动关系分社）
发行热线　（010）62004002　（010）82081553（传真）
经　　销　各地书店
印　　刷　北京美图印务有限公司
开　　本　710毫米×1000毫米　1/16
印　　张　35.75　彩　插　0.5
字　　数　640千字
版　　次　2017年12月第1版　2017年12月第1次印刷
定　　价　128.00元

本书如有破损、缺页、装订错误，请与本社出版物流部联系更换

目　录

往事回忆

朋友、学生的回忆

治学思想

对高放教授治学的评论

耳目一新

对《马克思主义与社会主义新论》的评论

求索真相

对《苏联兴亡通鉴》的评论

新见迭出

对《国际共产主义运动史纲》的评论

精益求精

对《科学社会主义的理论与实践》的评论

学术对话

高放教授访谈录

往事回忆

朋友、学生的回忆

贺高放老友，更坚定信心

张惠卿①

首先，我衷心祝贺高放同志九十华诞。

我和高放同志相知数十年，我们长期在思想学术和工作经历上有很多共同之处，在国际、国内一些大是大非的原则问题上，我们看法一致，观点相同，早已是肝胆相照、心心相印的老朋友了。

1953年年初，我从上海华东人民出版社奉调到北京人民出版社工作时，我的新婚妻子李真正在中国人民大学马列主义教研室担任苏联专家讲课的翻译一职，而高放同志则是该校马列主义政治理论课的教员，所以我那时就已知道高放同志的大名。

后来高放同志又讲授国际共产主义运动史的课程，而我则在人民出版社从事马列著作和国际共运史著作的编辑出版工作，有很多机会彼此了解。

我已记不得是何时和高放同志正式见面认识的，反正我当时（20世纪五六十年代）经常参加于光远、王惠德等老同志组织的研究马克思主义和国际共运史的学术活动，在这种场合不断见到高放同志。

而我们两人后来又都在一些政治运动，特别是“文革”中受到批判冲击，深受极“左”路线的毒害，从盲目轻信个人崇拜到开始有所觉醒，经历了很多相似的过程。

我和高放同志比较熟悉，应该是在“文革”以后的改革开放年代。1978年，人民出版社出版了主要由高放同志统修定稿的《国际共产主义运动史——从马克思主义诞生到十月革命胜利》。先印出上下两卷本，后又印出一卷精装本。特别是在80年代初期，我们参加中国国际共运史学会，开始更多接触。在此之后，我们经常有机会在一起开会研究探讨，互相交流意见。高放同志和我都是学会的副会长，而他又是国际共运史问题的专家，他的发言讲话分析透彻，说理清楚，使大家很受启发，得益良多，我也和他渐渐成了

① 作者系人民出版社原副总编辑（1978—1983年）、总编辑（1983—1988年），中国国际共运史学会原会长、顾问，现年93岁。

莫逆之交。

最近这些年，我和高放同志的联系比较少了，但我知道，他在步入高龄之后，依然笔耕不辍，发表了大量重要著作，并作为博士生导师，依旧在教学岗位上辛勤劳作，作出了许多贡献。中国人民大学授予他荣誉一级教授的光荣称号，令人钦佩。

2017 年 5 月

畅聊人大访学旧事，共叙半世师生情谊

——恭祝高放教授九十华诞

王　建[1]

2016 年 12 月 31 日，新年前夕，我与华中师范大学国外马克思主义政党研究中心主任聂运麟教授专程拜访了著名国际共运史专家、中国人民大学荣誉一级教授高放先生。

聂运麟教授于 1979 年至 1980 年在中国人民大学访学，有幸聆听了高放教授国际共产主义运动史课程，并结下了深厚的师生情谊。时隔近 40 年后，90 岁高龄的高放教授与年近八旬的聂运麟教授再度聚首，畅聊岁月往事，共叙半世情谊。

聂运麟教授回忆到，自己一生受三位老师的影响最大，一是原华中师范大学校长，著名辛亥革命史研究专家章开沅教授；二是中国现代著名历史学家、文献学家张舜徽教授；三是高放教授。

聂运麟教授谈到，高放教授的国际共运史课程深入浅出，生动有趣，通俗易懂，是自己深入了解国际共运史的“敲门砖”。高放教授科学严谨的治学态度和实事求是的治学方法使自己受益终生，在自己从事国际共运史研究和培养学生的过程中无不受到高放教授的影响。

聂运麟教授与高放教授还就中心的工作和国际共产主义运动史研究与学科发展作了深入交流。高放教授高度肯定了华中师范大学国外马克思主义政

① 作者系华中师范大学国外马克思主义政党研究中心特邀研究员。

党研究中心近些年进行的工作及取得的成就，并提出希望聂运麟教授在身体力行进行研究的同时，不仅要带出一批专业的研究队伍，更要把研究中心建设好、发展好，不断推出新的优秀成果！

最后，值此盛迎高放教授九十华诞之际，聂运麟教授及华中师范大学国外马克思主义政党研究中心的全体研究人员祝高放教授身体健康！幸福吉祥！天伦永享！

2017 年 5 月

高材捷足，匠心独放

——高放学长的人格魅力与多彩人生

陈秋凡[①]

一、高放学长——英华精英之一

136 年前的 1881 年，清王朝已经衰微，但自隋而起推行了一千多年的科举制仍僵而不死。全国各地的青年学子，仍在为科举应试而寒窗苦读。社会各界对这万马齐喑、扼杀人才的取士制度早已深恶痛绝。这时，八闽故郡，五口商都，一群受海洋文明影响的有识之士，勇开风气之先。热心教育事业的爱国人士张鹤龄先生捐资一万银元购置校舍，于 1881 年在闽水之滨率先建立起一所新型学校——福州英华书院（Anglo Chinese College）。

学校创办伊始，便以全新的面貌面世，虽由美国教会人士主政，但并非完全照搬西方模式，而是建立由多名社会贤达组成的董事会，与中华传统文化紧密结合，确立了符合中华国情的办学方针。西方教育、蒸汽化浪潮，对于人的启智开新确有长处；而中国早在两千多年前的春秋战国时代便产生的儒家思想就包含了树人立德、塑造人性品格的教育理念，一直居世界之先。福州英华书院，最早开设文理商科，这是西学的标志。而儒家的“修身、齐家、治国、平天下”、宋代理学家张载的“为天地立心，为生民立命，为往圣

① 作者系北京师范大学俄语教授，福州英华校友会名誉会长、北京英华校友会执行会长、秘书长。

继绝学，为万世开太平”早就深入人心，成为历代知识分子追求的目标。英华书院校训为“尔乃世之光”，要求英华人以天下为己任，不断完善自我，独立思考，勇于担当，立志成才，做民族精英，时代楷模。这个校训既契合了中华传统的内涵，又集成了中华文化之精髓。英华书院，以汉语典故作为年级名称，而非以纪年界定，这又是个创举。这些级名如“力学”“天鸡”“惊涛”“群生”“荟蔚”“成渊”“南熏”“嘤求”“砺须”“三合”“天行”等，都是精心选定的，富有励志的蕴意。

老一代英华人英才辈出、群星璀璨。他们当中有反清、抗日、投身民主革命以身殉职的44位烈士，如中共地下党福州地区领导人王助、曾焕乾等；有辛亥革命元老林森；有孙中山元帅府高等顾问黄乃裳；有美国实业家陈霖；有中国台湾地区“中央通信社”社长叶明勲；有16位两院院士，如侯德榜、陈景润、沈元、曾融生、王仁、卢耀如、张钹等；有20位名列辞书的社会科学家。北京大学教授中有11位英华校友：经济学家陈岱孙，国际法学家、中国首任驻海牙国际法院法官王铁崖，语言学家高名凯，历史学家邵循正，心理学家唐钺，动力学家王仁，国际关系学家薛谋洪，东方语言学家黄宗鉴，计算机教育家林建祥，物理学家陈辰嘉，俄语专家何端孙。另外，原燕京大学的历史学家洪业教授和元史学家翁独健教授、中央民族大学的民族学家林耀华教授和施联朱教授以及清华大学教授人工智能专家张钹院士等，都是英华校友。高放学长在1946年从英华成渊级高中毕业考进北京大学，后被选拔为解放区华北大学研究生。1950年8月起执教于中国人民大学，2009年被评为荣誉一级教授，这是相当于院士的最高学术尊称，他还受聘为北京大学国际关系学院讲座教授。高放学长说：“英华母校培育了我思才、口才、文才和求真理、求民主、求科学的勇气。这‘三才’和‘三求’是我人生漫长之路的起点。来日还要散尽余光，竭尽忠诚，以报答母校，告慰校友和世人。”总之，英华学子都牢记校训“尔乃世之光”，不忘初心，恪尽职守，在各自的岗位上爱职敬业，独立思考，与时俱进，不断创新，积水成渊，做出了骄人的业绩。

二、英华精神　薪火传承

1900年科举制度废止，1911年中华民国建立，各地新学普遍开花，国立新式多学科综合大学也应运而生。1927年，我国涌现出回收教育权的高潮。福州英华书院改名为私立福州鹤龄英华中学，历经6任美籍校长后，由学校董事会聘请留美博士陈芝美校友出任校长。他对英华办学方针大刀阔斧地进行改革。着力打造从小学到中学一体化的基础教育。从别人没有的我先有，到别人都有了我取优，着眼于在基础教育的广阔平原上立起一座高峰。陈芝美校长虽留学西洋，但具有博大的爱国情怀与深厚的国学文化底蕴，他倡导以“爱”为核心的家庭化教育，他的至理名言是：“爱教育如生命，爱学校如家庭，爱同事如手足，爱学生如子女。”这完全符合儒家教育理念。儒家提出“仁爱”教育，以“仁”释礼，以“爱”守仁。陶行知先生也说爱是教育的基石。对英华倾注着深厚爱心的陈芝美校长四处奔走，为培养一流英才，聘请一流师资奔走。经过20余年的不懈努力，终于使英华历尽艰难，绝处逢生，脱颖而出，不仅成为全省最优，在全国也是屈指可数的优等学校。

中华人民共和国成立后，随着社会的更迭与时代的变革，英华由政府接收，改为公办，更名为福建师范大学附中。1981年，高放学长曾经和沈元院士、陈景润院士等回福州参加英华建校100周年庆典，时任福建省委书记的项南同志在庆典大会上致辞：“英华学校有革命和学习两大优良传统。”随后，1986年10月8日，英华105周年校庆时，项南同志又为英华题词：“英华，英华，英才辈出，振我中华！”英华虽然改制，但分布全球的10余个英华校友会仍然存在，英华人一切活动如常，英华情结感人至深。改革开放后，为复办英华，众多海内外校友积极呼吁，努力奔走，在美国的陈霖校友慷慨解囊，捐赠巨款。1988年经政府批准，英华复办。1994年升格为英华职业学院。英华又为社会造就大批有用人才。习近平同志2000年3月为陈霖校友题词：“海外赤子，魂萦八闽。”老一代英华人开创的英华精神薪火相传，并未泯灭。

三、亦师亦友风义高

我和高放学长是相差10岁的校友。20世纪30年代，我的父亲陈怀桢自燕京大学毕业后被陈芝美校长聘为教师兼教务主任。1937年我在英华出生，是真正意义上的“英华孩子”，在英华度过了童年与少年时代。我1943年入英华小学，1949年读英华初中，1955年高中毕业考入北京师范大学俄语系，1959年毕业留校任教。我读小学时，高放学长已读高中，那正是英华的黄金时期，学校硬件设备已臻完善，师资力量雄厚，家庭化教育造就学生独立人格，独立思考、追求真理、努力钻研、团结互助、全面发展等学校风气已蔚然成风。

1984年，北京的英华校友组建了“北京英华校友会”，高放学长被推举为第一届理事会副会长，我任理事兼秘书长。北京英华校友大多在英华中学毕业后考大学来到北京，大学毕业后多半到科研院所、高等院校和中央各部委工作。尽管年龄、职业和生活经历各不相同，但共同的英华情结使大家走到一起。在京英华校友从1984年至今共30多年，历经四届理事会，一直不离不弃，不仅事业上相互支持鼓励，而且在生活上互相照顾，亲如手足。2003年改选第二届理事会后，高放学长一直担任顾问。2016年改选第四届理事会时我担任执行会长兼秘书长。有好多位英华校友的子女也积极参加英华校友会的活动，高放学长的次女高华就是其中之一，她也当选第四届理事会副会长之一。我执教的北师大与高放学长执教的人大均处首都北城，距离也就五六站车程。由于彼此年龄差距和从事专业不同，如果不是因为英华校友会这层关系，我可能不会和高放学长密切交往。

平心而论，我对高放学长所从事的马列理论并不熟悉。我中学阅读了不少翻译小说，对俄罗斯文学情有独钟，这也是我之后报考俄语专业的原因。后来俄语不景气，不少同仁改转英语、日语专业。我一直未动摇，曾言只要学校还有一个班学俄语，我就绝不离开俄语讲台。

由于种种原因，我对大学1957年之后接连不断的大鸣大放、大批判、大炼钢铁、修水库、办工厂、学军、学农等荒废学业的行径极感不适；对老师、同学被打成“右”派想不通；对教学领域批“白专”、拔“白旗”、教材中删掉俄语原著、以时政社论取代教材不理解。1957年我以“不关心政治”在团内被“重点帮助”，1958年又因“白专”再遭批判，导致我对“马列”有了本能的疏离心理。

源于以上心理，最初我接触高放学长怀有戒心，尽可能敬而远之。对马列经典，我看不懂，兴趣不大，不愿浪费时间。自从认识了高放学长，读了他的赠著和他年级主办的《成渊通讯》上他的自述及英华校友对他的评论文章，不禁令我耳目一新，茅塞顿开，知道了原来马克思主义还可以这样解读。

高放学长70年来刻苦研读、严谨治学、独立思考、实事求是。从敢想敢说到不想照说，从敢想不说到敢想巧说，与时俱进，并不断创新到善想善说，终于走过了一条漫长而曲折的道路，成为社科人文领域大师级人物。他把马克思主义定义为“人的解放学”。这一命题不仅是对马克思主义的创新发展，也是摒弃旁论杂说，对马克思主义真理的捍卫。无独有偶，另一“高”姓文学大师——俄罗斯的高尔基说“文学是人学”。两种说法都关乎“人”，有异曲同工之妙，从而也颠覆了我过去对高放学长的误判。高放学长不仅是我的学长，也是师长。他的论述使我这个马克思主义“白丁”大开眼界，获益良多，我衷心感谢这位良师益友对我的启蒙！

国学大师陈寅恪先生说“最是文人不自由”，这当然指的是精神。高放学长说的“人的解放学”也应当是指精神层面。为什么科学技术进步了，经济发展了，物质生活丰富了，不少人的精神世界反而空虚、贫乏了？人的知识增长了，智慧却匮乏了？这确实值得深思。

高放学长3年前刚经历丧妻之痛，但很快调整心态走出阴影，又投身到他钟爱的教学研究工作。他还有2名博士生要带，全国多家重量级理论刊物约稿的论文还没有交稿，还有3本论著待写。“老骥自知夕阳晚，不须扬鞭自奋蹄！”他只感到时间紧迫，自言：“一息尚存，奋斗不已！以书为伴，远离苦难，以书为友，快乐长久！生命不息，奋斗不止，矢志不移，坚持到底！”他一生爱书、读书、写书、教书。他不顾年老体衰、多种慢性病困扰，只要一站上讲台，面对学生，他便精神振奋，意气风发。他讲课从来不念讲稿，更不会照本宣科，而是用生动活泼的语言不断激发学生的情绪。他不愧为掌握课堂教学的艺术大师，能出神入化地把深奥的理论变为贴近生活实际、通俗易懂的道理。

今年是高放学长九秩华诞之年。小小三尺讲台是高放学长一生高扬人格魅力、大放“世之光”和展现多彩人生的舞台，祝福他以更大的成就绽放生命之光，给英华校友和世人以惊喜并向母校报喜！

2017年5月9日

级友高放兄的早期成长历程

樊建康①

曾任中国科学社会主义学会会长、中共中央党校博士生导师的赵曜先生

① 作者系1941—1946年与高放在福州英华中学从初中到高中的同班同学，他是1946年5月在英华中学参加地下党的老党员，后来在福建建阳农校执教，现已光荣离休。

在2008年黑龙江人民出版社出版的《高放学术思想评论集》中这样说："高放教授所以能够取得重大学术成就，一靠勤奋，二靠天分。"由此得到启发，我在祝贺高放兄九十华诞之际，就我在福州英华中学同宿五年所知，谈些我个人的感受。

一、一靠勤奋，二靠天分

1940年，我进入刚迁到闽北山区小镇的福州英华中学读书。翌年，高放兄转学来到这里。我们就读于同一教室，就寝于同一间宿舍，就餐于同一个食堂，朝夕与共。1946年，我们高中毕业后都升学去北平，但不同校。1948年我们先后投奔解放区，但他投晋冀鲁豫边区，我奔冀察热辽边区，联系中断。直到1980年后，校友间关系又热络了起来。他有文集出版，常会向我邮赠，累计8本。我读后多有收获。我的住地虽几经变迁，但始终完整珍藏他的文集，我们之间已成为亦师亦友的关系。

赵曜先生说高兄成就一靠勤奋，我对高放的8本文集略作统计，首集出版于1994年，末集出版于2012年，历时18年，字数500万字。平均每年27万多字。相当于每年出一集，每集27万多字。每年只有261天工作日，他必须18年如一日，每个工作日必须写出1064字才可。

上述算法还未免粗糙。高兄名义上是中国人民大学的一位博导。实际上，他还先后到16所高校兼课，又是多家报刊的编委，还有许多年轻学者请他在其作品上作序，有时序言的字数竟高达2万字。这261天的工作日远远不够，他必得牺牲好多节假日才可。

另一个让我注目的是：他的首本文集出版时，已是年迈的66岁；第二本文集出版在他68岁时；其余6本文集全在2000年之后，此时他已逾古稀之年了。若能提前20年甚至10年，也比目前从容多了。1957年他与"右"派的距离只在咫尺间，幸有革命老前辈吴玉章校长而得免，到了十年动乱，无法逃避了，不得不远去江西农村劳动改造。

再细看，高兄在2002年一年内，一口气出了3本文集，字数共228万字，大有老当益壮之慨。透出的信息是：他要夺回失去的黄金年华。高兄这样奋发前行的精神让人肃然起敬。赵曜先生不是用勤快而特用勤奋来表述他，这是十分到位的。

赵先生还说他靠"天分"，"天分"一词，我的理解是只要学习一门技艺或一门功课比同班级友学得更快，或想人之不敢想且又能做到级友做不到的事，就可以说是有天分了。以此为准，高兄的天分，在我们读初三的 1943 年就展现出来了。那时英华中学虽然课堂教学已安排就绪，但课外活动如演讲比赛就顾不上了。洋口镇却在此时举办了一次中学生演讲比赛，在级友们对谁才能去参赛还心中茫然时，忽然听到高兄已夺冠归来，足见高放兄有口才的天分。

到 1944 年，我们读高一，浙江省有一家颇具规模的媒体叫《东南日报》迁来闽北南平市，还设有文学副刊，级友中无人敢作投稿尝试，独有高放写成一篇题为《村晨》的散文邮去，并很快被刊登了，这可说明高放兄有文才的天分。此外，他在音乐上能奏悦耳动听的笛子，他对传统的闽剧既会唱也会演。1945 年 5 月，高中学生自治会举行文娱节目比赛，级友们还未找到合适的剧本，高兄却自己编出了剧本，而且只用一个演员，那就是他自己。高兄表演的节目发生的时间是在同盟国攻克柏林不久，题目是“希特勒末日”，内容是大约 10 天前发生的历史事件：苏军攻克柏林，希特勒从当初的趾高气扬到黯淡凄迷，饮毒自尽于地下室。节目中他自编自演自导，演出后获第一名优胜。足见高兄对现代话剧也有相当的天分。总之，在英华的高中阶段，他可以说是多才多艺的。后来他成了马克思主义理论家、历史学家、社会主义学家，也是政治学家，一专多能，这该是他中学时期多才多艺的延伸吧。

1944 年暑假，绝大部分同学都回家去了，他组织留校几名同学，成立一小组，邀请陈衡庭老师讲解马克思主义基本知识。暑假后不久，我们相遇于一个僻静小房，他突然问我，你此生有何打算？我茫然回答，“为社会服务”。紧接着他又问，社会里有饥寒交迫的人，也有大腹便便的人，你怎么服务？我哑然以对。原来他此时已初步掌握了马克思主义阶级分析的批判武器，令我感叹“士别三日当刮目相看”。

过去苏联人喜用“天才”一词。久之，这被用来为“个人崇拜”铺路，这是极端唯心思维的，如今学者都慎用甚至力求不用“天分”或“天才”一词。赵曜先生在一靠勤奋之后才用天分，勤奋基础上谈天分我想怎么也不会沾“唯心论”的边。

1946 年中学毕业前，高兄的天分只能表现在英华校内，直到 1951 年，他成了中国人民大学教员。我曾在一所军校的图书馆读到过北京发出的流行全国的当时少有的文史刊物《新建设》的一期杂志，上面刊登了高兄的一文《从巴黎公社吸取镇压反革命的历史教训》。他深刻而全面地阐述了当时“镇反运动”的正义性、必要性，而此时他才24岁！

我对赵曜先生说的靠天分是认同的。且感到国人一面呼唤千里马，一面又把伯乐“封”为“唯心”，势必赶千里马“下田”，与老黄牛并驾齐驱犁“田”耕地，岂不大谬。

高放在1945年还有一事引人注目；当年，洋口有家名为“永星胜记”的文印铺勾结三青团洋口区队“营私”，挂个“团营”招牌，把减免的税收交给三青团作为活动经费。高兄调查属实后，在南平一媒体上撰文予以嘲讽，对方羞愤却无奈。这是他敢想又敢干，不同于众级友的又一种勤奋加天分的流露，实际上也是他善于揭露社会黑暗面的真性情流露。

二、福州英华　人才辈出

高放兄出八本文集，有七本载有高放简介，每本简介他都写毕业于福州英华中学，可见他很重视英华母校对他的培养。英华中学究竟是何种学校？

福州英华中学于1881年由爱国人士张鹤龄捐资一万银元购地盖楼创办，并由美国基督教卫理公会倡立，先后六任校长均为美国教士，初名英华书院，学制八年，毕业生可直接进入美国大学读三年级。1927年在一场声势浩大的“收回教育权运动”中，改为华人校长，首任者陈芝美是从厦门大学教育系教授位上聘请来的。此后改用中国六年学制，且改名为英华中学。中华人民共和国成立初期，其与两所女子中学合并成福建师大附中，附中保持且弘扬了英华传统。

1981年，时任中共福建省委书记项南同志在百忙中亲自参加了英华100周年校庆。他面对数千师生、校友说：该校有光荣的革命与学习两大优良传统。项南同志离闽后，北京英华校友会还在北京向他要题词，他热情地写下：“英华，英华，人才辈出，振我中华！”

2001年英华举办120周年校庆时，时任福建省省长的习近平同志送来贺信，除肯定上述革命和学习两大传统外，又说“改革开放以来，辛勤创业，成绩卓著，积累了丰富经验，形成良好校风、鲜明办学特色，输送了大批优秀人才，为我省教育事业和国家建设做出了重要贡献”。

2016年英华举办135周年校庆时，福建师大附中再出了一本《校友风采》，将英华学校人才辈出梳理成光辉数据：

英烈校友44位，含著名的王助、郑维新、曾焕乾等中共地下党领导人和先锋战士；院士16位，含早期的候德榜，中华人民共和国成立前的沈元，中华人民共和国成立后的陈景润等；辛亥革命前贤15名，含有任职12年的中华民国主席林森及几位民国时期的省部级官员，还有中华人民共和国成立后任国务院第一机械工业部副部长的曹威廉；著名的人文社科学者7位含陈岱孙、洪业、高放、薛谋洪等，高放作为著名政治学家名列校史史册。

三、陈校长办学有方　教育部传令嘉奖

陈芝美校长来校不久就赴美国劝募资金，这是很艰辛的事，既要外国人慷慨解囊，又不能有损民族尊严，而捐资者无高官或富商，全是平民百姓，其中多老妪，靠养鸡下蛋，集资捐献。学校募得资金，可增加独立性，少受外力牵扯。另外，也对学生言明，学校现在资金多靠美国人养鸡下蛋积累而成。故望同学们珍惜资金来之不易，需认真学习，不负捐资人厚望。陈校长任职20年，先后出国募捐五次。

陈校长自己笃信基督教，常言“爱是永不失败”，他的教育理念为四爱：爱教育如生命，爱校如家，爱同事如手足，爱生如子。他既是厦门大学教育系教授，何必到只是中学的英华来？他说中学乃人一生成败所关，举凡人格、身体、学问，莫不奠基于此。他一面要学生认真读书，另一面又积极创设条件让同学们参加丰富多彩的课外活动，以求德、智、体、美全面发展，但又以德为重。他说某一课程不及格，可补考赶上，但如果道德有缺陷，要改就难多了。英华的教师个个专业学识过硬，且教法有方，英语尤为特长。高二学生在美籍老师的辅导下，能公演莎士比亚古典名剧《罗密欧与朱丽叶》，成功演出后被闽北媒体作为新闻及时报道。

1943年，当时的福建省教育厅奉教育部令，在福建86所私立（民办）中等学校里褒奖五所学校，英华居五校之首，教育厅同时也褒奖了陈芝美校长。

陈芝美校长对高放有很好的印象。据比我们低一年级的杨湘庆说：陈校长曾对他讲道，“高元浤（高放的原名）很有本事，是个难得的人才”。这大概是由于高放在高中三年级时当选为高中学生自治会会长，创办了校报《英华消息》，每周出版铅印四个版面，还参与主办了65周年校庆活动和陈校长50寿辰庆祝活动，给陈校长留下了深刻的好印象。

四、恩师启蒙　终生不忘

国民党有省级官员得知英华学校的陈衡庭老师宣讲马克思主义，多次要陈校长解聘他，但陈校长据理力争，认为学校应有学术自由，国民党终未得逞。

1985 年 9 月 10 日是我国第一次庆祝教师节，高放首先想到的就是陈衡庭老师。高兄写过一文，标题是《终生不忘我的马克思主义启蒙老师》。据文章介绍，1944 年暑期，大多数同学都回家了，高放留校且组织了一个小组，特邀请衡庭老师讲学，陈老师不顾病魔缠身，盛夏炎热，答允下来。陈老师虽薪水低微，却大量购书，且多是生活书店的进步读物，借给高放等人看了《共产党宣言》和《西行漫记》等书。高放从中初步了解贫富对立只能通过革命来解决，以及中共的艰苦斗争。在一间小屋里，陈老师还对着煤油灯给高放看他写的手稿。陈老师原先是唯心论者，通过与党员学生的一系列辩论后，宣布自己是一个“钢铁的辩证唯物论者”。高放后来还把陈衡庭老师赠送给他们的《西行漫记》一书送给我们班级郑英照、樊建平等人阅读，使更多人了解了中国共产党的奋斗业绩。可惜这本珍贵的书有一次被我放在自行车后架上，骑车时丢失了。

英华有校训“尔乃世之光”，这本是从《圣经》录下的一句格言，陈老师作的解释却是“我纵使不能成为耀眼的明灯，也要变成一支蜡烛，把自己燃成灰烬，用微光献给长夜跋涉的人们”。对辩证法原理，陈老师也有自己的说法：万物都在变动中，不变的只有“变”。

讲课语言简练，逻辑性强又富启发性。他建议学校开设几门有益于提高学生思维能力的课程，实际上这几门课全由他一人讲授，不但帮学生获取知识，更促使青年去认识时代、探索真理、阅读进步书籍。青年关心问题，陈老师用他广博的知识、深刻的哲理驱散大家心中的迷惘，投进一道光明。

英华常把优秀老师派往美国留学，友人劝说陈老师，只要你对信仰问题马虎一点，完全有望也出国进修，他答复：“这是人格问题。”他坚信马克思主义的辩证唯物论，而不是向往留学美国。

福州英华校舍附近有日本驻福州领事馆，学生常路过该馆，“九·一八”后，学生集体路过时必高呼“打倒日本帝国主义”之类的口号，领事告之省政府，求严惩学生。时陈衡庭老师兼任训导主任，自告奋勇往访时省主席陈仪，说：“日本侵略中国，凡国人无不反对，你，省主席也是中国人，谅你心中也必反对。爱国无罪，要严惩先严惩我，因我教学无方。”陈仪无言可答，遂不了了之。

高放在文章的结语里说：“一个人要有所作为，虽然主要靠自己努力奋进，但先需要良师引路。中学教师如无名园丁，但其辛勤却能培育出金枝玉叶。不忘老师恩泽，并遵循教诲的人，才能赶上并超过老师，一代胜过一代，把人类推向美妙胜境。”高放所言是对赵曜先生的“一靠勤奋，二靠天分”的重要补充。二人说法虽略有差异，但勤奋、天分和良师引路三项，大体可作为高放取得重大学术成果的原因。

五、期颐在望、继双甲子，百尺竿头、更上层楼

高放今年已达九秩，他的高寿不靠天分，不因偶然性而得，是他良好心态；不求锦衣玉食，是他良好习惯；不沾烟酒，严遵医嘱。一句话，是科学养生得来的，可作求长寿者的榜样。

由古稀到九秩安然度过二十春秋，再有十冬夏就是期颐了。四月间，CCTV 有我国顶级基因专家宣讲：“只要能定时检测基因，发现异常，及时调整基因，则寿高一百二十（即双甲子）将是常态。”

高兄喜李白的七字箴言：“天生我材必有用”，有用于国、有用于民、有用于天下，盖高兄志在以天下为己任。

高兄也敬仰先贤严复，我拟用其七字贺高兄大寿：“用进废退，适者存。”我们坚信万物都在变动中，但变动有良变也有恶变，社会在变，人的脑瓜也在变。脑瓜是人的思维器官，多用就越变越灵活、越有用，由小用变大用。反之，不用或不想有用，于国、于民就变成不能成材的人了。

高兄是向良变方向奋进的。敬祝他百尺竿头，更上层楼！

2017 年 5 月

高放级友早年就关注社会和社会科学

林建祥①

高放教授同我早年在福建福州英华中学为同班级友四年，同受英华基础教育的深刻影响。“文革”后期又在北大同校为同事五年。“文革”后，又曾密切合作办级刊《成渊通讯》多年，他组稿，我任文字编辑工作。我们有许多思想交流机会，近一个半甲子的亲密友谊，理应有话可说。

① 作者系北京大学数学学院资深教授。

英华时期，我们在1941年福州第一次沦陷后，分别从别校转到闽北洋口英华中学初中，插班进初二，都成为该班学习骨干。但高放与我的成长表现，很不一样。据今日说法，我是典型的、规矩的、认真学习的书生。由于家境贫寒，专心念书，我的数学经常分数都很高，给级友留下很深的印象。而高放则是另一类型，他战乱中不断转学，学习能力也很强，而社会活动能力更强，不太在乎分数，入英华后就大力参加宣传队，因此可以带队去镇上作抗日宣传。在校内也参加很多活动。所以我们成长的路子，也就很不一样，我当然偏重自然科学与数学，而高放关注的则是更全面的社会科学，这为他打下很好的基础，最后成长为马克思主义理论的杰出人才。

从高中一年级暑假起，他就开始一个人创办《成渊通讯》[①]，高中毕业前夕，适逢抗日战争胜利，他帮助组织学校回迁，表现出很强的办事能力。对于当时的社会问题，对于战后国家的前景，他已有很深入的思考理解。1946年夏天他在上海应考时，曾对于我因家庭不幸遇到鼠疫传染病而无法到上海应考，代表全班同学给我去信，表示支持我不要灰心，给我很大的鼓舞力量，引导我的思想进步。次年我再度回到上海，终于考上清华，走向进步，入了党，而他则是同班同学中于1948年年初第一批走向解放区的，又为我们作了榜样。

他早年成长比较顺利，但也并非一帆风顺，也有过曲折的经历。后来他认真总结与思考，对他也很有好处。他勤奋、语文基础厚实、记忆能力超强，使得他的马克思主义修养基础较好，他提出各种创新的见解，都能有根有据，进行论证，使人信服；对于年青一代马克思主义者能冲破单纯阶级立场的局限，而注意更为全面的理论修养，作出很好的榜样。特别在北大马克思主义学院2015年10月创办的第一届世界马克思主义大会上，他敏锐地阐明习近平总书记提出的全人类已经成为命运共同体的国际战略的深刻意义，体现他既熟知经典，又与时俱进的创新能力，给我们以深刻印象。

中国与世界都已进到新的时代，需要有新的思维。犹如前两个世纪，马克思主义诞生之时。目前科学也发展到新的时代，各种先进的理论思考，不是一家，但大都有进步性，只需要合作包容，就能实现中华崛起，负起引导世界的期望。

---

① 当时英华中学每个年级都有芳名，我们第六十届这个年级名为“成渊”，源于荀子所言：“积水成渊”，我们这个年级的级刊名为《成渊通讯》。

最重要的是，当今世界已经进到学科相互关系非常紧密，更加需要相互合作，取得合作共赢的新时代阶段，国家的“互联网+”思路、“一带一路”的物流快速传输，进而是发挥信息技术作用的电商，再进而是人工智能与教育智慧的普及，出现了共享经济，接近于实现共产主义理想的新阶段。高放的数理基础使得他能够很快理解这些变化。

我看了高放的文集，他在中华人民共和国成立前有旧社会经历的体验，还有学生民主运动的亲身经历，以及解放后的曲折历程，多少往事他都经历过。改革开放后，他对于马克思理论，有更开放的思考，由于对经典著作的熟悉，对许多问题的深入思考，使得许多人都可以接受他的理论。我希望他的理论，更有开创性，能够把许多相近的思路融合进去，找出一条现今世界可以为之努力奋斗，通往世界大同的大道。

我们高兴地看到，高放今年九十岁，身体还好，文集积累了他近一个世纪的经历与思考，是很难得的。我们有幸能活到大有希望的时代关口，希望他更健康长寿，可以更好指导年青一代走出一条康庄大道，这是我们同辈与后辈的期望。由我来说这些祝词话语，也许是合适的。

2017 年 6 月

高放学兄早年就学习马克思主义、多才多艺

——恭贺高放教授九十华诞

薛攀皋[1]

我与高放教授同龄，1943 年秋至 1947 年冬在福州英华中学高中学习，同级同学五个学期。高中三年级下学期，我因病休学；高放高中毕业考进北京大学，之后进入解放区参加革命，在华北大学学习并执教。从此，我们互相不知去向。

高中学习阶段，高放给我留下深刻印象：学习功课方面，对文史特有天赋，记忆力特强；其他课程，不追求考试分数。后来，我才知道高中阶段正

① 作者系中国科学院生物学部原副主任。本文标题是本书编者从文中摘引的。

是他暗中学习马克思主义的启蒙教育时期。他在音乐戏剧方面有兴趣，会拉胡琴、吹笛子、唱闽剧，并上台演出，多才多艺。在高中时期他就显示出很好的组织能力。在洋口时期，放暑假时，他两年都留校不回家。高一暑假，他在校创办级刊《成渊通讯》；高二暑假，抗日战争胜利，英华中学离开顺昌洋口迁回福州办学，高放协助学校搬迁，做了大量工作；高三上学期，他当选英华中学学生自治会会长，在繁忙的会务运作中，他又创办了《英华消息》。《成渊通讯》与《英华消息》都深受同学喜爱。

1949 年春，高放从解放区重返北京，在以华北大学为基础新组建的中国人民大学任马列主义教研室教员，时年 23 岁。我于 1951 年 9 月从福州大学（当年由教会学校福建协和大学和华南女子文理学院合并组建而成）毕业，分配到中国科学院院部科研组织管理部门工作。我们虽同在首都，因政治运动频繁，没有联系。但我有两位同学到人大做研究生，也住在张自忠路 3 号院，从他们那里知道高放年轻有为，教研成绩突出，1954 年晋升为讲师，1956 年又被破格提升为副教授，迎来他马克思主义和社会主义教研的第一个青春。不久厄运缠身，高放在反“右派”运动中受到批判后，从敢想敢说转变成不想照说。“文化大革命”风暴促使他独立思考，然而敢想而不敢说。改革开放让高放迎来第二个教研青春：解放思想、实事求是、独立思考、善想善讲，加上他从 23 岁开始大学执教治学所坚持的“五勤”（勤学习、勤积累、勤思考、勤讲课、勤写作），他在马克思主义与社会主义等方面发表了许多论文专著，提出了一系列新见解，为许多学者接受。高放 1981 年成为我国第一批博士生导师；1983 年被批准为教授；2009 年中国人民大学授予他荣誉一级教授证书。

2012 年，高放在《马克思主义与社会主义新论》的自序中写道：“我已届耄耋之年，又身患糖尿病、心脏病、颈椎病，我以春蚕、蜡炬自喻，矢志为马克思主义与社会主义的教研工作奋斗到底，一息尚存，吐燃不已。”① 高放师兄为他的教研事业的献身精神，虽年老而弥坚，让我深为感动。在祝贺他九十华诞的同时，祝福他健康长寿，青春常驻，见证“高放学派”诞生！

2017 年 7 月 5 日

① 高放：《马克思主义与社会主义新论》，黑龙江人民出版社，2012 年。

教书育人，尔乃世光

梁新颖[①]

一、高先生对我耐心帮助与不断鼓励

1992 年秋天，高放先生到福建省委党校讲学，我当时是党校学员。初生牛犊不怕虎，我这个 20 多岁的年轻人，竟敢将一篇现在看来十分肤浅的文章敲门送至他下榻的房间。文章的标题是《跨世纪人的历程与使命》。在暗淡的灯光下，高先生耐心细致地通读了我手写的近万字文稿。在大教授面前，我显然是个小学生。然而，高先生却对我的文章立意与选题十分赞赏，认为回顾与总结 20 世纪五六十年代出生的人的历程很有必要。听了他的鼓励话语，我忐忑不安的心一下就放下来了。记得当时夜深人静，高先生提出了修改文章的意见和建议，鼓励我要多看书，要努力掌握研究性文章的写法。其实，当时他是十分委婉地鼓励我，我真是不知天高地厚。

自从在福州认识后，我与高先生的交往渐渐多起来。我时常写信给他，汇报我的学习和工作情况。我每次的去信，他总会认真回复。如今想来，我这么个后生，真是太打扰他了。因为后来我才知道，他的教学与研究工作是多么繁忙啊！然而，正是因为保持与高先生联系，所以在我求学的过程中每当遇到挫折和失败时，他总是在信中不断鼓励我，“年轻人遇到困难、失败是很正常的，要鼓足勇气，要百折不挠”。2003 年夏天，当高先生得知我考上中央党校研究生时，他十分高兴，在电话中说：“你来北京上学，我给你设宴祝贺！”果真，2003 年的国庆节中午，高先生携师母及几位学生在他家张自忠路 3 号对面的餐馆专门为我设宴祝贺。秋高气爽，席间，高先生意气风发，无比欣慰地向学生们讲述我多年努力奋斗的经历，不断夸赞我百折不挠、勇于进取的学习精神。后来，我又考上博士，博士毕业后成了书法专业研究人员。当看到我经过 4 年修改的博士学位论文《康有为书法研究》由人民出版社出版时，高先生十分高兴。我时常从他的几位学生那里得知，高先生总是拿我不断学习进步的例子鼓励学生们，对我赞

① 作者系北京国创书院院长，哲学硕士、文学（书法）博士，中国对外友协特邀书法家。

赏有嘉。

二、高先生对英华母校情深义重

“尔乃世之光（You are the light of the world）”是福州英华中学的校训，由首任华人校长陈芝美先生选定。1946 年，高先生毕业于该校。高先生对自己的青少年求学经历十分珍视，对老校长陈芝美先生十分怀念。在我来北京之前，按照高先生的要求，我曾多次到福建省图书馆查阅有关英华学校和陈芝美校长的资料，以便于他写回忆录。高先生对母校感情相当深厚，好多次我们聊到那段时光，他总是会情不自禁地吟唱当时的校歌《英华颂》：“猗欤休哉，唯我英华，肇适自鹤龄。猗欤休哉，唯我英华，雄踞闽江滨。闽山苍苍，闽水泱泱，济济萃群英，蔚成学府兮，负盛名。猗欤休哉，可爱哉我英华，猗欤休哉，可喜哉我英华！百年树人，十年树木，创福我邦家，嫏嬛福地兮，我英华……”

高先生对陈芝美校长的办学理念评价很高，许多观点影响了青年人的成长。每当谈及青少年时光，高先生总是津津乐道。陈芝美先生曾任厦门大学教育学教授，由于教学成绩斐然，美国康奈尔学院授予他荣誉博士称号。1928 年，陈芝美先生出任英华中学首任华人校长。为了办好英华，陈芝美先生煞费苦心，亲历亲为，历经艰辛，曾六度赴美为学校筹募经费。1941 年福州沦陷后，学校一度迁至闽北顺昌县，许多学生与家庭失去联系，断绝了经济来源。面对困难局面，陈校长在全校师生大会上宣布：“在这里，学校就是你们的家庭，我既是你们的校长，又是你们的家长；只要我有饭吃，你们也有饭吃。”于是一幕幕感人的情景出现了：陈校长主动降薪，在最困难的日子里还主动不拿薪水，与全校师生同甘苦，共患难；发动学生开荒种植蔬菜瓜果和砍柴，派人到泰宁购买大米，自制教学用品；设立互助会，为贫寒子弟减免学费；建立学生储蓄所；学生宿舍设校监，与学生同住，聘请女员工，为学生缝补衣袜；建立哲明医院，使师生疾病得到及时治疗。英华家庭化精神经久不衰，如今校友们尽管散居在五湖四海，不管时间多长，对母校都怀有深深的怀念之情。高先生亲身经历了这段如火如荼、艰苦难忘的岁月。

陈芝美校长曾提出“第一流学校”“第一流教师”“第一流学生”三大口号，并在他 20 年办学中努力付诸实施，结出累累硕果，显示出了爱国教育家的伟大气魄。英华学校涌现出大批的优秀人才：有革命志士仁人，如王勋、郑维新、曾焕乾等中共地下党英烈；有数以百计的专家、教授、学者，如南京紫金山天文台台长陈彪，著名中科院院士高由禧、曾融生、陈景润，中国驻肯尼亚全权大使、北大教授薛谋洪，中国电影家协会副主席、国际影评委员石方禹，著名保健医生罗慰慈、林友华医师，美国国务院商务部经济学家陈乃润，美国化学专家李联欢和著名教授江祖贻等，土木工程专家美国肯塔基大学教授黄仰贤、美国普渡大学教授林本铭。散居在东南亚、北美等十多个国家和中国香港特别行政区、中国台湾地区的200多人的企业家校友中，有泰国棉花大王丁政曾，菲律宾女企业家邱以芝，中国台湾地区企业界知名人士陈炎生、王萃源等。每当听高先生谈及当年的英华中学，高先生总是如数家珍，高先生以母校为荣为傲。

三、高先生身居窄小书屋，通晓天下大事

“治学不为媚时语，独寻真知启后人”是清代著名哲学家戴震的名句，标立了做学问者应有的人格和学风。这幅对联挂在高先生的书房已经多年。在高先生拥挤不堪的书屋，对联不得不分别挂在南北两个房间。高先生身体力行，为人极为低调，对国家、民族与社会的问题始终关注，深刻把握时代脉搏。在拥挤窄小的书屋，他坚守一个知识分子的基本良知，克服病疾与师母过世的痛苦，秉笔奋书，站在时代潮头，始终关注国家和世界重大问题，通晓天下大事。近十多年来，年事已高的高先生仍然笔耕不辍，不仅写出大量有分量的好书、好文章，提出许多超前的思路与构想，而且亲自培养了9位博士生，主编丛书20本等。这些，我想都是目前国内首屈一指的。最近，我还得知高先生在中国人民大学做了《关于十月革命的十个理论问题》的讲座。一位90岁高龄的老教授记忆惊人，思路清晰、反应敏锐，滔滔不绝地演讲了两个多小时，实属罕见！

2017年2月25日北京国创书院揭牌庆典前几天，我受委托到高先生家，邀请他出任国创书院名誉院长。国创书院也将“尔乃世之光”作为院训。听完我汇报书院的定位与未来发展方向，高先生欣然同意，并且提出了建立书院要注意的许多建议。听了高老师的教诲，我登门时的忐忑之心一下踏实了。然而，我又是多么矛盾啊！因为我一向反感邀请名人名家、高官寿者登台揭幕剪彩捧场，也极其不忍心让年事已高的老者出门。

揭牌庆典那天，高先生兴致勃勃，衣着整洁的时尚装，在高华姐的陪同下从家里到北五环边上的来广营国创书院参加揭牌仪式，欣然接受了国创书

院名誉院长的聘书。更没想到的是，在庆典快结束，大部分与会嘉宾都走得差不多的时候，高先生又到国创书院参观，与嘉宾们分别合影留念，询问并认真听取展品的讲解。

大道至简，高先生对生活态度十分恬淡与洞彻，也从不愿给别人添麻烦。前些年师母去世，等丧事办完后，他才电话告诉我，他说除了几位亲人到场，单位同事或学生都没有通知。这事也令我遗憾不已，毕竟和蔼可亲的师母健在的那些年，她对我的关心与帮助也是难忘的啊！记得十多年前，高先生想买电脑，学习打字写文章，我与卖电脑的朋友联系好价格与安装，但在师母的反对下还是放弃了。其中原因就是师母担心高先生太累了，以致家里原来订阅的报刊也减为只有《光明日报》等为数不多的几种。

每年的正月初三是高先生的生日。我有幸参加了十年前高先生 80 大寿晚宴，但参加者中仅有高华姐一家和我一家。而今年的 90 岁寿辰，高先生是执意不办寿宴，他说，平静安静点好，完全拒绝了校方及学生们的邀请。没办法，正月初三那天，我只好按他的意见，送上了我书写并装裱好的大红色“寿”字，他特别高兴，与我们拍照留念。

光阴似箭，回想与高先生结识问学的这 25 年，每当迈进先生家，听他对我讲苏联，讲台海局势，讲中美、中东等问题时，我的内心总会冒出一个十分遗憾的念头，即没有跟随高先生从事国际政治学的研究。每次听他的谆谆教导，我都深刻感到近现代史的波澜壮阔，改革开放以来翻天覆的变化，治国安邦的内在规律。如果还能重来，还能重新选择，我宁愿当一名清贫的学者，一个有建树的教育家，因为现在这样的人太少了，国家民族的脊梁式的人物太少了。

“尔乃世之光”，高先生的治学精神与崇高人格魅力永远鞭策着我前进！我无比感谢高先生这么多年一如既往的引导教育，此谓我今生之大幸也！

仁者高寿，尔乃世光！

衷心祝愿高先生健康长寿，永葆青春！

2017 年 5 月 15 日

高放早年在北大积极参加学生民主运动，系统读过列宁著作

——恭贺高放老同学九十大寿

杜 光[①]

今年是高放学长高寿九十之年，回忆青年时代同他的交往，七十年来的往事，历历在目。

1946 年 11 月，我来到位于宣武门内国会街的北京大学第四院，成为北大先修班的一名学生，入住义字斋 8 号，高放（原名高元浤）住在义字斋 10 号，成为邻居。但认识他并有所敬仰，是在一次会议之后。

入学不久，原来在西南联大先修班、这时已是大一学生的周桂棠（后改名沙叶），从沙滩来到国会街，把我们召集到礼堂开会，鼓励我们成立学生自治会。有些先修班同学也积极发言，赞成他的倡议，于是当场就成立先修班学生临时自治会，选举几位积极发言的同学，包括吴昌济、高元浤（后改名高放）、叶际秀、屈翠云（后改名丁志）、张慰、楚泽溥（后改名楚庄）、闻人馨、闻人昌（后改名李天民）等为理事。

在那次会议上，高放那带点闽粤口音的发言给我留下了深刻的印象，他慷慨激昂、侃侃而谈的神态深深地印在我的脑海里，对他产生由衷的敬意。

抗暴运动后，我也被选入自治会理事会，在吴昌济、高放和叶际秀等的带领下，积极参加当时的学生运动，做些跑腿打杂的具体工作。除了学生自治会的工作，高放还主持成立“十二月社”，创办《十二月》壁报，经常发表呼吁民主、分析时局的文章，见解深刻，文笔流畅。通过学生自治会的工

① 作者在 20 世纪 80 年代任中共中央党校科研部主任。他在一篇回忆文章中还有几句对高放的记述：“站在学生民主运动潮头的是五大学生领袖：吴昌济、高元浤（后改名高放）、叶际秀、张慰、屈翠云，他们先后被选为学生自治会理事会的常务理事。高元浤“老成持重”，“在先修班颇有名望。他除了被选为学生自治会常务理事外，还成立了‘十二月社’，出版《十二月》壁报。‘十二月社’是当时北大四院最活跃的社团之一”。（见《杜光文存》第 49 辑第 45 页、第 50 页、第 51 页）本文标题是本书编者另从文中摘引的。

作和《十二月》壁报，我对高放的学识和才华有了进一步的认识，也有了进一步的崇敬。

1947 年夏天，先修班结束了，高放升入政治系，我升入史学系，都继续住在国会街的北大第四院，高放搬到智字斋 7 号，我搬到仁字斋 11 号。在宿舍搬迁前，高放约了张天任（后改名张再）和我到他在清华大学先修班的同学那里住了几天。清华大学先修班在颐和园附近，原为清朝王室的自得园，院内有湖泊、小岛、假山、水田，风景优美。我们除到颐和园游览外，更多是在自得园里散步闲谈。两三天后，高放有事回北平城里去了。张天任和我继续留在清华先修班，直到住满预定的一个星期。最后几天，张天任和我的中餐晚餐都是在颐和园内龙王庙的餐厅吃的。我们饭后漫步十七孔桥，共赏湖光山色，畅叙时代责任和民族前景，留下难忘的记忆。

1948 年年初，我准备回上海二哥家过寒假。高放把我叫到他的宿舍里，对我说：他有一套《列宁文选》两卷集，想托我带到上海，交给他的朋友，书将在我走前一天给我。他还嘱咐我说：带这类书有风险，务必小心。我满口答应，毫无难色。

过了一两天，我到沙滩北大学生总自治会，向总自治会主席（那时的说法是“首席常务”）、兼任华北学联主席的柯在铄请假告别，因我在 1947 年秋季开学后被选为北大四院学生自治会首席常务，同时成为总自治会常务理事、华北学联的理事。柯在铄让我担任十余位回上海同学的领队，接着派人去找当时担任华北学联秘书长的刘克钧（后改名许迈扬），说要给我“捎带”一项重要任务。刘克钧来后，把我带到他在红楼东侧的宿舍，拿出一些资料和大照片，对我说：“最近将在印度加尔各答召开世界青年代表大会，全国学联要派代表参加，在会上介绍国民党统治区学生运动的情况和经验。华北的学生运动居于全国学生运动的前列，华北学生运动的情况和经验，将成为全国学联代表在会上发言的重点，这些材料介绍了华北学生运动的情况和经验，就是给出席大会的代表提供的；照片将在会议期间展出。”刘克钧再三强调这些材料和照片的重要意义，要我妥善带好，不出纰漏，带到上海后送到麦伦中学，交到华北学联驻全国学联代表马健行的手里。马健行原是燕京大学学生自治会理事，曾参与筹建华北学联，1947 年夏自燕京大学毕业后到上海麦伦中学教书，并代表华北学联参加全国学联的工作。我在 1947 年年初到燕京大学参加过几次会议，同他有过一面之缘。

回到四院后，我有些犯难：要带着这么重要的材料到上海，可谓肩负重任。高放的书还带不带？带吧，风险更大，甚至有可能影响学联的材料和照片的安全；不带吧，我已经答应高放了，怎么可以自食其言呢！

我找到同我关系比较密切的黄羽钟（后改名左羽），向他请教。黄羽钟一听，没有怎么思考就说："这有什么犹豫的，两样东西只能带一种，当然要带学联的材料，不能带高元浤的书。一个是私人的书，一个是同全国学生的事业有关，比较一下，主次轻重就很明显了。"我说："我已经答应高元浤了，不带恐怕不好。"他说："事情明摆着，没有什么不好的，你不便说，我去跟他说。"

我不知道黄羽钟同高放是怎么说的，也不记得我临走前有没有因此而向高放道歉。寒假过后，我从上海回来不久，他就离开北大，到解放区去了。在我的心头，留下了没有替他带书到上海的小小遗憾。这个事实说明，高放早在北大学习时期就已经比较系统地读过列宁的著作，他毕生对列宁主义的研究与阐发，可谓历史悠久，渊源有自。

北平解放后，我听说高放 1948 年到解放区后进了北方大学，该校后来改为华北大学，继又改组成立中国人民大学，高放成为中国人民大学教师。这个时期我同他是否见过面，已经想不起来了。进城之初，我们这些被认为是小资产阶级的知识分子干部，承受着改造思想的强大压力。在一些工农干部的眼里，我们和老同学来往，谈起当年的学生生活，往往会被批判为小资产阶级情调，甚至是坚持小资产阶级立场。所以，老同学之间绝少交往，音信不通。我被划为"右派"分子之后，更是割断了和一切旧友新知的联系，同高放也是音信隔绝达二十多年。

我的"右派"问题改正后，在 1979 年年底回到北京。最初几年，我几乎每年都要组织老同学们聚会见面，少时三四十人，多则七八十人。大家都是劫后余生，见面时无不欢天喜地，相庆大难不死的幸运，倾诉几十年里的曲折遭遇。这些聚会高放多数都能参加，他和大家一起分享重逢的喜悦，共勉为建设祖国贡献余生。

1982 年 9 月 5 日，我在自编自印的《老同学通讯》第三期上，发表了一封题为《童心不泯，壮志长存——寄语老同学》的公开信，提出："让我们重新焕发那种热烈追求真理和为美好理想而斗争的天真、炽热而坚韧的精神，在新的长征中作出新的贡献""在那虽然有限但还可以有所作为的岁月里，为实现我们风华正茂时决心为之献身的伟大理想而鞠躬尽瘁”。同时也不无惋惜地谈道：“当我们终于进入一个可以开怀高歌的历史新阶段以后，却不能不发出‘接班已老，退休尚早’的感叹。”高放见到公开信后，在当年的国庆之夜给我写了一封回信，其中谈道：“对于‘接班已老，退休尚早’的感叹，我想改动两个字，即改为‘接班正好，退休尚早’。我们都是五十多岁的人，按自然生理成长程序，确是已接近老年；但按中国社会目前干部年龄的构成，还是属于中年，如果按照卡尔·李卜克内西的说法，当说到一个革命者的时候，我们不是五十五岁，而是两个二十七岁半，可见那还正值青年。正如你所说：‘历史赋予我们承前启后的枢纽作用。’我认为要把马列主义与中国实际相结合，创造出（不仅是设计出）中国社会主义现代化的模式，需要老中青三代人的努力”，“如果我们这一代真正能起到承前启后的作用，那么二十一世纪将是世界社会主义的世纪，这一光辉前景就确有保证”，“接班主要是接各行各业刻不容缓的工作，在重要的岗位上固然可以大有作为，即便在平凡的岗位上也能够作出显著的成绩”。

高放是这样勉励老同学们的，他自己也是这样做的。改革开放以来的三十多年，他在中国人民大学的教学岗位上刻苦勤勉，作出了出色的贡献，不但桃李满天下，而且著作等身，为改革政治体制，弘扬民主自由，著文发声，不遗余力。

改革开放以来，是高放生平最为出色的时期。他毕生好学、勤勉，积累了宏富的学识和人生体验，这些精神财富，晚年都转化为探索真理的著作和诲人不倦的教育。他十分珍惜旧友情谊，多次为《老同学通讯》撰稿。特别是他写的《追忆、怀念陈大鹍烈士》和《回忆严家驩烈士》，介绍两位英勇牺牲的老同学，使大家理解了他们的功绩，为有这样的同班同学而自豪。每次老同学聚会，高放都踊跃参加。最为难得的是，老同学们欢聚交谈时，高放总是掏出笔和小本子，记下他认为有所教益的内容。由此可见，他随时随地都十分注意学习，汲取精神营养。他那博大的精神宝库，就是这样一点一滴地丰富起来的。

在恭贺高放老同学九十大寿之际，我祝福这位寿星继续向百岁挺进，平安康泰！贡献愈恒！

2017 年 3 月 28 日

高放和我一起在北大参加学生民主运动，又一起投奔解放区

——贺挚友高放教授九十华诞

张　再①

我比高放小两岁，与他相交71年，是受到他指引和许多帮助的老同学、老战友。

1946年冬，我们进了北京大学，很快相识，而且很谈得来，简直一见如故。北大是民主堡垒，学生素有自组社团学习、研究问题，公开评说时事的风气。12月，高放与几个亲近的同学议论，也组织社团议事，出壁报，并以“十二月”为名。高放解释，俄国历史上有激进的十二月党人，我们不是要同他们拉关系，装点自己，只是借用，因时而名。大家都同意，而且说干就干，不久出了第一期，接着又出了几期，还很获好评，说我们敢想、敢说，说得有道理。这是许多人努力的结果，但高放出力最多，他是实际上的社长和总编辑。在1948年高放和我去解放区前，《十二月》最后一期的主题是国共之战的军事态势。

在这个过程中，高放介绍我参加了党的外围组织民主青年同盟。入盟后，我们一起学习了毛泽东的《新民主主义论》和《论联合政府》等文件，提高了认识。

1946年12月底，北京发生了美军强奸我北大女生的事，不仅引起我国全国性抗议美军暴行的浪潮，也开始了抗日战争结束后我国民主、爱国、反内战的学生运动。1947年学生运动的口号是反饥饿、反内战，我参加了北大的宣传队和演剧队，是宣传队在西单的演讲人之一。国民党军警野蛮干扰，斥责、驱赶听讲群众，最后是殴打演讲人。我们把被打伤的同学立即送往附近的医院。没打着的，有的避入近旁熟悉、好心的商店。我跑回每天学习、住宿的北大第四院，就在宣武门“国会街”（“北洋”的“国会”，中华人民共和国成立后新华社迁去，离西单也不远）。第二天，我同高放等几个人去医

① 作者从1949年起一直在外交部工作，离休前曾担任中国驻澳大利亚特命全权大使。本文标题是本书编者从文中摘引的。

院看望受伤的同学，他们都得到医疗处理，无大问题。我参加了街头剧《凯旋》的演出。剧本的作者是西南联大的高年级学生，内容是抗日战争胜利后，国民党军侵入原为日占区的中国共产党的解放区，国军排长与解放军游击队作战，打死的游击队长却是自己的儿子。“凯旋”不是胜利，而是悲剧。我演游击队长，饰“国军”排长的是中华人民共和国成立后北京市的外办主任。

1947 年，北大发生国民党派遣的特务学生撕毁进步学生壁报的事件，被进步学生当场抓住，并进行批评、质问。国民党把它说成进步同学私设公堂，非法审问撕壁报的学生。法院发出传票，要审问北大学生自治会的负责人，北大校方不同意。但国民党政府要打击、迫害进步学生的意图已经十分明显，高放同我商量，组织上一定会通盘考虑进步同学的去留问题，我们阅世很浅，难以表示什么意见，如果问是否想去解放区，那应该明确表示很想去，可以开辟眼界，得到更多的锻炼，对自己、对国家都有好处。他认为我们在政治系学的英文版教材太脱离中国实际，他很想去解放区当随军记者。我非常同意他的看法，不久以后，高放邀我同他一起到“民青”负责人家专门谈了此事。又过了些日子，高告诉我，“民青”组织同意包括高放和我去解放区的事，要高放到一位教授家领取解放区的介绍信。有意思的是，高放领来的“介绍信”却是国民党统治区通用的“法币”，不过它的同值币编号是在一定的范围内，由解放区的特定机构收藏保管，用作进入解放区的“介绍信”“通行证”。

1948 年 1 月 25 日，高放同志和我以及另外三人一起经天津通过国民党控制的“封锁线”，说是要去仍然是“蒋管区”的山东德州，实际是要在当天从天津西南进入河北的解放区。我们得给守卫“封锁线”的“国军”弟兄几个小钱买烟抽，但绝不能把我们的“介绍信”错当“法币”给了他们，因此“介绍信”已经缝在我们随身行李的棉被里。过了“封锁线”，过了比较危险、经常有盗贼出入的“无人区”，太阳还未落山，路尽头的高坡上站立着一位背着枪，身穿黄军服的八路军战士。他看见我们的马拉车，估计也能看出我们是何方来客，于是走下坡同我们握手，帮我们推车上坡。大概是第三天，仍然靠天津的这辆马车，我们开始了两个多月的解放区之旅，走过河北、河南、山西。在晋冀鲁豫解放区政府所在地，我们的大车一到，主管“解放军对外事务”的同志说：“欢迎同志们回家来！”还在幼儿园生活的革命同志的子女就说：“欢迎哥哥们回家来！”听到这些不曾想到的、特殊的欢迎声，“回家”“同志”“哥哥”，我们的眼泪情不自禁地夺眶而出。

此后，高放和我都到山西潞城，在太行山上进入范文澜为校长的北方大学的文教学院。5 月，我们下山，先到邢台，后到正定，进入与晋察冀解放区的华北联大合并的华北大学。高放同志在正定，由华北大学二部转入华北大学四部，专门从事理论研究。

1949 年 3 月北平和平解放后不久，高放和我都回到北平。中华人民共和国成立后，高放到中国人民大学，我到外交部，工作内容不同，但我们都是要在中国共产党领导下建设好新中国、这个人民的中国。我和高放教授的友谊不会减退，只会加深，高放教授永远是我可敬可爱的兄长。

2017 年春末

高放是何干之[①]老师最欣赏的研究生

刘　炼[②]

衷心祝贺高放同志九十大寿。

我和高放在中国人民大学前身华北大学时曾同为何干之老师的研究生，有过一段同窗之谊。记得当时何干之提出带研究生的条件是要有大学学历，在访问演出中选中麦农、章曙、高放和我四人为导师制研究生。我和麦农于北大一年级辍学，章曙曾就读于武汉大学外文系（章曙是原外交部新闻发言人章启月的父亲），高放是北京大学和北方大学的学生。最早报个人志愿时，高放自报学文学，入文艺学院。何干之看过他的材料后，和他长谈了一次，劝他改学社会科学，高放说这是他的一次人生大转折。

---

① 何干之（1906—1969 年），广东台山人，曾在中山大学和日本早稻田大学学习，1934 年在上海加入中国共产党。1937 年奉调到陕北公学执教，曾任华北联合大学法政学院院长、华北大学二部主任、中国人民大学中共党史系主任，著名社会科学家。2007 年中国人民大学建校 70 周年时评选出吴玉章、成仿吾、郭影秋、艾思奇和何干之为人民教育家。

② 作者现年 92 岁，是中国人民大学马克思主义学院中共党史系教授。文中所提章曙于 1949 年调到外交部，曾担任驻日本国大使和外交学院院长；麦农是中共北京市委党校教授。本文标题是本书编者从文中摘引的。

我们四人中，何干之最欣赏的是高放，高放曾把他和何干之谈话的内容简要记在一个小册子上保存着，我和麦农、章曙都没有这个待遇。在我们学习的过程中，高放是知识面最广、口才最好的一个，所以何干之老师最欣赏他，也因此他最“骄傲”。

何干之老师指导我们学习的一个原则是：强调读原著，以原著为武器，不要空谈。每次小组讨论时，高放的发言总是引经据典，用列宁的《共产主义运动中的“左派”幼稚病》来批判“左倾”教条主义，用《社会民主党在民主革命中的两个策略》来分析“中间路线”等。我们每个人写的读书笔记被何干之老师看过后，大都被毛笔画得面目全非，只有高放被画得最少，即便如此，他还能对何干之老师修改的内容进一步进行认真研究，使学习更加深入，因此他得到老师的个别指导最多、最充分。

为了便于何干之指导我们学习，我们住在他宿舍旁边，但由于只有一间宿舍，分给了他们三个男生住，我只能在打水房的角落住下。高放后来常说“委屈师姐了”。

中国人民大学成立，建立了马列主义教研室，高放成为这个教研室的创始人之一。现在他是著名学者，中国人民大学荣誉一级教授。

敬礼他健康长寿，多做贡献。

2017 年 5 月

高放早在 20 世纪 50 年代初就是教研室尖子

——衷心祝愿高放健康长寿

马文哲①

2017 年 4 月 24 日偶尔到我部休干局取报纸，看到有我一封信，是我的母校人大国际关系学院寄来的，我还以为是又要邀请参加本院院庆呢，打开一

① 作者系中共中央对外联络部离休老干部。1929 年生于河北平山县农民家庭，1940 年随父到灵寿县晋察冀边区抗战建国学院学习，后又到华北联合大学学习，在抗大二分校工作，1943 年转移到陕北，在抗大总校文工团工作，1945 年 16 岁加入中国共产党，1950 年入中国人民大学学习，1952 年调任马列主义教研室教员，1966 年调中联部工作。本文标题是本书编者从文中摘引的。

看，原来是“恭请、诚约赐文祝贺高放教授九十华诞专函”。

啊呀！九十岁了。叹时光之迅疾。可不是，我也八十八岁了。高放，我们很熟悉，我一贯很佩服他这人，很专业，从1950年马列主义教研室成立时起，他在业务上就是拔尖的。再看看来函上所列的他至今的业务成就，我更是十分的佩服。他今年九十岁了，仍在为宣传马克思主义笔耕不歇，令我赞叹不止。我衷心祝他锦上添花，长命百二十岁（据说人的生命可达此数，说这是科学，其实据报道，世上已有超此寿命的了）。

高放著述那么丰富，对本学术领域的研究、宣传肯定是起了很大的推动和帮助作用的。在马克思主义领域，谁不知高放？我觉得，他是深心信奉马克思主义的，我也深信不疑。他有个特点，爱独立思考，我也爱。我觉得他身上有一种很好的品质，他对研究马克思主义有一种献身精神，这也是作为一名中共党员的责任心。

我和他在一个教研室、一个支部生活了好几年，那时我们政治生活很严格，经常开展批评与自我批评，相互都很了解。应该说，在那个时候，他生活得并不轻松。不去评论这些，我只想说一点，在这种复杂的情况下，他不为所动，走自己的路。正因为他矢志不移，半个多世纪，他终于取得今日的成就。

我在“文革”将始便被调离母校到中联部工作，所以后来对高放的许多著述并不知其详，只是偶尔接触到他的个别短文，因此我没法作出有研究的深入评论。只是对某些敏感问题，我对他当时的表述并不尽完全同意。不过在理论问题上，总是要结合实际，不断探求的，谁也不能说就穷绝了真理。高放是很有探求精神的，相信他会从今日我党极其丰富的革命和理论实践中，尤其是今日的改革开放的实践中，根据中国特色社会主义理论和路线，阐发出新的理论解说，无愧于他一生的研究和信仰。百尺竿头更进一步。

多多保重！

2017年5月

我与高放教授在人大有六十多年的交往

——祝高老高寿放言

黄立燊[①]

高放教授是我的良师益友，今年是他的九十大寿，特向高老祝寿，祝高老幸福、快乐，高寿放言。

我和高老是1950年认识的，当时他是华北大学政治课老师，我是俄文专修班学员。时光真快，转瞬间我和高老的友谊已经66年了。66年来，他是我的好朋友，也是我的好老师，他对我有很多帮助，他德高望重，有许多优秀品质：他永不忘初心，对党和共产主义事业忠心耿耿，终生为之奋斗；他博览群书，学问深厚，学识渊博；他平易近人，助人为乐，生活简朴……这些都值得我们学习。

一、永远不忘初心

高老1946年考入北京大学，在北大就从事进步学生民主运动。1948年1月，他通过封锁线到解放区直接参加革命队伍。1949年3月，他随华北大学进入北京。从1950年人民大学成立直到2017年的今天，他一直在中国人民大学执教，67年来一直战斗在教研工作第一线。高老是我们这一代人“不忘初心”的先进代表，是我们“不忘初心”的楷模。

高老参加革命后，克服了想当记者的思想，服从党的需要，担任政治理论的教研工作，一干就是一辈子，而且成绩卓著，从一名助教成长为荣誉一级教授，一个有权威的政治理论、共产主义理论家。

共产主义是一个新生事物，没有前人经验，每走一步都要摸索前进，因之在前进过程中，会有各种不同的认识、意见、方法、道路和措施。这些只有通过实践去总结、去考验，实践是检验真理的标准。然而由于“左”的思潮的影响，一有不同意见就批判斗争，因之中华人民共和国成立以来，政治运动一个接一个，因而高老三次受挫折。但可贵的是，高老意志坚定，党性

① 作者系中国人民大学体育教研部资深老教师。

强、不泄气、不灰心，本着党的立场、党的原则、党的利益，该纠正的纠正，该坚持的坚持，他毫不动摇入党时为共产主义奋斗终生的誓言，仍然日夜苦读，研究学习，不断创新、出版文章和著作。

高老离休后，又重新返聘，回到工作岗位，回到教研第一线，继续做博士生导师，为党、为国家、为共产主义运动培养人才。他不顾自己年老多病，不图安闲，不贪富贵，一直战斗在第一线，鞠躬尽瘁，奋斗终生。

这些年来，他还非常关心国家大事，对于一些现实问题，他敢于放言，直接写信上报中央，阐明自己的意见，供中央参考。

高老党性强，事业心强，尤其在 1978 年改革开放后，他更加努力，奋发前进，著书立说，成果累累。

二、刻苦研读，学识渊博，学术深厚

我第一次对高放同志在学术上的认识是在 1951 年，中国人民大学举行第二届学术报告会上，高放在会上作了《从巴黎公社和十月革命吸取镇压反革命的经验教训》的论文报告。我当时已调到教研室当研究生，为了学习科研方法，了解科研形式，学习科研成果，我参加了这次学术报告会，听了大会的论文报告。高老当时 24 岁（我 22 岁），这样年轻的老师能做出那样高水平的报告，使我非常敬佩，加强了我努力学习，向科研进军的动力和信心。

我和高老不同专业，在政治方面，我有许多不懂之处，就向他请教。例如，在苏联解体后，我很不理解，在感情上一时难以舍弃，苏联是我们的“老大哥”，许多苏联专家都教过我们。为此我曾多次向他请教。他每次都耐心向我作解释，后来还送我一本他的著作《苏联兴亡通鉴——六十年跟踪研究评析》，并总结性地告诉我，苏联解体的主要原因是“左”的思想带来“左”的政策，民主自由不够，干部特殊化，还有民族政策不力，因之失去民心，长期不改“左”的东西，促成后期转向右的方面，最终造成解体，这使我的理论认识有所提高。

2008 年北京举办奥运会，我参加了人文奥运的研究工作，随后 2012 年编写了一本《体育诗歌集锦》，20 余万字，邀请高放教授作为本书的顾问，并为本书作序。万万想不到的是他非常认真负责，他仔细阅读了全部诗文，并在序言中做了层次分析：首先，体育的汉语一词非古汉语词汇，而是外语翻译而来，第一个使用汉语“体育”一词的是清朝欧榘甲，而第一个解释“体育”一词的是梁启超。其次，解释了体育与德育、智育的关系。再次，解释了美育与德智体育之间的关系。最后，解释了诗歌与美育以及德智体育的关系。这些解释增加了读者对本书的了解和重视。更想不到的是，他还写过专论奥运会的有关文章《漫谈中国与希腊古代体育文化的不同特点——从北京奥运会开幕式的震撼与缺憾谈起》，并且早已于2009年就发表了。读完高老写的序，我万分高兴和感激，高老真是一位博学多才的学者。

此外，高老还平易近人助人为乐生活简朴，并且工作细心认真负责……这些高尚品质都值得我学习。

在此祝高老高寿百岁，继续放言，创写出更多的学术成果，永载史册。

2017年5月初

一位“死不悔改”且“与时俱进”的马克思主义者①

徐艳红②

2014年6月12日，我第五次走进高放先生家。来到熟悉的楼道里，我清楚地记起第一次登门拜访的感受。第一次跨进那座连地板看上去都像经历过沧桑巨变的楼中，我有些傻了：灰色调的楼道，破损的台阶及斑驳的扶手，似乎都在诉说着这幢楼的历史。敲开先生家门后，我努力地克制住自己的惊愕：90多平方米拥挤不堪的老式小四居，狭窄的过道，灰暗的光线，发黄的墙体，整个房间就如20世纪70年代中国的黑白电视画面。一间十几平方米的书房里，到处堆满了书，只留下勉强可以通过的过道。我自问，取得这么大成就的学者家中，难道不都是有一间宽大敞亮且充满艺术气息的书房吗？那么多充满睿智思想的文稿不都是在老板桌上挥就的吗？

先生非常认真、仔细。每次我拿到的文稿都是老人在稿纸上一格一字地写出来，然后又字斟句酌、反复修改，在字里行间添加不少由灵感而来的词

① 人民日报社主管主办的《人民论坛》半月刊于2014年7月下旬出版的总第449期第66—71页发表了《高放自述：学习马克思主义要善于与时俱进》一文，本文是该刊记者徐艳红写于文前的“记者手记”，标题为本书编者从文中摘引。

② 作者系《人民政协报》记者。

句，于是整篇手稿总会写得密密麻麻。但老人为方便我认读和打字，又用涂改液将错误之处擦去。

我跟先生联系还算密切，每一次无论是跟他约稿还是送去问候，他都让我感动：感动老人前沿的思想，感动老人渊博的学识，感动老人对党的忠诚，感动老人对国家前途的忧心忡忡……他，无时无刻不在思索着自己的学术，无时无刻不在关注着国家的发展与走向。于光远老先生说自己是“死不悔改”的马克思主义者，高放先生则说自己是“与时俱进”的马克思主义者，而我对先生的评语则是：“死不悔改”且“与时俱进”的马克思主义者。

2017 年 5 月

高放是我的良师益友[①]

杜康传[②]

我与高放教授合作共事的 60 多年，也是我们一起学习、研究、宣传马克思主义理论的 60 多年。高放教授治学态度严谨，是学界的楷模，学术成果丰硕，社会影响巨大，方方面面都是我的良师益友、学习榜样。

高放教授强调，无论是政党建设、政权建设还是社会主义体制建设，民主建设都是最根本的。党的最高权力机关为党的全国代表大会，中央委员会是党的全国代表大会的执行机关，要扩大党员的民主权利，健全党内监督机制，使整个党充满生机、充满活力、充满朝气。高放教授的这些主张和观点，并不是心血来潮、空穴来风，而是总结历史经验的警悟。为了强调民主建设的重要性，高放教授根据第一国际的历史经验，还特别对民主作了精确的解释。他认为，民主制与民主集中制是有区别的，民主制就含有集中的内容，如“少数服从多数”。高放教授研究马克思主义理论的创新主张和观点如汗牛充栋，而他认为当今世界资本主义是“社会资本主义”的观点，具有前瞻性和现实性，其影响是巨大的。

---

① 此文原刊于《人民论坛》半月刊 2014 年 7 月下旬出版的总第 449 期第 71 页“学者眼中的高放”栏目。

② 作者系中国人民大学国际关系学院教授。

高山仰止，恩如泉涌

郑云天①

和多数从事科学社会主义理论教学研究的人一样，我的启蒙教材也是高放、李景治和蒲国良三位教授主编的《科学社会主义的理论与实践》。从硕士开始，我真正进入这一领域的专业学习中，这本书为我打开了一扇传统而新奇的大门，使我很快地培养起对这门科学的热爱，并一直伴随我拿到博士学位，进入中国人民大学国际关系学院任教。

2014 年入职人大后，在蒲国良教授的引见下，我终于有幸拜访了高放教授。2016 年，在我的博士学位论文出版之际，高老师百忙之中，为我亲笔书写了 4000 多字的序言，这是我一生铭记珍视的瑰宝。在这近 3 年时间里，我多次拜访他。尽管相比他名满天下的桃李弟子们，我只是一个资浅的晚辈中的晚辈、后生中的后生，但是他给予我的厚爱和启发，却让我感觉像是与他熟识了很久很久。

人们尊敬仰慕高老师，可以列举出不计其数的理由。而具体到我，则总是有一种纵有千言万语的感激之情却不知从何说起的“踌躇”。我因此，用 4 个维度的“爱”来归纳高老师对于我的知遇之恩，或许能够稍稍呈现出我从他的人格魅力中所感知到的启发。

其一，深沉地爱着自己的国家。无论从任何角度来说，都不能忽视一点，那就是高老师怀着对整个国家、民族和人民的发自内心的深沉的爱。他经历了战争时代与和平时代，深知国家和人民的不易，更深知如何践行自己的满腔爱国热情。他的声音无不传递着一种理性厚重的家国情怀，当外界迷惘低落时，可以带来巨大的动力；当外界狂热躁动时，又可以带来冷静的叮嘱。忘却名利，安于陋室，张自忠路 3 号红 1 楼朴实无华的居民楼中传递出的大爱如同永不消逝的电波一般，在黑暗与沉寂中瑰丽绽放。

其二，真挚地爱着中国人民大学。我的学生时代并没有人大的烙印，直到工作才真正进入人大，起初总是带着青涩的好奇与憧憬，而结识高老师后，

① 作者系中国人民大学国际关系学院世界社会主义研究所教师。

我才逐渐建构起对人大的认知与认同，并越来越难以与之割舍。高老师在人大数十载的奉献与耕耘，感染着千千万万从这座校园走进走出的人们。他经历过建校初期的艰辛创业、中断办学时期的北大岁月、复校时期的百废待兴、腾飞时期的蒸蒸日上。校园里的大路小路，他走过无数回；图书馆的藏书，他研读过无数遍；教室里的粉笔，他用过无数根。所有的点点滴滴，都是人大 80 年底蕴的凝结，都是“有陕公，中国不会亡”的动力源泉。

其三，炽热地爱着科学社会主义与国际共产主义运动学科。我本科专业是工商管理，但直到硕士开始学习科学社会主义，我才找到了自己真正喜爱的这个伟大的领域。然而，当我见识到高老师对于这一学科的热爱，我才发现自己所谓的喜爱实在不值一提。他把全部精力都投入科社与共运的研究中，始终笔耕不辍，老骥伏枥。即便已经离休，却仍然心系学科最前沿，为其发展而欣慰，为其滞缓而忧心，总是尽自己所能，提振学科的生命力、凝聚力、战斗力。作为年轻的后辈，我为自己有限的能力而惭愧，但也希望在高老师的感召下，不断成长成熟，将自己有限的生命融入绵延无尽的科社、共运长河中。

其四，坚定地爱着学术研究与课堂教学。有教无类，教学相长，一朝为师，便无遗憾。人生可以有多种职业选择，而教师是永不褪色的一个。高老师让我看到了人民教师最厚重而绚烂的一面，看到了他无与伦比的无私付出与倾囊相授。坦率地讲，我认为自己很难企及他的师道师德，那种对于研究和教学的投入，那种以苦为乐、不知疲倦的劳碌，外人只有刮目相看的份儿。但是，既然我也选择了这条路，就一定不会放弃对高老师的追随与模仿，尽管追随必定是笨拙的，模仿必定是稚嫩的。

滴水之恩，当涌泉相报。而对于高老师的涌泉之恩，我想，则必定以江海为报。

2017 年 5 月

感谢高放老师指引我走上科研道路

高敬增[①]

2017 年 2 月 4 日是高放老师九十大寿，我表示热烈祝贺，祝高放老师健

① 作者年近 80 岁，为中央社会主义学院教授，中国国际共产主义运动史学会顾问。

康长寿。我一辈子都要感谢恩师高放教授，是他指引我走上研究国际共产主义运动史和科学社会主义理论的道路。

1957—1961 年，我在中国人民大学马列主义基础系国际共产主义运动史专业本科学习的时候，高放老师就给我们讲过课。1961 年 9 月，中国人民大学在哲学、政治经济学、中共党史、国际共产主义运动史四个学科办导师制研究生班，为将来招硕士研究生摸索经验。导师制研究生班指导教师有肖前、宋涛、胡华等，而国际共产主义运动史专业导师制研究生班共 5 人，指导教师是高放（指导第二国际研究）、杨光远（指导共产国际研究）。我有幸成为高放老师指导的研究生。高老师指导我们精读马列经典著作，关心学术动态，查阅史料，以便进一步提高专业水平。

在写研究生毕业论文之前，为了给写毕业论文做练习，高老师建议我写一篇批判普列汉诺夫社会沙文主义观点的论文。我根据 1962 年出版的王荫庭译的普列汉诺夫《论战争》，查阅列宁有关论述，写成拙文《普列汉诺夫社会沙文主义批判》，经高老师指导和修改后，发表于 1964 年第 8 期《江海学刊》上，这是我研究国际共产主义运动史的处女作。

我的研究生毕业论文《普列汉诺夫在俄国一九〇五年革命时期是怎样背叛无产阶级革命学说的》，就是在高老师的指导下写成的。

1974—1984 年，在内蒙古喀喇沁旗党校和昭乌达盟党校学习期间，高老师鼓励我不要放弃对普列汉诺夫的研究工作。高老师给我寄来了 1977 年苏联出版的约夫楚克、库尔巴托娃合著的《普列汉诺夫传》，让我抽空翻译该书的章节布局、主要结论和珍贵史料。我利用业余时间，尝试着做翻译工作。1976 年粉碎“四人帮”后，特别是 1978 年党的十一届三中全会以后，我国迎来了社会科学研究的春天。我和高老师都萌发了写一部《普列汉诺夫评传》的念头，不谋而合。经我同高老师商定，我们合写《普列汉诺夫评传》，高老师总揽全局、定调把关、解决难点疑点问题，我负责具体搜集资料、查阅文献，起草初稿等具体工作。

首先，高老师让我准确把握恩格斯、列宁对普列汉诺夫理论和实践活动的评述。为此，我查阅了中文版《马克思恩格斯全集》《列宁全集》中关于普列汉诺夫的论述，并抄写卡片，以备随时查阅用。

其次，高老师让我尽量搜集普列汉诺夫的文章和言论，特别是具有代表性观点的文章。我除了购置齐国内公开和内部以中文出版的普列汉诺夫著作论文集外，在高老师的指导下，我尝试翻译尚未译为中文的普列汉诺夫的重要论文。我和高老师合译了《普列汉诺夫致恩格斯的十封信》，后来发表在1983年9月总第28辑《马列主义研究资料》上。我翻译了普列汉诺夫在旧《火星报》上的几篇文章，后来收入与其他人合译、王荫庭校的《普列汉诺夫：跨进20世纪的时候》一书中，1998年由东方出版社出版。我翻译了普列汉诺夫反对取消派的六篇论文，后来分别发表于《马克思主义研究资料》1985年第4期、1986年第1—2期上。高老师还让我从国家图书馆借来俄文版《普列汉诺夫全集》有关卷，找到《普列汉诺夫评传》引用的普列汉诺夫的论述，抄下俄文版原文，翻译成中文，进行核对，力求准确无误。

最后，高老师让我搜集国内研究普列汉诺夫的论著、翻译成中文的国外研究普列汉诺夫的著作，梳理作者的观点。那时，没有手机和电脑，我跑了许多图书馆，查阅有关书刊，摘要记录其主要观点。

我写出初稿后，寄给高老师审阅，他提出修改意见，我再修改。有些章节基础不好，高老师便亲自动手修改补充。此书稿经过三次修改才定稿。其中，我还请假进京，利用三个月时间，在高老师具体的指导下，专门对书稿进行了修改。

1980年7月，中国社会科学院从全国招考研究人员，我提供的是与高老师合著的《普列汉诺夫评传（初稿）》作为研究成果，经口试和俄语考试，被该院马列所录取为助理研究员。1984年4月，我正式调入中国社会科学院马列所，开始专门从事国际共产主义运动史的研究工作。

《普列汉诺夫评传》初稿写出后，高老师和我商定，在书出版前，有必要先把我们的看法通过报刊公诸于世，广泛听取意见，以便对书稿进行修改。高老师在1979年第6期《教学与研究》上发表了文章《论普列汉诺夫功大于过——兼论历史人物评价问题》。我和高老师在1983年第1期《湖南师院学报》上发表了合写的论文《纵观一生功大于过——评普列汉诺夫》。我们还在其他一些刊物上陆续发表了几篇关于普列汉诺夫的文章。

对于《普列汉诺夫评传（初稿）》，我们听取了多名专家和一些读者的意见后，又进行修改、定稿。该书于1985年6月由中国人民大学出版社出版，此书受到了学术界的好评。

《普列汉诺夫评传》是在高老师的指导下师生合作的劳动结晶，也是我从事国际共产主义运动史和科学社会理论研究工作的起点。我以后发表的一些有关国家共产主义运动史和科学社会主义理论的专著，都和高老师指导我学会搞科研、引导我走上科研之路的功劳分不开。我要永远感谢恩师高放教授。

2017 年 5 月

感恩和祝福

倪力亚[①]

为庆贺高放教授九十华诞而出版专门学术思想评论文集，这从某个侧面表现了社会对高老师的不同寻常的认可。对此我十分高兴，也想就高老师怎样指导培养自己写点感受，表示对高老师九十华诞的衷心祝福。

1969 年，我从中国人民大学国际政治系本科毕业分配到贵州省铜仁地区石阡县政府工作，1971 年调到贵州人民广播电台任记者、编辑。1979 年，我报考研究生，被中国人民大学科学社会主义系录取，成为高放老师在“文革”后指导的首届国际共产主义运动专业硕士研究生。我虽然是国际政治系本科毕业，但“文革”前只读了两年大学，学的是基础课和专业基础课，没有接触专业，只是“文革”结束后自学过一段时间有关国际共运史书籍。因此，我在专业学习上还得补课。入学后，高老师多次和我们研究生谈话，以自己的经验和切身体会谈如何学习好专业。高老师谈话的内容很多，对我们研究生学习大有帮助，终身受益。现在回想起来，印象最深的大致有以下三个方面：

一是治学要有“坐冷板凳”精神。20 世纪五六十年代的好长一段时间，高老师因受“左”的政治压制，不能从事教学，有两年在资料室工作。这时他没有参与当年理论热点的追逐，不写时髦文章，甘坐冷板凳，潜心学习马克思主义经典著作，收集大量宝贵的资料，所做的资料卡就有好多箱，这为他日后从事教学和研究积聚了巨大能量。真正是十年磨一剑，香从苦寒来。

二是学习要读马克思主义原著。当时正值粉碎“四人帮”后重新认识马克思主义时期。过去我们很少读马克思和恩格斯的原著，容易被那些打着马克思主义旗号的“左派”理论、理论家所欺骗，也很难真正掌握马克思主义

---

① 作者系高放教授指导的第一批硕士研究生和博士研究生，毕业后长期在中央机关工作，曾任中共中央政策研究室文化研究局局长，中央政策研究室主办的《学习与研究》杂志社社长兼总编辑。

的实质。针对这种情况，高老师开出了一系列非常重要的马克思和恩格斯著作书目，要求我们研究生认认真真全部读完。他还就一些重要原著进行学习辅导，亲自检查考核，看我们是否真正读懂这些书。他经常给我们讲一个观点，那就是：马克思主义就是马克思和恩格斯本人的思想，任何其他人对马克思和恩格斯的解释、发挥、发展都不能称之为原汁原味的马克思主义。这个观点，当时和现在的我都是很赞同的。

三是研究要解放思想。研究生不同于本科生之处在于研究。国际共运史是一门政治性很强的历史科学，既是政治学又是历史学，这里传统上存在许多禁区和条条框框，要在国际共运史的研究上有所突破是很难的，甚至是有政治危险的。高老师知道我们有畏难之处，常常鼓励我们要解放思想，大胆探索，敢于向传统的、过时的、错误的理论观点和被歪曲被隐蔽被虚构的所谓历史进行挑战。他身体力行，为我们作出了榜样。他与著名经济学家于光远关于社会主义一词含义的通讯，他的《社会主义的过去、现在和未来》一书，他在各种场合下的演讲，都充满了新意，绝不是那些老生常谈的东西。他对马克思主义理论、国际共产主义运动的经验教训、社会主义政治体制、共产党的建设和指导，进行了深入的探讨，提出了一些颇有价值的学术观点和政策建议。作为研究生，我为有这样的研究大师做自己的导师而深感自豪。当有人问我的导师是谁时，我会说那是“思想高度开放”的高放老师呀。

高老师对自己的学生十分关爱，给予了很多帮助。1984 年，我考取了中国人民大学国际政治系博士研究生，指导教师还是高放老师。博士研究生对研究能力的培养更重了。我当时研究的课题是《恩格斯与〈共产党宣言〉》，此文发表在中国人民大学的学报上。高老师还把我的硕士学位论文《葛兰西对意大利社会主义道路的探索》与他带的另一位硕士生李景治写的硕士学位论文合成一书，联系到上海学林出版社出版了。我与其他几位同学在高老师的指导和主编下撰写了《评〈第三次浪潮〉》，此书由光明时报出版社出版，在社会上引起了较大反响。1987 年，在高老师的推荐下，我的博士学位论文《论当代发达资本主义国家的社会阶级结构》以中国人民大学首批博士文库的名义在中国人民大学出版社出版。为了让我毕业后有一个合适的工作单位，高老师亲自带我去过外交界老前辈、著名国际问题学者宦乡的家里，推荐我去国务院国际问题研究中心工作。正因为我有博士学位和在国务院国际问题研究中心工作的经历，又由于我的博士学位论文受到中央有关部门的重视，遂我于 1991 年被调到中共中央政策研究室，担负起了直接为党中央服务的重要工作。说到这些经历，怎么能不感恩我的好老师高放呢。

最后衷心祝福高老师健康长寿!

2017 年 5 月

我的导师高放教授

李景治[①]

一

我是“文革”前的老大学生。“文革”后，国家恢复高考和研究生学位制。1979 年中国人民大学国际共运史专业开始招收硕士生，我有幸考上中国人民大学科学社会主义系国际共运史专业的硕士生。当时还没有实行导师制，而是试行导师组负责制。负责我们的导师组由高放、杨光远、杜康传三位老师组成。入学一年后，人大的硕士生培养改为导师制，高老师负责指导我和另外一位同学。从此，我就在高老师的直接指导下学习和研究国际共运史。我毕业留校任教，也一直在高老师的指导帮助下从事教学、科研工作，至今已有三十余年。回忆往事感慨万千，不少事情已淡忘，唯有师恩难忘、老师的教诲难忘。

我们入学时，高老师已经是知名学者，经常在《光明日报》及其他报刊杂志发表文章。当时正值“文革”后百废待兴，一系列重大理论和现实问题需要反思，一系列改革开放的思想问题、理论问题、制度建设问题需要解决。而高老师的渊博学识、独到见解和解放思想、实事求是的精神，在这一历史转折时期得以充分展示。高老师在同学中具有很高的学术威望，他的文章大家总是争相传看，我更是每篇必读，从不错过。记得当时中央理论和实际部门常常召开理论研讨会，《光明日报》等大报会摘要刊登甚至全文刊登与会专家的发言，影响极大。由于这些发言集中反映了学术界的最新研究成果和看法，对学术研究发挥了很大引领作用。而高老师的发言又格外引人注目。

中国人民大学是国际共产主义运动史专业和学科的发源地，高老师是这

① 作者系中国人民大学国际关系学院教授、博士生导师，2000—2007 年曾任国际关系学院院长。

个学科的创始人之一。这里所说的创始人，包括参与课程的设置、讲授、教材编写、本科生和研究生的培养。在我国，这个学科的前身是《联共（布）党史简明教程》的学习，最初由苏联专家讲授。他们离开中国后，中国的教师除了继续讲授，还在此基础上创设了国际共产主义运动史学科。这中间高老师功不可没。我们上人大，高老师主要讲《联共（布）党史简明教程》专题研究。该课程从列宁主义形成、布尔什维克党建立发展讲起，涉及十月革命、苏联社会主义建设、执政党建设、政权建设、斯大林历史功过。其难度大、学术含量高、涉及理论争议和敏感问题多，颇引人关注。不少外专业的同学都来听课，课堂上座无虚席。后来高老师招收并重点培养博士生，就不再给硕士生上课，建议我开设苏联共产党历史研究课。他要求相关博士生必须来听这门课。为讲好这门课，我下了很大功夫，不少学术观点还是借鉴了高老师的。这门课的开设，也算是对高老师的一种继承。

高老师讲课有几个特点。一是突出问题。课程史论结合，他从不进行一般史实叙述，而是集中讲问题，着眼于经验教训的总结、历史事实的考证、争议人物的评价、历史发展的前瞻。二是突出前沿性。讲课紧紧围绕学术前沿问题召开，直接面对学术争议，从不回避。同学从讲课中就可以直接了解当前的学术动态。三是突出新观点。他讲课要介绍相关学者的观点，但主要讲自己的看法，讲自己的新观点。因此他的课可谓堂堂有新意。高老师十分注意把教学和科研密切结合起来。一方面把自己最好的学术研究成果拿到课堂上与同学们分享，另一方面把教学成果和教学中的学术思考经过深入研究转化为文章、著作。高老师的《社会主义的过去、现在和未来》一书，就是在系统讲授社会主义发展史的基础上完成的。这部专著影响很大，是当时研究社会主义发展史的标志性成果之一。

高老师培养学生非常注重提高学生的科研能力、挖掘学生的学术潜力、为其学术成长创造条件。在论文选题时，我选了欧洲共产主义。由于意大利共产党当时是西方最重要的共产党、也是欧洲共产主义主要核心，所以高老师指导我着力研究意大利共产党及其重要领导人陶里亚蒂、贝林格。我的论文不仅顺利通过，而且我还围绕学位论文发表了几篇文章。记得我在查阅资料时，发现陶里亚蒂写给赫鲁晓夫的一封信。陶里亚蒂是意共总书记、曾任共产国际主要领导职务，在国际共产主义运动中占有重要地位。他对中苏大论战、国际共运分裂的看法又不完全同苏共一致，因此他的言论备受关注。而这封信是他准备同赫鲁晓夫会谈的提纲。不料会谈前他不幸病逝，这封信就成了他的政治遗嘱。在意共的强烈要求下，苏共和世界主要共产党的报刊都刊登了这封信。中国认为陶里亚蒂是现代修正主义的代表人物，一直没有发表此信。高老师充分肯定这封信的重要性和学术价值，并鼓励我把它翻译成中文发表。由于这封信首次在我国发表，高老师很慎重，亲自对译文进行校译、审定，最后亲自推荐给杂志发表。

我的同学倪力亚论文作的是葛兰西。高老师就谋划以意大利共产党为主题，把我们两人的论文合成一部学术专著。我们在高老师的指导下，按照学术专著的要求，对论文进行认真修改补充。最后，高老师为这本书起名为《意大利共产党人对社会主义道路的探索》，并亲自推荐给上海学林出版社出版。这是我们的第一本学术专著，当然难以忘怀，但更难忘的是师恩，是高老师所浸注的心血。

高老师做学问严谨，为人也严肃，平时不苟言笑，也很少与同学们谈论学习、研究之外的事情。这是由于高老师一心一意做学问，无暇他顾，自然关于生活琐事的话题就少了许多。其实，高老师为人随和，没有大教授、大权威的架子，对同学和老师一律以“同志”相称。他对同学十分关心，经常帮助即将毕业的同学联系工作，希望同学们学有所用，事业有成。他还把同学的好论文推荐给相关杂志发表。即使同学们毕业了，有事相求，他也力所能及地提供帮助。

二

我是1982年毕业留校任教的。但高老师对我的指导帮助并没有结束，而是进入一个新的阶段、采取了新的形式。这就是带领我们进行学术研究，在完成一些重要课题过程中锤炼、提高我们的科研能力。毕业不久，我们就参加了高老师、黄达强老师主编的《社会主义思想史》。这部学术专著从空想社会主义讲起，重点研究科学社会主义的产生、发展。其特点是以社会主义发展史上重要人物为中心展开论述，突出各个历史时期代表人物的思想贡献、理论创新。全书近80万字，被列入中国人民大学丛书，是当时该领域研究的标志性成果之一。高老师和黄老师为全书制定了编写大纲、研究和撰写原则，并直接参与撰写。高老师写的导论立意高远、思想深邃、视野宽广、提纲挈领，是全书的指导和灵魂。这篇导论也集中体现了高老师对社会主义发展史研究的思路和主张。导论提出并论述了社会主义思想史的研究对象、学科性质和体系结构、起点、社会主义思想的初级形态——空想社会主义及其发展的三个时期、社会主义思想的高级形态——科学社会主义及其发展的三个时期、社会主义思想演进的历史规律、学习社会主义思想史的意义和方法，对深入研究社会主义思想史和相关学科建设具有巨大而深远的影响。

当时我年富力强、精力充沛，承担了这部著作的较多撰写任务。其中涉及三章共十节，包括马克思、恩格斯、列宁、斯大林等人社会主义思想的评价与研究。参与这部著作的撰写对我锻炼提高很大。最重要的是，在书稿的完成的过程中，我能够经常接受高老师的指导帮助。这种在研究和写作实践中学到的本事，是一般课堂上所学不到的。记得高老师对我有两点批评。一是写东西快，但有时粗糙，欠精益求精。二是思想“解放”，敢说话，喜欢探讨问题，但有时乱评论。对老师的批评，我时刻牢记、坚决改正，并逐步养成良好的研究习惯。

1991 年是巴黎公社革命 120 周年。华夏出版社邀请高老师写一本关于巴黎公社革命的书。高老师事情太多，推荐我撰写这本书。高老师认为，关于巴黎公社革命的书已有一些，有大部头的学术专著，也有普及性的小册子，缺少的是一本学术性与普及性相结合的中等规模的通俗读物。这个意见为出版社所接受。由于这一时期我比较关注社会主义国家政治体制改革，想从政治体制和管理机制的角度研究巴黎公社。这方面的研究相对较少、不够集中。只要下功夫研究，一定会写出新意。这一想法得到了高老师的大力支持，于是在高老师的指导下起草、确定了编写大纲，开始撰写工作。全书集中研究和论述了巴黎公社的新型的政治体制，开创性的民主制度，独特的多派合作制和广泛的联盟政策，充满活力的管理体制和运行机制，干部选拔、任用、罢免制度和保持人民公仆本色的措施等。高老师审定了全书，将其定名为《工人首创的新世界》。高老师奋笔疾书，写了长篇序言，题为《在改革开放的大潮中重新认识巴黎公社工人首创的新世界》。

高老师高度重视学科建设。他是国际共运史这个学科的创始人之一。有关国际共运史的学科定位、学科体系构建、教材建设、硕士生和博士生的培养计划，他无一不倾注其心血。高老师主编了不少堪称典范的教材，可惜我只有机会参加《科学社会主义理论与实践》的编写与修订工作。当时全国高校硕士研究生都要开设科学社会主义理论与实践这门课。高老师提出的教学大纲得到国家教委批准，形成科学社会主义的理论与实践教学要点，公开发行，供各校教学和编写教材使用。中国人民大学出版社出版了由高老师主编、一些老教师参与编写的《科学社会主义的理论与实践》。这本书发行量大、影响广泛，后由高老师主编，已经出了六版，第七版即将问世。我从该书的第三版开始参与修订工作，再次感受到高老师深厚的理论修养、科学的探索精神、精益求精的学术态度。每次修订，高老师都要求我们认真吸收最新研究成果、补充新内容，务必使教材跟上教学和研究的需要。每次修改，高老师都逐字逐句地审阅我们的稿子。每次修订，高老师都把自己的最新研究成果写入教材之中。正因如此，这本教材才经受住了教学实践的考验和时间的检验，始终受到读者的欢迎。

三

我跟随高老师读了三年硕士，但跟高老师学习却长达几十年。如果从1979年算起，至今已有37年。跟高老师学习，受益无穷，但体会最深的是以下几点：

第一，始终坚持共产主义的理想信念，坚守国际共产主义运动史和科学社会主义的研究阵地。高老师学术研究成果丰硕，事业发展却不十分顺畅。但是令人敬佩的是，高老师不管顺境逆境，不管别人怎样说怎样做，都始终坚持共产主义的理想信念。不管高老师对历史上和现在的社会主义国家、社会主义制度提出怎样的批评，都是基于要搞好社会主义，而不是贬损社会主义。他始终对社会主义发展前景充满乐观、向上、向好的情绪，即使在社会主义发展处于低潮的情况下，他也依然如故，从不动摇。国际共运这个学科有过辉煌，现在由于各方面原因而趋冷，至少规模大大缩小。但是高老师始终坚守，仍旧以自己的研究和指导博士生来引领学科发展。高老师是我们这个学科的一面旗帜，始终鼓舞、支持我们努力促进学科发展。

第二，思想解放，勇于提出新观点、新看法。高老师素以思想解放著称。改革开放初期，他就对苏联传统的政治体制进行了深刻反思。总结苏联经验教训，提出中国政治体制改革的思路和有益见解。在当时的条件下，提出这些见解，是需要极大的理论勇气和探索精神的。高老师敢于提出新的见解和看法，完全出于对其学术研究的自觉和自信。同时，正是高老师的这些思路和见解，引导和推动了我进行有关中国政治体制改革、当代中国政治发展的研究。其中一些研究课题是直接从高老师的研究中得到启发而开展起来的。苏东剧变后，大家都在总结其教训，但众说纷纭，难免各执一端。高老师从历史与现实的、体制与指导思想的、国内与国外的、执政党与领袖个人的等多角度、全方位总结了苏东剧变的原因及其历史教训，令人信服，给人以启迪。

第三，坚持严谨的治学态度。高老师思想解放，勇于探索，敢于提出新观点、新看法，但这些新观点和新看法来自严肃认真的研究和严谨的论证，绝不是凭空推测、无据妄谈，都经得起推敲和检验。学术研究本来就应当百花齐放、百家争鸣，容许发表各种不同意见。有人对高老师的一些观点和看法持不同意见也是正常的、可以理解的，但是对高老师认真的研究态度和严谨治学精神、对于研究本身，却没有人提出异议。高老师在研究中从来没有半点模糊，有时为了一条材料、一个提法、一个时间地点、一位人物就到处查阅资料，有时还要托人去查，不查证落实，绝不轻易下结论。

第四，运用科学的研究方法。高老师的研究始终坚持辩证唯物主义和历史唯物主义，坚持从实际出发，坚持实践是检验真理的唯一标准。他的研究以问题为导向，以提出问题为出发点，以解决问题为归宿，从不空谈空论。国际共运史既是一门特殊的史学学科，又是一门重要的理论学科。因此，研究中如何处理“史”和“论”的关系十分重要。高老师反复教导我们要坚持史论结合，论从史出的原则。也就是说，史料一定要准确、扎实，不能虚化，更不能搞错，在此基础上要对史料进行理论分析，从分析中得出结论。高老师率先垂范，许多文章都是史论结合的典范。由于论从史出，言之有据，所以令人信服，经受得住历史的检验。

第五，保持勤奋、锲而不舍的精神。高老师学识渊博、著作等身，这与他的才华天赋有关，也与他的勤奋和锲而不舍的精神分不开。高老师的天赋才华我们无法学到，但是高老师的勤奋和锲而不舍的精神永远值得我们学习。对高老师来说，没有节假日，没有空闲消遣，他把全部的精力都用在了科研教学上。无论顺境还是逆境，他都坚持作学问、搞研究，从未间断。高老师勤于思考，善于发现问题、解决问题。高老师参加讨论会，手里总离不开一个笔记本，力求把所有人的发言都记录下来，供日后研究参考。他的这个习惯一直坚持到年近九旬。

2017 年 5 月

坚持马克思主义的学界楷模

——高放老师九十华诞感言

蓝蔚青[①]

我1979年考入中国人民大学马克思主义发展史研究所，有幸成为中国第一批马克思主义发展史专业的硕士研究生。3年就学期间，高放教授是我最为钦佩的老师。他对马克思主义的坚定信仰和科学态度，解放思想拨乱反正的理论勇气，广征博引、厚积薄发的学养，对同行乃至学生虚怀若谷的态度，对我的理论研究生涯产生了不可磨灭的影响。每次听高老师的课，都会产生许多思想火花，在课间向他请教，总是受益匪浅。正是在他的力作《社会主义的过去、现在和未来》的影响和指导下，我毕业走上工作岗位后，就组织教研室同事编写了全国党校系统第一部社会主义思想史教材，接着又与3位同窗在高放老师的带领下，编写了《国际共产主义运动史概要》，把许多拨乱反正的新认识写入教材。高老师第一次招收博士研究生，就鼓励我报考。但因我当时已被列入“第三梯队”，而未能成为他的“嫡传弟子”。从政以后，由于始终在社科战线工作，仍然有在学术会议上听取高老师精辟见解的机会，也一直关注着他的新论，并多次获赠他的新著，使我的学习过程得以继续。

高放教授给我印象最深、对我影响最大的，是他对马克思主义的信仰纯粹是对科学真理的坚守，没有任何盲从和迷信的成分。他把学习、研究和宣传马克思主义、科学社会主义作为自己的毕生事业，耄耋之年仍未曾懈怠、新著迭出，无愧于马克思主义理论队伍中的不老松。依靠长期用心的积累，他对马克思主义经典著作和国际共产主义运动史的文献资料极为熟悉如数家珍，而且对新发现的文献史料和国内外新的研究成果高度关注，及时汲取知识养分。他深得马克思主义的真谛和精髓，坚持的是马克思主义的世界观、方法论和价值观，同时绝不拘泥于经典作家的具体结论，不唯上、不唯书、只唯实。他始终关注着科学技术的新发展、经济政治文化社会生活的新现象，并力图从中引出能够揭示客观规律的新结论，对资本主义和社会主义的发展特点、发展模式、发展

① 作者系中国科学社会主义学会副会长，浙江省社会科学界联合会原党组副书记、副主席，研究员。

阶段等提出了一系列新见解。尽管都是一家之言，但立论有理有据，用词特色鲜明，给人印象深刻，在专业和非专业的读者中都引起强烈的共鸣。他对什么是马克思主义，如何学习研究和完整准确地理解马克思主义，如何在新时代坚持和发展马克思主义都有许多精辟的见解。犹其在当下一些人对马克思主义的不学无术的抹黑谩骂和另一些人对马克思主义的宗教徒式的维护，以及认为马克思主义已经过时或不适合东方国家的冷漠的情况下，这种对待马克思主义的理性科学的态度更显可贵。对于各种偏离甚至背离马克思主义的言行，即便是出于老朋友、老领导和尊敬的长者，他也不留情面地公开批评，同时又坚持以理服人，指出对方失足之处。对于论战的对方，他从不乱扣帽子、随意上纲，对“帽子工厂”也不“以其人之道还治其人之身”，堪称有绅士风度的战士。在理论论争日益情绪化，社会意识极端化，网络舆论事件中选边站队，对骂频现的情况下，这种坚持原则而又理性冷静的态度，对于坚持和弘扬延安整风精神，反对主观主义、宗派主义和党八股，增强马克思主义理论的说服力、亲和力、凝聚力，是极为重要的。

高放教授始终保持着中国知识分子以天下为己任、忧国忧民的优良传统，考虑问题总是人民利益至上，高度关心党和国家的前途命运。他给我们讲授的第一门课程是“联共（布）党史”。《苏联共产党（布）历史简要读本》曾被我们党认为“是一百年来全世界共产主义运动的最高的综合和总结，是理论和实际结合的典型，在全世界还只有这一个完全的典型”。它一度成为中国共产党人学习马克思列宁主义的主要教材之一，至少影响了两代共产党人。这本教材对马克思主义理论系统化和大众化确实起过巨大的作用，但也有着明显的时空局限性，反映的是 20 世纪 30 年代一部分苏联共产党人对马克思主义的理解水平。我们过去对马克思主义的误解、曲解和教条式理解，主要出自它和另外两本从苏联翻译过来当作基本理论教材的哲学、政治经济学教科书。对于苏联版本的马克思主义理论和苏联的革命与建设实践，我们长期抱着矛盾心态，有时当成社会主义的形象代表而顶礼膜拜、一味溢美、不容置疑，有时又因为中苏矛盾和论战而否定贬斥。加上苏共对自身历史评价的变化，导致我国学术界对苏联的一些历史事件、一些历史人物的评价自相矛盾、无所适从。高老师指导我们打破了对《苏联共产党（布）历史简要读本》的迷信，按照马克思主义的本来面目，从历史事实和人民利益出发，实事求是地研究苏联的经验教训，既不“把小孩子和脏水一起泼掉”，又不讳疾忌医，确实令人信服，也曾使我产生过强烈的冲动，想汇集学习体会写一本

《重评联共（布）党史》。由于我们党和国家受苏联的理论和实践影响很深，一些人在某些问题上至今还深受其害而不自知，把某些阻碍社会主义完善和发展的苏式弊端当成“通灵宝玉”，这是利益固化藩篱下思想观念束缚的突出表现。科学总结苏联的经验教训，对于我们坚持并沿着正确道路推进改革开放具有重要意义。高放教授多年来对我国的改革开放特别是政治体制改革提出了许多真知灼见，这同他对苏联经验教训的深刻认识有着不可分割的联系。这些基于科学研究的理性思考，对于我们“既不走邪路，又不走老路”能够提供有益的启迪。

我从事马克思主义研究和宣传40多年，深感马克思主义作为一种科学的理论，它发挥指导作用的途径不是靠外部的强制，而是靠内心的认同和自觉的需求。马克思主义创立之初，马克思、恩格斯都是毫无权势的政治流亡者。即使在力量弱小的各国工人政党中，他们也没有担任任何领导职务。他们的学说一开始只是欧洲诸多社会主义学说中的一种，布朗基主义、工联主义、普鲁东主义、拉萨尔主义、无政府主义等都曾经比马克思主义拥有更广泛的群众基础。但是经过几十年欧洲工人运动大浪淘沙，各国工人政党的领袖纷纷向马克思、恩格斯请教，马克思主义逐渐成为国际工人运动的指导思想，他们的著作一版再版，在全世界广泛传播。

近代中国由于落后，先进知识分子开始向西方寻求真理。马克思主义起初只是传入中国的西方哲学社会科学学说中的一种，还一再被斥为“不适合中国国情”，马克思主义的传播也曾遭到反动政权的“文化围剿”。但经过实践中的比较和马克思主义理论本身的中国化，越来越多的决心改造社会、振兴中华的先进知识分子为马克思主义科学真理所折服，纷纷把马克思主义作为认识世界、改造世界的理论武器。在中国化马克思主义的指导下，中国发生了翻天覆地的变化。

毋庸讳言，现在确实有一些同行对坚持马克思主义的指导地位重视不够，甚至不以为然，有的还对马克思主义颇有微词，其重要原因在于对马克思主义一知半解，并不真懂。有的则是受了一些不懂装懂的人的误导，把党八股当成了马克思主义。马克思主义传入中国一个多世纪以来的历史充分证明，从认同到真懂是一个漫长的过程，我们确实也走过曲折的道路。实践一再证明，把马克思主义当教条，照抄照搬具体结论，贴标签，不可能真懂。拉大旗作虎皮，把“研究马克思主义”当成谋取个人名利地位的手段，把理论信仰变成职业需要，更不是真懂真信。况且大多数同志是通过二手、三手材料了解马克思主义的，接触的是“被解读”的马克思主义。由于解读者的水平参差不齐，难免存在一些误解、曲解、教条式理解。改革开放以来的思想解放、拨乱反正，就是根据实践的检验结果，逐步做到完整准确地理解马克思主义，并在新的实践中创造性地丰富发展马克思主义，推进马克思主义中国化、时代化、大众化，形成当代中国马克思主义的过程。我们要总结历史经验，自觉学习，改善方法，端正学风文风，力求真懂，使真信水到渠成。

要真懂就需要下苦功夫读原著，特别是马克思主义创始人的代表性著作和当代中国马克思主义的代表性著作，结合当时的历史背景和当下的现实情况进行深入思考，理解和把握贯穿这些原著之中的世界观和方法论。我从借助《提要和注释》的“拐杖”学习几本代表性著作，到攻读选集、浏览全集，再到工作中结合建设中国特色社会主义的实践学习当代中国马克思主义的系列著作，从中深深感受到真理的力量，感受到马克思主义对当今世界和中国各种社会现象的解释力、指导力，由衷地体会到把马克思主义基本理论同当今中国的探索性实践对立起来是完全站不住脚的。习近平总书记在哲学社会科学工作座谈会的讲话中指出：“对马克思主义的学习和研究，不能采取浅尝辄止、蜻蜓点水的态度。有的人马克思主义经典著作没读几本，一知半解就哇啦哇啦发表意见，这是一种不负责任的态度，也有悖于科学精神。”这确是切中时弊的批评。我们不论从事什么学科、什么领域的哲学社会科学研究，都离不开马克思主义的指导，都需要通过读原著掌握科学的世界观和方法论，做到真懂真信。这样才能揭示事物的本质，把握发展的规律，避免探索的迷茫，摘取科学的成果。

真懂一定要与中国实践、当地实践相结合，把自己对马克思主义的理解放到实践中去检验，并且运用马克思主义的立场、观点、方法分析新形势，研究新情况，解决新问题，总结新经验，提出新观点，构建新理论。必须按照习近平总书记在上述讲话中所倡导的态度和方法，坚持以人民为中心的哲学社会科学研究导向，坚持实事求是，在实践中逐步提高理解和运用马克思主义的水平，逐步抓住精髓，掌握真谛，融会贯通，取得富有理论价值和应用价值的成果，在各自的研究领域为发展具有继承性、民族性、原创性、时代性、系统性、专业性的中国特色哲学社会科学作出贡献，为当代中国伟大的社会变革和实践创新提供理论指导和学术支撑。

2017 年 5 月

老骥出枥，壮心不已

——向高放先生致敬

孙兰芝[①]

收到《恭请、诚约赐文祝贺高放教授九十华诞专函》，深感荣幸，借此机会，向高放先生表达我深深的敬意。

一、我是高放先生的“编外学生”

我是高放先生的“编外学生”。1976 年 10 月，粉碎了“四人帮”，历时十年的“文革”结束了，1978 年，教育部决定恢复研究生招生制度。1979 年，我考取了中国人民大学国际共运史专业硕士研究生，高放先生是这个专业的指导教师。备考期间，我曾给高先生写信，咨询有关问题，记得那时他因病住院，在病榻上写信给我。当年这个专业共录取 8 人，其中李景治是与我同在北大国际政治系的学长，高我两个年级，这个专业只有我一个女生。高先生考虑我有家庭和孩子，许多事情需要提前安排，特地给我写了信，嘱我早做入学准备。当时我在辽宁省昌图县委党校工作，正在联系往沈阳调动，基本有了眉目，考虑到教育子女和照顾老人等困难，我毅然选择了调沈阳工作，放弃了重返京城深造的机会。我曾在我的传记——《生命的远行》一书中以“未遂研究生”为题，写了自己的这段经历。我在书中说：“没有做成高放老师的学生，实为终生遗憾。我不只是失去了一个研究生学位，更重要的是与我崇敬的导师高放先生失之交臂。我一直认为高放老师是国内国际共运史研究领域的第一人。他不仅学问做得好，而且非常有操守。”

高放先生几十年来笔耕不辍，著作等身，改革开放以来发表过 500 多万字文稿，在学界被誉为“思想高度解放”的学者。高先生思想永不保守，一直与时俱进，敢为天下先。国内出版的多部辞书和书刊称之为马克思主义理论家、社会主义学家、国际共运史学家、政治学家、思想家，高放先生说自

---

① 作者系国家教育行政学院教授，曾任国家教育行政学院社会科学部主任。

己是“民间学者，平民教授，不违初衷，不计得失，不惊宠辱，不求闻达，不跟风转”。这就是我们所了解的高放先生，我所崇敬的高放先生，他是兼具经师与人师风范的楷模。

1983 年暑假，我以辽宁教育学院教师的身份参加全国国际共运史学会在青岛举办的讲习班，高放先生来讲课，那是我第一次见到高先生。说起我没有去人大念研究生，高先生表示理解和同情。以后，全国国际共运史学会的有关会议，我和夫君丁广举（我们都毕业于北大国际政治系，较长时间从事国际共运史的教学工作）一般都积极参加，差不多每次开会都能见到高先生。高先生的讲话或报告总能给与会者以启迪，我们很珍惜这样的学习机会。1987 年我们夫妇调到北京（在国家教育行政学院）工作以后，与高先生的联系就更多了，见面也更多了，有机会当面聆听他的高见和教诲。高先生经常把他写的书送给我们，我们出了书也送给高先生，以求先生指教。高先生的学术思想、政治理念对我们有深刻影响。高先生不息的学术激情、宽广的学术胸怀，对我们是鼓舞、是激励、是鞭策。

二、高放先生与北大的三段情缘

高先生说他自己一生与北京大学很有缘分。首先，他曾是北京大学的学生。他于 1946 年从家乡福州到上海参加考试，考入北大。在北大学习一年多，受到自由、民主、科学、爱国思想的教育和熏陶，他积极参加学生民主运动和地下党领导的“民主青年同盟”（简称“民青”，是我国抗日战争时期进步青年的地下组织，1949 年后大部分盟员转入中国新民主主义青年团，1957 年改名为中国共产主义青年团）。1948 年年初，他险奔解放区参加革命，就是立志为革命而献身，他晚年还牢记“不违初衷”。其次，1973—1978 年中国人民大学停办期间，高放先生转到北京大学国际政治系执教，1978 年秋后中国人民大学复校，他又回到中国人民大学。最后，20 世纪 90 年代高放先生受聘北大国际关系学院“讲座教授”，给博士生上课，使不少北大学子幸运受益。

1989 年后，中国人民大学有人把高放先生的一些学术观点视为“异端”。在这种情况下，高先生感到在人大校内难以正常工作，从 1995 年起拒招博士研究生，在 1997 年主动光荣离休。这时，外交部机关党校、北大国际关系学院等单位发给他教授或讲座教授聘书，他就把课堂转移到了中国人民大学以外。2000 年，中国人民大学新一届校领导了解到有关情况后，认为对高放先生的一些做法是不公正的，2005 年又返聘他回校工作，继续招收博士生；2009 年，根据高先生丰厚的研究成果，中国人民大学授予他“荣誉一级教授”称号。2008 年北大 110 周年校庆之际，北大校党委宣传部约他撰写纪念文章。他以《我与北大三段情缘》为题，追述了对北大的感激之情。此文在《北京大学校报》连载 3 期（2009 年 9 月 25 日、10 月 15 日、10 月 25 日）。共同的北大情结，使我们对高放先生更多了一层崇敬和亲近。

三、高放先生对北大“老五届”校友的特别关怀

这里特别要说到高放先生对北大“老五届”[①] 校友文集《告别未名湖》（已出 3 集，九州出版社 2013 年、2014 年、2015 年分别出版）的关注和支持。2013 年 9 月 3 日，我们夫妇去拜访高先生，送上《告别未名湖》第一集。随后他读了其中多篇，对这部书非常肯定，认为是值得一读的好书。

2014 年 3 月 2 日，我们又去拜访高先生，向高先生汇报我们正在组织编辑《告别未名湖 2》，恳请高先生为第二集作序。我们知道：一篇好序对于做好一部书太重要了，我们亦知请先生作序，是让先生受累。我们还得知：自 1983 年以来，先生为他人论著作序已有几十篇。现在，先生年届耄耋，并还在带博士生（他共培养了 23 名博士，当时还有 2 名在读），还有一些报刊杂志约稿的任务，作序的事是不易承担的。但是，我们还是开了口，高先生却欣然应允。

高先生为《告别未名湖 2》撰写了近两万言的精彩长序。序文题目是《必须牢记的历史》，意云“文革”这段历史不能抹去，其沉痛教训必须牢记。文中以“五子说”（骄子、“棍子”、弃子、才子、赤子）深刻生动地概括描绘了北大“老五届”学子。高先生还在序末赋七言律诗一首：

青春惊喜耀金榜，矢志兴邦拜杏坛。
博雅塔边聆教诲，未名湖畔理疑团。
腥风血雨从天降，剑影刀光遍地寒。
五彩人生堪细绘，根除“左”祸万民安。

---

① “老五届”，泛指“文革”前考入高校、1966 年“文革”开始时还在校的大学生，即指应于 1966—1970 年毕业的五届大学生。

2014 年 9 月 29 日《北京日报》发表了高放先生的文章《矢志兴邦拜杏坛——我读告别未名湖》。高先生的序文得到北大“老五届”校友的热烈回应。校友王志敏写了一篇《五子吟》，收入《告别未名湖 3》。他说：“读高放老师《告别未名湖 2》序，‘五子说’像一面镜子，照见北大‘老五届’的影子，印下他们半个世纪的足迹。‘五子’，似可作为北大‘老五届’的别号了。”

校友滕宗元读高放先生《告别未名湖 2》序，赋五绝五首，以百字诠释“五子”：

骄子篇

博雅未名忆，赛德真谛寻；
登攀曾有志，无悔入斯门。

“棍子”篇

惨遇荒唐世，青春付水流；
回头方恨晚，谁解少年愁？

弃子篇

一去江湖远，根扎草野深；
同尝黎庶苦，报效叹无门。

才子篇

赤县云开日，人才断青黄；
胼胝兴百废，稚肩亦栋梁。

赤子篇

弹指“七〇后”，难酬寸草心；
故园常入梦，感悟启来人。

四、高放先生为纪念世界社会主义五百年的特别贡献

2013 年，高先生应中国工人出版社之邀，主编《世界社会主义五百年历史人物传略》丛书（20 个分册，包括 25 位著名的社会主义思想家革命家），丛书共 200 多万字。高放先生撰写了题为《学习革命先辈典范　增强社会主义信念》的序言。先生约我们夫妇参加。根据先生的安排，在丁广举的协助下，我完成了两个人物的写作任务：国际工人运动活动家、德国共产党创始人罗莎·卢森堡和苏联社会主义革命家、教育家克鲁普斯卡娅的传略。《卢森

堡》和《克鲁普斯卡娅》这两本书于2014年出版。这套书现在也已全部出齐，获得了国家出版基金的资助。

寿至耄耋的高先生为了组织好这套丛书的写作和出版，尽心竭力，做了充分的准备和精心的安排。他亲自约请作者，为作者们提供了大量的具体帮助和指导，如提供参考书和相关报刊资料。我受命撰写两位女革命家的传略，许多书刊、资料都是高先生亲自提供的，其中一些资料为高先生几十年来搜集和保存的，非常难得。其中包含历数克鲁普斯卡娅历史功绩的《新中华报》1939年3月6日社论和报道悼念克鲁普斯卡娅活动的资料，罗莎·卢森堡所著《论俄国革命·书信集》，中共中央编译局国际共运史研究所编辑的《卢森堡文选》（上、下卷）、《国际共运史研究资料》（增刊·卢森堡专辑），程人乾所著《卢森堡》，罗莎·卢森堡著《狱中书简》等珍贵书籍和资料。《克鲁普斯卡娅》一书出版后，中共中央办公厅秘书局主管的《秘书工作》杂志责任编辑燕玉涵看中了书中“杰出秘书”一章的内容，约我写了一篇小文，题为《克鲁普斯卡娅的秘书生涯》，发表于该刊2016年第6期。

2016年是英国著名思想家、政治家托马斯·莫尔用拉丁文写成的《Utopia》（《乌托邦》）一书问世500年。关于这500年社会主义的发展，高先生认为应该从社会主义思想、社会主义运动、社会主义制度和社会主义革新四个阶段来研究。他的见解深得关注。北京师范大学出版社邀请高放先生组织力量撰写了关于社会主义五百年的大著，即高放先生主编的4卷本《世界社会主义史丛书》。这4卷分别是《社会主义思想——从乌托邦到科学的飞跃（1516—1848年）》《社会主义运动——从理论到实践的转变（1847—1917年）》《社会主义制度——从一国到多国的演进（1917—1991年）》《社会主义革新——从地区到全球的拓展（1978年以来）》。这样一套系统的丛书对人们认清世界社会主义五百年波澜起伏的发展很有帮助。

《宁波市委党校学报》2016年第6期发表了高放先生的文章《乌托邦的三次形态转变和八个观念创新——纪念〈乌托邦〉出版和世界社会主义五百年》；《中国社会科学》还推出了高放先生的2万余字长文《〈乌托邦〉百年来在中国的传播》。2016年，高先生还就《乌托邦》一书，从宏观、中观和微观三个不同视角，与他指导的最后一位研究生、关门弟子黄帅博士交谈了3篇文稿，近5万字，并已发表在《社会主义研究》《探索与争鸣》和《当代社会主义问题》三个刊物上。

从以上成果可以看出，高放先生为纪念“世界社会主义五百年”做出了特殊贡献。

五、高放先生执意纠“左”防右、致力推进政治体制改革

高放先生是执意纠“左”防右、与时俱进的马克思主义者。由于高先生的关照，近年来我经常获赠《中国延安干部学院学报》，使我多了一个学习和了解思想理论信息的渠道。该学报自2013年第3期起开辟“国际共产主义运动史专题讲座”专栏，诚邀高放先生撰稿。高先生根据自己60多年的教学实践经验和积累的丰富史料，以及长期思考的深层次理论问题，把自第一个共产党诞生和《共产党宣言》发表以来的一百多年的国际共产主义运动史梳理成20个专题，分题撰稿，陆续刊于该学报，现已发表11个专题的文稿。该学报还不定期开设了《热议“国际共产主义运动史专题讲座”》栏目。2016年第5期，5位专家、学者高度评价了专题讲座的意义和理论亮点。其中，曾到中南海给中共中央政治局的领导们讲课的北大国际关系学院黄宗良教授在文中有言：“高放教授是我们这个学科中从事教学、科研时间最长、成果最丰、积累最厚，是因不时发表各种新见而引起关注和争议的学者。他也是我敬重的学长、老师……说高放‘自由化’，是一种误解，其实他是属于坚持马列主义的学者，在有些问题上甚至是偏于‘正统’的；说他书生气太足，其实也不尽然，在与他交谈中常感到他对现实社会政治的关切和熟悉是常人难以企及的。他对党的建设的一些建议是切中时弊的。”

高先生认为自己不“左”也不右，主张纠“左”防右。他曾经回忆说：1978年中共十一届三中全会端正了党的指导思想和基本路线；这时他已超过“知天命”之年（51岁），痛定思痛，深感“左”的错误给我们国家民族和人民群众造成极大祸害，所以一定要纠“左”防右，重新学习和运用马克思主义、重新理解和传播社会主义。从这时起，他吸取亲身经历的经验教训，认识到不能再重复年轻时的敢想敢说，也不能唯上、唯书，而要做到解放思想，实事求是，独立思考，与时俱进。高先生在《告别未名湖2》的序文中专门写了一节“我亲历必须牢记的历史进程和刻骨铭心的大彻大悟”。

改革开放以来，他出版过15部专著和文集，被全国34所党、政、军民院校聘请为兼职教授、讲座教授，到中国香港特别行政区、中国台湾地区以及美国、澳大利亚等处讲学和参加国际学术研讨会。他认为：社会主义在20世纪遇到重大挫折的根本原因在于社会主义未能按照马克思、恩格斯的设想首先在英、法、德、美等资本主义发达国家取得胜利，而在俄、中及东欧、

东亚的落后国家首先取得胜利。这些国家少有资本主义文明成果，而富有封建专制主义遗产。落后国家首先实现社会主义理应是着重铲除封建主义余毒，善于吸收资本主义文明成果，不能急于过渡到社会主义，更不能急于过渡到共产主义。可是，这些国家的共产党领导人却让封建专制主义余毒渗透到社会主义体制中来，又拒不吸纳资本主义文明成果，更急于过渡到“一大、二公、三高、四纯”的社会主义和共产主义。专制主义和教条主义严重危害了社会主义。苏联共产党自己培植了高薪官僚特权集团，终于成为苏联模式社会主义的掘墓人。专制主义和教条主义则是社会主义国家过急路线、极权体制和个人崇拜等“左”病之源，“左”祸之根，“左”毒之基。改革开放促使我们正本清源，拨乱反正。只有着力清除根深蒂固的“左”，又切实防止倒向西方资本主义的右，全面革除苏联模式的弊病，大力弘扬中华文明优秀遗产，充分汲取世界各国的文明成果，才能真正建成中国特色社会主义。

高先生一生经历几次磨难，一直坚持政治体制改革研究，非常有成就。2006 年重庆出版社出版了《高放文集》之六《中国政治体制改革的心声》，他主张发展党内民主、人民民主和多党合作的党际民主，努力克服苏联模式权力过度集中的弊病。这本书在社会上引起很大反响。有评论说：这本文集如杜鹃啼血，殷切呼唤政治体制改革。我非常钦佩他追求真理的精神和社会责任感。

六、治学不为媚时语，众寻真知启世人

一位早已功成名就的耄耋老人，还在追求什么呢？他追求的绝不是世人羡慕的豪宅、名车、名誉、地位。

在高先生书房的南北两边墙上，我看到有他的福建老乡、老书法家林宪文书赠他的两帧条幅，上联是“治学不为媚时语”，下联是“独寻真知启后人”。高先生说这是他最欣赏的清朝名儒戴震的治学格言。不过高先生把后一句修改为“众寻真知启世人”。这样改动两个字，可以说正是高先生当今治学的真实写照。高先生毕生勤奋治学。《人民日报》2014 年 3 月 7 日第 7 版在“大家手笔”专栏刊发高放《治学关键在于勤》，文中谈及他从 1949 年 22 岁开始在大学执教起，终生治学和研究马克思主义，一直坚持“五勤”，也就是勤学习、勤积累、勤思考、勤讲课、勤写作。

高先生的个人生活十分简朴。他家位于北京张自忠路 3 号院里，那是段祺瑞执政府的旧址。他住的楼房是 1956 年建成的。房子建好后，高先生就住在这

里。后来中国人民大学在北京西郊校本部又建了房子，他家就搬到了西郊。1970 年到 1972 年，他全家下放江西农场劳动，回来后西郊的房子住不进去了。1972 年，他回到了张自忠路 3 号大院。他的住房在 4 层楼上，约 96 平方米，4 个小房间，一个厨房，没有客厅。由于书刊太多，每个房间里都有书架，书房和卧室都堆满了书籍，一些杂志不得不堆到走廊里。这处房子已有 60 余年的历史，一直没有装修过，里面摆的还是 20 世纪七八十年代的家具。人们很难相信这是中国人民大学荣誉一级教授的寓所。他的博士生就在他拥挤的房间里上课。这处房子没有电梯，上下楼多年来对高先生都是不容易的。

高先生是中国人民大学政治学科唯一的荣誉一级教授，相当于荣誉院士或荣誉学部委员。到过他家的人不免会问："高老师，你怎么还住这样的房子?"他却说："学校没有亏待我，学校颁发荣誉一级教授证书时还给我照了相，校长给我送了鲜花。"我也问过类似的问题。他说："前几年领导批准，把院内的平房借给我两间存放书籍，不收房租。我答应将来我的这些书都捐赠给中国人民大学图书馆。"高先生的藏书都是非常珍贵的，数量也是巨大的，估计有上万册。

2014 年高先生的老伴儿过世后，他表示要"以书为伴远离苦难，以书为友快乐长久"。他每天勤于读书、写书，还经常会见客人，畅谈国事天下事。

高先生说：他竭诚希望大家不要仅仅满足于老有所养、老有所乐，还要老有所学、老有所为，力所能及、奉献社会，活出精彩人生。他还说：应该充分认识到普通个人也能在历史上起到一定推动作用。所谓聚沙成塔、集腋成裘、滴水成川，就暗含这个哲理。无数个人的绵力，也会形成历史的巨大合力。

高先生最近还建议湖南社会科学院主办的《求索》月刊开辟"国际共产主义运动史研究"专栏，该杂志聘请高先生为该栏目主持人。高先生亲自为之到处约请专家撰稿，他已约请并指导我为该刊撰写了《列宁与布列斯特和约》一文。2017 年是俄国十月革命一百周年，他已在《科学社会主义》杂志第 1 期发表《俄国十月革命胜利的必然性与偶然性》的纪念文章。他还要努力把在《中国延安干部学院学报》连载的国际共运史专题讲座写完。不久前，他对我说，2021 年是法国巴黎公社革命 150 周年，他想组织力量把法文的《巴黎公社词典》译成中文。他无疑是学界公认的国际共运史学科的首席专家和领军人物。

曹操在《龟虽寿》中留下千古佳句："老骥伏枥，志在千里；烈士暮年，壮心不已。"我想改动其中两个字，可以作为高先生的晚景写照："老骥出枥，志在千里；寒士暮年，壮心不已。"

祝高先生长命百岁，为发展学术多做贡献！

2017年4月25日

人生导师，学术楷模

——祝贺高放教授九十华诞

林建华①

作为一名学生，祝贺、祝福我最尊敬的老师——高放教授九十华诞，竟不知从哪里下笔，只知道老师喜逢接近人瑞之年是我们学生的莫大福分。

高放教授在中国人民大学教书育人、笔耕墨耘70载，为中国高等教育事业竭尽心智与辛劳，并集教育家、思想家、理论家于一身，桃李满天下、著述近身高、丹心虑复兴，是谓立德、立言、立功。高放教授德高望重，高山仰止，景行行止。其实，高放教授就是现代、当代中国杰出的知识分子的典范，他本身就是一部沉甸甸的大书。他总说自己只是一名普通的平民教授和民间学者，但是我认为当代中国能够提出一系列先进思想以推进社会主义改革开放的现代化建设的知识分子实属罕见。所以我经过反复考量，认为他还是一名伟大的知识分子。当今中国和世界正处于一个伟大变革的时代，不仅在我国党的领导层中会出现一批伟大人物，而且在工农兵学商各条战线更会涌现一群伟大人物。

35年前，在普通地方院校的课堂上，我第一次听到“高放”的名字；在《国际共产主义运动史》教科书的封面上，我第一次见到主编“高放”的名字。我真的没有想到，自己的人生竟然与高放教授有如此密切的交集，自己的学术竟然受到老师如此悠远的恩惠。

30年前，在中国人民大学的课堂上，我聆听了高放教授的《科学社会主义理论与实践》课专题讲座，当时使用的教材是高放老师主编的，这部教材后来多次出版修订版，但我一直保存着我们使用的第一版的版本。我聆听了高放教授系统讲授的专业课《民主集中制的理论与实践》，把老师讲课的内容

① 作者系全国优秀教师，北京高校思想政治理论课特级教授、北京高校中国特色社会主义世界影响力研究协同创新中心执行主任，北京外国语大学马克思主义学院院长。

录音，并逐字逐句整理成文字。12 年前，我还曾邀请老师到我从前任教的学校聊城大学讲学，把老师以《掌握国际共运历史要点，总结国际共运历史经验》为题进行的四次演讲的内容进行录音，并逐字逐句整理成文字，添加上老师原来撰写的《什么是马克思主义和马克思主义的组成部分》，印刷成了《高放教授讲学录》的小册子。在学习中，我慢慢体悟到诲人不倦的真谛、儒雅敦厚的风范之所在。

高校教师是兼具教师和学者双重身份的。在科学研究中，我悄悄地认真研读老师的文章，仿效老师思考问题、研究问题、叙述问题的特质和路径，这是一种笨办法，但多年下来也慢慢有了一些长进。我最为感动的是，老师不遗余力地提携学生，我主持编辑《世界共运研究》杂志时，老师应邀担任顾问，并亲力亲为撰写文稿；我的论文集《比较与借鉴：东西方社会主义的理论和实践》出版时，老师欣然撰写长序，既有商榷和批评，更多的则是肯定和鞭策；老师一再向多家杂志推荐我，请他们向我约稿，由此我不敢有丝毫懈怠，并一直与学术界保持着极为密切的联系；老师对我的指导总是高屋建瓴，我在《中国社会科学》中文版、英文版发表的论文《世界革命视域下共产国际的实践逻辑》，更是倾注了老师的心血。为了更好地领会老师学术成果的精髓，我曾为老师的著作、文章写过评论。我也曾作为专家参加高放教授指导的博士研究生的博士学位论文答辩会。在研究中，我慢慢体悟到探索创新的价值、赤子赤胆的风骨之所在。

我只是高放教授万千学生中的普通一员。我深知，老师对于每一位学生都是这般厚爱有加，视学生如子弟甚至胜过子弟。中文的语汇异常丰富，高放教授也是运用语言的大家。但是，我们很难找到贴切的字眼描摹，只能借用“人生导师，学术楷模”来述说我们的老师。同样是一名高校教师，我们唯有以老师为榜样、沿着老师的足迹负重奋进，这就是桃李不言、下自成蹊的内蕴。

高放教授是一位百科全书式的学者，其研究领域具有跨学科性，但最核心的部分则是马克思主义研究、世界共产主义运动研究，堪称一代宗师。他是我国国际共产主义运动史学界的第一位教授、第一位博士生导师、第一位国务院学位委员会学科评议组成员。他还是《国际共运》杂志的第一任主编。1997 年，高放教授离休，时年 70 岁。2005 年，在离休 8 年之后，中国人民大学为他颁发了荣誉教授的证书和金质奖章，并再次返聘他招收科学社会主义与国际共产主义运动专业的博士研究生，直到 2017 年最后一名博士研究生完成学业并顺利就业。2009 年，高放教授被中国人民大学授予荣誉一级教授。这是对一名人民教师的最高褒奖。

高放教授极有天分，异常勤奋，且长于思辨、精于考证、善于述说。他思接千载、视通万里，注重史论结合、中外贯通、博约相济。在坚持辩证唯物主义、历史唯物主义的基础上，他善于融合多学科的思维路径，在研究中始终高度关注基本问题、重大问题的求解。他思想高度解放，致力创新，善于创新，曾尝试给马克思主义、原始社会、奴隶社会、封建社会、资本主义社会、社会主义社会、共产主义社会下新定义，赋予新内涵。他注重涵育历史的视野、哲学的视野、全球的视野和社会主义的视野，勇于纠正经典著作译介中的讹误和辨识重大史实的疏漏，不断给出求真的新框架、比较的新路径、借鉴的新启迪。他聚焦中国问题，关注中国实践，对党史党建问题、政治体制改革问题、国家完全统一问题等都给出了独立思考的结论，构建了当代中国马克思主义和中国特色社会主义发展的新逻辑，这就是以建言资政为人民福祉、国家治理、民族复兴所提供的智力支持。十年前就在高放教授八十华诞学术研讨会上听到中共中央党校 75 岁的老教授赵曜同志说："我国已经形成了马克思主义高放学派。"这对我很有启发。我认为形成一个学派要有三个条件。第一，要有一位领军人物；第二，这位领军人物在较长时间内发表了一系列创新的马克思主义观点；第三，这些新观点要在社会上得到一批人的认同和响应。从这三点来看，我赞成中国已经形成马克思主义高放学派的看法，近十年来高放老师发表了更多新见解，可以说高放学派的羽翼更丰满了。

2005 年，高放教授继续招收博士研究生后曾有言："老骥伏枥，志在十里，寒士暮年，尽瘁而已。"2007 年，在高放教授八十华诞学术研讨会上，我把它改为："老骥出枥，志在万里，大师耄耋，犹胜青春。"时光如水静无声，弹指一挥又十年。高放教授在寓所顶斋度过了又一个生命和学术的黄金十年。我和大家一样，不时从媒体上看到老师迭出的新论，不时从电话中听到老师亲切的声音。这是我们学生的莫大福分。

振叶寻根，学界合献九如颂；观澜索源，弟子齐唱百岁歌。

唯愿高放教授在 21 世纪续写生命和学术的新传奇。

2017 年 5 月

高放老师指导我关注“中观社会主义”问题思考与研究

乔耀章①

在我的求学生涯中，中国人民大学的高放教授是最值得我敬佩和尊重的德高望重的好老师之一。高放老师学高、身正、思想高度解放，使我受益终生。

1978 年，我从江苏师范学院（苏州大学的前身）毕业留校工作后，院领导老师就派我到北京师范大学马列所。当时北京师范大学、中央民族学院、北京师范学院、天津师范学院、东北师范大学、山西大学、浙江师范学院、山西师范学院和江苏师范学院九个院校组成了《科学社会主义》教材编写组，我和山西大学的赵肖筠老师一起收集相关资料，同时在北京师大、中国人民大学进修学习《国际共产主义运动史》课程。一年后，国内第一本《科学社会主义》教材出版，当时国家教委政教司几乎同时委托北京师范大学、华中师范大学开办研修班，培训高等学校《国际共产主义运动史》《科学社会主义》教学师资。我参加了北京师范大学马列所的《科学社会主义》研究班的学习，1981 年 7 月结业。在这期间，学校请了北京及全国有关方面的专家给我们上课，其中，高放老师是给我们上课指导次数最多的老师。高老师的马克思主义理论基础雄厚，授课立意高远，总能给我们带来理论启迪。他有一次讲到马克思主义科学社会主义诞生时，说“科学社会主义”可以叫作“社会主义科学”或“社会主义学”。不久我们就拜读到他的《社会主义的过去、现在和未来》《社会主义学》两部著作。我还几次到张自忠路附近的高老师家里拜访求教，满屋子的书香，给我留下至今难以忘怀的深刻印象。1985 年中共中央下发了《关于改革学校思想品德和政治理论课程教学的通知》，1987 年国家教委根据这个通知精神，发出了《关于高等学校研究生马克思主义理论课（公共课）教学的若干规定》，要求所有的硕士研究生都要开设“科学社会主义的理论与实践”课。随即国家教委政教司在北京组织召开了硕士研究生“科学社会主义的理论

---

① 作者系苏州大学政治与公共管理学院教授。

与实践”课程教学研讨会，并组织部分高校教师编写了《“科学社会主义的理论与实践”教学要点》作为指导性的试用本，同时也作为衡量该课程教学质量的基本规范。当时，高放教授给我几份主要由北京几所高校教师拟参加竞标的本课程的提纲初稿。正是由于高老师的给力，最初我就是凭着参考它们，边学边教，走上了苏州大学研究生“科学社会主义的理论与实践”的教学讲坛。1987 年暑期，为了培训师资队伍，国家教委委托中国人民大学和其他在京高校的有关教师在北京八大处举办全国性的讲授这门课程的教师研修班，我也参加了学习，亲自聆听了高放老师那熟悉而又精彩的讲授，获益匪浅。1990 年，高放教授主编的《科学社会主义的理论与实践》出版，这本教材最具权威性，所以我坚持把它作为这门课程的基本教材。2003 年、2009 年我主编的《科学社会主义的理论与实践》初版、再版时，我都把高老师主编的更新版作为重要阅读参考书。至 2011 年，我在苏州大学研究生教学讲坛讲“科学社会主义的理论与实践”这门课程近 25 年，已近四分之一个世纪！

我特别需要感谢高老师的是，在高老师的治学精神和敬业精神鼓舞下，我写了《宏观社会主义与微观社会主义初探》一文，发表于《苏州大学学报》1995 年第 3 期，随即我把这篇拙文邮寄给高放老师，敬请高老师在百忙中斧正指导。没想到的是，高老师很快就亲自回复，在肯定和鼓励我创新研究的同时，还建议我关注“中观社会主义”问题的思考和研究。这令我非常感动。在高老师的鼓舞、鞭策和指导下，1996 年，苏州大学出版社出版了我 32 万字的专著《中国社会主义特色纵横谈》。在高老师“中观社会主义”的理论思维指引下，我先后又有《政府理论》《政府理论（续篇）》等著述出版。

值此祝贺高放教授九十华诞之际，我特向可亲可爱的高放老师汇报我在学业方面的点滴成长进步，以报答高老师的知遇之恩、学术知音之恩！为着共同的志业——马克思主义与社会主义的教研工作——奉献我们的点点爱，滴滴情，忠贞不渝！

衷心祝福高放教授生日快乐，健康长寿！

2017 年 4 月 30 日

我的人生抉择来自恩师的教诲

赵俊杰[①]

写这篇文章的时候，正值5月20日“表白日”，全国人民都在用微信表达对亲友的爱慕之情。而我也愿意借用这一时尚方式，表达对我的博导恩师高放先生的感恩与祝福。今年恰逢先生90岁高寿，从教逾67个年头，他把青春和毕生精力都奉献给了祖国和他所钟爱的事业。我为自己有幸成为他的一位弟子而深感荣幸，在此我要向恩师说一声：“谢谢您！祝您福如东海，寿比南山！”

1988年秋，我在中国人民大学国政系攻读博士学位，导师正是高先生，此前，我就对先生的名气和治学精神有所耳闻。作为一名“60后”，能在20世纪80年代读名校已经很幸运了。但我们这代人也有遗憾，那就是“文革”导致大学教授稀缺，我从本科读北大到考入人大读硕士研究生，7年时间内有不少老师给我们上过课，但几乎都是副教授或讲师。直到上大学的第八个年头，我才真正接触到教授和名师——高放先生，从此开启了我人生最重要、最值得追忆的一段篇章。

在那个年代，能够聆听高先生的课是一种享受。何出此言？他是一位教授，而且是一位资深教授。先生早在1963年就被评为副教授，1981年由时任国务院总理批准获评为全国第一批博导，1983年被评为教授，单凭这三项荣誉就足以吸引我们这些学生。但更重要的是，先生的修养和人品像磁石一样吸引着我。我对先生的评价是：一是学识渊博，通晓古今中外历史文化、哲人贤达和社会发展史。二是视野开阔，思想解放，博古通今，融会贯通。三是没有架子，平易近人，讲授的课程理论性强但通俗易懂，常常给人以美学的享受。四是治学严谨，善于考据学，能从一个名词或概念讲出一个令人信服的大道理。五是勤于思考，笔耕不辍，发表的学术文章观点新颖，主编的教材深受欢迎。

1988年至1991年，我在攻读博士学位期间，深受高先生言行的影响，从

① 作者系中国社会科学院欧洲研究所研究员，中国社会科学院研究生院欧洲系教授。

先生那里既学到了做学问的方法，又学到了做人的道理。先生对我这样没有工作经验的学生格外关照，除正常上课外，平常也抽空关注我的成长。每次与先生面谈都使我受益匪浅。我至今仍记得读博期间的几件小事，从中可以看出先生对我们晚生的教诲和影响。一件事就是先生担任《国际共运》杂志主编时给我们这些无写作经验的学生提供的帮助。从读研究生开始，先生就让我们写“豆腐块”文章——要求把国内外一些相关学术文章精读，然后从中提炼出一两百字的观点和论据，作为该杂志填补空缺版面的理论动态介绍。这种事对我们来说可谓一举两得：既学会概括总结，每篇介绍又能得到5元钱的酬劳，要知道5元钱在当时可以买几袋方便面了。常此下去，我们既提高了学术归纳能力，也及时了解到了国内外理论动态，这对我们写作是大有裨益的。

另一件事就是高先生对我们的严格要求和传道授业。记得我们那届，人大共招收了33名博士生，其中高先生一人就招收了2名学生。我和我同门师兄刘光慧就读三载，最大的一个感受就是先生对我们要求很高、期望很大，所以我们读书时压力也不小。其他导师带的博士生三年下来包括专业外语、选修课和专业课，一般只有七八门，而我们二人却要修满十三门课程。为什么会出现这种不对等现象？主要就是高先生对我们的“加码”。其他导师一般只给学生讲授一门课程，而高先生独自给我们开设六门课程；其他导师要求学生选修三四门课程即可，而高先生却鼓励我们多选修几门跨学科的课程。我本人除选修了人大一些名师如吴树青先生的《宏观经济学概论》、高鸿业先生的《西方经济学概论》等课程外，还和师兄聆听了高先生的《国际共运讲座》《社会主义思想史》《马列精品原著选读》以及《民主集中制的理论与实践》等课程。

高先生每周来校内给我们开“小灶”，两个小时的讲授让我们听得津津有味，师生间不时有交流和观点碰撞，这是我们最难忘的时刻。先生的讲课旁征博引，注重考据，从历史的维度和理论的视角启发我们，使我们逐步掌握治学的精髓和研究问题的方法。我至今还清楚地记得，先生在讲授西方民主和专制的起源时，对西方“民主”和“专制”这两个概念做了充分的理论分析。他认为古希腊雅典的制度孕育了“民主”这个概念，意指平民自己当家做主；而古罗马帝国的暴政独裁则孕育了“专制”这个概念。在明确了这两个概念是怎么来的基础上，先生又向我们讲述了近世欧洲法国资产阶级大革命对西方民主概念的发扬，德意志军国主义对古罗马专制独裁的继承。这就让我们知道了西方民主与专制的由来，搞清楚这对矛盾和范畴，对我们了解西方政治制度和思想演变的历史十分有益。

再一件事就是先生对我们的博士学位论文的指导和答辩安排殚精竭虑，令我们感动不已。记得我们毕业论文选题时，我选题方向是德国分裂与统一的历史经验总结，我师兄选择的是关于苏联解体的原因及教训总结。这两个选题都很大且很重要，但先生非但没有阻止我们，反而鼓励我们深入研究这些重大理论和现实问题。这种态度说明先生重视与时俱进的选题，并且有能力把握我们选题的研究方向。换作一般的导师，为了让学生顺利通过答辩，都不太主张选题过大过难。从这点上讲，先生相信他带出的学生有能力写好如此重要的论文。在论文写作过程中，先生花了大量心血指导我们。当1991年春我们完成博士学位论文后，先生与师母准备到美国去探望留学的儿女，临行前不但为我们安排了副导师洪肇龙教授指导完成最后的论文定稿，而且为我们邀请了十几位国内著名专家来评议论文，由于先生的付出和我们自身的努力，论文顺利通过答辩，当年6月我们就获得了梦寐以求的博士学位。

有高先生这样的名师指导，我们不但学到了理论和研究方法，更学到了做人的原则，确立了人生为之奋斗的目标。当年先生在我们毕业之际郑重地送给我们一句话：求真知灼见、为人民服务。这句话让我记一辈子，并且引导我走上了科研之路。在先生的推荐下，1991年我进入中国社会科学院，成为欧洲研究所的一名学者。时间过得真快，转瞬间我已从事欧洲研究工作26年多，成长为一名欧洲问题专家。无论是从事复杂的欧洲问题研究，还是培养和指导研究生，我都按照先生的教诲和治学之道去做。在我人生过半的阶段，回顾自己的事业选择，可以说无怨无悔。正是先生当年的启蒙使我毅然远离官场，选择了一条坐冷板凳的、求真知灼见的科研道路。我今天取得的一点点成绩都与先生的关爱和帮助分不开。因此，在今年先生迎来90周年高寿的喜庆日子里，我要发自肺腑地向我人生的恩师高放先生说一句："敬爱的导师，我爱您！"

2017年5月

站在改革开放潮头的思想家

——记著名学者高放先生

杨振辉　左云成[①]

“我不是庙堂伟器，只是民间学者，平民教授……我一再发出加快加大政治体制改革步伐的激越吼声，确实反映了人民大众的心声。”改革开放 30 年来，这位闽籍学者一直心系党和国家的前途与命运，并为民众福祉和社会进步鼓与呼，在学界和领导人中赢得了众多知音。

他就是今年已 90 岁高龄的高放教授。他被很多部辞书称为“国际共产主义运动史学家”“政治学家”“马克思主义理论家”，又被海外人士誉为“中国大陆杰出的思想家”。他在马克思主义、科学社会主义、政治学等众多领域都颇有建树，曾主编多部教材和辞书，出版了 8 本文集，发表过 500 多万字的文稿……

走进高放的家，层层叠叠的书山报海之中，一副对联格外引人瞩目——“治学不为媚时语，独寻真知启后人”，这是高放十分欣赏的清朝鸿儒戴震的名言。风风雨雨八十多个春秋，高放以学术陶冶情操，以情操启迪后学。理想的浪漫、信念的坚定、思想的敏锐、治学的严谨，熔铸成改革开放时代思想先驱的风骨，绽放出学术探求征程的朵朵奇葩。

坚定执着　追求真理的传奇人生

“我曾想成为一名记者兼业余作家，用自己的笔讴歌正义，抨击邪恶，描绘人生，倾诉衷肠。”高放至今眷恋着年轻时充满浪漫色彩的人生理想。

高放 1927 年生于福州市，原名高元浤。1946 年，他考进北京大学学习。北大丰富的马克思主义书籍和高涨的学生民主运动为高放开启了一个全新视界，也点燃了高放心中的革命激情。1948 年 1 月，他怀着对国民党专制统治、贪污腐败的强烈不满，冒着生命危险，越过重重封锁，从北平经天津，投奔晋冀鲁豫解放区。

---

① 杨振辉为《海峡通讯》副主编，左云成为《海峡通讯》编辑。

到解放区后，他深感获得了思想解放，遂改名为高放。很快，高放被中国革命史专家何干之看中，留在身边当了研究生。

1949年后，高放开启了马克思主义理论研究与教育的精彩航程。1954年前后，高放成为中国人民大学政治理论课的“四大金刚”之一，“的确有点红得发紫”。这一年高放出版了第一本论著——《论我国过渡时期的工农联盟问题》，不到一年的时间里，先后印刷四次，发行64000册。1956年，法律系毕业生朱守贞发动同学给校领导写信反映，在校四年中听过几十个教师讲课，给他们留下最深刻印象的教师有两个，其中之一就是高放。因为教学科研突出，高放一年连提三级，住进了四居室的新建楼房。

但从1957年起，高放遭到批判，被认为是走“白专”道路的典型，因而在1958年、1960年和1964年三次被下放“锻炼”，“文化大革命”期间更被批斗、强制劳动，甚至被关押拷打。在那特殊的年代，高放不仅没有被摧毁，还“照样活跃在讲坛和文坛上”。1961年起，高放仍然参与全国通用的国际共产主义运动史教材的编写和统稿。“文革”中，高放只能万分关切党和国家的前途与命运，深沉地思考着重大的政治问题。

1979年，高放及时彻底平反。从此，高放迎来了第二次沸腾的思想解放和第二个燃烧的教研青春，学术才华井喷般令人惊奇。因此，他对自己的学术人生有过这样的夫子自道：“我想可以用四种颜色的金属概括我的学术生涯，1949—1957年像紫铜，1957—1966年如白银，1966—1978年若黑铁，1979年以来为黄金。”

1981年，高放成为国务院批准的中华人民共和国成立后的第一批博士生导师，全国第一个国际共产主义运动史学科博士生导师。1983年起担任国务院学位委员会学科评议组成员，在校内开设了多门新课，并不断在北京大学、中央社会主义学院等34所高校讲学或兼任教授。近些年，高放足迹遍及大江南北以及中国香港特别行政区、中国台湾地区等，并被美国、澳大利亚等国外高校和科研机构邀请讲学。

勇于探索　呼唤政改的理论旗手

高放的学术思想和治学态度形成，深受范文澜、艾思奇、何干之等老师的影响和熏陶。他常说：“学者要有良知，要有科学良心，不媚俗，不为了讨好某些人而做学问，要有独立的研究、独立的思考。”

在《中国政治体制改革的心声》自序中，高放说：“中国政治体制改革真是机不可失，时不我待。如果一再延误政治体制改革，可能功亏一篑，重蹈苏联东欧覆辙。这并非危言耸听，妖言惑众，而是盛世危言，逆耳忠言。”改革开放以来，高放承担了时代诤言者的角色，同时也成了呼唤政治体制改革的理论旗手，有力地促进了中国的政治体制改革。

早在1979年，高放在题为《反对个人迷信是国际共运史的优良传统》中就石破天惊地指出：“个人迷信的意识形态是和个人专制的政治制度紧密联系在一起的。个人迷信的意识形态是个人专制的理论依据和思想基础。反之，个人专制的政治制度又是个人迷信的政治基础。”文章旗帜鲜明地呼唤“建立完善的社会主义民主制度”，提倡政治制度改革。

1980年，高放开始探究我国政治制度的改革。在反思苏联政体积弊的基础上，高放在《改进人民代表大会制度刍议》中提出了十点建议，其中“人民代表大会应该听取并审议政府工作报告”“人民代表大会应保证按期召开保证其正常行使最高权力机关的职权”“切实保障人大代表权利”等一系列提议很快被采纳应用。

1986年，高放创造性地提出：社会主义精神文明与物质文明、政治文明一起构成社会主义社会鼎足三分的三大支柱。同年11月26日，高放应邀参加中央领导人布置的政治体制改革座谈会，并且再次提出了修改党章的建议，先后得到了党中央两位领导人的肯定，这给了高放以极大的鼓舞。从此，高放更加深入研究总结国际共产主义运动的历史经验，尤其是如何发展共产党党内民主、人民民主和多党合作的党际民主等问题，多次提出新见解，接连不断地为我国政治体制改革提供可操作性方案。

1992年后，我国经济建设进程快速推进，但也出现党内腐败的普遍化、团伙化、大额化、高层化、持续化现象。对此，高放提出：“要根治腐败等积弊，不能只靠治标，还必须治本，这就是发展社会主义民主，健全社会主义法制，加快政治体制改革。”

据统计，从1989年到2005年的十多年里，就如何加快政治体制改革，高放发表了40多篇文稿，引起了社会各界的普遍认同和高度赞扬。

持续创新　谱写学术的华彩乐章

什么是马克思主义？什么是社会主义？国际共运的主要经验是什么？围绕这些重大命题，高放不停地探索并取得了令人瞩目的理论创新成果。例如，高放用22个字定义马克思主义为“马克思、恩格斯创立的无产阶级和全人类解放的科学”，或者更简明地表述为“人的解放学”。这被认为凝练而准确地指出了马克思主义的精髓，促进了人们对马克思主义更加深刻的理解。再如，东欧及苏联发生剧变以后，学界普遍认为苏联和东欧剧变的原因是推行右倾机会主义路线，高放指出这只是表层原因，深层次原因是长期推行急于求成的过“左”路线和过度专制政治体制，拒不大力进行改革，终于促成了后期转向右的方面，也有一“左”到底，如罗马尼亚，结果人头落地，失败得更悲惨。这些学术观点一次次受到了学界的好评。

与高放共事半个多世纪的原中国人民大学副校长谢韬盛赞高放：“据史倡议惊四座，纠正党章有十陈。”确实，高放在学术上经常有惊世骇俗的创新，如在《马克思主义与社会主义》《社会主义在世界和中国》《纵览世界风云》《中国政治体制改革的心声》等论著中，他的学术观点和学术思想亮点频出：关于党的代表大会年会制和常任制、关于党章有关规定的修改、关于共产党执政规律的三大法宝、关于共产党领导的多党合作制、关于改善选举制度等，都产生了较大的影响。

1995 年，高放提出两岸关系的发展趋势和潮流应是“热为好、和为贵、通为先、谈为上、统为终”，之后又撰写了《对海峡两岸关系和“一国两制”问题的新思路》。近年来，两岸关系不断发展，印证了高放十多年前的设想，也说明了高放学术眼光的前瞻性。

2007 年 9 月 1 日中国人民大学等单位联合举办“高放教授八十华诞学术研讨会”，有校内外及各地专家学者 150 人到会。中国人民大学校长纪宝成致辞时称赞：“高放先生是一位不断进取的探索者，他勇于探索的精神和姿态，对当今社会科学的发展起着积极的推动作用，有着重要的贡献，值得我们尊敬。”中国人民大学副校长冯惠玲也说：“高放在众多学科和领域都有很深的造诣、很高的建树，在学术上可谓独树一帜。”

2008 年 8 月黑龙江人民出版社出版了《高放学术思想评论集》，全书 47 万字，收入了 101 篇专家学者从多领域、多视角对高放学术思想的评论。北大国际关系学院资深教授赵宝煦说：“谈到读书、做学问，我一向对高放教授非常佩服，我可以毫不夸张地说，高放正是当前中国哲学社会学界的一位大师级的人物。”中国科学社会主义学会会长、中央党校赵曜教授也说：“高放教授是我国科学社会主义与国际共运史方面的学术权威，在国际共产主义运动和科学社会主义这个领域，也是一位‘百科全书’式的学者。……真正形成一个学派并不容易，但是从高放教授的渊博学识，独树一帜的学术思想和观点，以及培养众多追随他的学生和弟子，可以说我国学术界已经形成马克思主义的高放学派。”

高放自己却说："我倒不认为已经形成了高放学派，但是学术界确实有很多学者赞同我的观点，这样对学术的繁荣应该是有好处的，我的学术思想还有很多欠缺，还在与时俱进地发展变化，中国如果能够形成一些学派，平等地互相讨论，这定会有利于学术的繁荣，而学术的繁荣对促进我国的改革开放是大有好处的。"高放的谦虚更给人感动与启迪。

（本文原载于中共福建省委机关主办的《海峡通讯》2008年第12期）

高放印象

——一个真正思想家的剪影

黄　彦[①]

2010年12月13日中午，我们《中华辞赋》编辑部三人按事先约定去拜访高放教授。面对老友（兼一新朋），高老师侃侃而谈。宏观方面听他讲了对当代世界资本主义与社会主义发展变化的新见解，中观方面他讲了解决台湾问题的"一国两制"新方案，微观方面他讲了国际妇女节起源的新考证，纠正了"三八"国际妇女节起源于纪念1909年3月8日美国芝加哥女工斗争的错误说法（实际上起源于纪念纽约女工1908年3月8日的斗争）。我们考虑到高老师已经83岁高龄，又患有糖尿病、心脑病，中午需要休息，所以只听他娓娓谈了半个多小时就称谢告退。

从高放家出来，我的第一句话即说："这是一个堪写大传的主角（色），是一个地地道道的旗帜性人物！"刘煜立则脱口说道："我感到的就是两个词：眼睛、心灵。简言之，高放老师的思想是时代的心灵和眼睛！"董玉华更感慨言曰："像高放这样博大深沉的思想家实在是越来越少了！"

我之所以仍循初衷题曰印象，非为只记感性表象，恰恰因为若欲入髓透析高放的渊深理论或思想绝非区区几千字所能表述的，权用印象作为引而不发的序曲，以期引起社会各界对高放一系列学术思想的高度关注：也就是说，此文仅是一剂"引子"。

---

① 作者系《中华词赋》总编辑。

话得从54年前我还是中学生之时谈起。我自幼矢志文学因而孤注一掷只报考北大中文系；孰料组织几度保送首考提前招生的中国人民大学即被录取，已不允许再考他校。遂抱着入校后再说之念。且想到人大被誉为全国第一所新型大学，声明和排名当时都在北大、清华之上，也令我极为振奋，通宵未眠，翻来覆去像放电影般在脑海里映现我刻意搜求所“见”到关于人大的各种耀眼的光环：建校时刘少奇、朱德、李富春等中央最高层领导亲临讲话、祝贺；斯大林大力支持建校，后还亲自派了100多名苏联专家到人大任教；校长吴玉章是延安五老之一，毛泽东至为敬重；校领导班子级别甚高，有胡锡奎、聂真、邹鲁风等著名副校长，连党委常委王若飞的妻子李培之都是副校级干部；是全国第一所马列主义大学；有“二何”（何思敬、何干之）这等声名远扬的一级教授；有三个教师曾被毛泽东亲自点名邀请接见；有高玉宝、郝建秀、郭俊卿等大批全国著名的英雄模范在人大求学；有全国第一家大学出版社；还有像高放等一批青年教师大才子等。一个农村孩子马上就要进京到全国最高等学府深造，这是何等幸运！我就这样，用洞箫挑着二哥给我的半床棉垫，包着日记以及特意买到的高放26岁写的第一本书《论我国过渡时期的工农联盟问题》，由二哥送我到重庆朝天门码头，乘船起程上北京！

到校马上就听到吴玉章校长、何干之主任、郝建秀等的讲话，意外地同高玉宝熟识。但不久也意外听到原以为最容易接近的高放的不好消息，他对苏共二十大反对个人迷信、对和平过渡可能性及对南斯拉夫工会自治的看法表示了自己的若干肯定意见并发表文章，遭到严厉批评。而且从此以后连遭三次错误批判，1959年还遭到留党察看二年处分，不仅不再可能听他亲自给我们讲课，连同他接近都大有顾忌。我只得借故到资料室去探看他，当人之面也只有同他搭讪两句，不敢再讲其他。直到我1959年年初抽到教研室协同老师一起编教材，才对高放老师逐步有所了解。他在抗战时期中学时就是同辈中的佼佼者，酷爱文学，创办过级刊校刊，在报刊上发表过多篇新诗、散文与杂文。1946年高中毕业时的志愿是将来当记者、编辑与作家。当年考上北大即卷入学生民主运动，1948年年初很快投奔晋冀鲁豫解放区，本想去当随军记者，报道人民解放战争胜绩，没料到很快就被吸收为华北大学历史研究所当著名学者何干之的研究生，1949年年初北京和平解放后即被抽调从事政治理论教育工作。进城后他还想调去新华社当记者，因不安心工作屡遭批评。到1950年华北大学改为中国人民大学时，服从分配，当起了教师。接着遇到反右派。好在由于吴玉章、李培之的亲自干预他才幸免于难。而我则几乎完全步他的后尘，照样走了一遍。我考人大本要考新闻系，走从记者到作家之路。孰料人大新闻系偏于1956年只招调干生而不招高中生（此前的1955年和此后的1957年均招高中生）。我感命运之不公，在大鸣大放之期由我策动并专门召集全系之考入者开大会，坚决要求转学到北大中文系或本校新闻系，而后遭到严厉批评。加上我曾写有同情右派的大字报，遂将我在中学入党之预备期延长一年。以上二事均记入档案（我们班的4个预备党员只有一人转正，另两人被取消预备党员资格）。而后我仍与高放在相同与不同的场合继续着要求转务文学而再遭批评之循环，实是何其相似乃尔！

从1960年正式留校任教之后，我就与高放交往渐频，尤其是1960—1962年与他在同一个编书组后，交谈甚多，经常向他请教。我在人大结婚时他还让他大女儿高燕专门给我送来小礼品。1962年我在调往内蒙古时还是向他借的路费，我用过的那个书架也特意转给他。此后一直保持通信联系。

“文革”开始，我对人大两派情况均较了解，知道高放又遭了大难。他被打为国际政治系的“反动学术权威”，并被揪出来批判斗争。我明明知道当时的大中学校教师，尤其是最有才能者，在“文革”初期大多数都难以幸免。但也为他深感不平，他当时才39岁，是在解放区当的研究生，是共产党培养的第一批马列主义国际共运史教师，即便发表过有错误观点的文章，也谈不上反动，更谈不上学术权威。后来被扣上“漏网右派”“历史反革命”的帽子，他就更是百口莫辩了。而在此情况下，同他是不能联系的。后来总算知道，在1968年军宣队、工宣队进校，在全国开始落实政策的浪潮中，他也被平反恢复了党的组织生活。后又因人大停办合并到北大，他又到北大教了五年国际共运史。我还通过北大的熟人打听过他及与我同一个编书组的北大张汉青的状况。在“文革”高潮之期，我曾以群众团体之名向全国军地文艺团体广泛征集歌稿，从数千首来稿中独立选稿编辑了《毛主席颂歌二百首》《毛主席诗词歌曲二百首》二书（总计1360页。其中包括我自组稿、自谱曲及我担任大型文艺团体负责人时新创的歌剧曲目数十首），于1968年1月印制发行达4万多册，影响甚大，颂歌中的绝大部分曲目一直广为传唱至今。我记不清是何时将歌集寄给高放的，但我却收到高放在江西五七干校给我寄来一本1969年9月印制的《纵情歌唱红太阳》歌曲集，对高放给我寄的歌曲集，我既感意外，又感高兴。此歌曲集由中国人民大学编辑。当时北大的活报剧、清华的铜管乐、人大的歌曲创作及演唱均闻名全国。此歌曲集共收歌260首，毛泽东颂歌60首，诗词语录歌31首。虽不如我编之二歌曲集曲目多，但也是“文革”中较有规模的歌曲集，且类别丰富，我一直珍藏至今。后又收到他在五七干校结业时，参观南湖建党那艘航船旁拍摄的一张个人照片，但直到他女儿高燕插队到内蒙古，往来都到我家看望，我方知道这些年高放的具体状况。在别后这16余年中，当时他深感上层的路线斗争太复杂，不了解实情，很难发表自己的独立见解，总不能把国际共运史上的每件事都与现实斗争进行比附。当时正出现讨论《红楼梦》的热潮。像黛玉葬花、宝钗扑蝶、湘云醉卧等故事，都是他从小就很熟悉的。毛泽东讲到《红楼梦》写贾、王、薛、史四个家族的提纲。也就是“贾不假，白玉为堂金作马（贾家）；阿房宫，三百里，住不下金陵一个史（史家）；东海缺少白玉床，龙王请来金陵王（王家）；丰年好大雪，珍珠如土金如铁（薛家）”。《红楼梦》里的“甄士隐”究竟“隐”去了哪些“真事”？“贾雨村”究竟“存”下哪些“假语”？《红楼梦》这座似梦非梦、非梦似梦的艺术迷宫，很引人探究。当时他很想深入研究我国古典文学，认为这比研究国际共运史更能够作出成绩、更能发挥作用。当时北大国际政治系已有李培浩老师自己申请被批准转到历史系执教。于是他也提出要求转到中文系，结果又挨了批评，说他“思想不坚定”，他心中实感无奈。他从事文学之心仍然没死，而我此时已转务文艺了。

纵观高放的一生，虽有过不少曲折和坎坷，但是总的趋势（尤其是改革开放以来）还是岁岁飞升，步步辉煌！自1950年中国人民大学成立，他任学校首席教研室——马列主义教研室教员，年仅23岁，被公认为最受欢迎的两教员之一（另一为李新）。其于1951年发表的该教研室第一篇科学论文两度刊于当时最权威的刊物《新建设》《学习》杂志上，一鸣惊人。随后又出版了前述之论工农联盟的第一本书，四度印行多达64000册，并获了奖。其因连续七年发表诸多论著而在社会上声名鹊起，29岁被评为副教授。被称为人大教员的“四大金刚”之一（又叫“四大才子”，另三位为肖前、苏星、胡华，后俱成为大家），可谓三十而立。到五十而知天命时，因恢复名誉，又值改革开放之大好机遇，更使他燃烧的青春才情勃发。其被国务院批准为国内第一批共运史博士生导师、批准为教授，担任国务院学院委员会学科评议组成员，担任中国人民大学国际政治研究所所长、北京国际共运史学会会长、中国国际共运史学会和中国政治体制改革研究会副会长等众多个校内外要职。兼任全国36所高校的兼职或客座教授，到全国28个省市讲学，另有数十个重要兼职；参加过中共中央书记处、办公厅、中共中央宣传部、组织部、外联部、统战部、党史办、体改办、中央党校、全国人大、国家教委等多处党和国家重要部门讲课和座谈。几次到美国、中国香港特别行政区、中国台湾地区参加学术研讨会和讲学。发表300多篇文章，任《国际共运》主编；主编主撰了40多部大型、重要图书，撰字500多万字。七家出版社出版高放的9部文集；获国务院等颁发的多种奖誉及金质奖章。前人大副校长谢韬赋诗称他是“学坛巨著启后人”。1997年70岁离休后，到2005年78岁又被返聘上岗继续带博士研究生，这是人大历史上唯一之特例。他被授予“名誉教授”称号。2007年是人大创始60周年，亦是高放80周岁之年，人大隆重举行了“高放教授80华诞学术思想研讨会”，150多名全国各地的专家学者参会，盛况空前。时任中宣部常务副部长雒树刚因为参加中央全会，还特寄来热情祝贺老师八十华诞的信。2008年黑龙江人民出版社出版的《高放学术思想评论集》包括百余篇评论，可谓煌煌大观，这在人大历史上是破天荒的。2009年中央在人大作评一级教授的试点。因我国迄今社会科学没有评院士，一级教授相当于院士，高放又被评为政治学学科唯一的荣誉一级教授。这使人想起人大建校之初只有何思敬、何干之“二何”为一级教授。事隔一个甲子，高放再获此殊荣，实可喜可贺！高放在1948年是何干之带的研究生，何、高师生二人前后都是人大一级教授，这也是人大的一个奇迹，奇观！这表明人大确是治学有方，薪火相传，人才辈出，桃李芬芳。2010年12月30日，人大校领导到高放家中看望并贺新年之时，看到他满屋堆满书刊，硕果累累，由衷地赞叹说：“您孜孜以求、与时俱进的精神是我们人大的榜样！”

以上所列几乎都是数字。但这些数字都是闪烁金辉的宝链环，闪射着高放治学生命的璀璨！

第一，全面整合、重新理解科学社会主义体系。苏东事件使国际共运遭致严重挫折，马克思主义再度面临断裂之危。马克思主义哲学和政治经济学历来都有若干大家大作新的探索和发展，而在此面临空前危局的关键时刻，高放义无反顾成了重新整合和重建科学社会主义全新体系的领军人物。他带头主编的《科学社会主义的理论与实践》，从1990年出版以来已增订到第5版，作为高校硕士生教材已发行几十万册。既科学总结科学社会主义与民主社会主义两种社会主义理论百年变化，论述当代世界共运的三大变化，又提出国际共运的新形势、新道路、新理论强调建立实现人的自由解放和全面发展的社会主义学。

第二，深刻总结苏联及东欧社会主义国家剧变的症结及惨痛教训，既大有利于我国的改革开放大业，也对重新崛起的各国共产党、社会党、社会民主党的交流、合作大有裨益。

第三，全面备述国际共运及中国革命各阶段“左”祸为害之烈，警醒世人反左防右仍当视极“左”和长期的教条主义为主要危险，殷鉴未远，切切不可忘怀。

第四，大倡盛世危言。以直言、忠言、危言大声疾呼“狂飙突进、悲歌未绝”勿忘黍离之悲。要痛下决心大力铲除教条主义和封建主义，大倡研究新的科学技术革命及新的世界思潮和浪潮，以为经世济民，扶危救世之用。

第五，强调政治改革之至关重要，指出苏联专制政治体制的弊端，强调建立不同于西方民主的社会主义民主制。指出政治改革如果长期滞后，经济体制改革和整个社会改革就很难顺利进行。

第六，强调完善共产党内多重民主制，提出社会主义多党制的理论和实践问题，强调发挥民主党派作为参与联合执政的作用。

第七，高度关注和准确把握当今全球社会主义运动和社会主义政党的现状和发展趋势，这是一个既新锐又尖锐的崭新课题。高放为此书写的序言中概括的《共同思考当代世界四大问题》及所列十六种看法，以及把世界社会主义派别归纳为大、中、小各三家（共九家），便颇有创见甚至是迄所仅见的。

第八，对世界社会主义及资本主义的发展作了精确概括和预测。认为世界资本主义经历了四个阶段，在封建资本主义、自由资本主义、垄断资本主义之后，现已进入社会资本主义阶段，表现为社会化程度越来越高。政府的社会职能越来越强，社会主义因素越来越多；而社会主义国家为纠正急于求成之“左”和进行改革，在坚持公有制为主同时允许部分资本主义存在，可叫社会资本主义；这两种主义在全球化浪潮中和平共处、协作和竞争，最后殊途回归，逐步趋同发展到高科技基础上的完全崭新的全球社会主义，即马克思主义创始人提出的“自由人联合体”的理想社会。

第九，对马克思主义及国际共运研究作了颇多拾遗补缺工作。他读遍了已在国内出版的绝大部分经典著作，常有首度发见、诠释、补遗和校正之类的文稿面世。如对五一国际劳动节的新解，尤其对三八国际妇女节起源的考证，推翻了以往我国顶级美国史专家最权威的起源和发生地为美国芝加哥的定论。还对自由主义道路、斯大林的功过、一国两制、两岸统一提出自己独特的观点。他的见解每每引起社会颇大的关注甚至震动，引证评述他的观点的文章，时有所见。“没有不集中的民主，却有不民主的集中”等，成为他的被人引用的经典名言。

以上所列，既很不全，也未必尽当。学界还有高放“现代化的十大内涵”，“全球化的三个浪潮”，国际共运研究的“四个第一”“五大创新”“十大开拓”等精当概括，也饶有意义。

对于高放的誉称、尊号，海内外众口一词尊称他为学术大师（亦谓大家，中年时代即已是名家），并有多人提出已形成了高放学派，是学界及学术界的一面旗帜。海南三亚的琼州学院正要成立高放研究中心，这是学界很有意义的盛事。高放还有政治学家、历史学家、社会主义学家、国际政治学家等多门科学家的雅称，但我认为最具高品的，高放是一个真正的思想家。我在早年讲学、写评论时即将“有思想”视为作家、作品之至高境界，认为一个真正的作家必须首先也是思想家、哲学家。自然也不必要求一切自然科学、社会科学家及文艺家都是思想家，但一个真正的思想家必是某门类或多门类的科学家。试看从春秋战国迄于明清乃至近现当代，被尊为思想家者，莫不享有圣师贤哲般的盛誉尊隆。高放被海内外人士称为“当之无愧的思想家”“中国大陆杰出的思想家”，实是至当之誉。

高放之名一直被各界人士、学界泰斗乃至他本人解析为思想高度解放。他一贯坚持独立钻研、独立思考、独立探索、独立见解之原则，因而他的所论、所建、所树，均是创造性的新理论。前所述之数端，也只是较数字略为具体之纲目，须有鸿篇巨制方可纵览高放理论思想体系之宏博渊深及卓识丰采。

我同高放的相识相交长达半个多世纪（54 年），我一生结识交往颇多的大家巨擘、奇才宗师乃至位高权重者，这种结交最能显现我对是非善恶美丑庸隽从来立场相别天垠、爱恶绝然相反的性格。对那种名高而品低者向来鄙夷不屑，乃至不计利害公开詈骂绝交；而更多的则令我至为尊崇、仰若高山、追随终生。也确曾见过个别名气颇大者，未曾深交就因其势利、鄙俗、摆谱而令人深恶痛绝；而诸多真正之大家，反倒是颇为谦和诚挚，平易近人，不仅可敬亦可亲者。若干由忘年之交而变老师而以兄弟相称；这种交往也包括比我年幼乃至学生子侄辈。有时都不知互相该怎么称呼。幸好有个谦称我的学生杨志今者，著文时称我为“亦师亦友的兄长”，真是绝妙的大发明！一生同这两类人结为至交者总有大几十甚至逾百人，实是人生之大幸！这类亲密之交从来未因“过于熟悉显一般”，反而是“过细了解转沉深”。我同高放之交就是从师生复以兄弟相称几十载而今越来越感觉他是思想学识超我想象的博大深沉，是我愈益尊崇的师长兼兄长。还有一点意外，我自知从 35 岁转务文艺，对文学是先天不足，对理论又是后天荒疏。然在这两个方面之追求和具体见解，我同高放竟是那般惊人的相似！这不是因为交谈过多或对他的尊重刻意靠近所致，而是两人在不同时间、不同地点各自思考探索多年后（可以说是别后多年之再度第一次交流），始知是无意中的天然契合！这大约有命运和缘分的因素；也当与真理是最朴素的相关。故尔我之此书虽以论说文艺为主，还是执意要恭请以理论为主的高放写序。而此意见首度由董玉华明言提出，他的态度比我还“顽固”。而在此期间，我还略有一丝疑虑，怕有某些具体观点与之不和。但也自我安慰，不和之观点他也许不讲就是了，而且我此书以文论为主，他可只说文而不涉理论。然而当读到等了许久的这篇序言，我还是大为惊喜，大感意外甚至大喜过望：一、将序言写成一篇超乎常规之大论；二、二人观点高度相合；三、二人命运追求惊人相似。如此“三合一”也是我此生中之仅遇者。还有我二人的母亲是同年生同年逝，也许还会发现五合、六合，不赘。我虽远不足以探究高放思想理论的高深，还是要以此务求“加深印象”之短文聊表寸心。高放是世所罕见的集卓异的高才、颖异的高品、迥异的高深三全其美的大师和大思想家。他是一个当以大传纪之的人。他奉范仲淹的“宁鸣而死，不默而生”的圭臬，更以顾炎武之“苍龙日暮还行雨，老树春深更著花”旷怀。完全可以预期，他在“满座共笑熙”欢庆声中度过“双甲子”和八秩寿诞之后的明天，定会更加展现他生命的辉煌和璀璨！

2010 年 12 月 24 日平安夜

2011 年 1 月 16 日修改

题赠高放一家联

高放通天旷，伟岸英卓，长安文迪逞达道；

谢会九方皋，春耕燕雨，潮生泱瀼润华章。

联嵌高放、谢会皋夫妇及子女三小家——长女高燕、朱春耕、朱安文、朱安迪，次女高华、梁伟、梁英卓，儿子高潮生、胡泱、高岸、高雨，合家十三人之名。

（本文原载于《黄彦序跋文论集》）

高放教授谈《共产党宣言》在我国的译介与传播

张　妮[1]

《共产党宣言》（以下简称《宣言》）是马克思、恩格斯为世界上第一个无产阶级政党——共产主义者同盟起草的政治纲领，1848 年 2 月在英国伦敦出版（德文版），这是马克思主义诞生的重要标志。19 世纪后半叶，《宣言》先后被译为英文、法文、俄文、意大利文等多种欧洲文字出版；20 世纪初，《宣言》传播到亚洲。据现有资料，1899 年年初《宣言》的片断文字传入中国，由李提摩太（英国传教士）节译、蔡尔康撰写的《大同学》引用了《宣言》部分文字，刊载于《万国公报》；1920 年 8 月，《宣言》第一部完整的中文译本正式出版。

在我国，《宣言》从翻译片断到翻译全文，从文言文到白话文，从秘密出版到公开发行，从译为汉语到译成多种民族文字，从伪装本、手抄本到纪念版、珍藏版，经历了艰难曲折的过程，其意义自是不言而喻。许多老一辈革命家如毛泽东、周恩来、刘少奇、朱德、邓小平等都深受该书的影响，如 1936 年毛泽东曾对美国记者斯诺说：“有三本书特别深刻地铭记在我的心中，使我树立起对马克思主义的信仰……这三本书是：陈望道译的《共产党宣言》，这是用中文出版的第一本马克思主义的书；考茨基著的《阶级斗争》，以及柯卡普著的《社会主义史》。”《邓小平文选》也记载，邓小平在 1992 年的“南方谈话”中指出：“我的入门老师是《共产党宣言》。”

学界关于《宣言》中文全译本的搜寻、研究工作一直在积极开展。一般学界以 1949 年中华人民共和国成立为界限，分两个阶段进行考证研究。中国人民大学教授、国际共产主义运动史学家高放多年来致力于马克思主义相关问题的研究，长期搜集、收藏《宣言》的各种汉译本，他于 2008 年发表《〈共产党宣言〉有 23 种中译本》一文。他称，1998 年，“中文先后有过 15 种中译本”，近 10 年来，他又查寻到 8 种中译本，所以总共有 23 种。其中，

① 作者系《中国文化报》记者。

1949 年中华人民共和国成立前有 9 种中译本；中华人民共和国成立后有 8 种中译本，以及搜集到香港、台湾出版的 6 种译本。

特别值得一提的是，中华人民共和国成立前的 9 种中译本，分别是：1920 年陈望道译本，是国内第一个中译本《宣言》，为 1921 年 7 月中国共产党的成立奠定了政治思想理论基础；1930 年年初，中共地下组织在上海创办的华兴书局又出版了我党理论家华岗从英文本翻译的《宣言》中英文对照本；1938 年 8 月，成仿吾、徐冰从德文翻译的《宣言》在延安由解放社出版发行；1943 年 8 月，延安解放社又出版了博古依照俄文版《宣言》校译的新译本；1943 年 9 月，在重庆又出现了商务印书馆印行的《宣言》中译本，译者陈瘦石，这是中华人民共和国成立前在国内出版的唯一由非共产党员、非共产主义者翻译的版本；1948 年，《宣言》出版一百周年，在香港的中国出版社印行了乔木（乔冠华）的校译本，他以英译本为依据对成仿吾、徐冰 1938 年的译本做了很多修改；1949 年年初，苏联外国文书籍出版局在莫斯科出版了《宣言》百年纪念版。此外，高放发现了 1907 年、1908 年在东京出版的署名“蜀魂”“民鸣”的两种中译本，但只找到了当年书刊上的出版预告和图书广告，尚未发现原书。

“新中国成立前的中译本大都是适应中国革命的需要，分别从日文、英文、德文、俄文翻译过来先后出版的，可以看出译者的精益求精、字斟句酌、精心翻译，这对马克思主义在中国的早期传播乃至中国共产党的成立和发展都意义重大。”高放表示，每个版本在翻译的细微处也有差别，如《宣言》开头一句现在通译为“共产主义的幽灵”，这是采用 1943 年博古校译本的译法。最早陈望道译为共产主义的“怪物”，成仿吾译为“巨影”，后改为“魔影”“魔怪”，莫斯科版译为“怪影”。高放认为，陈瘦石译为“共产主义的精灵”更为贴切。在古汉语中有“精灵”一词，犹指精怪、神仙。在《宣言》中，“共产主义的精灵”特指在欧洲多国地下出没活动的第一个共产党——共产主义者同盟，它使各国反动统治者惊恐万状，所以联合起来对之进行围剿。

如今，《宣言》相关的版本、译文研究不断深入，这进一步说明了《宣言》的价值。同时，对于《宣言》的当代解读，即如何将其运用于当今世界和当代中国，这是理论工作者需要深入思考的一个重大问题。高放表示，今天解读《宣言》应回顾 160 多年来世界共产主义运动所走过的道路、所积累的经验教训，且一定要“与中国国情相结合”“与时代发展同进步”“与人民群众共命运”，如此才能焕发出强大的生命力、创造力和感召力。

（本文发表于《中国文化报》2016年6月29日第4版）

用人生撰写的不朽

——高放教授专访

许　乐　林晓歌[①]

怀着对国关学院不朽神话的向往，一路的猜测与憧憬，我们来到了高放教授的家。四周环绕着的古色古香的洋房，似乎也充斥着浓浓的书香。明媚的阳光填满了满满一屋的亲切，推门而入，充斥眼球的是一架又一架的书籍文稿，幽幽书香中，教授向我们慢慢述说着他起伏的一生和不变的思想。一字一句，都仿佛远古的呼唤，冲击着浮躁的现代节奏。

让我们随着教授的思想，慢慢走进他熠熠生辉的世界。

轨迹：一段刻骨铭心的历史

动荡的岁月中，当所有人都踌躇不决的时候，他毅然决然地从家乡来到上海，即使前路坎坷，方向未明，但他毫不犹豫。只为了一次机会，一次大展才华的机会，他不甘于壮志未酬，他不甘于有才难报国！于是，北京大学的校门欣然为他敞开。1946年，年仅19岁的高放来到了这一片注定要与他一生结缘的土地之上。

然而，国家依旧一片狼藉，人民水深火热。作为新时代的青年，他放弃了原本安定的生活，离开了前途无量的校园。在《共产党宣言》的精神指引下，他跟随着共产党东征西伐，只为一个共同的梦想奋斗！他做到了，通过他自己的努力。他亲眼看着腐败的国民党狼狈地后退，他亲眼见证了中华人民共和国历史性的诞生，他说，这将是他一生难以遗忘的回忆。年轻时的他也有过自己的梦想，他从未想过要一份伟大的事业或是要多么惊心动魄的事迹，意气风发的他一心想成为一名记者，一名战地实况报道记

① 作者许乐、林晓歌系《紫藤》记者。

者。他想成为随军记者，向全国人民报道解放战争的胜利。但刚到解放区，年仅21岁的他实在太年轻，年轻得被认为不足以承担自己的梦想，最后他被党组织派去解放区大学继续历练。就这样，他与自己的梦想擦肩而过。现在虽然已成为一位声明显赫的学者，但谈起这一个未圆的梦想，他始终难以释怀。

但是，在经历“文革”后，谁都会身心俱伤，批斗、打压，任何形式的折磨都没能磨灭他的斗志，这一段历史的历练反而坚定了他的决心，是的，太阳依旧会出现的，明天又是新的一天！就是这样的理念，这样的憧憬，伴随着他走过了那段艰难的路。

82年漫长的路，他始终没有退缩地走着。

创新：一次凤凰涅槃的重演

在这辉煌的一生之中，教授编著了许多巨作，即便如此，本应安享清闲的他也从无倦怠。在教授80岁大寿那年，《高放学术思想评论集》应运而生，收集了著名学者们对这位泰山北斗的评论文章，自然，这其中也包括了我们的校长。据教授自己回忆，他一生最满意的一篇学术性文章是写于1996年的《世界社会主义兴衰成败的轨迹和根源》，后由《新华文摘》于1997年重新收录出版。

此文章可以说是最能体现教授创新思想的文章之首，他从“社会主义如何从西欧的细流发展为全球的洪波——应该如何加以研究”“为什么大多数社会主义国家从兴旺到衰败?”“要从新科技革命的迅猛发展来展望世界社会主义的前景”“新科技革命将改变未来社会主义的进程”这四大方面来分点阐述自己对于社会主义兴衰成败的独到见解。尤其是在依靠力量方面的剖析，堪称是对马克思主义的本质创新与发展。

教授说到，对于社会主义，以后不会再由落后国家领先了，先进国家也要向社会主义发展。但是进行改革的依靠对象要有所变化——不再是像马克思所说的，只依靠蓝领工人——而是要依靠五颜六色衣领的工人。比如说，蓝领工人——传统的体力劳动工人；白领工人——管理人员；金领工人——高级管理工人；绿领工人——环保人员；灰领工人——修理装配以及营销的人员；粉领工人——女护士等女工人；乃至于黑领工人——机器人。无论是多么光鲜的衣领，他们都是出卖劳动力的工人阶级。所以在现今这个多元素的社会中，我们依靠的力量来源也应多元化。在当年的民意调查中，这篇文章出彩率最高，有十几篇文章都高度赞扬了文章思想的创新性，深获民众的青睐。

“现在许多老师讲暴力革命，这是不对的！”教授指出，人的解放首先是从繁重艰苦的劳动中解放出来，要减轻人的劳动，得改进管理，发展科技，人才能再去学习，享受娱乐；之后人才是从贫穷困苦中解放出来，让生活变好，收入增加；然后是从愚昧无知中解放出来，增加认知，开拓视野；再接着是从社会奴役中解放出来，这一步就是人们通常所说的解放。其实，按照顺序来说，前几步的解放远比这一步更具意义。但是许多人一出场便拔高了主题，这显然不合演变的规律。

对于暴力革命，教授深恶痛绝。他指出，这放在当今社会，是有悖常理有悖事实的。以后的社会主义改革不会是暴力手段，因为依靠的力量变了，是依靠五颜六色的衣领工人，所以形式也会不一样。它会以渐进的方式，逐步改造资本主义。所以在第三次科技革命以后，当代的资本主义已是社会资本主义，而不是国际垄断资本主义，社会资本主义是社会化程度更高，国家职能更强，而社会主义程度也更深的一种体制。

期许：一次穿越历史的展望

之前与苏联学者交流切磋的那段时光，教授依旧历历在目，并没有因为时间的流逝而变得模糊。那时学的马克思主义真的是打心眼里珍爱的，再想想现在浮躁的年青一代，教授便痛心不已。也许真的是时代的节奏太快，留不住许多人的脚步。但是无论何时何地，马克思主义的学习，总是有所益处的。

教授说，学习马克思主义，其实并非想象中那般难如登天，只要知道了学什么，了解了怎么学，一切都会迎刃而解。而我们系薄弱的环节就是没有给现在的本科生研究生单独开设马克思主义学习的课程（应该说，现在的课程不够完善）。虽然现在也有相关的马克思课程，但是现在的马克思主义课本有一定缺点，有的教师讲的也不够好。

“教师应该将现在国内外各派学士的意见都告知学生，然后教师可以谈谈自己的想法，不管是对是错，都应知无不言，最后给学生独立思考的空间，让学生积极参与，畅所欲言。这才是教学之道！”

现在学《共产党宣言》，国内有好多文章，意见不一。但教授说，就他之见，这里头有许多都是教条式的宣言，没有立足于现实。现在许多人依旧在呐喊，要暴力革命！要世界革命！这是不对的。

回顾：一步继往开来的前进

作为一名与人民大学国际关系学院共进退的老人，教授对学院的历史熟悉得不能再熟悉了。今天，作为国关一员的我们，随着这位老人的记忆回顾了我们共同的历史。

20 世纪 80 年代，中国人民大学刚复校不久，学院的前身当时叫科学社会主义系，在 1984 年后才改叫国际政治系。在 20 世纪 50 年代，科学社会主义系完全可以说是红得发紫，因为中华人民共和国刚成立，人民尤其是年轻人热情特别高涨。“苏联的今天就是我们的明天!”这句口号随处可见。苏联更加派了大批学者来到人大交流授学。

学院在“文革”间还是叫历史系的，是教授国际共产主义运动的历史，即共产党的历史、中国革命史和世界革命史。20 世纪 60 年代时，根据党中央的指示，三大高校对此进行了明确的分工。人大侧重于国际共产主义运动，北大是民主解放运动，而复旦负责帝国主义。那时人大研究苏联东欧，北大研究亚非拉，复旦则是侧重研究西欧北美。学院改各为国际关系学院，则是 2000 年的事了。

对于学生教育，教授建议能多邀请一些有思想、有见解的老教授回来多办一些讲座。毕竟，许多老教授还是很有功底的，对现在青少年的思想启发是有裨益的。再者，教授更希望我们学院能有自己的学术型刊物，以前有过的《国际共运》就很不错，但是之后因为诸多原因，并未坚持下去。教授对于学院迎来了自己的院刊，深感欣慰，并祝愿学院越办越好。

拜别：一句念念不舍的告别

时间在与教授的交谈中一点一滴地流逝，就在我们不知不觉之中，离别的时刻竟已悄然降临。然而，教授的思想犹如那一渊看似平静的深潭，并非我们以短暂的时光所能穷尽的，然而仅这短短的受教，我们就已然觉得受益无穷。也许就应了那句老话：听君一席话，胜读十年书吧。

窗外的阳光也已退去初始到来时的明媚灿烂，裹上雍容的晚装，透过厚重的窗帘，撒在室内层层叠叠的书册上，那是一种历史的味道。然而教授慈祥的面容依旧微笑如初。教授的平易近人是我们远没有料到的，也是一直所盼望的，一切都来得如此自然，如此舒切。源源不断的思想流动，让这一次的旅程充满了无限的神奇。原来，真正的大师并非如想象中那么不可接近，不可触及。在一声声的道别中，我们拜别了教授。

回头看去，古典的房屋在夕阳中显得特别安静。是的，他就是国际关系学院永远的不朽传奇……

（本文原载于中国人民大学国际关系学院团委主办《紫藤》2009 年 3 月 23 日总第 1 期）

思想者的求真之旅

薛晓岗①

今年是我的博士导师高放教授的九十华诞，但我苦于俗务缠身，一直奔波于下属公司的各类会议和事务的处理，经常是一两周便出差，无法静下来写东西。何况我毕业后没有继续理论研究工作，文字能力减退。因为要写东西，我还上网查了老师近年来的一些论作。其中一篇是老师的自述：《学习马克思主义，要善于与时俱进》。自述写于 2014 年，对自己从 1944 年接触学习马克思主义开始的 70 年做了全面回顾。老师用了苦心求索、跌宕起伏、曲折变化、备尝艰辛这几个词。现在在高老师九十华诞之际，我衷心希望高老师在回顾过往时，也能有硕果累累的喜悦，有桃李满天下的宽慰，有思想常新的自信。

我是 1993 年从北大历史系硕士毕业后考入中国人民大学，师从高放老师学习的。从 1994 年开始，高老师拒招博士研究生，到 1997 年年满 70 岁光荣离休。直到 2005 年受学校返聘，他又续招。现在回想起来，有幸成为老师培养的 30 多位研究生之一，我是多么荣幸。

我 1995 年毕业后分配到国务院侨办做海外华侨华人的联络工作。1998 年离开侨办到香港中旅集团，其间在香港、海外、北京多地任职，目前担任中国第一家旅行社——中国旅行社总社（1949 年成立）总经理，还兼任中国国际旅行社（1954 年成立）总经理。国旅和中旅是国内知名的两大旅行社，我这样的经历在国内也算前无古人。离开理论研究领域转眼二十多年过去了，过去的很多细节都模糊了。提笔后我无数次问我自己，我到底从高老身上学到哪些东西了呢？我学的东西是不是都统统还给老师了呢？如果说从毕业之

① 作者现为中国旅行社和中国国际旅行社总经理。

后从事的工作来看，我没有继承老师的专业，没有进行理论研究和思考。但是那几年的学习，我认为对我人生的影响还是极大的，没有老师的教诲，我自认为不可能在现有的工作岗位上做出一点成绩。高老师在以下几个方面对我的影响是极大的。

一、信念坚定，不懈追求

学术研究是苦行之旅。“板凳要做十年冷，文章不写一字空”，这是对所有理论研究者的要求，但是能做到不易。看到老师文章中的纠结，我非常能够理解：“从 1957 年挨批后，我从敢想敢说转变为不想照说，一切言论以党的文件和毛主席指示为依据准绳。”“从 1973 年到 1978 年，我在北大讲国际共运史，思想复杂，内心矛盾。为了明哲保身，不得不突出大讲国际共运历史上两条路线的斗争，甚至以集体名义在北大学报上连续发表文稿，转写马克思主义反对蒲鲁东主义、拉萨尔主义、巴枯宁主义的斗争等。同时，我心中已认识到‘文革’中种种异常现象是违背马克思主义的，但在课堂上，我只能敢想巧说，这样才能既不跟着‘左’的路线走，又能巧于自我保护。”

要是缺乏坚定的信念和不懈的追求，很难想象老师可以坚持信仰超过 70 年。我们今天的研究有很多功利的出发点在里面，评职称、分房子、快速成名等。从高老师的回忆文章里可以看到，当年高老师接触马列是这样开始的：“学校里有一位进步教师陈衡庭在给高中二年级学生开设‘伦理学’课程，敢于宣讲马克思主义、共产主义，虽然国民党当局派人监听，却得到开明校长的大力保护和青年学生的欢迎。”也就是说，高老师进入马克思主义的研究领域是从救国救民救亡出发的。强烈的家国情怀和使命担当既是高老师从事理论研究的重要出发点，也是带领和支持高老师之后理论研究的重要精神源泉。高老师率先提出马克思主义是人类的解放学。人人都需要自由解放和全面发展，所以人人都学习和运用马克思主义。从 1944 年算起，高老师做马克思主义研究超过 70 年，从国民党监视，到中华人民共和国成立后的风风雨雨，如果没有坚定的理想信念、不懈的追求，老师是不可能走到今天的。作为学生，我们更多地是要向老师学习这种精神，学习将坚定不移的信念和不懈的追求作为自己人生和事业的发动机。这样，就不会为短时的逆境所困惑，也不会因为眼前的困难而半途而废。

二、思想不僵，创新不止

上学时就深切感受过高老师对马列原著的精通，每次上课前，高老师都要求我们要熟读原著，这样才能了解每个论断的背景和真正的内涵。我们过往倾向于现成的论断，断章取义和口号化是理论研究长期存立的问题，更有甚者，还有人挥舞大棒上纲上线。高老师在辅导我们时就常说，马克思主义理论是发展的科学，是不断深化的学问，不能用百年前的研究成果来解释今天的社会发展。学术研究的创造性就体现在理论与实践的结合上。1978 年后，高老师迎来了第二个教研青春，开始了学习和运用马克思主义的第三个阶段。从这时起，用高老师的话说就是“不再重复年轻时的敢想敢说，也不能唯上、唯书，不想照说或者敢想不说、敢想巧说，而要做到解放思想、实事求是、独立思考、善想善说”。我的毕业论文是写新科技革命对当代社会主义的影响，在选题时就得到高老师的热情鼓励和大力支持。众所周知，新科技革命，特别是 20 世纪 90 年代互联网的出现，对人类生活和社会进步产生了巨大的影响，对传统的理论也提出了较大的挑战，我们的理论研究必须要回答这个巨大贡献的变革给我们提出的问题和挑战。如何认识当代的世界资本主义，当代世界资本主义究竟发展到了什么新阶段？高老师提出了社会资本主义的提法，即当代资本主义是社会化程度更高、国家社会职能更强、社会主义因素在增长的资本主义。正由于当今世界是社会资本主义，所以资本主义还有相当强的生命力。当今资本主义虽然危机重重，却总能一再安然度过，难以引发战争与革命，难以用传统的暴力革命、不断革命和世界革命的办法一举推翻资本主义。在当今新科技革命推动全球一体化、全球一村化的新时代，和平与发展已成为时代主题、世界主题。在这种历史条件下，社会主义国家与资本主义国家之间可以说是你中有我、我中有你，不仅能够长期和平共处，而且需要和平合作，共创双赢，构建持久和平、共同繁荣的和谐世界，各自探索通往未来大同世界的新路。我工作后几次拜访高老师，每次谈话都感觉到高老师对当前发生的国内国际大事都有很深的思考，我个人认为这是高老师保持学术青春最重要的法宝。

三、通闻博览，勤思勤写

高老师自改革开放以来发表过 500 多万字的文稿，出版了多部文集和专著，是国内公认的科学社会主义和国际共产主义运动研究领域的著名专家。

谈到成功秘籍，高老师用了五勤来总结，即勤学习、勤积累、勤思考、勤讲课、勤写作。对于高老师所说的业精于勤，我是有深刻体会和感受的。在勤学习上，高老师提出：无论何时何地，无论身处逆境还是顺境，我都提醒自己要勤学习。通读、精读国内外经典名著，那是向书本学习；下乡下厂劳动锻炼和调查研究，那是向群众学习；到外地、外国考察，那是向实践学习。此外，还要注意经常从来访者和自己能接触到的人那里了解各方面的现状实况。如果说我在工作上有什么成绩的话，就是同高老师提出的勤学有关。特别是高老师提出的无论身处逆境还是顺境都要勤学习的这个提法。从我们每个人的经历来看，都不免会有起有伏。向书本学、向群众学、向实践学、拓宽学习的领域范围，通过这种勤奋学习的精神，让人生的每个经历都变得有意义，而不是虚度和浪费，更不是空埋怨。另外一个印象深刻的是勤思考。每次拜访高老师，都能深切体会到高老师对家事、国事、天下事，事事关心。不仅关心，更重思考。从中思考社会现象背后的经济社会和政治变化，进而对高老师的研究产生积极影响。看高老师的文章，可以体会到研究也不脱离实践。按照高老师的说法，理论研究要做到思想解放、认知创新，必须有高度的科学精神、高深的哲学素养、高超的观察能力和高尚的人生境界，只为探究真理、资政育人、振兴中华、造福人类，绝不能随波逐流、“左”右偏颇、追求名利、误人子弟。高度的科学精神、高度的哲学素养和高超的观察能力可能并不鲜见，但高老师提到的高尚的人生境界、造福人类、不误人子弟的出发点和方法论，是使得高老师的学术研究具有感染力的最根本的原因，也是值得我终生学习和实践的地方。

四、扶植后进，诲人不倦

高老师对年青一代学者、学生的扶植和帮助是不遗余力的。在给华炳啸新书所作的序中，高老师向我们展现了他与青年学者超过 20 年交往的历程和扶植后进、诲人不倦的精神。从 1995 年开始，高老师就收到华炳啸为纪念现实社会主义运动奠基者列宁诞辰 125 周年而写的《现实社会主义的误区、困境与抉择》小册子及为纪念毛泽东逝世 20 周年而写的《关于十五年后中国新改革的思想提纲》小册子。尽管作者还不是专业的理论研究人员，但高老师感觉他刻苦钻研了相当多的社会主义思想史与运动史的名著，有很强的社会主义事业心和责任感。于是高老师通过书信和电话给予鼓励，并且希望他继续努力，修改得更好些，并从此成为忘年之交。随后，围绕《超越自由主义——宪政社会主义的思想言说》的书稿，二人进行了为时14年的交流和沟通。这个案例说明，对于有志于社会主义研究的后来者，只要是出于事业心和责任感，高老师都会不问出身，给予细致入微的指导和帮助。作为学生，我们更加能深刻感受到高老师这种传道授业解惑的坚持。高老师不仅在学业上关心年轻人，而且在生活上也无微不至的关心。印象非常深刻的是一位师兄在工作单位遇到挫折，有很长时间没有找到合适的工作。高老师多方联系，为师兄找到了出版社的工作，算是能发挥所长。我们的师兄中有不少没有从事本专业，但是高老师都能多方帮忙联系工作，同时鼓励我们在各自的岗位上有所作为，发挥应有的作用。这些教诲都是让我们受用终生的。

在高老师九十华诞之际，衷心祝愿高老师健康长寿，祝愿高老师在探索求真的道路上走得更远！

2017 年 5 月

导师高放教授的温度、气度与高度

韩　冰[1]

今年是高放教授九十华诞，也是我成为他的学生的第十个年头。高放教授是一位学贯中西、海纳百川的理论大家，学术方面的巨大成就与贡献有目共睹。然而给我印象最深的是，高老师的大家风范绝不仅仅拘泥于个人成就，而是更深刻地体现在他在做人、做事、做学问中表现出来的气度、温度与高度，作为一名教育家、一名学者所具有的宽大胸怀与独到见解。

布衣知识分子的人格魅力

高老师是一个有温度的人，这种温度表现在他在待人、做事中表现出来的热忱与激情。回想2007年我作为一名久仰高老师大名的小硕士生，第一次去家中拜访高先生，进门前，我曾数次展开想象的翅膀，猜测大名鼎鼎的高放老师该是不苟言笑、仪容威严、风度翩翩，简直应该是云端里面的人物。

① 作者系中华女子学院思想政治理论教学部教师，北京高校思想政治理论课特级教师。

全没想到，来为我开门的就是高老师本人，一袭灰色夹克，土黄布鞋，都已穿得很旧。当时给我的感觉，说他是一位普通的退休老人更贴切。说话很简洁，没有热切的寒暄，但有仁慈的目光。我立刻被他的普通和平易融化了，原本像卷叶一样的敬畏之心，慢慢伸展开来。

进一步深入接触是在2007年6月我有幸考上高放老师的博士研究生后。当时，我想当然地认为现在的研究生导师的教学、科研、社会行政事务纷繁复杂，大多与学生接触少，高老师已80岁高龄，社会活动又很多，肯定也无暇顾及我们这些学生。不料，2007年7月15日，高老师就约我去谈心。这次谈话，他不仅结合我硕士期间的研究方向给我布置了阅读内容，和我探讨了日后的研究方向，还专门谈了他的身世和学术生涯，并询问了我的生辰与家庭状况。这次两个多小时的谈话更加拉近了我和高老师的距离，我温暖地感到老师如此平易近人，他现身说法，要我坚定学习的信念，也让我越发感到要甘于做冷板凳，打好理论基础。

这次谈话后，高老师并没有与我"失联"。虽然高老师年事已高，不再开设课程，家又住市区，不经常来学校，但几乎每周我们都会有通话，谈学习、聊时事，他还不时地叫我们三个博士研究生到他家中，以谈话的方式给我们讲课、"开小灶"。同班的其他博士生，听说我们与导师联系得如此紧密，还能经常听到高老师这位大家的授课，都羡慕不已，我和同门每次提起也都喜不自胜，得意扬扬，为能成为高老师的学生而高兴不已。

最令我难忘的是，2008年1月26日，高老师再次邀请我去他家，在谈完学习后，又留我在家中吃饭。他说："今天是你的生日，你师母谢老师特地做了我家乡福建的特产，你来尝尝。"我心中顿时感到暖融融、热乎乎的，我只在入学时跟老师提过一次我的生辰，高老师就记住了，还特意给我过生日，感到老师真是爱生如子，坦诚热情。我深感日后只有加倍努力，多出成果才能回报老师。

高老师不仅对自己的学生热情，对其他人也常常有求必应。近十年来，高老师已为十几位作者写了书评与序言，每篇都不仅仅是简单介绍、评论，而是经过认真思考后，提出相关的独到见解。还有很多素不相识的读者在看到高老师文章后来信、来电，高老师也完全没有架子，一一回复。

高老师将待人的这种热度，也投入做事上。近十年来，高老师主编了4套书，既有教材，又有人物传记。我曾在出版社工作过一段时间，了解到现在的不少主编常常只是挂名，大多是各个作者分工完成。但高老师当主编并不是简单挂名，每一部稿子都从头到尾认真统稿、修改。2013 年，中国工人出版社策划出版《世界社会主义五百年历史人物传略》，邀请高老师任主编。高老师虽已耄耋之年，仍为丛书出版尽心竭力。全套书共 20 册，从书名设计、体例编排到内容把关，高老师均亲力亲为。我负责撰写《斯大林》一书，高老师不仅借给我他收藏的相关书籍，还对我如何写好书稿提出建议，指出要依据精确史料，做到博观约取，要文风活泼、文字通俗，既要有可读性，又要有思想、理论性。初稿完成后，高老师又逐字审读，向我提出修改意见。这让我不禁想到初入高老师门下，写成第一篇论文时，高老师也是这样认真给我批改，从标点符号到用词遣句，密密麻麻写满整篇论文。当时我诚惶诚恐、悲喜交加，喜的是我遇到了一位对我如此负责任的老师，这样兢兢业业指导我；悲的是我的写作能力不强，让老师如此费心，真是内疚。在高老师的精心指导下，我的写作水平有了很大进步，先后在 CSSCI 期刊发表多篇论文。也正是由于高老师做事认真、充满激情，他主编的《世界社会主义五百年历史人物传略》获得 2015 年国家出版基金资助；《科学社会主义的理论与实践》先后发行六版，成为目前国内最为权威、销量最好的硕士研究生通用教材之一，曾被评为普通高等教育“十一五”国家级规划教材、北京市高校精品教材。

大知识分子的豁达气度

说高老师是一个有气度的人，是指他为人豁达，有着大知识分子的宽厚胸怀，即使在身处逆境、困境时，也依然没有放弃自己对马克思主义、对教育事业的追求。高放老师的从教生涯并不是一帆风顺的，甚至可以说相当曲折。他从 1949 年起就在中国人民大学从事马克思主义理论教研工作，年仅 29 岁就被提升为副教授。可是在 1957—1958 年，他却被认为深受修正主义影响，遭到猛烈批判，险些被划为资产阶级右派分子。“文化大革命”期间更进而被造反派当作反革命修正主义分子、反动学术权威、漏网右派进行残酷斗争，多次被抄家、游街示众，还在半夜三更被造反派从家里抓走，用木棍狠打双腿，逼迫交代所谓的反革命罪行。很长一段时间里，高放老师不能从事教学工作，他就在资料室阅读马克思、恩格斯原著，做笔记与索引。改革开放以后，高放老师迎来了新的黄金发展期，虽已 51 岁，但他再度发光发热，1981 年被评为全国第一批博士生导师，1983 年又被聘为国务院学位委员会第二届学科评议组成员，集中发表、出版了许多论文与专著。然而，由于他坚持独立思考，勇于创新，不断发表新见，又屡屡遭到根深蒂固“左”的势力打击，20 世纪 90 年代初和 21 世纪初，又有人给他乱扣“资产阶级自由化”的帽子，使得他不得不于 1997 年离休，离开心爱的教学岗位（第一批博士研究生导师为国务院授权，可为终身教授），直到 2005 年才再次被中国人民大学返聘招收博士研究生。

如果说政坛上邓小平“三落三起”的经历令人称奇，那么在学术教育史上，高老师的两度闪光也令人喟叹。我想，许多从教者如果在“文革”时期陷入困境后，就会远离敏感学科，或者变得不敢独立思考。特别是如果在 70 岁离开教学岗位后，大多数人更是会颐养天年，不再坐“冷板凳”从事研究。然而，高老师是把马克思主义当作自己毕生的信仰来追求，把教育当作事业而不是职业来完成。所以，他能够在逆境中正视那些流言蜚语、恶意打击，始终在探索马克思主义的征途上奋勇善对。

离休以后的高老师已进入古稀之年，学术成果仍然连年累累，先后出版了 10 部专著和文集，主编 4 部教材和丛书，年平均发表论文 20 余篇，且不少都引起学术界和社会的共鸣与热议，这可以说是中国人民大学乃至全国学术史上都绝无仅有的。这些成果的取得，来源于高放教授对磨难隐忍、豁达的心态，更源于“位卑未敢忘忧国”“余固知謇謇之为患兮，忍而不能舍也”的情怀与担当，正是由于高老师的卓越成绩，在离休 8 年后，他又被中国人民大学返聘上岗，并被授予荣誉教授称号和金质奖章。

民间知识分子的思想高度

高老师原名高元浤，1948 年到解放区后深感思想获得解放，改名高放。现在则由于其眼光敏锐、观点新颖而被学界誉为“思想高度解放”的学者。高老师从教 68 年来，一直在政治学、国际共产主义运动、马克思主义理论领域孜孜探索、不断进取，与其他学科相比，这些学科的敏感性、政治性极强，不少学者经常谋求捷径，或者人云亦云，或随波逐流，做概念的传声筒。而高老师却始终以“治学不为媚时语，独寻真知启后人”为座右铭，坚持用马克思主义原理探索现实中的新问题，文章不仅具有前瞻性，还写得深入浅出，在学界，甚至在民间都有极大的影响力。

改革开放以来，高老师开始探究我国政治体制改革问题。在反思苏联政体积弊的基础上，他提出了一系列具有前瞻性的观点与合理化的建议，如在《改进人民代表大会制度刍议》中提出了十点建议，其中“人民代表大会应保证按期召开保证其正常行使最高权力机关的职权”“切实保障人大代表权利”等一系列提议被采纳应用。1986年，高放创造性地提出“社会主义精神文明与物质文明、政治文明一起构成社会主义社会鼎足三分的三大支柱”。2002年，党的十六大正式把政治文明与物质文明、精神文明一同写入党章。21世纪初，他针对日益严重的腐败现象提出：“要根治腐败等积弊，不能只靠治标，还必须治本，这就是发展社会主义民主，健全社会主义法制，加快政治体制改革。”

在两岸关系方面，1995年，高老师提出两岸关系的发展趋势和潮流应是“热为好、和为贵、通为先、谈为上、统为终”，后又撰写了《对海峡两岸关系和“一国两制”问题的新思路》等文章。近年来，两岸关系不断发展，印证了高老师十多年前的设想，更说明了高老师学术眼光的高度与前瞻。

此外，对什么是马克思主义，什么是社会主义，如何认识世界社会主义运动中的经验与新现象，资本主义发展的新阶段等重大问题，高老师都提出了自己思考的新观点。他勇于突破陈规，从目的与本质出发，用22个字定义马克思主义——“马克思、恩格斯创立的无产阶级和全人类解放的科学”，或者更简明地表述为“人的解放学”；用“以社会化劳动为基础，由劳动人民掌权”来定义社会主义；他提出把当代社会主义分为大、中、小三种，共九家，应以深邃眼力由表及里，透视世界社会主义；认为当代资本主义发展到国际社会资本主义阶段，即社会化程度更高、社会主义因素逐步增长的新阶段等。这些观点一次又一次得到了学界的认同与好评。

北大国际关系学院资深教授赵宝煦曾说：“高放是当前中国哲学社会学界的一位大师级的人物。”中国科学社会主义学会会长、中央党校赵曜教授也说：“高放教授在国际共产主义运动和科学社会主义这个领域，是一位‘百科全书’式的学者。”“我国已经形成了马克思主义高放学派。”

高老师自己却说：“我只是一个民间学者、平民教授，我的学术思想还有很多欠缺，还在与时俱进地发展变化，中国如果能够形成一些学派，平等地互相讨论，这定会有利于学术的繁荣，而学术的繁荣对促进我国的改革开放是大有好处的。”作为年青一代学子，我跟随高老师十年，深感能够忝居高放学派实在收获良多，今后我还要继续与时俱进地跟随高放学派前进。

何为大家、大师？我想，至少要做到魏征所说的“念高危，则思谦冲而自牧；惧满溢，则思江海下百川”。这些，高老师都做到了。

作为初出茅庐的青年人，我虽然达不到高老师的思想高度，但仍要努力学习高老师做人、做事的态度。十年前高老师曾赠诗嘱托我“术业专攻贵继承，苦心钻研必能成，江山代有贤哲出，众寻真知启世人”。十年中，他以身作则，笔耕不辍，带领我们在求知的道路上不断前行。衷心祝愿高老师健康长寿，再创辉煌，继续带领我们年轻的学者共同探寻真知。

2017 年 5 月

忆往昔求学岁月，贺导师九十华诞

张万杰①

我于 2006 年至 2011 年在中国人民大学攻读硕士、博士学位。2008 年硕士毕业后，非常有幸成为高放教授门下的博士研究生。高老师时年已 81 岁高龄，依然精神矍铄、思维敏锐、精力充沛，又被中国人民大学返聘，成为我国人文社会科学领域首批受聘或受颁一级教授的学者，具有与两院院士相同的学术影响力，是中国当代思想高度解放的著名学者。首次聆听高老师的学术演讲是在大学时代，在先生门下问学后，高老师物质生活的简单、纯朴令我震撼，精神追求的崇高、宏远使我景仰，求知治学的勤勉、严谨更令我感佩。

开始学习后，高老师详细了解了我的知识背景、研究基础，要求我在继续打牢学科基础、进一步完善学缘结构的基础上，结合我们研究所多年研究方向上的优势，进一步扩展自己的研究领域。在获知我在大学时期就对本学科有一定的知识基础，所在高校的研究在世界共运、共产国际等领域的研究中于国内学界有重要影响后，随即建议我尽快确定博士学位论文的选题，在已有的学科体系、知识背景等基础上发现国内相关的现有研究的薄弱之处，尽可能选取自己感兴趣又具有一定扩展性的题目；在确定好论文选题以后，尽快着手准备收集文献资料，做好研究的前期各项准备工作，力争能够写作、发表出若干论文研究成果，为迎接学位论文的开题工作做好准备。

---

① 作者系浙江工商大学马克思主义学院副教授。

在高老师的点拨和指导下，我通过大量的深入阅读文献，反观自身知识积累并结合当时几年学界的发展动态，较快地确定了博士学位论文做共产国际总书记季米特洛夫方面的研究。确定这个选题的主要原因是季米特洛夫在世界社会主义运动史及社会主义思想史上有着重要地位，在革命年代曾被列为是继马克思、恩格斯、列宁、斯大林之后的第五位革命导师、伟人，季米特洛夫与中国共产党领导的革命的关系亦是非常密切，中国国内尚没有人系统地研究过。该项研究可填补中国人研究季米特洛夫的薄弱环节。与高老师商定该选题后，老师把他手边精心积累几十年的珍贵资料都送给了我。博士毕业离校后至今，这些资料我一直珍藏着。

由于前期基础工作做得比较扎实，我在研读各方面文献后，针对该选题的几个重要问题点较快写作并发表出了几篇论文，在博士学位论文的开题中显得有的放矢、甚为顺利。在其后的学位论文写作过程中，每遇到疑难点问题时，我都向导师作汇报并当面请教，高老师每次都事无巨细、作出耐心而又详细的解答。论文初稿写就以后，又根据高老师提出的增补完善意见进行了大量的修补。高老师具有敏锐的学术洞察力，还经常将他了解到的学界相关研究动态述评予我。每逢遇到学界在京举办有关的学术会议，也都亲自带我参会，指导我参会时需关注的基本问题，将疑问记录在小本子上，能向与会的专家学者请教的要当场请教。

高老师治学态度的严谨和勤勉深刻影响着我，他的每篇文稿初稿都是在稿纸上一字一格地手写，然后不断添加完善，再进行反复修改，每篇文稿都书写得密密麻麻。在高老师细致的教导、指导和帮助之下，我较好地顺利完成了博士学位论文的写作。与此同时，我独立进行科学研究的能力也取得了显著提高，博士在读期间发表了多篇重要论文。

在中国人民大学读博求学期间，收获最大的就是每每登门到段祺瑞执政府铁十字一号院红一楼的导师家里请教叙谈时的成长。高老师是老一代学人中一直保持着与时俱进、思想高度解放的学者，有着多学科的知识背景，是有良知的百科全书式独立学者，就一些问题或现象与其畅谈，每次都能让人耳目一新、达到拨云现日的效果。家里墙上挂的那副闻名遐迩的清朝著名学者戴震书写的对联“治学不为媚时语，独寻真知启后人”，即是导师终身治学风格的真实写照。记得2007年9月1日参加祝贺高放教授八十华诞学术研讨会时，亲自听了中共中央党校赵曜教授在会上说“我国已经形成了马克思主义高放学派”，甚感惊喜和振奋。根据我十年来紧跟高老师治学的体会，高放学派的确有越来越大的影响力，我在多种场合都宣传高老师的很多新观点。

值此高老师九十华诞之际，衷心祝愿敬爱的老师安康长寿、松鹤长春、学术常新。

2017 年 5 月

致敬先生

吴儒忠[①]

夏天的长沙，骄阳似火。我的内心也像天气一样焦躁不安。2012 年 7 月中旬的一天，一封来自京城的录取通知书飘然而至，这意味着我将正式成为高放先生的嫡传弟子，在我梦寐以求的学术殿堂——中国人民大学度过人生难忘的三年求学生活，可谓三生有幸！

教师节那天，我到府上拜见高放先生。早闻先生学富五车，是一位“百科全书式”的学者。百闻不如一见。先生的房间四壁密密麻麻地堆满了书，即便是进入客厅的过道上也整齐地码放着各种专业杂志。对于爱书的我来说，似乎眼前的一切一见如故，既兴奋又亲切。寒暄过后，先生便切入正题，问我的求学规划和人生志向。我不假思索地一一回答先生的问题，先生一边微笑，一边点头。临走时，先生送了我一大袋书，每一册上都有先生的签名。此后，每次拜见先生，先生都送我几册图书，嘱咐我好好研读，其中有一本书上赫然写着“继承师业，勇攀高峰”。每每看到这行题字，我的眼圈就泛红，它一直鞭策着我不忘初心，不敢懈怠，勇往前行！

先生之学，博古通今。高放先生自幼读书甚广，博闻强识，学贯中西，引经据典，信手拈来。先生人寿文丰，耄耋之年，仍笔耕不辍，考据辞章，严谨规范。每有疑难，求教于先生，他总是娓娓道来，循循善诱，凡引用之处，不仅书名准确无误，页码也记得一清二楚，愚生难以望其项背，自喟曰：“吾师，神人也！”

---

① 作者系遵义师范学院马克思主义学院副教授。

先生之识，金声玉振。先生自称“民间学者”“平民教授”，而我称先生为“人民教授”。原因有三：其一，先生治学，以人为本。为促使我国的社会主义改革全面协调发展，闯过难关，步入坦途，先生引宋朝诗人王令《送春》之绝句“子规夜半犹啼血，不信东风唤不回”，以表其拳拳爱国、殷殷报国的赤子之心。其二，先生治学，人民至上。学界泰斗陈翰笙赞许先生之名，说“高放就是思想高度解放”。先生之言，须臾没有离开马克思主义的基本原理，言之凿凿，言之切切，敢为人先，敢讲真话，不为己私，而为民利。其三，先生治学，育人为先。先生言传身教，常常告诫我好文章是修改出来的。先生的教诲让我不慕虚名，不图浮利，潜心修学。先生常常用问题意识引导学生独立思考、科学分析，最后得出新观点。他把清代鸿儒戴震的一副对联改为：“治学不为媚时语，众寻真知启世人”，足见先生育人的良苦用心。

先生之恩，山高水长。我出生寒门，承蒙先生不弃，因材施教，有教无类，得以圆我博士之梦。先生手把手教我，将我领入学术之门。“谁言寸草心，报得三春晖”。值高放先生九十华诞之际，写此短文，以志师恩，致敬先生！

2017 年 6 月 19 日于凤凰山寓所

师恩难忘

曹　鹏①

四年前的 2013 年，我从中国青年政治学院硕士毕业，有幸考入中国人民大学国际关系学院，师从科学社会主义与国际共产主义运动专业的资深教授高放老师，攻读博士学位。我是高老师指导的第 22 位博士，也是他所培养的众多硕士、博士中的普通一员。最早知道高老师，完全是因为他的书、他的文章、他的声望。作为一个年轻学子，我对老师是高山仰止，充满了崇拜和敬仰之情，完全不敢想象有朝一日能够成为他的学生，亲耳聆

① 作者系高放教授指导的 2017 年 6 月毕业的博士研究生，现执教于山东师范大学马克思主义学院。

听他的教诲，接受他的指导。然而，现实就是这样充满了传奇色彩，我最终拜入高老师门下，成为他的弟子，这对我来说真是一种莫大的幸运和荣耀。

跟老师学“做人”

高老师生于1927年，早早便参加了工作，开始教书育人，加入了中国共产党，开始投身革命事业。他是一位老学者、老党员、老革命者。在他身上，老学者的严谨认真、朴实无华、无怨无悔的奉献精神，老党员、老革命者的正直无私的高尚情操，为党和国家、为人民的教育事业奋斗终生的坚定信念，都体现的淋漓尽致。高老师有“学究”气、正气、锐气和才气，却完全没有盛气、傲气和怨气。

第一次去高老师家认门，我就被深深地震撼到了。我震撼于高老师住房的狭小、简陋和朴素，震撼于地面上、书桌上摞得高高的书籍、报刊和资料，以及遮挡了整整一面墙的巨大书架，我感觉老师的房子简直就是一个小型的图书馆，简朴而厚重，充满了纸张油墨的书香味道。我震撼于一位学术造诣之深、名望身份之高、地位之崇、成就之大的老教授竟如此和蔼亲切，没有丝毫的架子，没有想象中的严肃刻板、不苟言笑、正襟危坐，而是慈祥得像邻家的老爷爷，满面笑容，热情开朗。这让原本紧张和不知所措的我瞬间放松了下来，一种亲近之感油然而生，和老师的距离一下子就拉近了。

在我的想象中，像老师这样级别和地位的教授，房子应该是大而宽敞的，然而事实却完全相反。有感于老师房子的简陋，我也曾忍不住询问过。老师的女儿告诉我，学校曾几次提出要给老师调换一套面积更大、条件更好的房子，由于种种原因，房子的问题也就这样一次次地被搁置下来。然而，斯是陋室，唯“师”德馨。

2017年是我博士毕业的一年，也正逢高老师的90岁寿辰。在我的老家，90岁乃大寿，操办极其隆重。但是，老师却非常低调，不愿意声张，屡屡告诫我们无须给他过生日。我们的所有提议，都被老师婉言拒绝。老师自谦地说：“我垂垂老朽，不能给大家添麻烦，自己在家过就已经很好了。”老师高尚的品德情操，由此可见一斑。

其实，关于如何做人这个人生的大问题，高老师很少直接通过言语教导过我，然而，他却时时刻刻在用自己的实际行动给我告诫、提醒和指引：做学问要先学做人，而后学做学问。这就是老师的人生准则。

跟老师学“做学问”

四年前，高老师收我入门时，已经是86岁的高龄，早已是名满天下，著作“超”身。然而，让我倍感惊讶的是，耄耋之年的高老师，竟然还像年轻人一样，始终精神抖擞地鏖战在学术研究的第一线，教书育人，笔耕不辍，其精神头丝毫不亚于我们年轻人，甚至在很多方面远远超过我们这些年轻人。现今，老师已经是90岁的老人，著书、写文章，依然是他的日常功课，每年都有十几万字的研究成果问世。老师不会用电脑，所有的文字都是他一笔一画手写出来的，仅这一点，更是常人所不能及。在老师那里，年龄不是问题，更不是累赘，而是知识的积累和学术的升华。老师思维之敏捷、思路之清晰，记忆力之强、学识之广，令人惊叹。每每和老师交流，听着老师旁征博引、滔滔不绝的宏论，我常常会忍不住想，如果自己在七八十岁的时候，还能有老师现在这样清醒的头脑和缜密的思维，那该多么幸运啊。

然而，就是这样一个学术泰斗和学术大家，对待我这个资质浅陋甚至还有些愚钝的学生，却从未有过丝毫的不耐，从读书到做学问，老师总是循循善诱、悉心指教，可谓手把手地把我领进了学术的殿堂，使我的专业学习和学术研究逐渐步入正轨。

第一次完成老师布置的论文写作任务，拿回老师修改后的论文初稿，我再一次被震撼到了。整篇论文密密麻麻地都是老师写的批注，各种符号、箭头标志，甚至连页边空白也都写满了修改意见。过后，老师还专门打电话过来分析我论文存在的问题，指点我写作的思路，询问我能否看清他手写的字。我惭愧于自己的功底不足，但更被老师一丝不苟的认真态度和对学生的负责精神所感动。

此后，我提交的每一篇论文，老师都是如此，一丝不苟，仔细审阅，做出详细批注。大到论文选题、写作框架、逻辑结构、具体内容，小到注释格式、文字表述、标点符号，无不用心之至。读博四年来，所有经过老师修改的论文，每一稿我都珍藏着，每次拿出来翻阅，都倍感亲切，都有新的收获。平日里，老师尤其喜欢听我与他谈论学习方面的问题，喜欢我和他讨论学术问题，在与我的讨论中给我以启发和指点，教给我思考问题、研究问题的方法和技巧，与老师的讨论和交流，往往能使我茅塞顿开、事半功倍。为方便我写论文，增加知识储备、开阔眼界，老师常常赠书于我，推荐我阅读相关的书籍文章，还时常打电话叮嘱我：好好学习，不要偷懒，抓紧时间多看书，把要做的事情做到前面。对于我这个学术研究上的“小学生”，老师真是倾囊相授，毫不藏私，只为我能学有所成。可惜学生愚钝，从老师那里学到的仅有万一！

古语有云：一日为师，终身为“父”。永远无法忘记老师对我的谆谆教导和循循善诱，无法忘记老师不厌其烦地为我答疑解惑，无法忘记老师不辞劳苦地为我修改论文，无法忘记老师举着放大镜伏案工作的专注神态，无法忘记老师那因难以计数的资料、书籍而显得拥挤、狭小的陋室。老师的治学态度和人生态度，值得我终生学习和效法。对我来说，老师不仅仅是一个传道授业解惑、教我读书学习的师者，一位令人敬仰和崇拜的学者，更是一位令人尊敬的长者，一位让我倍感亲近、慈祥和蔼的老爷爷。所以，很多时候我更喜欢称他为老爷子，平时和同学朋友聊天，甚至回家和父母唠嗑，我总是很自豪地说我们老爷子如何如何。四年来，和老师的相处总是那么的融洽和愉快，无拘无束。有的时候，老师就像一个老小孩，给我讲起他以前的经历和故事，向我十分“得意”地“炫耀”一番，哈哈大笑之余，更让我感受到了老师的不拘和亲切。

能成为高老师的弟子，跟着高老师做学问，是我的福分。没有高老师，就没有我现在的学习成就和学术之路，就没有我今天的成熟和成长。读博四年来，从老师那里学到的一切，足以让我受用终生。感谢高老师对学生的厚爱，学生将铭记在心、没齿不忘。一入高门，终身高门，学生定会遵从老师的教诲，不负老师的厚爱，认真做人，认真做学问，不急不躁，一步一个脚印，踏踏实实地走好自己的人生之路。在校学习四年，常听说中国已经形成了马克思主义高放学派。我亲身感受到高老师的确有一系列创新的学术观点。今后我要沿着高放学派的道路前进。

今年是高老师的九十华诞，也是我跟随老师攻读博士学位圆满完成学业的一年。现在，就要离开圆了我博士梦的中国人民大学，离开朝夕相处了四载的老师，回到家乡济南工作，心里感到万分的依恋和不舍。值此老师 90 岁大寿，心有所感，写下上面的肺腑文字，以此作为献给老师的生日礼物！

师恩浩荡，永驻心间

黄　帅①

初见时的研究方向引领

2014 年 3 月，我成功考取了中国人民大学国际关系学院科学社会主义与国际共产主义运动专业的博士研究生，有幸成为我国当代科社共运研究的泰斗、中国人民大学荣誉一级教授高放老师指导的第 23 个博士生。此后我进一步获知，由于高老师年事渐高，我也将是“高门”的“关门弟子”。由于本、硕阶段所学专业不同，我在国际共产主义运动史、科学社会主义理论与实践等相关方面的学科基础是相对薄弱的。这让我在兴奋之余，对于即将开启的崭新学术生涯倍感焦虑和压力。2014 年 6 月，在收到博士研究生的正式录取通知书之后，我第一次到张自忠路的人大老校区登门拜访了高老师。虽是地处老北京城的核心区域，恩师的寓所却并不宽绰，四壁均是塞满的藏书，此时的高老师正在电话中答复一位晚辈请教的学术问题，在一番耐心、细致的解答之后，才开始了我们之间的第一次对话。高老师询问了我的基本情况，我被眼前这位鹤发童颜、精神矍铄、慈眉善目的长者所深深折服。这一次的见面也开启了我们师生之缘的大门。沐高老师师泽，为高老师弟子，实乃我的三生之幸！

初次见面的倾心长谈，恩师教导我勤奋踏实做学问，期许我深入研究国际共产主义运动史。他说：“人类社会的历史千头万绪、千姿百态，但我认为最辉煌、最壮丽、最重要的莫过于国际共产主义运动的历史。”“你们年青一代要认真学习、深入钻研，将国际共产主义运动史更深入地研究下去。”我向高老师述说了自己对专业基础薄弱的忧虑，恩师听后并没有流露出遗憾与失望，而是语重心长地对我说：“治学关键在于勤。”“这里的‘勤’包括五个方面，分别是勤学习、勤积累、勤思考、勤讲课和勤写作。”高老师鼓励我不要担心、不要畏惧，要具备迎难而上、不怕困难的坚毅品格，坚持“五勤”，刻苦学习、努力钻研，终会有所收获。在高老师的殷切鼓励和无私帮助下，

① 作者现执教于中国劳动关系学院。

我之前的漫漫愁雾随着博士新阶段的开启逐渐随风散去。我也将恩师传授给我的“治学成功的秘籍”视为铭记终生的珍宝。第一次见面，高老师就道出了日后希望我能研究“第一国际”的期许，并热情地提供了大量与“第一国际”相关的书籍、文献和资料，嘱咐我要细读嚼透。

接触间的学术情怀传播

入学之后，我拜访高老师的次数更加频繁了。之前不解恩师为何如此“情有独钟”地沉湎于国际共产主义运动史，伴随着接触的日渐频繁，我渐渐找到了答案。高老师早在 20 世纪 50 年代起就与国际共运史结下了不解之缘。高老师从 1950 年新中国第一所新型大学——中国人民大学创办起就开始在这里执教，1950 年至 1956 年教授马列主义基础课的内容是苏联共产党党史，从 1956 年起扩大为国际共运史。高老师亲身经历了国际共运史学科的曲折发展。从 1958 年至 1976 年，高老师在教学、科研工作中深受“左”的路线影响。从 1978 年起，高老师决心纠“左”防右，重新总结国际共运史经验，发表了大量有新意、有价值的文稿和论著。1981 年，高老师被评定为全国第一个国际共产主义运动史专业的博士生导师。在指导了 14 位博士毕业后，他于 1997 年年满 70 岁光荣离休。然而，高老师并未就此放弃学术工作，而是继续到处讲学、发表文稿。2005 年，高老师被中国人民大学返聘并继续招收国际共运专业的博士生。2009 年，中国人民大学评定九个荣誉一级教授，82 岁高龄的高老师正是其中之一。他是科学社会主义与国际共产主义运动这个专业年龄最大、教龄最长、资历最深的知名学者、大牌教授。可以说，高老师的毕生精力都致力于国际共运史的教学和研究，为发展和振兴国际共运史学科殚精竭虑、鞠躬尽瘁。

长期接触和研究国际共运史的个人经历，使高老师对国际共运史拥有更为深层次的理解和更为深厚的感情。高老师认为，国际共产主义运动史是无产阶级和人民大众为全人类自由解放达到世界大同而奋斗的历史。自 1847 年马克思、恩格斯参与创建的世界上第一个共产主义者同盟以来，国际共产主义运动已经开展了整整 170 年，它既逐步取得越来越大的成就，也多次遇到挫折。尤其是 1989 年至 1991 年苏联和东欧诸国发生剧变之后，国际共运更是陷入了空前的低潮，幸而中国共产党善于总结国际共运的历史经验和教训，自 1978 年就端正了党的指导思想和基本路线，在建设中国特色社会主义的事业中取得越来越大的成就。中国共产党拥有 8800 多万党员，约占全世界共产党党员人数的90%，成为当今国际共运强大的中流砥柱，因此，我国更要加强国际共运历史研究，深刻认清国际共运历史发展规律，以史为鉴，资政育人，为重新振兴国际共运多做贡献。170年来，国际共产主义运动史积累了极其丰富的历史经验，国际共运史上举凡事件、组织、文献、人物、思潮、流派等，都有很多宏观、中观、微观的问题有待进一步探求和思索。世界上第一个以科学社会主义为指导的国际无产阶级政党——共产主义者同盟和世界上第一个政党性质的国际工人组织——第一国际都没有中国学者的专著性成果，高老师特别希望我的师兄吴儒忠和我能够继续深入研究，进而分别完成《共产主义者同盟史》和《第一国际史》。特别值得一提的是，为了能够给国际共运史学界提供一个发表最新研究成果的固定阵地，搭建一个学术交流的固定平台，高老师虽是多病缠身，但是自2017年3月起毅然担负起了主持湖南省社会科学院创办的《求索》月刊“国际共产主义运动史研究”专栏筹划组稿的重任，这个专栏作为向广大读者传播国际共产主义历史知识的固定论堂，是重新振兴国际共运史专业的重要举措，可谓功德无量。

写作时的方法要领指导

在恩师无微不至、不厌其烦的指导、点拨下，我的学习研究也很快上路。入学前，我阅读了高老师为我提供的有关“第一国际”的部分文献资料。从这些书籍材料中，我开始对“第一国际”产生了浓厚的研究兴趣。高老师为我提供的有关“第一国际”的全套资料之中，包括了由中央编译出版社出版的《国际共产主义运动历史文献》，其中的10卷本几乎涵盖了第一国际全部的文献档案。通过对这些一手资料的认真阅读、梳理和查阅，进而转向深入研究、思考和分析，我也从一无所知逐步渐入佳境。“第一国际”作为世界上第一个政党性质的国际工人组织，将无产阶级革命运动推向了建立无产阶级政权的新高度，也将被压迫民族的解放斗争与世界无产阶革命紧密地联系了起来，在当时获得了“第七强国”的地位。第一国际存在期间，法国爆发了巴黎公社革命，建立了世界上第一个无产阶级政权，在世界社会主义运动史上谱写了光辉灿烂的一页。当前中国社会主义建设尚未取得完全成功，研究第一国际仍有重要的理论价值和实践意义。在高老师的指导和帮助下，我先后发表2篇阶段性成果，一篇是《恩格斯对第一国际的独立贡献》，另一篇是《第一国际与巴黎公社的诞生》。可以说，高老师几乎是手把手教我做学问。从搜集文献，到史料的筛选、甄别、整理、考证和使用，每一步都倾注了他太多的心血。高老师经常教导我选用史料要去伪存真、去粗取精、披沙拣金；研究过程要以史为据、史论结合、论从史出；研究结果要史为今用、以史为鉴、以史论今。恩师还特别叮嘱我在 2064 年（那年我也将有 75 岁），撰写一篇纪念“第一国际”成立 200 周年的文章；在 2071 年（那年我将会是 82 岁），撰写一篇纪念巴黎公社革命 200 周年的文章。因此，为了不负期许、完成恩师的心愿，我还得强健体魄，才能像高老师一样把我的研究带入我的“90 后”。

为了拓宽我的知识面，扩展我的研究领域，高老师向我提出了希望我研究世界社会主义 500 年思想起点——莫尔的《乌托邦》的想法，我听后欣然答应。在阅读了相关书籍和文献之后，我完成了一篇有关《乌托邦》主要内容和时代价值的文章。初稿完成后，高老师仍是一如既往地认真审读，从框架到内容，从标题到标点。看到初稿上密密麻麻的批改痕迹，页面边缘一条一条的修改意见，我悲喜交加，悲的是自己不争气的研究写作水平，喜的是遇到这样一位认真负责的好导师。高老师循循善诱、教导有方。在恩师的悉心指导下，我的写作水平有了很大的进步。我于 2016 年 8 月发表了《莫尔的乌托邦社会主义理想及其时代价值和启示——纪念〈乌托邦〉问世暨世界社会主义 500 周年》一文，从起源上熟悉世界社会主义 500 年。随后，我又协助恩师完成了从宏观、中观、微观三个维度漫谈《乌托邦》，先后发表了《从“乌托邦”到“科托邦”的飞跃》《〈乌托邦〉细节轶事考辨》《〈乌托邦〉与当代世界和中国》三篇对话录，以访谈的形式通晓世界社会主义 500 年的历史。2017 年 5 月 16 日，不负恩师期望，我顺利完成了博士学位论文（《第一国际总委员会研究》）的答辩工作，博士阶段的学业也画上了一个完满的句号。我是高老师指导的博士生中的关门弟子。在校学习时就听说我国已经形成了马克思主义高放学派，诚哉斯言。我作为高放学派的最后一个私淑弟子，深感自豪和荣幸。

2014 年 9 月 9 日，习近平总书记在北京师范大学看望教师学生时指出：“一个人遇到好老师是人生的幸运，一个学校拥有好老师是学校的光荣，一个民族源源不断涌现出一批又一批好老师则是民族的希望。”值此高放教授九十华诞，由衷地祝贺吾师福如东海，寿比南山。恩师的谆谆教诲、兢兢业业，让我获益匪浅；恩师的博约相济、勤奋治学，让我受益终生。这份沉甸甸的厚谊教诲，让我永世难忘；这份满盈盈的知遇之恩，我当衔环以报。

鹤发银丝映日月，
丹心热血沃新花。
山高水长有时尽，
唯我师恩日月长。

2017 年 5 月

向学界泰斗高放教授请教如何学习《共产党宣言》

马立杰[①]

《共产党宣言》（以下简称《宣言》）于 1848 年 2 月 24 日在伦敦出版，它的问世振聋发聩。《宣言》是马克思主义的纲领文献，它“不仅是第一本，而且是唯一的一本系统而完整地阐明了科学社会主义思想体系的经典文献”。它短小精悍，却又包罗万象，“《宣言》可以说是第一部完整地、系统地阐述马克思主义的百科全书”，是很多共产主义者的入门书。这部著作对中国的影响深远，毛泽东在《宣言》里看到的是阶级斗争，并带领中国人民推翻统治阶级的压迫，建立了中华人民共和国；邓小平看到的则是要大力发展生产力，从而开启了改革开放的伟大进程，促进了中国的快速发展。作为祖国、民族和党的未来和希望的青年应该认真学习这部深刻影响中国命运的马克思主义经典著作。而如何更好地学习这一千年不朽的经典，是摆在中国青年面前的问题。我作为中国人民大学科学社会主义与国际共产主义运动专业的一名博士研究生，非常荣幸有机会向学界泰斗高放教授请教学习。高放教授对《宣言》“心有专注，情有独钟”，他在上高中时就读到了《宣言》，并深受它影响，从 1950 年在中国人民大学任教以来，他在课堂上讲了 60 多年的《宣言》。高放教授收集到的《宣言》中译本有 21 种，英译本 5 种，此外还有法、德、俄、日等译本。到目前为止，高放教授发表了 36 篇关于《宣言》的文章，他对《宣言》的研究可谓字斟句酌、面面俱到，且能与时俱进。他对《宣言》的研究不仅关注整体宏观层面，还注重对个别原理的重新阐释，并对

① 作者系中国人民大学国际关系学院博士研究生。

微小细节认真考证。

一、整体宏观层面的研究

读书要首先读书的序言部分，序言分为两种，即作者自己写的序言和别人为书作的序言。序言可以帮助读者快速地了解书的主要内容、写作背景、写作缘由等信息。《宣言》有7篇作者自己写的序言，其中1872年德文版序言和1882年俄文版序言是马克思和恩格斯合写的，其他5篇都是恩格斯在马克思逝世后独自写的。7篇序言跨越了21年的时间，而且第一篇序言，即1872年德文版序言，是在《宣言》出版24年后发表的。从1848年《宣言》出版到恩格斯写的1893年意大利文版序言，在这近半个世纪的时间里，资本主义工业有了新的发展、工人运动越来越扩大，无产阶级政党越来越成熟，《宣言》更广泛地流传。马克思和恩格斯借助《宣言》序言，说明了他们对新形势的思考和判断，并对《宣言》内容进行重新的审视和补充。

高教授非常重视《宣言》的序言，在《开启真理宝库的七把钥匙——研读〈共产党宣言〉感悟七篇序言》一文中，他把7篇序言比作打开“《宣言》以至整个马克思主义的真理宝库”的7把钥匙，仔细研读序言有助于准确把握《宣言》乃至马克思主义。高教授在上述文章中总结了马克思恩格斯在序言里提到的重要思想。在上述文章中，高教授总结了《宣言》的写作目的和背景，它是马克思恩格斯为世界上第一个共产党——共产主义者同盟起草的一个“准备公布的详细的理论和实践的党纲”；分析了贯穿《宣言》的基本思想；总结了《宣言》里的一般原理；分析了这些原理运用应该“随时随地都要以当时的历史条件为转移”的重要性；对马克思、恩格斯在序言里提出的新思想提出了自己的见解。高教授在总结《宣言》序言主要内容的同时，根据现实环境提出了自己对这些内容的思考，总结了贯穿《宣言》的基本思想“每一历史时代主要的经济生产方式和交换方式以及必然由此产生的社会结构，是该时代政治的和精神的历史所赖以确立的基础，并且只有从这一基础出发，这一历史才能说明；因此人类的全部的历史（从土地公有的原始氏族社会解体以来）都是阶级斗争的历史……就不能使自己从进行剥削和统治的那个阶级（资产阶级）的奴役下解放出来”。高教授总结实践经验得出，当今社会的发展是阶级斗争和阶级合作共同作用的结果，而不能只强调阶级斗争。此外，生产关系对生产力、上层建筑对经济基础在某些条件下会有巨大的反作用。对于序言里补充的新内容，即“工人阶级不能简单地掌握现成的国家机器，并运用它来达到自己的目的”，应该打碎旧的国家政权。而打碎旧的国家政权，就必须发动暴力革命。高教授认为这并不可行，因为经过发展，现代的资本主义国家机器在某种程度上已经成为管理社会的机器，而且在当今条件下爆发暴力革命的可能性越来越小。高教授之前受“左”的思想的影响，也曾认为暴力革命是《宣言》的一条基本原理，但后来经过认真总结国际共运史经验，再结合当今实际，得出暴力革命越来越难走通的结论。

关于资本主义的寿命远远超过了马克思对它的预判，而且到现在依然有强大生命力的问题，高教授认为马克思恩格斯在序言中给出了答案，即“革命遗嘱执行人”。虽然现代资本主义生命力旺盛，但是迫于社会主义和劳动人民的压力，资本主义国家也不断寻求改良，吸收了很多社会主义因素，借鉴社会主义国家政策。“镇压社会主义运动的统治者扮演了被扼制和镇压的社会主义遗嘱的执行人，实际上为社会主义开启了新的通道。”“革命遗嘱继承人”的提法有助于我们理解社会主义和资本主义关系。

通过《宣言》的序言，我们可以发现马克思、恩格斯能根据形势的变化来更新自己的具体思想，高教授对《宣言》的研究也是与时俱进的。面对变化着的历史环境，高教授对《宣言》重要思想的发掘、阐释，可以说既扎根于国际共产主义运动的历史，又与时俱进地考虑到中国国情、当代时代特点、人民群众的迫切要求。在《〈共产党宣言〉当代解读》中，高教授根据历史发展经验、当今世界与中国的具体实际，对《宣言》中所蕴含的科学社会主义原理做出了当代解读。在《〈共产党宣言〉基本原则与中国特色社会主义》中，高教授认真总结了《宣言》的基本原则，并提出从基本原则看如何全面建设中国特色社会主义。在《〈共产党宣言〉改变了中国的命运》中，高教授介绍了《宣言》在中国的传播历程，以及它对中国共产主义者的重要影响，进而影响中国的命运。在《〈共产党宣言〉的核心思想辨析》中，高教授阐明从一般意义上讲《宣言》的核心思想是“每个人的自由发展”，而不是“消灭私有制”，而且实现“每个人的自由发展”也需要一个漫长的过程。高教授对《宣言》在理论层面上的解读，既符合历史史实，又与当今现实相结合，使其能指导和服务于当今实际。

二、以小见大的理论升华

高教授对《宣言》的研究既有宏观层面的理论解读，也有对个别原理的重新阐释。对《宣言》里个别原理的重新阐释，体现了高教授研究学问不唯上、不唯书、只唯实、勤思考、敢质疑的治学态度，更体现出他能做到与时俱进，而不是教条式地理解和运用《宣言》。对现有《宣言》汉译本中具体语句翻译的纠正及反思，体现了他对个别原理的重新阐释。

高教授非常重视《宣言》的翻译，因为不符合原文或者不能与时俱进的翻译，都会产生消极影响。虽然译者对《宣言》翻译，已经费尽心血反复琢磨推敲、千锤百炼，但对中国影响深远的《宣言》，其翻译更应该客观、忠实于原文，语言与时俱进。《宣言》里的重点句翻译，会产生非常重大的影响，如“消灭私有制”这句话，高教授在很多文章中都提到过这一翻译是不符合原文且非常有害的。因为“消灭”即彻底消除，容易理解成用“行政命令或者群众运动的方式消除”，而社会主义国家也确实采用过用行政命令强制废除私有制，但这并没有带来好结果，反而造成了很多失误。当时的社会主义国家通过行政命令手段废除私有制，违背了生产力的发展要求，打击了劳动者的生产积极性，阻碍了生产力发展，使社会主义建设走了弯路。所以正确翻译、理解《宣言》的内容，对正确理解马克思主义思想，对社会主义建设至关重要。出于还原马克思恩格斯本意，促进社会主义建设的考虑，高教授根据《宣言》德文原文，主张把“消灭私有制”改译为“扬弃私有制”。因为德文原文采用的是“aufheben”一词应该译为“扬弃私有制”，即对于私有制又保留又废除。在《要与时俱进地理解和运用〈共产党宣言〉》中，为了弄清楚这一译法，高教授查阅了《宣言》的德文译本、英文译本、俄文译本和汉译本，并指出了这一译法在汉译本中的演变。在文章中，高教授指出了“扬弃私有制”这一翻译的来源，并且解释了为什么“扬弃私有制”比“消灭私有制”更符合《宣言》本意，更从历史教训角度来总结改变原有译法对于我们社会主义建设的重要性。高教授不赞成《宣言》里“消灭私有制”这种译法，认为应该改为“扬弃私有制”，两字之差，含义却差别很大，不同的翻译产生的影响也是截然不同的。我们要客观看待私有制，既要看到它不好的一面，更要看到它好的方面。对于私有制不好的方面要“弃”，而它好的方面则要加以利用。

此外，在《“全世界无产者，联合起来!”74 种中译文考证评析》中，高教授列举了他收集到的关于《宣言》的结尾词“全世界无产者，联合起来”

的74种译法，从中我们可以看出不同时代的翻译语言和风格是不同的。在评析了74种译法之后，高教授认为这一句话应该译为“所有国家劳动者，联合起来”。高教授认为用“所有国家劳动者”应该代替“全世界无产者”，一是因为随着时代发展，马克思所处时代的无产者在现今社会已经越来越少，劳动者概念的辐射范围更大；二是“所有国家”则指明劳动者是有国家区别、利益差别的，所以要实现联合是个长期、艰辛的过程。所以“所有国家劳动者，联合起来”符合《宣言》原文措辞、历史实践与当今现实。

三、细节考证

历史是由微小细节组成的，弄清细节可以使历史更形象、鲜活，增加人们对历史的感性认识，避免历史的空洞化。然而细节的考证也是复杂的，需要借助大量材料和借鉴别人的研究成果。这要求我们下苦功夫研究材料，而对别人的研究成果也要严谨对待，不能以讹传讹。

高放教授对《宣言》的细节考察主要体现在他详细考证了《宣言》具体的写作地和具体出版时间。曾经有一档综艺节目里关于《宣言》写作地点的错误答案促使高教授去找到这一问题的正确答案。高教授经过自己的思考，在查阅大量书籍的基础上写出了《〈共产党宣言〉不是在天鹅咖啡馆写的——兼谈马克思在布鲁塞尔的七个住处》一文，确定了这一不朽名著的写作地点，为后来人凭吊《宣言》提供了具体地点。在《〈共产党宣言〉不是在天鹅咖啡馆写的——兼谈马克思在布鲁塞尔的七个住处》中，高教授通过对《宣言》写作的时间段内，马克思与友人书信往来中通信地址，其他书籍中涉及这段时间内马克思住处的汇总考察得出，“马克思一家从1845年2月3日至1848年3月4日，流寓布鲁塞尔3年又1个月，住址竟变换了六处”。而根据这些材料推论得出：《宣言》是马克思在1847年12月底到1848年1月底在布鲁塞尔郊区奥尔良路42号寓所写成的。

因为书籍出版只有出版年月，没有准确到某一天，所以长期以来人们不清楚《宣言》这一“马克思主义、科学社会主义的‘出生证书’”的准确日期。为了“人们适时纪念马克思主义的诞生，回顾马克思主义的战斗历程和主要成就，反思马克思主义者面临的新形势和新任务”，高教授发表了《〈共产党宣言〉是何日出版的》一文。这篇文章是高教授长期跟踪、积累考证的成果。高教授在日常学习中按照他自己的方法，把材料分门别类地整理起来，等积累到一定程度就写一篇论文把这一问题阐释清楚。高教授在文章中不但引经据典，而且把自己跟踪的过程记录下来，按图索骥，追根溯源，最终搞清楚了《宣言》出版的具体日期是 1848 年 2 月 24 日。在跟踪考证这一问题的过程中，他曾遭遇了外国人的不理解与嘲笑，认为“这种事情（确定《宣言》出版日期）只有你们中国人感兴趣!”但是高教授认为澄清《宣言》具体出版日期，对于纪念这一经典文献是十分有益的。他根据自己的研究，确定了《宣言》的准确出版日期，弥补了这一空白。

此外，在《治学要下苦功夫，避免以讹传讹——以〈共产党宣言〉首句译词“幽灵”为例》文章中，高教授指出，他曾看到有的文章中提到首先把《宣言》第一句译为“一个幽灵，一个共产主义的幽灵，在欧洲徘徊”是陈望道，但据高教授考证这种译法起源于博古译本。高教授为了防止这一错误说法继续流传下去，贻误读者，他追根溯源地找到这一错误的最终出处，并撰文纠正这一错误。这告诉我们，在学术研究中要谨慎对待别人的研究成果，切记人云亦云，认真对待史料，还原历史的本来面貌。《〈共产党宣言〉并无柯柏年译本》一文也体现了高教授对待历史细节的认真态度。

《宣言》是马克思主义的经典之作，蕴含着丰富的科学社会主义基本原理，同时指明了建立自由人联合体的共产主义理想，对于我们青年树立崇高的理想信念有教育和指导意义。我们青年要认真学习《宣言》，汲取前人丰富的研究成果，加深对《宣言》的理解。我们虽没有高教授那样丰富的知识储备和深厚的理论功底，但是我们只要学习高教授对于《宣言》的实事求是，不唯书、善思考、敢质疑、勤翻阅的治学态度，注重细节、提升理论，就会更加深刻地理解和运用《宣言》。

2017 年 5 月

高放教授剪影

——一位晚辈眼中的学术大家

吴诗尧[①]

我第一次见到高放教授是在 2016 年初春时节。在高老师堆满资料和文献

① 作者系中国人民大学国际关系学院科学社会主义与国际共产主义运动专业博士研究生。

的书房“顶斋”中，身为后生晚辈的我带着崇敬、仰慕又有些紧张的心情，第一次亲身聆听学界泰斗的厚重思想与谆谆教诲。自那之后，我又先后数次拜访高放教授，每每都有如沐春风之感。今年正值高放教授九十华诞，我谨希望通过将自己这几次与高老接触的认知和感悟进行整理记录，来表达对老人家的敬仰、感恩和祝福。

备受敬重的传道授业解惑者

作为中国人民大学科学社会主义与国际共产主义运动专业的学生，高放教授之于我首先是令后生尊敬和爱戴的师长和长辈。每次登门拜访老先生，高老浩渺的思想和敏锐的洞察力都使我获益匪浅。在午后的“顶斋”中，几位学生全神贯注地围坐在高老师身旁，努力跟上高老师敏捷又灵动的思路，也在老师矍铄而慈祥的目光中，尝试着尽可能地回答出老师所关切的问题。在我的印象里，高老师每次同我们交流思想和分享成果，都对我们这些晚辈的研究近况表现出极大的热情与关注。不论我们的学术研究还处于多么初级和粗糙的阶段，高老师总是给我们以鼓励和指导，我们也总能够在拜访完老人家之后收获新的研究灵感和探索思路。

与此同时，高放教授对于古今中外世情国情的关注之广、洞察之深、掌握之准，也为我们后生晚辈树立了奋斗的标杆。曾经有一段经历使我对此尤有体会：我现阶段主要的研究领域是以色列工党的发展历程及其意识形态。在初次拜访高老师时，我就将自己的研究进展汇报给了老师，老师在肯定与鼓励的同时，还特别对我叮嘱了关于以色列工党研究的注意事项及潜在重点。高放老师所提建议的专业性和深入度给我留下了特别深刻的印象。在随后的资料搜集过程中，我惊奇地发现高老师早在1995年便对有关内容进行过细致的梳理与研究，并成文《以色列“基布兹”的奇迹》。这让我对“学贯古今”有了生动且直观的理解，也使我对学术大家有了更为切身的认识。

另外，高放教授誉满天下、桃李芬芳，他对青年学生和年轻学者的关怀始终如一。在屡次的交流中，高老师都通过春风化雨的谆谆教诲，深入浅出地将自己的厚重思想与丰富阅历同我们敞怀分享。但每每交谈至尾声，高老师话语的落脚点都会回归对晚辈成长的关心与对推进学科发展的期盼。高老师告诉我们，对社会主义思想的学习和研究同我们国家的发展、世界的命运和人类的共同幸福息息相关，身为青年学子的我们肩负着不断探索、推进与拓展社会主义理论的使命和任务，要为国家兴盛和民族崛起的大业贡献力量。高放教授的关心与期望让我感到既有压力又是动力，暗自下定决心，要以高老师为榜样，笃学致知、厚德格物，以赤子之心奉献自己于学业与工作之中。

实事求是的顶尖学者

高放教授是我国社会主义理论和国际共产主义运动史的顶尖学者，他著作等身、成绩斐然，为我国的社会主义研究做出了杰出贡献。作为晚辈后生，我对高放教授除了敬仰和崇拜之外，也非常好奇老先生的研究方法和治学理念：高放教授是怎样做学问的？为什么高放教授的学术成果总是令人耳目一新、具有高度的学术价值，同时又带有趣味性？我的困惑随着同老先生的接触得到了答案。

高放教授的寓所并不宽裕，而一堆堆一摞摞的文献、书籍和资料更使得老师的家显得有些逼仄局促。在我看来，收集与保存如此繁多的材料都是一项巨大的任务，更不消说整理与归置它们了，但高老师却能够对每一类文献、每一本书和每一篇文章的摆放位置都了然于心。每次和同学去拜访老人家，高老师总是会就我们的研究进展或所提问题进行耐心解答和指点迷津，每每此时，老师都能够直接从浩如烟海的文献中找出对我们有所帮助的书籍或资料，并就相关内容进行说明和讲解。他对文献材料的熟悉和把握，实在使我惊叹。这个事例能够以小见大，高放教授对于研究资料和文献的掌握程度可见一斑，而透过这个细节，我们也能对高放教授实事求是、追求真知的严谨治学态度有所了解。

记得有师长曾告诉我，高放老师在他们眼中好像一本“百科全书”，每当资料搜集或研究进展遇到“瓶颈”，高老师总是能够给予他们及时且有力的帮助。就文献资料而言，信手拈来的轻松输出需要源源不断的准确录入。高放老师对于文献搜集的工作极其认真和重视，为了一个小数据或者人物生平，他能够不辞辛劳、不厌其烦地四处查找，直至寻得准确信息或确认无法找到。这样实事求是、上下求索的严谨治学态度，是高放教授总能做出大学问的根本保证。

由于治学钻研求真求实，高放教授的学术研究总是兼具极强的公信度和高度的趣味性。比如，经过细致地整理和考证，高放教授撰文《“共产党宣言”共有 23 种中译本》，指出截至成文时，为我们熟知的《共产党宣言》共有 23 种中文译本，深化了人们对于马克思主义经典著作同中华民族联系的认知；在《“马克思列宁主义”提法的由来》《纪念十月革命，反思列宁主义》等文章中，高放教授考证了“马克思主义”“列宁主义”的源起，并将其与不够严谨的“马克思列宁主义”“马列主义”提法区分开来，纠正了人们对于专有名词使用的习惯性偏误；高放教授在《十月革命一声炮响，响自何方？——“阿芙乐尔”号按约定先放空炮》一文中，借助细致的文献考证和翔实的史料支撑，还原了重大历史事件的原貌，使今天的我们能够有身临其境的代入感，从而进一步深化了现代人对过往事件的认知和理解。

在做学问的过程中，高放教授秉持实事求是的钻研精神，严苛考证、格物致知、潜心笃学，不仅取得了源源不断的突出学术成果，也合乎逻辑地成为载誉天下的学界大家。

思想解放的马克思主义者

高放教授的著述语言凝练、思想厚重、一气呵成，还有一个尤其重要却十分不易的特征——文章内容妙趣横生。每次读到高放教授的作品，我都有酣畅淋漓几近大快朵颐而后快之感，也对既有价值又富趣味的学术成果有更为真切的直观体验。学术成果是研究思路的直接体现，高放教授著述的趣味性源自老先生不拘泥、不盲从、高度解放的思维模式。每次拜访高放教授，对于我而言都是一场思想上的饕餮盛宴和头脑高速运转的思维风暴。老先生从历史、国家和个人经历等不同层面，举重若轻地将社会主义理论、共产主义运动、国家演化路径、人类发展历程等宏大命题向我们娓娓道来。听高放老师讲授学问，不会有率由旧章、墨守成规的枯燥乏味，相反，老先生的独到观点极具创新性，不论是理论探索还是史学研究抑或心系家国的现状思考，他总能够得出有所不同又洞察深刻的真知灼见。

高放教授是资深而纯粹的马克思主义学者，他将解放思想、实事求是的马克思主义者精神践行于研究工作之中。他的学术成果汇集深厚的理论积累、翔实的史实资料、严格的逻辑论证、充分的独立思考，为我们创造了宝贵的精神财富。其中比较有代表性的，是高放教授对马克思主义概念的研究和界定工作。据《马克思主义是人的解放学——对加强马克思主义整体研究的呼唤》一文所述，在20世纪80年代《中国大百科全书》的词条编纂工作中，高放教授经过充分研究和思考，仅用36字，高屋建瓴地给出了“马克思主义”的新定义：“国际无产阶级领袖卡·马克思和弗·恩格斯创立的无产阶级和全人类解放的科学。”在随后的教学与科研工作中，高放教授对其进一步提炼浓缩，紧扣马克思主义的本质，将其以 16 字精准表述：“马克思、恩格斯创立的人的解放的科学。”或者更为凝练的 5 字定义：“人的解放学。”高放教授对于马克思主义的定义，不同于以往概念的冗杂抽象，它既简洁明了，又充分呈现出马克思主义的根本内涵，是解放思想、实事求是的创造性学术成果。

与此同时，近年来高放教授在《中国延安干部学院学报》上连载巨著国际共产主义运动史纲，截至本文写作时，已陆续刊发至第 12 章。这一系列文章卷帙浩繁，每篇洋洋洒洒约 3 万字，高放教授从马克思主义之首创开始写起，将世界社会主义发展和国际共产主义运动梳理考证、编史成文，在系统性整编过往历史的基础上推进了相关学术研究的发展进步，可谓是为往圣继真学、为后人点明灯。秉持独立思考、解放思想的高放教授对社会主义理论的继承和前行作出了无可替代的杰出贡献。

作为晚辈后生，同高放教授的接触与交流之于我是尤为珍贵的时光。老人家高风亮节的赤子品行、严谨求实的治学理念、独立思考的学术人格都传递于我人生榜样的力量。而高放教授厚重丰富的研究成果，更是饷于我辈以珍馐一般的精神食粮。借写作拙文之际，我谨表自己对高放教授的敬仰与感恩之情，同时也衷心祝愿老人家健康长寿、在学术上再创辉煌！

2017 年 5 月

高放教授：初执教鞭，我给师母当老师

朱　烁[1]

学界泰斗高放当年可不是个“安分”的学生，1947 年他离开北大校园，冲过敌人封锁线闯到解放区，满腔热血和文艺梦想是他唯一的行囊。随后的两年中他跑遍华北平原，辗转三所大学，经历了从大二学生到研究生再到革命干部的“三级跳”。1949 年年初，当高放再次回到北平时，已经成长为一名年轻的大学教师，儿时的文学梦就此深藏心中。1946 年至 1949 年，在中国

① 作者系《北京晨报》记者。

命运惊天巨变中，浪漫的南国书生历练、沉淀，最终选择了社会科学研究道路。听着老教授将烽火岁月中的求学历程娓娓道来，一代学者在历史洪流中的成长脉络尽现眼前。

一、人生拐点从记者到学者

1946年夏，福建男生高放只身来到北大，目的是成为一名新闻记者兼业余作家。在家乡教会学校读惯了鲁迅、屠格涅夫的大男孩突然接触到土纸印刷的《白毛女》《李有才板话》等文艺作品，特别是《新民主主义论》《论联合政府》等政治书籍后眼前豁然开朗，“惊奇地发现共产党的解放区还有这么优秀的革命文艺作品，还有这么新颖的革命理论”。相形之下，脱离中国实际的教科书可就不解渴了。高同学又在北大读了一年半仍然觉得实在乏味，最终决定与一干热血青年去解放区。

1948年1月，经清华大学吴晗教授介绍，几个同学找到了北平地下党员陈鼎文，他负责把北平学生转移到解放区。从北平到解放区要经过国民党封锁线，陈先生嘱咐白净的小高化装成小学教师，到山东德州或济南探亲，千万不能流露出到解放区的意思。临行前高放给好友留言：“苦难的人民迫切地需要我们，知识分子若只能在原则上同情或给予轻微的帮助，这是我们的悲哀与耻辱。”激情从字里行间呼之欲出。

凭着这份激情和当随军记者的梦想，过惯小资生活的高放挺过了国民党飞机轰炸、窝头野菜，沿着北方农村萧瑟的土路，在1948年的春节来到了晋冀鲁豫边区。等待高放的却是个小小的失望。当时同学们提出要当随军记者，派来谈话的领导说刘邓大军南下，没办法把同学送到前线。高放笑着说：“这是领导留面子，实际上是考虑我们大学才念了一年半，年方21岁还是孩子，上了前线给人家添麻烦。”

就这样高放被安排到北方大学外语班，他的同学张再老老实实地读外语并由此成为新中国第一代驻外大使。而高放却不甘心当翻译，记者梦仍然涌动，“8月北方大学与华北联大合并成华北大学后，听说文艺部招研究生，我直接跑去找中学时崇拜的偶像艾青，谈为什么想当新闻记者、报刊编辑。艾青出题，让我写写文学经历，我就用土黄纸写了一万五千字的《我与诗及其他》，如今想来那是我的研究生考试”。恰好，当时何干之教授也要招研究生，看了高放的卷子很满意，据说当年何先生是这样“抢行”的：“文学是描绘人生，社会科学是解剖人生、解剖社会，比文艺描绘更深刻。”就在那一年，高放把原名高元浤改为高放，意为摆脱封建束缚，思想高度解放。在何干之先生的指导下，中国社会史研究小组四个研究生刻苦学习，被别的研究生羡称为“四大金刚”。

二、初为人师给师母当老师

北平和平解放的喜讯很快传来，华北大学奉命迁往北平。1949 年 3 月 4 日，何先生对研究生宣布提前毕业。没有答辩、没有毕业典礼，高放为期半年的研究生生涯就此结束，一夜之间由接受教育的学生晋升为传道授业的师父。由于有着研究生学历，高放的工作是助理员，比助理干事还高着一个级别，主要的工作就是给学生们做思想政治工作。上岗第一天，高放的工作就是组织刚毕业的学生跟随华大进驻北平。

3 月 5 日，二部教职员工从正定开拔前往北平。高放珍藏着的小本上认真记录出发前成仿吾副校长的讲话：“北平原是二流城市，封建遗毒较多，自由散漫。进城后生活要集体化，要坚持做早操，干部们每天坚持学习，坚持集体办公和请假制度，要有警惕性，上街都要两个人一起，防止特务打黑枪。”

3 月 7 日，华大二部师生抵京，安置在先农坛原北京体育学校旧址，随后学校着手招生，主要是培养师资力量，“招生广告贴出去后报名是非常踊跃的，这是由于华大有老革命家吴玉章校长，著名文学家成仿吾、著名历史学家范文澜为副校长，还聚集了艾思奇、艾青、何干之、光未然等一批响当当的名家。还由于华大实行解放区的供给制，不但免收学费，还不交伙食费，所有学员享受大灶伙食待遇，每人还发一套灰布制服”。考生中很多是在其他大学念了半截的本科生，也有相当数量的本科毕业生和中学老师，就这样，二十啷当岁的小高教员面对的就是“比先生还先生”的大龄学子。

华大的招生广告吸引了一群特殊的女同志：当时人文学界名家的夫人们。“当时清华大学中文系教授、著名作家李广田夫人的卷子就是我批阅的。”尤其让高放没想到的是，考生中还有他的师母——沈从文先生的夫人张兆和。在北大读书时，高放就把沈家当成了图书馆，与张兆和很是熟识，进城后高放登门看望老师，沈夫人还热情地留饭，俨然还是师母对学生的疼惜。谁想到不久后，高放竟给师母当起了先生。记者笑问高老师有没有网开一面，老师爽朗一笑：“她们的卷子答得确实不错。但我评分还是很严格的。”

短短不到一个月的时间，华北大学就在平津地区招收了 1 万多名学员，其中高放所在的二部招收了2400名学员，先农坛住不下，于是在城东北方家胡同设分部，后来著名外交官章曙和高放就被派到了三分部。学校给每个学生发小马扎，小组讨论就围坐在国子监和雍和宫大院内。

三、光荣时刻广场前做“嘉宾”

1949年后半年，小高教员过得高潮迭起、亮点连连。8月25日，高放在《人民日报》上发表了首篇理论文章，这篇几百字的短文被他视为自己从新闻记者转型成理论学者的重要标志。60年后的今天，高放回想起来还颇为自得：“别看研究生只读了半年，但收获颇丰，含金量还是很高的。”

无论是什么年代、无论条件如何，大学生们都是活跃而快乐的，能歌善舞的高放带着学生开周末舞会，亲自挑选歌曲刻蜡纸油印出来发给大家学唱，“我们扭秧歌还跳交谊舞，那欢歌笑语、牵手旋舞的情景，留下了终生难忘的美好回忆。”高放依然习惯把写诗作文当成抒发内心世界的最佳途径，给报刊投稿、出板报，忙得不亦乐乎。年轻时的文稿大多遗失，唯独一首诗，他特别从墙报上撕了下来，字迹模糊的残稿保留至今，那首诗写的就是《我们见到了毛主席》。

作为华北大学干部，高放被选中参加开国大典游行，近乎一米八的他凭借身高外表的优势当上了排头兵。头部45度角倾斜、双眼直视，经过“相当艰苦”的排练后，10月1日中午，华北大学队伍整齐划一地走到了东单广场，那时大家才知道，华大的干部队伍被排列在天安门广场正中，位于设计中的人民纪念碑左前方，正对着天安门城楼。“站在广场中心，即便不用望远镜，凭借我的高个子和从孩提时代就能明察秋毫的眼力，城楼上的情景看得细微不差，更能看清楚从天安门前经过的受检阅的队伍。这样一来，我们不就是观礼台外，出席开国大典的‘另类嘉宾’了吗?”回忆当日场景，高放笑得特别开心，就像占了天大便宜的孩子。

游行开始，华北大学的4万人方阵几乎占了全部学生队伍的三分之一，而且被安排在压阵的位置上。华大三部，即文学艺术部的师生走在最前列，这支队伍展示出相当的革命文艺特色，他们以百面红旗为先导，由近千人手举火把，巧妙地组成“毛主席万岁”5个大字，熊熊烈火、昭明通亮，吉光耀眼，舞动前进，组成天安门前一道独特的火把组字景观。精彩先锋之后是高放所在的师生、干群队伍：清一色的灰土布衣裳，女同志还别具一格地穿上了列宁式上衣，方阵齐步前进，大家甚至手拉手保证队伍不散不乱，在五颜六色的狂欢人群中走出了特别的气势和声势。当时在天安门前负责庆典纠察任务的是华大的年轻干部，游行即将结束时，纠察队得到通知，华大队伍可以进入金水桥，大家从金水桥主桥蜂拥而入，“毛主席向我们喊话：‘华北大学同志们万岁’，那是我在庆典中听到的最强音。”

1949 年，在喜悦和收获中画下完美的句点——12 月 30 日，高放加入中国共产党，夙愿得偿。

中华人民共和国 60 华诞将至，老人提笔填词一首，当年的豪情与喜悦蕴于其中，60 年历久弥新。

诉衷情——忆开国大典

早年喜事忆犹新，幸会笑如宾。
战歌奏响声壮，冉冉彩旗伸。
公告布、举国亲，盛情真。
阅兵雄伟，万众欢腾，乐煞人民。

（本文原载于《北京晨报》2009 年 8 月 12 日第 7 版）

当代伯乐：高放教授

任鸿文[①]

“世有伯乐，然后有千里马，千里马常有，而伯乐不常有。”
——韩愈《马说》

千里马是伯乐发现的，如果没有伯乐，千里马的命运或许还不如一般的马。何谓千里马？荀况在《劝学》篇里的话像是回答了这个问题：“不积跬步，无以至千里。不积小流，无以成江海。骐骥一跃，不能十步；驽马十驾，功在不舍。”

我虽然毕生勉力勤跑，可能还够不上千里马，但是我总希望能见到发现千里马的伯乐，下面我想以亲身经历说明之。

---

① 作者系河南商丘杜集镇高中语文老师和历史老师。1948 年生，2003 年退休。

夙愿

1961 年秋我考进杜集中学，因为我爱写诗，班主任秦建本老师对我非常器重，在诗歌的学习和创作方面曾给予认真的指点。

1962 年放暑假那天，秦老师把我叫到他的办公室，向我详细讲述了屈原写《离骚》时忧国忧民的心情及司马迁写《史记》时的社会背景。他着重提到鲁迅先生对《史记》的评价："史家之绝唱，无韵之离骚。"当时在我脑海里闪过这样一个念头："今后我若能下决心攻读中国史，用散文与诗歌结合的形式写出一部历史性的文学作品该多好啊！"

临别时，秦老师还特地送给我四本书：《屈原》《史记》《唐诗三百首》《革命烈士诗抄》。

当晚，我在日记本上写下这样一段话：在今后的岁月里，我要刻苦攻读中国史籍，力求用简洁的语言，散韵结合的形式，写出一部历史性的文学精品，以此来报答恩师。为自勉还写了一首短诗：

既有雄心壮志，亦需才智相随。
勿让年华虚度，响鼓切记重锤。

尽管时间已过去近半个世纪，秦老师虽然自 1962 年调走以后再也没见过他。送给我的那几本书我仍完好地珍藏着，他的音容笑貌时常浮现在我的脑海，他的培育之恩我终生难忘。

"文化大革命"的出现打破了我读史写书的计划，但自己的愿望并没泯灭。"文革"中期出现了所谓工农兵学员上大学、管大学，用毛泽东思想改造大学的局面。因为我父亲是老游击队干部，政治条件合格，我便成为第一批踏进大学门槛的幸运儿。打倒"四人帮"以后，我父亲在安徽省地市机关工作的老同事提出要我从政，我却拒绝了离豫去皖。我以为要实现自己的愿望，从教当是最佳选择。此后，我利用业余时间，经过多年的读史练笔，也曾多次利用假期到外地对历史人物、重大事件进行实地考证，终在 2003 年秋完成《中华文明史之歌》这部书稿。

失望

2006 年秋，经人指点，我把书稿送到北京一家出版社，出版社的副总编（河南老乡）看后的结论是："书写得不错，但还要认真修改。比如，有些词语用得不当，什么‘相传’‘据说’‘大约’之类的词，表明你自己都没把握，那让读者看了会相信你写的东西吗？想写好历史，用词得准确。”

我望着他那极为认真的严肃面孔，笑着辩解道：在公元前9世纪的国人暴动（前841年）以前，我国的历史还没有确切的纪年，史学家要写国人暴动以前的历史也只能用“相传”“据说”“大约”之类的词，而我所写的书只不过是借用历史、创作诗歌而已。

他听完我这番话，皱皱眉头，把书稿递给我，不耐烦地说：“我不懂历史，你另投高明吧。”当时我只能气自己多嘴，和副总编不欢而散。接着，我便按原计划实施第二个方案。我走进了中国人民大学，准备拜见高教授，这是因为我在《影响中国历史100名人》那本书中见到他写的序，心里受到震撼。可是我在那楼房高耸的大院里找了半天才得到一点线索。一位年近六旬的教授向我说：“高教授年纪大了，找他的人多。他在市里住，离校很远，不好找啊。况且，你这来自乡下的陌生人，他不可能接见。”听他说得有理，我便打消了念头，只好失望地返回。

再进京都

2008年8月8日奥运会开幕典礼那天，我在电视荧屏里看到布衣毕昇发明的活字印刷术的表演，马上想起高教授在为《影响中国历史100名人》作的序里所提到的：将发明活字印刷术的发明家毕昇选进100名人中。两相对照让我看到了高教授的远见卓识。我决定再进北京拜见这位老人，请他看看我的拙作。有幸的是，我的一位在北京工作的好友，费了一番周折，得到了高教授的电话号码。我于2008年10月7日中午和高教授通了电话，他欣然答应了我的请求。

我终于在10月9日中午，登门拜见了自己仰慕已久的高教授。

82岁的高教授非常热情地接待了我，他给我的总体印象是：精神矍铄，文思敏锐，风格清雅，平易近人。

时隔三日，我又和高教授通了电话，悉心聆听他的指教。高教授在电话里向我说：“你送来的书稿我看完后，便转到一家出版社去了，让编辑同志看看，提点意见。”我听到这里，心里非常高兴地向他说：“请高教授多提点修改意见。”他马上回答道：你定的题目既然是“中华文明史之歌”，那么你就应该遵照党的十七大精神，紧紧围绕四大文明，认真修改作品。紧接着他对书中存在的问题、应该增删的内容给予一一指点。我听后非常感激，竟不假思索地脱口而出："我终于见到了当代伯乐。拜托了！可敬的高教授。"正是在高放教授的指导和推荐下，终于在2009年5月由河南人民出版社出版了我写的《中华文明史之歌》，随后又在2013年6月由国防大学出版社出版了我修改、增订的《神州古今文明》。这两本书都由高放教授作序。对此我终生难忘，感激不尽。

咏　老

辣椒不老非艳红，姜愈老时味愈浓。
南山苍松数千载，招引妙笔入画丛。
虎老擅长三扑技，人老善虑八道经。
谁晓月老多少岁，紧跟红日借光明。

2017年5月

治学思想

对高放教授治学的评论

学习高放同志的治学态度和治学方法

沈宝祥[1]

高放同志长我5岁，是我敬重的长者。

今年，是高放同志九十华诞。

最近，高放同志几次同我通电话，在通话中，我感到他头脑清醒，思维敏捷，语言流畅，状态很好。高放同志高寿又健康，真是莫大的幸事，也是莫大的喜事！

我与高放同志于20世纪80年代初开始交往。多年来，我多次同高放同志一起参加会议，探讨各种问题。这也是我向他学习的好机会。他赠送我的多本著作，我都认真拜读。读这些书，我既注意汲取书中的知识，咀嚼他的思想和观点；也注意他的治学态度和方法，获益匪浅。

高放同志在马克思主义、科学社会主义、政治学以及国际问题等多个学术领域，都有卓越的成就。多年来，在同他的交往中，我感受最深的是他科学严谨而又思想开放的治学态度和治学方法。对此，我仅从他对苏联问题的研究略作阐述。

记得是在20世纪80年代初，我和高放同志一起到军事学院（现国防大学的前身）参加一个学术座谈会。高放同志发言评论了苏联的政治体制。他对苏联的政治体制作了深入的剖析，着重指出斯大林搞了背离民主原则的制度。

高放同志的这个发言，显示了他思想的敏锐和尖锐，也显示出他的勇气。邓小平同志在党的十二大会议开幕词中提出，不能照搬别国模式，要建设有中国特色的社会主义。建设有中国特色的社会主义，首先就要对我们照搬的别国模式，即苏联模式，进行剖析，在此基础上，有针对性地进行政治体制改革。高放同志的这个发言，抓到了问题的关键，问题抓得准，剖析有深度。在当时来说，这真是高见，是“深话”（“深话”是高放同志用语）。与会者

---

① 作者系中共中央党校教授，中国科学社会主义学会顾问，曾任《理论动态》主编、《学习时报》高级顾问。

听了他的发言感到很新鲜，很受启发，也给我留下了深刻的印象。

在这个座谈会上，我的发言也得到了高放同志的支持和鼓励。多年以后，他还提起我在这个会上讲的一句话，使我很感意外也很受鼓舞。这说明了他的认真态度。

2011 年，人民出版社出版了高放同志的《苏联兴亡通鉴——六十年跟踪研究评析》学术专著。这本书汇集了高放同志 60 年研究苏联问题的成果。翻阅这本著作，我们看到，60 年来，高放同志对苏联的研究，经历了从全面肯定赞赏到有所分析评论，再到对苏联覆亡及其教训的探究（我相信，他的这种探究还在继续），这是一个曲折而又艰苦的过程。事物的发展是一个曲折的过程，人的认识更是一条曲线。很明显的一点是，高放同志始终是在踏实艰苦地探索，显示出他执着又不断进取的精神。

自 1991 年苏联解体覆亡、东欧剧变以来，研究苏东问题的论著大量问世，学者们发表各种见解。高放同志系统阐述了自己对苏东覆亡剧变的观点，究苏东之变，成一家之言，很有影响。

高放同志几次嘱我为他的《苏联兴亡通鉴——六十年跟踪研究评析》写评论，但我一直没有动笔，因为我自知对苏联问题没有研究，不敢班门弄斧。

我只去过苏联一次，却是在特殊的历史时刻，所见虽不多，但具有典型性。苏联解体后，我写过一篇短文，追忆这次访问。现将此文照录于此，为高放同志提供一点素材，也供其他同志参阅。

人民抛弃了苏联共产党

——访苏追忆

1991 年 7 月 1 日，是中国共产党诞生 70 周年。苏共中央社会科学院（即苏共中央党校）邀请中共中央党校派遣一个学术代表团访苏，参加他们庆祝中国共产党建党 70 周年的活动。我作为代表团的成员参加了这次访问。

鉴于当时苏联复杂而严峻的形势，我们有意识地、尽可能深入地了解苏联和苏共的各方面情况，尤其是人民群众的情绪。访问期间的一次座谈会，给我留下了深刻的印象。

1991 年 6 月 26 日上午，我们访问了列宁格勒郊区的一个国营农场。农场场长接待了我们，并同我们座谈。这位农场场长是苏共党员，还是州党委委员。在座谈中，他向我们介绍了农场的基本情况。他说，全场有1350名职工，原有苏共党员200人，已退党130人，只剩下70名党员，其中一半是退休职工，最近四年，一个入党的也没有。他还说，他们州有的地方退党的还要多。在座谈中，我们向他提出这样一个问题：你们农场的人现在比较满意的是什么，不满意的是什么？这位场长思考了一下，干脆地回答说，主要是不满意。他的坦率有点出乎我们的意料。我们进一步问，有哪些不满意？他说，有了钱没有东西可买，大家不满意。我们又问，哪些东西买不到？他说，衣服买不到，鞋买不到，帽子买不到，电视机买不到，冰箱买不到，小汽车买不到……他列举了一大串买不到的日常用品的名称后说，大家很不满意。他讲的情况是符合当时苏联实际情况的。在此之前，我们已经逛过莫斯科红场旁边那家有名的百货商场。那样大而有名的作为莫斯科窗口的百货商场里，不少货架是空空的，即使有些货架上摆了一些商品，质量也很差。其他地方的情况就可想而知了。

当时俄罗斯刚选举了总统，叶利钦当选。候选人是雷日科夫（苏共）和叶利钦两个人。我们转了一个话题问，你们农场的人在选举俄罗斯总统时投雷日科夫票的人多，还是投叶利钦票的人多？他说，大多数人都投了叶利钦的票。我们问，为什么？他说，大家认为，叶利钦也不一定行，但他没有干过，可以让他试一试，所以就投了他的票。叶利钦当选为俄罗斯总统，也就掌握了俄罗斯的政权。苏联共产党从此丧失了执政地位。

这个农场职工的情绪和政治态度，在当时的苏联具有很大的代表性。

苏联共产党丧失执政地位、苏联解体，是一种极为复杂的历史现象。对此不应作简单化的解释。但是，由于改革不力，丧失广大人民的支持和拥护，无疑是一个根本原因。苏联解体以后，那次座谈会的情景反复在我脑海里浮现，越来越感到那次座谈会提供的信息的典型性和重要价值，值得我们很好地思考和总结。

在高放同志90岁大寿之际，我以下面八个字表达我的敬意和祝愿：

高楼独上　思想开放

2017年5月5日

职业、专业、事业、敬业

——敬贺高放教授九十华诞

黄宗良[①]

高放教授90岁大寿，很值得庆贺。他是我们这个学科的实际总领队，60多年来，为学科的建设和发展作出了重大的贡献，现在仍在不懈奋战。据我所知，目前他除了在《中国延安干部学院学报》连载国际共运史纲，还在主持两三个大项目。每次见到他，我总是劝他“悠着干”，把精力用在更尖端的课题上。看来他似乎不以为然。这种精神确实很值得我们这些小一些的，特别是现在年富力强的青年学者深思和学习。

日前通电话中，我同他谈及他90岁大寿之事。他告诉我，不用再忙，你把评我的十月革命那篇文章稍微补充一下就行了。其实，我在那篇文章中，第一部分“从醉心于专业走向执着于事业”已涉及祝寿的内容了。

高老师九十华诞，恰逢“十月革命”100周年。10年前，在沈阳召开的我们学会庆祝“十月革命”90周年的年会上，我在闭幕词中曾由衷地祝我们学科七八十岁的老同志健康长寿，到“十月革命”100周年时再隆重集会庆祝。但使我们心生悲凉的是，自那以后，一批老同志，姜琦、张汉清、李宗禹、许可成、殷叙彝、周作翰等先后离我们而去。以前我在我们学科的学术讨论会上发言，都很注意这些老同志的反映，如果得到他们的认可，底气就更足了。文化是需要传承的，不管你处于什么年龄段，都有“传”和“承”两方面的任务。老一辈的学者健在，是后来者的福气。因此，每逢过年，我总想去看看他们，带去“年轻”者的祝福。今年春节，我和光明又去看望高老师，他正伏案于资料堆中专注地写作，光明当即给拍照，在微信里一传，大家很受感动。顺便说一下，我在上面提及的评论文章中，提到我们自带茶水拜访高老师的趣事，他显然注意了。这一次改变了待客标准，不仅有好茶相待，还备有点心。

我们不仅要学习老一辈执着于事业的艰苦奋斗精神，更要提高我们的

---

① 作者系北京大学国际关系学院教授、博士生导师。

专业自信心。自信何来？业外不知情者，不少人视我们这个专业是“万金油”，没什么学术性，无非是一些“时政”问题，政治口号。不知者不罪。我们要耐心“辩解”，告诉他们，不对呀！建设社会主义，不管是理论上，还是实践上，都是极其艰难复杂的事业，因此这个学科具有极高的科学性。在一定意义上说，这个专业比其他学科具有更大难度。列宁的论断十分精辟、精当，无可置疑：共产主义是从人类知识的总和中产生出来的；只有了解人类创造的一切财富以丰富自己的头脑，才能成为共产主义者；不把学科的全部知识融会贯通……共产主义者也只是一些吹牛家。[①] 这里讲的是人类知识的“总和”，讲的是“一切”，是“全部知识融会贯通”！只有认真了解其理论和实践，才能晓得列宁说的准确性。我们必须耐心地告知相关者。

高老师很欣赏清朝戴震的名言：“治学不为媚时语，独寻真知启后人。”高老师希望众多有良知的学者共同寻求真理，他在看到我的《从苏联模式到中国道路》一书后，写了书评《众寻真知启世人》，把戴震名言的后半句改了两个字：“独”改为“众”，“后人”改为“世人”（发表于《北京日报》2016 年 3 月 23 日）。改得好！今年北大出版社出版了《君子志道》一书，其中一篇是说我的，就用了戴震的话作标题，我当然不敢用“独寻”，把它改为“苦寻”。“苦”从何来？苦在于理论应该比实践快“半拍”吧！这就难免不能不说一些“不合时宜”的“过头话”。你总是诠释，总是说些“媚时语”，又怎能创新呢？“苦”“难”还在于这个学科不可避免的敏感性、政治性。政治的中心问题无非是权力。你研究、评议现实的政治，批评“官本位”，你强调权力要制约和监督，你论证没有民主就没有社会主义，你讲民主集中制，那些把公权视为私权，以为有了权力就有一切，处心积虑以权谋私的掌权者还能喜欢你吗？可以说我们这一行，如果没有一点勇气，舍不得一点个人的东西，那么坚持党性、坚持真理、探索政治发展规律，就无从谈起。

高放教授在学术生涯中碰到的一些坎坷、挫折，也与此有关。20 世纪 90 年代，我按当时的习惯，给他寄了一张贺年卡，写上“一蓑烟雨任平生”的词句。后来从洪肇龙老师那里得知，高老师很在意这张小贺年卡。我们搞这一行的，就要坦诚地准备一辈子“一蓑烟雨”。

---

① 参见《列宁全集》（第 39 卷），第 298—300 页。

2006年，高放教授发表了专著《中国政治体制改革的心声》。他在自序中说，“这是一个老学者声嘶力竭、长久呼唤、高声呐喊”的心声，吐露的是“直言、忠言、诤言和危害”。但“绝非危言耸听，而是盛世危言”。此时，高老师已是80岁高龄的老人了。他在书中引用了宋朝诗人王令的名句：“子规夜半犹啼血，不信东风唤不回。”其情也真，其意也切。我于是发表了读后感言，题为《“盛世危言”君可听》①。文中我提出探讨并初步阐释了四个问题：经济体制改革与政治体制改革，孰先孰后，抑或同步；集权与民主化，度在哪里；国外经验与本国国情，借鉴和立足点是什么？政治学者与政治家都需要取长补短。高老师在文中动情地写道：“但愿我呕心沥血、忧思含泪呼唤政治体制改革的心声会得到东风的回响。”我在文章最后自以为是地道出来回响：20多年来，在我们党的领导下，学术界、理论界关于政治体制改革的呼唤、呐喊，在中国民主政治建设中是发挥了它的作用的。正是“东风已绿南溪水，更染溪南万柳条”（［宋］范成大《自横塘桥过黄山》）。这是可以予以自慰的。到了“等闲识得东风面，万紫千红总是春”（［宋］朱熹《春日》）的时候，曾经遭到某些误解的人们，自然可以悠然欣赏“山际白云云际月，子规声在白云中”（［宋］戴昺《夜过鉴湖》）的清明景象了。这是可以企盼的。

魏晋时期，有竹林七贤。他们向后人展示了各种处理“道”与“势”关系的方式，即他们的“独立意识”与“皇权”的关系。山涛是“明白人”，适应大“势”，“投靠”皇权，全身而退；嵇康坚持“道”优于“势”，目无礼法、行为放达，招来杀身之祸；阮籍处在矛盾状态，他对权力顺从、忍耐，甚至为司马昭上台写劝进表，换来了司马昭的承认和保护……阮是魏晋名士，却是“风流”不起来。他在《咏怀》一诗中，自叹“孤鸿号外野”“忧思独伤心”。

时代完全不同了，知识分子同“权力”的关系也完全不同了。中华民族伟大复兴同中国特色社会主义事业、党的事业的一致性，党性、人民性同真理的一致性，使得我们对知识分子“代表社会良知”“代表人民的呼声”的理解发生了根本性的变化。更何况我们很多理论工作者，本身也是共产党员。但是，一般意义上的“权”与“理”的关系问题仍然存在。仅讲坚持和维护上述这些“一致性”就是一个极其艰难复杂的任务。这些“一致性”是理想

① 黑龙江省委党校主办《理论探讨》2007年第1期。

状态，是“应然”。从理想到现实，从“应然”到“实然”，不能不经过长期而艰辛的奋斗。

在庆贺高放教授九十华诞的时候，我们可以从他不平常的学术经历中得到不少启示。

2017 年 5 月于北京大学承泽园寓所

我眼中的高放教授

——写在高放教授九十寿辰之际

张光明[①]

在学术领域中辛勤耕作大半个世纪、享有盛誉的高放教授，如今已经 90 岁了。

在我的记忆里，高放这个名字为学术界乃至社会各界所熟悉，是在 20 世纪 70 年代末 80 年代初。那是一个激动人心的年代。在长久的“全面专政”之后，随着“文革”的结束，特别是 1978 年后，一场宏大的思想解放洪流喷涌而出，以不可阻挡的势头迅速扩展到各个领域，有力地推进了中国的改革开放。在社会科学中，国际共运史这门学问与政治联系紧密，历来控制极严，处处关卡，禁区重重，不得逾越。正是在这样的条件下，一批学者冲破阻碍，开始了艰难的思想解放之路。高放教授是他们中的一位，而且是最为活跃也最为突出者之一。

那一时期，高放教授的一篇篇论文，以其敏锐、大胆、敢言的尖锐性，赢得了思想界的尊敬，也吸引了众多青年学子的注意。我清楚地记得，他那篇主张重新评价《联共（布）党史简明教程》的著名文章，曾经怎样地唤起我发自内心的共鸣，而他那本脍炙人口的《社会主义的过去、现在和未来》，又在广大青年读者中激起了怎样的热情！应该是在我上历史系大二时吧，政治系请来了高放教授做演讲，内容如今已经模糊了，但仍清晰地记得，一座偌大的阶梯形教室里挤满了人，几乎是里三层外三层；到得晚的人，就只好

① 作者系北京大学国际关系学院教授、博士生导师。

拥堵在门外，只闻其声，难睹其面。我也慕名而来，那是我第一次见到这位名声远扬的学者，也是第一次看到这种热烈场景，着实令人感动！

本科毕业之后，我考取了中国人民大学国际共运史专业的研究生，从那时起，除了中间若干年暂时脱离了这个学科之外，这个专业成为我终生的职业，读书、研究、教学，直到如今。也由此，我与高放教授有了30年以上的密切交流。从硕士生、博士生期间上他的课，到后来工作中的经常联系，我对这位著名学者有了直接的、切近的了解。

他的博闻强记是出了名的，对各种文献资料的熟稔在本学科中人尽皆知，这个本领是没有多少人能够相比的。这固然来自天分，但应该是更多来自过人的勤奋。凡到过他家的人，印象最深的恐怕就是他那间书房。初访者一进门，难免要吃上一惊！房子是老的，墙是旧的，光线是黯淡的，家具是简朴的，各种开本不一、新旧杂陈的书籍、刊物、文献资料，重重叠叠一直堆积到房顶，顶天立地的书架上贴满各种用于提示的纸条纸片，书桌上的文稿摞起来挡住了人，就连地上也全堆着书刊……总之，简直是铺天盖地，感觉是杂乱无章，让人无处下脚。但就是这个看似混乱无序的环境，却有主人自己的秩序。毋宁说，这个房间正是主人自己的精神家园，他几十年中就是在这里阅读和写作的，不知疲倦地工作就是他的天生爱好。没有这种劲头，是不可能获得这样的成就的。

他的治学是细致的，有时为了一件小事，可以不避烦琐、不耻下问、追根刨底，务必搞个清楚。当年在他为我们这些研究生上课时，他对学生们在讨论中发表的各种见解，不论多么幼稚、奇特甚至荒诞，总是相当仔细地倾听，并且一丝不苟地记到他随身携带的小本子上，而这些，就成为他获取信息的一个渠道。我们大家有时开玩笑说，咱们太懒了呀，要是也这样小本子不离手，有话就记，会不会有一天也成了大师？又有一次，他打来电话，想让当时已经在编译局工作的我帮助查一查，马克思在荷兰的一位长辈亲戚，到底是舅舅还是姨夫？大家知道，在几种西文中，这两者用的是同一个词，我虽然写过《马克思传》，但对这个问题还从未想过，接电话后查询了好几天，仍然未得要领。后来得知，高放教授为此事还求助于多位专家，结果终于查清是姨夫，这种认真的态度，每想起来，都是不能不敬佩的。

高放教授的兴趣广泛，学问之路很宽，不仅在国际共运史，而且在政治学等学科里都有著述，在中国近代史中，他也写过有分量的专著。但他下功夫最大的“主业”，始终还是国际共运史——顺便说一下，我认为这个用语不甚准确，应该说，是世界社会主义史，因为高放所涉及的，不只是由苏俄和共产国际所创立的狭义上的国际共产主义运动。马克思之前的空想社会主义、20世纪以来的社会民主主义、托洛茨基主义、第三世界的社会主义，他都是十分了解，并且经常论及的。认真、敏锐、超人的勤奋、博闻强记，使得他成为一位有多方面成就的学者。

然而，还不止如此。在世界社会主义研究这个领域中，高放教授的一个突出特点在于，他有着特别鲜明的现实感，对于中国的现实和未来充满了热切的关注。改革开放几十年来，他的所有研究都贯穿着这一特点。探讨如何走出传统模式的羁绊，真正走上一条民主的、健康的、富有活力的社会主义道路，成为他著作的一条主线。他不懈地痛陈那种与马克思本人的马克思主义貌似神离的苏联模式的弊端，大声疾呼改革的必要性和迫切性，他的批评和分析以清晰的针对性，直接指向人们所关心的种种现实问题，加上他的文字通俗易懂，少有晦涩艰深的推理和引证，使得他的影响超出了专门的学术研究领域，扩展到宣传界以至从事实际工作的基层单位，据说就连有些乡镇干部也知道他的大名。因此，他在社会上获得了“高放，高度的思想解放”的名声，但另一方面，他也因此不时遇到一些人的责难。其实，只要读一读高放教授的文章，就很容易看到，那些责难既无根据，也不公正。

在日常生活中，高放教授是随和的，与一些名声很大但严肃冷峻、不苟言笑、让人难以接近的学者大为不同。他总是自称“民间学者”，当他与友人在一起时，他谈锋甚健，时事、世事、天下事，无不关心；谈话的主题十分广泛，但总还是归到理论、历史、政治和社会进步的方向上来。他读过的书多，记忆力又好，即使是很少为人所知的偏僻史实，在他那里也可以不费思索，信手拈来。但据我所了解，他对于那些消遣性的通俗读物，似乎不大有兴趣。我在人大读博时，有段时间他生病住院了，我们几个同学一起去看他。当时我在他的一位“嫡系”博士生那里借到几套金庸的小说，正读得昏天黑地，废寝忘食，我们就劝说高老师：暂时搁下那些沉重晦涩的问题，读点金庸吧，轻松愉快，引人入胜，保证有助于恢复您的健康！他大概是碍不过我们的好意，微笑着点头，但我猜测，后来他并没有去读这些书。他的社会责任心之强，使得他无暇去关心那些娱乐消遣。他就是这样一个人，生活可以随遇而安，但事业不能中断。

随着岁月的流逝，这位著作等身的学者也已进入耄耋之年。但他壮心不已，仍然笔耕不辍。前些年，他出了自己的多本文集，近年来，他的新文章和新书继续不断地发表出来。我平时忙于工作，也只是偶尔和他通通电话，交谈一阵。每逢过年，我便和黄宗良老师去他家里拜访一次。他还是那么敏锐，对社会问题还是那么关心，对学问还是那么专注，只是偶尔稍稍有点重听。我照了两张他在书房里工作的相片，发到微信里，友人们看了无不惊佩，艳羡不已。我衷心祝愿这位理论界的“老兵”健康长寿，我们完全可以期待高放教授将继续工作，为我们拿出更多更好的成果。

2017 年 5 月

大师风范、良师楷模

王学东[1]

高放老师是中国人民大学国际关系学院资深教授，我国著名的马克思主义理论家、政治学家、社会主义学家，国际共产主义运动史学科泰斗级、大师级的人物。今年适逢高老师九十华诞，特撰贺文向高老师表示敬意。

我 1978 年从黑龙江生产建设兵团困退回京参加高考，考入刚刚复校的中国人民大学科学社会主义系国际共产主义运动史专业，有幸成为高放老师的学生。当时高老师已经开始招收研究生，未参加我们 78 级本科生的教学组，所以没有给我们上过专业基础课，只给我们开过专题讲座。

在我的记忆里，高老师讲课操着一口略带福建口音的普通话，旁征博引、深入浅出，像讲故事一样娓娓道来，令听讲者感到亲切自然，毫无距离感。他讲授的《联共（布）党史简明教程》给我留下了极为深刻的印象。中国人民大学自建校以来，《联共（布）党史简明教程》就是政治理论课的主打课程，高老师多年教授此课程，早已烂熟于心。然而，人大复校后重讲《联共（布）党史简明教程》，高老师率先解放思想、另辟蹊径，将这门旧课讲出了新意。当时正是改革开放刚刚起步的 80 年代初，高老师从批判

① 作者系中共中央编译局原副局长，中国国际共运史学会原会长。

斯大林的个人迷信入手，深入分析了个人迷信的社会根源和政治基础，指明了个人专断的政治制度是个人迷信的政治基础，而社会主义民主则是根除个人迷信的消毒剂。高老师在探讨斯大林模式的弊病时，主张改革应先从党内改起，首先要健全党内民主生活，恢复和发挥党的民主集中制和群众路线的优良传统。

我在人大读书期间，高老师还就发展党内民主和人民民主，改革我国人民代表大会制度等问题在报刊上发表过文章。他关于政治体制改革的许多重要观点，不仅在人大师生中，而且在全社会引起了强烈的反响。

东欧剧变、苏联解体后，科学总结历史经验教训成为国际共运史学界的热门课题。高老师在这方面做了大量工作，撰写了一系列文章和专著，对苏东剧变进行反思。他坚定地认为，苏东剧变更深层的原因是这些国家几乎普遍照搬苏联模式过度集权的政治体制，缺少社会主义民主、自由、法治、人权，拒不进行体制内的改革，引起越来越多党内外人民群众的不满，结果这种政治体制终于被人民群众所抛弃。高放老师对东欧剧变原因的这一解释，得到了国际共运史学界广泛的认同。

高放老师是我国国际共产主义运动史学科的奠基者和开拓者，为国际共运史学科的建设和发展做出了杰出贡献，居功至伟、令人景仰。

他曾作为核心成员参加了第一部正式教材《国际共产主义运动史》的编写和修订工作，并受国家教委委托，于1979年、1984年两次主持编写《国际共产主义运动史教学大纲》，为国际共运史学科的建设和发展奠定了基础。

高老师是我国国际共运史专业的第一位教授、第一位博士生导师，培养了我国第一批国际共运史专业硕士生、博士生。

他曾参加创建北京市国际共产主义运动史学会，担任过学会会长和学会创办的全国第一家国际共运史专业期刊《国际共运》的主编。

他曾参加创建中国国际共产主义运动史学会并担任副会长。从学会领导岗位上退下来后，转任学会顾问。虽已年过八旬且身体欠佳，但他仍然老当益壮，热心参加学会活动，坚持出席常务理事会会议，积极为学会工作建言献策、发挥余热。

另外，特别令我感动的还有高放老师对《国际共产主义运动历史文献》编辑出版工作的大力支持和热心帮助。《国际共产主义运动历史文献》是我国国际共运史学科建设的一项基础性工程，始于1984年春，由中国国际共运史学会发起编辑出版。作为发起人之一和编辑委员会成员，当时高老师就为这套文献的编辑和出版工作做出过重要贡献。当文献编辑出版工作遇到巨大困难被迫下马后，高老师心急如焚、寝食难安，一再利用自己的学术影响力和社会关系，先后游说中央党校、中国社会科学院、人民日报出版社、中央文献研究室等多家单位，争取它们资助出版这套文献。当这套文献由中央编译出版社申报国家出版基金项目获得立项资助后，高老师异常兴奋，多次表示要尽最大努力支持和帮助新编委会的工作。他应邀参加了文献的顾问委员会，积极为文献的编辑出版工作建言献策。当他得知从前出版过的若干卷次已无处寻觅，甚至几大图书馆都没有藏书时，便将自己珍藏的几卷孤本拿出来给我们复印，解决了编委会的燃眉之急。在高放老师、张中云老师等学术前辈的支持和帮助下，《国际共产主义运动历史文献》编辑出版工作进展顺利，目前已经出版了50卷。高老师对新出版的文献非常重视，呼吁国际共运史学界积极发掘和利用这些文献，进一步深化国际共运史研究。他以身垂范，要求他的博士研究生研读这些文献，并在撰写博士学位论文时充分利用这些文献。

高放老师在几十年的学术生涯中始终与时俱进、笔耕不辍，取得了辉煌的学术成就。我作为后学晚辈，要向高老师学习，向高老师致敬，衷心祝愿高老师健康长寿、更现晚年辉煌。

2017年5月

文丰人寿，学者楷模

——贺高放教授九十寿辰

和　平①

高放教授是我非常尊敬的老师。从人大毕业30多年，这种尊敬与日俱增。在校求学时，人大国政系不乏学养深厚、诲人不倦的老师，但很少有像高放教授那样，讲课不是靠激情、修辞和技巧，而是靠无懈可击的逻辑、深入浅出的推理，以及不人云亦云的学者精神，让我们这些经历“十年浩劫”、心灵几近枯竭的学生得到一种久旱逢甘霖般的快感。20世纪80年代，高老师对苏联模式特

① 作者系中国青年政治学院教授。

征的分析堪称经典，我至今还记得高老师的分析：党政不分、以党代政、层层集权、过度集权，个人专权，总之，党的权力太多，人民的权利太少。

30多年间，我有数次向高老师请教的机会，每次都受益匪浅。两年前，我获赠高老师新版《马克思主义与社会主义新论》一书，通读后第一个感觉是熟悉。高放教授的学术思想早已自成体系，我作为学生自然不陌生；第二个感觉是耄耋之年的高放教授思想锋芒更锐，其学术体系更坚实、更完整，而且不乏创新亮点。

高老师令人敬重，不仅是因为学术成就，还因为人品。少小离家北上求学，漫长人生始终追求一个真字。他近90岁高龄仍坚守教学一线，住50年代老楼四层楼上，家里除了满屋书香，其他陈设一如五六十年代北京的普通人家，与他的人大荣誉一级教授的显赫身份落差极大。他当然不是没能力改善居住条件，而是无暇也无欲为之。在人欲横流、物欲横流的社会气氛中，甘当“平民教授”的操守令人肃然起敬。

更令我敬佩的是，他的治学理念。他房间里挂着一副清朝人戴震的名句：“治学不为媚时语，独寻真知启后人。”恰如他学术生涯的写照。许多人都知道他是全国闻名的学术权威，但不一定知道他还是一位1948年从大学课堂投奔解放区的老革命。以其资历和学识，如果不是执着于“治学不为媚时语”，成为体制内高官应不在话下；倘若他选择做体制的反对派，未必不能成为耀眼的国际学术明星，然而他却数十年如一日充当体制的“安全卫士”，为体制把脉、诊病、建言，痴心不改，哪怕因此半生坎坷。这既是一个老共产党员的情怀，也是一个知识分子对独立人格的坚守。

2017年5月

史学家的建树　思想家的风采

——祝贺高放教授九十华诞

张玉良[①]

高放教授是我真诚敬重的师长，是当今中国学坛享有很高声誉、拥有广

① 作者系中国人民解放军国防大学教授。

泛影响的重要人物。我认为，在对高放教授的众多评介中，有两位学者的话值得我在这里加以引用。一位是中央党校著名教授赵曜先生，他说：“从高放教授渊博学识、独树一帜的学术思想和观点，以及培养出众多的追随他的学生和弟子，可以说我国学术界已经形成了马克思主义的高放学派。”赵曜先生这句话非常恰当地指明了高放教授在当今中国学术界和思想理论界独特的地位。另一位是我的学长北京大学著名教授黄宗良先生，他说高放教授“从醉心于专业走向执着于事业”。黄宗良先生“醉心”一词用得非常贴切和生动。“醉心”者，“痴迷”之谓也。

正是由于高放教授几十年如一日“醉心”于辛勤的播种和耕耘，付出了巨大的劳作，才生产出了那么多沉甸甸的丰硕成果；正是由于高放教授从“醉心于专业”到“执着于事业”，顶住压力和风险，才成就了当今中国学坛思想家的声誉，当然也收获了一位杰出学者的内心甘美和幸福。

今年是高放先生九十华诞。作为后学晚辈，作为他忘年之交的知音，我不禁有感而发写成此文，献给这位可敬可亲的长者。

一、他为国际共产党人立心立命、著述史记，呕心沥血，功不可没

高放教授从20世纪50年代开始，即在国际共产主义运动史领域不懈耕耘。他教学和科研时间之长、功夫之大、思考之深、见解之新、成果之丰，可谓国内第一人，是这个领域名副其实的权威史家。

近日翻书，读到史学和国学大师钱穆先生写于1942年的一篇文章，文章谈到“今日中国所需之新史学家”问题，他提出：“今日所需之新史学家，其一必具下开诸条件：一则其人与世事现实有极恳切之关怀者；二则其人又能明于察往、勇于迎来、不拘于世事现实者；三则其人必于天界、物界、人界诸凡世间诸事相及各学科知识有相当晓了者；四则其人必具哲学头脑、能融会贯通而推得时空诸事态相之经纬条理者。”钱穆先生的这段话告诉人们，史家写史著史是一项十分艰巨的工作，不是什么人都能胜任的。这是因为历史过程和历史事件毕竟是一次性的运动，具有不可能重复和不可完全复原性，历史的叙述与历史的原貌永远是有距离的，这就要求史家必须忠于史实、追求史真，进行一番自己的再发现、再阐释、再发挥、再创造工作。

作为国际共运史的权威史家，高放教授恰恰是“于世事现实有极恳切之关怀者”，他对社会主义现实和共产党执政现实“极恳切之关怀”倾注了极大的热忱，这是他为国际共产党人著述史记的出发点和不竭动力。高放教授既“明于

察往”又“勇于迎来”，他察往之实、之细、之深令人赞叹，他迎来之胆识和远见让人信服，他出色地完成了历史叙述者和“让历史告诉未来”的史家使命。

高放教授学识渊博，融会贯通，通达明哲，尤其善于运用唯物史观考察国际共产党人曲折进程中种种悲剧和灾难的前因和后果，表现了马克思主义史家的史识、史胆和史德。高放教授的史著，记叙了《共产党宣言》诞生以来几代共产党人赓续不断的奋斗历程。这里既有对波澜壮阔的历史场面的有效还原，又有对可歌可泣的英雄人物的生动描绘；既有对灼热的理想主义和浓烈的家国情怀的高歌，又有对像苏联“古拉格群岛”那样的令人苍凉贯骨的血腥画面的悲叹。

高放教授的史著告诉读者和世人，社会主义进程只能像马克思早就指出的那样，只有作为“世界历史”的存在，融入人类文明统一的历程，才能挣脱掉前资本主义种种社会因素的羁绊，才能有广阔的发展空间和光明的前景；当今执政共产党人所致力于的改革，实际上是在为挣脱前资本主义种种社会因素羁绊而努力。

总之，高放教授为国际共产党人立心立命，著述史记，为当代共产党人留下了宝贵的镜鉴，为中国史学界增添了新的篇章，这是这位学者和史家的一大建树，功不可没。

二、他著作等身，更著作等心，难能可贵

高放教授首先是一位读书人，是一位始终以读书、教书、著书为兴趣，为志业，为生命方式的人。

1997 年，我曾请高放老师到国防大学研究生院为我所负责的几个研究生就读书和思考问题作过一次专题讲座。因为国防大学的研究生，本科都毕业于各类军队院校，知识面较窄，人文素养不高，亟须通过广泛涉猎认真读书补上。本来只是小范围的讲座，结果许多其他专业如战略、战役、军史、古代军事思想等专业的研究生都闻讯闻名而来，把一个中型会议室挤得满满的，有的干脆席地而坐。

我至今还记得高放老师根据自己的切身体会，向青年人指出：读书有会读与不会读之分，如果只追求记问之学，囫囵吞枣，食而不化，知其然而不知其所以然，这当然属于不会读书之列；真正会读书的读书人是完全摆脱了功利性目的，能以超然的态度，欣赏书中的知识美、思想美，品味知识和思想的价值和意义，品味知识和思想中蕴藏的人生智慧；真正的读书人深知读

书是一种心灵活动和精神享受，通过读书达到开启茅塞、得到新知、增长见识、学会思考、涵养身心的目的。我明白，高放老师这番话意味深长，有言外之意、弦外之音，那就是以读书来混文凭求做官的，绝不是真正的读书人。高放老师那次讲座给所有听课者留下了深刻的印象，如今20年过去了，听课者都已是50岁左右的中年人，在我军各种研究岗位上担任骨干角色。至今他们见到我，都会动情地回忆起高放老师那次讲座的生动情景，深感高放先生给予他们的教诲让他们终生受益。

高放教授作为读书人，著书立说是其本色和志业，是他能够成为公认的史家和著名学者的根基所在。检视当今中国学坛和教授群体，既能著书又能立说的并不多见；著作等身者可能不乏其人，著作等心者几何？心浮气躁，急功近利，已经成为沉疴顽症，一些所谓大部头著作，多为“写”出来的、“编”出来的，甚至是东拉西扯东拼西凑出来的，其书无识见、无真知、无灵魂，对读者毫无启迪作用，反倒让读者感到“面目可憎”，心生厌烦。

高放教授著作等身是扎扎实实的，有600万字的著述摆在那里，是他几十年辛勤耕耘劳作的累累硕果，更为难能可贵的是他“著作等心”。

作为高放教授著作、文章和学术演讲的读者和聆听者，说他“著作等心”，绝非虚言。他敢于并善于直面历史和现实的种种敏感问题，直面读者和听众心中的焦灼困惑，发表自己独到的见解，提出观察思考问题的方法，而他的见解和思想又都是反复思考、精心构思的结果，都是心血的结晶，都是从心里流出来的，具有直抵人心的力量。

他爱党之殷和忧党之深，又都出自他那颗真诚的心，二者水乳交融不可分割，都是那么深沉浓郁，既透出他学者的良知，又透出他作为共产党人党性的纯真。他用自己科学严谨而又饱含热忱的史著维护了共产党人的革命业绩和奋斗精神，同历史虚无主义划清界限；他同那些只知道附权媚势、只会跟风随俗的名为学者实则投机钻营者不同，他以中国知识分子传统的忧患意识和学者的真知灼见承担起民族复兴的担当使命，对党和人民的事业的真正捧出一颗忠诚的心。

三、他是学者中的思想家，具有思想家的风采和魅力

当代中国最鲜明的特点是改革开放，中国近40年来改革开放的每一步进展，都是由思想解放而开启和推动的，都是思想解放的结果，正是思想解放在引领改革开放的历史进程。

我认为，近40年一系列先行者的名字值得人们长久的铭记并给他们以真诚的敬重。这当中包括已经逝去的周扬、于光远、张光年、吴江、王元化、朱厚泽、曾敏之等，也包括依然健在并依然不懈努力的著名学者高放等。

他们身份、地位和人生经历各不相同，但他们有共同的特质：他们学识渊博，思想敏锐，具有敢为人先的勇气；他们追求真理，不畏权势，具有独立的精神品格；他们对民族复兴的责任担当和忧党意识远远超过对个人名利地位得失的考虑。他们共同的历史角色是难能可贵的思想家。

我认为，高放教授是这些人物中独具特色的一位。他从未“居庙堂之高”，当然也未“处江湖之远”，始终以教学科研为岗位，以培养青年学者为己任，以自己的史著、论著、文章和学术演讲为主要方式，用自己的深邃思考和真知灼见启发青年学子和广大读者，进行思想解放的历史性工作。

高放教授思想家的风采，初现于20世纪80年代思想解放的大潮之中，尽显于90年代国际风云激荡、国内改革停滞和尘世喧嚣之中。1991年年底，世界上第一个社会主义国家苏联轰然崩塌，执政的苏联共产党顷刻瓦解，这是20世纪重大历史事变之一。事变之突然和剧烈给整个世界以巨大震动，以至于美国的一些著名战略家也目瞪口呆。事变给予中国的则是深深的政治冲击和思想上、精神上的巨大震撼，直接拨动了中国共产党人的心弦，有人用“心契魂交”来形容，这并不过分，从某种特定意义上说确实如此。因为这种情况曾有过一次，人们至今记忆尤深。

我至今记得，在1992年于石家庄召开的一次学术年会上，高放教授首先谈到，作为共产党人，对苏共这个世界上第一大执政党的垮台，抱有惋惜和悲悯，无疑是一种正当的情感，但如果只知道惋惜和悲悯、愤慨和谴责，不善于从中吸取深刻的教训，那是远远不够的。他特别指出，苏共历届领导人特别是勃列日涅夫长期安于现状，粉饰太平，庸碌无为，主政时间长达18年，使苏联社会各种矛盾积累成深刻的危机，达到爆发的边缘，改革者稍有不慎就会引爆；他指出，苏联剧变，有外因更有内因，有近因更有远因，如果只知道谴责戈尔巴乔夫，把剧变归咎于“个人罪孽”，绝不是历史唯物主义的科学态度；他指出，“斯大林模式”的种种制度弊端决定了苏联必须进行改革，同时也存在着人们由抛弃这种模式并进而抛弃苏联共产党、抛弃社会主义的客观现实。

高放教授反复论证，苏联东欧国家长时期根深蒂固的“左”倾顽症才导致了最后的右，“左”是病根病源，右是病象病变，先“左”后右合葬了共产党执政权和社会主义；中国要真正吸取历史教训，必须坚定不移地进行改革，继续认真清除“左”的影响，只有这样才能从根本上防止异化和突变，保证中国长治久安，保证中华民族的伟大复兴。

高放教授在整个20世纪90年代到21世纪初，对苏共垮台、苏东剧变这个重大课题的研究几乎倾注了他全部的心血。他反“左”立场之鲜明、论证之科学、思考之深邃、成果之卓著特别是对知识界和政界解放思想作用之大，无人能出其右，充分显示了这位思想家的风采和魅力，充分显示了他浓烈的家国情怀和社会道义担当。

2017年4月24日于北京皇亭子

国际共产主义运动史学科的奠基者、开拓者

曹长盛[①]

在高放教授九十华诞之际，谨向他表示衷心的祝贺和敬意！高放教授近70年来，一直耕耘于政治理论教育工作，走过阳光大道，也走过独木小桥，经历了喜怒哀乐，尝遍了酸甜苦辣，他始终埋头于教育事业，以滴水穿石的精神，孜孜不倦地精心于学科建设、教材建设、理论建设，为坚持真理、培育人才而不懈地追求，他在国际共运、科学社会主义、政治学等各个学科领域均有建树，硕果累累，贡献卓著。高放教授是我的老师和同事，相识相知60年，深深地为他的治学精神感动并受到启发和教育。在他九十华诞之际，仅就所知，简要地介绍他为国际共运史学科建设作出的辛勤努力、杰出贡献，他是国际共运史学科的奠基者、开拓者。

国际共运史学科创始于1956年。1956年前，高校马列主义基础课程主要以联共（布）党史为教学内容，1956年苏共二十大后，中共中央领导刘少奇、周恩来同志指示，为改进和加强高校政治理论课教学，扩展高校学生对国际共产主义运动的学习、了解和研究，可开设国际共产主义运动方面的课程。中国人民大学及时地学习贯彻中央领导指示精神，当年招收以高校政治课教师为主要对象的马列主义基础研究生班，开始了国际共运史方面的学习

① 作者系北京大学国际关系学院教授、博士生导师。

研究（该班原定学制 2 年，后改为 3 年，毕业时称为科学社会主义专业，我有幸成为学员之一）。当时，高放教授是该研究生班的班主任，他根据中央领导的指示精神，确定以国际共产主义运动发展历史为线索，以经典著作为内容，拟制了教学大纲，制订了学习研究计划，具体分为若干单元实施。1959 年年初，该研究生班中 20 多位学员被抽调配合教研室老师共同编写国际共运史教材，作为向国庆十周年的献礼，经过几个月的突击，全国第一本国际共运史教材编写出版了。由于主客观条件的限制，这本教材比较粗糙。但正是通过教学大纲的拟制、教学内容的学习研究、教材的编写，为国际共运史学科建设打下了基础，也为各高校开设国际共运史课程作了准备。高放教授为之付出了辛勤的努力、作出了贡献，起到了国际共运史学科奠基者的作用。

1961 年，中宣部决定统一组织编写高校文科教材，国际共运史被列为重点编写的教材之一，具体由中国人民大学国际政治系马列主义基础教研室负责组织编写。当时编写的内容主要是从马克思主义的诞生到十月社会主义革命的胜利，1962 年完成初稿。后由人民出版社出版发行。高放教授参与了该书出版前的统稿工作，再次为国际共运史教材建设和学科建设作出了努力。

1978 年，教育部将国际共运史列为政治学科，规定为高校文科的必修课程，同时确定在人大、北大等高校设立国际共运史专业，招收本科学生。为推进国际共运史学科建设，提高教学质量，1979 年，教育部政教司组织了由高放教授为组长的编写组，编写供全国高校统一使用的《国际共产主义运动史教学大纲》。高放教授在率领编写组编写教学大纲的过程中，首先强调要吸取以往国际共运史教材和教学中的经验教训，要认真贯彻党的十一届三中全会的精神，要实事求是解放思想，要反“左”防右，同时要汲取大纲使用过程中的意见，汲取有关国际共运史的新观点、新理论、新成果。在 1982 年至 1984 年，每年一次对教学大纲进行了修改，不断地调整充实了教学大纲的内容，同时强调要根据形势的发展变化，要考虑到不同专业的特点和专业课和公共课的不同，使用大纲、编写教材和组织教学内容时应有所不同。之后，教学大纲和相关意见在全国高校国际共运史学科建设和教材建设中发挥了明显的指导性作用，高放教授出色地起到了引领和把关的作用。1979 年和 1981 年，教育部规定招收硕士研究生和博士研究生，高放教授是全国国际共运专业第一批硕士研究生导师和第一个博士生导师。他培养的硕士生、博士生大都成为高校的教学研究的骨干，有的成为党政部门的领导。

高放教授十分注重深化细化和完善国际共运史的教学内容，拓展国际共运史学科的建设。他主编了《国际共产主义运动史教本》《国际共产主义运动外史》等教材，精心汇编出版了《苏联兴亡通鉴——六十年跟踪研究评析》《马克思主义与社会主义新论》等专著，主编出版了《世界社会主义史》《世界社会主义五百年历史人物传略》等，发表了《国际共产主义运动史专题讲座》十多讲等，使得国际共运史的学科建设、教材建设在深度和广度上不断地有了新的提高。

总之，高放教授数十年如一日，为国际共运史学科的创建、发展呕心沥血，时刻不忘国际共运史学科的历史担当，在耄耋之年，他不顾年老体弱，依然坚持不懈地在教学科研的第一线，为培养人才、创新理论而努力奋斗，可敬可佩！他不愧是卓越的国际共运史学科的奠基者、开拓者。

2017 年 5 月 3 日

真正的国际共运史研究的“首席专家”

孔寒冰[1]

记不起是猴年马月了，我拿到一本属于什么“工程”的国际共运史教科书。也记不起在书的什么地方，看到有“首席专家”的字样。我的第一反应是，在中国的国际共产主义运动史的研究中，除了高放老师，谁还能配得上“首席”和“专家”呢？且不说著作等身，也不说 90 岁高龄依旧奋笔疾书，论文一篇接一篇地发表，著作一本一本地出版，单说老人家对国际共产主义运动史微观层面的细致研究，又有谁能比得过他？我这样说绝非虚赞，而是基于我亲历的一件事。

差不多 14 年前，我和中央编译局的许宝友研究员合写了一本考证国际妇女节起源的著作。高放教授很早就关注我对克拉拉·蔡特金和对国际妇女节起源的研究，多次鼓励我将这一研究课题做下去。在发表了多篇论文之后，我又与许宝友合作写成了一部书稿。书稿写成后，我们想请高放老师审阅并

① 作者系北京大学国际教授关系学院，博士生导师。

作序，但又有顾虑，因为他年事已高。没想到，我们打电话给他时，高教授欣然应允。令我们感动不已的是，高教授并没有简单地写个序了事，而是不仅细心地指出了书稿中的疏漏，而且针对书稿的薄弱之处和进一步提出的疑问作了更为深入的探讨。这样，已近八旬高龄的高放教授冒着酷暑，用了两个多月的时间写出了长达 5 万多字的序，相当于本部书稿的四分之一多的篇幅。他对我们说，这是他迄今为止写得最长的一篇序言。为了写这样一篇序言，高老师放下手头的所有工作，不仅到处翻书刊、查资料，而且还向比他更年长的老先生请教，如中国研究美国史的专家黄绍湘、杨生茂、刘绪贻等，请在国外的子女提供帮助。在这一过程中，我们和高老师多次就有关问题进行交谈。每当这时，我们的感觉就是在聆听高老师的讲课，感受到他治学的严谨、对事业的执着和对后学的提携。所以，当接到那 100 多页密密麻麻写满字的稿纸时，我们的内心充满着敬意和感激，似乎有点明白了什么是学问，怎么去做学问。

在这个长篇序言中，高放教授主要谈了以下几个方面的问题：第一，对书稿作了总体上的评价，既肯定了在学术研究方面的突破及其价值，也指出了存在的不足之处。第二，谈了考证的方式方法问题。第三，对书稿中的某些考证，如美国历史上并无 1909 年 3 月 8 日芝加哥女工游行示威和罢工斗争这一事件，提出了补充证据。第四，对书稿中的个别观点，如到底是什么缘由导致国际妇女节被定在每年的 3 月 8 日，提出了不同看法。第五，系统地论述了国际妇女运动的特点和规律。

我们根据高老师的意见，对书稿中的不准确或疏漏之处作了修改，将他对书稿的总体评价、考证方法和国际妇女运动的特点和规律合并为一部分，以“考证国际妇女节来龙去脉的意义”为题当作序言放在正文前面，把他对书稿中考证的补充和提出的不同看法并为一部分，以“国际妇女节起源的补充考证和再考证”为题作为对全书的重要补充放在正文之后。最终出版的这本《国际妇女节起源考》署的是许宝友和我的名，但实际上，高放老师应当是此书排名第一的作者。

比起空论一些时髦的宏大题目，做这种细小的考证既费时又费力，更难有多大“经济效益”。但是，我们认为，把某一史实的来龙去脉说清楚、搞明白的过程虽然苦，虽然累，展示在读者面前的虽然也仅仅是一层被捅破的窗户纸，实际上却是对历史负责、对人类文明负责，归根到底还是值得的。高放老师在这方面为所有研究国际共产主义运动史的人做出了榜样。他用自己的行为告诉人们什么叫“首席”，什么叫“专家”。

值高放老师九十华诞之际，我衷心地祝愿他健康长寿。

2017 年 5 月

高放先生是我国国际共运史学科的开拓者

王晓敏①

中国人民大学高放教授是著名的国际共产主义运动和科学社会主义理论研究专家，也是我国国际共运史学科的开拓者，先生因其突出的学术成就而享誉学界，并有思想高度解放之美誉。我作为后生晚辈，因仰慕先生的学问和治学精神，也因工作之需，这些年来与先生时有联系，因而幸得先生教诲，感念至深。前不久与先生电话交谈，知其身体依然硬朗，思维依然活跃，我在为先生健康欣喜的同时，也叹服其孜孜于学术探索的执着精神和巨大热情。适逢先生九十华诞之际，我在从遥远的西北一隅为先生祝福之余，回想起与先生相识和交往的点滴往事，至今印象深刻。

初识高放先生，是在我大学毕业刚刚进入国际共运史领域学习之时，1992 年 10 月，我作为陕西师范大学国际共运史专业的研究生，与几位老师和同学一道，在石家庄参加全国国际共运史学会的学术年会，会议的主题是“苏联解体的教训与建设有中国特色的社会主义”，高先生在会上作了关于苏联剧变原因的专题报告，其“六点十二对”之说系统分析了苏联剧变的原因，所论所思和见解之深刻，在众多与会者中反响热烈，也给我这个初学者留下了深刻印象。然而当时像我这样稚嫩的青年学生，对高先生这样的学术大家更多的是一种敬畏，只是在休会期间向先生做过简单的自我介绍，礼节性地打过几次招呼，而没有更多的交流，现在想来不无遗憾。此后很久，我未能再与先生谋面和交流过，也未能得到在先生门下求学的机会。两年后，我到现在的供职单位参加工作，虽然还是从事教学和学术活动，但学习和研究国际共运已非主要工作。

① 作者系宝鸡文理学院政法学院教授。

再次见到高放先生，已是近20年之后。一个很偶然的机会，使我与先生在北京他的家里相见。2011年4月，我应邀参加中国社会科学院举办的“苏联解体20周年国际学术研讨会”，会议结束后返程前夕的闲余时间，我去张自忠路3号大院看望一位同学，这里是中国社科院俄罗斯东欧中亚研究所的所在，也是中国人民大学的老校区，同学就在这个所里工作。从同学那里得知高先生就住在这个院子的一所旧房子里，他与先生交往较多，也常在院子里碰到。看望同学之后，我便让他带我前往先生的住处拜访，先生很热情地接待了我。先生的居所不大，屋子里的墙面和陈设如同整栋楼宇一样都是旧的，是20世纪七八十年代的那种样子，屋子里最显眼的是书柜、桌子、沙发等多处堆放的书籍和学术刊物等各种资料。先生此时虽已是80多岁的老者，但精神矍铄，既很和蔼，也很健谈，思维敏捷。我先向他问好并自报家门，介绍了自己的简况，在知悉我的学习经历、工作情况和这次来京任务之后，先生对我这个后学予以热情鼓励。我也了解到先生虽已是离休之龄，但依然活跃在教学第一线，承担着培养研究生的重任。谈到有关学术话题，先生仔细询问了我这次参加的学术会议情况，并就学界关注的苏联解体等一些问题侃侃而谈，对一些代表性的观点有着独到点评，言谈中可以感受到先生依然博闻强记、思维活跃，浸透着对学术研究的执着之情，这种老当益壮的劲头，很难使人把他与耄耋老者联系起来。不知不觉地，我们的谈话进行了个把钟头，为了不过多打扰先生，我向先生道别。因当时我主要是从事本单位学术期刊的编辑工作，临别之际，我向先生表达了约稿之意，他很爽快地予以答应。这次相见，使我对先生更多了一层了解。想不到的是，我与先生时隔近20年的这两次相见，竟都与关于苏联解体的学术活动有关。自那次京城相见之后，我时时与先生电话联系，多是询问一下他的健康状况、日常活动，有时也会谈到一些时闻和学术问题，而先生更多地是谈论他就一些学术问题的所思所考，总会有一些让人为之一振的洞见。问学不休，以耄耋之躯，在学术园地中不断耕耘，这就是先生给我最深的印象。

与高放先生第三次相见，是在时隔1年多之后。2012年暑假期间，我所在的学报编辑部组织几位编辑前往北京聘任有关专家担任我们单位学报的学术顾问，并进行约稿活动，我随同编辑部领导进京。事先经过联系，在一个午后，我们一行四人到了高先生家里，先生看上去与去年没有什么变化，身体和精神状态依然很好。简单的寒暄之后，编辑部领导说明来意，向先生颁发了顾问聘书，先生对学术期刊如何发展表示极为关注，对我们如何办好刊物提出一些重要建议，并表示作为顾问要积极予以支持，为学报撰稿。一行人与先生合影留念后，我们道别离开。此后，我和编辑部便与先生的联系多了起来，不久我就收到先生寄来的个人简介和一篇文稿。随后经我编辑，在当年学报第5期“本刊学术顾问简介”栏目中以图文形式对高先生作了简要介绍，同时刊发了他的《我怎样撰改〈清末立宪史〉》一文。此后，《我不是“三生有幸”而是“一生三幸”——六十五年来我在母校的幸存、幸运与幸福》一文在学报2013年第6期刊发。这些文稿虽然都不是严格意义上阐发学术理论见解之作，但作为高先生对自己几十年从事教学和学术研究历程的回顾和总结，在展示一个学者几起几落、跌宕起伏的人生际遇的同时，也让读者看到了一个不计个人恩怨，在教学科研第一线苦心孤诣，对学术问题精益求精，感恩母校、社会和亲属的学者对人生的诠释，体现了一个马克思主义理论工作者学术报国的殷殷之情，也使我个人从中进一步了解了高先生的学风与为人。

后来，我离开了学报编辑部，回到原单位政法系专事于教学工作，但我与先生的联系并未因此中断。一晃几年过去，虽然再未与先生见过面，但时时能够通过电话了解到他的近况。先生九十华诞的到来，于其个人和家庭，于中国人民大学和学界，无疑都是一件幸事。在我们这个老龄化日益加快的社会，耄耋老人并不少见，但像高先生这样90岁高龄依然发奋工作，活跃在高校教学和研究一线，不断进行学术探索的老者，却是屈指可数。从我与先生时不时的电话交流和所见所闻来看，近年来，先生自己不仅有多篇长文发表并出版几部文集，而且为国际共运史学科的建设鼎力相助。在他的支持下，《中国延安干部学院学报》《求索》等刊物相继开设了“国际共产主义运动史专题讲座”“国际共运史研究”等栏目，对于当今这个并不那么景气的学科来讲，的确可喜可贺，先生功莫大焉。

这就是我所认识的高放先生，一个以精卫填海、杜鹃啼血的执着和忧思精神痴迷于教学和学术园地的学者。正如他自己曾在抒怀诗中所言，“八五书翁志未移，痴迷教研最相宜”“愚夫意气犹风发，尽瘁鞠躬勿质疑”。一代学人风范，跃然于此，令人敬仰。

2017年4月30日

高放老师是国内国际共运史研究领域的第一人①

孙兰芝

1976年10月，历时十年的“文化大革命”结束了，1978年恢复研究生考试制度，我于1979年考上中国人民大学国际共运史专业研究生。当时我在辽宁省一个县里工作，正在联系往沈阳调动，基本有了眉目，考虑到子女教育和家庭的困难，我就毅然选择了调沈阳工作，而放弃了重返京城深造的机会，所以，我说自己是“未遂研究生”。那一年中国人民大学国际共产主义运动史专业录取八人，只我一个女生，其中的李景治与我在北大同系，高我两个年级，后来他告诉我说：“我们就等着你这朵花呢！”他毕业后留校工作，后来担任中国人民大学国际关系学院院长，他到国家教育行政学院讲学时，我主持过他的报告，陪他吃饭。

这成了我的一个遗憾，我不只是失却了一个研究生的学位，更重要的是与我崇敬的导师高放先生失之交臂。直到现在，我都认为高放老师是国内国际共产主义运动研究领域的第一人。他不仅学问做得好，而且非常有操守。他现在80多岁了，一生经历几次磨难，但一直坚持研究，非常有成就。2006年重庆出版社出版了《高放文集》之六《中国政治体制改革的心声》，在社会上引起很大反响。有评论说：这本文集如杜鹃啼血，殷切呼唤政治体制改革。

没有做成高放老师的学生，实为终生遗憾。在决定录取我之后，高老师亲自给我写了信，让我早做入学准备。他考虑到我有家庭和孩子，许多事情需要提前安排，他还嘱咐我，因为上面还没有批下来，只自己知道就行了。我在1983年暑假的国际共运史学会青岛讲习班上见到高老师，又提起我放弃读研究生的事，高老师表示非常理解。以后，在国际共运史学会的有关会议上，我又多次见到高老师，听他作报告。他的报告总有新意，总能给人启发。1987年我们调北京后，与他时有电话联系，也去拜访过高老师。

---

① 本文摘自国家教育行政学院教授孙兰芝著《生命的远行》，原标题是《未遂研究生》，现标题摘自文中一句话。

人世沧桑，经历多少悲欢离合；岁月峥嵘，有过多少成败兴衰；光阴似水，走过多少坎坷平坦；日月如梭，迎送多少朝霞夕阳。细品味，最令人留恋、追忆的是学生时代；有着纯正追求的青春岁月，是人生最美好的岁月……

鲜花曾告诉我你怎样走过，大地知道你心中的每一个角落，甜蜜的梦啊！谁都不会错过……

2017 年 6 月

高放教授是我国共运史学界的一面旗帜

陈兆德①

我与高放教授相识于 20 世纪 80 年代初，至今已有 35 个年头。在 1982 年，我所在的江苏省委党校举办了全国党校系统第一个科学社会主义大专班（2 年制），由我具体负责。因当时校内专业课师资力量不足，我们从中央党校、中国人民大学、复旦大学、南京大学等校聘请了一些名师来我校授课，其中就有高放老师，他主讲的课程是专为研究生开设的《联共（布）党的历史经验》，历时两周，前后讲了十几个专题，由于讲得精彩，在学员中引起了轰动，南京和周边省份一些党校、高校的老师闻讯前来蹭课，我也跟班听了大部分的课。此后，我与高教授的交往日益增多，30 多年来从未中断联系，我也从没放弃向他学习的机会。1987 年 11 月，中国科学社会主义学会国外社会主义分会在我校召开纪念十月革命 70 周年学术研讨会，高放教授到会作了“十月革命与社会主义改革”的主题报告，我听后很受启发；后来，在中国科社学会、中国国际共运史学会举行的学术年会上，我多次听过他见解独特的发言，受益匪浅。在我主管本校教学工作期间，曾数次请他来为县处以上领导干部进修班讲课；在我担任江苏省科学社会主义学会会长的 15 年间，也经常请他来作学术报告；当他的著作、文集出版后，我都第一时间购买，认真阅读；看到报刊上发表他的文章，我不仅及时拜读，有时还复印下来，供日

① 作者 1938 年出生，1961—2004 年一直在江苏省委党校工作，政治学教授，历任江苏省委党校马克思主义研究所所长、教育长、副校长，江苏省科学社会主义学会会长，现为名誉会长，出版有《学苑人生·陈兆德文集》。

后参考；在我校招收科学社会主义与国际共产主义运动专业研究生后，我们将他主编的《科学社会主义的理论与实践》列为教材，还推荐给相关专业（党史党建、政治学、国际政治等专业）的研究生学习。长期以来，聆听他的报告和讲课，阅读他的著作和文章，使我受到许多启迪，对我从事教学科研工作有很大帮助。

通过亲身接触和听同行专家介绍，高放教授给我的印象是：他是我国国际共运史教学与科研的第一提琴手，是命名“社会主义学”学科第一人，是从制度层面揭示苏联模式弊端的首席专家。

高放教授是我国国际共运史教学与科研的第一提琴手。从 1950 年 8 月起，他先后在中国人民大学、北京大学的马列主义教研室、国际政治系、科社系、国际关系学院从教，至今已 67 年。其学术生涯的主要特点是：第一，学科范围广。他的教学与科研活动涉及的学科，不仅始终坚持以国际共运史为重点，而且还包括科学社会主义原理、社会主义思想史、当代世界社会主义、政治学、国际政治、联共（布）党史等学科，其研究领域之宽、知识面之广，学界罕见。第二，教学质量高。听过他讲课的人都交口称赞，普遍反映高老师讲课观点正确、内容得当、科学性强，资料翔实、融会贯通、系统性强，层次分明、重点突出、逻辑性强，联系实际、有的放矢、现实性强，深入浅出、语言生动、启发性强。听他的课，犹如享受了一顿精神盛宴，令人终生难忘。第三，科研成果多。他在搞好教学的同时，还勤于笔耕、著书立说。60 多年来，他陆续发表文章数百篇，已出版专著和文集 11 本，分别是《马克思主义与社会主义》《马克思主义与社会主义新论》《社会主义的过去、现在和未来》《社会主义在世界和中国》《国际共产主义运动别史》《纵览世界风云》《苏联兴亡通鉴——六十年跟踪研究评析》《高放政治学论萃》《政治学与政治体制改革》《中国政治体制改革的心声》《高放自选集》，共计近 500 余万字。此外，还主编、合编、合译、合著、专著各类著作、教材 50 多部，其中在国内外反响大的有《社会主义思想史》《科学社会主义的理论与实践》《世界社会主义概论》《世界社会主义史》（丛书四卷）、《世界社会主义五百年历史人物传略》（丛书 20 本），多次获北京和全国社会科学优秀成果奖。鉴于他的学术成果、学术地位和学术影响，1981 年经国务院学位委员会严格遴选，他被聘为中华人民共和国第一批博士生导师，而且是当时 137 位人文社科类博导中以副高身份入选的仅有的二人之一。他还被聘为国务院学位委员会学科评议组成员，享受国务院特殊津贴，当选北京市共运史学会会长、中国国际共运史学会副会长、中国科学社会主义学会顾问等。在他离休多年后，他还在2009年5月被中国人民大学评为荣誉一级教授。因此，他是我国国际共运史学界当之无愧的学术大师。

高放教授是命名“社会主义学”学科第一人。长期以来，人们公认：马克思主义有三个组成部分，即哲学、政治经济学、科学社会主义。但在学术界有这样一种现象：讲到学科分类时，哲学、经济学被列为一级学科，谁都没有异议，可是对科学社会主义算不算一门学科，却成了问题。有的学者认为，科学社会主义的内容是由其他学科的相关内容汇编起来的，不能算是一门独立的学科；有人虽承认科学社会主义是一门学科，但主张将其纳入政治学，最终归入法学这个一级学科。后来，国务院学位委员会确定将马克思主义单独列为一级学科，科学社会主义成为其中的二级学科。但各地在执行中做法不一，各行其是。为改变科学社会主义学科这一尴尬局面，高放教授从20世纪90年代起率先提出将科学社会主义更名为“社会主义学”，并把这一主张写入了他主编的《科学社会主义的理论与实践》的“导论”中。他认为，一门科学的名称，在中文中一般都用“学”字代表“科学”，如生物学、社会学、语言学等。“科学社会主义”把“科学”一词放在前面，是马恩为了与空想社会主义相对应才使用的。因此，把“科学社会主义”更名为“社会主义学”至少有两个好处：第一，与其他学科一致，可更鲜明地表明科学社会主义是一门独立的学科，而不是某几个人制定的神圣原理的汇编；第二，社会主义既然是一门科学，就同其他学科一样，也有一个逐步完善的过程。而“科学社会主义”这一名称给人以它一诞生就是科学完善的印象。他还为这一学科明确了研究对象（研究改变资本主义世界、建设社会主义世界的一般规律），设计了理论框架和逻辑体系。同时，他还认为社会主义科学是一门综合性的大学科，除了社会主义学，还应包括社会主义思想史、社会主义运动史、社会主义制度史、社会主义政党、社会主义国家、比较社会主义、社会主义现状学、社会主义未来学等。

高放教授是从制度层面揭示苏联模式弊端的首席专家。苏联模式是20世纪二三十年代伴随着苏联国内高速工业化、农业全盘集体化和党内大清洗三大运动而逐步形成的。这种模式的特征表现在政治方面，就是权力过分集中的党和国家领导体制，自上而下的干部任命制，软弱而低效的监督机制；表现在经济方面，就是生产资料公有制，指令性的计划经济体制，行政手段为主的部门管理体制；表现在思想文化方面，就是以领袖言论作为判断是非的标准，片面强调舆论一律，高度统一的思想管制等。对这一模式，早在 20 世纪 80 年代初，高放教授就指出了它的弊端。1989—1991 年苏东剧变后，他在其讲课及文章、著作中，对剧变的原因从主观和客观、国际和国内、历史和现实等方面作了全面剖析，指出戈尔巴乔夫推行错误的改革路线是剧变的关键因素，西方国家推行和平演变战略是剧变的外来因素，而最根本原因是苏联模式积弊太深，集中反映在过度集中的计划经济体制、过度集权的政治体制、过度统一的思想文化管制、对外关系上对小国小党的控制等上面，这些制度、体制、机制导致激化了党内外、国内外以及干群之间的矛盾，压抑了人民建设国家的积极性，阻滞了生产力的发展，因而在两种制度的较量中败下阵来。他对苏联模式弊端的揭示和对苏东剧变原因的分析是透彻的、有说服力的，而且走在整个社科界的前列。

欣闻今年是高放教授的九十华诞，特以此文表示祝贺，衷心祝福他健康长寿！

2017 年 4 月 25 日

高放教授主编《国际共运》杂志的回忆

王兴斌①

在恩师高放九十华诞之际，不由得回想起 30 多年前老师主持《国际共运》杂志编辑、出版工作的那段日子。

党的十一届三中全会后，全国高校和党校陆续恢复了国际共产主义运动史的教学和科研工作，北京市走在前列。1980 年 11 月起，北京市国际共产主义运动史学会、北京市高校国际共运史教学协会和中国人民大学科学社会主义系联合主办《国际共运教研参考》，从 1982 年起，主办单位增加了正在筹建的中国国际共产主义运动史学会，印刷发行工作由北京第二外国语学院政治理论教研室和印刷厂承担。从这个时候起，本人开始参与该杂志的编印工作。到年底，《国际共运教研参考》共编印了 10 期，订阅刊物的单位逐步扩

① 作者系中国人民大学国际政治系 1964 年毕业生，曾任北京第二外国语学院教授，理论教研室主任，1990 年后任该校旅游科学研究所所长，国家旅游局专家。

展到全国的高校、党校，成为当时国际共运史教学、研究唯一的一份内部交流刊物。

从 1983 年起，经中国国际共运史学会等 4 家研究决定，《国际共运教研参考》更名为《国际共运》，高放教授担任主编。由高老师主笔的《为本刊更名告读者和各地通讯员》被刊载在更名后的第一期上：

> 在充满新希望的一九八三年来临之际，本刊以《国际共运》的新名字与读者见面了。
>
> 新年伊始，陆定一同志为本刊刊名挥毫题字。我们谨代表本刊读者向定一同志表示由衷的感谢，感谢他对我国国际共运史教学和研究工作的关心和支持。
>
> 《国际共运教研参考》自一九八〇年秋创刊以来，在党的十一届三中全会精神的指引下，为推动我国国际共运史的教学和研究工作尽了一点微薄的力量。两年来，本刊得到了全国各地广大国际共运史研究工作者的热情支持，得到了各省、市特约通讯员的密切合作，还得到了中国人民大学科学社会主义系、北京第二国语学院政治理论教研室和印刷厂的大力协助，在没有一个专职工作人员的情况下，出版了十期。借此机会，谨向所有支持和帮助本刊的单位和同志致以深切的谢意。
>
> 党的十二大提出了开创我国社会主义现代化建设新局面的宏伟纲领，确定了我党在国际共产主义运动中的活动原则。新的历史任务需要国际共运史的教学和研究工作开创一个新局面，这就要求我们的教学和研究工作者面向我国社会主义现代化建设的实际，面向当代国际共运现状的研究，加强对各国社会主义建设的研究，加强对当代各种社会主义流派的研究。本刊在继续刊登有关国际共运历史的文稿、资料的同时，将着重组织和发表有关当代共运的文稿、资料。这样也是为了使本刊适合广大干部理论学习的需要，使刊物不仅具有专业性，也带有群众性，为广大关心国际共运发展的同志提供新的资料和动态。作者和各地特约通讯员今后来稿时也请注意到本刊要求的变化。
>
> 我们将努力把本刊办成全国广大国际共运史教研工作者和爱好者探讨问题、交流成果和互通情报的学术园地。本刊尤为欢迎言之成理、持之有故、短小精悍、富于创见的文稿。凡是有新意、有创见的文稿，不

管作者是否知名，本刊从优选用。

本刊出版委员会由四个主办单位和编辑部的代表组成。成员如下：

主任委员：李正文

副主任委员：韩佳辰　校纪英

委　员：张伟垣　黄安淼　黄达强　高放　洪肇龙　王兴斌

由于我们的水平有限、缺乏经验，又都是业余兼搞编校工作，在编辑、校对、发行工作中存在不少缺点，竭诚欢迎读者批评指正。为了加强编审工作，本刊除已聘请上海华东师范大学周尚文为特约编辑外，从今年起增聘北京大学黄宗良、北京师范大学孟全生、中国人民大学李景治为特约编辑。黄宗良同志负责编辑学术动态专栏，今后各地通讯员来稿请直接寄给他（通信处：北京大学国际政治系国际共运史教研室）。

这个简单的告示表明了刊物的宗旨、内容、读者对象和组稿原则，可以说也是编辑部的工作方针。其后6年，该杂志的办刊工作就是在高老师确定的原则下开展的。编辑部由高教授任主编，洪肇龙和我任副主编。编辑工作的流程是，一般由肇龙和我筛选拟用稿件，交高老师审定后由肇龙和我对稿件作文字处理，全部文稿由高老师最终定稿，重要文稿由高老师修订，后送二外印刷厂排版、印刷。由于当时还没有电子排版技术，仍由印厂师傅拣铅模逐字排字、拼版。校订工作大多由我担任。印刷、装订后由二外政教室的一位资料员包装后送邮局发送。从1983年起，刊物封面改由彩色印刷，全年订阅收费3.00元（含邮资），学会会员和大专院校学生八折优待，全年收费2.40元。

从1987年起，刊物作进一步调整和改进。根据读者建议，刊名改用全称《国际共产主义运动》，仍由陆定一同志题名。主办单位除中国国际共运史学会、北京市国际共运史学会、中国人民大学国际政治系外，增加中国社会科学院马列主义毛泽东思想研究所，原主办单位之一北京市高校国际共运史教学协会因课程改变、协会改名北京市世界政治经济教学研究会而退出。刊物出版委员会由上述4个主办单位和编辑部的代表组成，成员是李正文（主任）、校纪英（副主任）、曹长盛、常润华、高敬增、叶宗奎、高放。编委会除主编高放以及副主编洪肇龙、王兴斌外，还有编委杨双（以上常务）、孟全生（北京师范大学）、黄宗良（北京大学）、张中云（中共中央党校）、张泽森（中国人民大学）、许可成（天津师范大学）、周尚文（华东师范大学）。

编辑部改设在中国社会科学院马列主义毛泽东思想研究所国际共运史研室，仍由北京二外印刷厂印刷。

1988 年 10 月，由高放教授主笔，刊物发出了《本刊明年与〈国际共运史研究〉合并启事》：

> 本刊创刊于 1980 月 11 月，8 年来共出版 45 期，发稿约 450 万言。其中既有著名学者的力作，也有青年教师和学生的处女作，有对近一个半世纪的国际共运历史与理论的再认识，也有对当今世界共运所面临的形势和课题的新探索。文稿作者来自祖国的四面八方，其中既有为我国共运史学科的创立铺下奠基石的老一辈专家，也有在教学和研究工作中肩负承前启后重任的中年学者，还有正在脱颖而出、初露锋芒的青年学子。本刊所报道的学术动态、社团信息和书讯，从一个侧面记下了我国共运史学界 8 年来所走过的历程。
>
> 8 年来，本刊得到了全国各地读者的支持和帮助。我们收到了大批渗透着作者心血的稿件，也经常收到中肯地提出改进意见，甚至一一指出本刊错别字的信札。许多同志为本刊经常撰写学术动态、文摘书讯，热心地代本刊征订发行。本刊自创刊至今，没有一名专职的编辑、校对、出版、发行人员，也没有一个专门的办公地点，但能坚持下来，完全是有赖于广大作者和读者，特别是全国各省市的国际共运史学会会员们的支持和爱护。在此我们表示衷心的感谢和深深的敬意。同时，限于我们的水平、经验和条件，在本刊的编辑、校对和发行等方面存在着不少缺点以及差错，对此我们愧表歉意。
>
> 为了集中力量办好一个专业学术刊物，经有关方面协商，决定从明年起，本刊与中共中央编译局主编《国际共运史研究》文丛（原由人民出版社以书籍形式出版）合并，新刊物仍用名《国际共运史研究》，由中国国际共运史学会和中共中央马列编译局国际共运研究所联合主办。
>
> 本刊编辑部
>
> 一九八八年十月一日

出版《国际共运》的 8 年是我国思想理论界变得活跃的时期，也是我国国际共运历史与理研究思想大解放、空前大繁荣的时期。高老师对从刊物的指导思想、选稿原则到栏目设置统筹帷幄，对编辑、排版、校对和发行等环节悉心指点，每一期都渗透了老师的心血。为撰写本文，本人翻阅了由老师精心装订、保存的8年4卷《国际共运》刊物合订本，上面有老师对错别字一一校正的手迹，边翻边想，那段国际共运动荡分化和中国共运史学界研究的活跃场景，在老师指导下从事刊物编印工作场景不由浮现在我的脑际。

老师一生探索国际共运发展轨迹、追求中国社会进步。党的十一届三中全会冲破了思想牢笼，老师热情支持共运史学界并身体力行全面反思共产主义运动的历史与理论，在《国际共运》开设《理论探讨》《争鸣》栏目，发表了众多重新探讨相关历史事件、人物和理论的文稿。诸如，马克思主义是否有故乡，马克思主义产生社会历史条件的再研究，共产主义者同盟的性质，巴黎公社的必然性和偶然性，对第二国际策略的评解，共产国际与社会党国际的比较，斯大林同季诺维也夫和加米涅夫争论的实质与是非，列宁有没有提出过社会主义革命“一国首先胜利”的理论，布哈林的社会主义经济思想，《联共（布）党史简明效程》的评价，意共在“二战”后的战略决策，关于社会主义阵营的历史探讨，重评苏共二十大，重评1957年莫斯科宣言，伯恩斯坦、考茨基、卢卡奇、陶里亚蒂、纳吉·伊姆雷、秘鲁共运活动家马里亚特吉等人的评价等，几乎涉及全部国际共运的历史与理论研究。

老师专攻国际共运的历史研究，揽古通今是老师学术生涯的一大特点，“研史”是为了“究今”，思绪的重点瞄准当今的世界社会主潮流。《国际共运》上发表了许多述介与研究当今世界社会主义运动与思潮的文稿，有对世界主题从战争与革命向和平与发展转变时代背景下，对“当代资本主义与国际共运的战略思考（研究提纲）”的宏观研究，也有对世界社会主义国家、流派和思潮的评析，如保加利亚、波兰、匈牙利、朝鲜、蒙古、古巴等国建设和改革，欧洲共产主义与社会民主主义，法国式的民主自主管理的社会主义刊物的文稿几乎覆盖了当代国际共运和世界社会主义的全景。

老师的研究视野遍及历史与世界，但出发点和落脚点始终是中国，心系中国的今天与明天。他是我国国际共产主义运史学科的奠基人之一，也是国内政治学研究、尤其是执政党改革研究的拓荒者之一。尤其在党的十一届三中全会后，他对中国的政治体制改革、党的领导体制改革提出了不少真知灼见，体现了一位有担当的学者的理论勇气与求索精神。他力主在《国际共运》上发表与中国改革有关的文稿，如党的十一届三中全会与国际共产主义运动、中共对社会民主党的认识和政策、1984年《中共中央关于经济体制改革》对世界共运的影响等，从国际共运史的视角切入国家政治体制改革研究，老师是无畏的思想探索者。

老师是国内共运史学界公认的德高望重的前辈，对中青年学者循循善诱、这种热忱扶持我感同身受。在《国际共运》选稿上，他不搞论资排辈，凡是有价值的文章不论作者职称、学历、年龄、所在院校，一样录用。粗略估算一下，在刊物上发表文章的作者中一半以上是青年学子，其中还有不少在读学生。

我曾就读于中国人民大学马列主义基础系国际共运史专业（1959—1964年），大学时代聆听过高老师的专题讲授，毕业后分配在北京第二外国语学院政治理论教研室执教，1978 年后从事国际共运史教学，在《光明日报》上发表了处女作《恩格斯谈造就无产阶级科技队伍》，80 年代开始参加北京市国际共运史学会和教学协会活动，与老师接触不多。从 1983 年起，我直接在老师的指点下参加《国际共运》的编印工作，在老师的耳提面命下工作，在耳濡目染中学习。6 年的非专职编辑使我直面国际共运研究的前沿，学术生涯步入新天地。

1986 年 11 月，北京市重新启动被冻结多年的高校教师职称评定工作，当时国家教委及北京市高教局规定，由讲师直升教授属于“破格晋升”，其条件除教学、科研成绩卓著的一般性要求外，还有两条硬杠杠：一是必须有两本以上独立完成的专著或主编的全国性教材；二是必须获得两项省、部级科研奖。当时我主编有《战后国际共产主义运动史》《国际共产主义的实践与理论》和《当代世界政治经济》教材 3 本，出版了关于马克思恩格斯的研究与译著作 6 本（其中获省、部级优秀著作奖两项），发表有关论文近百篇。二外领导支持我从讲师直申教授，除学院认可外，当时还需有国家级同行专家的推荐。事后二外有关负责人告诉我，高放教授的推荐信对我破格晋升至关重要。1987 年 7 月我成为二外第一个、北京市 4 个由讲师直升的教授之一。回想这段经历，当时老师热心举荐不仅仅是对我个人的厚爱，更是对年轻后辈的一贯提携。

1989 年，我从政治理论部转入院旅游研究所工作，此后与老师联系甚少，但仍关注老师的著述。虽然后来的专业不同，但人大求学期间打下的学术基础、母校老师的学识与风范、高放老师的言传身教，使我在旅游研究中受益无穷，同时也通过旅游研究更深一步了解中国和世界，用另一种途径研究社会，继续我的人生“专业”。

如今恩师耄耋之年仍在埋头写作，以完成终生国际共运研究的集成之作，令后辈不胜敬仰、感叹和振奋。祝恩师文思永续、健康长寿，并渴求拜读恩师的封鼎之作！

2017 年 5 月

心系拉美共运，高扬治学中的创新精神

毛相麟[1]

高放教授是我尊敬的老师，我们的师生情可以追溯到 30 多年前。早在 20 世纪 80 年代中期，高老师受中央党校的委托，主持一项有关国际共运的系列讲座。在他的讲座计划中，有一次介绍古巴情况的设置。于是，他同社科院拉美所联系，所领导推荐了我。当时，我刚第一次出访回来，手头和室里都有一大堆事情，爱人又不幸患了重病，真忙不过来，本想打退堂鼓，但又觉得能参加高老师的讲座是一件荣幸的事，也是我把几年来研究古巴的心得进行总结的好机会。于是，我约请了同室的一位年轻同事一起合作，决定承担这一任务，在讲座举行前，写出了题为《古巴的社会主义革命和建设》[2] 的长篇讲稿，顺利地完成了任务，开始了我同高老师的师生情谊。由于我们的研究所和高老师的寓所都位于东城区张自忠路 3 号大院，我们所在东院，他家在西院，我拜访他十分方便，每次去他家，他都热情接待。他是我崇敬的师长中唯一进行过家访的一位，他多年来对我学术上的指教，使我受益匪浅。

20 世纪 90 年代后期，我所的祝文驰同志邀约我和中联部的李克明同志一起，参加国家社科基金批准的项目，撰写《拉丁美洲的共产主义运动》一书。当我们请高老师为该书作序时，他欣然同意。那时，他即将出访，且患有眼疾，真是在百忙中抽出时间，令我们十分感动。特别是他写的不是一般的序言，而是一篇关于拉美共运的总结性的论文。可以看出，高老师长期关注拉美共运的发展，积累了丰富的资料，经过缜密的思考和深入的研究，形成了创新的观点。没有这样坚实的功底，是写不出这篇高质量的论文的。高老师

---

① 作者系中国社会科学院拉丁美洲研究所研究员、古巴研究中心顾问，中国社会科学院世界社会主义研究中心特邀研究员。

② 该稿后载入北京市国际共运史学会编：《战后国际共产主义运动和工人运动论丛》，1985 年。

在这篇题为《拉美共运特点和拉美发展前景》① 的长篇论文中提出，拉美共运的特点是：1. 拉美的共运起步早；2. 外部力量对拉美共运起了很大的推动作用；3. 拉美共运在苏联和第三国际（即共产国际）推动下得到广泛发展；4. 拉美共运受到多种社会思潮的干扰和冲撞；5. 20 世纪 60 年代以来拉美共运有新的创举，然而又遇到重大困难或遭到严重挫折。高老师在以大量的史事对这五个特点进行详细分析后指出，拉美共运在外来思想的干扰下，未能将马克思主义同本地实际相结合来形成有自己特色的理论和方针政策，加上考迪罗主义对党内的负面影响，因而难有重大的发展。展望未来，高老师认为，拉美共运的前景首先取决于世界全局和拉美全局的发展。当代资本主义已进入社会资本主义阶段，社会阶级结构已发生重大变化，中间阶级数量增多，工人阶级呈现白领化和多领化。在此情况下，暴力革命难以爆发，今后发达国家将通过渐变性、渐进性的新方式逐步通往新社会主义。② 未来大多数拉美国家的社会主义进程也将是渐变性、渐进性、长期性、长征性的。高老师的这些新观点值得学界重视和研究。

高老师不仅重视拉美的共运，而且关心我国的拉美研究。1987 年，拉美所所刊《拉丁美洲研究》第一届编委会③成立时，邀请高老师担任编委，高老师欣然同意，他表示为能对该刊的发展出力而感到高兴。拉美所邀请他出席讨论古巴的会时，他总是积极参加，并都有精彩的发言。数十年来，我有幸曾多次与高老师出席同一个学术会议，聆听高老师的发言。我最深的印象是他的每次发言都能提出某种新的思想、新的看法，给人以启迪。有一次，会议结束后，一位年轻的学者对我说，没想到高老师的思想还蛮超前的啊。还有一次，在同高老师谈到他发表的一种意见同传统的看法不一致时，我们问他，怕不怕别人批驳。他回答，我所说的都有事实根据。的确，创新是要有勇气的。勇气来源于自信，自信则建立在长期而大量的积累、思考的基础之上。在高老师九十华诞来临之际，回顾过去，他著作等身，桃李满天下，在治学中坚持创新。作为后学，在学风上我不仅要学习他孜孜不倦和一丝不苟的严谨态度，而且要学习他与时俱进和敢为人先的创新精神。

2017 年 5 月

---

① 该文载于拉美所所刊《拉丁美洲研究》，2002 年第 3 期，第 40—45 页。

② 详见高放：《从全球化浪潮看新世纪、新世界》，载中共中央主办的《理论动态》第 1479 期（旬刊），2000 年 1 月 20 日。

③ 第一届编委会任期至 1999 年 3 月。

高放教授对科社界的精神贡献历久弥新

袁秉达[①]

高放教授是我最敬仰的老前辈，他是我国科社界的学术泰斗，也是科社学人公认的理论大家。他长达近70年的执教生涯和阐述的学术思想对科社领域的重大贡献，不仅体现在学术研究和教书育人的显著成果中，而且更多地体现在治学精神和人格魅力里。值此高放教授九十华诞，我从其精神特质出发，结合个人体会谈三点感悟。

一、催人奋进的精神导师

人在成长进程中需要导师引领，可惜我半路出家，靠自学摸索前行，无缘成为高放教授的带教学生。但是，人不相识心相通。1977年，上海市委党校复校时我便去科社教研部工作，成为科社界的一名新兵。教研部有些老教师曾是20世纪50年代中国人民大学毕业的调干生，他们时常谈论高放教授的治学精神和一流才学。其中，他在反右后被剥夺了讲课权利，下放到资料室工作期间，但依然百折不挠，夯实基础，厚积薄发，这是最让我感动的故事。高放教授一辈子只做一件事，90岁高龄，近70年执教生涯，著作等身，贡献卓著。“高山仰止，景行行止。虽不能至，然心向往之。”高放教授身上有一种可贵的精神品格：做人、做事、做学问高度统一，严谨的治学态度和勤勉的治学精神；历经曲折磨难依然热爱科社，不忘初心的坚守精神；解放思想，坚持真理，敢于鸣放的探索创新精神；年届九旬笔耕不辍，老骥伏枥，壮怀激烈的奉献精神；循循善诱，提携后生，教书育人的园丁精神。这些精神铸就了高放教授丰富学术思想和高尚人格魅力，在思想理论界赢得了一致的赞誉。

精神导师的感召力和影响力是无形而强大的，持续且恒久的。我在27岁那年，有缘踏进科社界，就把高放教授作为心中的精神导师。随后时时处处

---

① 作者系中共上海市委党校科学社会主义教研部主任、教授，兼任上海市科学社会主义学会副会长。

以他为榜样，学习借鉴他的成功经验，沿着他的足迹执着前行。光阴荏苒，我一路走来不知不觉在上海市委党校科社教研部整整干了40年。坐“冷板凳”、啃“酸果”、苦行僧般的修行和做学问的艰辛，相信科社同仁都深有感触。40年来，我正是在高放教授的精神熏陶和激励下，不离不弃、无怨无悔，热衷做学问，坚守在科社阵地。

二、校园漫步的精神享受

2010年，我参加了中央党校科社部主任王怀超牵头主办的“社会主义前沿问题高层论坛”，全国科社界群贤毕至，高放教授与科社界老前辈江流、赵曜等都到会作了主题发言。这是一场盛况空前，令人难忘的精神大餐。“听君一席话，胜读十年书。”在科社界高峰论坛，亲耳聆听精神导师的发言更是一种享受。高放教授在会上的发言，体现了老前辈厚实的研究功底和儒雅的学术风范。他提出的关于“科学社会主义是一门综合性的科学”“科学社会主义学科在我们国家属于一门首要的科学，这门科学研究的深浅、是非，决定党和国家的命运”等重要观点，引起大家高度赞同和热烈讨论。

当天黄昏，沐浴晚霞，我与高放教授在中央党校美丽的校园内散步，有幸零距离向先生讨教。高放教授手拄拐杖稳步缓行，我俩边走边聊谈兴甚浓。我汇报了个人成长的心得体会，特别是在我“坐冷板凳”时期以高放教授为榜样，首先从积累资料夯实基础做起，把做学问的路子走正的经历，使我从高放教授身上悟到了一条做学问、搞科研的铁律：一切学问都是从积累资料开始的，高深学问皆源于厚实基础。老先生面露微笑，频频点头，赞许有加。我们还交谈了科学社会主义新的生长点和着力点就是中国特色社会主义等问题。

在我入门之初，受高放教授事迹的鼓舞，我从1979年起连续5年编撰《全国科学社会主义研究综述》，每年以5万字左右的篇幅在北京《科学社会主义研究资料》专刊上发表。《光明日报》（理论版）还连续两次整版发表我的综述。当时，我国还没有因特网，理论信息的传递不方便、不通畅、不周全，我一年一度的综述专刊在科社界颇受欢迎。虽然当年有人称我为“综述专家”，也有人贬低我“只会搞综述”，但我坚信“高放道路与研究范式”是正确的，于是顶住压力，继续前行，坚持下去，定会成功。后来我连续数十年被评为学校的教学先进，专著《中国特色社会主义理论探源》被国家社科规划办列为“中华学术外译项目”，翻译成俄文版、英文版在国外公开出版等，都得益于高放教授的精神激励和方法启示。

三、与时俱进的精神传承

任何事情都有传统和传承。科社事业需要薪火相传，接续发展。高放教授高度重视教书育人，他是我国国际共产主义运动史专业第一个博士生导师，在中国人民大学开了很多门课，培养了大量本科生和研究生，可谓桃李满天下。高放教授对培养哲学社会科学工作者做出了重大贡献，他的许多高徒至今仍然活跃在科社第一线。至于高放老师为年轻人出版专著作序、勉励后生的真诚谈心、平易近人的学术切磋，也是一种谆谆教诲和默默传承。在振兴科社的奋斗历程中，高放教授培养新人、提携后生的经验值得总结和弘扬。

记得 1978 年科学社会主义作为一门相对独立的学科应运而生。当时全国党校、高校和社科院系统纷纷建立相应的科学社会主义室、部、系和教学研究建构。科学社会主义学界一时间人才济济、轰轰烈烈、蔚为壮观。高放教授作为学科带头人，是科社界的风云人物，我国科学社会主义研究也取得了很多重要成果。但是，近 40 年过去了，科学社会主义的学科建设与部门设置逐渐萎缩。绝大多数高校的科学社会主义系早已学科转向，不复存在。在党校系统，科学社会主义教研部的学科设置，大体上三分之一销声匿迹、三分之一分化组合（一般与政治学、法学组合）、三分之一坚守阵地。随着老教师和名教授的退休，科学社会主义专业后继乏人、青黄不接。科学社会主义学科建设基础不实、队伍不稳；科社研究对象、逻辑起点等基本问题歧义颇多，争议不少，年轻人才留不住，教学科研难适应。这些问题不解决，科学社会主义专业很难振兴。

历史需要延续，事业贵有接力。我们一方面要像高放教授那样专心致志地把科社学问做深、做好；另一方面要诲人不倦地带教年轻后生，解决科社学科后继有人问题。前些年，我在带教硕士生的时候，立下一个“三必须”的刚性规定：学生必须真心热爱科社专业，硕士毕业以后必须攻读科社专业博士，博士毕业以后必须从事科社职业。我用心带教的第一个硕士生郑云天就是“三必须”的产物。我要求他把一部部经典原著啃下来，一篇篇学术综述发出来。在夯实基础的同时，我开始指导他发表论文、参与课题、合作写书。他原本并不是学科社的，经过艰辛努力，我们成功了。郑云天考中了清华大学马克思主义学院 2010 级博士研究生，师从清华大学马克思主义学院副院长肖贵清教授。在肖教授的精心带教下，郑云天越发有出息了，拿国家课题、发论文、出专著、做英国访问学者。博士毕业以后，他投于中国人民大学国际关系学院世界社会主义研究所所长蒲国良教授门下，当了一名高校教师。我叮嘱他虚心向高放教授学习和求教，继承中国人民大学科社研究的优良传统，弘扬高放教授的治学精神。高放教授是20世纪的“20后”，我和肖教授是“50后”，郑云天是“80后”，我们之间都相差一代人。但是，我们没有代沟。三代人注重精神传承，接续前进，专心致志搞科社。

高放教授是科社界一盏最璀璨的精神明灯！我们衷心祝福高放教授健康长寿！

2017年5月8日

桃李不言　下自成蹊

——写在高放教授九十华诞之际

袁　群①

2004年，我考入华中师范大学政治学研究院，攻读科学社会主义与国际共产主义运动专业的博士研究生，师从林建华教授。高放教授是林建华教授在中国人民大学国际政治系求学时的老师，我经常听林老师讲一些高放教授的为人为学方面的事迹。在华师求学期间，我也了解到高放教授与华师有着深厚的渊源。华中师大的老书记高原教授与高放教授原来都曾在华北解放区华北大学学习和工作过，两人是战友和同事的关系。中华人民共和国成立后，高原南下武汉参与创建了华中师范高等学校（后更名为华中师范学院、华中师范大学）。高放教授则在1949年3月随华北大学迁入北京，并于1950年调到新成立的中国人民大学任教。1978年，由高原教授发起，华中师范大学在全国率先成立科学社会主义教研室，开展科学社会主义研究，华中师大的科学社会主义专业也成为全国第一批硕士点，第二批博士点。而在高放教授等的带领下，1981年，中国人民大学国际共产主义运动史专业获得全国首批博士学位授予权，科学社会主义专业也分别于1980年和1984年获得硕士学位

① 作者系云南大学马克思主义学院教授。

和博士学位授予权，这也使华中师范大学和中国人民大学成为国内科学社会主义与国际共产主义运动研究领域的重镇。鉴于高原教授和高放教授在国内科学社会主义与国际共产主义运动学科建设方面的重要贡献和学术地位，“南有高原，北有高放”“南高北高”的说法也在学术界流传至今。高放教授也经常受高原教授的邀请，到华中师大来讲学和参加学术活动，对华中师大科社与国际共运专业的学科建设给予了力所能及的支持和帮助，并一直关注着华中师大科学社会主义与国际共产主义运动学科的发展。可以说，高放教授对于华中师大有着一份特殊的感情。

我与高放教授相识于 2005 年。我的博士生导师林建华教授是华中师大的兼职博士生导师，其工作单位在聊城大学（现在林建华老师就职于北京外国语大学马克思主义学院，任学院院长）。2005 年 11 月，林建华教授告诉我，他将邀请高放教授到聊城大学讲学，让我也来参加一下。到达聊城大学后，我住在学校的东湖宾馆二楼，高放教授住在三楼，这样，我与高放教授也就熟悉了起来。来聊城大学时高放教授未带任何资料和讲稿，他以《掌握国际共运的历史要点，总结国际共运的历史经验》为题，作了三天的讲座。在讲座中，他对国际共运的重大历史事件如数家珍，信手拈来，对国际共运的历史经验和教训的总结也极为深刻，发人深思。在聊城大学的三天，我也一直陪同高放教授，听他聊自己的人生经历，对国际共运的思考，并就国际共运的相关问题与高放教授进行了请教。这次聊城大学之行，我近距离地见识了高放教授的大师风采，他为人为学的精神和品质深深地影响了我，他的很多学术观点和对前沿问题的关注思考也启发了我，同时我也与高放教授建立了延续至今的师生之谊。在高放教授的讲座中，他提到了尼泊尔两大共产党——尼共（毛）和尼共（联合马列）的发展问题，这也引起了我的关注。2007 年，我博士毕业后赴云南大学工作，我将尼泊尔共产主义运动的发展变革作为了自己主要的研究方向。到云南大学工作后，我与高放教授一直保持着联系，我时常与高放教授打电话请教一些国际共产主义运动和世界社会主义领域的学术问题。例如，尼共（毛）和尼共（联合马列）为何会走议会道路，其面临的困境和前景有哪些？高放教授得知我 2016 年 1 月去尼共（毛）总部调研，还询问了相关情况。我们还聊到了对于近年来国内学术界有关中国共产党与国外共产党、左翼势力如何建立统一战线的争论问题。由于我在攻读博士学位期间研究的是瑞典社会民主党，对于瑞典社会民主党和社会党国际的发展状况问题，我与高放教授也进行了探讨。今年是瑞典共产党成立

100 周年，高放教授还专门打来电话，约我写一篇题为《瑞典共产党百年沧桑》的论文，投给湖南社会科学院主办的《求索》月刊，该刊新设的“国际共产主义运动史研究”专栏约请了他作为这个栏目的主持人。他希望我通过将瑞典共产党与瑞典社会民主党的发展历程进行对比，总结出发达资本主义国家共产党兴衰沉浮的经验教训。高放教授也对目前国内国际共产主义运动研究队伍的萎缩表示担忧，同时对华中师大、中国社科院马克思主义研究院等单位仍保持着具有一定规模的国际共运的研究人员和明确的研究方向表示赞赏，对年轻学者正在不断成长的状况也感到些许欣慰。高放教授还经常鼓励我要在做好当前研究的基础上，要以史为鉴，通过比较借鉴，与时俱进，以更宽广的视野来研究国际共运和当代世界社会主义问题，从而为中国共产党执政地位的巩固和中国特色社会主义的发展完善提供域外经验。高放教授的鼓励一直激励着我在国际共运和当代世界社会主义的研究上不断前进。

高放教授在学术界德高望重，不仅是一位著名的理论家，也是一位卓越的思想家。他作为马克思主义学术大家的才华让人折服，他热切关注国家和民族命运的爱国情怀，这不得不令人敬仰。他不顾年事已高依然在学术上勤奋耕耘的精神也成为我们极好的学习榜样。作为进入国际共运和世界社会主义研究领域时间较短的新兵晚辈，在与高放教授的接触中，我从没感到他高高在上的威严，他留给我的印象一直都是宽厚仁爱、和蔼可亲的长者，诲人不倦、提携后学的老师和真诚待人的朋友。对高放教授多年来的鼓励、帮助和提携，我的感激之情难以言表。今值高放教授九十华诞，我衷心祝愿他福如东海、寿比南山、身体健康、幸福安康！我也将继续以高放教授为榜样，在国际共产主义运动、当代世界社会主义领域不断求索、不忘初心，继续前行。

2017 年 5 月

高山仰止——庆贺高老九十寿诞

李屏南①

高放教授是我心目中十分景仰的大师。有幸结识他，也与我的老师周作

① 作者系湖南师范大学公共管理学院原院长、教授、博士生导师。

翰教授有关。

周老师当时言必称两人：一位是时任湖南省委书记的大学同学，一位就是中国人民大学的高放教授。周老师当年在人大研究生班读书时，高放就是他的老师。由于高老的研究与影响，周老一直以高老为荣，以高老的见解为准。俩人联系一直很紧密，以至于凡有专业领域的疑惑和争论时，必问高放，言必称高放。慢慢的，我后来也言必称高放了。为什么？因为他的为人为学，堪称学界楷模。虽然他的观点中也时有独见，也不一定句句是真理，但我认为那都是他对未来理想社会的执着追求，对马克思主义的深入探讨，他的主观出发点从没有离开过一位老共产党人的党性立场。

我同高放教授的接触，开始缘于他的论著，后来缘于他的稿件。他的《社会主义的过去、现在和未来》《科学社会主义的理论与实践》等论著成为我踏入学科殿堂的引导之灯。20 世纪 80 年代我在学报当编辑，开始接触并发过他的文章。后来到法学院时，我还创办过一个内部刊物叫《政法研究》，他也投过一稿。我记得其观点较前卫，我很想发，但不敢发。权衡再三，还是托周老师传话退稿了。我说：高老是“大象”，万一被人踩一脚可能无关大局。而我是一只“蚂蚁”，随便哪一个踩一脚都难以翻身了。所以我只能选择慎重，请他原谅。他表示十分理解。可见越是大家，越有容人之气量。真正的高手都是悄无声息的摆渡人。

同他近距离接触是我当院长以后的事。1999 年，我把他和他的夫人请来学校讲学。那些天，讲座时倾听之，散步时请教之，受益良多。还由我开门弟子陪着他俩去张家界走了一圈。其渊博的知识，其精辟的见解，其稳重的风格，其谦和的态度，真不愧于乃学科一泰斗，我打从心底里崇之、敬之、爱之、亲之。

2000 年，湖南省委宣传部组织我们编写《信仰读本》丛书时，适逢高放教授来湖南参加一个会议，理论处的同志趁机请他来给作者们座谈过一次。他那一番入木三分的分析令人至今难忘。

后来偕周老去北京拜访专家时，又见过他几次。他对生活要求不高，每次聚餐都要求简单，不要浪费，而一讨论起问题来，却十分严谨，要求很高。凡请教什么问题，都不惜赐教。我的开门弟子的博士学位论文，从选题到写作乃至评审，都得到了他的谆谆教诲。他们此后也成了忘年交。

因高老装有起搏器，且年事已高，我主办的会议、答辩会、讲座想邀他参加，却不敢邀请，这成为我此生一大憾事。而且为此也不准他使用手机，唯一的沟通方式就是一部座机，而我又不想经常冒昧打电话去打扰他，故失去了很多请教和问候的机会。

2007 年他八十岁寿诞时，人大有关单位邀请了周老和我。但由于各种原因，我俩均未能成行。但我还是以学校校长（征得校长同意）和学院及我俩个人名义发去了致谢电。我和周公联名的贺信是：“值此老师八十华诞之际，我们虽不能前来拜寿，但心仪已久！在此谨致以最衷心的祝贺！在人生的征程上，您风风雨雨，辛辛苦苦。不辍耕耘，翰墨如海；不息探索，似攀高山；奖掖后进，富有云水胸怀；坚求真理，又显松柏气节。您，历经沧桑八十载，您的生命，在血气方刚时喷焰闪光，在壮志暮年中更是流霞溢彩！您的生命是一炷旺盛的烛，一团燃烧的火，一曲雄壮的歌，永远值得我们敬仰和学习……”

2013 年春节，我敬爱的老师周公因病而去，但他的老师却一直在我的思念中。是年暑假，中国科社学会在中共中央党校举行会议。这是我退出学会常务理事的一次换届之会，也是我最后一次参加全国学会会议。所以我欣然前往，去与追随多年的学会和同仁告别。而其中最重要的活动之一是趁此去登门拜访高老。

我同高老虽交往多年，但去他家中还是第一次。他的家在张自忠路一栋旧楼房内，面积约 90 平方米。举目望去，映入眼帘的只有几件简陋的家具，而旧报纸和书籍却堆满了不多的几间房子，真的是……孔夫子搬家——尽是书……走进去想挪动一下都必须十分小心。这就是全国知名大家的“窝”，想想真为他的简朴生活感动而心疼。我去的那天，暑热难奈，而他只是摇着一把扇子。我很纳闷，为什么家中不装个空调？他告诉我：因为老伴体弱多病，家中不能开空调，所以大热天只能靠一把扇子调节气温。离开时在楼道中，我正好碰上师母从外面回来。我打招呼，她竟还认识我，但只寒暄几句就匆匆告别了。想不到此为诀别，第二年她就驾鹤西去。留下高老，不胜唏嘘。

有恩才有成长，有恩才有成功。人的一生不仅要常施恩于人，而且要常受恩于人。只要人人都能受恩、施恩、知恩、感恩、报恩，我们的社会就能阳光熠熠，我们的心灵就会幸福满满，我们的事业就能光大绵绵。

我永远感恩高老，我们的学科永远感恩高老！

2017 年 5 月

我给高放老师做责编的点滴记事

周世慧①

知道高放老师名字是在上大学的时候。那是20世纪80年代初期，我学的是政治专业，要学习马克思主义、科学社会主义、国际共产主义运动、社会主义思想、当代世界社会主义等课程。我们学校选用了高放老师的《国际共运史教学大纲》《科学社会主义的理论与实践》《社会主义的过去、现在和未来》等书籍作为教材。那时我开始知道高老师是国际共运史和科学社会主义研究的专家。我是读高老师的书完成大学学业的。

毕业后我到重庆出版社工作。2005年我组稿并责编了一部由“重庆出版集团（社）科学学术著作出版基金”资助出版的专著《全球背景下的中国民主建设》，这部著作由中央党校刘德喜、钱镇、林喆等教授主编，高放和王缉思担任顾问，高放老师还为之作序《应对全球化新浪潮，发展社会主义民主》。后来，我出差北京，登门拜访了高老师。生活中的高老师儒雅绅士、平易近人、谈笑风生。他博览群书，对国际共运史、社会主义、马克思主义、政治学、当代世界社会主义等领域都有很深入的研究，思路清晰、融会贯通，与时俱进，不断探索新问题，提出新见解。我向高老师约稿，希望他能把他的著作交一部给我们出版社出版；高老师称赞我们出版社的学术著作出版基金资助出版了不少好书，同意将《中国政治体制改革的心声》书稿交给重庆出版社出版。

重庆出版社将《中国政治体制改革的心声》列为重庆出版集团（社）科学学术著作出版基金资助的第十批学术著作之一，我有幸担任了该书的责任编辑，就稿子的事情和高老师有过多次交流和沟通。每次校稿，高老师都亲自校改，尽力做到完美。高老师勤勉的治学精神，严谨的治学态度，给我留下深刻的印象。经过大家的共同努力，该书于2006年4月出版。全书三十多万字，精选了高放老师在改革开放以后发表的关于中国政治体制改革问题的文章四十余篇，按照内在逻辑关系，分为五大部分：一是政治体制改革总论；二是民主、法制和政治文明；三是发展党内民主；四是发展人民民主；五是

① 作者系2006年重庆出版社出版高放著《中国政治体制改革的心声》一书的责任编辑。

发展党际民主。通过责编这本书，我感觉自己经历了一次生动的马克思主义的再教育。本书所收文章，时限前后达25年。在书中，他用马克思主义的观点和唯物辩证法对国际共产主义运动的历史做了客观的历史性评析，澄清了我国长期以来对马克思主义和苏联经验“左”的、教条化的认识，正本清源，让人豁然开朗。这本书是高老师多年潜心研究的学术成果，它反映了作者的拳拳爱国之心，正如作者自序所言，这是一个老教授呼唤政治体制改革的心声，“子规夜半犹啼血，不信东风唤不回”。

这本书出版面世后，在图书市场上引起了不小的反响。2006年5月，该书在北京风入松书店上了中国城市图书销售排行榜第三名。北京另一家书店一周就销售了400册，不断要求添货。很多读者对这本书感兴趣，咨询的、购买的人很多。一些学者也写出了书评，在网上跟帖的人不少。

胡应南对该书评价说，《中国政治体制改革的心声》一书，最显著的特点是全书始终洋溢着马克思主义民主科学思想的理论色彩。这本著作是学习宣传马克思主义民主科学思想的生动教科书，是学习马克思主义原著，进行马克思主义理论建设的一个思想收获。本书从国际共产主义运动的历史经验出发，结合中国的具体实际进行了深入细致的阐述。这样，全书内容就显得有理有据，具有很强的逻辑力量。薛德震指出，高放教授在几十万字的论著中，所论证、所建议的民主、法治建设的一系列新说，都是结合中国的具体国情，具体的历史、文化特性的肺腑之言。这些建言都是中国的“土特产”，不是从西方来的舶来品，而且只是供我们党和中国人民创造和选择的建言。

作为责任编辑，看到自己责编的图书能引起社会的关注，是很欣慰的事情。说明书中所讨论的问题是大家关注的话题。我们希望高老师的观点对于提高广大干部的认识、对于咨政改革有参考作用。

光阴似箭，岁月如梭，从2006年到2017年，已经走过12个年头。高老师那时还没有满80岁，现在已是90岁高龄了，他却仍然不忘初心，坚持读书，坚持写作，发表文章，阐述自己的见解。高老师于1927年出生，可以说是中国共产党历史的见证者之一；作为一名有50多年党龄的老共产党员，更是共和国建设的参与者，他时刻关注着祖国的未来，希望中国健康发展，国富民安。高老师是一个“视学术为生命”的人，“杜鹃再拜忧天泪，精卫无穷填海心”。他的精神感动了我，也激励着我，要多出好书，为国家建设贡献一份自己的力量。

2017年5月

高放学派无疑存在

姜大为①

今日，高放先生九十华诞之际，我代表河南省国际共运与国际政治研究会，祝高先生福如东海、寿比南山！祝高先生超荼寿，壮志酬，生命之树常青，学术之花常艳。

今日，借高先生九十华诞之吉日，专门探讨一下高放学派的问题。

10 年前，在高放教授八十华诞学术研讨会上，中央党校著名教授赵曜提出，我国学术界已形成马克思主义的高放学派。在我国马克思主义理论队伍中，能称得上“大师”“学派”的并不为多。高先生能独领风骚称得上学派，我想具有以下三个特点。

第一，高先生有不平凡的经历，接受过三种教育。青少年时代的高放在福州读教会学校，接受过英美式的自由主义教育。此后又读过北京大学、华北大学，并在中国人民大学工作，较长时期接受老解放区的马克思主义革命传统教育和苏联式的马克思主义教育。这三种教育对高放都有深刻影响，即使在教会学校中，因校长开明、老师进步，17 岁的高放在高中时就读了《共产党宣言》《资本论》《西行漫记》，接受了马克思主义的启蒙教育。三种教育使高放受益匪浅，使他有了革命的、深厚而扎实的思想基础，在此后的人生漫长旅途中，能够坚定不移笃信马克思主义。

高放先生还有一个坎坷曲折的学术生涯。高先生自己总结他的学术生涯可分为四个时期：第一个时期，从参加革命到 1956 年，青年英俊，红得发紫；第二个时期，1957 年被当作“白专”典型；第三个时期，“文革”中被当成“黑帮”分子；第四个时期，改革开放以来个人发展的黄金时期。这“红、白、黑、黄”四个时期，不论在逆境和顺境中，高放都能正确对待，化险为夷。有时逆境也能锻炼人。反右以后，高放被调到资料室，暂时被剥夺了教学权利。在资料室的两年半，高放有了博览群书，认真攻读经典著作的机会。所以，高放的学术见解、学术品格是在长期的磨难中锤炼出来的。正

① 作者系河南大学国际问题研究所教授，河南省国际共运与国际政治研究会名誉会长。

如高放在他的一篇文章中写道，科学工作者“应该矜持独立品格，认真独立钻研，深入独立思考，勇于独立探索，敢于发表独立见解。即使某些看法可能被实践证明是偏颇的，也不人云亦云、随波逐流，更不能投机取巧、随风转舵。暴风骤起时，我们个人无力压倒，只能暂时卧倒，但是不要躺倒，更不能吓倒、跪倒、颠倒。当代中国的知识分子应该具有对国家和民族，对世界和人类强烈的时代感和使命感”。这应当是高放身体力行的肺腑之言，也可视为高放学派安身立命的政治底线。

第二，高放有博大精深，独树一帜的学术积累。高放学派的学术特点就是“博”和“深”。所谓“博”是指高放是一位多产作家。仅改革开放以来，高放撰写的文稿就达500多万字，著作编书近50本，说高放著作等身绝不是讹传。而今高先生已过米寿之年，仍然勤学不懈，笔耕不辍，这令学界同仁和众多弟子不胜感动和由衷敬佩。

高放的“博”还有另一层意思，就是在马克思主义领域里涉猎的学科广泛而渊博。高放被公认为我国的“马克思主义理论家”“政治学家”“社会主义学家”“国际共运史学家”。在这些学科领域中，高放均有较深的造诣。

高放学术的“精”，是指他的学说的精准性。高放从不囿旧说，不唯上、不唯书、只唯实。他勇于创新、高屋建瓴，常提出一些令人振聋发聩、耳目一新的新观点、新理论。

随便列举几例：

——科学社会主义学科名称应改为“社会主义学”以扩大研究范围。

——马克思主义是研究“人的解放学”。

——马克思主义三个基本组成部分的关系：哲学是起点，政治经济学是中介，科学社会主义是终结。又说哲学是根本、经济学是基础，社会主义学是核心。

——马克思主义不仅有三个组成部分，“而且还包括政治学、法学、军事学、社会学、历史学、文化学、教育学、民族学等十几个组成部分，相应的也有十几个来源。无产阶级和全人类解放需要这十几门学科为它服务”。

——社会主义民主的科学内涵是党内民主、人民民主、党际民主。民主执政的首要关键是实行党内民主。

——资本主义发展分四个阶段：封建资本主义、自由资本主义、垄断资本主义、社会资本主义。

——社会主义与市场经济发展变化的四个阶段：第一阶段，社会主义否定市场经济；第二阶段，社会主义保留极有限的市场；第三阶段，社会主义要利用市场调节；第四阶段，社会主义要发展市场经济。

以上几例，仅仅是高放学术感受中的几个观点，但已从中看出高放学术观点的新颖性、精辟性，反映了高放学术思想解放的理论勇气和政治胆略。这也正是高放学派的一项重要特征。

第三，高放学派有广泛的人脉基础。学派不是自封的，学派不是宗派、党派，学派是长期学术活动中，自动形成的志同道合的人群团伙。高放先生执教一辈子，子弟无数。同仁中亦多有崇拜者、追随者，学习效仿高先生的学术风格和科研精神。高放是高放学派的泰斗和领路人，这是天经地义、众望所归的事情。

谈起高放学派，高老师总是谦虚谨慎地加以回避和否认。高先生说："我倒不认为我自己已形成了学派，但是学术界确有很多学者赞同我的观点，这样对学术的繁荣应该是有好处的，中国能够形成一些学派，平等地互相讨论，有利于学术界的繁荣。学术的繁荣对促进我国的改革开放是大有好处的。"

祝贺高放学派在马克思主义的学派中鹏程万里，发扬光大。

2017 年 5 月

关于"马克思主义高放学派"的几点感怀

张玉良①

高放教授是当今中国学坛乃至整个知识界享有很高声誉、拥有广泛影响的重要人物，深受学界的称许。我认为，对高放教授的众多评价中，有一位

① 作者系国防大学教授。

学者的话值得我在这里予以郑重引用，这就是中央党校著名教授、中国科学社会主义学家赵曜先生的话。他说：“以高放教授的渊博学识、独树一帜的学术思想和观点，以及培养出众多的追随他的学生和弟子，可以说我国学术界已经形成了马克思主义的高放学派。”

这个评价是赵曜先生10年前在高放教授八十华诞学术研讨会上提出来的。今年是高放教授九十华诞，赵曜先生在致高放教授的贺信中再次提出“马克思主义高放学派”这个命题。显然，这个命题绝不是赵曜先生一时之兴随口一说，而是先生检视中国学坛并深思熟虑后而发自内心的真知灼见，其新颖和独到不能不令人兴奋并令人深思。前不久，我就这个命题特地打电话请教了赵曜先生，今年已经85岁的赵先生很高兴又很动情地谈了他的看法。

他说，20世纪50年代，作为马克思主义理论的青年教员，高放同志即以思想鲜活、见解独到在中国人民大学讲坛独树一帜，深受学生的欢迎，同胡华、苏星、肖前一起被并称为中国人民大学的“四大才子”；高放教授所以能取得今天这样的学术成就，享有很高的声望，是他60余载辛勤耕耘的结果；高放教授对马克思、恩格斯原著和文本的熟悉程度，对马克思主义思想体系钻研的深度，在全国理论界能与之比肩者并不多见，马克思主义高放学派的形成，绝非偶然。

他说，高放教授在反右运动中，在“文化大革命”中，历经种种坎坷和磨难，“左”祸之害不仅未能让高放教授消沉，反而砥砺了高放教授追求真理、求索马克思主义真谛的坚强意志和精神品格。

他特别谈到，高放教授学识渊博，才华出众，是当之无愧的学术权威和理论大家，这因为他是地地道道的学者，得益于他没有官衔之累。

我当然赞成赵曜先生的观点，以我对高放教授著作和学品的认知，我认为，“马克思主义高放学派”确有卓然一家的以下三个鲜明特点。

第一，独立的精神品格和学识风采，这是高放学派最可宝贵之处。

高放教授向来就以善于独立思考、勇于独立探索和敢于发表自己的独立见解而树立了自己的精神品格和思想风采；他从不人云亦云，更反对见风使舵、投机取巧，尤鄙视政治应声虫；他的文章著作和学术演讲以思想解放、视域开阔、放胆敢言、力发诤言而享誉教坛和学坛；他的理论勇气和政治勇气是建立在马克思主义科学和自己深厚的学术功底基础上的，是以能反映知识界和广大民众的呼声为力量源泉的，是以深沉的忧党之心和强烈的兴党之责为依归的；他受到读者和听众的热烈欢迎，也得到了政治家的敬重。科学性和党性的

“别样统一”，是高放教授的突出特点，也是这个学派的宝贵之处。

第二，高举反“左”大旗，致力于思想解放，这是高放学派又一鲜明特色。

高放教授是当今中国极富现实感的学者，既有思想家的深邃，又有精神界战士的风采。党的十一届三中全会至今，近40年来，其学术研究和学术著作贯穿始终的主线，就是执着地高举反“左”大旗，不懈地推动思想解放。这一点，集中地表现在他对苏共垮台原因的精辟分析上。他多次反复指出，那种把苏共垮台、苏东国家政治剧变的原因简单归结为这些国家的执政党推行右倾机会主义路线、照搬西方三权分立的政治体制的观点，完全是表层的观察，因而是肤浅的；他认为“缺乏民主，权力过于集中”是苏联政治体制的根本弊端，正是这种体制使斯大林拥有无限权力，造就了官僚特权制和特权集团，从而使这种政治体制在斯大林之后很难进行改革，这是导致苏共垮台的深层原因。

这里必须指出，高放教授高举反“左”大旗，不懈呼唤政治体制改革，绝非“否定党的领导”，而是真诚地希望在中国共产党的领导下通过自上而下的改革开创出一种比西方的三权分立体制更好，又超越巴黎公社和列宁时期苏维埃的具有生机活力的崭新的社会主义民主体制。他坚信中国共产党人有志气、有能力通过改革，向世界拿出政治清明、官员廉洁、人民心情舒畅的中国方案。

高放教授曾引用宋代诗人王令的“子规夜半犹啼血，不信东风唤不回”名句来表达他“呕心沥血、忧思含泪”的心声。我知道至今仍有论者对高放教授的观点持有疑义乃至存有偏见。高放的许多见解不受某些“左”派理论家的待见，这很正常；但我相信，一切以人民利益为最高追求并真正关心中华民族伟大复兴的忠诚正直之士，对这种心声是会报以感佩和敬意的。

第三，有真诚追求他的学生和弟子，有喜欢他的读者群体，这是高放学派形成的重要因素。

高放教授做到了他自己期许的“尽心以育桃李，竭智以求真理”。作为导师，高放教授以学养、成果、声望和润物细无声的施教风格而吸引一代代青年学子的真诚追求，为国家培养了许多优秀的中青年学者，早已桃李满天下；作为著作者，他又以求史问道、哲思兴亡、思想鲜活和文笔优美而吸引广大读者，为传播马克思主义学说作出了重要贡献，可谓读者遍中华。

熟悉高放教授的人都知道，从20世纪80年代初起一直到现在，高放教授一直居住在张自忠路的一栋陈年老房子里，其书房仅14平方米，其藏书之多让四壁书架根本无法装下，一堆堆、一叠叠的书只好就地堆放，以致书堆高接房顶，主人戏称为“顶斋”。我是去过这间书房的，那还是20世纪90年代初的事。去年我才知道，这间书房的主人依然是著作等身、蜚声中国学坛的大学问家高放先生。这情不自禁地让我想起了千古名篇刘禹锡的《陋室铭》。“斯是陋室，惟吾德馨”，陋室之可铭，在有德者居之，在德之馨，德若不馨，仅以室陋，显然不可铭；然而室之陋又彰显了德之馨，倘若室之不陋，此铭亦无所凭。或者可以说，陋室之可铭亦在陋之功；居陋室，则君子之德愈溢之馨。

这段感慨，似乎多余，但又是我认知和理解“马克思主义高放学派”的心里话，我认为这个命题的提出者赵曜先生会有同感，因为赵曜先生在电话中一再强调，人们对这个学派可以有不同意见，但形成一个学派很不容易，对这个学派一定要爱护。

2017年8月于黄亭子

沿着“高放学派”的学术路径前行

华炳啸①

我的恩师高放先生今年适逢九十华诞，作为国内最资深的博士生导师，至今仍然思维敏捷、授业传道、著书立说、孜孜不倦，堪称一代师表、大家典范。为了祝贺恩师的九十华诞，我写了一副对联：“高山流水放歌史海唱强音，高风亮节放眼未来育新枝。”并撰写此文，回忆自己30年来所受到的先生的思想影响与教诲。

一、“自主阅读”改变命运

我第一次知道高放先生，是在30年前的1987年春。那时候我正读高二，我几乎每天下午都去离家不远的图书馆看书，在那里第一次读到了高放先生的著作。这种带着“问题”的阅读生活改变了我的命运，促使我在中国共产

① 作者系西北大学政治传播研究所所长，西北大学新闻传播学院副院长。

党十三大（1987 年 11 月）之后到 1988 年 11 月期间，完成了人生的第一次重大转变——从“文学青年”转变成为一名立志要立足中国国情并顺应世界进步潮流去探索中国式改革创新道路的新社会主义研究者。在此后的 30 年里，高放先生始终是我在社会主义研究领域的思想导师。

高放先生的启蒙也是源于高中时期的“自主阅读”。先生 1927 年 2 月生于福州，中学是在当地一所著名的私立教会学校英华中学就读，校长比较开明，既不强制学生信仰宗教，也没有按照国民党政府要求进行党化教育。先生在即将读高二的暑假期间（17 岁），从进步老师那里借阅了《共产党宣言》和《西行漫记》，1946 年（19 岁）考入北京大学后又阅读了毛泽东、列宁的著作以及《联共（布）党史简明教程》，由此成为马克思主义信仰者，并积极参加学生民主运动。1947 年 2 月曾到中共驻北平的军事调解部找到叶剑英将军，要求到解放区参加革命，叶剑英则要求先生回校继续参加学生民主运动。1947 年 6 月，先生参加了地下党领导的民主青年同盟（算共青团团龄），1948 年 1 月经地下党介绍离开北大到了晋冀鲁豫解放区投身革命，随后被送到中共办的北方大学继续学习，8 月被收为华北大学历史研究室研究生，并申请入党。经党组织考察一年后，先生于 1949 年 12 月入党，并在这一年的 3 月起开始从事政治理论教育工作。1950 年 8 月，先生在 23 岁时调入中国人民大学马列主义教研室当教师，算是中国共产党培养的中华人民共和国最早一批马克思主义专业教师①。从先生和我本人的人生经验来看，高中时期对于一个人的人生信仰与价值追求的确影响很大。

二、思想启蒙的导师

高放先生在 20 世纪 80 年代中后期就已经成为国内最权威的国际共产主义运动史与社会主义思想史专家，也被誉为“思想高度解放”的马克思主义理论家与政治学家。在 1981 年，高放先生曾由国务院总理亲自批准评定为全国第一批博士生导师，在中国人民大学建立了全国第一个国际共运史博士点，成为由国务院学位委员会直接评定的我国国际共产主义运动史专业的第一个博士生导师。中国科学社会主义学会名誉会长赵曜教授曾在《我国学术界已经形成马克思主义的高放学派》一文中指出：“我们党一向倡导，在学术界要

---

① 参见高放：《70 年来我怎样学习和理解马克思主义》，载《中共杭州市委党校学报》2016 年第 4 期，第 4—12 页。

提倡学派，不搞宗派。但是，真正形成一个学派并不容易。从高放教授的渊博学识，独树一帜的学术思想和观点，以及培养出众多的追随他的学生和弟子，可以说我国学术界已经形成了马克思主义的高放学派。”这个“高放学派”早在20世纪80年代后期就已经初具雏形了，此后30年一直被视为马克思主义与社会主义研究中不可忽视的一股清流。而我正是从20世纪80年代末90年代初开始成为“马克思主义的高放学派”的追随者的，至今仍不改初衷、无怨无悔。

高放先生的专著《社会主义的过去、现在和未来》（1982）以及他领衔主编的《社会主义思想史》（1987）和《高放文集之一：马克思主义与社会主义》（1994）使我对社会主义的历史发展有了理性思考，而先生在20世纪80年代末90年代初的一些文章则对我的思想观念产生了深远的影响，使我形成了开拓创新的马克思主义理论信仰与面向21世纪的新社会主义理念。

高放先生在《不发达国家先实现社会主义的两个理论问题》[①]一文中解答了我的一个困惑，使我认识到不发达国家在建设社会主义的过程中所出现的弊病和挫折的主要原因，在于当代社会主义者未认清当今社会主义各国所处的历史阶段和所面临的历史任务，未能彻底弄清社会主义同封建主义、资本主义、共产主义的关系。鉴于不发达国家封建主义的残余比资本主义糟粕的危害更严重，因此彻底铲除封建主义残余已经成为建设社会主义的最紧迫任务。高放先生最后指出：“在改革中，不能照搬资本主义一套来反对封建残余，那是倒退；更不能维护封建主义残余来反对资产阶级自由化，那更是倒退。我们应该以科学社会主义来反对资产阶级自由化，同时也反对僵化，努力清除封建主义残余。”这篇文章使我认识到，社会主义理应在肃清皇权专制主义遗毒的基础上，提出比资本主义更具有进步性、民主性、先进性的新任务、新要求，建立起比资本主义更具有进步性、民主性、先进性的新制度，从而以社会主义的民主化与自由解放的进步主流消解资产阶级民主化、自由化的旁支末流。

在《从传统社会主义到现代社会主义》[②]一文中，高放先生提出了一系列非常重要的新思想。高放先生指出：“什么是社会主义？从原则上讲，它是资本主义的继承物、对立物、取代物、创新物，它是继承资本主义各方面的

① 高放：《不发达国家先实现社会主义的两个理论问题》，载《求是学刊》1987年第4期。
② 高放：《从传统社会主义到现代社会主义》，载《马克思主义研究》1989年第3期。

积极成果，克服资本主义固有的弊病，高于资本主义的新型社会制度、社会形态。社会主义的本质特征，其质的规定性，基本上是两条：一是政治上，由广大劳动人民掌权，行使管理国家、管理社会的权力；二是经济上，实行生产资料社会公有制，最终要消灭剥削制度、剥削阶级、剥削现象，使劳动人民创造的剩余价值最终归还给劳动人民。”“我们现在讲的传统社会主义是指苏联模式的社会主义，现代社会主义是指改革中对社会主义的新认识，这可以说是一种新社会主义。”“社会主义在产生和发展过程中，其理论已发生了两次飞跃：一是从空想社会主义到马克思主义的科学社会主义的飞跃；二是从马克思主义的科学社会主义理论到苏联模式的社会主义实践和理论的飞跃。现在正在实现第三次飞跃，即向新的社会主义实践和理论的飞跃。”正是高放先生的这一论断，激发起了我投身“第三次飞跃”的责任感与使命感。

高放先生还指出了苏联传统模式社会主义在政治体制上的八大弊病。并认为苏联式的传统社会主义在经济上陷入教条主义泥潭，在文化上奉行高度控制的文化专制主义，在对外关系上搞输出革命。“归纳起来，传统社会主义在不少方面歪曲了科学社会主义，使社会主义在政治和经济方面的两大基本特征遭到扭曲和变形，社会主义优越性不能充分地发挥出来。”

高放先生认为，社会主义产生以来大体上经历了四个阶段，有四种理论形态，即空想社会主义、科学社会主义、苏联斯大林模式的社会主义和改革中的新社会主义。这大体上是同近代以来世界资本主义的发展相适应的，分别对应于从 16 世纪初叶到 18 世纪末叶的封建资本主义阶段、从 18 世纪末至 19 世纪末的自由资本主义阶段、从 19 世纪末到 20 世纪 70 年代的垄断资本主义阶段、从 20 世纪 70 年代末以来的社会资本主义阶段①。在现代社会资本主义的新阶段，更加暴露出传统苏联模式社会主义的弊病。传统社会主义如果不加快改革，不转变为现代社会主义，就很可能被现代资本主义远远地抛在后边，甚至被淘汰掉。传统社会主义的主要弊病是渗透进了一些封建主义糟粕，同时没有很好继承资本主义的精华。要通过改革把传统社会主义转变为现代社会主义，主要是彻底铲除封建主义糟粕，适当汲取当代社会资本主义的精华，当然也要尽力防止资本主义腐朽部分的污染。

---

① 高放先生和于光远先生几乎在同一时期提出了“社会资本主义”的新论断，高放先生在 2001 年再次发表专文探讨了“社会资本主义”问题，参见高放：《社会资本主义是资本主义的最高阶段》，载《江汉论坛》2001 年第 8 期。

三、与先生的“忘年交”

我和高放先生的直接交往始于1995年。这一年的5月，我给高放先生寄去了我的小册子《现实社会主义的误区、困境与抉择》，并很快收到了先生的回信，先生在信中给了我很大的鼓励。1996年5月我第一次到先生的家里拜访求教，大有相见恨晚的感觉，有幸与先生促膝长谈，受益良多。1996年9月我又寄去了我的第二本小册子《关于十五年后中国新改革的思想提纲》。在1997年的时候，我提出要拜先生为恩师，做先生的“门外弟子”，先生笑着答应了。此后与先生的交流就更加密切了，几乎每年我都要从西安赶到先生在北京段祺瑞执政府旧址的家里去登门求教，而先生也时常把他发表的新作寄给我，并嘱咐一些学术报刊主编给我每年寄赠报刊，有些报刊一直坚持赠阅到现在。我遇到问题，常会给先生打电话讨教，而先生始终不厌其烦，谆谆教诲。

高放先生在2002年6月曾应邀到兰州讲学，我知道后就邀请先生返程时在西安逗留几天，顺便到处走走看看。西北大学、西北工业大学、陕西省委党校、西安工业学院、延安大学等院校得知消息纷纷邀请先生去讲学，我原本建议选两家单位讲学就可以了，留些时间去参观游览和休息。可是先生更热心于布道，身为75岁的老人，却不顾旅途劳顿，每天上午和下午都要外出讲学，晚上又和慕名前来的学者们畅谈，不仅满城奔波，而且还乘坐了一夜火车远赴延安讲学。全程陪同下来，我作为年轻人都明显感觉吃不消，可是先生却精神矍铄，侃侃而谈，意气风发，令我倾慕不已。在西安、延安讲学中，先生就《资本主义和社会主义两种现代化、全球化的比较》等主题做了精彩演讲，演讲全程从不带讲稿，却思路连贯、大气磅礴、字字珠玑、绝无赘言，不仅思想高度解放，观点独到、言辞犀利，而且坚持实事求是，资料翔实、学理透彻，令所有听众都心服口服，充分展现了大家风范。能把马克思主义、社会主义讲到令人大彻大悟而“余音绕梁而三日不绝”的程度，恐怕在全国都没有几人能与高放先生比肩。

在2009年到2014年这5年期间，我与高放先生的联系更加密切了，经常要一起主编丛书，一起筹办组织学术会议，一起探讨热点学术问题。这段时间的记忆弥足珍贵，也涉及太多的内容，后面有时间我会专文追述。

总之，我见过的最勤奋、最严谨、最兼有坚定信仰与远见卓识的学者非高放先生莫属。在先生罹患心脏病、安装了起搏器后，我去探望先生，却发现先生仍然在满屋成堆的书山报丛中修订着书稿，见我之后谈的仍然是高深的理论问题与学界新的思想动态。在师母逝世之后，我去探望先生，先生虽然显得有些哀伤落寞，但却更加投身于学术研究之中，还雇请了一个人帮他整理剪报与资料。我感觉，先生在80岁高龄之后更是“志在千里、快马加鞭”，似乎在与时间赛跑，以完成自己的学术计划。我在中国知网做了一个不完全统计（以作者和作者单位两项作为检索项），高放先生在60岁以后至今30年时间里（2017年数据截止到5月），在学术期刊共发表学术论文412篇，实际上每年平均发表学术论文超过14篇，其中61岁至70岁期间发表89篇论文，71岁至80岁期间发表了174篇论文，81岁至90岁期间发表了149篇论文。在80岁高龄之后，先生每年平均发表论文超过15篇。从2013年（86岁）开始，先生在《中国延安干部学院学报》连续刊发了11篇专栏论文，共约50余万字。2017年3月，已经满90岁高龄的先生又在《求索》新开辟了一个专栏并担任主持，毫不懈怠；近10年来出版的著作（包括参编著作）主要有《高放文集：马克思主义与社会主义新论》（2007）、《苏联兴亡通鉴——六十年跟踪研究评析》（2011）、《清末立宪史》（2012）、《科学社会主义的理论与实践》（第六版，2014）、《世界社会主义五百年历史人物传略》（20册，2014—2015）、《马克思恩格斯要论精选（增订本）》（2016）等几十本。可见，先生在80岁高龄之后的学术创造力、影响力仍然持续上升，被青年学人视为“不老的学术男神”，其学术造诣之深厚精妙、学术思想之博大精深、治学精神之忘我境界更是令后学“仰之弥高，钻之弥坚”。

四、沿着“高放学派”的学术路径风雨兼行

反思中的沉潜与涅槃，并不会改变我的人生信仰与学术追求。我的学术追求仍然是在作为全人类自由解放科学的马克思恩格斯思想及其方法论的指导下，探索开创能够超越资本主义民主制度（资本操纵的民主制度）、清理斯大林体制遗毒的21世纪新型社会主义民主制度。具体到中国社会主义制度建设，基本路径是既不走容易导致失控的西方多党竞争式宪政险路，也不走容易导致崩溃的苏俄官僚集团垄断式专制老路，而是从中国政治文化传统的历史与现实出发，以走向世界大同之价值与命运共同体为方向，积极探索构建以党内民主带动人民民主、由选举民主推进到协商民主的社会主义体系，从而开辟出一条能充分体现社会主义制度合法性、优越性的民主新路，为世界进步贡献出独具魅力的中国方案、中国智慧。这既是我的初心和尚未完成的

课题，也是高放先生等一大批学界前辈开辟出的实事求是、自主创新、与时俱进、使命担当的具有中国地气与底气的学术道路。

虽然我资质愚钝，才力不逮，但我仍然会用心努力，希望经过未来5年到10年的沉潜与涅槃，能够以恩师高放先生为榜样，厚积薄发，笔耕不辍，成为一名具有原创力、影响力的社会主义研究者，把“马克思主义的高放学派”弘扬光大，以不辜负先生的知遇之恩与殷切期待。希望恩师高放先生在百岁华诞的时候，能够看到我在沉潜之后推出的新成果，并做出精辟独到的点评。

2017年8月8日于火凤青鸾斋

笔耕不辍的耄耋老人

——谨致高放教授九十华诞

徐觉哉[①]

中国人民大学国际关系学院荣誉一级教授高放是社会主义学和国际共运史领域的泰斗级人物。在几十年的学术生涯中，他长期致力于马克思主义、科学社会主义、国际共产主义运动、社会主义思想、当代世界社会主义等领域的教学和研究，以勤勉的治学精神、严谨的治学态度、创新的学术观点、丰厚的学术思想，在学界享有盛誉，被誉为“杰出思想家”和“思想解放者”。尽管现年已有90岁的高龄，仍笔耕不辍，经常能在报刊上见到他发表的大作，而且从不发空论，不仅有奇思妙想的创新，而且有详尽的史料考证，读老人家的文章可以说是一种知识的享受和思想的升华。

我常常想，老人家的脑子真是一个博大的资料库啊，怎么能装那么多的东西？记得1990年，我曾经在上海人民出版社出版了一本《恩格斯的足迹》小册子，其中比较早地在国内披露了一张布鲁塞尔市中心“天鹅咖啡馆”的照片，这里曾经是马克思、恩格斯研讨和撰写《共产党宣言》的地方。老人家见到后，马上给我写信，不耻下问地询问该照片的出处及其缘由。我没有想到，这张照片竟然惊动了他，并追根刨底到我这里来了。可见，他是不舍

① 作者系上海社会科学院国外社会主义研究中心主任、《国外社会科学前沿》常务副主编。

得有关本专业的国内外珍贵史料从他眼皮底下溜走的。事后，我从他的学生处了解到，老人家还经常自己动手剪报、摘抄，为了一份史料可以废寝忘食地跑图书馆查阅，这种治学精神真为后生所折服。

这使我联想起另一件事。那是20世纪80年代，当时我在北京的《新时期》连载了五期《马克思主义在中国传播之“第一”》的资料，不料也引起了老人家的关注。他逐条推敲后，凡是有出入、有争议的地方，来信都给予一一指正，充分显示了老人家深厚的学术功底。当时有些年份和数据存在几种版本，他都会不厌其烦地给以说明及论证。在我深感汗颜的同时，也被他那严谨的治学态度所触动，并成了我心目中治学的楷模。

从2011年起，我创办了国内第一本《世界社会主义研究年鉴》，当然荣幸地得到了高老师及前辈们的大力支持和指导，不然我也不会有这样的底气。老人家还专门作了序，为办好年鉴提出了具有前瞻性的六大特性，即反映当年世界范围内本学科主要活动的“时空性”，全方位论述世界社会主义重大问题的“综合性”，强调收入近年发表的有关社会主义思想和运动历史的“文献性”，加强关注原始文档解密的“资料性”，选录各种观点的文章应具“代表性”，筛选国内外学者研究成果力争“创新性”等。这就为编好一部大型的工具书指明了方向。

在我的印象中，几十年来老人家开设过许多专业课程，在马克思主义学、社会主义学、政治学、历史学等学科领域探索新问题，提出新见解，为学科建设作出了卓越的贡献。例如，他曾用22个字将马克思主义简明定义为“马克思、恩格斯创立的无产阶级和全人类解放的科学”，后来又用更简明的5个字把马克思主义界定为“人的解放学”，引起了学界的高度重视。他还曾把当代社会主义按其力量和影响，划分为科学社会主义、民主社会主义和民族社会主义的大三家；生态社会主义、托派社会主义和当代极“左”社会主义的中三家；无政府社会主义、总体性社会主义和空想社会主义的小三家，并提示当代世界社会主义出现了多极化、多元化、多党化、多派化、多样化的新态势，因此不能用一人、一家、一国、一族的思想观念来号令天下，而必须善于包容、求同存异。当学界近年来出版多部论述民主社会主义的书籍，把资本主义世界的各国社会党视为代表资产阶级和破坏工人革命运动的假社会主义、真资本主义的政党时，他有点坐不住了，认为这对不了解历史真相和现实真情的读者将是一种有害的误导，遂发表长篇论文《社会党是代表部分工人的社会主义政党——对上百年世界社会主义历史的简要考察》予以澄清。文中运用大量准确史实，无可辩驳地证明：1918 年以后世界范围内出现的共产党与社会党，起源于 19 世纪后半叶形成的各国社会民主党或社会党，它们本是各国社会民主党内的“左”右两派，是同祖、同根、同义、同党；从 1918 年起，各国社会民主党内“左”派才分立出来创建共产党，从此共产党与社会党兵分两路，分道扬镳，各自代表革命工人和只想逐步改良工人的要求，在 20 世纪二三十年代，二者彼此势不两立，结果两败俱伤；“二战”后东欧六国刚走上社会主义道路时，共产党与社会党实现两党合并，说明社会党确实是代表部分工人的社会主义政党，合并有利于实现工人阶级的统一；1989—1991 年东欧八国发生剧变时，执政的共产党都不约而同地在剧变前后把共产党改变为社会党，从原本急于求成、过度集权的苏联模式社会主义改变为在议会民主条件下重新探索和平改良逐步渐进的社会主义新路。他指出，如果根本否认社会党是代表一部分工人的、走和平改良道路的社会主义政党，如果仍然视之为代表资产阶级的资本主义政党，那是不切实际的，还会妨碍世界社会主义发展，实在很有必要加以辨析，以正视听。

2016 年是世界社会主义发展五百年的纪念日，老人家很是兴奋，以高度的责任感，不顾年老体弱，奋笔疾书，高屋建瓴地归纳了几百年来社会主义走过的四大历史阶段及其主要特点。他指出，从 1516 年《乌托邦》的发表到 1848 年《共产党宣言》的出版，这是社会主义从空想到科学的发展阶段，历经 330 多年；从 1847 年创立共产主义者同盟到 1917 年建立第一个社会主义国家，这是社会主义运动从理论转变为实践的发展阶段，历经 70 年；从 1917 年十月革命胜利后第一个社会主义国家的创立到 1991 年苏联东欧发生剧变，这是社会主义制度从一国到多国的演变阶段，历经 70 多年；从 1978 年中国的改革开放，随后波及世界五大洲，这是社会主义革新从地区拓展到全球的阶段，历经 35 年。文章以社会主义 500 年来的纵深发展及其向世界五大洲的横广拓展，总揽了世界社会主义的全局态势，为我们清晰地梳理和揭示了历史发展的脉络及其运行规律。在他看来，世界社会主义的发展是符合世界资本主义四大发展阶段的自然历史进程，不能急于求成，更要通晓不发达国家首先实现社会主义的特殊规律。这个规律包括处理好与封建主义、资本主义、社会主义、共产主义这四个主义之间的关系，即要彻底铲除封建主义余毒，不能让专制主义等渗透到社会主义体制中来；要充分利用资本主义文明成果，不能急于消灭资本主义；要逐步发展社会主义，不能用党政命令和群众运动办法急于过渡到一大二公三高四纯的社会主义；要领导人作“社会公仆”的表率，与民众同甘共苦，逐步为长远的共产主义目标做准备，不能先享有“各取所需”的特权，命令群众加快进入共产主义。

高放教授还发表专论，阐述《乌托邦》的三次形态转变和八个观念创新。老人家认为，从T. 莫尔最早提出理想社会以来，共发生过三次形态转变，第一次是从16—19世纪的“乌托邦”发展为20世纪20—40年代的“恶托邦”（dys－topia）时期，其间西方出版了三本被称为“反面乌托邦”的文学名著，即苏联作家扎米亚金的《我们》、英国作家A. 赫胥黎的《美丽的新世界》和英国作家G. 奥威尔的《一九八四》，它们不是预见人类社会美好的前景，而是预测人类社会邪恶的未来。它警示人们切不可在实践中扭曲和歪曲社会主义，否则将会出现恶劣效应。20世纪60年代，“乌托邦”第二次转变为“异托邦”（het－erotopia），法国思想家M. 福柯认为，与“乌托邦”不同，世界上其他地方确实存在着殖民地、兵营等“异托邦”，它的价值在于促使人们思考怎样去改革极权主义和资本主义的残缺民主。20世纪80年代，“乌托邦”第三次转变为“实托邦”（prac－topia），美国著名社会学家A. 托夫勒指出，从《乌托邦》发表以来所有的社会主义都是不可能实现的，而信息社会确能克服工业社会所造成的种种矛盾和弊病，从而塑造一种超越传统社会主义和资本主义的“实托邦”。高放教授又指出，当前继承、超越、践行“乌托邦”的理想，就要创新观念。首先，要把“乌托邦”着重理解为“优托邦”，要践行其优异的社会理想，同时摒弃其不切实际的空想；其次，要重新认识从“优托邦”到马恩“科托邦”（scientopia）的第一次飞跃；再次，要为从“科托邦”到和谐社会建设与中华民族崛起的第二次飞跃而奋斗，追求“谐托邦”（harmon－topia）、“华托邦”（Chin－topia）的世界社会主义光明前景；最后，要完成从“科托邦”到“真托邦”（trutopia）、“善托邦”（goodtopia）、“美托邦”（beautopia）和“世托邦”（world－topia）的第三次飞跃，达到真、善、美三境界统一的世界共产主义的广泛实现。老人的思维敏捷度、逻辑严密度和想象预见度可见一斑，而这一切对一位90岁的老人来说是多么的不容易啊！但他凭自己坚毅的意志和理论的素养，做到了。

据我所知，在耄耋之年，老人家还不断地在与时间赛跑，不停地在《延安干部学院学报》开辟的“国际共产主义运动史专题讲座”上发表长篇大论。在主编完《世界社会主义五百年历史人物传略》丛书后，本着以史为据、以论研史、史论结合、论从史出的原则，又马不停蹄地主编起《世界社会主义史丛书》四卷本，力求为学界留下一部客观、公正、详明、真实的信史和力作，以对世界社会主义兴衰成败的发展历程获得较为系统、完整、翔实、细致的了解，有助于以史鉴今，鉴往知来，增强我们建设中国特色社会主义的信心和信念。我当然希望他不停地写下去……写下去……可以从中汲取智慧与养料，但他终究已经90岁高龄了，如果让我在作品与生命两者之间做出选择的话，我宁愿他长寿……

2017年5月10日于上海

高放老师与我

韦定广[①]

高放老师90岁啦!

“人生七十古来稀”，而生至九十并且仍然非常健康，这对于高老师本人来说可喜可贺；而对于中国国际共运史学科领域来说，更是一件值得高兴与庆祝的大好事!

对于我们，先生既是高山仰止的学者，也是德高望重的长者；作为后学与晚辈，在祝贺之余不免要想到与先生的交往，不免要念及先生往日对我的影响与提携、帮助之恩。

我自幼喜好文学，在1978年高考填报志愿时，填报的是清一色的中文专业，最后当然如愿以偿。细想起来，应该首先是先生的一本书使我对国际共运及当代社会主义问题产生浓厚兴趣，并改变了我的人生轨迹。大概是1986年吧，一位好朋友来看望我时手中拿了本书，我接过一看:《社会主义的过去、现在与未来》，高放著。坦白地说，我那时对高老师毫无知晓，对社会主义问题更是一窍不通。不知道由于什么原因，那位朋友离开时并没有将书带走。于是晚上没事我就随便翻翻，谁知拿起就放不下了。书写得通俗易懂、外行可解，特别是以深入浅出的方式将世界社会主义几百年的历程梳理得清

① 作者系解放军南京政治学院上海分院博士生导师，国家重点学科带头人，中国国际共运史常务理事。

清爽爽、引人入胜。书中对世界社会主义“三大家”的提法尤其引起我的注意。这本书篇幅不大，很快就读完了。但正是从这本书开始，我读了更多相关书籍；随着阅读的兴趣越来越大，1988 年我报考科学社会主义专业研究生，从此“半路出家”，以科学社会主义与国际共产主义运动学科的教学和研究作为终身爱好与事业。当然，也因此得以与先生相识相知，长期以来得到他多方面的帮助与教导。

2003 年年底，我承担的国家社科基金项目面临结项。课题名称为“全球化与马克思的社会主义理论”，最终成果有两项：《“世界历史”语境下的人类解放主题：19—21 世纪的全球化与马克思的社会主义理论》《全球化与世界政治发展》，总字数将近 90 万字。由于内容宏富、篇幅巨大，所论除马克思主义发展史、社会主义运动史，还包括世界近代以来的政治、经济发展及当代国际政治，因而找谁来评审就成了一件很麻烦的事情。踌躇之际，我第一个想到的就是先生：他既是上述相关领域的专家、大家，同时根据以往经验，又具有严格要求、诲人不倦和努力提携后进的崇高品格。果然，在我携带书稿登门相求时，他热情接待，丝毫没有借故推托或摆出长者与大家的派头。一个月后我去取评审意见，发觉他不但通读了全部书稿，而且读得很认真，书稿的重要段落或观点都留下了各种不同的标记，还改正了几处错别字或标点符号错误。先生亲笔撰写的“评审意见”褒奖有加，认为“书中资料翔实、旁征博引，不仅论述，而且很多注释都有着重要的学术价值和理论价值”，但是也实事求是地指出了许多不足。他放下案头的工作，就书稿中涉及的一些理论问题及不足之处与我交谈了两个多小时。尤其令我感动的是，在讲到书稿对法国思想家佩鲁《新发展观》的评论时，先生坦承：其中一些观点他在阅读时也有所忽视……临别之际，先生一再叮嘱：在修改后，争取尽快将书稿出版，以便有助于学科建设。①

半个多世纪，先生孜孜于马克思主义理论和国际共运史学科建设，贡献卓著。尤为可贵和令我等自愧不如的是，先生于 90 岁高龄仍在不断尽心尽力。2017 年 5 月底，先生特意托上海社会科学院的徐觉哉老师转告，让我方便时给他回个电话。几天后电话打通了，原来他看到《世界社会主义研究动态》（内刊）上有我的一篇文章，认为不错，想推荐给国内一家杂志公开发

① 在课题结项后，《“世界历史”语境中的人类解放主题：19—21 世纪的全球化与马克思的社会主义理论》《全球化与世界政治发展》两部书稿已分别由人民出版社、中央编译出版社于 2004 年正式出版。

表。在通话中，他告诉我师母已经去世了，他本人目前不但在带博士生，而且仍然在做研究，并不断发表论文……互通近况之余，先生最后恳切叮咛：人退休了，研究不能“退休”；要努力为国际共运学科建设多做些事情、多做点贡献！

听到先生的这些吩咐，我眼睛湿润了：什么叫“诲人不倦”？什么叫“生命不息、战斗不止”？什么叫“为共产主义事业奋斗终身”？

我突然明白了许多……

先生年届90，仍然身体健康、思维敏捷；先生已是耄耋之年，依旧思想活跃、宝刀不老！这是先生之大幸，也是中国马克思主义理论研究之大幸、国际共运学科建设之大幸！衷心祝贺先生九十华诞！衷心祝愿先生身体健康，学术生命更充满青春活力！

2017年6月25日于上海

高放老师给了我深刻的影响

许耀桐①

高放老师是我素来景仰的大学者，也是我引以为傲的闽籍乡贤长者。在他九十岁寿辰之际，我向高放老师献上深情的祝福、致以诚挚的庆贺！

时光如水，岁月如梭，值此祥瑞美好的日子，我想起了他所给予我的很多深刻影响的事情……

早在福建师范大学政治教育系读书的时候，我就崇敬高放老师。那是1979年大学课程的最后一年，我开始了《国际共产主义运动史》和《科学社会主义》两门主科的学习。为我们上课的教师，多从中国人民大学毕业，都是高放老师曾经的弟子。他们在课堂上常介绍高放老师的新作新论。说句实话，我当时热衷于钻研经济学，啃读马克思的《资本论》，但毕竟也需要下力气学好这两门功课，于是便留意起高放老师的文章来。时值改革开放新时期，思想解放的春天，百花争艳；破除迷信的疆域，风雷激荡。我看了高放老师

① 作者系国家行政学院科研部主任、教授、博士生导师。

写的《反对个人迷信是国际共运史的优良传统》以及他与于光远先生的《关于“社会主义”一词的通信》，确实为之钦佩，心生敬意，能做出这样学问的人不愧为大师，我当立为学术楷模。

1980年年初，我大学毕业留校。虽然我的经济学成绩最好，也有志于经济学研究，但因工作需要，被分配在国际共运史和科学社会主义教研室任教。我服从安排，从此，就以科学社会主义及政治学研究为业。1981年年底，政教系为纪念建系20周年举办研讨会，决定邀请高放老师参会作学术报告。高放老师是福州人，40年代中期就读于福州英华中学，该校后来成为福建师大附中，可算是我们的老校友了。由于我也是福州人的缘故，且是刚留校的青年教师，理应多出点力、多干点事，所以，系里派我做接待、陪同高放老师的工作。这是我第一次见到高放老师，在随后的几天里，只要有空，我就向他请教一些问题，主要是关于怎样治学的。高放老师以其丰富的学术经验热心地作了回答，指导我如何进行专业研究，使我如沐春风，如饮甘霖。记得最后一天临离别时，我竟冒昧地提出要报考他的硕士研究生，高放老师也欣然答应。

1982年春季，在研究生报考前夕，我突然收到高放老师的来信，告知我他已不再招收硕士生了，而直接招收博士生。高放老师建议我可以报考同系里的其他导师，只要考试成绩不错，他会予以推荐的。后来我考虑，既然要报考其他老师，当时的华中师范大学科学社会主义研究所实力雄厚，出版的由高原教授主编的《科学社会主义》教材为全国大部分高校所使用，创办的专业杂志更声名远播，那就报考高原老师吧。50年代初，高原老师和高放老师曾在中国人民大学马列主义基础教研室共事过，1980年，高原老师还邀请高放老师专门为本所的研究生开讲“什么是社会主义”的课程。所以，在我报考华师科社所时，高放老师十分高兴，遂向高原老师作了推荐。而且，在得悉我已被华中师范大学确定录取之后，高放老师立即写信告诉了我。秋天，我前往武汉入读华中师范大学。事后了解到，高放老师对我所作的推荐至关重要。当年，参加华师科社所硕士生考试的，有不少是77级、78级学生，而我是76级的，竞争非常激烈。虽然我的考试成绩名列前茅，但分数和我相差无几的则有十来位，而且均为华师本校学生，老师们知道他们本科时都是很优秀的。在只录取四人的情况下，能把其中的一个名额给了我，这完全应当归功于高放老师力荐的结果。在人生的紧要关头我得到高放老师的眷顾，这是终生都要为之感激的。

我在硕士生学习阶段，有幸得到高放老师亲临授课的机会。记的大约是在1983年上半年，华师科社所请他来给我们研究生做讲座。当时，所里办了科学社会主义专业的师资班，师资班共有30余名学员，就和我们几个研究生合在一起上课。高放老师的授课自然是最受欢迎的，他在讲课中旁征博引、新意迭出，给了我以强烈的思想震撼和启迪。

在硕士生学习期间，我就打定了硕士毕业后继续攻读博士学位的主意。因为先前没有成为高放老师的硕士生，我想今后无论如何应该争取成为他的博士生。为了有较充分的时间进行考试前的准备，我在1984年年底时，就基本上完成了我的硕士学位论文。1985年3月初，在进入硕士生学习的最后一个学期，我即写信询问高放老师。3月24日，我万分欣喜地得到了高放老师的回信，他在信中写道："耀桐同志：今年我继续要招博士生两名，6月考试，9月入学。如欲报考请及早准备。"正当我满怀信心投入认真的复习和准备报考时，情况却又发生了变化。4月初，高原老师决定让我直接转为他的博士生。我当时真是十分为难，因为我要报考外校博士生，根据规定，是需要导师写推荐信的。我若不继续攻读博士学位，硕士毕业了寻个工作也就罢了，高原老师肯定不会怪我的。但是，我是要读博士学位的，岂能拂了高原老师的好意背他而去，高原老师毕竟是我的业师啊！所以，在那样的情况下，我不能作出不做他的博士生还要请他推荐我去当高放老师博士生的选择。就这样，我再次失去机缘，没能成为高放老师的学生。虽然没有成为直接受业于高放老师的弟子，但我听过他的课，受过他的指点，心中早就把他当作自己最尊崇的老师了。

在攻博的第二年，1986年，我即被学校留校并转为讲师，同时做了研究所主办的《社会主义研究》杂志的编辑。像高放老师这样的名人，当然是我约稿的重点对象，但全国有多少的刊物都期望能得到他的文章啊！让我感动的是，在我当编辑不久后，高放老师就把他为《社会主义思想史》这部著作撰写的近3万字的导论寄给了我。这篇导论学术分量厚重，见解独到，我得以先睹为快，深受教益。我征求了高放老师的意见，以《关于社会主义思想史若干问题的探讨》为题，作为上、下两部分编发，分别刊登于《社会主义研究》1986年第3期、第4期。

我作为《社会主义研究》的编辑，为杂志开设了"学者访谈"的新栏目。我把对高放老师的采访稿，确定为开栏首篇。1987年12月2日，我从武汉专程去京，提着收录机到张自忠路3号高放老师家，就事先准备好的关于当代社会主义的 7 个问题，与高放老师进行了两个多小时的采访。高放老师对每一个问题都侃侃而谈，令人折服。回汉后，我根据录音立即整理出了一万多字的文字稿，交由高放老师审定，随即以《当代世界需要科学社会主义理论的大拓展——访高放教授》为标题，发表于《社会主义研究》1988 年第 1 期（此文后来收入高放文集之一《马克思主义与社会主义》第 502—509 页）。这篇访谈稿发表后，杂志得到了很多读者对高放老师的高度评价。高放老师为我们杂志开了风气，使我更增添了把这个栏目办好的信心。

1996 年 5 月，我由华中师范大学调入国家行政学院。随即得到参加北京市政治学行政学学会的活动。这个学会成立于 1988 年，先后任学会会长和副会长的赵宝煦、高放、徐鸿武、李景鹏等教授，都是学界大名鼎鼎的专家。90 年代学会经常组织小型讨论会，有着浓郁的学术氛围。多年的经验使我知道，高放老师参加会议是总会带来新观点、新见解的。因此，我每次与会，都能听到高放老师就政治学、科学社会主义的重大理论与实践问题作精彩发言，感受到他强烈的学术魅力。后来，学会增选副会长时，十分有幸的是在上述诸位老师的扶持下，我也忝列其中。

2002 年，中国书籍出版社出版了高放老师的《政治学与政治体制改革》一书。这本书共有 77 万字，收入高放老师在 1980 年至 1999 年 20 年间撰写的 76 篇重要文稿。高放老师送了一本给我，虽然其中的大部分文章早已拜读过，但此次我又重新阅览了一遍，依然是思绪汹涌、浮想联翩，为此，我萌发了写一篇书评的想法。在得到高放老师的同意后，我很快写了出来（后刊载于《理论探讨》2004 年第 1 期）。我在书评中写道：“阅读高放先生的政治学文章，是一件精神愉悦的事情。它提供的大多是你未曾闻说的，抑或是你想知悉而苦于无处寻觅的新的观点、新的视角、新的史料和新的考证。我相信，喜好他的文章、看重他的研究成果的人，尤其是年轻人，都是基于显露其间的这些新的东西和那隐于其后难望项背的学术功力。正由于此，他的文章常让人神经为之触动、心血为之热腾；会诱发你的沉思、赋予你以激情。”这些话，表达了我的真实感受。

2007 年，适逢高放老师八十大寿，中国人民大学以举办学术研讨会的方式为高放老师祝寿。我被邀请参加研讨会，并就他的社会主义思想史研究作了发言。我在发言中说道：“高放先生是蜚声国内外的研究马克思主义和社会主义的知名专家。他的著述可谓汗牛充栋，取得的成就也是多方面的、巨大的，是我们所难以企及的。现在，我就他的社会主义思想史方面的研究成果，作一简要的、粗浅的评介。需要说明的是，我本人研究社会主义思想史的功底相当浅薄，加之成稿时间匆促，难免不深不透、挂一漏万。”我认为，高放老师数十年来致力于研究社会主义思想史，勤勤恳恳、孜孜不倦，作品丰盛、成果卓著，他对我国学界繁荣和拓宽社会主义思想史的研究，已经作出了巨大的贡献。

以上，我简要地回顾了高放老师和我交往的10件事情。这10件事于高放老师而言，当然是何足挂齿；但对我来说，则显得无比重要。我想，高放老师不仅是一个马克思主义的信仰者，思想高度解放的呼喊者，大胆说真话的勇敢者，不断反思纠错的坦荡者，寻求社会主义新路的探索者，矢志民主公正的思考者，致力改革研究的创新者，著作等身的大学者；而且还是一个具有关心后学、提携后进情怀的仁义者。

我以记叙小事来祝贺高放老师九十寿辰，应该是有意义的，因为这些事情从一个侧面体现了高放老师关爱学生并能与之推心置腹的博大胸襟。我衷心地祝福高放老师：

生日快乐，万事遂顺，健康长寿，跨越百年！

2017年5月

高放老师的八个优点、特点和亮点

王德新①

尊敬的高老师尊鉴：

喜悉您老人家九十华诞，特来信表示热烈祝贺。

自2012年年底相识以来，您把我这名远方的初识的学生列为入室弟子，很快赠送了珍贵的《共产党宣言》，鼓励我进一步学习、宣传《共产党宣言》，同时还提供许多重要史料和信息。促使我收藏健康发展，藏品大量增加（目前已集76个不同版本）。谨此再次向老师表示衷心的感谢！

① 王德新，1937年生于江苏东台市，大专文化，1956年参军，1964年入党，从战士到担任团后勤处长。1982年转业到浙江台州市工作，曾任市工厂党委书记和文化局党组成员。《共产党宣言》版本收藏家、书法家。

您于1947年6月参加革命，1949年3月从事高校教育工作，1949年12月加入中国共产党，是一名名符其实的老革命、老教授、老党员。您在长期的革命实践中，刻苦学习，认真教学，勤于思考，著作颇丰，是我最尊敬的一位老前辈。

在学术上，您尊重科学，实事求是，潜心研究，写了大批论文，主编了《国际共运史读本》等多部巨著，特别是自1988年年初至2013年年底近26年来，率领团队写出精品力作《科学社会主义的理论与实践》，得到相关领导的高度评价和高校师生们的广泛赞誉。“我国学术界已经形成了马克思主义高放学派”“高放是世所罕见的集卓异的高才、颖异的高品、迥异的高深三全其美的大师和大思想家”“面对事实，说实话、真话”“体系结构新颖，时代感鲜明，针对性强”“精、准、深、新的特点，内容精练、观点明确、思想深刻、体系、材料新颖”……我认为以上所列举的部分评价，是对您老人家长期艰苦努力所取得的丰硕成果的充分肯定，是客观的、实事求是的、十分准确的。

我是一名长期在基层单位工作的退休干部，才疏学浅，不敢也没有资格对您和您的大作作任何评论。但是我拜读了您的力作《科学社会主义的理论与实践》以及《共产党指导思想的来龙去脉》《我苦索马克思主义的人生之旅》等多篇文章后，收获良多，教育很深。

高老您这一生，优点、特点、亮点很多，仅从参加革命70年来，简要梳理了一下，主要有八个方面：

学马列，如饥似渴；登讲台，爱台敬业；
藏史料，持之以恒；勤耕耘，论著丰硕；
敢创新，勇立前沿；受褒奖，谦虚谨慎；
遇挫折，毫不气馁；入耄耋，老而弥坚。

以上只是我概括的八个方面的主要特点（不一定准确），也是我今后要努力学习的八个方面。我不仅自己在学，而且也教育子女并和众多收藏朋友们一起好好地向您老学习。

2017年5月6日于浙江台州市椒江南麓

《参考消息》的“大读者”

——庆祝高放教授九十华诞

陶德言①

高放教授是国际共运史学界的一代宗师。我记得与高老师的第一次接触，是在读研究生期间，当时他给我们上《科学社会主义的理论与实践》公共课，是几位教授联合讲授的，他讲其中一部分，上的是大课，好像在人大大礼堂，我当时便为高老师的学识风范所倾倒，高山仰止，景行行止。听高老师讲课，不累，不枯燥，是一种思想享受。高老师被誉为“思想高度解放”的学者，特别关注新科技革命、第三次浪潮与社会主义未来，至今记忆犹新。因此，我与高老师算有师生之情，门下之谊，但若论辈分，我得称高老师为“祖师爷”。我是李景治老师的第一位硕士生，而李老师是高老师的开山弟子。

不过，我与高老师真正相识与交往，应该是我在《参考消息》工作以后，因为他很喜欢看《参考消息》。《参考消息》读者数以千万计，既有“大读者”，也有“小读者”。高老师无疑是《参考消息》的“大读者”。交往多了，我才发现高老师不仅学问好，为人更好，十分平易近人。想起来，我与高老师的忘年之交，印象最深的有两件事，都发生在2011年。

2011年是中共建党90周年。为做好纪念建党90周年报道，《国际先驱导报》组织策划“共产党的世界地图”专题报道，以建党90周年为时间轴，从国际共运的角度，力图揭示中国共产党的世界坐标系。6月12日，我专门带着记者到高老师家，做了长时间的访谈。高老师家是老房子，“家徒四壁，四壁皆书”，一代大师竟住在如此简朴的居室，真的令人吃惊。采访时，我感觉到高老师做了很充分的准备，谈中共90年来与国际共运的曲折关系，谈世界各国共产党的不同现状，谈中国特色社会主义道路，谈世界社会主义的前景，思路清晰，如数家珍，旁征博引，深入浅出，见解独到。高老师谦虚、博学、睿智、可亲的大师风范，让记者深感钦佩。6月17日，《国际先驱导报》以

① 作者系《参考消息》报社副总编辑、党组成员。

整版的篇幅刊登访谈长文，题为《中国成就越大，对各国共产党的影响就会更大——专访国际共运史学家高放》。这篇权威访谈，纵论国际共运的历史和现实，从历史和世界维度，实事求是评价中国特色社会主义模式，客观理性探讨世界社会主义未来，刊发后引发读者思考和共鸣。

2011 年是《参考消息》创刊 80 周年。经过一次偶然的交谈，高老师在知道这个信息后，他说一定要写一写《参考消息》，因为他对《参考消息》情有独钟，而且有很多故事。他说，50 多年来，除了六次出国访问讲学外，他每天坚持不懈喜读的唯一报纸就是《参考消息》。过了一段时间，大约在国庆节后，他给我打电话，说文章写好了，3000 多字，题为《〈参考消息〉像是望远镜和显微镜》。他在文中很谦虚地说，自己深感眼力不足，《参考消息》像是望远镜和显微镜，帮我把国内外每天发生出现的大事和要事看得一清二楚。他在文章中称赞《参考消息》是普天之下独一无二、举世无双的中国特色社会主义第一大报，是天天滚动发行的中国版时代百科全书。他指出，天天读此报就好比天天能用望远镜和显微镜察看遐迩，通晓远近，心知肚明，与时俱进，放眼世界，胸怀祖国，站立时代潮头，做好本职工作。一个报人，最大的褒奖就是读者的肯定与认可。高老师对《参考消息》不吝溢美之词，实际是对学生工作的最大鼓励与支持。

后来，我发现高老师用放大镜看《参考消息》，就专门给他赠阅一份《参考消息》大字版，让他享受“大读者”的待遇。高老师天天看《参考消息》，天天剪报，看得很仔细，有时连一个小错误都逃不过他的眼睛。从高老师阅读《参考消息》，可见其做事之认真、之勤奋。我忽然想到，大师之所以成为大师，固然有其天赋成分，但更重要的是认真，是勤奋，是淡泊，而且持之以恒、终其一生。

最近，高老师突然给我打电话，我很激动，因为好久没联系了。他在电话中专门提到，《参考消息》2017 年 4 月 25 日第 2 版刊登的一篇小文《马克龙：对付勒庞的抗体》，文中有一个成语叫“流言飞语”，应为“流言蜚语”（经核《现代汉语词典》第 6 版，两词已通用）。他还提到，《参考消息》第 3 版“各国共产党”专栏办得好，4 月 10 日该专栏刊登的《美共在特朗普当选后复兴》一文，他剪了下来，放在美国共产党的资料袋里。另外，他告诉我，他已 90 岁高龄，腿脚不太灵便，眼力不及以前，但还在带博士生，本来学校想搞学术纪念会，他谢绝了。听后，我不胜感慨，敬仰之情油然而生。

衷心祝愿高老师健康长寿，生命之树常青，学术之树常青！

2017 年 5 月

附文：

《参考消息》像是望远镜和显微镜

高　放

54 年来，除了六次出国访问讲学外，我每天坚持不懈喜读的唯一报纸就是《参考消息》。我深感个人眼力不足，《参考消息》像是望远镜和显微镜，帮我把国内外每天发生出现的大事和要事看得一清二楚。要具体说明我的这点深切感受，就要先从我 70 年前的个人经历说起。

我从 20 世纪 40 年代初在福建老家读高中起，以至随后上北京大学，几乎每天读报，从中获取大量信息。那时每天从报上都能看到路透社、美联社、合众社、共同社等外国通讯社发布的新闻稿。1948 年 6 月，我离开北大投奔晋冀鲁豫边区参加革命，可是在解放区的报纸上只能看到新华社发的统一稿子和地方新闻，偶尔还刊登一些苏联塔斯社的新闻稿，顿时感到不够满足。后来得知，在解放区还有一份内部资料，专门选登各国通讯社和报刊的文稿，供各级领导干部参考，一般人员还看不到。从 1950 年中国人民大学创办起，我一直在这里执教马列主义政治理论课。出于教研工作需要，可以凭证到学校内部资料室阅览这份特殊的参考资料。记得 1956 年苏共二十大后党内传达赫鲁晓夫在大会上作的秘密报告。各国对此有很多评论，我们曾到内部资料室看过《参考消息》的有关报道。不久前有一位著名学者、中年教授在电视台讲解 20 世纪五六十年代中苏两党关于国际共产主义运动总路线大论战问题时，曾经这样说：当年刊登赫鲁晓夫秘密报告的《参考消息》散发了 3000 份之多，影响很大。这种说法是不真实的。当时《参考消息》还没有公开发行，社会上还没有复印机，怎么可能发行或者散发 3000 份呢？直到 1957 年 3 月《参考消息》可以内部自费订阅起，我便长年累月订阅，日日夜夜都认真细读。即使 1970—1972 年在江西余江五七干校下放劳动期间，白天辛苦劳累，夜晚还要躲在蚊帐里在昏暗的灯光下打着手电筒选读报上要闻。只是那时受“左”的路线干扰，我们未能全面了解国内外真情。

改革开放以来，《参考消息》大变样。版面越来越扩展，内容越来越丰富，选材越来越广泛，言论越来越开放，栏目越来越多样，编排越来越精到。每日一刊在手，能知天下万事。本来发生在外国之事，远在天涯，不明底细，可是只要一读《参考消息》，就好像架起了望远镜，变成近在咫尺，洞若观火，从而能够遥测世界风云变幻轨迹，洞察各国波浪起伏走向。在国际方面，众人最为关切的莫过于当今唯一超级大国美国的变化。自2001年“9·11”恐怖袭击后，尤其是2008年金融经济危机爆发以来，美国是否从此衰弱、走下坡路？对这个重大问题，《参考消息》先发在“热点聚焦”“名家论坛”“观点交锋”等栏目中刊登过数十篇观点不尽相同甚至完全对立的文稿，这样非常有助于读者独立思考，明辨是非，我悉心拜读之后感到：21世纪以来，由于科技全球化、经济全球化的迅速发展以及众多发展中国家、新兴国家的崛起，国际合作竞争的加强，美国的霸权主义的确已经从巅峰逐步跌落，越来越失去对世界随心所欲的控制。但是美国的科技、军事实力还依然强劲，因为美国非常重视科技创新与造就人才，包括网罗外国精英。近月来，美国涌现“占领华尔街”的群众示威游行运动，甚至已经从纽约蔓延到全国范围逐步扩大声势，进而提出“占领芝加哥”“占领洛杉矶”，“占领华盛顿”网上甚至出现“革命开始了”的口号。据此有人以为，在“阿拉伯之春”“欧盟之夏”之后，是否将形成“美国之秋”？《参考消息》在2011年10月6日第3版时事纵横版及时登出美国《大西洋月刊》网站的文章《“占领华尔街”运动难有实质成果》。文中提出五点看法进行论证：目标不明确；华尔街不在乎；抗议者无法左右国会；时机不成熟；银行业是美国能在全球处于领导地位的重要行业，国会难以为之制定负担沉重的新规则。这对读者作出准确判断无疑是一服清醒剂。美国历史上从未有过群众示威游行引发革命的先例。群众的诉求倒会加强资本主义的自我调节。

在国内方面，不要以为发生在我们身边、近处的国事家事，我们自己都已十分明晰了然，多恭听目睹外人对我们的评论和指点是大有教益的。《参考消息》开辟的“外国人看中国”“第三只眼”“问题与建议”等栏目所刊发的文稿，好比是为我们安上了显微镜，使我们对自己漠不经心的病象和病因得到更透彻的了解，进而找到切实的治疗方案，以便对症下药，早日康复。从以下一篇文稿的标题和内容就可以看出，外人语重心长的评论对我们认清在前进中遇到的问题是很有帮助的。2011年10月4日，该报在《中国须防城市化进程失控》这个标题下刊登了英国《卫报》10月2日发表的署名文章，文中引用了全球城市研究所专家的警告：“中国冒着毁掉古老的文化以建造单调沉闷的城市的风险。”《卫报》记者塔妮娅·布兰尼根以她在贵阳采访的亲身见闻指明：“这座城市的一条条环路和一座座水泥玻璃大厦正在贪婪地侵蚀山坡，吞掉玉米地和稻田。但是，变化来得太快，太突然，市民越来越对周围环境感到困惑。”她的结论是“中国正以危险的速度成为城市化国家”。外国记者的微言大义当能促使我们见微知著，进一步思考如何从大处着眼、小处着手来改进我们的城市化事业，避免城市化进程失控，招致严重后果。《参考消息》也时常刊登外国媒体赞扬我国改革开放和现代化建设重大成就的文稿，这当然是对我们的鼓励。对于赞美，我想也要把它看作在显微镜下放大、夸张的说法。这样我们就不至于冲昏头脑，忘乎所以。

《参考消息》每篇文稿大小标题都是责任编辑煞费苦心、精密提炼的。品读这些标题，大体上就能洞悉各件大事的要领。有的标题甚至可以说是丹青妙笔，起到画龙点睛的作用。看到这样的标题，就能吸引我非要细读全文不可。例如，5 月 18 日发表的《中国模式“属性”问题》就很有意思。该文引述哥伦比亚大学的一份研究报告，综合了西方学界对中国模式属性问题的热烈讨论。西方普遍认为现在中国没有社会主义，现在中国实行的是资本主义模式，分歧只在于中国模式属性是西方资本主义或中国特色资本主义。这个问题还引起《南方周末》记者朱又可的关注。他在 5 月 21 日对我进行专访时就曾经提出，问我对这个问题怎么看？我明确回答：西方的看法是片面的，中国现在有社会主义。跟以往我们照搬苏联模式比较起来，政治、经济、文化、对外关系都有很大的变化，这几个方面都是中国特色社会主义的东西，是有目共睹的，把中国模式说成完全的资本主义模式，不符合实际情况。当然，我们不能否认，中国模式现在真的掺杂着苏联模式、美国模式和欧盟模式的东西。我们今后正是要克服苏联模式、美国模式、欧盟模式的弊病，这样才能使中国特色社会主义全面形成。（详见《南方周末》2011 年 6 月 30 日学术版《中国模式是一个混合模式——高放谈“社会主义五百年”》）可以说《参考消息》登载的文稿时常启人深入思考，促人独立探究，提高思想认识，做到心中有数。

适应对外开放需要，《参考消息》还开辟学习英语专栏。每周都选登中英文对照时论。还设立“试说新语”栏目，引进英文中的最新流行词语。《参考消息》还不时刊登对读者疑问的回答。足见编辑部十分重视与读者的联系以及读者的意见。

总之，我认为《参考消息》是普天之下独一无二、举世无双的中国特色社会主义第一大报，是天天滚动发行的中国版时代百科全书。天天读此报就好比天天能用望远镜和显微镜察看遐迩，通晓远近，心知肚明，与时俱进，放眼世界，胸怀祖国，站立时代潮头，做好本职工作。

衷心祝贺《参考消息》创刊80周年，诚心希望百尺竿头，更进一步，锐意改革，更加开放，刊发更多国内读者不易看到又渴望乐见的文稿，促进中国特色社会主义现代化事业取得全面成功。

（本文原载于《参考报道研究》2011 年 12 月）

从“优托邦”到“美托邦”

——读高放教授《写在〈乌托邦〉问世 500 周年》

刘建飞[①]

高放教授《写在〈乌托邦〉问世 500 周年》（《同舟共济》2017 年第 1 期）一文虽然不长，但内容丰富、思想深刻、论述精辟，在这个信息大爆炸时代是一篇少见的能让人一气读完并拍案叫绝、回味无穷、留忆甚久的美文。

文章共两部分。第一部分“从乌托邦到实托邦”总结了社会主义 500 年间的三次转变。第一次是从莫尔的著作《乌托邦》问世到马克思主义诞生，这是从乌托邦到“科托邦”的转变，亦即社会主义或共产主义由空想到科学。第二次是 19 世纪中叶到十月革命，这是从“科托邦”到“实托邦”的转变，亦即社会主义由理论到实践。第三次是 1917 年到现在，社会主义运动在实践中曲折发展，其间出现辉煌，如社会主义制度由一国到多国的演进，但是也遭受严重挫折，甚至出现打着社会主义旗号但却背离社会主义宗旨的“恶托邦”“异托邦”。现在，以中国为代表的坚持走社会主义道路的国家正在不断革新，努力推进社会主义事业，取得了显著成效，社会主义在“实托邦”层面不断前进。

美国未来学家、社会学家托夫勒在其名著《第三次浪潮》中也提出了“实托邦”概念，其含义是在信息社会可以实现一种既非社会主义又非资本主

① 作者系中共中央党校国际战略研究院执行院长，教授、博士生导师。

义的社会，即“实托邦”。当然，托夫勒的“实托邦”与社会主义学中的“实托邦”有很大区别，两者是在不同的学理框架和逻辑体系内，不可混为一谈。

第二部分“在乌托邦之后的观念创新”提出了极具创新思维的一系列观点、思路。文章先是建议为“乌托邦”正名，即将英文 UTOPIA 一词改译为“优托邦”。这样，不仅更接近英文的发音，而且更符合莫尔思想的本意。“乌”字突出的是空想、子虚乌有，不可能实现。但是莫尔提出的社会主义也带有寄托理想的成分，这种理想至今仍是符合人类社会发展方向的，是社会主义者所追求的。这层含义，用“乌托邦”一词就难以体现出来，而“优托邦”则弥补了这个缺陷。

文章接着分析了 20 世纪社会主义运动遭受挫折，即从“科托邦”到“实托邦”的飞跃中出现问题的原因。客观原因方面，即主要是社会主义革命首先在经济落后的国家取得胜利，而这些国家的封建传统根深蒂固并渗透进社会主义体制中来，并深刻影响人们的思想和行为，主观上，社会主义国家的领导人教条式地对待“优托邦”，特别是“科托邦”的理论，不能从实际出发、与时俱进地进行实践创新和理论创新。

文章进而提出“谐托邦”概念，其要义就是：社会主义要想有生命力，必须建设和谐社会与和谐世界。中国共产党和中国人民通过走中国特色社会主义道路，在建设“谐托邦”上已经做出有益探索，也取得可观的成就。

文章最后提出了作为社会主义努力方向的三个境界，即“真托邦”“善托邦”和“美托邦”。“真”是指“人类认识真理能力普遍大为提高，人类掌握了较为全面的科学真理，使得社会生产力高度发达，能够满足人们吃、穿、住、用基本生活必需品的要求，能够实现按需分配”；“善”是指“人类有高度的思想觉悟，心地善良、择善而从，既能独善其身，又能兼济天下，社会能够在科学和民主的基础上进行善治，善于科学民主自治”；“美”是指“人们体态美、心灵美、劳动美、合作美、环境美、家庭美、生活美、学习美、交往美、休闲美，臻于十全十美”。作者进一步指出：“真”和“善”是实现共产主义的客观条件和主观条件，“美”则是共产主义社会“自由人联合体”人们和谐相处的常态。

在这篇文章中，高放教授通过“乌托邦”“优托邦”“科托邦”“实托邦”“恶托托”“异托邦”“谐托邦”“真托邦”“善托邦”“美托邦”这十个概念，非常生动形象而又精准地概括了社会主义运动的 500 年历史以及未来发展方向，让人耳目一新、精神振奋。“乌托邦”或“优托邦”开启了社会主义运动；“科托邦”使社会主义由空想到科学；“实托邦”使社会主义制度变成现实，其间出现了背离“优托邦”宗旨的“恶托邦”“异托邦”；中国特色社会主义正在向“谐托邦”迈进；“真托邦”就是实现共产主义的客观条件，即物质极大丰富；“善托邦”就是实现共产主义的主观条件，即人们思想觉悟极大提高；“美托邦”就是共产主义社会。

笔者以为，如果更加高度地概括社会主义运动，可以选取“优托邦”和“美托邦”这两个词语。“优托邦”是社会主义运动的起点，“美托邦”则是社会主义运动的最终目标。“美托邦”的“美”字代表了人类终极追求。习近平总书记说：“人民对美好生活的向往，就是我们的奋斗目标。”他讲的虽然是中国的事情，但是也适用于整个社会主义运动。从世界范围来看，“人民”可以理解成全人类，“我们”可以理解成全世界社会主义、共产主义力量，“美好生活”的最高境界就是“美托邦”。

2017 年 5 月

革命与改革都是现代社会主义变革的有效途径

——关于高放教授一个判断“21 世纪世界社会主义革新从 1978 年由中国率先起步”的评述

奚广庆①

在高放老师九十华诞之际，学生以自己的研究与体认，对他 2016 年发表的关于“到 21 世纪中叶，世界社会主义运动可能出现新的高潮、新的突破。世界社会主义的革新，正是从 1978 年起由中国率先起步的”这个意义深刻的前沿性论断作一篇评论表达祝贺。

一

首先，在 1978 年中国改革开放社会主义起航、中国特色社会主义崛起几

① 作者系中国人民大学马列主义发展史研究所教授，国家教育部首任社会科学司司长。

近40年后的今天，把它界定为21世纪现代社会主义革新的始作俑者，在思想理论和学术观点确都是极富有挑战性和令人震撼的观点，充分表现了现代社会主义的坚定信念、理论勇气、深厚学识、宏阔视野、思维定力。

思维的惯性常常使人们用过往的理论观点去理解新生的东西。尽管在21世纪变革创新已经成为时代潮流，但是人们看到，那些阈于西方中心论历史观、教义化经典理论观点和苏联僵化思维与模式的人们，对于中国改革开放的社会主义，至今仍理直气壮地不予认同，认为中国根本就没有条件与资格进行现代社会主义变革，将其视为中国特色资本主义。说什么搞市场经济就是发展资本主义；让各种所有制经济共同发展就是实行私有化；加入WTO就是投入国际资本的怀抱、成为它的附庸，好像司空见惯。英国教授J. 哈迪（JaneHardy）与A. 巴德（Adrian Budd）曾撰写长篇论文滔滔不绝地论述中国道路的不可持续性，说什么中国日益融入全球资本主义体系，被锁定在资本主义的逻辑之中，是不可持续的，一场灭顶之灾就将到来①。我们必须用中国人的世界观和方法论，揭示这些学术观点的根本历史观短板。高放教授的观点就是中国社会主义学人在系统研究和缜密思考基础上，对于这些观点作出的最充足的科学回答。

历史是按照自己固有逻辑行进的。任何历史事变都是社会发展必然性与偶然性、规律性与选择性、客体性与主体性、现实条件与社会人群等各种因素交互作用的结果，不是什么现成历史公式的复制。如果历史事变都是由思想理论家先验公式框范而成功的，那人类历史上就不会有法国大革命、美国独立革命，巴黎公社革命、俄国十月革命和中国人民民主革命，更不会有中国特色社会主义的崛起。学术理论家的使命不是把它们塞进现成的历史公式之中，而是根据对历史事实和发展过程的确切分析，作出符合历史发展本来面貌的崭新阐明和确切界定。

二

这个论断之所以具有极大的前沿性和深远意义，在于它运用辩证的、人本的、包容的社会历史观，把各种复杂社会条件和人群主体因素综合起来，考察世界社会主义五百年发展的历史、马克思恩格斯界定的和开辟的“现代

① 《求解中国道路——全球资本主义体系下“中国模式”之不可持续性》，载《世界社会主义研究动态》2016年第11期。

社会主义”几近200年发展的历史，特别是现代社会主义变革全部当代理论与实践而作出的洞见运动发展的逻辑和未来趋向的科学结论。

马克思、恩格斯创立的科学社会主义是现代工人阶级社会主义运动的理论表现。恩格斯阐明，“现代社会主义力图实现的变革，简言之就是无产阶级战胜资产阶级，以及通过消灭一切阶级差别来建立新的社会组织”。这一变革的目标是消灭阶级和阶级差别，建设自由人的联合体。实现这个变革目标的条件是社会生产力的高度发达、社会财富的极大丰富、世界交往的普遍发展。这个伟大的历史变革是以现代资本主义的生产方式及其基本矛盾运动的发展作为物质的经济的深厚基础。它是一种历史必然性，人类世界各个国家都要走这条历史必由之路、社会变革之路。

但是这个社会变革斗争的开展是现实的、具体的、历史的，是在一定历史时期和一定社会环境中各国的发展舞台上进行的。19世纪三四十年代至19世纪六七十年代，社会主义先驱者的变革有英国宪章运动暴烈的群众斗争，有法国里昂工人武装起义，也有德国西里西亚工人起义。《共产党宣言》指明，现代社会主义变革的目的“只有用暴力推翻全部现存的社会制度才能达到”。19世纪六七十年代以来，分析欧美工人斗争的条件和成果，总结变革的实践与经验，马克思、恩格斯提出了关于变革路径和方式的新看法。他们阐明，必须经过长期的斗争，必须经过一系列把环境和人都加以改造的历史过程”“使阶级斗争能够以最合理、最人道的方式经历它的几个不同阶段。[《马克思恩格斯选集》（第3卷）第60页、第98页]”工人的斗争“必须考虑到各国的制度、风俗和传统，有些国家像美国、英国，也许还可以加上荷兰……工人可能用和平手段达到自己的目的。[《马克思恩格斯全集》（第18卷），第179页]”“可以设想，在人民代议机关把一切权力集中在自己手里、只要取得大多数人民的支持就能够按照宪法随意办事的国家里，旧社会有可能和平长入新社会，如在法国和美国那样的民主共和国，在英国那样的君主国。[《马克思恩格斯选集》（第4卷），第411页]”“在1848年以前到处都起过决定作用的筑垒巷战，现在大大过时了。”普选权是“世界各国同志一件新的武器，最锐利的武器中的一件武器。[《马克思恩格斯选集》（第4卷），第516页、第517页]”当然，他们也强调工人阶级不能够放弃自己的革命权，必须坚持运用各种手段去达到自己目的的权利。

在这种变革思想和策略的指导下，19世纪末，欧洲社会主义工人运动出现了新的高潮，在变革路径上取得新的成果，开拓出民主的、和平的、渐进的、改良的社会主义变革路径与斗争形式，推动经济社会发展取得不同层次的成就，国家生活各个领域社会化程度极大提高。欧美国家发展为“发达社会国家”（《21 世纪资本论》，第 387 页）。高放老师早些年已把这种社会民主党人带头助推改良了的现代资本主义界定为“社会资本主义”，指明其社会主义因素在日渐增多。一个多世纪的历史实践表明，它是现代社会主义变革在发达资本主义国家广泛采取的、为广大人民接受的一种路径与形式，至今还是符合欧美发达国家情况与工人阶级斗争实际的有效路径与政策。那种采用千篇一律、对号入座的思维，全盘否定其变革实践是不符合实际的，也不能令人信服。

社会民主党人有一个理论错误，就是按照西方中心论、社会历史观和教义化经典理论的观点，把他们的变革路径宣称为现代社会主义的唯一变革路径，反对与否定俄国十月革命等不发达国家对社会主义变革道路的开拓，无视其世界历史地位。

人们知道，19 世纪末 20 世纪初，国际资本把地球领土分割完毕，资本主义的生产方式、基本矛盾和阶级关系日益世界化，从而使反对和变革国际资本的思潮与运动也在非发达地区逐步广泛发展起来。和西方民主和平渐进改良的变革道路不同，俄国工人政党利用世界资本主义政治经济发展不平衡的规律，在资本统治的薄弱环节，高举自由、民主与和平的旗帜，动员和唤起了广大工农的积极性、创造性，毅然发起武装革命，成功夺取了俄国的国家权力，建立了苏维埃社会主义共和国，开拓了在不发达国家通过武装革命夺取国家权力走上社会主义的变革道路。这是现代社会主义变革路径的一个伟大的创新。

不仅如此，在十月革命后建设新社会的探索中，列宁总结战时共产主义教训提出的新经济政策及其实践指明，在经济文化落后国家，在一个小农的国家，不能够直接过渡到共产主义。通过革命执掌国家权力的共产党人，应当实行变革方式的转变，就是“必须采取‘改良主义的’、渐进主义的、审慎迂回的行动方式”去建设新的社会［《列宁选集》（第 4 卷），第 610 页］。列宁关于不发达国家革命胜利后采取改革改良变革方式的思想与战略，把不发达社会主义国家建设新社会的路径和方式更加完整地形成起来。

列宁还依据科学革命观指明了从革命向改革改良转变的理论根据和实践意义：“对于一个真正的革命者来说，最大的危险，甚至也许是唯一的危险，就是夸大革命的作用，忘记了恰当地和有效地运用革命的方法的限度和条件。”真正的革命者不能够“把‘革命’几乎奉为神明，丧失理智，不能极其冷静、极其清醒地考虑、权衡和验证在什么时候、什么情况下、什么活动领域要善于采取革命的行动，而在什么时候、什么情况下、什么活动领域要善于改用改良主义的行动，那他们就最容易为此而碰得头破血流。要是真正的革命者失去清醒的头脑，异想天开地以为‘伟大的、胜利的、世界性的’革命在任何情况下、在任何活动领域都一定能够而且应该用革命方式完全一切任务，那他们就会毁灭，而且一定会毁灭［《列宁选集》（第4卷），第612页］”。这是一个深刻而意义重大的变革思想。也就是说，执掌国家公共权力的共产党人，必须冷静、清醒、正确地认识和对待革命方式。革命与改良都是现代社会主义变革的有效路径和可靠行动方式。不论社会主义党人采取什么方法夺取了国家公共权力，在着手建设新社会时，都必须采取改良的、渐进的、审慎的、缓慢的行动方式。那种把两者对立起来互相否定的思想，打着革命的旗号反对和攻击改革改良的观点，是完全错误的、十分危险有害的。不懂得这个历史辩证法的革命者，在社会主义发展道路上必然碰得头破血流，遭遇灭顶之灾。苏共的覆灭、苏联的失败很好地证明了这一点。中共改革开放实践的伟大成功，更把列宁关于现代社会主义变革方式的思想极大地进行丰富和发展。

十月革命的胜利和新经济政策的实践，还充分地表明了现代社会主义发展的多样性、多元性、多变性和创新性。这也是现代社会主义变革创新的成果。可惜苏共对此完全没有自觉，反而不顾历史事实和社会主义发展规律，鼓吹什么一条道路、一个模式、一种体制的僵化思维，推行社会霸权主义。我们必须批评它并坚持现代社会主义变革规律。但是那种不对十月革命后整个俄罗斯历史事实与发展过程进行全面考察和研究，仅仅以苏联的崩溃、苏共的瓦解，就全盘否定1917年的俄国十月革命伟大历史意义的认识，是违反历史主义的、完全错误的。

三

1978年中国改革开放社会主义的开创、中国特色社会主义的崛起的历史源头，就是现代社会主义变革200年来的实践经验和理论成果，我们是站在这些变革历史巨人的肩膀上去攀登新的历史高峰。

中国特色社会主义的崛起，更是人类世界发展变革创新时代的伟大成果。当代全球化、信息化、智能化、金融化的历史火车头，已经把人类世界引入21世纪。这是一个以和平与发展为主题的时代，一个多样化、多元化、多极化的世界，一个人类社会大发展、大变革、大调整、大融合的世纪。它的经济的、物质的社会根源是现代资本主义的生产方式及其基本矛盾、阶级关系与根本弊病。它不断地推动变革与改造国际资本体系的思潮与运动蓬勃发展。这是一个现代资本主义发展的新时代，也是一个现代社会主义变革的新时代。现代社会主义进入了多样性、多元性改革，改良的、渐进的、和平的、世界性变革的全新阶段。中国共产党人就是在这样的新时代，坚持科学社会主义基本原则，利用国际资本巨大发展、剧烈变化和深刻危机的环境与机遇，立足中国大地，开拓了一条不发达国家发展社会主义的新道路，推进工人阶级解放自己和世界、推动人的全面而自由的发展、打造自由人的联合体的历史事业。

我们需要坚持用科学社会主义理论逻辑来分析和认识21世纪世界社会主义的革新。《共产党宣言》阐明："人们的观念、观点和概念，一句话，人们的意识，随着人们的生活条件、人们的社会关系、人们的社会存在的改变而改变，这难道需要经过深思熟虑才能了解吗。"[《马克思恩格斯选集》（第1卷），第291页]"列宁说："根据书本争论社会主义纲领的时代也已经过去了，我深信已经一去不复返了。今天只能根据经验来谈论社会主义。[《列宁全集》（第34卷），第466页]"邓小平指明，世界形势日新月异，特别是现代科学技术发展很快。"真正的马克思列宁主义者必须根据现在的情况，认识、继承和发展马克思列宁主义。[《邓小平文选》（第3卷），第291页] 21世纪的现代社会主义变革，没有也不可能停留在19世纪、20世纪的水平，谁也无法把它拉回到第一国际、第二国际和第三国际的时代。我们必须与时俱进地根据时代新情况、总结变革新实践，形成21世纪的现代社会主义理论和战略。

现代社会主义兴起于19世纪欧洲社会。在19世纪、20世纪之交，国际资本主义把其生产方式、基本矛盾与阶级关系推向全球。反对与变革国际资本盘剥和掠夺，争取独立解放、自由发展，也成为广大不发达国家人民的正义要求和历史权利。俄国人民在先进政党的领导下，利用国际资本经济政治发展规律和世界体系的动荡与矛盾，首先夺取革命胜利走上社会主义发展道路。20世纪中叶以来，广大不发达世界特别是新兴市场国家，采取武装的或非武装的多种方式夺取国家公共权力，建立人民政权，按照本国经济社会文化发展情况和禀赋，利用经济全球化、社会信息化、政治多元化、文化多样化的国际环境和发展成果，实行各种民主的、改革的、改良的、渐进的、和平的变革战略策略，把发展作为首要任务、促进社会公平正义、不断改善提高民生，通过艰难的探索，大胆的变革，智慧的创新，产生一种既非传统资本主义的，也不同于苏联那种过度集权体制的、发展缓慢的模式的，带领人民实现美好生活愿望的新道路、新形态，它不断涌现出来并取得了初步的成功。现代社会主义争取人类解放自由、打造自由人联合体的变革事业展现了新的璀璨前景和广阔的发展道路。中国特色社会主义的崛起就是20世纪与21世纪之交现代社会主义发展变革进程的一个显著体现和宝贵成果。

四

中国特色社会主义成为21世纪现代社会主义变革创新的领军者，更有其中国社会发展变革的历史的现实的基础。

20世纪是人类世界迅猛发展、剧烈变化的历史年代，为实现中华民族伟大复兴而努力奋斗的中国人，在中国共产党领导下，前赴后继地登上了革命的“建设的”改革开放的历史舞台，在中国大地上，坚持科学社会主义基本原则，把科学社会主义理论逻辑和中国社会发展历史逻辑统一起来，深化对人类社会发展规律、社会主义建设规律和共产党执政规律的认识，全面系统地总结和提升了现代社会主义变革160年来的全部实践经验和理论成果，积极综合地吸取和利用世界环境、时代机遇、科技变革、产业发展、文化创新、社会建设、历史传统、文明积累、理智进步、智慧交流、各国互鉴这些现实的条件和丰厚的资源，科学地回答了在中国建设什么样的社会主义和怎样建设社会主义的根本问题，形成了中国特色社会主义的道路、理论和制度。中国特色社会主义，不仅为中国人民开拓了解放之路、发展之路、富裕之路，而且为现代社会主义在21世纪的发展变革不断地提供着中国智慧、中国方案。

我们提出了“东方社会主义”的范畴，为不发达国家社会主义建设科学界定了历史地位。中国特色社会主义作为一个独立的经济社会形态，扎根中国大地，吸取人类文明成果，正在担负着并继续发挥着为人类从人对物的依赖发展阶段走向人的自由发展的阶段的解放世界、解放全人类、促进人的全面而自由的发展、打造自由人联合体的世界使命。正是这种以人为本、人文主义的历史使命决定了社会主义的价值目标是“共同富裕”。这样就把现代社会主义的发展全貌与光辉前景展现出来，增强了世界各地人民开展社会主义斗争的信心和定力。

我们深化了对不发达社会主义生产和制度本质的认识。我们是在基本完成无产阶级战胜资产阶级历史任务，共产党领导下执掌国家权力，经济文化还比较落后的条件下进行社会主义建设的。社会主要矛盾是人民日益增长的物质文化需要同落后的社会生产之间的矛盾。社会有贫富差别但不存在阶级对立。发展社会主义，消除贫富差别，促进公平正义，实现人民共同富裕，归根到底，必须解放和发展生产力。邓小平深刻指明，“革命是要搞阶级斗争，但革命不只是搞阶级斗争。生产力方面的革命也是革命，而且是很重要的革命，从历史的发展来讲是最根本的革命”［《邓小平文选》（第2卷），第311页］。一个把生产力革命作为中心任务，不断推动理念的、制度的、体制的、机制的变革进步，全面推进经济、政治、文化、社会和环境生态的现代社会主义变革展现在世界人民面前。在国际关系上，一个彰显和平本质，促进世界共同发展、维护人类持久和平，不奉行你赢我输理念，不走强国比霸老路，致力于构建合作共赢的国际关系，打造人类命运共同体的社会主义崭新大国矗立在世界的东方，正在为破解和平与发展的世界难题贡献智慧与力量。

我们开拓了在社会主义基本制度下推进改革的发展战略。我们的发展变革始终坚持人民群众的主体地位，把实现好、维护好、发展好最广大人民根本利益作为衡量一切工作得失的根本标准。我们按照以人民为中心的发展思想和生产力革命是最根本革命的历史观，坚持有领导、有步骤地进行思维、理念、制度、体制、机制与做法的全面的、深刻的改革创新。形成了一个中心、两个基本点的基本路线，统筹推进五大建设的总体布署，协调推进四个全面的战略布局，深入贯彻创新、协调、绿色、开放、共享的发展新理念，全面建成小康社会的目标就要实现，一个富强、民主、文明、和谐的社会主义现代化强国，屹立在世界的东方。这对不发达国家人民争取实现美好生活愿望的斗争不能不是一个极大的鼓舞和激励。

发达国家创造了人类社会发展的灿烂成果，当今在科技、经济、文化、社会建设等方面走在世界的前列。进入世界经济体系，学习和借鉴人类发展先进成果，利用世界市场和全球资源发展社会主义，是实现现代社会主义变革不可逾越的外部环境和世界条件。必须在“游泳”中学习“游泳”。在社会主义建设史上，中国是第一个独立自主地作出全方位开放的历史选择，智慧地创建了开放型经济体制，大胆进入和机智利用发达国家为主导的世界经济体系，吸取它们的发展成果，建设和发展社会主义。我们充分把握经济全球化的历史规律和和运行特点，对于世界市场和资本世界通行的体制机制规则方式等，我们在熟悉掌握、信守遵行的过程中逐步摸索出一套促进中国发展、维护中国利益的战略策略。学习需要交纳学费。发展必须付出代价。但是经过复杂艰难斗争，中国人在资本主导的世界里成功地迅速发展、和平崛起了。中国在不到40年里经济增长了上百倍，人民生活极大提高，成为世界第二大经济体。这些已经让西方世界一些人惊恐万状，竟然打出了逆全球化的旗号来阻挡中国的发展。所谓中国被绑在国际资本体系不可持续的观点，完全是无稽之谈，已经不攻自破了。

现代社会主义是世界的，也是民族的。必须走人类文明发展的大道，而没有民族文明根基的社会主义是不能够成功的。我们在马克思主义的指导下，在认真吸纳人类文明成果的同时，对中国古老文明遗产，从“大道之行也，天下为公”到“崇仁爱、重民本、讲辩证、守诚信、倡正义、尚和合、求大同”，这些具有时代价值和世界智慧的文明成果都进行批判继承、开掘弘扬、现代提升，为中国特色社会主义的形成发展提供了丰润的强大的精神滋养、思想智慧、文化资源，形成了推进中华民族伟大复兴、屹立世界民族之林的不竭动力。这些都为尊重本国历史文明，弘扬民族文化成果，独立推动国家发展变革创新提供有益的资鉴。

实践证明，无论是以武装方式还是非武装方式取得执掌国家公共权力的工人政党，都必须进行和平的、民主的、改革的、改良的、渐进的、漫长的变革创新，建设社会主义。这一变革必须经过一系列把人和环境加以全面深刻改造的历史过程，这需要经历许多代人的艰苦卓绝的努力。恩格斯说过，在阶级差别还存在的时代，国家公共权力是一个无法避免的祸害、始终存在着国家公共权力从人民公仆蜕变为人民主人的现实危险。这是现代社会主义变革必须长期面对的一个历史性挑战和最严峻的考验。苏共的垮台、苏联的解体，社会民主党在改良变革道路上的成败进退都告诉我们，决定胜负的关键在于矢志不渝地打造一个忠于社会主义、忠于人民的坚强统一的先进政党。中国共产党总结自己90多年的历史经验，总结现代社会主义的全部历史经验，成为世界社会主义运动中保持最高自觉、自警、自省、自律、自查的马克思主义政党，我们提出了“党要管党、从严治党的”完备思想理念，正确制定一整套的保持党的先进性纯洁性、提高执政能力和领导水平、增强抵御风险和拒腐防变能力的理论路线制度方略，并团结动员全党坚定不移地去推进这个关系党、国家与人民前途命运的伟大社会工程。这在现代社会主义变革史上是史无前例的创造，具有无可估量的历史的和现实的意义。

中国特色社会主义的探索、开拓、创新，沿着人类社会发展的规律、现代社会主义变革的规律发展，我们将信心坚定、百折不挠地奋勇前进，为人类的自由解放、公平正义、和平发展的事业作出中国人的贡献。

（本文原载于《世界社会主义研究动态》2017 年第 4 期）

雄文立壮志　华章吐心声

——读《高放学术思想评论集》

张泽森[①]

一本凝结高放教授半个多世纪以来为马克思主义理论教学和研究而奋斗的文集《高放学术思想评论集》于 2008 年 8 月在全国发行。这本由中国人民大学国际关系学院汇编，由黑龙江人民出版社出版的文集，汇集了 2007 年 9 月 1 日为祝贺高放教授八十华诞而隆重举行的学术研讨会上许多领导、专家和学者的即席讲话和书面发言的全部内容而成。该书深刻而又实事求是地概括了高放教授近 60 年来辛勤耕耘、严谨治学、锐意创新、硕果累累的情况和精神，表达了学术界特别是科学社会主义领域的许多专家学者对高放教授博学善教的精谥赞美，也反映了理论界期盼有更多类似高放教授那样敢于追求真理、无私无畏、勇攀险峰的理论界人士的出现。

这本书展现了高放教授作为一个笔耕不辍、终身奋斗在马克思主义理论战线上的正直学者的形象，简要介绍了他研究国际共产主义运动史、当代世界社会主义、社会主义思想史、马克思主义政治学、中共党史党建、中国政治体制改革、苏联东欧及其他国际问题等领域中的重大成就和事迹，使人深感他的信念、学问、胆识、气度是多么的值得学习和赞扬。尤其令人敬佩的是，他在年逾古稀的情况下，仍然长期手不择卷、广览百书、细阅资料、评点是非，每年都有大量文章资料发表，且获奖良多，真正是“老骥伏枥，壮心不已”。他的责任感和治学精神可以说是理论界的楷模和人民大学的骄傲。

《高放学术思想评论集》由 101 篇文章组成。全书分六个部分：一是在高

① 作者系中国人民大学国际关系学院教授。

放教授八十华诞学术研讨会上的致辞。这部分由时任人大校长纪宝成及理论界知名专家赵宝煦、赵曜等人的重要讲话组成，肯定了高放教授是一名不断进取的探索者，是当前我国学界的一位大师级人物，声言我国学术界已经形成马克思主义的高放学派。二是科学社会主义与国际共产主义运动篇。这部分介绍了高放教授是如何对马克思主义原著进行原汁原味的解读，列出了许多他对马克思主义与社会主义研究的新成果，特别是提出了高放教授是如何对苏联剧变进行评析的。三是社会主义在世界和中国篇。这部分可以说是高放教授在诸多研究领域中的重彩之笔，指出他对当代世界社会主义的研究有许多独到见解，有许多符合当今世界迅速变化情况的分类方法和原则。这里也介绍了高放教授研究当代世界社会主义方面的一些代表作和力作，指出这些立论严谨、行文流畅、引人入胜的著述，内容卓然一家、重点突出、见解独到，叙史论理深入浅出，是不可不读的好书。四是政治学与政治体制改革篇。这部分是高放教授长期忧心国事的表述。许多专家学者认为高放教授提出的有关我国政治体制改革的问题是非常重要，也是非常切实的，特别是他的近期力作《中国政治体制改革的心声》，讲述的是事关国家前途命运的大事，真实地表现了杜鹃啼血的精神。有学者以“杜鹃啼血唤改革，盛世危言诉心声”为题，表达了对高放教授在这方面研究的赞同与钦佩。这一部分还介绍了高放教授对解决我国台湾地区问题的新思路，使人读后颇有新感。五是教书育人与学术风格篇。这部分深入介绍高放教授学术思想的精髓和特点，指出他为何堪称“思想高度解放”的大师。有作者指出高放教授之所以能做到“翰墨功深铸精品，解放思想创新篇”，缘于他的思想境界很高，很注意做到观念更新、与时俱进。更有一些年轻学者指出，高放教授是一位平民学者，也是一位诲人不倦的良师。作为一位良师、大师，他长期无怨无悔地活跃在三尺讲台上和狭小的书房里，其形影早已珍存在许多年轻人和学者心坎中。六是高放教授学术采访录。这部分介绍了一些专家学者同高放教授面谈和采访的体会，他们了解高放教授的历史后，都深为高放教授的经历和志向所感动。他们认为高放教授在肉体和精神上都曾受到过折磨和打击，但是没有使他丧失信心和勇气，相反，他却在逆境中悟出更多真理，探索到更多解决民主等问题的途径。应该说，高放教授的学术品格和学术见解是在磨难中锤炼出来的。他曾说道：“科学工作者不仅要有科学精神、科学态度、科学方法、科学道德、科学作风，更应该矜持独立品格，认真独立钻研，深入独立思考，勇于独立探索，敢于发表独立见解。”这些充满科学发展观精神的见解，是一个正直的老知识分子的内心独白，也是高放教授的人生写照。

综上六点所述，可以看出高放教授的学术思想有一些突出的特点，这就是“广、深、新”三个字。“广”指他涉及的研究范围相当广，“深”指他对每个领域的研究都很有深度，“新”指他事事处处都显现出解放思想、与时俱进的精神。可以说没有这三个字，也就没有人们所敬仰的高放教授了；也可以说这部文集中的每篇文章，甚至每段话都透露出这三个字的光芒和精神。

文集中也提到有些学者对高放教授的某些观点和概念的质疑，希望商榷。这是必然的，也是学科深入发展的表现，从中可以得到一些更深刻的启发和理解。

（本文原载于《科学社会主义》2010 年第 3 期）

高放事业的“既济”与“未济”

——读《高放学术思想评论集》

余元洲

2008 年 8 月，黑龙江人民出版社出版了由中国人民大学国际关系学院编就的《高放学术思想评论集》，这在国内或属第一次。全书近 50 万字，收录了由高放教授之同事、朋友、学生及“编外学生”所撰写的评论文稿 101 篇。这里的“编外学生”，就是笔者。

高放教授对我来说，亦师亦友：师者，传道之师；友者，忘年之交。我与高放老师正式相识，是 1992 年。当时，造访顶斋的目的，是奉导师杨宏禹之命，为博士学位论文事宜而提前拜访。次年论文完成之时，高老师是评阅人之一。自此以后，我多则一年两次，少则两年一次，前往顶斋拜访、讨教。我作为高老师“编外学生”的地位，也因此而确立。

上面说的，是我与高老师相识后的情形。实际上，我对高老师的了解，则远在此前很久，准确地说是 8 年前的 1984 年。当时，我是武汉大学以研究生为主体所组成的学生社团——科学社会主义学会的会长，订有《科学社会主义》《社会主义研究参考资料》和《国际共运》三种刊物。在 1984 年第 1 期的《国际共运》上，我读到了高放教授介绍列宁多党制思想的文章。印象中，该文发在末页和封三，篇幅不长，但有震撼力。循着此文提供的线索，我通读了旧版《列宁全集》（第26卷），对列宁多党制思想的来龙去脉有了较为清晰的了解。后来，本人提出的“政治垄断论”，除受美国经济学家张伯伦的“（经济）垄断竞争理论”一定影响外，主要得益于列宁的社会主义多党制思想。饮水思源，高放教授1984年发表于《国际共运》上的那篇文章，就是我的指路明灯。

接着，还是在武大经济系读研期间，又一件事强化了我对高放教授学术思想的了解。有一次，我从河南信阳回到学校，学会秘书长李自明告诉我：

“昨天，我去华师听了高放教授的一个讲座，题目是《社会主义的昨天、今天和明天》，非常精彩，深受教益。你回河南没能听到太遗憾了！”

他这一说不要紧，我暗自发誓：一定要把没听到这个讲座的损失，想办法补回来！果然，有一天，好像是在1986年毕业前夕，我终于在武汉大学图书馆的开架书库中见到了高放教授著《社会主义的过去、现在和未来》一书，并且借回来一口气读完，算是弥补了没听到那场讲座的缺憾。也因此之故，当我1992年秋在高老师家中拜见他时，已对其学问和思想有了一些了解。这也是我成为其“编外学生”的一个原因。

前面提到，收入《高放学术思想评论集》中的文章有101篇。我在不久前访问高老师时曾对他说“这个101可是个好数字”。高老师问：“好在何处?”我说，有象数意义：100表示圆满，1表示新起点，放在一起就是《周易》上的“既济，未济”。高老师认为我讲得有道理，遂嘱余作文以论之。

《易传》的“序卦”，是对《易经》六十四卦排列顺序的解说。对于六十四卦为何将“未济”置于“既济”之后，其解释是这样的：“……节而信之……有其信者必行之，故受之以‘小过’。有过物者必济，故受之以‘既济’。物不可穷也，故受之以‘未济’。”

这段话的意思是说：节制持中者重诺守信，讲究诚信者必言行一致而致力于践行，身体力行者必会有差错，是为“小过”。而失败乃成功之母，故有小过者必济，是为“既济”。然世事不可穷尽，总有不尽如人意之处，且一事之成正是另一事之始，故“既济”之后必有“未济”之事接踵而至。

以是观之，《高放学术思想评论集》的101篇，正好与此规律暗合。这就是我所说的“象数意义”。

故之习《易》者，一般分为象数和义理两派。今人多重象数与义理二者之统一，笔者便如此。前面我说《高放学术思想评论集》所收101篇评论文章有“象数意义”，事实上已建立在我对《易传·序卦》所提示的“既济，未济”之义理了解和理解的基础上，因此也是象数与义理二者合一。

具体到高放教授的事业来说，其在人大从教50余年，出书50余部，洋洋洒洒500余万言，所带学生桃李满天下，虽谓“贤人七十，弟子三千，不让孔儒”恐亦不为过也，岂非功德圆满而“既济”哉?

然而，如以先生2006年由重庆出版社出版发行的《中国政治体制改革的心声》来看，其事业则远“未济”矣!

总之，在我这个高老师的“编外学生”看来，其学术事业可谓功德圆满，同时也有“小过”微瑕，更有“未济”之虞摆在面前。这不仅要求高放老师利用自己在国内外学界及社会上的名望、地位和影响力，对我国的政治体制改革事业一如既往地呼吁、呐喊，更要求包括本人这个“编外学生”在内的所有弟子们加倍努力，为使高老师的理想和心愿早日实现而努力奋斗!

2009年8月16日

高放教授学术侧记

——跟高放教授学习编写教材的片断记忆

蒲国良[①]

漫漫治学路，虽然充满乐趣，但也颇为艰辛。作为后生晚辈，自觉还是非常幸运的，因为一路走来，时不时总会得到一些学界前辈的眷顾和提点，他们看似不经意的一言一行，甚至片言只语，每每都会让我茅塞顿开，也因而免去了不少弯路。自2002年以来跟随高放教授一起编写和修订《科学社会主义的理论与实践》教材便是一件让我受益多多的事情，让我从中领悟到了学术大家的治学之道。

《科学社会主义的理论与实践》是高放教授领衔主编的一本特色鲜明的教材，初版于1990年7月，迄今已修订至第六版，累计发行上百万册，第七版的新修工作也已经启动。该教材在1994年第二版出版后，一度时隔8年未再

① 作者系中国人民大学国际关系学院教授、世界社会主义所所长，博士生导师。

修订。文脉贵在传承。一个专业，一个学科点，一路走来，都会形成自己的特色，积淀出自己的传统。一本成功的教材也是如此。应该说，一本广受欢迎的教材如果不能延续下去，失了传承，无论出于何种原因，终究是一件憾事。所幸中国人民大学出版社和中国人民大学国际关系学院经与高放教授协商，决定由他继续牵头，组织老中青相结合的队伍，对教材再做新的修订。自此，《科学社会主义的理论与实践》再次得以绽放活力。我于1997年来中国人民大学工作，开始同高老师有了较多的接触。这次教材重修，我有幸加入他的团队，倏忽间已逾15个寒暑，其间亲历了第三版至第六版的修订。高老师无数次的耳提面命，常如醍醐灌顶。这部精雕细琢的教材，不仅饱含着高老师的汗水和心血，也浸透着其为学、为文之道。每每想来，感慨良多。这里仅结合自己的亲历和体悟，试举例一二，与大家分享。

为学重在严谨。教材修订的一个重要方面就是要把最新的材料及时吸收进来。我们的每一版教材之所以都能够广受欢迎，其中一个重要原因就是每次修订时都特别注意站在学科前沿，尽可能把最新的研究成果和最新的材料呈现给读者。但是，新材料的使用却要慎之又慎。在这方面，高老师近乎苛刻的要求给我留下了极深的印象。例如，在修订第四版时，高老师曾打来电话，说看到有关越南的一则材料，虽已询问过多位专治越南问题的专家，但还是有点吃不准，问我是否看到过。我说见过但没采用。但高老师仍然心有不甘，说万一材料属实，我们教材却没有及时采用，未免可惜，但万一错用，又会误导读者，造成难以挽回的后果。他嘱我无论如何，一定要拿到确切的证据。我原本想，像这样的事情何必那样较真呢，但高老师的执着深深地打动了我。无奈之下，我只好求助于驻越使馆的朋友。直到我把这位朋友通过多种渠道求证的结果包括求证过程的详细回复原原本本地电告高老师，才最终了了老人的这桩心愿。这只是我们编写教材过程中的一个小小的例子，实际上，仅就我本人与高老师的有限交往中，这样的故事就有很多。在高老师那里，严谨已不仅仅是一种生活态度，而且已潜移默化为了一种生活方式。高老师不仅对自己为学、为文要求严苛，对我们这些后辈也多有指点。一旦发现我们某篇文章使用的材料不够精确或观点表述不够周延，他都会马上打电话过来，详细指出问题所在。虽然这样的时刻总免不了令人汗颜，但又因有幸得到先生的指点而充满一种别样的“幸福感”，因为每当这个时候，就会觉得自己对治学的感悟又进了一分。

为学重在积累。“治学关键在于勤。”这是高老师在许多场合反复提到的治学要诀。勤，是高老师治学的一个突出特点。提到这个“勤”字，就不能不说到他在资料积累方面的绝活。高老师勤于阅读，但他阅读不仅勤于用脑，而且还勤于动手，剪报、做笔读、做摘要、分类整理……他有一套独特的积累资料的方法，而且能够数十年如一日地坚持不辍。这是非常难能可贵的。我们使用编写和修订教材时使用的不少材料都直接出自高老师长期积累的资料，或者是高老师提供的重要线索。如教材第五版中补充的有关20世纪20年代厚照曾把“共产主义”译为“公共主义”的材料，就是高老师从他的“百宝箱”中翻腾出来的。我本人就从高老师处借阅过十多种不同版本的中外文《共产党宣言》，这都是他在不同时期潜心搜集到的。他还搜集了20种左右版本各异的《乌托邦》汉译本，从1935年刘麟生译本，到近年出现的各种译本应有尽有。广泛而厚实的资料积累是治学的基础，也是治学的基本功。高老师不是收藏家，他搜集这些东西都是出于专业的敏感和研究的需要。积累材料的目的是使用。在这方面，高放老师也为我们作出了很好的榜样。上述厚照的材料就是最典型的例子。再如，高老师利用数十年积累的《共产党宣言》的相关材料，潜心研究，不断有相关成果推出，是学界公认的《共产党宣言》研究专家。又如，在《乌托邦》一书发表500周年之际，高老师对手头搜集到的各种版本的《乌托邦》汉译本进行系统梳理，写出了洋洋洒洒近3万字的《〈乌托邦〉在中国的百年传播》一文。高老师勤于积累材料、善于使用材料，是我们后生晚辈的楷模。

为学重在交流。学术交流是治学的一个重要手段，在跟高老师一起编写和修订教材过程中，我对此又有了更深的认识和亲身体会。高老师很善于进行学术交流。每有疑问，他总是喜欢刨根问底，追本溯源。有时为了弄明白一个概念或者确证一则史实，他会循着线索一个人一个人地打电话求教，国内长途电话于他是寻常事，越洋的国际长途也不罕见。每有所得，他又总是喜欢与人分享，并在彼此交谈中进一步完善自己的思想。例如，在发现有文章提到“陈望道将《共产党宣言》的首句译为：‘一个幽灵，共产主义的幽灵，在欧洲徘徊’，并采取‘幽灵’加上注解的办法来解释马克思、恩格斯的原意”的说法时，他依据作者提供的线索，顺藤摸瓜，沿波讨源，逐一查证，每每找到一位作者，他都会认真询问对方为什么这样讲，根据何在等。通过这种交流，他不仅自己弄清了事情的原委，还专门写成《治学当下苦功，避免以讹传讹》一文，以正视听。北大孔寒冰教授曾多次谈到高老师为他与许宝友所著《国际妇女节起源考》一书撰写5万多字长序的事情。其实这件事情从头至尾我都算是一个“亲历者”，因为当时我曾应高老师的要求，动员本专业的十几名研究生到各大图书馆帮他查找、核实相关资料。高老师也曾详细谈了他同作者本人、同国内相关专家就相关问题进行的交流，以及如何在国内国外查找相关资料的细节。在我们编写和修订教材过程中，也时不时会接到高老师的这类电话。电话交流的时间一般都比较长，半个小时或者一个小时一般都算不了什么，但这种“聊天”于我则是一种享受，所谓“听君一席话，胜读十年书”，这时才是真正地感同身受。

为学重在批评。交流离不开批评，即真正的学术讨论。学术批评面前既无尊卑之分，也无老幼之别。高老师对于真正的学术争论有一种天生的偏好，对于不同意的观点，无论是来自官员还是学者，前辈、同辈还是后辈，他都乐于开展商榷。或者写商榷文章，或者当面讨论，或者电话交流。虽身为学界泰斗，但在当面或电话交流中，他都是用一种征询的口气，且异常平和，在认真听取对方的意见之后，自己再娓娓而谈，抽丝剥茧，条分缕析，即使不能说服对方，也绝不会摆出一副居高临下的阵势，以势压人。如果觉得对方讲得有道理，他则会欣然接受。在同高老师的长期交往中，我不仅亲眼见到过这类场面，而且在编写和修订教材期间，还曾多次亲身经历过这类争鸣。例如，在修订第六版时，由于对学界长期把“乌托邦社会主义”译为“空想社会主义”不甚满意，而且我知道当时高老师在一定程度上也是赞成使用“空想社会主义”这一译法的，所以在这次修订时，我特意在“乌托邦”一词第一次出现的地方加了一个小注，以图说明该词的完整意思，并暗示约定俗成地把“乌托邦社会主义”译为“空想社会主义”并非上选。但细心的高老师还是发现了这个微小的变化，并打来电话。在耐心听完我的解释之后，他虽然认为我的注释表述不够严谨，并建议把注释删去，但也对文中原有表述作了处理。更为可贵的是，高老师的思考并未因此止步。老人不仅又打来电话，认可了由他主编的《世界社会主义五百年历史人物传略》这套丛书中我所承担的托马斯·莫尔的传记的书名舍弃原来的“空想社会主义”这一定说而使用“乌托邦社会主义的首创者”，而且此后他又多次写文章阐述汉译“乌托邦社会主义”一词比“空想社会主义”更为严谨、准确，呼吁恢复Utopian Socialism一词的本来面目。这让我对老人的钦敬又增加了一分。

为学重在情怀。自认识高老师起，印象最深的就是他身上始终保有的那种赤子情怀，就是他著述中字里行间所散发的那种家国情怀、天下情怀、人文情怀和现实关怀。这种情怀在教材编写过程中也多有流露。在当面交谈和电话交流时，他每每提起当年投奔解放区以及走上钻研马克思主义和国际共产主义之路时，都会联系现实，生出无限感慨，那颗忧国忧民之心，那份拳拳报国之情，凡用心去倾听的，很难不为之动容。凡同先生接触的人，凡认真阅读先生文字的人，都能且实感觉到国家安定、社会和谐、人民安康、人类大同，始终是他的理想、他的话题、他的事业。在编写教材时，高老师经常提醒我们时刻都不要忘记，教材的目的就在于资政育人，所以要讲真话，不要自欺，更不要欺人。“治学不为媚时语，独寻真知启后人”，这是高老师欣赏的戴震的名句，他也是这样要求自己和要求我们的。至于自己穷半生之功、尽绵薄之力，不停地呼吁、呐喊究竟功效如何，他的回答便是宋朝诗人王令的名句：“子规夜半犹啼血，不信东风唤不回。”高老师的执着情怀很值得我们后辈效法。

2017 年 5 月

理论界泰斗　后学者楷模

——祝贺高放教授九十岁寿辰

杨德山①

今年 2 月高放教授身体健康、精神矍铄地度过了九十大寿。端午节那天，我带着刚留校执教的周家彬博士到高老师的家里拜访他。简朴的住所堆满了书报杂志，陈旧的书桌铺陈着半截稿件，衣着随意的高老师邀请我们围坐在茶几前叙话。话题从家彬的博士毕业论文内容——20 世纪三四十年代国际革命理论与中国革命理论的互动状况开始。在不到一小时的谈话中，高老师深邃的思维，开阔的视野，中肯的指正，令我们受益匪浅的同时，更加肃然起敬——这就是一位年逾九秩，在马克思主义学术界、理论界耕耘了七旬的大师的精神、生活、工作状态。

归途中，我向家彬回忆了与高老师交往的一些片断。我是在做大学本科毕业论文“初级阶段与过渡时期比较”时开始认真读高老师 20 世纪 80 年代的相关著述的，为其中观点之新颖，思想之解放，阐述之清晰所折服。

① 作者系中国人民大学中共党史系教授、博士生导师，党史党建教研室主任。

当然，也茫然于行文中对经典作家论述的理解和运用。20 世纪 90 年代初，我在中国人民大学读硕士、博士，以为能在公共政治理论课、理论前沿课的课堂上聆听高老师的卓见，但未能如愿。见到高老师真人已经是 1999 年夏天，当时我策划主编一套西方政党学名著的翻译方案，商务印书馆要求找一名政治学界顶级专家写份鉴定意见，由于业师林茂生教授生病已不能写字，我就冒昧地电话联系高老师。没想到，高老师非常高兴地约我到他家谈谈。在他家，高老师了解了我的来意，认为这是一件给政党学研究做基础工作并积德行善的事情，鼓励我认真做好，欣然同意帮助我。从此以后，我跟高老师熟络起来。尤其是 21 世纪之后，由于我的工作环境和教学科研涉及的领域多与高老师有交集——诸如政治体制改革、人民民主建设、党内民主建设等，遇到自己不明白的理论问题，特别是看了他的著述还不明白的问题，总是打搅他，而他又总是诲人不倦，甚至师母提醒他注意身体时依然如此，弄得我有时倒过意不去。

每念及此，我觉得，高老师值得我们学习的地方很多，这里谈三点：

第一，作为一个理论工作者，应该有自己坚定不移，与历史潮流相一致的学术价值立场。马克思主义理论是科学、是真理，研究它的学者更应该具有求真务实、孜孜以求的精神，不为非科学、非学术因素干扰的定力。查阅高老师的作品，浏览他历年的讲课视频，我们会看到，从改革开放之初至今，尽管时势跌宕起伏，有时外界对他个人处境也很不利，但他一直坚持站在马克思主义的立场上，站在党的十一届三中全会路线的立场上，站在科学地研究马克思主义理论的立场上，为时代发展而写而讲，不做“墙头草”“两面人”。这需要信仰！需要勇气！需要担当！需要超脱！

第二，作为一个学者，面临浩瀚无涯的学海，只能以苦为舟；面对高耸入云的书山，只能以勤为径。高老师的住所很简陋，没有人们想象中的窗明几净，也不似幽雅清静，除了书，就是书。尤其是依墙的书架上，一个个牛皮纸袋装着资料，高老师总能如数家珍地给你道来每个专题的来龙去脉。每一本书，讲了什么，没讲什么，他都能告诉你缘由。特别是对哪本书的位置和去向更是了如指掌。爱书、读书，思考、习作、传授，这应该是高老师生活的主旋律。很难想象，当今的学人谁能在近 40 年的时间里公开发表了近 700 篇学术、理论文章，而且是认真的、有感而发的。除了天资，不是“苦”、不是“勤”，还能是什么？

第三，作为一个老师，传道、授业、解惑是天职，高老师的“教学三部曲”已有心得说明。但是，在高等学校职场之外做个“老师”却不那么容易——没有名，不图利，甚至没有交情的回报。我认为，这一点高老师完全做到了。我想这除了对自己专业的热爱，对年轻人的鼓励之外，就是对学科未来发展的寄望——这需要无私、宽广的胸襟！只有大师、人师才能达到的境界。

高放教授今年九十大寿了，他是中国人民大学的瑰宝、骄傲，是当今中国理论界的泰斗，是我们这一代学人以及后来学人们的楷模——让我们都来学习他！

祝敬爱的高老师健康，愉快！

2017 年 8 月 12 日于中国人民大学人文楼

向高老师学习，生命不息，奋斗不已

——祝贺高放老师九十华诞

徐世澄[1]

我工作的单位是中国社会科学院拉丁美洲研究所，它位于北京东城区张自忠路 3 号大院的东部，高放老师的家所在的中国人民大学红楼居民区在同一个大院的西部。因此，可以说高老师与我们拉美所是“邻居”。

20 世纪 80 年代初，原属于中联部的拉美所、苏联东欧所、西亚非洲所和东南亚所等转而归属中国社会科学院，根据社科院对研究所编制的要求，拉美所成立了科研处，我被任命为第一任科研处处长。不久，所成立了学术委员会，开始评定职称；与此同时，与其他所一样，开始招收研究生。时任拉美所副所长的沙丁研究员曾是中国人民大学的教授，通过他，拉美所聘请了中国人民大学的高放、李春辉和吴大琨等教授给拉美所首批研究生讲课，并请他们为最初几批申请副研究员和研究员的研究人员写推荐信。作为分管职称评定和研究生工作的科研处处长，我曾多次到高老师和其他老师家中进行联系。20 世纪 90 年代初，我申请研究员职称时，高老师也曾为我写推荐信。

---

① 作者系中国社会科学院荣誉学部委员，拉丁美洲研究所研究员，原副所长。

因我本人专门研究拉美政治、拉美共运、社会主义运动和拉美左翼，因此，多年来，我曾多次在相关的研讨会上聆听高老师的精彩发言。我也认真地拜读了高老师主编的《科学社会主义的理论与实践》等著作以及他所发表的许多有关国际政治、国际共运和世界社会主义的文章，他对共运、社会主义运动、苏联解体原因和应吸取的教训等问题的精辟和独到的分析，对我有很大的启发和帮助。

我在2008年退休前，经常与高老师在张自忠路3号大院里见面，他每天早上和下午都会在院子里散步，我利用机会，向他请教一些问题，他总是十分耐心地解答我的问题，与我交流对一些问题的看法，并对我进行谆谆教导。每当我出版一本新的著作，我都会高兴地赠送给高老师，请他批评指正。

值得一提的是，高老师曾为2002年当代世界出版社出版的祝文驰、毛相麟和李克明著的《拉丁美洲的共产主义运动》一书撰写了题为《拉美共运特点和拉美发展前景》的序言。高老师把拉美共运的特点概括为拉美共运起步早、外部力量起了很大推动作用、在苏联和共产国际推动下得到广泛发展、拉美共运受到多种社会思潮的干扰和冲撞、20世纪60年代以来有新的创举但又遇到重大困难和严重挫折五大特点。他精辟地指出，从拉美发展的全局来看，未来大多数拉美国家的社会主义进程也将是渐变性、渐进性、长期性、长征性的。[①] 最近十多年拉美共运和社会主义运动发展的实际情况证明了高老师的看法是正确的。

屈指算来，我和高老师认识已经近40年了，高老师一直是我学习的榜样。我认为，在以下几个方面，我应该好好向高老师学习：

第一，学习高老师不为名、不为利，全心全意“探究真理、咨政育人、振兴中华、造福人类”的高尚的人生境界。作为一位国内外享有盛名的学者，高老师在生活方面从来没有向组织上提出过要求。高老师的家在张自忠路3号段祺瑞执政府旧址院子里，房子在四层，只有90平方米，没有电梯，每天上下都得爬楼梯。他家的书房里堆满了书，几乎没有下脚的地方。他的房间没有装修过，摆放着20世纪七八十年代的旧家具。要知道高老师是1950年中国人民大学创办时期的元老，2009年被评为人大唯一的政治学科的荣誉一级教授。

---

① 祝文驰、毛相麟、李克明著：《拉丁美洲的共产主义运动》，当代世界出版社，2002年，第1—13页。

第二，学习高老师在做学问方面，坚持辩证唯物主义和历史唯物主义的立场、观点和方法，不唯书、不唯上、只唯实，做到思想解放、认知创新，敢于提出自己的新见解，不随波逐流、左右偏颇。这说明，高老师具有高度的科学精神、高深的哲学素养和高超的观察能力。

多年来，高老师提出了许多独到的观点，如他认为，世界社会主义的历史应该自 T. 莫尔《乌托邦》一书 1516 年发表时算起，已走过了 500 年历程；他将当今世界共运的新成就和新特点归纳为独立自主发展，社会主义国家的改革开放，资本主义世界共产党的多元化、多党化等，他主张国际共运战略应从暴力革命、狂飙突进转变为和平发展、逐步渐进，议会斗争和平掌握政权有了实例，国际联系采取了新的形式；他认为，现在的西方资本主义是社会资本主义。他不同意将民主社会主义视为我们的敌人，而应视为朋友，至少可成为我们统战的对象；他认为，我们要坚持并发展科学社会主义，同时还要善于借鉴并联合民主社会主义，这样才有利于促进世界的和平、发展与合作，共同构建和谐世界。

他从苏联的兴亡中概括归纳出 10 个要点。一是苏联在建党、建国和建设中取得重大成就；二是苏联社会主义三次显示出先进性和优越性；三是苏联社会主义社会从 20 世纪 30 年代建成起就存在三大矛盾；四是苏联由斯大林带头实行专制政治体制；五是苏联社会缺少社会主义自由、民主与法治；六是苏联在斯大林之后三次延误改革开放；七是苏联社会到 20 世纪 80 年代末爆发经济、政治和民族危机；八是苏联后期党内出现保守派、改良派和激进派三派较量；九是苏联三派激烈斗争三年，终致亡党、亡国、亡制；十是从苏联剧变中应当总结并且吸取三个历史教训。高老师认为，苏联剧变的根本原因在于斯大林时期形成的苏联社会主义模式有严重弊病，苏联几代领导人长期没有认识这些弊病，或者稍有认识，但是为了维护官僚特权集团利益，拒不进行体制内改革，一再延误改革；拖延至末任总书记戈尔巴乔夫后期，积重难返，回天乏力，戈尔巴乔夫被迫转向体制外改革，引进西方总统制与多党平等竞争制，终致亡党、亡国、亡制（社会主义制度），其教训极其深刻。我们要坚持体制内改革，要改革掉苏联模式弊病，才能形成具有中国特色的社会主义。

高老师的一些观点，在开始时常常受到争议，但后来为领导层和其他学者所接受和采纳。另一些观点，虽然至今仍未被一些人所接受，但至少受到人们的尊重。

第三，学习高老师“活到老，学到老”的精神，勤学习，勤思考。高老师今年已经90高龄了，但他每天坚持阅读书籍和报刊资料，坚持独立思考并笔耕不辍。最近，在《中国社会科学》2017年第5期上，我们高兴地读到高老师撰写的长文《乌托邦在中国的百年传播》，文章翔实地考察了《乌托邦》这部经典名著在中国的百年传播及其影响，并且在最后，他还建议今后的译本应改名为《优托邦》。我们不禁为高老师扎实的学术功底和缜密的思维感到由衷的佩服。高老师告诉我，这篇文章他前后写了3个月，对每条注释都经过了仔细的核对。

当前，社会上有股急躁、焦虑的情绪。反映在学术界，表现为急于发文章、急于拿学位、急于出著作、急于评职称、急于拿奖项，甚至不惜抄袭他人的成果。而高老师为人师表，以实际行动告诉我们：做学问，要脚踏实地，要学会坐冷板凳，不图虚名，求真务实，若想在科研中取得一点成绩，都要下很大功夫。

我本人今年已经75岁了，我一定会以高老师为榜样，“活到老，学到老”，生命不息，奋斗不已！祝高老师健康长寿！

2017年5月

一位主编和一套丛书

——高放教授与《世界社会主义五百年历史人物传略》

芮宗金①

翻开历史的卷轴，五百年可谓不长，但对于社会主义来说，自1516年英国人托马斯·莫尔疾笔《乌托邦》，破天荒地提出空想社会主义主张后，从空想到科学，五百年社会主义走过多少沧桑，划过多少璀璨的人物，星星点点，构成了社会主义发展的重要脉络。

2013年1月5日，习近平总书记在新进中央委员会委员、候补委员学习贯彻党的十八大精神研修班的讲话中指明：“从提出社会主义思想到现在，差

① 作者系中国工人出版社原党委书记、社长。

不多五百年时间。”社会主义五百年概念的提出，成为中国工人出版社策划社会主义运动领域选题出版的重要契机。

成立于1949年7月15日的中国工人出版社，一直致力于工人运动史的出版工作。20世纪五六十年代，《我的一家》《把一切献给党》等一大图书红遍大江南北，迄今还是进行中国革命传统教育的经典作品。在社会主义五百年到来之际，中国工人出版社领导班子意识到，社会主义走过的五百年同时也是国际工人运动和工人阶级形成、发展的五百年，挖掘这一时期的历史人物，不仅是弄清五百年社会主义发展史的重要线索，同时更是研究科学社会主义形成的重要思路。中国工人出版社应当在此用力。

2013年春节刚过，中国工人出版社就作出了出版《世界社会主义五百年历史人物传略》丛书的设想。希望在丛书中，将世界工运历史与人物传记结合起来，通过追寻社会主义发展历史进程中重要人物的思想、人生足迹，从而勾勒出社会主义五百年发展的宏大历史场景。

但这样一套丛书政治性很强，需要一位学养深湛的学者作为主编，进行选材、把关并对出版社的编辑工作加以指导。更重要的是贯彻统一的写作思路，作为这套书的灵魂。最终通过考虑、权衡，出版社诚邀高放教授担任这一套丛书的主编和顾问。

高放教授是著名的学者，政治学家、共运史学家、马克思主义学家、社会主义学家。2009年，高放教授被中国人民大学授予荣誉一级教授称号，成为我国人文社会科学领域首批受聘或受颁一级教授的23名学者之一，具有与两院院士相同的学术影响力，在学术界被誉为“思想高度解放”的学者。1993年以来，高放教授先后出版《高放文集》9本，分别为《马克思主义与社会主义》《社会主义在世界和中国》《国际共产主义运动别史》《纵览世界风云》《高放政治学论萃》等。在半个多世纪的学术生涯中，高放教授长期致力于马克思主义、科学社会主义、政治学等领域问题的研究，以勤勉的治学精神，严谨的治学态度，创新的学术观点、丰富的学术思想，在学术理论界享有崇高的声誉。能请到这样一位德高望重的学者担当主编，是打造好《世界社会主义五百年历史人物传略》丛书的关键。幸运的是，高放教授听罢出版社领导的设想后，欣然同意担纲丛书的主编。

2013年7月，中国工人出版社召开了由马列主义、社会主义等相关专业领域的专家学者、出版界同仁参加的论证会，经过充分的讨论后，《世界社会主义五百年历史人物传略》丛书正式立项。在高放教授的指导下，这套书以唯物史观为理论基础，遵循中国特色社会主义事业建设需要，站在时代的高度，从五百年来世界社会主义思想形成、运动、发展和实践的历史进程中，选取了25位社会主义思想家、活动家、革命家、政治家，讲述其人生故事、思想成果和历史地位，形成20种历史人物传记，他们是莫尔、圣西门、傅立叶、欧文、马克思、恩格斯、鲍狄埃、倍倍尔、威廉·李卜克内西、卡尔·李卜克内西、列宁、克鲁普斯卡娅、卢森堡、斯大林、葛兰西、季米特洛夫、蔡特金、伊巴露丽、铁托、德布斯、福斯特、马里亚特吉、格瓦拉、片山潜、胡志明。

2013年9月，中国工人出版社约请部分作者举行了丛书编辑创作座谈会，与会作者就丛书作者、内容、体例等方面进行了充分的讨论。高放教授提出了丛书的写作要求与注意事项，并统一了全书的写作思路和思想。在之后的图书出版过程中，高放教授不辞劳苦，工作认真负责，为丛书传主的确定、作者的遴选、内容的审核做了大量工作。高放教授选定的作者，都是相关专业领域的专家学者，大多是北京大学、中国人民大学、中央党校、国家教育行政学院等高校研究机构的教授和博导。

2014年7月，在高放教授的全力支持下，《世界社会主义五百年历史人物传略》丛书申报了国家出版基金项目，2015年年初，申报成功，获得了重要的资金支持。2015年年初，历经三年多，丛书的各个分册全部完成出版，并成功结项。

《世界社会主义五百年历史人物传略》丛书出版后，在社会上引起了良好的反响，各大媒体纷纷报道，中华全国总工会职工书屋办公室也把这套丛书作为各地职工书屋的必读书目进行了推介。这是进行社会主义五百年历史教育、社会主义核心价值观教育，引导读者大众了解、认识、宣传社会主义的重要图书。该丛书具有很高文献价值和文化积累价值，具有较高的社会效益，能够为当前建设中国特色社会主义提供有益的借鉴，增强中国人的道路自信、制度自信和理论自信。可以说，丛书是我国在新时期出版的第一套以人物传略为形式的世界社会主义历史和理论的通俗政治读物，具有非常重要的社会价值。

这，就是高放教授和他主编的《世界社会主义五百年历史人物传略》——一位主编和一套丛书的故事。

2017年5月

附:《世界社会主义五百年历史人物传略》丛书目录

1. 《莫尔》
2. 《圣西门、傅立叶、欧文》
3. 《马克思》
4. 《恩格斯》
5. 《鲍狄埃》
6. 《倍倍尔》
7. 《威廉·李卜克内西、卡尔·李卜克内西》
8. 《列宁》
9. 《克鲁普斯卡娅》
10. 《卢森堡》
11. 《斯大林》
12. 《葛兰西》
13. 《季米特洛夫》
14. 《蔡特金》
15. 《伊巴露丽》
16. 《铁托》
17. 《德布斯、福斯特》
18. 《马里亚特吉、格瓦拉》
19. 《片山潜》
20. 《胡志明》

耳目一新

对《马克思主义与社会主义新论》的评论

居高放眼观世界，呕心沥血创新论

——拜读高放教授《马克思主义与社会主义新论》

朱妙宽[①]

最近，笔者拜读了我国著名马克思主义理论家高放教授的大作《马克思主义与社会主义新论》（以下简称《新论》）。这是高放教授于2012年12月由黑龙江人民出版社出版的一部著作。收入本书的69篇文稿，每一篇都不是敷衍塞责的应景之作，而是尽心尽力写出新意的创新之作。本书以彻底的深思精神研究马克思主义，以严谨的科学态度研究社会主义，以宽广的国际视野研究世界资本主义和世界社会主义，以客观的现实眼光研究中国特色社会主义。有幸读到这部著作的读者，都会学习到书中提出的不少新论点、新论断、新论述、新论析、新论证、新论据，感到新风扑面、受益良多。根据笔者初步拜读的体会，本书对马克思主义理论体系作出了多方面的发展创新，并对马克思主义理论的进一步发展创新具有多方面的启迪意义，堪称是一部发展创新马克思主义的科学著作，具有极大的认识世界、传承文明、创新理论、咨政育人、服务社会的重要作用、高放教授不仅忠贞不渝地传承和发展了马克思主义——人的解放学的科学真理，而且不折不扣地继承和发扬了马克思、恩格斯为了全人类的解放、为了人的解放学而贡献毕生心血的伟大创造精神和献身精神。我们拜读高放教授《新论》等重要著作，不仅要学习他发展创新马克思主义的丰硕成果，而且要学习他矢志不移、百折不挠、生命不息、探索不止的求实精神和创新精神，学习他居高放眼观世界、呕心沥血创新论、春蚕到死丝方尽、蜡炬成灰泪始干的伟大人格和高贵品质。下面仅仅略谈自己初步的学习心得。

一、《新论》对马克思主义多方面的发展创新

（一）以彻底的深思精神研究马克思主义，原原本本地传承理论

《新论》第一编关于马克思与马克思主义。作为毕生研究马克思主义的资

---

① 作者系中共江苏兴化市委党校教授。

深专家，作者对马克思主义的定义、组成部分、来龙去脉，都以恩格斯所说的德国人的“彻底的深思精神或深思的彻底精神”① 作了寻根究底的研究，提出了许多独到的见解和创新的观点。

1. 关于马克思主义的定义

根据作者寻根究底的研究，最早是列宁在 1914 年提出了“马克思主义是马克思的观点和学说的体系”的定义。之后，斯大林在 1938 年第一次具体指明：“马克思主义的理论是关于社会发展的科学，关于工人运动的科学，关于无产阶级革命的科学，关于共产主义社会建设的科学。”到 1950 年，斯大林又给马克思主义下定义说：“马克思主义是关于自然与社会发展规律的科学，是关于被压迫和被剥削群众的革命的科学，是关于社会主义在一切国家中胜利的科学，是关于共产主义社会建设的科学。”② 1981 年，在《中国大百科全书》请高放教授撰写“马克思主义”词条时，经过深入思考和反复比较，他认为不能再简单照引列宁或斯大林的语录，更不能照抄外国的大百科全书，提出了一个新定义：马克思主义是“国际无产阶级领袖和导师卡尔·马克思和弗·恩格斯创立的人的解放的科学”。还可以简化为：“马克思主义是人的解放学。”并指出，马克思主义作为人的解放学，它旨在使科学技术和社会生产力高度发展到足以消灭工农、城乡、脑力和体力劳动三大差别，足以消灭阶级对立和阶级差别，从而使全世界无产者和全人类都能免除繁重的劳动，摆脱自然和社会任何形式的奴役，达到每个人都能全面自由发展，最终建立“自由人联合体”，实现高度自治，过上幸福美满的生活。他指出，这一定义完全符合马克思、恩格斯思想的本意，符合马克思主义的精神实质。③ 根据高放教授的定义和解释，笔者认为，可以把马克思主义进一步定义为“人的自由幸福学”。在这里，自由是解放的结果，幸福是自由解放的最终目的，是人（包括每个人和全人类）的终极目标。这一定义在内涵上与高放教授的定义、与马克思、恩格斯的本意是完全一致的，而在用语上更为贴近实际、贴近生活、贴近群众，可以雅俗共赏，更有利于实现马克思主义的通俗化、大众化，有利于提高马克思主义的吸引力、凝聚力。

高放教授指出，马克思主义作为人的解放学，包括实现五个解放，即从艰苦劳动中解放出来，从贫穷苦困中解放出来，从愚昧无知中解放出来，从

---

① 《马克思恩格斯选集》（第 3 卷），人民出版社，1995 年，第 695 页。
② 高放：《马克思主义与社会主义新论》，黑龙江人民出版社，2012 年，第 59 页。
③ 高放：《马克思主义与社会主义新论》，黑龙江人民出版社，2012 年，第 60—61 页。

社会奴役中解放出来，从自然奴役中解放出来，达到每一个人自由全面发展，人人成为自由人，建立自由人联合体。他认为，为了实现人的解放，应该研究马克思提出的人类解放的五大规律，即掌握自然社会与思维发展规律，资本主义社会发展规律，社会主义革命规律，社会主义建设规律，社会主义政党建设与执政规律。[1] 这使我想起段若非研究员对马克思主义所作的定义：马克思主义是关于世界发展普遍规律的科学，特别是关于社会历史发展规律的科学。[2] 这个定义有如下特点：其一，几个判断层层递进，组成一个整体；其二，突出了马克思主义创始人一再强调指出的他们的两大发现（社会历史发展规律和资本主义社会特殊运动规律——剩余价值规律）；其三，反映了马克思主义的三个组成部分和它们的内在逻辑联系。笔者认为，这两个定义异曲同工，互相补充，段若非的定义更为明确，高放教授的定义更为简明扼要。

综合我国实际情况，掌握五大规律、实现五个解放，就必须遵循党的十八大精神，推进五大建设，达到五大目标，提升五个指数：推进五大建设就是落实党的十八大报告提出的经济建设、政治建设、文化建设、社会建设、生态文明建设五位一体总体布局；达到五大目标就是达到党的十八大提出的全面建成小康社会的五大目标，即经济持续健康发展，人民民主不断扩大，文化软实力显著增强，人民生活水平全面提高，资源节约型、环境友好型社会建设取得重大进展；提升五个指标就是提升国民幸福指数的五个指标，即提升人民的物质丰裕感、政治清明感、精神充实感、社会和谐感、生态舒适感。理论上的五大规律、五个解放与实践中的五大建设、五大目标、五个指标是完全一致的，这充分证明，党的十八大精神是以马克思主义为指导、与马克思主义一脉相承的，是马克思主义理论与中国实践相结合的最新成果；而马克思主义理论与我们党的事业、与我国人民的福祉是紧密联系、息息相关的。

2. 关于马克思主义的组成部分、来龙去脉和发展方向

《新论》一书对马克思主义的三个来源和三个组成部分作了追根溯源的探讨，以无可辩驳的论据论证了马克思主义“三个来源”的译文准确无误；马克思主义确有三个组成部分；列宁第一次明确提出“马克思主义的三个来源和三个组成部分”的观点；各个组成部分的关系应该是“一个核心（社会主义学）、两个基础（哲学、政治经济学）、十几个周围部分”，周围部分包括

① 高放：《马克思主义与社会主义新论》，黑龙江人民出版社，2012 年，第 452 页。

② 奚广庆：《高放对马克思主义整体研究的开拓》，载《高放学术思想评论集》，黑龙江人民出版社，2008 年，第 27 页。

人学、政治学、法学、军事学、社会学、伦理学、历史学、文化学、教育学、人类学等。[①] 对马克思主义不仅要按三个组成部分进行研究，还要加强整体研究，要全面研究人的解放学。

由于马克思主义是发展着的理论，具有与时俱进的理论品格，所以高放教授特别重视理论创新。他指出："理论研究贵在创新，然而在马克思主义科学、社会科学这样首要重要的领域，一个民间普通学者要敢于创新是极其困难的，甚至是要冒很大风险的。然而我们既然已经饱受'左'祸之害，又打破了个人崇拜和个人专制体制，一个有良知的学者理应不唯上、不唯书、只唯实，无私无畏，从推进社会进步、增进人民福祉、振兴国家民族出发，经过自己刻苦钻研，敢讲真话、实话、新话、深话，在学术上有所建树，不能墨守成规，人云亦云，更不能'左'右逢源，随风转舵。"[②] 他相信，凡是以科学态度认真研究马克思主义的学者都能对发展马克思主义科学有所建树。[③] 笔者以为，像高放教授这样 60 多年如一日解放思想、独立思考、实事求是、上下求索，刻苦钻研马克思主义，发展创新马克思主义的不一定是政治家，也可以是理论家；不一定是大人物，也可以是小人物。即使是名不见经传的小人物，只要对马克思主义理论作出了某个或某些方面的发展和创新，也应该承认他们为马克思主义的继承者、发展者和创新者。究竟是不是马克思主义的继承者、发展者和创新者，不是看某人的职务和地位，而是看他对马克思主义理论有无创造性的、科学性的独到见解和发展创新。要振奋小人物的大无畏的创造精神。领袖人物、专家学者、平民学者对马克思主义的认识、理解和思考各有优势和劣势、长处和短处，要互相取长补短，靠领袖人物、专家学者、平民学者三结合的共同努力和集体智慧，共同从各方面把马克思主义推向前进。

马克思主义作为发展着的理论，已经经历了一系列的发展阶段，今后还要经历十几代人、几十代人的发展创新，还要经历十几个、几十个发展阶段。我们今天对马克思主义的认识与 30 年前的认识已经有了重大突破和创新，30 年后、300 年后，人们对马克思主义的认识必然还有更加重大的突破和创新。党的十八大党章中写着："中国共产党以马克思列宁主义、毛泽东思想、邓小平理论、'三个代表'重要思想和科学发展观作为自己的行动指南。"如果马

① 高放：《马克思主义与社会主义新论》，黑龙江人民出版社，2012 年，第 13 页、第 48 页、第 53 页。

② 高放：《马克思主义与社会主义新论》，黑龙江人民出版社，2012 年，自序第 3 页。

③ 高放：《马克思主义与社会主义新论》，黑龙江人民出版社，2012 年，第 86 页。

克思主义再经过几十个发展阶段，我们党的行动指南将要写得很长。由此可见，把马克思主义区分为创始人的马克思主义和继承人的马克思主义，既有必要，也有可能。

（二）以严谨的科学态度研究社会主义，系统全面地创立社会主义科学

恩格斯说过："社会主义自从成为科学以来，就要求人们把它当作科学看待，也就是说，要求人们去研究他。"① 高放教授正是把社会主义作为一门科学来研究的。他在《新论》一书中以严谨的科学态度把社会主义作为一门科学进行了多方面的深入研究。下面仅略举几例。

1. 关于科学社会主义和社会主义科学

在《新论》第二编科学社会主义中，作者首先指出："在百科新兴科学中，首要的一门科学是科学社会主义，因为它是从总体上指导我国社会主义现代化的科学，又是指引全世界改变资本主义并走向社会主义、实现全人类解放和世界大同的科学。"② 接着他寻根究底地研究了科学社会主义的产生、基本原理、名称的由来及其发展的三个时期、研究对象和内容、研究方法和发展前景。他指出，科学社会主义的内容应该面向全世界、面向当代、面向未来。从纵向来看，科学社会主义应该全面总结历史经验，着重分析现实问题，具体预测未来趋势；从横向来看，科学社会主义应该着重研究社会主义国家、发达资本主义国家、亚非拉发展中国家这三类国家如何实现社会主义的问题。

接着，书中研究了科学社会主义与社会主义科学的区别和联系，指出："'社会主义科学'与'科学社会主义'二者既有密切联系，又有很大区别。科学社会主义是一门科学，而社会主义科学却是一门首要的大科学，它除包括科学社会主义这门基本理论科学外，还包括社会主义历史学、社会主义现状学、社会主义未来学等。""社会主义历史学又可细分为社会主义思想史、社会主义运动史、社会主义制度史等，既有综合性的（如世界的、地区的），又有国别性的。"社会主义思想史，又称社会主义学说史，主要内容是国际共产主义运动史，它是研究以科学社会主义为指导的共产主义政党领导无产阶级和人民群众为在全世界实现社会主义、共产主义而斗争的历史进程和历史规律的科学。社会主义制度史，是研究各国社会主义制度产生和发展的历史

① 《马克思恩格斯选集》（第2卷），人民出版社，1995年，第636页。

② 高放：《马克思主义与社会主义新论》，黑龙江人民出版社，2012年，第96页。

进程和规律的科学。社会主义现状学，是研究第二次世界大战后，尤其是20世纪六七十年代以来当代世界上各种自称社会主义的思潮、派别、运动和国家的现状及其发展变化规律的科学。重点是研究当代执政的社会主义政党的理论、政策和实践。社会主义未来学，是研究各国和世界社会主义发展趋势和前景的科学。近几年还兴起了“比较社会主义”“社会主义改革学”“社会主义干部学”“统一战线”等学科的独立研究。社会主义经济学、社会主义政治学、社会主义法学、社会主义文化学、社会主义教育学、社会主义社会学、社会主义新闻学、社会主义文艺学等，也可以列入社会主义科学这门大学科之内。看来，社会主义科学这门首要大科学，随着社会主义事业的发展会日益繁荣昌盛。他认为：“在社会主义这门大科学中，还应该建立一门基础学科——社会主义学，这是研究如何建立和实现人类理想社会的一门综合性科学。”① 这使我们看到，社会主义确实是一门科学，而且是一门内容极其丰富、极其重要的大科学，是具有历史性、全球性、多领域、多侧面的立体科学，是一切社会科学中的一门首要的科学。既然如此，理所当然地要求人们把它当作科学看待，从各方面去研究它、丰富它、发展它、创新它。

2. 关于社会主义社会是一个独立的社会形态

《新论》一书研究和论证了社会主义是一个独立的社会形态。书中回顾了从20世纪80年代以来，报刊上屡见有学者提出这样的新理论观点：社会主义社会并非共产主义社会的第一阶段，而是一个独立的社会形态。他认同并进一步论证了这种新观点，并就此提出了自己的补充看法：从马克思主义关于奴役劳动、联合劳动和快乐劳动的三段划分中，可以看出，这三种劳动是分别属于资本主义社会、社会主义社会和共产主义社会这三种社会形态的；从科技革命和生产力革命的发展来看资本主义、社会主义和共产主义这三种社会形态，应该是依次递长，显示出阶段性的区别。他用三种不同的定义区分了资本主义、社会主义和共产主义三种不同的社会形态：资本主义是以私人资本为基础、由资本家阶级统治的社会形态；社会主义是以社会化劳动为基础、由劳动人民掌权的社会形态；共产主义是以愉快劳动为基础、由自由人社区自治的社会形态。这是他经过长期潜心研究，对资本主义、社会主义、共产主义作出的独立、独特、独到的新定义、新论断。他还从三个方面论证了社会主义是一门独立的社会形态：从总结以往世界社会主义实践的历史经

① 高放：《马克思主义与社会主义新论》，黑龙江人民出版社，2012年，第102—106页。

验来看，社会主义绝不是只需要几十年时间就能够实现的一个过渡形态的历史阶段，而是需要上百年甚至几百年时间才能建成的完全独立的社会形态；从审视当今世界资本主义的新变化和发展态势来看，社会主义将是一个相当长的历史阶段的独立社会形态；从展望世界社会主义和世界资本主义共存共荣的发展态势和前景来看，社会主义将是一个较长期的独立社会形态。当今确立社会主义独立社会形态理论是有深远、重大的意义的。它在理论上有助于我们深入领会马列主义是开放的科学体系，具有与时俱进的理论品格；在实际上有利于我们集中全力建设中国特色社会主义，不急于把共产主义社会的设想过早搬到社会主义社会提前实现。[①] 这一发展创新，对于我们从理论科学上认识社会主义社会形态、从实践上冷静认识社会主义建设事业的长期性、艰巨性、复杂性，都有重大意义。

（三）以宽广的国际视野研究世界资本主义和社会主义，客观地认识世界

《新论》第三编关于世界资本主义与世界社会主义，以宽广的国际视野、深邃的历史眼光研究了当代世界资本主义与世界社会主义，提出了一系列独到的创见。

1. 关于资本主义的发展阶段

高放教授创造性地提出了资本主义发展的四阶段论：第一阶段，16 世纪至 18 世纪，是资本主义在封建主义社会内部孕育的封建资本主义阶段，是资本主义萌芽阶段；第二阶段，即列宁所称的自由资本主义阶段，这实际上是资本主义的初级阶段；第三阶段，即列宁所讲的垄断资本主义阶段，是资本主义中级阶段；第四阶段，即当代资本主义是社会资本主义阶段，也是资本主义发展的最后、最高阶段。[②]

他客观地分析了资本主义之所以还有较强的生命力和统治力，其内在动力在于它的具体体制有一定的优越性：（1）文化教育提倡思想解放，提倡自由思考，不搞个人崇拜，不迷信权威，尊重个人价值，激发个人创造力，所以社会上总有人能不断地创新；（2）科技体制能够不断地促进人们有新的科技发明，这与第一点密切联系；（3）经济体制是实行商品市场经济，能够高度竞争，追求效率，充满活力，优胜劣汰；（4）政治体制中有资本主义民主、资本主义法制，能不断缓解社会矛盾；（5）它与无产阶级斗争紧密联系，积

① 高放：《马克思主义与社会主义新论》，黑龙江人民出版社，2012 年，第 146—158 页。

② 高放：《马克思主义与社会主义新论》，黑龙江人民出版社，2012 年，第 223 页。

累了一整套统治无产阶级的经验；（6）当代资本主义与社会主义国家相联系，借鉴了社会主义国家的某些经验，来缓解资本主义矛盾。①

他提出了当代资本主义是社会资本主义的垄断，指出当代资本主义已超越了列宁所讲的帝国主义阶段。列宁所阐明的垄断资本主义的五个基本特征迄今大部分已经发生变化，有的特征甚至已经消失。当代资本主义已经具有六个新的基本特征：（1）社会生产力水平发展到电子化、网络化、数字化的新高度；（2）生产关系社会化程度也由私人资本发展为社会资本；（3）资本主义社会结构发生大变化，产业结构、阶级结构、文化结构出现新面貌，城乡差别、工农差别、脑体差别大为缩小；（4）国家政府的社会职能大为增强；（5）全球各国之间的竞争与协作大为增强；（6）当代资本主义国家多种社会主义因素在逐步增多。社会资本主义就是社会化程度更高、国家政府社会职能更强、社会主义因素逐步增多的资本主义。②

2. 关于当代世界资本主义

高放教授在书中作出两方面的条分缕析。第一，要以宽广的目光由此及彼，通昭通览世界社会主义。要改变以往唯我独“社”、孤芳自赏的陈规，把当代世界社会主义大、中、小各三家：大三家即共产党的科学社会主义、社会党的民主社会主义和民族主义政党的民族社会主义；中三家即绿党的生态社会主义、无政府主义，托洛斯基派的社会主义和极左派共产党的社会主义；小三家即无政府社会主义、西方学者的社会主义和当代空想社会主义。当今我们应该众芳兼赏，求同存异，善于从各家各派中汲取营养，使社会主义之路更宽广。第二，要以深邃的眼光由表及里，透视世界社会主义。20 世纪，社会主义首先在俄国及东欧、东亚的落后国家实现，这是对科学社会主义的新发展。但是落后国家由于深重的封建专制主义糟粕渗透到社会主义体制中来，致使苏联、东欧、东亚先后有 11 个社会主义国家发生剧变。共产党执政的社会主义国家只有彻底清除封建专制主义毒素，善于吸取现代资本主义文明成果，加上资本主义世界各国各派社会主义者的努力，就必能迎来世界社会主义的新春。③ 以宽广的国际视野和深邃的历史眼光，高放教授坚信社会主义是世界未来的出路。社会主义声望在回升，苏联和东欧的失败不是马克思主义的失败，克服教条主义的关键是坚持和发展马克思主义。在新

① 高放：《马克思主义与社会主义新论》，黑龙江人民出版社，2012 年，第 226—228 页。
② 高放：《马克思主义与社会主义新论》，黑龙江人民出版社，2012 年，第 229—248 页。
③ 高放：《马克思主义与社会主义新论》，黑龙江人民出版社，2012 年，自序第 5 页。

科技革命与社会主义关系上，坚信蒸汽化的科技革命催生马克思主义，电气化的科技革命催生列宁主义，信息科技革命将催生各具本国特色的社会主义，蒸汽社会主义、电气社会主义之后的信息社会主义将发展为智能社会主义。[①] 作者以严谨的科学态度分析了苏联东欧失败的真正原因，以历史唯物主义的科学眼光，以生产力、特别是科学技术这个第一生产力决定生产关系、生产方式、社会形态的原理，坚信社会主义必将随着科学技术的发展而发展。

3. 关于社会主义和资本主义发展的历史趋势

高放教授指出，西方学者所谓社会主义正在趋同于资本主义的论调只能是一厢情愿。在他看来，倒是社会资本主义和资本社会主义将共同发展到社会主义与共产主义。世界一体化或者说全球一村，是历史的必然。[②] 这不是趋同到资本主义，而是趋同到社会主义、共产主义。他指出，人们来到世上，要想生活得自由、平等、美好、幸福，需要创造两大条件：第一，生产力高度发达，各种产品丰富多彩；第二，社会制度公平合理，没有压迫与剥削，没有贫富两极分化。[③] 而社会主义的本质正是解放生产力，发展生产力，消灭剥削，消除两极分化，最终达到共同富裕。这也是全人类的共同愿望，是任何人都阻挡不了的，因而社会主义取代资本主义是不以人们意志为转移的历史发展的客观规律。从实践上看，资本主义国家的社会主义因素在持续增长；从全人类的共同追求上看，世界各国终究要解放生产力，发展生产力，消灭剥削，消除两极分化，最终达到共同富裕，终究要实现社会主义，走向共产主义。因此，马克思主义者没有必要害怕世界趋同、世界大同；世界趋同、世界大同正是趋同、大同到社会主义、共产主义。高放教授指出，当今世界社会主义不仅有共产党这一家，而是有大中小各三家，一共九家，这也说明当今世界社会主义的影响更大了。总的来看，当代世界社会主义呈现出各自推进、兼程并进、和平演进、携手共进的态势。未来社会主义将呈现出"世界一体，全球一村""一元为主，多元互补，主调鲜明，异曲同工"的盛况。我们应该以宽广的眼光来观察当代社会主义，还要善于团结、联合、借鉴、帮助其中大多数派别，不能唯我独社（社会主义）、非我即资（资本主义）。科学社会主义要与时俱进，向前发展，不能教条式理解，墨守成规，一成不

---

① 高放：《马克思主义与社会主义新论》，黑龙江人民出版社，2012 年，第 261 页、第 267 页。

② 高放：《马克思主义与社会主义新论》，黑龙江人民出版社，2012 年，第 276 页、第 277 页。

③ 高放：《马克思主义与社会主义新论》，黑龙江人民出版社，2012 年，第 305 页。

变。恩格斯曾经指出："我认为，所谓'社会主义'不是一种一成不变的东西，而应当和任何其他社会制度一样，把它看成经常变化和改革的社会。"①改革开放30多年来，我们对社会主义的认识已经发生了巨大的变化；今后30年、50年，还会发生更大的变化。因此，任何时候我们都不能教条式地理解社会主义，而必须与时俱进地理解社会主义。同时必须树立坚定不移的社会主义理想信念。在世界社会主义遭遇严重挫折、处于低潮的情况下，高放教授表现出一个马克思主义者坚定不移的社会主义理想信念，坚定不移的道路自信、理论自信、制度自信。

（四）以客观的现实眼光研究中国特色社会主义，循循善诱地咨政育人

《新论》第四编是关于中国特色社会主义，作者坚持以我国改革开放和现代化建设的实际问题、以我们正在做的事情为中心，着眼于马克思主义理论的运用，着眼于对实际问题的理论思考，着眼于新的实践和新的发展，以无畏的创新精神研究中国特色社会主义理论，提出了许多独到的见解，具有重要的咨政育人、服务社会的作用。

1. 关于全面建设小康社会的问题

高放教授指出，全面建设小康社会，难度最大的是"社会更加和谐"和"民主更加健全"这两个问题。他在2002年就一针见血地指出："当今，城市下岗职工逐年增加，农村剩余劳动力逐步增多，工农这两大部分劳动群众收入较低，社会贫富两极差别愈益扩大，基尼系数已超过0.45的警戒线，社会治安状况不好，社会犯罪率呈上升趋势，党政官员腐败之风难以根本扭转，上访告状率也呈上升趋势。长此以往，社会怎么能更加和谐?"对收入差距扩大和党政官员腐败这两大问题，他都提出了标本兼治、综合治理的重要对策。在收入分配上，治标就是因地制宜，规定城乡居民最低生活保障线，低于保障线的国家一律给予补助，尽力帮助下岗职工和待业人员就业；大力节约国家机关行政开支，严禁各种铺张浪费行为；提高高收入的累进税，严厉打击各种偷税漏税和行贿行为。总之两句话：补助帮助，开源节流。所谓治本就是逐步健全社会保障体系，健全各种保险制度，健全工资制度和税收制度等等，切实防止收入悬殊。② 对腐败现象同样要标本兼治，综合治理。所谓治标就是规定党政官员定期公布个人财产制度，切实推行银行存款实名制，规定

① 高放：《马克思主义与社会主义新论》，黑龙江人民出版社，2012年，第344页。
② 高放：《马克思主义与社会主义新论》，黑龙江人民出版社，2012年，第409—410页。

党政官员收受财物礼品限度和交公并定期公布制度，严禁处级以上干部的配偶和子女办私营工商业，确立奖励和保护举报人的制度，等等。对贪官污吏不论大小一抓到底，一律严惩不贷。所谓治本就是深化改革，才能根治腐败并且真正建成中国特色社会主义。否则就会功亏一篑，甚至毁于一旦。这不是危言耸听，而是盛世危言。真正忧国忧民、爱党爱社的仁人志士要奋起促进我国的改革开放取得全面成功。[①] 高放教授指出的这两个问题也正是多年来广大人民普遍关注的两个重大社会热点难点问题。2012 年，“有媒体调查显示，公众最期待的改革，‘收入分配改革’排第一，‘反腐机制改革’列第二”[②]。由此可见，高放教授 10 多年前指出的问题是十分现实、十分重要的问题；他提出的对策也是十分重要、值得重视的；在今天乃至今后一段时间仍然具有指导意义和参考价值。多年来，笔者也对这两个问题作了多方面探讨。[③]

2. 关于“科学与民主是社会主义的生命”的科学论断

高放教授在书中提出了“科学与民主是社会主义的生命，更是中国特色社会主义的生命”的科学论断。[④] 这里的科学主要指科学发展观。书中对科学发展观的核心以人为本作了多方面的研究。他指出，科学发展观的核心是以人为本，也就是以民为本，以人民大众为本，以包括你、我、他（她）在内的所有个人为本，要关心全社会每个人的生命、健康、安全、工作、生活、学习、发展，这就从根本上改变了以阶级出身、阶级成分为本的传统观念。这表明中国特色社会主义发展的动力要依靠全体人民大众，要使人人成为中国特色社会主义事业的建设者；要使人人都成为全面发展的自由人；发展的目的是增进全体人民大众的福祉，要使人人都成为全面发展的自由人；发展的成果要归全体人民大众共享，而不是只归少数富豪和权贵分享。[⑤] 以人为本的“本”是本位、本体、本义，或曰根本、原本、国本。“以人为本”的科学发展观要求我们各级党政领导人和全体干部，何时、何处、事事都要想到并且尊重人、相信人、依靠人、组织人、提高人、关爱人、服务人、造福人、解放人、发展人。“以人为本”，这最简明的四个字体现了我们党的理论、纲

① 高放：《马克思主义与社会主义新论》，黑龙江人民出版社，2012 年，第 415—416 页。
② 郝洪：《反腐，要速度更要力度》，载《人民日报》2012 年 11 月 26 日，第 8 版。
③ 朱妙宽：《谈谈我国公款消费问题》，载《华东经济管理》2006 年第 5 期。
④ 高放：《马克思主义与社会主义新论》，黑龙江人民出版社，2012 年，第 438 页。
⑤ 高放：《马克思主义与社会主义新论》，黑龙江人民出版社，2012 年，第 440—441 页。

领、路线、方针、政策以及全部实践活动的精髓。实现无产阶级和全人类的解放以及每个人的自由发展，这是全部马克思主义的精神实质。当今贯彻“以人为本”，要特别强调以“人才为本”（胡锦涛语），大力培养越来越多的发明人、创业人、创新人。还要特别强调关怀、帮助弱势人和残疾人。① 高放教授强调指出：“不能口头上以人为本，实际上以官为本。”② “官本位”是贯彻以人为本的最大障碍。真正做到“以人为本”，必须切实清除官本位。解决官本位问题，必须加快改革。要取消高薪特权制，不搞“高薪养廉”。“以官为本”是与“以人为本”根本对立的，我们要积极推进政治改革，切实消除以官为本、官本位现象，这样才能真正贯彻和落实“以人为本”的科学发展观，在党的领导下推进我国社会主义现代化建设事业的全面发展，使中国特色的社会主义真正具有以人为本的特色，成为人本社会主义、人民社会主义，而不会蜕变成官本社会主义、权贵社会主义。苏联东欧的剧变已经反复验证了官本社会主义、权贵社会主义最终必然会被广大人民群众所抛弃。人民大众向往的正是人本社会主义、人民社会主义。③

高放教授强调指出，社会主义民主决定社会主义命运。科学社会主义不仅首先强调科学，而且异常重视民主。所谓民主，简言之就是主权在民，这是区别于主权在君的君主专制制度的另一种国家政治制度。④ 1979 年邓小平同志指出：“没有民主就没有社会主义，就没有过社会主义现代化。”⑤ 2002 年党的十六大文件说：“党内民主是党的生命。”2007 年党的十七大报告提出：“人民民主是社会主义的生命。”2012 年党的十八大报告“强调人民民主是社会主义的生命”。党的十七大报告强调“尊重党员主体地位”；党的十八大报告进一步强调“必须坚持人民主体地位”。高放教授认为：“社会主义理应是以社会为主义，为社会而主义，靠社会出主义，由社会显主义。也就是说，社会主义旨在以整个社会进步为目的，社会主义正是为了要使整个社会得到全面均衡发展，社会主义要靠全社会人人出主意，从而集中为系统的‘主义’，社会主义要由整个社会面貌的真正不断改善来显示其优越性。”⑥ 社

① 高放：《马克思主义与社会主义新论》，黑龙江人民出版社，2012 年，第 422—423 页。
② 高放：《马克思主义与社会主义新论》，黑龙江人民出版社，2012 年，第 431 页。
③ 高放：《马克思主义与社会主义新论》，黑龙江人民出版社，2012 年，第 435—437 页。
④ 高放：《马克思主义与社会主义新论》，黑龙江人民出版社，2012 年，第 444 页。
⑤ 《邓小平文选》（第 2 卷），人民出版社，1994 年，第 168 页。
⑥ 高放：《马克思主义与社会主义新论》，黑龙江人民出版社，2012 年，第 441 页。

会是人们共同生活的集合体。集合体内共同生活的人们都是社会的主体。没有人们的主体地位，社会主义就无从谈起。因此，没有民主就没有社会主义，更没有中国特色社会主义。

二、《新论》对进一步发展创新马克思主义的启迪意义

《新论》一书不仅对马克思主义理论有多方面的发展创新，而且对马克思主义理论的进一步发展创新具有多方面的启迪意义。受《新论》一书的启迪，笔者认为，马克思主义理论或许可以从以下几个方面进一步发展创新。

（一）马克思主义作为人的解放学，应该发展创新人生科学和人生哲学

高放教授指出，“马克思主义是人的解放学”，“以往人们只讲无产阶级和全人类的整体解放，而却忽略每个人的个体解放。整体的解放如果不落实到个体的解放，岂不是落空了？看来只有真正重视每个人的个体解放。才能促使每个人尽心尽力做好本职工作，认真为你的工作对象尽职服务。这是从实际出发逐步实现自我解放并且切实帮助他人解放的便捷途径”①。以人为本，也就是以民为本，以人民大众，以你、我、他（她）在内的所有个人为本，要关心全社会每个人的生命、健康、安全、工作、生活、学习、发展。② 既然如此，为了实现每个人的自由解放、幸福安康，马克思主义就应该关心和研究每个人的日常生活，包括人的求学生活、从业生活、物质生活、精神生活、恋爱婚姻家庭生活、生活生活、政治生活、安全健康等各方面的生活。而在所有这些方面都有许多科学知识需要人们去学习、掌握、研究和探讨。为此必须研究和创立多方面的人生科学，并由此概括出人生哲学。虽然在这些方面马克思主义经典作家都有许多论述，但是只散见于各种零星的论述中，并无系统的专门的著作，并未形成系统的人生科学和人生哲学。长期以来，人们认为，马克思主义哲学是自然科学和社会科学的概括和总结，或者说，是自然科学、社会科学和思维科学的概括和总结。因而马克思主义哲学一般只讲辩证唯物主义和历史唯物主义两大块，或者讲唯物论、辩证法、认识论、历史观四大块。但是这样的哲学体系是不完整的，主要是缺乏人生观和价值观的内容。哲学应该是世界观、人生观、价值观的理论体系，是自然科学、

① 高放：《马克思主义与社会主义新论》，黑龙江人民出版社，2012 年，自序第 3—4 页。

② 高放：《马克思主义与社会主义新论》，黑龙江人民出版社，2012 年，第 440 页。

社会科学、思维科学和人生科学的概括和总结；应该把马克思主义哲学从关于自然、社会和思维的一般规律的科学发展为关于自然、社会、思维和人生的一般规律的科学，应该包括一个总论、四个分论，如下表所示：

总论	辩证唯物主义哲学	唯物论	辩证法	价值论
分论一	自然哲学	自然唯物论	自然辩证法	自然价值论
分论二	历史（社会）哲学	历史唯物论	历史辩证法	历史价值论
分论三	思维（认识）哲学	思维唯物论	思维辩证法	思维价值论
分论四	人生哲学	人生唯物论	人生辩证法	人生价值论

按这种划分方法，哲学就不只是两大块或四大块，而是有十五块，增加了人生哲学、价值哲学的内容，增加了人生观、价值观的内容。一切哲学社会科学及自然科学都是为人服务的，人生哲学应该是马克思主义哲学的重要组成部分，甚至是核心部分。

人生无疑是人的生活，首先是广大群众日常平凡的生活。马克思主义哲学要能系统化、科学化、大众化，要能为广大群众通俗易懂、喜闻乐见、理解运用，就必须贴近实际、贴近生活、贴近群众，必须关注群众生活、研究群众生活，必须研究人生的主要方面和主要过程，丰富和发展人生科学和人生哲学。马克思主义哲学关注和研究群众生活，群众才会关注马克思主义、关注哲学、恕我直言，江苏省兴化市150多万人口，认真学习马克思主义的人，不谈通读《马克思恩格斯全集》，能够通读《马克思恩格斯选集》的人，能有几人？在全国能有多少人？事实上，在平民百姓看来，马克思主义仅仅研究宏观世界、国家大事、政治问题的理论，基本上并不研究个人生活、家庭生活；而绝大多数人真正关心的是自己的个人生活和家庭生活，而不是什么学说、主义。这也毫不奇怪，历史唯物主义告诉我们，人们首先要吃喝住穿上，然后才谈得上其他一切，也才谈得上学习马列著作。因此，马克思主义一定要关系群众生活，研究群众生活，给群众带来实实在在的好处，否则，高谈什么马克思主义大众化，始终不过是理论家们写在报纸上、挂在嘴上的大话空话。显然，创立马克思主义人生科学和人生哲学，应该是马克思主义基本原理发展创新的主要方向之一。[①]

① 详见朱妙宽：《应该加强个人生活问题的马克思主义研究》，载《江汉学术》2013年第1期。

（二）马克思主义作为人的解放学，应该发展创新人生经济学和人生价值学

马克思、恩格斯指出："全部人类历史的第一个前提无疑是有生命的个人的存在。"① "一切人类生存的第一个前提，也就是一切历史的第一个前提，这个前提是：人们为了能够'创造历史'，必须能够生活。但是为了生活，首先就需要吃喝住穿以及其他一些东西。因此第一个历史活动就是生产满足这些需要的资料，即生产物质生活本身。"② 顺理成章，马克思主义作为人的解放学，必须研究人的生产和消费、贡献和索取，研究个人与社会、个人与他人的关系，研究人的本质、人的社会关系的总和。马克思主义经济学正是研究人们最主要的社会关系——生产关系的科学。不能离开人们的社会关系、首先是生产关系来研究人的本质、人的解放。因此，有必要发展创新人生经济学和人生价值学。马克思主义经济学是马克思主义的主要内容，不能离开马克思主义经济学来研究马克思主义。而劳动价值论和剩余价值论是马克思主义政治经济学的理论基石，无疑是马克思主义的基本原理。但是，在这个基本原理上，100 多年来并没有多少重大突破和发展创新。

恩格斯说过："像唯心主义一样，唯物主义也经历了一系列的发展阶段。甚至随着自然科学领域中每一个划时代的发现，唯物主义也必然要改变自己的形式；而自从历史得到唯物主义的解释以后，一条新的发展道路也在这里开辟出来了。"③ 今天我们同样有理由说，像唯物主义一样，剩余价值学说也有一系列的发展阶段，甚至随着科学技术和社会制度每一次划时代的发展变化，剩余价值学说也必然要改变自己的形式；而自从人生价值也用剩余价值学说解释以后，一条新的发展道路也在这里开辟出来了。因此，马克思的劳动价值学说和剩余价值学说必然要随着时代、实践和科学的发展而不断发展。

21 世纪之初，党中央反复强调要深化对社会主义社会劳动价值论的研究和认识。由此我国经济理论界对劳动价值论进行了深入广泛的研究和讨论，取得了不少成果；但还有不足之处。第一，劳动价值论需要进一步拓展和深化、细化、量化，但多年来的研究在这一方面进展不大。第二，100 多年来，实践的发展对劳动价值论提出了许多新问题，国内外学者对劳动价值论提出了许多质疑和严峻挑战，有些问题至今没有得到科学回答和真正解决。第三，

---

① 《马克思恩格斯选集》（第 1 卷），人民出版社，1995 年，第 67 页。

② 《马克思恩格斯选集》（第 1 卷），人民出版社，1995 年，第 78—79 页。

③ 《马克思恩格斯选集》（第 4 卷），人民出版社，1995 年，第 228 页。

中央提出深化劳动价值论研究的主要目的之一，是为社会主义分配制度提供理论基础，但多年来的研究并没有真正解决这个问题。第四，无论从经济学发展趋势来看，还是从劳动价值论内在逻辑来看，现代劳动价值论完全可以突破经济学领域，升华和拓展到人生哲学、社会哲学、价值哲学和社会科学的广阔领域，这里还有一大片未开垦的处女地。第五，劳动价值论不仅是基础理论，而且是应用理论，但目前的应用研究还很少。

对剩余价值论，我国学者的研究则更少，基本上还停留在100多年前马克思的理论上。有些文章回避了社会主义社会的剩余价值范畴，而主张代之以其他范畴，但应者寥寥。有些人一见到在剩余价值理论上有新观点，不是先研究这种新观点是否有根据、有道理、有新意、有可取之处，而是先看是否符合马克思100多年前的观点，凡有发展创新之处就加以责难、批判、否定。这样，剩余价值理论的发展创新就寸步难行，就会永远停留在100多年前的观点和水平上，以至于僵化，落后于现实生活，缺乏解释力、说服力、吸引力和生命力。

因此，马克思主义经济学，首先是劳动价值论和剩余价值论亟待发展创新。应该在发展创新了的劳动价值论和剩余价值论的基础上，创立人生经济学和人生价值学。这里涉及许多问题，本文不拟多说。①

三、社会主义作为科学，应该加强社会主义历史学、现状学和未来学的研究

高放教授认为，科学社会主义是首要的一门科学，社会主义科学是首要的一门大科学。它除包括科学社会主义这门基本理论科学外，还包括社会主义历史学、社会主义现状学、社会主义未来学，等等。因此，应该加强社会主义历史学、现状学和未来学的研究。

社会主义历史学可细分为社会主义思想史、运动史、制度史。遵循高放教授的思路，应该加强社会主义历史学的研究，总结和借鉴正反两方面的历史经验，发展社会主义科学，推进社会主义事业。

社会主义思想史，从1516年莫尔著《乌托邦》一书算起，至今已有近500年历史，其间经过了从空想到科学的发展，从理论到实践的发展，从一国实践到多国实践的发展，从苏联模式到中国特色社会主义的发展。习近平同志认为，社会主义思想从提出到现在的历史过程，经历了六个时间段：“空想

① 朱妙宽：《马克思主义经济学亟待发展创新》，载《哈尔滨市委党校学报》2013年第1期。

社会主义产生和发展，马克思、恩格斯创立科学社会主义理论体系，列宁领导十月革命胜利并实践社会主义，苏联模式的逐步形成，中华人民共和国成立后我们党对社会主义探索和实践，我们党作出进行改革开放的决策、开创和发展中国特色社会主义。”① 在社会主义思想史上，人们对社会主义的认识经过了一次又一次的发展和深化。至今，在社会主义思想理论上还有许多有待研究的重大问题，如究竟什么是社会主义、怎样建设社会主义？什么是社会主义公有制、怎样实行社会主义公有制？什么是按劳分配、怎样实行按劳分配？还需要认真探讨和研究。在这一方面，国家发改委宏观研究院前副院长刘福垣认为：“社会主义就是社会保障主义”，他提出，分配是所有制的实现，最大的剩余价值落到谁手中就是谁的所有制。公有、私有，关键看剩余价值归谁所有。生产资料名义是公有，而剩余价值实际为少数人占有，这就不是公有制，而是私有制。反之，生产资料名义是私有，而剩余价值实际为社会占有，这就不是私有制，而是公有制。社会主义是社会范畴，不是企业和市场范畴，社会主义不要到企业里去找。社会主义就是将剩余价值的大部分收归社会，然后向全体居民提供社会保障，通过社会保障使剩余价值为社会所占有。所以说，社会主义就是社会保障主义，社会保障到多少度，社会主义就到多少度，和谐社会就到多少度。坚持社会主义就是坚持社会保障主义。发达国家的私有制已在逐步空壳化，大部分剩余价值已经归社会所有。”② 这种观点也许有偏颇之处，但是对一种新观点的提出，我们不应首先去找它的缺点和不足，而是首先要看它是否有新意和可取之处。笔者认为，这种观点至少是有新意和可取之处的。所以笔者基本同意这种观点，并在已经发表的一些论文中论证了现代剩余价值中包含着比重日益增加的科技剩余价值和社会剩余价值，这种剩余价值应该通过国家税收收归社会所有，这是社会保障基金的价值源泉和社会保障制度的理论基础。③ 当然，除了社会保障理论和剩余价值理论的研究之外，还需要从更多的方面来研究科学社会主义理论。除了研究内容之外，从研究方法来看，社会主义理论与一切自然科学和社会

① 《习近平在新进中央委员会的委员、候补委员学习贯彻党的十八大精神研讨开班式上的讲话》，载《人民日报》2013 年 1 月 6 日。

② 杨长鑫：《和谐社会主义——中国特色社会主义创新模式研究》，红旗出版社，2012 年，第 10 页。

③ 朱妙宽：《论在新的历史条件下深化认识马克思的价值构成理论》，载《毛泽东邓小平理论研究》2001 年第 5 期。

科学一样，既需要也可能从定性研究向定量研究深入发展，使社会主义学说成为更加精密的科学。社会主义发展阶段理论、社会主义本质理论、社会主义分配理论、社会主义共同富裕理论、社会主义发展目标理论，都有必要也有可能进行定量研究。例如，解放生产力，发展生产力，消灭剥削，消除两极分化，最终达到共同富裕，每句话都可以进行定量研究。① 社会主义最终目的不仅是共同富裕，而且还应该包括共享民主、文明、和谐、自由、幸福。作为一个综合指标的国民幸福指数就需要也可能进行定量研究。社会主义分配理论应该研究居民收入、劳动者收入与国民收入之间，最低工资、最高工资与社会平均工资之间，行业之间、岗位之间收入分配的比例关系和数量标准。马克思说过："一种科学只有在成功的运用数学时，才算达到了真正完善的地步。"② 在这一方面，我们的研究工作才刚刚开始，任重而道远。

社会主义运动史，根据高放教授的研究，大体可分为四个时期：第一个时期，从1847年创建第一个共产党至1871年巴黎公社革命建立无产阶级政权的第一次尝试；第二个时期，从1871年到1917年第一个社会主义国家的诞生；第三个时期，从1917年至1945年世界人民反法西斯战争胜利；第四个时期，是1945年以来社会主义从一国到多国的发展。其间，从1917年至1991年经历了世界上第一个社会主义国家从诞生到灭亡的历史。在中国从1949年至今则经历了三个不同发展阶段的曲折历程：1949年至1957年上半年情况好；1957年下半年至1978年犯了"左"的错误，受到极大损失，情况并不好；1978年12月党的十一届三中全会以来的30多年情况又比较好。中华人民共和国的历史进程表明，过去60多年中经历了"好""不大好""也好"三个发展阶段。过去的60多年可以说是前进、停滞、再前进的60多年，是成功、受挫、更成功的60多年。正如邓小平所说："我为什么讲这个历史？因为我们现在的路线、方针、政策是在总结了成功时期的经验、失败时期的经验和遭受挫折时期的经验后制定的。历史上成功的经验是宝贵财富，错误的经验、失败的经验也是宝贵财富。"③ 从这种艰辛曲折的历史进程中，我们积累了丰富的正反两方面的历史经验。我们要冷静地总结和记取这些历史经

① 详见朱妙宽：《社会主义本质理论的定量研究刍议》，载《宁波职业技术学院院报》2009年第4期。

② ［法］保尔·拉法格等：《回忆马克思恩格斯》，人民出版社，1973年，第7页。

③ 《邓小平文选》（第3卷），人民出版社，1993年，第234—235页。

验，乐亦鉴之，哀亦鉴之，前事不忘，后事之师。①

社会主义制度史，从1917年世界上第一个社会主义国家诞生至今近百年中，经过了苏联、中国等多个国家的探索，在苏联以失败告终，在中国则初步形成了一套经济、政治、文化、教育和社会制度，但在许多方面还远未成熟，有待于进一步探索和完善。

社会主义现状学需要分为当代社会主义国家、当代发达资本主义国家、亚非拉发展中国家来研究。当代社会主义国家主要有中国、朝鲜、越南、老挝、古巴五个国家，其中中国是人口最多、面积最大、发展最好的社会主义国家。从中国现状来说，经过中华人民共和国成立60多年、特别是改革开放30多年的社会主义建设，各方面取得了举世瞩目的巨大成就。近10年来，经济平稳较快发展，经济总量达到世界第二；改革开放取得重大进展；人民生活水平显著提高；民主法制建设迈出新步伐；文化建设迈上新台阶；社会建设取得新进步。同时中国目前还有不少困难和问题。其中最主要的问题是收入分配差距过大，分配秩序混乱；一些领域消极腐败现象易发多发，反腐败斗争形势依然严峻；社会矛盾明显增多，教育、就业、社会保障、医疗、住房、生态环境、食品药品安全、安全生产、社会治安、执法司法等关系群众切身利益的问题较多，部分群众生活比较困难。这些问题的长期存在、难以解决，原因是多方面的，其中一个主要原因是制度缺陷，有待建立健全和改革完善。例如，我们搞了60多年公有制经济，但是究竟怎样实行公有制，怎样从人财物各方面管理好公有制经济？怎样让全民所有制经济收益归全民共享，而不是少数人垄断？怎样实行按劳分配、同工同酬？怎样建立健全按劳分配、按生产要素分配、按基本需要分配（社会保障制度）三结合的社会主义分配制度？怎样建立健全民主选举、民主决策、民主管理、民主监督的一整套社会主义民主制度？怎样建立健全社会主义的教育制度、就业制度、社会保障制度、医疗卫生制度、住房制度、环境保护制度、各种安全制度、执法司法制度？这些制度形式上都已经建立起来，实际上许多制度本身不健全、不完善，或者执行不到位、不得力；许多事情不是法治，而是人治，不是按制度办事，而是按潜规则办事。因此，我们必须认真研究现实社会主义存在的问题。有些人严厉批判民主社会主义；我们并不主张民主社会主义，但是可以借鉴民主社会主义。尽管北欧国家的许多制度也不是尽善尽美，但是仍

① 朱妙宽：《新中国六十年的历史回眸与前瞻》，载《中共云南省委党校学报》2009年第4期。

然有许多值得我们学习的地方。我们可以学习和借鉴北欧国家许多具体的分配制度、社会保障制度、民主制度、法律制度。什么时候我们收入分配的公平程度（如基尼系数从0.45降到0.3以下）、社会保障水平、民主法治水平、官员廉洁程度、官员收入财产公开程度、公务消费严格控制程度，能够达到北欧国家的水平，必将受到13亿中国人民的极大欢迎和衷心拥护；中国特色社会主义的优越性，必将得到70亿世界人民的公认和好评。因此，我们现在首先应该虚心向北欧国家学习，择善而从。

从国际视野来看，中国特色社会主义理论与各国特色社会主义理论及社会主义因素应该遵循唯物辩证法，朝着博采众长、兼容并包、融合提炼、综合创新的方向发展。中国特色社会主义事业的成功实践和巨大成就，必然会成为世界各国学习借鉴的榜样。同样，中国也要学习借鉴世界各国的先进经验。马克思主义、社会主义是开放的理论。中国的对外开放不仅经济的开放，而应该是全方位的开放，不仅要学习借鉴发达国家的科学技术，而且还要学习借鉴发达国家的科学管理，特别是学习借鉴生产社会化、资本社会化、经济运行有序化、收入分配公平化、社会福利普遍化、企业管理民主化和政治的民主法制化等方面的进步因素和先进经验。这种学习借鉴当然不是照搬照抄，而是要结合实际，区别对待，取其精华，去其糟粕，择善而从，为我所用。

社会主义未来学，是研究各国和世界社会主义发展趋势和前景的科学，是涉及经济、政治、文化、教育、科学、技术等领域的综合性科学。它既要研究资本主义国家未来的发展如何走向社会主义，又要研究社会主义国家未来的发展如何才能更充分地展示社会主义制度的优越性，并促进、推动全世界社会主义的大发展。①

从中国来看，党的十八大对中国未来8年、38年提出了明确的奋斗目标："只要我们胸怀理想、坚定信念，不动摇、不懈怠、不折腾，顽强奋斗、艰苦奋斗、不懈奋斗，就一定能在中国共产党成立一百年时全面建成小康社会，就一定能在新中国成立一百年时建成富强民主文明和谐的社会主义现代化国家。"② 2012年11月29日，习近平总书记和其他中央领导同志来到国家博物馆，参观大型展览《复兴之路》并发表重要讲话。习近平指出，每个人都有理想和追求，都有自己的梦想。现在，大家都在讨论中国梦，我认为，实现

① 高放：《马克思主义与社会主义新论》，黑龙江人民出版社，2012年，第105页。

② 《中国共产党第十八次全国代表大会文件汇编》，人民出版社，2012年，第15页。

中华民族伟大复兴，就是中华民族近代以来最伟大的梦想。这个梦想，凝聚了几代中国人的夙愿，体现了中华民族和中国人民的整体利益，是每一个中华儿女的共同期盼。历史告诉我们，每个人的前途命运都与国家和民族的前途命运紧密相连。国家好，民族好，大家才会好。实现中华民族伟大复兴是一项光荣而艰巨的事业，需要一代又一代中国人共同为之努力。空谈误国，实干兴邦。我们这一代共产党人一定要承前启后、继往开来，把我们的党建设好，团结全体中华儿女把我们国家建设好，把我们民族发展好，继续朝着中华民族伟大复兴的目标奋勇前进。习近平最后强调，我坚信，到中国共产党成立一百年时全面建成小康社会的目标一定能实现，到新中国成立一百年时建成富强民主文明和谐的社会主义现代化国家的目标就一定能实现。① 实现中华民族伟大复兴的“中国梦”，应该是中国社会主义未来学的重要篇章。

从全世界来看，各国的发展道路有所不同，但是总的历史趋势将是相同的，这就是世界各国终究要殊途同归，终究要通过各自不同的发展道路走向社会主义和共产主义。目前，社会主义国家经济科技总体水平还比较落后，经济、政治、文化教育制度还需要改革和完善，民主和法治还有待健全，消极腐败现象还需要标本兼治，综合治理；资本主义国家还未发生根本质变，霸权主义、强权政治还在世界横行，天下并不太平，各国走向社会主义的道路漫长而曲折。但是，各国广大人民都是要和平，要发展，要进步，要富裕，要民主，要文明的，社会主义的历史趋势是不可改变的。从历史眼光来看，地球已经诞生40多亿年，今后还至少能运行40多亿年；人类已经诞生300多万年，有文字记载以来的文明史只有5000年至7000年，今后还要生存数亿年甚至更长时间。正如恩格斯所说：“很可能我们还差不多处在人类历史的开端，而将来会纠正我们的错误的后代，大概比我们有可能经常以十分轻蔑的态度纠正其认识错误的前代要多得多。”② 我们必须清醒认识到，社会主义理论与实践都需要经过十几代人、几十代人的长期努力，必然要经历一系列发展阶段。正如马克思无法预料科学社会主义会在中国得到巨大成功和发展创新一样，我们今天也无法预料社会主义理论和实践在今后数百年内会有怎样的具体发展。社会主义不是什么固定不变的模式，也不是任何国家、

---

① 习近平：《承前启后继往开来朝着中华民族伟大复兴目标奋勇前进》，人民日报，2012年11月30日。

② 《马克思恩格斯选集》（第4卷），人民出版社，1995年，第426页。

任何政党、任何个人的专利。因此，每个时代的人都要根据当时的时代特征和社会现实，与时俱进地研究社会主义的各种问题。但是不管怎样，人类终究要解放生产力，发展生产力，消灭剥削，消除两极分化，最终达到共同富裕，终究要进入富裕民主文明和谐的社会主义社会；与此同时，社会主义理论也必将不断发展，每个时代都必将发展到一个新水平、新高度。我们现在搞的社会主义在人类社会主义历史舞台上仅仅是序幕，好戏还在后头。

（本文原载于《中共四川省委机关党校学报》2013 年第 4 期）

科学社会主义的新探索

——对高放教授《马克思主义与社会主义新论》的评价

王怀超[①]

我与高放教授相识已久，20 世纪 80 年代读研究生的时候就曾认真拜读过他的《社会主义的过去、现在和未来》一书，深受教益。怀着对社会主义事业的满腔热情，高放教授立志为马克思主义和科学社会主义这样“首要的科学领域”奋斗终身。“春蚕到死丝方尽，蜡炬成灰泪始干。”数十年来，他笔耕不辍，已在报刊上发表文稿 300 多篇，撰写、主编、参与编写论著 47 部，个人成果约计 500 万字。1994 年，高放教授汇编文稿 115 篇，初步形成了《马克思主义与社会主义》一书，有 50 多万字，由黑龙江教育出版社出版。近来，他在原书的基础上进一步删减修订，补充了 1984 年以来的相关文稿，续编完成《马克思主义与社会主义新论》（以下简称《新论》）一书。该书收录的《马克思主义是人的解放学》《科学社会主义与社会主义科学》《社会主义是一个独立的社会形态》《当今时代怎样认识世界社会主义》等，都是科学社会主义专业教学与研究工作者必读的重要文章。

《新论》凝结了高放教授对马克思主义与社会主义的不少新认识，这在马克思主义与社会主义遭遇各种思潮挑战的当下，有助于澄清多年来人们对马

---

① 作者系中共中央党校科学社会主义教研部主任，教授、博士生导师。

克思主义和社会主义所持的僵化的、教条的误解。《新论》提出了许多为科学社会主义学科发展“添砖加瓦”的创新性观点，读后给人以启示，在我看来，至少有如下六个论断或论析值得我们进一步深入探究。

一、马克思主义是人的解放学

1913 年列宁写了《马克思主义的三个来源和三个组成部分》一文，将马克思主义理论概括为三个组成部分：哲学、政治经济学、科学社会主义。至今我们对大学生的政治理论教育仍然按照三个组成部分的划分展开，并且还增加了毛泽东思想、邓小平理论、“三个代表”重要思想等课程，尽管这有助于人们分门别类地研究马克思主义，但是对马克思主义理论缺乏整体的了解，甚至说不清楚马克思主义究竟要解决什么问题。1990 年，高放教授在其主编的《科学社会主义的理论与实践》的导论中给马克思主义下了一个更为简明的 24 个字的定义：“马克思主义是马克思、恩格斯创立的关于无产阶级和全人类解放的科学。”在《新论》中他认为，还可以进一步将其简化为 5 个字的定义：“马克思主义是人的解放学”。1880 年，恩格斯在《社会主义从空想到科学的发展》这部经典著作中，在谈到空想社会主义者的缺陷和宏愿时，曾鲜明地提出他们“并不是想首先解放某一个阶级，而是想立即解放全人类”。马克思主义作为“人的解放学”，旨在使科学技术和社会生产力高度发展到足以消灭工农、城乡、脑力和体力劳动三大差别，足以消灭阶级对立和阶级差别，从而使全世界无产者和全人类都能免除繁重的劳动，摆脱自然和社会任何形式的奴役，达到每个人都能全面自由发展，最终建立“自由人联合体”，实现高度自治，过着幸福美满生活。高放教授还提出，要以人的解放问题为轴心，重新建构马克思主义基础教学和研究大纲，可以考虑开设一门从整体上学习和研究马克思主义的公共政治理论课，定名为“马克思主义基础”。

长期以来，我们深受教条主义和“左”倾思想影响，只谈无产阶级的解放，而讳言人的解放，高放教授将马克思主义重新定义为人的解放学，正是为了冲破传统偏见的束缚，还原马克思主义本来的面目，从而完整准确地理解马克思主义。这是一种求真务实的治学态度，是在新形势下坚持和发展马克思主义的积极探索。由于马克思主义是“人的解放学”，高放教授提出，只有社会主义社会才能够使以人为本真正做到以社会全体成员为本，建成和谐社会。因为社会主义社会是以社会化劳动为基础、由劳动人民当家做主的社会，是消灭了对立阶级、使人人都成为自食其力劳动者的平等社会。

二、科学社会主义是首要的一门新兴学科

高放教授认为："在百科新兴科学中，首要的一门科学是科学社会主义，因为它是从总体上指导我国实现社会主义现代化的科学，又是指引全世界改变资本主义并走向社会主义、实现全人类解放和世界大同的科学。"从纵向来看，科学社会主义应该全面总结历史经验，着重分析现实问题，具体预测未来趋势。从横向来看，科学社会主义要着重研究三类国家如何实现社会主义的问题：一是正在建设社会主义的国家如何进行改革，如何独立探索有本国特色的社会主义模式等；二是发达资本主义国家近年来经济、政治情况和阶级结构发生了哪些变化，如何开展群众性的社会主义运动等；三是亚非拉发展中国家近年来经济、政治情况和阶级结构发生了哪些变化，如何在巩固民族独立与发展民族经济中争取广大人民群众等。在高放教授看来，科学社会主义还只是一门科学，而社会主义科学是一门首要的大学科，它除了包括科学社会主义这门基本理论科学外，还包括社会主义历史学、社会主义现状学、社会主义未来学等。1978 年党的十一届三中全会端正了党的指导思想，纠正了长期以来"左"的错误，从这时起，科学社会主义才成为一门独立的科学和学科逐步成长起来。在《新论》中，高放教授还对我国科学社会主义学科的发展进程作出了细致的梳理，他认为 20 世纪 80 年代以来出版了 50 多种科学社会主义教材，其中最有影响的是中共中央党校范若愚和江流主编的《科学社会主义概论》(先后发行 70 多万册）和华中师范大学高原主编的《科学社会主义》(前后四版累计印数 64 万册)。2001 年，有关部门组织专家委员会评选出科学社会主义重点学科的三个单位，即中共中央党校科学社会主义教研部、北京大学马克思主义研究所和华中师范大学社会主义研究所。近 20 多年来，我国学者编写、出版科社教材有 100 多种，有两本教材影响较大，而且各具特色：一本是高放、李景治、蒲国良主编的《科学社会主义的理论和实践》(第 3 版)，由中国人民大学出版社 2003 年 1 月出版，45 万字，被众多高等院校选作教本；另一本是王怀超、秦刚主编的《科学社会主义基本理论》，由中共中央党校出版社于 2003 年 12 月出版，全书共 38 万多字，作为中共中央党校研究生教材，还被不少地方党校选用。前一本教材的突出特点是形成了三种理论形态，即马克思、恩格斯的经典社会主义、苏联模式的社会主义和当代各具本国特色的社会主义。后一本教材的突出特点是对社会主义面临的基本问题进行全方位的理论概括和理论展述，对于读者掌握科学社

会主义基本理论是很有帮助的。高放教授认为，这本书对社会主义各个基本理论问题的论述是有深度的。

三、社会主义是一个独立的社会形态

十月革命胜利以后，各国马克思主义者、共产党人长期以来都把社会主义社会看成共产主义社会的第一阶段。由于把社会主义与共产主义视为同一社会形态的两个阶段，在急于求成的“左”的思想指导下，人们往往把共产主义高级阶段的一些设想提前放在社会主义阶段付诸实践，因而在实践中造成失误和灾难。新时期以来，我们逐渐认识到，中国这样经济文化比较落后的国家要成功建设有中国特色社会主义，必须经历一个很长的历史阶段。自20世纪80年代以来，报刊上屡见有学者提出这样的新理论观点：社会主义社会并非共产主义社会的第一阶段，而是一个独立的社会形态。高放教授认为，把社会主义界定为独立社会形态是对科学社会主义的一个新发展。他总结了收入人大复印资料《社会主义研究》的16篇专论社会主义是独立社会形态的论文，发现这些文章的共同点是：从我国和其他社会主义国家的落后现实情况出发，说明社会主义建设和社会主义阶段的长期性以及社会主义改革和社会主义社会的复杂性；还以马克思主义关于社会形态的理论来总结社会主义各国的实践经验，指出在生产力与生产关系（所有制与分配原则等）、经济基础与上层建筑、人际关系与国际关系等方面，社会主义都具有与共产主义社会诸多不同的基本特征，所以应该突破马克思主义经典作家原先的设想，把社会主义社会看作与共产主义社会并列的另一种独立的社会形态。高放教授认为，从总结历史经验、审视当今现实、展望未来发展、立足中国国情、放眼外国世情、善处中外关系各个方面来看，当今确立社会主义独立社会形态理论都是有较为充分的依据的。它在理论上有助于我们深入领会马列主义是开放的科学体系，具有与时俱进的理论品格；有助于我们深刻理解毛泽东思想的本质特征是善于把马克思主义中国化，又把中国新经验马克思主义化；更有助于我们深切感受邓小平理论和“三个代表”重要思想的世界眼光和求真务实精神。确立这个新理论观点，在实际上有利于我们集中全力建设中国特色社会主义，不急于把共产主义社会的设想过早搬到社会主义社会提前实现；有利于我们顺应当今资本主义世界的新变化和未来世界社会主义的大趋势，不能再像过去那样去推行无产阶级社会主义世界革命，去输出革命和平均；更有助于我们推进社会主义的改革开放，为世界的和平与发展、为人类

福祉和世界大同多做贡献。

四、社会资本主义是资本主义的最高阶段

近现代三次新科技革命使资本主义经历了三个发展阶段。18 世纪末开始的以蒸汽化为标志的第一次科技革命，促使欧美诸国摆脱了封建主义的羁绊，进入了自由资本主义的发展阶段。19 世纪末开始的以电气化为标志的第二次科技革命，使自由资本主义发展到垄断资本主义阶段，即帝国主义阶段。20 世纪末开始的以信息化为标志的第三次科技革命又使垄断资本主义发展到什么新阶段？国内外理论界有各种各样的说法。有的说是国际垄断资本主义，有的说是全球化资本主义，最流行的说法是从一般垄断或私人垄断发展到国家垄断资本主义。高放教授认为，当前，和平与发展已经取代战争与革命成为世界的两大主题。因此，只有超越列宁的帝国主义论，从当今世界的实际出发，我们才能认清当代资本主义的发展阶段，即“社会资本主义”的新阶段。他之所以把当代资本主义称为社会资本主义，主要考虑到其已具有的六个新的特征：一是社会生产力的社会化程度更高了，范围更广了，层次更多了；二是适应社会生产力新革命的需要，资本主义生产关系社会化的程度也更高了，范围也更广了，层次也更多了；三是资本主义社会的结构发生了很大变化；四是国家政府的社会职能大为增强；五是全球各国之间的竞争与协作大为增强，国际关系更加社会化；六是社会主义因素在逐步增长。高放教授分析指出，因为社会主义的本义就是继承资本主义所开创的高度社会化的文明成果，又高于资本主义的新型社会形态；当代资本主义社会还有社会主义因素在逐步增长，更可以称之为社会资本主义，即含有社会主义因素的资本主义。他提出，社会资本主义才是世界资本主义的最高、最后阶段。社会资本主义不仅从垄断资本主义那里继承了垄断性、垂死性和腐朽性，而且还具有相当强的竞争力、生命力和调节力。在世界范围内社会资本主义还可能延续一二百年之久，这方面我们切不可再犯急性病。

五、科学社会主义与民主社会主义本是同根生

在国内社会主义理论研究中，民主社会主义是一个比较敏感的话题，要么是不加鉴别地褒奖，要么是不加思考地扬弃，长期得不到正确合理的对待。高放教授于 2007 年 5 月参加中央编译局与中央社会主义学院联合举办的“社会主义论坛”并做了主题发言，同年 5 月 31 日在《南方周末》发表了他的学

术论文《科学社会主义与民主社会主义的百年分合》。这篇文章为人们重新认识民主社会主义提供了有益启示。高放教授认为，共产党和社会民主党这两类社会主义政党、科学社会主义与民主社会主义这两种政治社会思潮，本来同宗、同根、同义、同党。马克思、恩格斯从 1873 年起自称“科学社会主义”，但他们也同意使用“社会民主主义”的提法。当时马克思、恩格斯的战友——德国社会民主党领导人威廉·李卜克内西认为，科学社会主义与民主社会主义或社会民主主义是一回事。他有过这样一段名言：“民主社会主义深信政治问题和社会问题有着紧密的联系”，“力求为社会争取一个民主的国家，以便在社会主义的原则上组织社会”，“未来将属于以民主为基础的社会主义和以社会主义为基础的民主”。高放教授从这段话出发，认为科学社会主义和民主社会主义“是一回事”“是同义语”，科学要以民主为基础，民主要以科学为指导。过去人们一般认为资本主义就是纯粹的资本主义，社会主义也是纯粹的社会主义。然而在当今世界，已经不存在这样一种纯粹的社会制度。资本主义之所以具有很强的生命力，就是因为 20 世纪中叶社会民主党执政的国家在很多方面限制了资本主义的剥削，局部地改变了资本主义社会制度，生长出了一些社会主义因素。当今世界是社会主义与资本主义这两种社会制度并存，世界各国是“你中有我，我中有你”，相互依存，相互影响，相互借鉴，共同发展。

六、邓小平最早提出了“中国模式”

关于“中国模式”，很多人认为先是由外国人提出的，如美国高盛公司高级顾问雷默于 2004 年把与“华盛顿共识”不同的“北京共识”称为“中国模式”。但据高放教授考证，“中国模式”最早是由邓小平提出来的。早在 1980 年 5 月 31 日，在对中央负责同志发表的《处理兄弟党关系的一条重要原则》的谈话中，邓小平讲到：有十月革命的“俄国的模式”，有中国革命的“中国的模式”，各国的情况千差万别。后来，邓小平于 1988 年 5 月 18 日会见莫桑比克总统时又说：“世界上的问题不可能都用一个模式解决。中国有中国自己的模式。”高放教授认为，邓小平提出“中国模式”是针对以往我国革命曾经创造了“中国模式”，然而后来中国的建设照搬苏联模式出现很多问题，改革开放就是要摆脱苏联模式，形成中国特色社会主义模式。只有到中国特色社会主义全面建设成功了，才算是形成了“中国模式”。“中国模式”的性质和特点理应就是中国特色社会主义模式。他认为，我们要做的是探索一条全面的有中国特色的社会主义模式，不是照搬照抄外国模式，要善于学习与借鉴外国，同时发挥自身的优势。当务之急是要大力清除苏联模式、美国模式、欧盟一些国家模式对我国的消极影响，这样才能健步走中国特色社会主义道路，最终全面形成中国特色社会主义模式。这才是“中国模式”的题中应有之义。

综上所述，高放教授在《新论》一书中，解放思想，开拓创新，提出有关马克思主义与社会主义的一系列新观点、新论断，读后给人以启发，尽管《新论》中的学术观点我们并非全部同意，有不少值得商榷之处，但是，他的这种理论勇气和探索精神是值得提倡、值得学习的，特别是高放教授已经近90岁高龄，仍然保持着这样一种解放思想、勇于探索的精神，更是难能可贵，值得全国科社界同仁，乃至整个社会科学界的同仁学习和践行。

（本文载于《科学社会主义》2014年第3期）

高放教授学术理论的支柱及特点

——新版《马克思主义与社会主义新论》读后

和　平[①]

2007年4月，为迎接高放教授80诞辰，在中国人民大学国际关系学院为其举办盛大的学术研讨会的同时，黑龙江人民出版社出版了他的自选集《马克思主义与社会主义新论》。此后5年，耄耋之年的高放教授笔耕不辍，思维锋芒更锐，杜鹃啼血般为中国政治体制改革献策建言。2012年12月，黑龙江人民出版社为上述自选集推出新版。新版共55万字，删去老版25篇文章、增加25篇5年来的新作，比老版增加了10万字。高放教授在自序中说，这样增删是力求使本书第二版成为一本有分量的、有自己独立见解的作品，作为一名普通的老共产党员奉献给具有极其重大意义的党的十八大的礼物。

通读全书，第一个感觉是熟悉。高放教授的学术思想早已自成体系，其论著文章在浩瀚如海的学术著作中鹤立鸡群，风骨独具。他的文论，既无跟

① 作者系中国青年政治学院青少年工作系教授。

风媚俗的浅薄，也无愤世嫉俗的张狂，平实中见深刻，沉稳中露峥嵘。第二个感觉是感动。像高放教授这样的老党员、老干部出身的体制内学者，是我党的宝贵财富，他们的赤子之心、真知灼见，理应受到相关部门更多的关注。兼具历史感和时代感，加上老共产党员的责任感，正是高放教授学术体系独特的风格。

新版《马克思主义与社会主义新论》与老版一样，共四编，堪称高放老师学术体系的四大支柱。

第一个支柱是关于马克思和马克思主义的论述。以学者的视角而不是以虔诚信徒的视角看待马克思主义，是高放学术体系的一大特点。他肯定马克思是千年最伟大的革命家，不讳言马克思主义关于无产阶级革命的理论是蒸汽、电气化时代的产物；他引经据典、溯本正源，挖掘马克思主义庞大体系的真正内核，用“人的解放学”五个字给马克思主义下定义，还马克思主义的人本主义本色。高放教授引用马恩原著分析指出，马克思毕生的事业是寻求无产阶级的解放，而“无产阶级只有解放全人类，才能解放自己”。无产阶级和全人类得到解放的标志是建立起“自由人的联合体”，在那里，每一个人的自由发展是一切人自由发展的条件。[①] 高放教授强调，“人的解放”不仅包括整体人的解放，也包括个体人的解放。“以往人们只讲无产阶级和全人类的整体解放，却忽略了每个人的个体解放，整体解放如果不落实到个体的解放，岂不是落空了？”[②] 这句话看似顺口而出，实际上点中了苏联社会主义模式的要穴。

高放教授进一步指出，向往人类解放并非始于马克思。古今中外不计其数的仁人志士提出过各种各样的人类解放的方案。西方近代资产阶级思想家认为用自由、民主战胜专制、独裁就是人的解放，但实际上只是资本的解放；马克思、恩格斯认为只有推翻资产阶级专政、消灭私有制，人类才能最后获得解放。他们视无产阶级为资本主义的掘墓人，无产阶级专政是实现人类解放的必经阶段，由此提出两个论断，即无产阶级革命和无产阶级专政的论断，在当今信息时代，这两个论断显然已经过时了。尽管如此，关于人的解放的探索并未止步，西方的新社会运动、中国的邓小平理论、中国共产党“以人为本”的思想，都属于这样的探索。

高放教授强调，“不是抽象的人的解放，而是具体的，包括每个人在内的

---

① 高放：《马克思主义与社会主义新论》，黑龙江人民出版社，2012 年，第 61 页。

② 高放：《马克思主义与社会主义新论》，黑龙江人民出版社，2012 年，第 3 页。

人人的解放”，才是马克思主义的精神实质。他担心，1950 年斯大林给马克思主义下了一个很长的定义，第一句话是“马克思主义是关于自然和社会发展规律的科学”，不谈人的解放，由此引发了对马克思主义的片面理解，乃至认为马克思主义就是阶级斗争和无产阶级专政的学说，此种片面理解至今在我国学界仍有相当影响。借此，他建议以人的解放问题为轴心，重新建构马克思主义基础教学和研究大纲，并拟就了大纲的初步框架。[①] 他提出，要实现“人的解放”，需要十几门、几十门科学合力解决，马克思、恩格斯一生大体上只研究了十几门科学……作为社会主义大国，我国应该大力加强研究科学社会主义，同时也要重视哲学社会科学的众多门类，以协同促进实现人的解放[②]。

第二个支柱是关于科学社会主义的论述。用精准的考证厘清对科学社会主义基本理论的模糊认识，是高放学术体系的第二大特点。他从“社会主义”“共产主义”两个概念的源头入手，指出最早提出“社会主义是共产主义的第一阶段”命题的是德国共产党人罗莎·卢森堡和苏联领导人列宁，而不是科学社会主义的创始人马克思、恩格斯。这一命题把社会主义和共产主义视为同一社会形态的两个阶段，忽略了二者的异质性，在实践中导致把共产主义的一些原则放到社会主义社会实施，为急于求成的极“左”路线披上共产主义的金色外衣，在共运史中屡屡造成失误和灾难。

鉴于此，高放教授指出，从科学社会主义发展的角度，应将社会主义界定为独立的社会形态。为了划清社会主义与共产主义的界限，他分别用 21 个字和 19 个字为社会主义、共产主义下了定义：社会主义是“以社会化劳动为基础、由劳动人民掌权的社会形态”，共产主义则是“以劳动愉快为基础，由自由人自治的社会形态”。显然，两个社会从生产力水平到生产关系性质都存在极大差别。

第三个支柱是关于世界资本主义与世界社会主义的论述。从哲学和历史科学的角度客观评价资本主义和社会主义，是高放学术体系的第三大特点。他坦言当今资本主义与社会主义出现了“殊途同归、趋同合一”的前景。他论证说，社会主义国家将由资本社会主义发展到劳动社会主义，资本主义国家则先由社会资本主义发展到资本社会主义，然后再进入劳动社会主义。

---

① 高放：《马克思主义与社会主义新论》，黑龙江人民出版社，2012 年，第 63 页。
② 高放：《马克思主义与社会主义新论》，黑龙江人民出版社，2012 年，第 187 页。

他认为当今资本主义已经进入社会资本主义阶段，正是这个阶段，而不是列宁所说的垄断资本主义阶段，才是资本主义的最后发展阶段。所谓社会资本主义，即私人资本大都发展为社会资本。由于一百多年来生产力已经发展到一个全新的阶段，马克思、恩格斯当年揭示的“资本积极扬弃”和“资本消极扬弃”的进程均加快，资本与劳动除了对立、对抗的一面之外，还出现了协作、交融的一面。他指出，资本主义最大的历史功绩是实现了“两化”：全球化和现代化，后者比前者更重要，因为现代化是全球化的基础。他总结说，现代化概念至少包括十个方面的内容：劳动社会化、国家工业化、生产机械化、经济商品化、流通市场化、政治民主化、管理法制化、人口城市化、大众知识化、思想自由化。[①] 与此同时，资本主义社会的弊病可以概括为“两化”：生产过程的大小两极分化和财富分配的贫富两极分化。由此，资本主义曾经经历过严重的动荡和危机，马克思、恩格斯、列宁都曾预言资本主义必然灭亡。

然而，资本主义至今仍有相当强的生命力，其奥秘就在于它的具体体制的自我更新功能。高放教授从六个方面总结了这些变化：第一，它的文化教育体制提倡思想解放、自由思考，不搞个人崇拜，不迷信权威，尊重个人价值，激发个人创造力，因此社会上总有人能不断创新；第二，它的科技体制不断促进人们有新的科技发明；第三，它的经济体制是市场经济，高度竞争，追求效率，优胜劣汰；第四，它的政治体制有资本主义民主和法治，资本主义民主政治和古代民主政治的最大区别是多党政治，政党公开竞争，能够实现自我调节；第五，资产阶级在与无产阶级的斗争中不断总结，积累了一整套刚柔并济的统治经验；第六，不断研究、借鉴社会主义国家的某些经验缓解资本主义矛盾，在资本主义体制中增加了某种社会主义因素。[②]

与之相比，在《世界社会主义兴衰成败的轨迹和根源》一文中，高放教授对大多数社会主义国家从兴旺到衰败的原因进行了全面分析。他指出，苏联东欧国家发生剧变，“主要并非因为经济太落后，而是由于政治、文化缺少社会主义民主和自由，封建专制主义遗毒太深厚，还由于执政的共产党长期推行急于求成的‘左’的路线，推广单一的苏联模式，死抱住计划

---

① 高放：《马克思主义与社会主义新论》，黑龙江人民出版社，2012 年，第 224 页。

② 高放：《马克思主义与社会主义新论》，黑龙江人民出版社，2012 年，第 226—228 页。

经济不放，否定市场经济，从而经济缺少活力，经济增长缓慢，广大人民生活水平难以更快提高”①。谈到苏联解体、东欧剧变，高放教授总结说，西方国家用市场经济、多党民主政治和多元自由文化这三大武器打败了苏联模式社会主义国家的计划经济、一党专政和专制文化。②

作为老共产党员，高放教授从不怀疑未来属于社会主义，但是他强调，只有继承资本主义的全部成果，社会主义才能兼容资本主义。

第四个支柱是关于中国特色社会主义的论述。对中国政治体制弊病进行鞭辟入里的剖析，对体制改革必要性进行翔实透彻的论证，是高放学术体系的第四大特点，也是最主要的特点。

这部分论述新增文章最多，论述主题紧贴中国特色社会主义实践，凸显了高放教授学术体系的理论深度和实践品格。在《巨变与曲折：九十年上下求索》一文中，高放教授逐一评论了中国共产党人探索社会主义道路的三个阶段，重点是“突破苏联模式、开创中国特色社会主义阶段”。他指出，苏联模式的思想理论根源在于没有掌握不发达国家建设社会主义的特殊规律。他把这个特殊规律概括为四句话：铲除封建专制主义余毒，吸纳资本主义文明成果，不能急于建成社会主义，更不能急于过渡到共产主义。他认为苏联模式的主要弊病是形成权力过度集中的政治体制和急于变革生产关系的政治路线，前者受沙皇封建专制主义的历史影响，后者是国家学理教条主义的思想方法。早在20世纪80年代，笔者就聆听过高放教授对苏联模式金字塔式的权力结构所做的精彩分析，他认为苏联模式的主要弊病是权力过度集中，党的权力太多，人民的权力太少；党的领袖权力太多，普通党员权力太少，不利于人民大众和普通党员发挥积极性、创造性。在《社会主义民主决定社会主义的命运》一文中，高放教授对比十三大文件、十六大文件和十七大文件对民主提法的变化，认为20年来党对民主的认识更加深化了，十七大文件已经将民主提高到社会主义生命的高度来认识。

任何杰出人物都难以超越自己立身的社会基础，高放教授也不例外。作为一个从大学课堂投身解放区的热血青年，他对马克思主义的蒸汽电气化时代背景以及由此产生的局限和迷失分析透彻，但对自己奉献了青春年华的“布尔什维主义”的农奴制和东正教背景却似笔下留情，而这一背景正是他屡

① 高放：《马克思主义与社会主义新论》，黑龙江人民出版社，2012年，第324页。
② 高放：《马克思主义与社会主义新论》，黑龙江人民出版社，2012年，第324页。

屡剖析的“权力过度集中”的根源所在。

（本文原载于《中国青年政治学院学报》2013 年第 4 期）

苏联解体缘于没有坚持科学社会主义

——读高放教授《马克思主义与社会主义新论》有感

欧阳向英[1]

高放教授是我国马克思主义研究的大家，素有“思想高度解放的学者”的美誉，但也因直言、敢言而受到过冲击。正如 1978 年后重新握笔的巴金反复念叨“讲真话”三个字一样，高放教授坚持讲“真话、实话、新话、深话”，不仅在学术上不墨守成规、人云亦云，更不“左”右逢源、随风转舵，令人尊敬。我是晚辈，对高老素有“高山仰止”之敬意，但惜无交集。后来，在一次小规模的国际学术研讨会上，我有幸见到了 86 岁高龄的老先生，其思维之敏捷、逻辑之清晰让人赞叹，学养之深厚、谈吐之优雅更令人倾倒。时在座多为俄罗斯学者和中国的国际政治研究者，高老对苏联解体和重新认识社会主义本质等问题侃侃而谈，激发了我对这一问题的再思考，禁不住找来先生的新作《马克思主义与社会主义新论》细细研读一番。

这部 55 万字的著作收录了作者自 1984 年以来关于马克思主义和社会主义的 69 篇新作，分四编：第一编关于马克思与马克思主义；第二编关于科学社会主义；第三编关于世界资本主义与世界社会主义；第四编关于中国特色社会主义。从理论到实践，从世界到中国，从原理到特色，层层递进，反映了作者从各个角度对马克思主义和社会主义的深入思考。书中提出了不少新论点（如马克思主义是“人的解放学”）、新论断（如社会主义社会是一个独立的社会形态）、新论述（如社会主义是以社会为主义、为社会而主义、靠社会出主义、由社会显主义）、新论析（如把世界社会主义分为大、中、小各三家）、新论证（如毛泽东思想和邓小平理论是马列主义同我国不同时期实际

[1] 作者系中国社会科学院世界经济与政治研究所马克思主义世界政治经济理论研究室主任。

相结合的两次思想认识上飞跃的理论结晶）和新论据（如从词源学考证马克思主义关于“自由人的联合体”的本意），同时也不回避有争议性的问题（如马克思主义的三个来源译法是否准确及三个组成部分提法的创始人是谁，当今资本主义是国际垄断资本主义还是社会资本主义等），避免老生常谈，让人耳目一新。最引起我注意的，还是作者对苏联解体和社会主义命运的思考。

众所周知，苏联是世界上第一个社会主义国家，苏联模式曾深深影响了中国，后来两国走上不同的发展道路，也带来不同后果。道路不同，不仅体现为两国建设社会主义的手段与方法不同，也反映出两国对社会主义的本质与特征的认识不同。苏联解体，到底是苏联模式社会主义的失败，还是个别人背叛导致的偶然结果，学界的争论很多。在苏联与中国互为借鉴的意义上，这个问题就不只是一个理论问题，更关乎实践本身。肯定苏联模式社会主义的失败，就要坚持改革开放，找到科学社会主义指明的发展道路；认定是戈尔巴乔夫或者苏共其他领导人犯的错误，就会力图将历史的齿轮矫正到戈氏推行“新思维”前的状态，将“维稳”作为第一要务。高放提出，苏联的弊病是“过度集中的经济体制和过度集权的政治体制”，苏联长期推行极权主义、大俄罗斯主义、大党主义、大国主义、霸权主义和扩张主义，这些都是继承沙皇俄国军事封建帝国主义的糟粕，根本违背科学社会主义基本原理”①，这是苏联模式社会主义失败的深层原因。至于戈尔巴乔夫等个人因素是否是决定性力量，从解体后历次民意调查结果来看，虽然戈氏自己的支持率不高，但绝大多数俄罗斯人并不愿意回到苏联时期也是不争的事实，可见戈尔巴乔夫的所作所为并非完全出于个人意志，也不可能只出于个人意志。应该说，戈尔巴乔夫是一个不成功的政治家，他想改掉的东西没有改掉，却“倒洗澡水把孩子一起泼掉了”。当然，我们不否认戈尔巴乔夫的“新思维”受到西方影响，也不否认戈尔巴乔夫个人在苏联解体事件中应该承担的历史责任，但将苏联解体这一重大历史转折完全归因于戈氏一人，就失之偏颇了。到底是谁葬送了苏联？“苏联几十年的社会主义建设实际上培养了一个党政官僚高薪特权集团，它们是苏联社会主义改革的主要阻力，也是苏联社会主义的掘墓人。正是这个集团使苏共发生了异化，人民最终抛弃了这个党。马克思、恩格斯本意是讲通过社会主义国有化来消灭异化，而实际上苏联模式却通过社

① 参见高放：《马克思主义与社会主义新论》，黑龙江人民出版社，2012年，第257页。

会主义国有化又产生了新的异化，绝不是几个领导人的错误和背叛就能够轻易推翻了亿万人民群众营造74年的社会主义制度的。”① 反观当代资本主义的发展，雇员持股制、社会福利制等虽有种种局限性，但也包含有某些社会主义因素，属于资本积极扬弃的一面，不能一概否定。正是因为资本主义也有某些优点，解体后俄罗斯采取了员工持股和社会福利的一些措施就不难理解了，当然其过程的正当性和效果是否达到预期是另外一回事。把资本主义说成一团糟不符合历史事实，之所以说社会主义必然取代资本主义，不仅因为当代资本主义存在各种矛盾，还因为资本主义国家的中左政党对社会主义进行着独立的新探索，通过执政、参政、议政等多种形式对国家政策产生影响，使得资本主义国家吸取了社会主义的很多优点。资本主义必然过渡到社会主义，但如果认为最终过渡到的是苏联模式的社会主义，则大错特错。

苏联解体后出现的两种思想倾向都是错误的：其一是借苏联解体全面否定社会主义，也就是要走资本主义道路；其二是借苏联解体全面否定改革，肯定“斯大林模式”的有效性。其实，苏联模式的社会主义走不通，并不意味着当代资本主义就能带来太平盛世：两极争霸的格局暂时消失了，但美国并未就此一统天下；整个世界更加动荡不安，地区主义、极端民族主义和种族主义势力抬头并且侵蚀着社会的肌体，地区性武装冲突不断，甚至更加残酷；波及全球的金融危机和经济危机乌云笼罩在整个世界上空，西方各国在这些问题上却因各自的利益不同而陷于深刻的分歧之中。“屋漏偏逢连夜雨”，这是资本主义制度的内在矛盾造成的。否定改革、肯定“斯大林模式”更意味着倒退，因为历史已经证明：急于消灭资本主义，急于建成社会主义，急于过渡到共产主义，却让封建专制主义的一些因素渗透到社会主义政治体制中来，党的集体领导变成一人领导，党对政权的领导变成以党代政、党政不分，社会主义公有制变成官有制，国家防御外敌入侵的职能变为对外扩张、争霸世界，领导世界革命变为输出革命等，这样一种带有浓重军事封建主义色彩的社会主义只能导致民心丧失、国家覆亡。

苏联的教训应该总结，但更重要的是反思自己，看我们的社会主义建设中是否存在类似的问题，或者有哪些新问题阻碍社会主义优越性的发挥，如

① 高放：《马克思主义与社会主义新论》，黑龙江人民出版社，2012年，第127页。

何兴利除弊，完善社会主义制度。在否定了苏联模式的社会主义，也否定了当代资本主义模式后，高放指出，摆脱了教条主义束缚的社会主义将在21世纪获得更好的发展，并将进一步证明社会主义才是世界未来的出路所在。教条主义主要表现在两个方面：一是教条主义地对待马克思主义，二是教条主义地对待现实变化。① 苏东剧变证明教条主义的失败，就在于教条主义造成了社会主义理论和实践的扭曲，导致了经济发展的停滞。符合科学社会主义基本原理的社会主义才是有前途的社会主义，也是我们要的社会主义。习近平总书记早已睿智地看到了这一点，并向高级领导干部和全体人民指出："科学社会主义基本原则不能丢，丢了就不是社会主义。历史和现实都告诉我们，只有社会主义才能救中国，只有中国特色社会主义才能发展中国。"② 那么，科学社会主义的基本原理有哪些？什么是中国特色的社会主义？这是每一个马克思主义理论工作者都应认真思考的大问题。

关于科学社会主义的基本原理，高放教授总结有八条：第一，资本主义必然灭亡、社会主义必然胜利是社会发展的一般规律；第二，改变资本主义、实现社会主义是无产阶级的历史使命；第三，无产阶级必须建立以科学社会主义为指导的无产阶级政党，党制定正确的路线方针，并通过广大党员的先锋模范作用实行正确的领导；第四，无产阶级要在党的领导下联合城乡广大劳动者，善于利用资产阶级内部的矛盾，结成广泛的统一战线，通过阶级斗争的道路，实现无产阶级革命，推翻资产阶级政权，建立无产阶级专政的新型国家政权；第五，无产阶级在建立政权后，依靠国家政权，尽量提高生产力总量，经历一个从资本主义到社会主义的过渡时期，逐步消灭、改造私有制，建立以社会主义公有制为主体的社会主义社会；第六，在社会主义社会，进一步发展生产和科技文化，实现按劳分配的原则，使国民经济有计划地发展，充分发扬社会主义民主，逐步改善人民群众的生活；第七，当社会生产力有了极大的提高，经济、政治、文化有了高度的发展，社会主义就会过渡到它的高级阶段——共产主义，那时国家政权和政党都要消亡，社会上人们结成"自由人的联合体"，实行"各尽所能、按需分配"的原则；第八，无产阶级要在全世界实现社会主义、共产主义，必须坚持国际主义，使"全世界无产者联合起来"，互相支持，同时各国无产阶级要独立自主，发扬爱国主

① 高放：《马克思主义与社会主义新论》，黑龙江人民出版社，2012年，第264页。

② 习近平：《毫不动摇坚持和发展中国特色社会主义》，参见 http：//news. xinhuanet. com/politics/2013 -01/05/c_ 114358698. htm。

义，首先搞好本国的革命。①

中国特色社会主义理论是社会主义发展史上的第三次飞跃。之所以说它是第三次飞跃，是因为苏联模式的社会主义是对马克思和恩格斯创立的社会主义理论的第二次创新，尽管它存在诸多问题，有对马克思主义科学原理照搬和背离的一面，但同时必须承认它对马克思主义继承和发展的一面，否则就不符合辩证唯物主义和历史唯物主义。中国特色社会主义是对苏联模式社会主义的拨乱反正，是对科学社会主义的螺旋式发展。邓小平同志于 1988 年就指出："我们过去照搬苏联搞社会主义的模式，带来很多问题。我们很早就发现了，但没有解决好。我们现在要解决好这个问题，我们要建设的是具有中国自己特色的社会主义。"② 高放教授将中国特色社会主义的探索分为三个阶段：第一阶段是从 1978 年至 1989 年，初步探索中国特色社会主义，解决人民温饱问题；第二阶段是 1989 年至 20 世纪末，全面建设中国特色社会主义，为进入小康社会而奋斗；第三阶段是 21 世纪以来的最近十几年，开创中国特色社会主义事业新局面，为夺取全面建设小康社会新胜利而奋斗。③ 从改革开放的总设计师邓小平同志在中共十二大开幕词中第一次提出"把马克思主义的普遍真理同我国的具体实际结合起来，走自己的路，建设有中国特色的社会主义"，到党的十二届三中全会提出社会主义经济是"有计划的商品经济"，十三大决定"以党内民主来逐步推动人民民主"，再到十四大决定建立社会主义市场经济体制，十五大提出逐步实现社会主义民主的制度化、法律化，十六大提出全面贯彻"三个代表"重要思想，十七大确立科学发展观，十八大提出走群众路线是实现中国梦的必由之路，每一步都体现了中国共产党人对社会主义道路的新探索，中国特色社会主义内涵越来越丰富清晰。现在我国经济总量已经稳居世界第二，在国际舞台上所起的作用越来越大，为世界和平与发展作出的贡献越来越大，这一切都有赖于中国坚持走独立自主的、具有中国特色的社会主义道路。

综观高放教授《马克思主义与社会主义新论》一书，仅仅汇集了作者近 20 年来的部分成果，却涉及马克思主义、政治学、社会主义理论、国际共运史等多个领域的许多重要问题，不仅坚持穷根究底搞清事实讲真话，而且敢于进行严肃而大胆的学术创新。比如，作者认为苏联社会存在三个根本性矛

---

① 高放：《马克思主义与社会主义新论》，黑龙江人民出版社，2012 年，第 127 页。

② 《邓小平文选》（第 3 卷），人民出版社，1973 年，第 261 页。

③ 高放：《马克思主义与社会主义新论》，黑龙江人民出版社，2012 年，第 534—537 页。

盾：第一个矛盾是过“左”的路线和过度集权的党政领导体制与社会主义社会要求高速健康发展生产力、发展社会主义民主和社会主义自由的矛盾；第二个矛盾是广大人民群众同官僚特权阶层的矛盾；第三个矛盾是民族矛盾。正是这三个根本性矛盾，特别是第一个矛盾，造成苏联经济发展缓慢，社会各领域矛盾日益激化，最终导致苏联解体。这些观点都给人启迪，引人深思。可能会有一些人不同意高放教授的某些观点或结论，那也不足为奇，因为社会科学不同于自然科学的地方就是难以从重复实验中找出一定规律，每个人都是通往真理途中的探路者。我们更应该学习的是高放教授“活到老，学到老”和“敢为天下先”的精神。这样一位老者足以让人感动，也足以承荷他人深深的尊敬。

（本文原载于《当代世界与社会主义》2013 年第 6 期）

振聋发聩　耳目一新

——读高放《马克思主义与社会主义新论》

游振东[①]

去年，我有幸参见成渊级在京同学的一次聚会。会上高放学长赠我他的新著《马克思主义与社会主义新论》一书。读后觉得内容非常丰富，观点新颖，能够针对当前实际，解决认识问题。有振聋发聩、耳目一新的感觉。今就几个问题谈一下自己的感受。

一、马克思主义是人的解放学

马克思主义是人的解放学。过去没有人这么提。这是高放针对列宁将马克思主义划分为哲学、经济学和科学社会主义学这三大部分，过于绝对化，因而忽视马克思主义的整体研究而提出来的。实际上，近半个世纪以来，马克思主义已经在很多领域都得到运用，出现了马克思主义政治学、社会学、法学等。1981 年，高放作为《国际共产主义运动历史》分支副主

① 作者系中国地质大学教授、博士生导师。

编，在《中国大百科全书》撰写“马克思主义”这一词条时，参考了世界各国百科全书的有关词条资料，经过深入思考，反复比较，最后他给“马克思主义”下了一个36字的定义：“国际无产阶级领袖和导师卡尔·马克思和弗·恩格斯创立的无产阶级和全人类解放的科学。”后来他又进一步概括为“人的解放学”，使这一定义更加概括、全面地反映了马克思主义的整体性，避免了局限性。

我从事地质学研究和教学多年，深感马克思主义的科学理论在地质科学领域中的指导意义。当前怎样使人口、资源、环境平衡协调，创造一个安全宜居的生态文明环境系统，是人类面临的重大难题。如果不从马克思主义理论下手，许多生态文明的问题解决不了。

就资源来说，很多资源分布是不平均的，历史上许多战乱都与掠夺资源有关。世界上重要油气资源都集中在中东地区，所以中东地区多年来就成为动乱不安之地。人类的事情要靠人类自己的智慧来解决。我们不可能从地质上去解决全球资源的均匀分配问题，但是通过平等互利的国际贸易等不同途径，终能解决问题。

马克思认为：社会是人与自然界的统一，是自然界的真正复活。所以，在经济全球化的现代国际社会，高放把马克思主义定义为人的解放学，是完全符合社会发展规律的。

二、关于“以人为本”科学发展观的内涵

2003年，党的十六届三中全会提出“以人为本”，树立全面协调可持续的科学发展观作为全面建设小康社会、和谐社会的指导思想。这个提法的内涵，高放教授做过准确的阐述。

他认为从20世纪的50年代至70年代，20多年时间里我们党犯了以阶级斗争为纲的“左”的路线错误，极大地影响了国家的社会主义建设；1978年端正了路线，转向以经济建设为中心，近30多年来获取了日益显著的成就。然而我们不能片面追求经济增长，更要重视整个社会的协调发展和人的全面发展。所以提出“以人为本”的科学发展观。

在贯彻执行“以人为本”科学发展观中，最大的危险莫过于口头上叨念“以人为本”，实际上做的却是“以官为本”。这些弊病如不根治，社会主义事业就可能被破坏。

三、台湾问题

两岸的政治形势是我每天关心的焦点，也为2008年以来两岸关系回暖感到由衷兴奋。我在中国台湾地区没有什么亲戚，但是许多英华老同学却与中国台湾地区有不解之缘，已故者如翁贤谆、陈希锚和陈琴（陈逸琴），陈琴和我还是同行，都是学地质的；健在的如林本铭和黄希贤、黄仰贤兄弟。多次国际学术会议上，我还曾与中国台湾地区地质界朋友都有交往。所以多么向往两岸有统一的一天。

但是从现实政治态势的发展来看，情况却并不乐观。高放教授的《马克思主义与社会主义新论》一书，最后压轴的一篇是《对海峡两岸关系和“一国两制”问题的新思路》，非常透彻地从世界发展全局来看两岸关系上。当前有人提出两岸作为“对等的政治实体”结成邦联或联邦国家，这实际上是变相一中一台。对此，高放大胆提出了他的构想，但愿有识之士能够运用自己的智慧和胆识，尽快解决此一难题，造福于两岸同胞。

高放教授长期从事国际共产主义运动史的研究，教学近65年，可谓著作等身。《马克思主义与社会主义新论》一书是改革开放以来，他在各地演讲、访谈，给一些重要报刊写的卷首语或评论，总结成的文集。文集涵括了马克思主义理论、科学社会主义、中国特色社会主义等许多方面，内容丰富，理论严谨，对于我们这些过去长期受党教育，而对马克思主义理论缺乏深入研究的读者帮助很大。谨以此文，祝他教泽芬芳、健康长寿。

（本文原载于福州英华中学1946年成渊班级主办的《成渊通讯》2015年复刊第43期）

五读高放著《马克思主义与社会主义新论》感言

郭志平

编者按：下面摘登的是福州英华中学日新级校友郭嵩生的女儿郭志平给高放的来信，标题是编者另加的。郭嵩生1947年从英华中学日新班毕业后考入南开大学工商管理系，政治思想进步很快。1948 年 10 月投奔华北解放区参加革命，被送到河北正定的华北大学学习。他找到已先在华大学习的高放，两人交往交谈甚多。郭嵩生 1957 年被错划为“右派”后，下放福建农村多年，1979 年始获平反改正。高放为他取得离休待遇出过力。郭志平在福州一所小学教英语，她曾多次到北京看望高放等人。英华校友及其子女情深义重。这封信写得真切，特此摘要发表，以飨读者。

亲爱的高放叔叔：

2012 年 12 月 7 日，我父亲郭嵩生去世，您给父亲的挽联是“暗夜里，险奔革命解放区，无悔茹苦一生；临终前，欣见光荣离休证，有幸含笑九泉”，32 字浓缩了几万字也难以叙说的父亲一生所遇的多少坎坷和各种不公的遭遇。您称父亲是您的老同学、老朋友、老同志，在您的心目中，您给父亲极高的称誉，怀着深深的同情。您要求把您献上的花圈置在灵堂正中间，写上您给的挽联，署上您的大名，九泉下的父亲感谢您啊！

2013 年春节，我去北京探望父亲在京津的老同学，父亲去世阴影还在心头上，我的童年和少年是背着阳光长大的，阳光是永远照不到我的。我思想较直观，我去看望您时，在我的要求下，您送给我了一本黑龙江人民出版社于 2012 年出版的您的新书《马克思主义与社会主义新论》（以下简称《新论》），我想从您的书里了解到到底什么是马克思主义和社会主义，找出父亲悲剧的原因，然后与您对话，解释我的困惑。我是怀着这样的心情开始对这本理论性很强的书进行阅读的。这一两年，利用工作之余，我认真地读了五遍。第一遍泛读重点文章，从前面读到后面，特别注重看结论，从中发现问题，带着问题读。第二遍有选择性地细读，读我最感兴趣的部分，如江泽民同志、胡锦涛同志上任时分别提出的“三个代表”和“科学发展观”有什么区别，再联系当今的“中国梦”，还有您提出的封建的社会主义、中国模式等。第三遍整本通读，使我全面了解马克思主义是“人的解放”的学说，这也是《共产党宣言》最终的结论。第四遍思考性地读，去理解为什么会发生“文革”这场空前绝后的灾难，原因何在，其他社会主义国家有没有类似灾难，大多数社会主义国家是怎么解体的。第五遍寻找相关的书籍对照读。每读一遍，都有不同的感悟。去年暑假我去北京探望您，请教关于王阳明和罗素问题。我花一天时间在北京国家图书馆粗略翻阅王阳明、尼采、罗素部分书的内容。回来时，细读王阳明、罗素部分内容，因为感兴趣，又在学校图书馆翻阅“五四”前后各个思想家的书，如胡适与罗素在中国的情况，严复、章太炎、蔡元培、李大钊、章士钊、胡适等人的评传，了解他们救国的思想，以及苏联布尔什维克在中国的影响，渐渐明白了中国共产党领导中国革命和毛泽东成为中国的领袖是历史的选择。由于极“左”路线的推行，党内缺少民主，导致史无前例的“文革”，《新论》对这个问题分析非常透彻。我还阅读一些介绍西方思想家的导读的书和他们的原著，如《自由论》《政府论》等。发现您写的《新论》有的论点来自他们的合理思想，如社会的阶层结构应该是纺锤形，两头小，中间大；不能呈葫芦形，两头大，中间小。您的《新论》针对当今令人忧虑的社会状况，您呼唤政治体制改革的心声是多么的迫切。作为马克思主义理论专家的您，从纵向横向论证近现代社会主义发展趋势，分析世界范围内社会主义国家的生死存亡，有的国家短命夭折，有的大约活 70 年，有的经过改革后活得很滋润，有的不改革活得很艰难。针对腐败这个“肿瘤”，您提出了很彻底的治疗方案（见《新论》第 415 页至第 416 页）。如果真能做好您所提出的党政官员定期公布财产，依法对党政官员进行民主监督，发展党内民主，那么中国就会更加大变样，中国共产党的威信就会更加提高。

亲爱的高放叔叔，囫囵吞枣地看完您的《新论》，使我对政治从反感无知到逐渐感兴趣，对中华人民共和国成立以来极“左”路线造成国家空前灾难有了理性认识，比较深刻地了解了产生父亲悲剧的时代原因，您为不再产生类似的悲剧，为了整个民族的振兴，竭尽全力，著书立说，呼唤改革，令人钦佩和感动。

我很羡慕您的众多学生，五读您的书，也算您的学生了。我本来对政治理论知之甚少，不感兴趣，而且《新论》是一本融理论性、哲理性、思想性、现实性于一体的书，对于我这个小学英语老师，读您的《新论》是不容易的事。首先，我是带着要解释思想疑问的决心读这本书的；其次，在读的过程中，书的内容引导我又读了许多相关内容的书，联系《新论》所说，了解来龙去脉，才慢慢理解您的真知灼见。五读之后，我觉得思想理论水平比原来提高许多，知识面拓宽了。高放叔叔，感谢您把我领入理论殿堂。一切的文学艺术创作都是建立在理论基础上。您的书比《红楼梦》更有吸引力，我不会停止下来，将继续把这本《新论》作为理论经典来攻读，以后再向您汇报学习心得并向您请教。

（本文原载于福州英华中学 1946 年成渊班级主办的《成渊通讯》
2016 年 6 月编印的复刊第 46 期）

把握马克思主义时代化的核心思想

——谈高放教授的学术创新

杜康传①

习近平总书记以高瞻远瞩、总揽天下的胸怀和眼光提出构建人类命运共同体的战略思想，极具有时代性、现实性和前瞻性，具有划时代的意义。高放教授在教学和科研工作中，一直紧跟中央，思想上与中央高度一致，在学习人类命运共同体这一战略思想中，有独到的理解和深度的阐释。我觉得他在《马克思主义与社会主义新论》等著述中有以下四个方面的创新，值得推崇和大书特书：

第一，他提出当今世界的发展是社会主义国家和资本主义国家共同发展，你中有我，我中有你。当今世界是社会主义和资本主义处于一个共同体中，你吸收我的长处，我吸收你的长处，互补互鉴，互利共赢。当今世界社会主义与世界资本主义共同发展的势头迅猛，不可阻挡。最终将共同达到未来的新社会主义。

第二，当今世界资本主义已经不再是列宁一百年前所讲的垄断的帝国主义，而是发展到社会资本主义的新阶段、新时代。社会资本主义的基本特征是社会化程度更高，国家的社会职能更强，社会主义因素在逐步增长。由于资本主义的基本矛盾依旧深重。当代社会资本主义的发展，仍有种种困难，但其生命力犹存，它也在借鉴社会主义的长处，重现生机，不会立即灭亡。

第三，社会主义正在改革开放中增添新的内容，使之更加具有生机与活力。自空想社会主义诞生以来，科学社会主义又经历一百多年的实践，经验教训诸多。高放教授提出，社会主义要以社会为主义，为社会而主义，由社会出主义，靠社会显主义，而不能只以政党为主义，只为国家而主义，只由精英出主义，只靠媒体显主义。也就是要发展平民社会主义，淡化精英社会主义。要使社会主义充满生机与活力，就必须是全民共享的社会主义，全民共管的社会主义，全民共有的社会主义。他提出以公共主义来理解共产主义，

---

① 作者系中国人民大学国际关系学院教授，他与高放教授共事64年。

还是很有新意的。

第四，当今通往人类命运共同体的光辉道路，不是暴力，而是改良，这是就整体而言。即使个别国家发生暴力革命，也难以改变全局。要把唯物论和辩证法运用于观察当今新科技革命迅猛发展的新时代。当今资本主义国家发生经济危机还能自我挽救，不至于自我崩溃，而且社会主义国家还要与之同舟共济，帮助其缓解危机。当今世界革命已经搞不起来，只能是逐步改良、不断改良、持续改良，直到世界大同，达到人类命运共同体的繁荣与幸福。他提出马克思主义是人的解放学，人人都要通过自身不改良才能达到自由解放和全面发展。

高放教授以上四个创新观点，我认为是与时俱进，使马克思主义时代化的具体表现。

2017 年 6 月 9 日

试论高放先生的“马克思主义定义”

王子奇①

1949 年后，马克思主义处于中华人民共和国国家意识形态的指导地位，对马克思主义进行研究成为中国社会科学的最重要任务。在马克思主义研究领域中，中国人民大学高放教授是影响甚大的学者，他在 2012 年 12 月出版的《马克思主义与社会主义新论》（黑龙江人民出版社出版）一书集中表达了他对“什么是马克思主义”的理解，这个理解可以解读为一个马克思主义研究者的“马克思主义定义”，这个定义是高放先生对马克思主义学科发展最重要贡献之一。

一、多维度的马克思主义“定义”

要弄清什么是马克思主义，首先就要了解一个事实，马克思主义是分不同类型的，在《中国共产党党章》中，“马克思主义”是中国共产党的意识

① 作者系上海市委党校教授，中国科学社会主义学会理事，上海科学社会主义学会副会长，上海市委党校第三分校综合教研中心负责人。

形态，是中国共产党指导思想的重要组成部分，是每个党员必须学习和信仰的对象，中国共产党被称为“马克思主义政党”。在《宪法》中，“马克思主义”是国家居统治地位的社会意识形态，是国家意识形态的主要话语体系，在中小学、大学政治课中，“马克思主义是学生必须学习和掌握的一门科学知识”，中国被称为“马克思主义国家”。在人文社会科学学科建设中，“马克思主义”居指导地位，官方要求研究者要运用马克思主义立场、观点和方法来分析问题、解决问题，马克思主义成了重要的研究工具。在马克思主义学术研究中，“马克思主义”成了研究对象，是一门科学，是人们不断探索研究的学科。在意识形态争论中，“马克思主义”又成了人们评价是非曲直、正确与否的重要标准，“你的观点不符合马克思主义”“你的观点是反马克思主义的”等就是经常见到的说法。在思想史著述中，“马克思主义”是人类思想丛林中的一家之言，不少人称之为“乌托邦”，不少人称之为“放置四海而皆准的真理”。据不完全统计，对马克思主义的定义，至少有几百种，即使在自称正宗、正统的“马克思主义”定义中，也有不同的个人版本，如列宁版、斯大林版、金日成版、波尔布特版、卡斯特罗版等。甚至在不同国家、不同地区，也有不同版本的“马克思主义”，如“西方马克思主义”“东欧马克思主义”“苏联马克思主义”“中国马克思主义”等。

上述多维度的“马克思主义”说法，表明人们对马克思主义理解无疑是多元的，马克思主义是多样化，不是单一的，正因如此，国内外对马克思主义研究就呈现出不同流派的多元趋势。所以，我们讲“马克思主义”一定要明确或注明是哪个语境下的马克思主义，否则会造成学术逻辑上的混乱。本文所示的高放先生对“马克思主义定义”，是学术研究范畴下对“什么是马克思主义”的理解。长期致力于马克思主义学术研究的高放先生，用“22 个字”把马克思主义定义为“马克思、恩格斯创立的无产阶级和全人类解放的科学”，甚至还“用 5 个字”更简明地指出马克思主义是“人的解放学”。高放先生认为，马克思主义“给全人类指明了在消灭资本主义剥削，消灭重、脏、险、差的体力劳动之后，人人得到全面发展，建立‘自由人联合体’的方向和道路”。在高放先生看来，正“因为马克思主义是关于全人类彻底解放的科学，所以它赢得世世代代众人的尊崇”。高放先生对马克思主义这一定义，在多维度解读“什么是马克思主义”方面木秀于林、独辟蹊径，在学术研究中产生了很大影响，受到学人注目与好评。

二、高放先生对“马克思主义定义”的学术贡献

高放先生在长期的治学生涯中，不唯上（不看大人物脸色做学问），不唯书（不盲从书本固有陈见），只唯实（专心致力于自己研究），他从增进人民福祉、推进社会进步、振兴国家民族出发，刻苦钻研，独立探索，不但敢于说真话、实话、新话、深话，而且更从不人云亦云，不“左”右逢源、见风转舵，一直独立致力于马克思主义、社会主义问题学术研究，敢于创新，善于创新，在学术上建树甚多。从学科研究角度来看，对马克思主义下的“定义”，就是高放先生做出的一个重大学术贡献。

评价一个学者的学术地位，不能仅仅看他著作是否等身、名声是否在外，更重要的是要看“他说过什么”，为某个学术领域贡献了什么。我们知道，在历史上，对马克思主义进行整体研究一直是马克思主义理论教学与研究的薄弱环节。过去，受苏式马克思主义研究的影响，大家习惯于把马克思主义分成哲学、政治经治学、科学社会主义三大部分进行教学与研究，大多数马克思主义理论工作者主要局限于教科书划定的内容框架进行解读，局限于对执政党的纲领、路线、方针、政策和主要领导人的言论进行论证、言说，甚至认为似乎只有执政党的政治领袖才有马克思主义理论的解释权和发展权，才有资格对马克思主义下“定义”。针对这种情况，高放先生大声疾呼“只有改变政治领袖与理论权威统一于一身的传统做法，马克思主义科学方能真正繁荣昌盛”。这个观点在同我交谈中也一再提到。的确，发展马克思主义是众人之事，不是一人之事，繁荣马克思主义研究离不开众多马克思主义研究者的艰辛努力与探索。改革开放以来，随着实践是检验真理唯一标准的讨论，人们思想大解放，对马克思主义进行整体研究受到重视。在 20 世纪 80 年代初，理论界曾展开了对“什么是马克思主义”问题的讨论，后因政治的干预不了了之。进入 21 世纪后，高放先生再次在 2005 年第 2 期《马克思主义与现实》著文提出“马克思主义是人的解放学”。对于这个定义，自然会有很多不同的看法，对这些看法，高放先生予以了回应，前后撰写和公开发表了很多文章，引经据典，充分论证了马克思主义为什么是“人的解放学”，并且还为这个理论体系作了初步框架设想，分为“导论：马克思主义科学的基本问题”“第一篇：人的解放问题总论”“第二篇：人的解放应该遵循的客观规律”“第三篇：人的解放问题分论”。这个按照人类解放学的思路构建的马克思主义的理论体系，挑战了现有的马克思主义原有的理论体系框架（三大组成部分之

说），尤其是片面强调阶级斗争的僵化、教条化的马克思主义的理论体系框架。

站在不同的平台和视界，当下对马克思主义的理解有众多版本，对“什么是马克思主义”，理论界共识依然缺位。我个人认为，高放先生从学科研究的视角，对马克思主义研究对象和主要内容进行界定，把马克思主义归结定位为“人的解放学”，更接近马克思主义真谛，更弘扬了马克思主义的普遍真理和永恒魅力，更显示了一个马克思主义研究者的学术良知和宽广胸怀。我认为，高放先生这一“马克思主义定义”非常有自己的特点：

一是突出了“人的解放”的地位。过去关于马克思主义的不少“定义”强调较多或侧重于阶级、阶级斗争、阶级专政等，忽略了马克思和恩格斯始终关注的“人的解放”主题。其实，人的解放是马克思主义的出发点和落脚点，已成为国内外大多数马克思主义研究者的见解，在现实生活和历史实践进程中的“马克思主义”不再是不食人间烟火的学说，而是有血有肉、吃五谷杂粮、有七情六欲的思想体系，是与人、人的解放紧密联系在一起的学说。正因为马克思主义扎根于人的解放的大地上，才焕发出真理的无限光芒。

二是既肯定了马克思、恩格斯在创立马克思主义过程的历史地位与作用，又为马克思主义开放体系提供了广阔空间。马克思主义这一思想体系以“马克思”命名，显示了马克思（包括恩格斯）在这一思想体系中的不可替代的作用，列宁指出：“马克思主义是马克思的观点和学说的体系。”显然，这是列宁在狭义上下的一个“马克思主义定义”，但马克思、恩格斯个人思想不能简单等同于马克思主义，这两者是有联系和区别的，而“人的解放学”这个宏伟命题具有很强的综合性，为马克思主义这个开放体系开辟了广阔的道路，包容了世界上不同阶级、不同国家、不同种族走向共产主义的选项，在人类历史进程中，人人都需要解放，人人都需要学习了解马克思主义，由此“世界上赞成马克思主义的人会多起来”，这为共产主义前景展示了强大的生命力。

三是为重新建构马克思主义注入了无限的活力和重要的机遇。回顾历史，自19世纪晚期有“马克思主义”说法以来，马克思主义在不同时代不同历史阶段，就有不同的版本，最后也有不同的甚至相反的命运。在反革命白色恐怖时期，“马克思主义”是被迫害、被压制、被歪曲、被封杀的学说。但在极“左”路线横行且占统治地位情况下，以“马克思主义”名义的学说又在迫害、压制、封杀别人。真假马克思主义辨别成为思想理论界的一块心魔，对真正的马克思主义的追求和探究成为马克思主义研究者的头等大事。恩格斯曾说，“无产阶级如果不同时使整个社会一劳永逸地摆脱一切剥削、压迫以及阶级差别和阶级斗争，就不能使自己从进行剥削和统治的那个阶级（资产阶级）的奴役下解放出来”，亦即无产阶级只有解放全人类，才能最终解放自己。无产阶级和全人类得到解放的目标就是《共产党宣言》提到的要建立“自由人联合体”，“在那里，每个人的自由发展是一切人的自由发展的条件”，而“完成这一解放世界的事业，是现代无产阶级的历史使命”。从这点出发，高放先生把马克思主义定义为“人的解放学”，以人的解放问题为轴心，来重新建构马克思主义，则会超越上述两种历史情况，使马克思主义达到更广泛的普适性和普世价值的认识高度，马克思主义将会被更多的人认可、认同和接受，马克思主义作为思想体系更有自信心、自信力。

三、对发展马克思主义的新期待

坚持马克思主义不容易，发展马克思主义更不容易，而发展马克思主义离不开马克思主义研究者的努力。高放先生是研究马克思主义学术大家，著述很多，创见很多，其文章的转载率和引用率长期居马克思主义个人研究领域的榜首。20 世纪 80 年代初，我在华东师大念大学本科时读到了他写的《社会主义的过去、现在和未来》（北京出版社 1982 年出版），受益匪浅。这一兴趣，经万中一老师指点和悉心关照，使我走上了研究社会主义、马克思主义问题的学术之路。1997 年，在黄山中国科学社会主义年会上，我第一次见到了久仰敬佩的高放先生，亲耳聆听到了他的教诲和高见，甚为幸运与欣喜。自此，作为他的学术粉丝，我对他发表的学术思想及论著一直跟随进行学习与研究，对他关于马克思主义所下的定义及论证，尤为赞同。无产阶级和全人类的整体解放必须落实在每个人的个体解放上，离开个体解放谈整体解放是高高在上的空谈，高放先生对马克思主义 22 个字的定义和 5 个字的定义是有机联系在一起的。在我看来，高放先生对“马克思主义”的定义及论证，在很大程度上是他从对社会发展规律的知识结构把握出发的，大体上反映了马克思、恩格斯对自己思想体系实质的阐述，是最符合马克思、恩格斯本人思想的，是中国学者对马克思主义研究一个标志性学术成果。

当今的人类进入了互联网时代，资本主义从古典资本主义 1.0 版升级到国际资本主义 4.0 版，社会主义从十月革命胜利到苏联解体、东欧剧变，再到中国和平崛起，与资本主义、社会主义相联系的马克思主义也在近现代史上经历了翻天覆地的变化。马克思当年提到的人的政治解放、人的经济解放、人的社会解放等问题，仍然是21世纪人类发展遇到的问题，不仅如此，而且还出现了马克思当年没有想到、没有遇到的新问题，这些问题有：（1）生产力的高度发展带来了资本主义社会矛盾的极大缓解，资本主义尤其是发达资本主义社会的“革命形势”（列宁所言）迟迟没有出现，而人的解放进程大大加快。（2）资本家大量从事慈善事业，把个人财富变成社会财富，社会财富的分享更加正义，资本家的自我救赎、自我解放开了一个好头，传统的无产阶级革命对象、剥夺对象发生了变化。（3）马恩时代关注的传统无产阶级自第二次世界大战以后可以说已经越来越少，不再是社会变革的主要动力，人的解放的推动者到底是谁正处在艰难的探索过程。（4）某些工人阶级政党在革命胜利执政后异化为脱离人民群众的政党，而西方民粹主义政党又在代言弱势和底层群体的政治诉求，人的政治解放之路究竟在何方，越来越迷茫。（5）以北欧为代表的国家逐步由阶级的国家变成全民福利的国家，国家的社会性超越了阶级性，甚至超越了国家的民族性，欧盟一体化进程超乎寻常地加快，极大推进了全球化的扩展范围，但反全球化运动又此起彼伏，全球化和反全球化的矛盾正逐步替代国家、阶级矛盾。（6）过去说“宗教是人民的鸦片”，但宗教的长久存在和发展，远超任何政党和国家的意识形态对人的精神生活的影响。（7）气候问题的全球化超过了资本剥削全球化。（8）高科技对一国经济的加速发展作用、对世界经济危机的化解作用远超人们预期，在人类的解放中越来越占有不可替代的地位。（9）在全球化和反全球化进程中中，全世界无产者难以联合起来，反而资本主义在全世界到处得到发展，受到欢迎，尤其受到经济落后国家的欢迎。

上述九个问题，客观地说，马克思没有想到，当然也不能苛求马克思去想到，更不要指望在马克思主义经典著作中找到现成的答案。但是，今天马克思主义者则必须研究，必须回答这九个问题。在这方面，高放先生作出了很大的努力，讲了不少新话，有很多的学术贡献。由此我们还可设想，如果马克思活在今天，他又会如何看待这九个问题？我认为，这九个问题是作为马克思主义的“人的解放学”要探求的议题，它为21世纪马克思主义大发展提供了难得的机遇。在20世纪90年代初，邓小平就指出：“世界形势日新月异，特别是现代科学技术发展很快。现在的一年抵得上过去古老社会几十年、上百年甚至更长的时间。不以新的思想、观点去继承、发展马克思主义，不是真正的马克思主义者。”实践证明，发展马克思主义才是真的坚持马克思主义，发展作为“人的解放学”的马克思主义，将会使马克思主义话语体系、学术体系、学科体系具有更大的张力、活力与包容，也会使世界上更多的人群、政党、种族、利益集团、阶层承认、接受、认可、认同马克思主义，甚至会使共产主义理想信念建立在人性的基础上。我相信，在中国马克思主义史上，高放先生对马克思主义是“人的解放学”定义及其论证，随着时间的推移和实践的发展而越来越彰显其学术价值和理论意义，他为习近平总书记提出的“人类命运共同体”思想提供了重要学术支撑。历史将会记住高放先生这一重大学术贡献，这是中国人民大学的骄傲，也是中国马克思主义研究者的骄傲。

2017 年 5 月

子规夜半犹啼血，不信东风唤不回

——读《高放自选集》有感

严书翰[1]

一直以来就有想写《高放自选集》读后感的念头。为什么迟迟没有动笔呢？主要有思想顾虑：高放老师是我国理论界的大家。虽然我和他是同行、同乡，但我是他的学生辈、晚辈。也许是我孤陋寡闻，总觉得岂有学生辈或晚辈对老师和前辈的著作大发议论呢？最近我接触了一些国内外资料，看到国内外也都有学生给老师的著作写序，也都有晚辈对老前辈的成果发表评论式的意见。于是我就打消了上述顾虑轻装上阵，写下这篇读后感，了了我一桩大的心愿。

一、博学多识　著作等身

高放老师自 1979 年以来公开发表的成果多达 500 多万字，仅 1993 年以来，就出版了 8 部论著，可谓著作等身。在众多著作中，我为什么选读这本《高放自选集》呢？我认为这本书是他引以自豪的标志性的著作。高放老师在此书的《前言》中说：此书是向他的母校中国人民大学 70 周年校庆献礼，是

① 作者系中共中央党校科学社会主义教研部原主任，教授、博士生导师。

对母校长期培育的一种回报形式。而这本书稿封笔之时正是高放老师80岁寿辰。因此，在这样不可复制的时间节点上撰写并出版此书，高放老师对选进自选集的论文和文章一定是经过深思熟虑精心编排的。正如他在此书《前言》中说的，此书从“四个方面筛选出涉及最基本问题、最有新意创见、最有现实意义、最有社会影响的55篇文稿”。这四个方面即四大模块：一是马克思主义与社会主义；二是国际共产主义运动史；三是当代世界社会主义；四是中国特色社会主义。而且每个模块遴选的论文和文章，都有一定的内在逻辑关系，并不是简单地根据时间先后加以连接整合。

而我则从这些精选的论文和文章中看到了高放老师的博学多识。这55篇文稿覆盖社会主义理论的宏观、中观和微观这三个层面，穿越社会主义思想500年发展的时空。从所述问题上看，大到论述“马克思主义是人的解放学”“怎样总揽当代世界社会主义”等。小到考证德国社会民主党中央党校是世界上第一所党校、国际妇女节起源于1908年纽约女工斗争而不是起源于1909年芝加哥女工斗争等。而且以大揽小，如把当代世界上的几百家社会主义按其主要观点将其归纳为9家；以小见大，如从丹麦人家中的三幅漫画讲起，表述了高放老师对“资本主义、社会主义和共产主义”的全面思考。

高放老师论述这些理论上的难点、热点问题，之所以能做到既纵横捭阖，又娓娓道来，是因为他博学多识。人们说他著作等身，这是就“结果”而言的，而“原因”也是高放老师的博学多识。

二、忠诚理论　无怨无悔

“忠诚理论、无怨无悔”，这是我读《高放自选集》过程中最能打动并引起我强烈共鸣的地方。人的一生总是有自己的梦想。当高放老师还是莘莘学子时，他想过当作家，也想过当战地记者。但是人生总是因缘际会，当组织上安排他从事马克思主义理论工作时，他便爱上了这个事业并坚持至今。尽管在长达几十年的时间里，他和他那一代人中的多数人一样，因从事理论工作难免屡遭冲击甚至历经了人生苦难。对此，高放老师在自选集《前言》中有很多感人的叙述。

在这方面我要讲一个令我难忘的插曲：在我担任中央党校科学社会主义教研部主任期间，我邀请过高放老师给我校科社专业的博士生、硕士生讲课。记得那次还是两届博硕研究生同堂听他的讲座。由于高放老师是我邀请来的，所以我也同堂听课。课间高放老师讲了这么一段话（我不用查笔记就能表述出来，可见给我的印象之深)，他在介绍完自己对科学社会主义研究的最新成果后说：“希望同学们不能仅仅把科学社会主义这门专业当作学问，更不能当成今后谋生的手段，而应把它当作科学的信仰。因为科学社会主义是百年来改变中国面貌最大的一门首要科学。就我从事马克思主义理论教学以来，我更多的是搞国际共运史教学。但是我更热爱搞科学社会主义教学。如果还有来生，那么我一定还选择搞科学社会主义教学……”讲到这里，课堂上响起了热烈的掌声！我多次跟班听课，极少遇到在课间研究生鼓掌的情景。我想这些忠诚于科学社会主义理论而始终无怨无悔的话，从这位耄耋老者口中讲出来，研究生们和我一样都被感动了。

对马克思主义理论的忠诚，高放老师有自己的独到理解。就是他多次说过的：要善于做与时俱进的马克思主义者。我认为敢于自我解剖，这是做一个与时俱进的马克思主义者的应有品格。从事物发展规律来看，人类社会以及我们对它的认识永远不会停留在原有的水平上。因此，只有敢于解剖自我，承认自己的不足甚至错误，才能超越自我，才能成为一个与时俱进的马克思主义者。这一点在高放老师身上得到了充分体现。他在《我苦索马克思主义的人生之旅》一文（《毛泽东邓小平理论研究》2012 年第 6 期）中毫不忌讳地谈到当年在“左”的错误影响下自己也讲过错误观点，发表过错误文章。他说：“在 1958 年以后的教研和实际工作中，我都忠实地贯彻了‘左’的路线，认为这是马克思主义中国化的新举措、新创造”“我在北大从 1973 年至 1978 年又教书 5 年。当时受‘左’的路线影响，在课堂上和在《北京大学学报》上发表的文稿散播了很多‘左’的观点，至今都感到歉疚!”人非圣贤，孰能无过。勇于承认自己认识上的偏颇或错误，丝毫不会影响个人的声望，相反，这正是忠诚于马克思主义的与时俱进的理论家应有的品质。

三、史论结合　以理服人

选进《高放自选集》中的这 55 篇文章，可以说篇篇都很“耐看”，读后都觉得有新意，读者仿佛在听他讲道理。我想这是由于这些文章具有史论结合的特点的缘故。国际共运史和科学社会主义这两个学科（一史一论）联系密切。正是因为高放老师有着深厚的国际共运史功底，所以他讲起科学社会主义原理课能娓娓道来、驾轻就熟，因而取得很好的教学效果。这是值得年青一代理论工作者认真学习的。我且不说在当前浮躁之风下，有些人不屑于对史料进行搜集和研究，就是在青年专业理论工作者中也存在着学习和研究方法上的问题。

他们认为理论是研究规律的，主要是讲理性的东西，因而不重视对历史的研究或在这方面下功夫不够。其实这是从事理论工作的“大忌”。

毛泽东在《怎样研究中共党史》一文中深刻指出：“不从历史发展过程的分析下手，规律是说不清楚的。”从马克思主义创始人到我们党的领袖都非常重视对历史的研究和学习。恩格斯有句名言：“我们根本没有想到要怀疑和轻视‘历史的启示’；历史就是我们的一切，我们比任何一个哲学学派，甚至比黑格尔都更重视历史；在黑格尔看来，历史不过是检验他的逻辑结构的工具。”邓小平强调指出：“要懂得些中国历史，这是中国发展的一个精神动力。”

党的十八大之后，习近平同志在很多重要场合都讲了这个重要观点：要实现中国梦，必须走中国特色社会主义道路。而这条道路是党和人民长期实践取得的成果。这里讲的“长期”有多长？习近平同志指出，这条道路是在改革开放30多年的伟大实践中走出来的，是在中华人民共和国成立60多年的持续探索中走出来的，是对近代以来170多年中华民族发展历程的深刻总结中走出来的，是在对中华民族5000多年悠久文明的传承中走出来的。因此，只有把握这条道路的深厚历史渊源，才能做到坚定不移地走中国特色社会主义道路。我想习近平同志的这段论述，是对恩格斯的名言“历史就是我们的一切”的很好诠释。

阅读《高放自选集》，我们还可以看到，高放老师在对待理论是非问题上不是那种“只栽花、不种刺”的人。在大是大非问题上，他总是鲜明地表达自己的看法。虽然语言犀利，但也是以理服人，绝不以势压人。比如，自选集中有篇文章《十月革命的社会主义性质不容否定》，就是他看到了刊登在《理论信息报》上的一篇文章，把十月革命说成新民主主义革命从而否定十月革命的社会主义性质而写的。此外，高放老师以理服人的文风也体现在他写的争鸣文章中。

对于民主社会主义，我们国内主流媒体是持否定态度的。这是因为在一些基本理论、基本原则和基本制度问题上，民主社会主义与科学社会主义确实存在着根本区别。从这个意义上说，民主社会主义与科学社会主义是两条道上跑的车，走的不是一条路。但是民主社会主义作为思潮或流派，对它的研究还有很大的空间。这不仅是学术研究的需要，还因为民主社会主义在当今世界的影响越来越大。所以研究民主社会主义也成了国内学术界研究的一个理论热点问题。而且关于这方面的研究已经发表了不少争鸣文章。从学术研究上看，我认为这是可喜的现象。因为真理是越辩越明的。鸦雀无声或只有“一边倒的声音”，那才是令人担忧的。可以这么说，在国内关于民主社会主义的争鸣中已经形成了“高放学派”。

收进《高放自选集》中的《当代世界民主社会主义的新发展》这篇文章，是高放老师研究民主社会主义的代表作。读罢此文，我很欣赏高放老师贯穿于研究中的历史观点和辩证分析方法，充分体现了他坚持史论结合、以理服人的文风特点。高放老师在此文中用很长篇幅考察了民主社会主义思潮产生、发展和变化的历史。指出百年来民主社会主义几经嬗变，因此今天我们不能用一成不变的眼光来看待民主社会主义。他在文中比较全面地分析了20世纪八九十年代苏联东欧共产党社会民主党化的原因，从八个方面对社会民主党和民主社会主义作了辩证分析，并且据此向有关部门提出对待各国社会民主党和民主社会主义的对策建议。客观地说，虽然我并不是完全同意高放老师在此文中的所有观点，但我很赞赏他在争鸣文章中所做的鞭辟入里的分析和以理服人的态度。

四、敬佩之际　大胆建议

在我写《高放自选集》读后感过程中，对他的博学多识、忠诚信仰、睿智过人等的敬佩已溢于文里。我的老师赵曜教授在高放老师八十华诞学术研讨会上的发言中讲道，“从高放教授的渊博学识、独树一帜的学术思想和观点，以及培养出众多追随他的学生和弟子，可以说我国学术界已经成了马克思主义的高放学派”，并称高放是“人民的理论家”。我是赞成赵曜老师的观点的。在我向高放老师表达敬佩之际，也冒昧或者说大胆提两点建议：一点是属于学术观点层面的，另一点是属于方法论范畴的。

前面讲到，因为高放老师对民主社会主义研究很深，所以国内学术界在研究民主社会主义方面实际上已经形成了“高放学派”。我个人认为，在对民主社会主义的深度研究中应包括：要鲜明指出民主社会主义与科学社会主义的区别。我认为这两点根本区别是必须指出来的。一是民主社会主义早就放弃了共产主义这个最高目标；二是民主社会主义否定无产阶级专政的观点从来没有改变过，这是它与科学社会主义的根本区别。我赞同高放老师的看法：民主社会主义百年来几经嬗变，变化很大而且在当今世界影响越来越大，欧洲社会民主党与中国共产党的平等交往也越来越多。正因如此，我们要有长期与社会民主党交往和合作的准备，要进一步跟踪研究当今世界民主社会主义的变化和发展，要善于同各派社会主义者求同存异，聆听他们代表某些弱势群体发出的声音，取其精华、匡正时弊、补其欠缺、择善而行。这些观点和主张我都是赞成的。但是，我们还是要铭记邓小平讲过的那句话：“朋友要交，要心中有数。”

高放老师500多万字是他一辈子从事马克思主义理论工作辛勤劳动的结晶，对于年轻理论工作者而言，是一笔丰厚的思想财富。我和很多人一样，也是看着高放老师的著作和时而聆听他的讲座等，一路前行在新时期我国理论发展的道路上。虽然我并未读完他的全部著作。但是我已经看到其中有许多关于如何做学问和如何进行卓有成效的理论研究的精辟见解。比如，高放老师在自选集中谈道：“我们研究历史，首先要考察昨天比之前天增添了哪些新内容，然后再审视今天比昨天创造了哪些新事物，以便掌握历史进步的轨迹和历史发展的规律。绝不能以今非昔、以今贬昔，更不能以昔非今、以昔贬今，应该是以今鉴昔，使今胜昔。”

此外，怎么学习马克思主义经典著作，这是困扰青年理论工作者尤其是青年干部的一个难题。在这方面，高放老师钻研经典著作的方法是值得提倡和青年理论工作者学习的。

他在一篇文章谈到怎么学习《共产党宣言》时指出，《共产党宣言》和《资本论》一样，都是工人阶级的《圣经》。但是要彻底弄通弄懂《共产党宣言》并不容易。高放老师认为学习《共产党宣言》要注意掌握这个方法，就是要重视学习《共产党宣言》的七篇序言。经高放老师考证，他“从未见过任何一本经典名著有原作者自己写的这么多篇序言”。

高放老师认为，在这七篇序言中包含的七个重要观点，是开启《共产党宣言》思想真理宝库的七把金钥匙。

在此，我还是斗胆建议高放老师：是否可以把分散在他卷帙浩繁著作中的关于如何做学问和如何进行卓有成效的理论研究的见解，集撷成书。这个建议对我们这一代人而言，是一种奢望，对高放老师而言，可能是一种苛求。假如我们能实现这一奢望，那将也是我国理论界的一件幸事。我之所以敢于向米寿之年的高放老师提出这个请求，是鉴于他非常关心青年理论工作者的成长。高放老师对当今年轻人尤其是青年理论工作者的成长寄予厚望的四句话在他们之中广为流传。这就是高放老师经常说的“后继有人、后期之秀、后生可畏、后来居上”。

人们都说文如其人。对此我是深有体会的。高放老师身上的那些特点，如博学多识、侃侃而谈、关心后生，以及治学严谨、理论和历史功底深厚等特点跃然于书中。尤其是高放老师坚定的共产主义信仰和忠诚于马克思主义理论事业的精神，值得我们这一代和青年理论工作者认真学习。

我这篇文章既不是书评，更不是什么序言或结束语。我把它定位为读后感，是在认真拜学《高放自选集》后，联想到他对我的帮助和影响（当然还有友谊），联想到我应该了却我多年心愿，写一篇关于认识高放老师后的一些想法。我给这篇文章取了《子规夜半犹啼血，不信东风唤不回》的题目。这个题目是摘自宋朝诗人王令写的七绝《送春》中的绝句。子规是指杜鹃，据说杜鹃啼叫到夜半最苦时会啼血。我很欣赏诗人在句中所表达的那种家国情怀和精神境界。我认为用这两句来表达高放老师对马克思主义理论事业的忠诚、对进一步推进我国政治体制改革的期盼、对不断扩大党内民主的恳望、对进一步完善我国人民代表大会根本政治制度的见地、对实现中华民族伟大复兴中国梦的憧憬，是再恰切不过的了。

（本文原载于《中共福建省委党校学报》2013年第11期）

思想上高度解放，学术上实事求是

——高放先生对“同时胜利”和“一国胜利”问题的研究述评

赵康生　李心华[①]

高放先生是学术大家，在国际共产主义运动史、科学社会主义、政治学和国际政治等诸多领域均有建树，影响甚大。他在思想上高度解放，在学术上实事求是，既不拘泥于前人和他人已有的观点而敢于突破创新，又不做没有历史根据的标新立异，而是依据历史事实大胆提出自己的结论。他始终从科学良心出发，恪守学术准则，表现了一名正直的学者的高风亮节。本文拟就高放先生对社会主义“同时胜利”和“一国胜利”问题研究的两篇代表作，即《关于社会主义“同时胜利”和“一国胜利”问题辨析》（载《当代世界社会主义问题》1995年第2期）和《再谈社会主义“同时胜利”和“一国胜利”问题》（载《鲁东大学学报》2006年第3期），谈谈他在这个问题上

① 作者赵康生为鲁东大学副教授，李心华为鲁东大学教授。

的基本观点和主要贡献。

一

科学研究的基本原则，要求研究者首先把问题放在当时的历史条件下去考察，弄清问题的来龙去脉，然后掌握学术界当前的研究状况，辨别是非并提出自己的见解。高放先生在对社会主义胜利问题的研究上，正是遵循了这条基本原则。

（一）高先生厘清了社会主义“同时胜利”论和“一国胜利”论分歧的由来与发展。

他指出，马、恩在19世纪40年代，认为社会主义将首先在西欧北美较发达的众多国家几乎同时实现，然后再带动、帮助东欧和亚非拉不发达国家逐步进入社会主义。这就是他们所设想的世界社会主义发展的图式。他们在《德意志意识形态》和《共产主义原理》中提出这一观点时，虽然是使用“同时发生”而不是使用“同时胜利”，但两者的含义是接近的。所谓“同时发生”或“同时胜利”，应该理解为某一国无产阶级带头夺取政权并开始社会主义建设后，其他先进国家的无产阶级就会很快起来响应，使社会主义革命接连取得胜利。所谓“同时”，是相对的，即相隔时间不太长，譬如几年或十几年，而不能从绝对意义上把它说成同年、同月、同日。马、恩生前把社会主义的首先胜利主要寄希望于英、法、德三国，预计过会由这三国之中的某一国率先带头进行社会主义革命和社会主义建设，“先是单个国家实行”社会主义，然后其他两国隔不了几年就会紧步跟随也走上社会主义道路，进而带动整个西欧以至东欧、北美和亚非拉进入社会主义世界。总之，他们是主张在资本主义世界的核心地带对世界资本主义进行决定性打击，这样来扩展世界社会主义的胜利；他们仅是在终极意义上认为共产主义制度或共产主义社会会“同时发生”。如果采用后来的说法，可以说马、恩既提出“同时胜利”论，又主张“一国胜利”论，即由一国带头胜利很快达到发达国家同时胜利。笔者认为，高先生对马、恩这一思想的概括，是符合历史事实的，是准确的。

高先生指出，关于“同时胜利”论和“一国胜利”论的鲜明分歧，发生在第一次世界大战期间，而这一分歧显然与是否要提出“欧洲联邦”口号问题有密切关系，这一点是后来的争论者有所忽视的。马、恩从无产阶级社会主义立场出发，的确认为欧洲联邦是一种势不可当的发展趋势。但在“一战”期间，德俄等国的社会民主党人仍有人提出“欧洲联邦”的口号。列宁经过缜密研究、深思熟虑之后，感到不妥，所以于1915年8月发表《论欧洲联邦口号》一文，批驳了这一主张。“因为它会造成一种曲解，认为社会主义不可能在一个国家内获得胜利，并且会使人曲解这样的国家和其余国家之间的关系。”[①] 正是在这篇文章中，列宁结合资本主义发展不平衡规律，提出了社会主义“一国胜利”论。一年之后，即1916年8月，列宁又在《无产阶级革命的军事纲领》一文中，更加明确地重申了这一结论，并着重指出：“社会主义不能在所有国家内同时获得胜利。”[②] 可见，列宁是在批驳欧洲联邦和世界联邦主张时提出“一国胜利”论的。

高先生认为，对列宁的上述重要原理，要明确以下四点。第一，把“同时胜利”和“一国胜利”作为两种观点鲜明地对立起来，是列宁自己在这里首先提出的，而不是像好多同志所说的，这是后来斯大林炮制出来的。第二，列宁在这里所说的“同时胜利”论，并不是针对马、恩，因为他们只是从终极意义上预见过社会主义将在发达国家“同时发生”，而从未讲过社会主义将在所有国家同时胜利。第三，列宁在这里所说的“同时胜利”论，是针对当时考茨基、托洛茨基等人的主张，因为他们从右的和“左”的两个方面坚持鼓吹欧洲联邦和世界联邦。第四，列宁既反右又反“左”，既坚持又发展了马克思主义。他坚持了马、恩提出的社会主义将在一个或几个发达国家首先胜利的思想，又从到了20世纪才表现更为突出的资本主义经济政治发展不平衡的规律来论证这一问题；马、恩只讲到英、法、德三国要共同胜利，列宁根据俄国资本帝国主义的新发展，显然已把俄国也考虑包括在内。

高先生继而指出，列宁晚年大体上解决了一国如何建成社会主义的问题。但列宁同时认为，社会主义在一国的最终胜利还有赖于社会主义在几个先进国家的共同胜利。由此可见，社会主义的一国胜利与共同胜利也是辩证统一的，并不是完全对立的。这既符合原来马、恩的设想，又是列宁对马克思主义社会主义革命论的新发展。但是，1924年列宁逝世以后，联共（布）中央内部，以斯大林和布哈林等为一方，托洛茨基、季诺维也夫、加米涅夫等为另一方，围绕苏联能否单独一国建成社会主义的问题，展开了一场延续4年的激烈争论。简言之，斯大林等捍卫并发挥了列宁的上述思想；托洛茨基等依然坚持其“不断革命论”，主张要不断推进世界革命，反对一国建成社会主

① 《列宁选集》（第三卷），人民出版社，1995年，第554页。

② 《列宁选集》（第二卷），人民出版社，1995年，第722页。

义。但是在争论中，斯大林对马、恩、列的思想观点，也有形而上学的不正确的解释。例如，硬说马、恩就是主张“同时胜利”论，列宁则是提出“一国胜利”论；硬说列宁与马、恩的观点是对立的，两者在各自不同的时代都是正确的；等等。在论战中，斯大林还前后矛盾，修改自己的观点。实际上，列宁与马、恩在观点上既有一致性和继承性，又有差异性和超越性。斯大林的一些错误解释，通过《联共（布）党史简明教程》这部被称为“行动中的马列主义”的百科全书的传播，在苏联和各国共产党人的思想中统治了几十年。

高先生认为，在党的领导层中关于方针政策以及与之密切相关的理论问题的分歧，可以按照民主集中制原则，求同存异，少数服从多数，多数尊重少数，以实践来检验真理。可惜当年在联共（布）中央内部由于掺杂着争夺权力和派别斗争的因素，致使这场论战发展到把反对派清除出党，并且作为敌特分子加以肉体消灭的地步。现在看来，应该说当时斯大林与托洛茨基之间的权力斗争，是导致这场理论争论政治化、惨烈化的主要因素。在这里，高先生利用了斯大林女儿、孙子和历史学家等多人所提供的新史料，令人信服地论证了自己的观点。

（二）高先生对1980年以来我国理论界对社会主义“同时胜利”和“一国胜利”问题的争鸣，作了系统阐述和简明概括，指出在这个问题上大体有十种观点。

第一种看法，马、恩没有提出“共同胜利”论，恩格斯说过的“共同发生”只是他个人偶然有过的思想，并不周密、完善，不足为凭。还有人认为，恩格斯晚年已明确提出“一国胜利”论。第二种看法，马、恩只有过“共同发生”的思想，并无“共同胜利”的思想。有人认为马、恩主张“共同发生”是一贯的，有人则说因这种看法不科学，后来已放弃了。第三种看法，马、恩没有提出过“共同胜利”，“共同发生”也只是由恩格斯讲过一次，他们共同提出并始终一贯坚持的是社会主义革命的世界性。第四种看法，马、恩确实提出过“共同胜利”，但实践证明在当时就是错误的，后来由列宁加以纠正。第五种看法，马、恩和列宁都是主张“共同胜利”论，“一国胜利”论是后来斯大林杜撰的。第六种看法，马、恩、列、斯都是主张“一国胜利”论，他们依据形势的变化和实践的经验，不断充实并向前发展。第七种看法，“一国胜利”论揭示的是历史发展的特殊规律，“共同胜利”论揭示的是历史发展的一般规律，这两种不同规律所产生的社会形态分别是特殊形态的社会主义和一般形态的社会主义，两者既有联系又有区别。第八种看法，列宁的“一国胜利”论在实践中已经得到证实，今后在新科技革命迅猛发展条件下，欧洲共同体的发展将实现“同时胜利”论。第九种看法，“一国胜利”论已因苏联的解体而证明行不通，未来将回到世界“同时胜利”论。第十种看法，马、恩、列都主张“一国胜利”论，列宁是在实践中具体实现了马、恩的思想。有人认为，马、恩已经预见到俄国将首先取得社会主义革命的“一国胜利”。高先生的概括，涵盖了我国学术界在这个问题上的基本观点，为我们把对这一问题的研究推向前进提供了有利的条件。

总之，弄清研究对象的来龙去脉，掌握当前的研究状况，这是搞好理论研究的基础和前提。只有在这个基础上，才可能进行真正的学术研究，才可能提出自己的独到见解。在这方面，高先生为我们作出了榜样。

二

在准确理解基本概念的基础上，从宏观与微观、终点与起点的结合上把握社会主义“同时胜利”和“一国胜利”问题的实质，这是高放先生研究这一问题的一大亮点。高先生既高屋建瓴，又严谨细密，充分体现了他的广阔的视野和认真的治学态度。

（一）高先生论述了政治革命与社会革命之间的辩证关系。

原西班牙共产党理论家费·克劳丁在《共产主义运动——从共产国际到共产党情报局》一书中，提出要从“政治革命”和“社会革命”这两个层次来理解列宁于1915—1916年主张的“一国胜利”论，意即列宁当时是从“政治革命”这个层次立论，即一国无产阶级可以首先取得夺取政权的胜利，而不是指可以完成“社会革命”，不是指可以完成整个社会形态的变革。高先生认为，克劳丁把“政治革命”与“社会革命”区分开来是正确的，这样有助于我们准确理解当时列宁立论的本意。但是“政治革命”与“社会革命”这二者也不能截然分开。因为一国无产阶级取得夺取政权的政治革命胜利后，不应该只限于巩固政权的活动，还应该涉及依靠政权进行社会革命方面的内容。列宁在《论欧洲联邦口号》中明确指出，首先获得胜利的一国“剥夺了资本家并在本国组织了社会主义生产”，这种认识岂不是在主张取得“政治革命”胜利之后进而就开始“社会革命”吗？所以应该说，列宁当时提出“一国胜利”论，主要是指无产阶级“政治革命”，但是也包含开始“社会革命”之意。高先生的解释是正确的，有助于我们准确理解列宁“一国胜利”论的寓意。

（二）高先生论述了“一国胜利”与“同时胜利”之间的辩证关系。

高先生指出，多年来我国学术界关于社会主义胜利问题的争论，过多纠缠于对“同时”“一国”“发生”“胜利”“政治革命”“社会革命”这些概念和马、恩、列有关语录的理解上，而忽视了从宏观与微观、终点与起点的结合上来把握这个理论问题。高先生认为，真正的马克思主义者，在宏观上，要从社会生产力的高度发达应达到的终点上看问题，都是最终共同胜利论者；在微观上，要从社会主义革命的起点和具体进程上看问题，都是一国首先胜利论者。马、恩、列等人既是“同时胜利”论者，又是“一国胜利”论者。他们都是主张由一国带头革命，从一国胜利扩展到多国胜利，最终达到全世界胜利。只因他们所处的社会历史时代条件不同，对革命的具体突破点和进展的速度有不同的设想。简言之，马、恩设想由英、法、德三国中的某一国带头取得政权并开始社会主义建设，然后很快得到其余两国响应，这三个核心国家取得胜利后很快扩展到整个欧洲北美，再逐步帮助较为落后的亚非拉众多国家走上社会主义道路。列宁起初的思路和马、恩一致，1915 年后进而开始把俄国考虑在内，1917 年 7 月以后主张以俄国社会主义革命来促进欧洲社会主义革命。十月革命胜利后，列宁于 1918 年 1 月指出：“俄国人开始了，德国人、法国人、英国人将去完成，社会主义定将胜利。”[①] 1921 年欧洲革命明显转入低潮后，列宁认为俄国有条件在一国坚持社会主义建设并能够建成社会主义，较长期地脚踏实地、树立榜样，以此来推进东西方的革命。如果社会主义不是在俄国这样资本主义较落后的外围国家而是在美国这样资本主义最先进的核心国家首先取胜，那么社会主义从“一国胜利”到“同时胜利”的历程将会便捷得多！由于社会主义首先在俄国一国胜利和各国政治经济发展很不平衡，从而把由一国胜利达到最终共同胜利的时间和进程大大拉长了。这样，如何坚持并发展“一国胜利”的问题便具有了独立的重大的意义，而“同时胜利”的问题则成为非现实、较为久远未来的事。高先生的阐发是深刻的，有利于我们全面把握“同时胜利”和“一国胜利”的关系问题。

（三）高先生论述了研究社会主义胜利问题的重大现实意义。

他指出，如今我们从总结历史经验的角度来重新研究这个问题，重点不要放在一国、几国和同时胜利上，更为重要的是应该弄清究竟什么是社会主

---

① 《列宁选集》（第三卷），人民出版社，1995 年，第 417 页。

义和如何建设社会主义。苏联在1936年宣布一国建成了社会主义，半个世纪之后，为什么到1991年突然发生剧变？其根本原因在于后来的苏共领导人没有遵照列宁教导，继续探索不发达国家建设社会主义的特殊规律，提前结束了新经济政策，过早过急侧重用行政手段消灭资本主义和小生产，阶级斗争扩大化，让封建主义残余渗透到社会主义肌体中来，形成了权力过度集中的政治体制；教条式照搬马克思主义，在未经过商品市场经济高度发达的落后国家急于实行行政指令性的计划经济；降低了社会主义标准，在尚未完成工业化、电气化、机械化的情况下就宣布建成了社会主义，还要急于向共产主义过渡。总之，20世纪30年代建成的苏联模式社会主义在好多方面背离了科学社会主义。后来苏联模式又硬性推广到东欧其他社会主义国家，在长期改革中又难以有根本变革，终于被广大人民抛弃。只要我们切实认真借鉴苏联东欧社会主义兴衰成败的经验教训，真正建设中国特色的社会主义，那么像中国这样一个大国的社会主义就必能推进世界社会主义的最终共同胜利。我们还要看到，在世界新科技革命迅猛发展和各国人民奋起斗争的推动下，未来先进国家可能共同趋向社会主义，大体同时取得社会主义的胜利；在先进国家带领下，世界各国也将逐步先后达到社会主义。我们如今研究历史上的“同时胜利”和“一国胜利”问题，应该落叶归根到这样一个基本点上来。高先生的总结，精邃剔透，发人深思。

三

开展正常的学术批评，对于进行理论研究和繁荣学术是有益的，甚至是必要的。高放先生在对社会主义胜利问题的研究，针对国内外的诸多观点，作了具体分析和评价，并进而阐发了自己的学术观点。

原湖北大学俞良早教授（现为南京师范大学教授）在其所著《列宁主义研究》（广西人民出版社于1993年出版）中，认为列宁在第一次世界大战期间、十月革命期间以至国内战争期间，一直坚持马、恩的“同时胜利”论，直到1920—1922年3月从国内战争结束到党的十一大期间，才逐步形成和发展出了“一国首先胜利”论。对此，高先生指出，这种新看法的逻辑实在奇怪。理论本应是实践的先导，像列宁这样伟大的革命家居然是在十月社会主义革命胜利3年至5年之后才逐步形成和提出了“一国首先胜利”论?！这实在令人难以信服。如此说来，究竟应该怎样理解列宁于1915—1916年在《论欧洲联邦口号》和《无产阶级革命的军事纲领》中明确提出的“一国胜利”

论呢？俞良早教授认为联共（布）和斯大林对列宁的这两篇文章中的两段名言误解了几十年，原来列宁的本意还是说明“同时胜利”论。那么对于其中列宁所说的两段名言，即“社会主义可能首先在少数甚至在单独一个资本主义国家内获得胜利”；[①] “社会主义……将首先在一个或者几个国家内获得胜利，而其余的国家在一段时间内将仍然是资产阶级的或者资产阶级以前的国家”。[②] 究竟应该怎样解释呢？俞良早教授说：“只能把这几个字眼看成离开了他本来思想的过头的说法。”[③] 高先生指出，这种说法才真正是对列宁原话的误解。如果真是列宁一时不慎，在1915年讲错了话，那么他为什么在一年之后即1916年还要重申“一国胜利”的观点呢？而且更加明确地说：“社会主义不能在所有国家内同时获得胜利。”这岂不是明明白白反对“同时胜利”论，主张“一国胜利”论吗？怎么能说列宁这时还是坚持“同时胜利”论呢？

后来，俞良早教授又发表了《社会主义思想史上一个疑案的解析——研究列宁的〈论欧洲联邦口号〉》（载《社会主义研究》1998年第3期）一文。俞文认为，《论欧洲联邦口号》的主题思想是从经济条件上论证欧洲联邦在资本主义条件下如果不是无法实现的，便是反动的；而“不是关于社会主义胜利的问题，更不是关于一国首先胜利的问题”。高先生指出，实际上列宁当时反对“欧洲联邦”口号，不仅因为这一口号从经济上看在资本主义制度下是无法实现的、反动的，而且更加重要的是它阻碍社会主义在一国或少数几国首先胜利。这才是更加重要的主题思想。怎么能够把前后统一的主题思想割裂开来呢？

俞文还认为，列宁的“一国胜利”论原旨为“单独一个资本主义国家获得胜利”。但是，“实际上它没有特定的内容。或者说，在列宁的思想体系中，找不到这个说法的位置”。他随即引证了列宁关于俄国落后、它面临的是民主革命而不是社会主义革命等好几段话，以此证明列宁所说的“一国胜利”绝非俄国。高先生指出，这样的引证是片面的。因为列宁当时写作《论欧洲联邦口号》一文并非无的放矢的空论，而是针对俄国社会民主党中央委员会的宣言和党的国外代表会议的决定。所以列宁在文中所提出的“一国胜利”论显然首先是暗指俄国，尽管他在文中没有明说俄国，那是因为俄国当时面临

① 《列宁选集》（第二卷），人民出版社，1995年，第554页。

② 《列宁选集》（第二卷），人民出版社，1995年，第722页。

③ 俞良早：《列宁主义研究》，广西人民出版社，1993年，第84页。

的是民主革命的任务。只要我们细读列宁这个时期的论著，还是不难破解“欧洲联邦”这个历史疑案的。在这里，高先生提出了自己的新观点，即列宁提出“一国胜利”论首先是暗指俄国。他认为俄国虽然经济落后，然而有坚持革命路线的俄国社会民主党的领导和日益高涨的工农革命运动，因此列宁预感到俄国在推翻沙皇专制政府之后有可能首先取得社会主义革命的胜利。这个想法如果说在1915—1916年还只是潜藏于列宁内心的话，那么到1917年俄国二月革命胜利、打倒沙皇政府之后就立即溢于言表。4月4日，列宁从西欧回到彼得格勒，在火车站广场上向数千名欢迎群众发表热情洋溢的演说，号召群众为争取社会主义革命的胜利而斗争。经过几个月的努力，列宁终于领导党和人民群众取得了十月社会主义革命的胜利。这就确证了俄国一国能够首先取得社会主义政治革命的胜利。高先生的这一观点，既不同于联共（布）党内反对派和国内一些学者（如郑异凡等人）主张的列宁未曾提出俄国能够取得社会主义革命“一国首先胜利”的观点，又不同于斯大林和国内一些学者（如马小林等人）主张的列宁1915年就提出了俄国一国能够首先取得社会革命的胜利即建成完全的社会主义社会的观点，是一种独立思考的新见解。

综上所述，高放先生在对社会主义“同时胜利”和“一国胜利”问题的研究中，厘清了这一问题的来龙去脉和研究现状，准确地阐析了马、恩、列、斯的基本观点。在此基础上，提出了自己的独到见解，批评了学术界的错误看法，为对这一问题的进一步深入研究做出了重要贡献。

（本文原载于《聊城大学学报（社会科学版）》2009年第2期）

把坚定的理想信念奠基在学习马克思主义的基础上

——学习《马克思主义与社会主义新论》的体会

王同昌[1]

我是2011级的思想政治教育专业的本科生，2003年也就是大三的时候，

① 作者系河海大学马克思主义学院副教授、法学博士。

我们专业有一门课《科学社会主义理论与实践》。我们用的教材是谁主编的，现在已经记不得了，只记得没有用高放老师主编的教材。但是在课堂上，老师多次提起高放的名字，建议感兴趣的同学可以去找高放主编的教材以及高放的相关书籍、论文进行阅读，由此算来，我学习高老师的思想已经有 14 个年头了。受科社理论与实践这门课的影响，我后来考研的时候选择了考科社与共运这门专业，但是，我没有选择考北京的学校，感觉北京的学校是可望而不可即的，选择的报考武汉的学校，当时的想法是武汉的学校竞争可能没有北京的那么激烈。可最终的结果是，武汉的学校也没有考取我，最终我被调剂到广西的一所学校。对我而言，这个结果还是很满意的，毕竟我可以继续读研究生了，可以学习科社与共运这个专业了。后来考博的时候，我是在已经找到工作的条件下进行报考的，所以就决定选择北京的高校，如果不被录取的话，就直接参加工作了。幸运的是，2008 年，我被中国人民大学科学社会主义与国际共产主义运动专业录取。在这里很感谢各位导师当时录取了我，使我有继续深造的机会，也改变了我个人的命运。

2008 年秋季入学之后，老师送给我们两本书，一本是《马克思主义与社会主义》，由黑龙江教育出版社于 1997 年出版。另一本是《高放学术思想评论集》。后来我自己又买了《高放自选集》《苏联兴亡通鉴》，其他的书不是不想买，而是买不到，有时候想在旧书摊上买高老师的书，可到现在也没有买到。

上面提到，高老师的书，如果不是刚刚出版就购买，等时间久了是很难再买到的。我估计可能有两个原因，一是印刷数量有限，二是高老师的书很畅销，出版不久就会售空。黑龙江人民出版社曾于 2007 年 4 月出版过高老师的《马克思主义与社会主义新论》，这本书我之前在图书馆借阅过，一直想买一本方便自己随时阅览，但是始终没有买到。直到 2016 年向高老师求助。很快重阳节时我就收到高放老师亲自给我邮寄的新版《马克思主义与社会主义新论》，高老师真是对我们后辈爱护有加，令我感动不已。从《高放学术思想评论集》这本书了解到，这是高放教授在八十华诞学术研讨会上的论文和发言，举办时间是 2007 年 9 月 1 日。当时的感觉就是一个词“遗憾”，因为自己是 2008 年入学的，根本没有机会去参加高放教授八十华诞学术研讨会。当时想，自己已经失去了参加八十华诞学术研讨会的机会，等高老师九十华诞学术研讨会的时候一定要参加。时间一晃就过去了，2017 年是高放教授的九十华诞。2017 年年初我就打探，今年什么时候举办高放教授九十华诞学术研讨会。有同学告诉我，今年高放教授不举办学术研讨会，而是出版论文集。作为一个学生和晚辈，我一直受到高放老师学术思想的影响，之前都是学习高老师的著作，在课堂上传播高老师的思想，从没有想过要评论高老师的著作。下面我把学习《马克思主义与社会主义新论》这本书的感想归纳为以下几个方面。

一、用大众化的语言研究、宣传马克思主义和社会主义的典范

《中国共产党党章》明确规定：党的最高理想和最终目标是实现共产主义。党的十八大以来，习近平总书记多次强调："坚定理想信念，坚守共产党人精神追求，始终是共产党人安身立命的根本。对马克思主义的信仰，对社会主义和共产主义的信念，是共产党人的政治灵魂，是共产党人经受住任何考验的精神支柱。"① 要坚定对马克思主义的信仰，对社会主义和共产主义的信念，首先要明确的一个问题就是，什么是马克思主义？什么是社会主义和共产主义？如果对这些概念不清楚，那么对于"信仰""信念"就是不清醒的。目前，大学本科生要学的一门重要课程是《马克思主义基本原理概论》。据不完全统计，大学生学习了马克思主义基本原理之后，对什么是马克思主义仍然没有清晰的概念，也就是说，在学习了这门课程之后，仍然对马克思主义没有清晰的印象。这一方面是因为马克思主义是博大精深的，不下一番功夫学习是很难掌握透彻的。另一方面是因为现有的关于马克思主义的学术书籍，没有用大众化的语言来阐释马克思主义，使得学生不愿意阅读马克思主义的相关书籍。而高放教授在《马克思主义与社会主义新论》这本书中，对马克思主义的一些相关概念用大众化的语言进行了阐释，可读性很强，甚至读过一遍就能让你记住。

第一，关于什么是马克思主义。高老师认为，所谓马克思主义，就是"马克思恩格斯创立的无产阶级和全人类解放的科学"，简称"人的解放学"，因此，要想获得解放，就要学习马克思主义这门科学。人人都需要解放，人人都渴望获得解放，因此，人人都需要学习马克思主义。

第二，关于什么是马克思列宁主义。高老师认为，马克思主义和列宁主义都是在马克思和列宁逝世后正式提出的。"马克思主义"一开始带有贬义，

① 中共中央文献研究室：《十八大以来重要文献选编》（上），中央文献出版社，2014 年，第 80 页。

直到1883年3月14日马克思逝世后，一些国家的先进工人和社会主义者为了肯定马克思在理论上的伟大贡献，开始从褒义上使用“马克思主义”的提法。“列宁主义”起先也是由列宁的反对者作为贬义词使用的，孟什维克首领马尔托夫早在1903年就自吹“发动了反列宁主义的起义”。普列汉诺夫在1906年俄国社会民主工党第四次代表大会上讲了很多“列宁主义”的危害性。而布尔什维克直到1923年列宁病重时才开始从褒义上使用“列宁主义”。因此，马克思列宁主义是马克思主义和列宁主义的合称，是两个主义，而不是一个主义。关于什么是中国特色社会主义。高老师认为，中国特色社会主义理论之所以具有如此重要的核心理论地位和实践意义，正因为它反映出了人类社会历史发展规律的马克思主义、科学社会主义真理在当代中国的新发展。中国特色社会主义理论不是中国特色资本主义，而是中国共产党在当代对马克思主义的新发展。中国特色社会主义是在使无产阶级和人民大众通过发展新科技和生产力，消灭剥削，消除两极分化，最终达到共同富裕，获得彻底解放和全面发展的基本原理上发展了科学社会主义；在实现社会主义原则的多种多样的形式方面发展了科学社会主义；在纠正苏联模式社会主义弊端方面发展了科学社会主义，在吸取当代科技革命和世界文明新成果方面发展了科学社会主义，而不是由于某些文字表述与马克思、恩格斯的相关论述有近似之处才算是发展了科学社会主义。中国特色社会主义的建设，既要遵循经典社会主义的某些基本原理，又要从中国实际出发超越经典社会主义的某些具体设想。

第三，关于什么是现代化。高老师认为，现代化是一个时间动态概念，其本意是使整个社会摆脱中世纪各自孤立、封闭、愚昧的落后状态。现代化的核心是社会化。随着现代科技革命的发展，现代化已从蒸汽化、电气化提高到信息化的水平，社会化则从民族化、国际化拓展到全球化的规模。现代化的内容包括工业化、机械化、商品化、市场化、城市化、消费化、民主化、自由化、法治化、知识化、大众化，等等。

第四，关于什么是马克思主义中国化、时代化、大众化。高老师认为，时代化是总体，这就要求我们对当今人类社会所处的时代从总体上作出正确的分析和判断。中国化是本体，这是表明我们中国人在学习、运用马克思主义的根本目的在于把马克思主义基本原理与当代我国实际相结合，寻求解决当代中国社会发展的最佳方案。大众化是主体，这是指中国特色社会主义现代化建设事业和促进世界和平、发展与合作事业，不仅需要党和政府的正确领导，而且还需要十几亿人民群众群策群力，组成强大的行动主力军和生力军。为此，就要采用通俗易懂的形式、生动活泼的语言文字向人民群众广为宣传、灌输，尽力提高大众的认知水平和思想觉悟。这“三体”最终形成三位一体，就是要使马克思主义科学理论在当代中国变成中国特色社会主义的实体。

我在这里只举了以上四个例子。通览全书，还有很多用大众化的语言阐释马克思主义和社会主义相关概念的例子，在此就不再一一赘述。不难看出，该书是大学生思想政治理论课的重要参考读物。

二、从方法论上研究、阐释马克思主义和社会主义的经典

有人说马克思主义研究在当代中国已经成为一门显学。马克思主义是我们立党立国的指导思想。对马克思主义我们应该加深研究。但是，目前马克思主义理论学科的研究也存在一些薄弱环节或者说是不足。那就是方法论意识淡薄，尤其是对于一些刚刚入门的人来说，不知道怎样进行这门学科的研究。高放教授从事马克思主义研究近 70 年了，在研究马克思主义方面积累了丰富的经验。这本书从方法论上来说，是研究、阐释马克思主义和社会主义的经典之作。

第一，该书集结的论文具有长远的指导意义。评价一篇文章好不好的标准有很多条，其中有一条就是，过了一段时间（几年、几十年，甚至更长时间）之后，文章的内容是否过时了，是否还有价值，是否还值得一读。高老师这本文集收录的论文，前后时间跨度几十年，有的文章发表的时间距今已经有 30 多年了。但是今天读起来，还能给人一种强烈的新鲜感，不但目前没有过时，即使将来也不会有过时的感觉。例如，《马克思：千年最伟大的革命家》详述了马克思冠盖千年六类革命家，马克思毕生的六大革命活动。《世界社会主义兴衰成败的轨迹和根源》详述了社会主义从西欧的细流发展成为全球的洪波，为什么大多数社会主义国家从兴旺到衰败，要从新科技革命的迅猛发展来展望世界社会主义的前景，新科技革命将改变未来社会主义的进程，以及当今世界各种社会主义派别的划分和发展的战略。还有该文集的其他文章读起来，也都有新作的感觉，可以说是常读常新。

第二，该书的一些论文具有方法论的指导意义。通过阅读这本文集，可以教会我们如何做学问，如何研究马克思主义与社会主义。例如，《科学社会主义的理论与实践》《“科学社会主义的理论与实践”研究述评》《“科学社会

主义的理论与实践”疑难解析》这三篇文章，都对当今的教学改革具有重要的参考价值。这三篇文章虽是针对主编科学社会主义理论与实践而言，但是其中蕴含的科学精神与科学方法对主编其他教材也具有很好的启发意义。《“马克思列宁主义”提法的来龙去脉》也具有方法论的启发。顺着这篇文章的思路，我们可以研究“毛泽东思想”提法的来龙去脉、邓小平理论提法的来龙去脉等。《中共十六大的三大创新》论述了为什么要增加以“三个代表”重要思想为指导，江泽民同志对党的历史经验的三次总结，以及“三个代表”重要思想究竟有什么创新，和“三个代表”重要思想的国际意义等重要内容。这些内容不但对党的十六大精神进行了很好的阐释，而且对我们学习研究党的十七大、十八大精神具有重要的指导意义。尤其对今年迎接党的十九大，学习贯彻党的十九大精神仍然具有重要的方法论意义。《对待邓小平理论旗帜的五对不同态度》，论述了对待邓小平理论旗帜有高举和低举、真举和假举、正举和歪举、全举和半举、前举和后举五对不同的态度，高老师在论述中指出了应该高举、真举、正举、全举、前举，对我们正确认识邓小平理论具有重要的现实指导意义。中国特色社会主义理论体系是包括邓小平理论、“三个代表”重要思想、科学发展观等重大战略思想在内的科学理论体系。党的十八大以来，习近平总书记发表了一系列重要讲话，从各个方面发展了中国特色社会主义理论。当前全党的主要任务就是认真学习贯彻习近平总书记系列重要讲话精神。实际上，对待习近平总书记系列重要讲话精神，也有五对不同的态度。对习近平总书记系列重要讲话精神，我们也应该高举、真举、正举、全举、前举，把习近平总书记系列讲话精神学习好、宣传好、贯彻好，把习近平总书记系列讲话精神转化为老百姓实实在在的获得感。

第三，该书对当代青年确立理想信念具有现实的启发意义。习近平指出：“青年的价值取向决定了未来整个社会的价值取向，而青年又处在价值观形成和确立的时期，抓好这一时期的价值观养成十分重要。这就像穿衣服扣扣子一样，如果第一粒扣子扣错了，剩余的扣子都会扣错。人生的扣子从一开始就要扣好。”① 当代青年要确立社会主义核心价值观，要把社会主义核心价值观转变为理想信念，有很多影响因素。其中一个重要方面就是对马克思主义、社会主义、中国特色社会主义等概念存在种种误解。高放教授在该书中对一些相关概念进行了澄清，起到了正本清源的作用，有利于当代青年正确理

① 《十八大以来重要文献选编》（中），中央文献出版社，2016 年，第 6 页。

解马克思主义和社会主义，在正确理解的基础上坚定社会主义的理想信念。高放教授对科学社会主义与马克思主义的关系、如何评价苏联模式、社会主义社会是否是一个独立的社会形态，以及当代资本主义发展阶段等都进行了正确解读。高放教授还提出了要澄清对“中国特色论”的种种误解。对“中国特色社会主义”提法，高老师指出其经历了从“有中国特色的社会主义”到“中国特色社会主义”的演变，确立“中国特色社会主义”的新提法，并不意味着我们的社会主义已经建成。对“以人为本”的内涵要准确把握，对“以人为本”认识不到位就难以构建和谐社会，而且“官本位”是贯彻以人为本的最大障碍。科学与民主是社会主义的生命。发展社会主义民主和自由是解决当前主要矛盾的关键。当代青年通过阅读《马克思主义与社会主义新论》这本书，能够正确理解马克思主义与社会主义的科学内涵，能够认识到社会主义是世界未来的方向，坚定共产主义和社会主义的理想信念，从而投身到中国特色社会主义伟大实践中，为实现中国梦贡献自己的力量。

三、该书的一些重要观点对解决当今世界的重大问题具有重要启发

习近平总书记在2016年新年贺词中指出：“世界那么大，问题那么多，国际社会期待听到中国声音、看到中国方案，中国不能缺席。面对身陷苦难和战火的人们，我们要有悲悯和同情，更要有责任和行动。”中国声音、中国方案从哪里来？当然需要中国共产党领导集体的智慧，同时也需要集中全国各族人民的智慧。可以说，高放教授在这本书中，就一些重大问题发出了中国的声音，贡献了中国方案，简要列举以下几点。

第一，社会主义在当代世界的命运问题。很多人非常关注这一问题。如何复兴社会主义呢？高放教授认为，社会主义是世界未来的出路，苏联东欧的失败不是马克思主义的失败，克服教条主义的关键是坚持和发展马克思主义。高放教授鲜明地指出了新科技革命与社会主义的关系。他认为，蒸汽化的科技革命催生出马克思主义，电气化的科技革命催生出列宁主义，信息化的科技革命将催生出各具本国特色的社会主义，蒸汽社会主义、电气社会主义之后的信息社会主义将发展成为智能社会主义。高放教授的这一观点，已经获得了我们党的高度认可。近年来，我们党高度重视网络信息的发展，并成立了中央网络信息领导小组。习近平总书记多次强调，过不了互联网这一关，就过不了长期执政这一关。因此，社会主义要想获得发展，就必须高度

重视网络信息社会的发展。

第二，世界经济危机与社会主义的关系。人们也很关心这一问题并有一些疑惑，对此，高放教授也提出了自己的创新性看法。资本主义世界经济危机必定引起社会主义革命。当今暴力革命、不断革命、世界革命将由和平改良、不断改良、世界改良所取代。当代资本主义国家之所以难以爆发社会主义革命，是因为20世纪60年代以来席卷全球的以电子信息为先导的第三次科技革命，已经使世界资本主义发展到了一个新阶段。在这个新阶段，传统的战争与革命难以发生。当今世界社会主义出现各自推进、兼程并进的态势。我们要坚持科学社会主义与中国实际相结合，不断推进中国特色社会主义。要继承资本主义的文明成果，更要防止资本主义的各种弊端，可以借鉴民主社会主义和各种社会主义流派中有用的东西，还要发扬民族优秀的文化传统。各国都建设各具本国特色的社会主义，中国特色的社会主义特别应该作出表率。发展社会主义民主是关键，只要中国特色社会主义全面建设好了，就会对促进世界社会主义发展起到良好的作用。

第三，海峡两岸的关系。实现中华民族伟大复兴的中国梦，是全体中华儿女的共同梦想。但是，如果国家不能实现完全统一，就是实现中国梦的一块短板。2017年是个特殊的年份，即香港回归祖国20周年，这更激起全体中国人的爱国心，期盼国家尽快实现完全统一。随着香港、澳门顺利回归祖国之后，我们国人都希望海峡两岸能早日实现和平统一邓小平先生在20世纪80年代提出通过“一国两制”的方式实现国家统一。随着香港、澳门问题的解决，一国两制的方式已经从设想变为了现实，实践证明是成功的。但是，在香港、澳门问题解决之后，运用一国两制的方式实现海峡两岸的和平统一却迟迟不能实现。对此，有的人认为，台湾问题可能要长久地拖下去，甚至有极端的观点认为，台湾问题最终还是要靠武力解决。台湾问题到底该怎么解决呢？高放教授在赞同邓小平一国两制思想的同时，还认为在一国两制上应该向前推进一步。首先，高放教授强调要从世界发展全局来看两岸关系。世界发展全局要求海峡两岸应该加强合作，尽快统一，以加速中华民族的振兴。两岸关系应以热为好（如亲兄热弟一般热情往来，热烈合作），和为贵（用和平办法来解决各种争端最为珍贵），通为先（通邮、通商、通航先走一步），谈为上（尽快谈判为上策），统为终（最终达到统一）。这些观点有的已经变为现实，有的需要继续努力促其尽快实现。其次，高放教授提出了他的构想，为两岸统一做了很有价值的思考。

以上是我学习《马克思主义与社会主义新论》这本书的初步感想，书中的深刻内涵还需要我继续认真学习体会。今年是高放教授九十华诞，从2007年以来的十年间，高放教授发表了大量的新的作品，阐述了一系列新的思想，这些新的作品，每篇我都会认真学习。最后祝愿高老师健康长寿，写出更多的作品资政育人。我们盼望着高老师百年华诞的到来。

2017 年 5 月

求索真相

对《苏联兴亡通鉴》的评论

恭贺高放同志九十华诞和他在社会主义、共产主义和苏联剧变等问题上所做的学术研究中取得的卓越成就

徐　葵①

我同高放同志在“文革”前并不认识，“文革”结束前夕，我在受审查和下放去河南团中央五七干校劳动近10年之后，被调到中联部苏联研究所工作，20世纪80年代初又转到中国社科院苏联东欧研究所（后来改称俄罗斯东欧中亚研究所）从事苏联东欧问题的研究工作。从20世纪80年代开始，高放同志经常给我们研究所办的杂志《苏联东欧研究》投稿并参加我们研究所和苏东学会举办的学术研讨会，这样我们就开始认识了。后来发现，我和他是同一年出生的，我们的人生经历也有不少共同之处：我们都是在1946年从南方到北平上学的。他从福建北上进了北京大学，我从重庆复员北上，在从重庆迁回北平的朝阳大学继续上学。1946—1948年，我们都参加了当时在北平高涨的进步学生运动。1948年，我们都从冀中解放区进了华北大学，他在华北大学历史研究室当研究生，我则在华北大学政治训练班接受短期政治培训。中华人民共和国成立后，他长期在中国人民大学讲授马列主义基础课，主要就是讲授苏联共产党的历史经验，我则在团中央国际联络部从事主要面向苏联的对外联络工作，虽然工作性质不同，但工作对象是相同的。“文革”后，我开始做苏联研究工作，我们的工作性质就开始接近了，加上我们的研究所坐落在他居住的张自忠路三号同一个大院内，所以我们还成了邻居。从这时起，我们不但相识了，而且还常有一些学术研究上的接触和交流。在20世纪80—90年代，特别是在苏联剧变以后，我不时看到高放同志写的有关苏联和苏联剧变问题的文章，觉得他长期从事教学工作，具有扎实的历史和理论知识的功底，所以写的文章很有思想和深度。但当时我因行政事务负担很重，未能比较系统地阅读他写的一系列文章，只是在最近一段时间里才有机会较仔细地阅读了他从1992—2006年近15年

① 作者系中国社会科学院荣誉学部委员，曾任苏联东欧研究所所长兼党委书记。

间发表的有关苏联剧变的十多篇文章和有关国际形势的其他一些文章，从而对他在研究苏联剧变问题上的思想深度和学术造诣有了进一步的了解。我读了他的这些文章很受启发，受益匪浅。这里我想就他写的这些文章谈几点粗浅的印象和看法。

第一，我觉得高放同志能站在邓小平理论的高度，根据我们党在“文革”后拨乱反正和改革开放中发展了的马克思主义思想，使我们重新认识和研究长期影响苏共思想政治路线的“左”和右的问题。

我们知道，高放同志本人长期研究马列主义和国际共运史，尤其是研究苏共历史。他 1946 年到北京大学上学并参加民主学生运动时就开始读到《联共（布）党史简明教程》和当时莫斯科出版的中文版《列宁文选》，1948 年到华北大学历史研究室当研究生时又进一步研读了这些书。1950 年中国人民大学创办后，他就长期在中国人民大学讲授马列主义基础这门课，主要就是讲授苏联共产党的历史经验。正如他自己说的，他对苏共情有独钟、深怀敬意，可以说他对苏共党史上的一些细节比我对党的历史更熟悉。因此在苏联发生剧变时，他犹如一个人突然失去了长期珍惜和追求的宝物，心灵深处曾感受到极大的震撼和痛苦。但是他和我国一大批年轻时热情投身革命的知识分子一样，在中华人民共和国成立后经历了“左”的思想在我们党内占主导地位时进行的历次政治运动，特别是“文化大革命”这场浩劫，并观察了近几十年苏联本身和中苏关系的变化以及整个世界的风云变幻之后，在思想上也经过了一个清理、反思和总结的过程。正如他在《纵览世界风云》一书的自序中说的，“从 1949 年我开始从事马列主义政治理论教育工作以来，大约长达 30 年之久，在封闭状态中深受‘左’的思想影响，老是以阶级斗争观点来看外部世界。先是宣传要打倒美帝国主义，后来又加上要打倒苏联修正主义，进而还要打倒各国反动派”。高放同志思想的发展历程，就像我们许多老同志在回顾自己生命历程时所概括的那样，也是“两头真”。即在年轻时代真诚地追求光明，拥护革命，经过“文革”这场浩劫，开始认真地进行反思，表现出知识分子的良心，真诚地去研究真实历史，勇于追求真理，敢说真话。他从 1978 年改革开放以来，就极力清除自己在过去 30 多年中思想上受到的“左”的思想影响，着意从实际出发，实事求是地来重新纵览世界风云变幻，并思考苏联的历史经验和各个重大理论问题。所以他在经受了苏联解体和苏共亡党给他带来的巨大震撼和痛苦之后，反倒表现出了孜孜不倦地进行独立思考，探源揭密，深究苏共覆灭的原因、教训的激情和勇气。我认为这是他从1992年开始写出一系列揭示苏联亡国、苏共亡党的深刻原因的很有学术价值和现实意义文章的思想背景。

1991年苏联剧变后，我国学术界首先热烈争论的一个问题是：苏联究竟是右葬送了社会主义，还是“左”葬送了社会主义。高放同志在这场争论中根据邓小平在南方讲话中的思想分析了苏联东欧剧变的根本原因。他在《苏联、东欧剧变的根本原因何在》一文中指出，从长远来看，苏联主要是被“左”葬送的。指导思想上的教条主义，过度集权的僵化体制和脱离实际的错误政策这三方面“左”的东西长期难以改正，所以广大人民，尤其是新成长的一代人、两代人，对社会主义和社会主义改革失去了希望，认为社会主义就是这个样子，改不了；同时看到西方新科技革命飞速发展，人民生活水平大大高于苏联，人民享有的自由民主权利多于苏联，对苏共领导允诺的美好前景更失去了信心，不再坚信苏共执政的合法性，结果到20世纪80年代末90年代初在苏联出现严重的经济危机和政局动荡的时候，俄罗斯广大群众，包括俄共党员把选票投向了打着反苏共特权和腐败的旗号和以平民主义姿态博得了群众信任的叶利钦，以至于在1991年12月由俄罗斯的叶利钦、乌克兰的克拉夫丘克和白俄罗斯的舒斯凯维奇三个斯拉夫人在白俄罗斯的别洛韦日丛林中签署了《别洛韦日协定》，宣告了苏联的寿终正寝。高放同志指出，正是长期的“左”助长了后期的右，右是对“左”长期难以改正的惩罚和反动。从长期发展来看，苏联应该说主要是被“左”葬送的，右只是在最后时刻（1989—1991年）充当了葬送者。“左”的难改必然助长右的势力，物极必反，这是颠扑不破的真理。

高放同志还在《苏联剧变探源揭秘》一文中用大量历史事实论证了他的这个观点，说明苏联正是由于“左”的思想的影响，所以长期未能认清不发达国家实现社会主义的特殊规律。在1918—1920年这三年内战期间，苏俄就曾经想通过“战时共产主义”政策直接过渡到社会主义、共产主义。到1921年国内战争结束时，列宁承认犯了急于过渡的错误，改行“新经济政策”。但他对俄国封建主义残余的深远影响仍估计不足，对利用资本主义的长期性也认识不足。他只是初步认识到像俄国这样的不发达国家实行社会主义的特殊规律，但还没有完全掌握这个特殊规律。后来的苏共领导人在列宁之后并没有去继续探索和掌握这个特殊规律，相反，却越来越背离这个特殊规律，深深地陷入封建主义和教条主义泥潭中不能自拔。这是苏共覆灭的最重要、最深层的根源。我认为高放同志的分析是符合苏联的历史实际的，是有说服力的。

第二，高放同志能抓住事物的主要矛盾，梳理和归纳出苏联模式社会主义社会长期存在的三大矛盾，从这三大主要矛盾中去寻找导致苏联剧变的深刻原因。

高放同志一生从事国际共运和苏共党史的研究和教学，他一方面比较熟悉马克思、恩格斯和列宁的著作；另一方面又掌握国际共运和苏共历史上的许多事实材料，所以他能以所掌握的苏联历史事实作为依据来进行分析并得出结论，而不是只作空泛的议论。他写的《苏联剧变三步曲：矛盾、危机和灭亡》一文就是这方面的一篇代表作。他认为苏联模式的社会主义社会长期存在着三大矛盾。

高放同志指出，苏联模式社会主义的第一大矛盾是过“左”的路线和过度集权的党政领导体制同社会主义社会要求尽快发展生产力、发展民主与自由的矛盾。他分析了苏共执政 74 年中所执行的基本路线，认为从苏共的基本路线来看，在苏共执政的 74 年中只有 1921 年到 1929 年实行列宁提出的“新经济政策”的这 9 年中，苏共基本路线总的来说是正确的，但也有局部的“左”的错误。可是自 1929 年斯大林结束“新经济政策”之后，直到 1953 年他去世，这 20 多年间苏共的基本路线都是“左”的。其后赫鲁晓夫固然有一些右的观点，但主要还是“左”，或者说他是少右多“左”、形右实“左”。赫鲁晓夫之后的几个领导人，基本上都还是推行“左”的路线。直到 1985 年戈尔巴乔夫上台，提出“加速发展战略”，搞反酗酒运动等，也仍然是“左”，只是到后来才转向右的方面。苏共长期实行根深蒂固的“左”，使广大人民和党员对党和党的改革一次又一次地感到失望，这样就助长了苏联党内和国内右的势力的抬头。苏共长期的“左”的指导思想和基本路线，与权力过度集中的党政领导体制结合在一起，严重阻碍了苏联社会主义建设所需要的生产力和民主自由的发展，这对矛盾构成了苏联社会的第一个大矛盾。

高放同志指出，苏联模式社会主义的第二大矛盾是党、政、军官僚高薪特权集团同人民大众的矛盾。高放同志在他的文章中用许多事实说明，十月革命后列宁十分重视巴黎公社对公社委员实行普选制，并可随时罢免不称职者并取消高薪，力图在共产党执政后加以贯彻，以使工人政权的官员真正成为社会的公仆。但是 20 世纪以后，苏联的苏维埃代表和党政官员的产生就从选举制变成了由上面任命的等级授职制，其工资和各种特权不断提高，在当时苏联的行政命令体制下，普通老百姓这个弱势群体长期在社会底层处于无权的状态。高放同志列举了确凿的事实告诉我们，1922 年苏联官员的最高工资和普通工人的最低工资的差距已达 8 倍，到 1934 年差距扩大到 30 倍，到 1953 年斯大林逝世那一年，苏联部长级工资与工人的最低工资差距已达 44 倍至 56 倍。此外，苏联当时的党、政、军官僚集团成员还享有高薪以外的很多特权，如住房、别墅、汽车、游艇、特殊食堂、特殊食品、特供商店、黑海海滨休假、夏日狩猎等。

我们从 20 世纪八九十年代苏联和俄罗斯出版的许多回忆录中都可看到许多有关这方面的事实的具体描述。如 10 年前，我组织翻译的俄罗斯科学院美国与加拿大研究所所长阿尔巴托夫所著的回忆录《苏联政治内幕：知情者的见证》对这些情况就有很具体的叙述。我虽未在苏联留过学或做过长期工作，但在 20 世纪 50 年代和 60 年代初期因工作关系经常到苏联去进行短期访问，所以对这些情况也有不少感性的认识。1950 年下半年（那还是在斯大林年代），我随以我国时任团中央书记处第一书记冯文彬为团长的我国第一个访苏青年代表团到苏联进行第一次访问时，我们代表团在莫斯科住在红场附近的莫斯科大饭店。大楼西侧底下还保留着一家沙俄时代留下来的名叫“大饭店”的老旅馆，这家旅馆是与旁边苏联新建的“莫斯科大饭店”大楼连接在一起的，大楼底层的一个对外公开的餐厅的大门就靠在我们代表团居住的那个旅馆的旁边。我每天晚上上街散步时都能看到穿着豪华服饰的上层男女出入那家餐厅，看到餐厅门厅里身着工作制服的两鬓已发白的服务员点头哈腰地为他们脱大衣和穿大衣，那些上层男女宾客则随手付几个戈比的小费，昂首而过。我看到这种情景，不禁联想起俄国小说中描绘的贵族和仆人之间的那种关系，以及中华人民共和国成立前在上海看到的出入上海租界中的大饭店的洋人和中国大老板与下层服务员的那种关系，心中感到很不舒服和困惑，心想在人与人都应是平等的世界上第一个社会主义国家苏联，怎么会存在这种现象呢？我也住过苏共中央在莫斯科的招待所和在黑海海滨索契的休养所，到过苏联共青团中央书记这一层的高级干部在莫斯科居住的高级公寓楼做客，在这些干部家里，我看到了在过去从未见过的那种豪华高贵的装饰和气派。同时，我也到过苏联普通干部在莫斯科住的三家合住并共用一个厨房和卫生间的三居室公寓房，那还是赫鲁晓夫年代为改善居民居住条件而盖的五六层高的简易公寓房。邀请我们去她家做客的那位苏联女翻译一家4口（女翻译夫妇俩加上一个小女儿和孩子的姥姥）就住在房内只放着一张单人铁床的十几平方米的一间房间里，我真不知道他们晚上是怎么睡觉的，可是邀请我们去家里的那位女翻译在谈吐中还为她家能住进这样的公寓房而显示出很大的幸福感和骄傲感，因为在斯大林时期，苏联根本就不为普通居民建筑住房，他们那时的居住条件更差，只是在赫鲁晓夫上台并开始为老百姓建筑住房后，他们才住进这样的公寓房子。

大量的事实都说明，苏联在20年代以后确实形成了一个党、政、军官僚特权集团或特权阶层。他们掌握着全国的大权，有着自己的生活圈子和生活方式，有着自己的权力领地，他们的子弟有进入某些学校和某些部门的特殊渠道。这个阶层远居于人民大众之上，与人民大众处于矛盾之中，这种状况到勃列日涅夫时期更加明显。勃列日涅夫不像赫鲁晓夫那样经常撤换下面的干部，而是一直强调要保持干部队伍的稳定性。勃列日涅夫需要靠各地“一把手”的拥护来保持自己的最高权力，而各地的“一把手”则需要他这样的最高领导人来保持自己在地方上的最高权力和地位，因此即使在勃列日涅夫得了两次中风以后，苏共的领导层仍然要求他继续担任苏联的党政首脑，以致到20世纪80年代初苏联历史上出现了使苏联人民感到羞辱的、连续由三个年龄一个比一个大的老人执政的时期，广大人民和党员只能听任上层统治集团的摆布而无能为力。这种状况既反映了苏联党、政、军官僚集团与广大人民大众的矛盾，也说明了苏联模式的社会主义上层建筑这时已发展到僵化的地步。

高放同志指出，苏联模式社会主义的第三个大矛盾是大俄罗斯主义势力同其他各族人民的矛盾。他指出，1917年时，俄罗斯民族只占全国人口的43%，人口的过半数是120多个其他大小民族。根深蒂固的俄罗斯民族主义思想和势力，与“左”的指导思想和路线，以及过度集权的党政领导体制结合在一起，三位一体，使苏联这个多民族国家一直充满矛盾和斗争。苏联一直用隐瞒和虚假宣传的手段（如一直隐瞒苏德签订的有关波罗的海三国的秘密条约），大肆宣传苏联民族问题已经解决，已形成了国家的民族统一体——“苏联人”等；或用高压手段压制各种矛盾。但一有气候，这些长期积累起来的民族矛盾的能量就会像火山那样爆发出来，而这正是最后促使苏联解体的一股巨大力量。

我觉得高放同志揭示出的苏联模式社会主义社会的这三大矛盾，抓住了问题的要害。正是由于苏联社会长期存在着的这三大矛盾一直未能得到解决，才致使苏联的经济危机、社会危机和民族危机不断加剧。到1985年戈尔巴乔夫上台时，苏联已从“病夫治国无方”到了“治病夫之国乏善”的地步，最终导致80年代后期出现三个灭亡：苏联的亡国、苏共的亡党和斯大林社会主义模式的亡制。这样的逻辑推理是有很强的逻辑力量的。

第三，高放同志研究苏联剧变问题的另一个特色是能从历史根源上寻找和分析斯大林社会主义模式的弊病。

高放同志写的《俄国近500年的历史脉络透视》和《封建社会主义不同于社会封建主义》这两篇论文就是从历史根源上探讨苏联模式社会主义弊病的作品。

他认为，斯大林定型的那套制度存在的弊病都不体现社会主义的共性和个性，都不反映社会主义的本质特征，而是继承了沙皇专制制度的封建主义衣钵。这样不得不使苏联模式的社会主义从经济基础到上层建筑都发生局部的变形和变性，即变成封建社会主义。从一定意义上说，苏联是一个半封建半社会主义国家。

高放同志在《俄国近500年的历史脉络透视》中分析指出，俄国从1497年由莫斯科大公伊万三世开始建立以农奴制为基础的封建君主中央集权国家时起，就成了一个军事封建帝国，其后到1917年2月革命以前，它在420年的时间中经历了三个发展阶段：即1497—1861年的军事封建农奴主义阶段；1861年，沙皇亚历山大二世废除农奴制度，促进工商业和农业中的资本主义发展，并实行一系列资产阶级性改革后，形成1861—1899年的军事封建资本主义阶段；其后在19世纪90年代，又通过金融资本和工业资本的结合发展为的军事封建帝国主义。这说明，俄国在500多年的历史中始终存在着军事扩张性和封建专制性这两个特征。在俄国历史上，军事专制主义的传统是根深蒂固的。俄国没有像西欧国家那样经历过深刻的资产阶级革命，没有接受过资产阶级思想家提出的“天赋人权”和“自由民主”思想的启蒙运动。而俄国在1917年经过“十月革命”变成社会主义国家后，苏共又没有认真去铲除封建主义的余毒，而一味向本国本来就并不发达的资本主义发展，包括当时苏共领导人要求向“在农民中每时每刻产生的资本主义”发起全面进攻，急于要向共产主义过渡；还没有清除专制主义政治文化的传统影响，却又教条主义地去理解和强化马克思和恩格斯在《哥达纲领批判》中提出的无产阶级专政的思想。正因为它们没有摆脱封建专制主义政治文化传统的影响，所以也就很容易在无产阶级专政的名义下，在实质上推行封建专制主义性质的专政而不自觉，还认为这样做是符合建设社会主义的要求和目的的，在“二战”后，斯大林还把这种制度推广到了东欧和其他社会主义国家中。这样，就形成了高放同志在他的文章中概括的斯大林从20年代末起背离马克思主义，搞极权主义国家政治体制，使苏联这个“十月革命”后应由人民当家做主的民主共和国变了形，走了样，带有浓厚的君主专制的实质。与此同时，他们又在宣传舆论上违背马克思主义的根本原则，把党的领袖大肆“神化”，大搞斯大林的个人迷信，从而长期使广大人民和党员处于蒙昧之中。就像过去处于蒙昧中的俄国老百姓总是把改善自己命运的希望寄托在“好沙皇”身上那样，后来苏联老百姓就把实现苏共向他们允诺的社会主义和共产主义美好前景的希望都寄托在“伟大英明的领袖”和“真理的化身”的斯大林身上。苏共在其执政的70多年中没有通过改革去消除自己身上的这些封建主义因素和思想余毒，终至最后被广大党员和人民抛弃，而苏联也随后解体消失。我国是在历史上受到更长期的封建主义和专制主义思想和文化影响的国家，中华人民共和国成立后基本上又照搬了苏联的社会主义模式，所以高放同志认为，我们要从苏联亡党亡国的悲剧中认真吸取教训。高放同志这样分析问题，寻找历史根源，指出我们在纠正自己过去所犯的错误之后，应在这方面从苏联的悲剧中吸取更深刻的教训，我觉得指出这一点对我们是有很大的现实意义的。

第四，高放同志能着眼于从党的领导制度和组织制度问题上寻找苏共作为一个政党遭到失败的根本教训。

在苏联、东欧发生剧变之后，邓小平在南方讲话中，从以苏为鉴的角度语重心长地说，“正确的政治路线要靠正确的组织路线来保证”，“我们要出问题，还是出在共产党内部”，“说到底，关键是我们共产党内部要搞好”。的确，苏联的问题关键就出在苏共内部，出在苏共本身没有搞好，所以在执政74年中越来越脱离广大党员和人民，失去广大党员和人民的信任，最后就被广大党员和人民抛弃。1991年在苏共遭禁止和被解散时，这个曾经拥有1900万名党员、大权在握的大党竟没有一个苏共党员、一个党的组织肯出来维护它，全世界都看到了这个极富讽刺意义的悲剧性事实，都不禁要问苏共的问题究竟出在哪里，其失败的根本教训究竟在哪里？

这些年来，我国学术界重视对这个问题的研究，这是很自然的，因为它对我们具有极其重大的理论和现实意义。但是我们看到，在对这个问题的探讨中是存在着不同的观点和思路的。有一种意见认为，斯大林的社会主义模式和路线是正确的，问题就出在赫鲁晓夫全盘否定斯大林，后来戈尔巴乔夫继赫鲁晓夫之后又进行了错误的改革，由于他们推行了一条右倾机会主义路线，终于使苏联亡党亡国。所以结论是苏联的亡党亡国主要是由于赫鲁晓夫和戈尔巴乔夫的错误导致的。

高放同志是不同意这种观点的。一方面，他在本文前面提到的苏共的思想政治路线、苏联社会长期存在的三大矛盾和苏联模式社会主义弊病的历史根源这三个方面论证了斯大林定型的苏联模式社会主义是存在着很多弊病和错误的，这是导致苏联剧变的深层原因。

另一方面，他也论证了把苏联亡党亡国的责任完全推到后来的个别领导人的身上是不符合苏联和苏共的历史实际的。他引用了赫鲁晓夫在苏共二十大上做的“秘密报告”中讲的肯定斯大林的话，如“斯大林在准备和实现社会主义革命中，在国内战争中，以及在我国建设社会主义的斗争中所起的作用是尽人皆知的”，“斯大林是马克思主义者中最强的一个，他的逻辑、他的力量和意志，对于干部和党的工作者有着巨大的影响”，“毫无疑问，斯大林过去对党、对工人阶级和国际工人运动是有巨大功绩的”等，以此来证明赫鲁晓夫在他所做的“秘密报告”中并未全盘否定斯大林。我也专门核对了赫鲁晓夫的《秘密报告》，可以证实高放同志引用的赫鲁晓夫讲的肯定斯大林的那些话确实是白纸黑字，明明白白地写在那里。而赫鲁晓夫在执政11年中推行的经济、政治、社会和外交路线、政策的实际行动，尤其是急于过渡到共产主义建设的行动，也可证明赫鲁晓夫并没有全盘否定斯大林。他继承了斯大林的社会主义优先发展重工业的总路线，反对马林科夫在斯大林去世后提出加快发展轻工业的主张，在农业方面大规模合并集体农庄和国营农场，进一步搞“一大二公”，继续限制集体农庄庄员多养自有的牲畜，扩大自留地，急于向共产主义过渡等，这些事实都证明他推行的是斯大林的政治和经济路线。

这里我还可补充的是，在苏联和俄罗斯有不少支持苏共二十大路线，赞成赫鲁晓夫对斯大林个人迷信批判的政论家和学者，在他们看来，赫鲁晓夫的主要缺点恰恰就在于他只反了斯大林的个人迷信，而没有去批判，去维护斯大林所定型的制度。例如，费·布尔拉茨基就批评赫鲁晓夫说，“他谴责了斯大林，但在很大程度上保留了生育它（指苏联模式的社会主义）的体制。至于抱怨斯大林的个人品质和残暴性格，那是小孩子的政治思考水平”。格·阿尔巴托夫在他的回忆录中指出，“他（赫鲁晓夫）在揭露斯大林当时犯下的罪行和评论已故‘领袖’的功绩之间不断地来回摇摆。在功绩中首先还讲到(斯大林)‘同党的敌人进行斗争’的功绩……”阿尔巴托夫还特别指出，苏共二十大后，“他同文艺界知识分子代表的几次会见和他在这方面发表的大量讲话——其内容常常是斯大林主义的，而且在形式上则比斯大林更放肆专横”。阿尔巴托夫还列举了赫鲁晓夫在晚年回顾自己一生时流露出的思想说，赫鲁晓夫甚至“在他的晚年，在他已经退休和不再追求任何政治目的（因而是真诚的）的时候，他还禁不住要崇扬斯大林，包括重申斯大林曾对敌人‘坚决斗争’”。俄罗斯历史学博士亚历山大·佩日科夫在根据档案材料写的《赫鲁晓夫的“解冻”》（新华出版社出版中文版时把书名改为《“解冻”的赫鲁晓夫》）一书中说，“以赫鲁晓夫为首的党的新领导层，实际上完全保留了在战后时期形成的建设共产主义的战略。在苏共第二十一次代表大会上，赫鲁晓夫重复了社会主义已经取得了完全和彻底的胜利的结论，并第二次（在苏共第十九次代表大会之后）宣布全面建设共产主义社会的阶段到来了，而在第二十二次代表大会上甚至重新提出了共产主义建设的时间范围，也就是斯大林在世时所说的二十年。这样一来，赫鲁晓夫就把共产主义建设的教条原封不动地保留了下来，他只是取代了主要的演出者——共产主义的设计师的地位。赫鲁晓夫本人取代了斯大林的位置连同他的学说和遗产……”① 为了同恩格斯在《反杜林论》和列宁在《国家与革命》一书中提出的社会主义国家在向高级阶段发展时将逐渐消亡的原理相衔接，赫鲁晓夫还提出了“全民党”和“全民国家”的概念。② 佩日科夫还在这本书中告诉我们，赫鲁晓夫在他于1964年下台前已精心地组织班子起草好了一部苏联新宪法草案，在这部根本法草案的“序言”中写明，“由于社会主义在苏联的胜利和苏联社会统一的巩固，工人阶级的共产党已经变成了整个苏联人民的先锋队，成了‘全民党’”，“无产阶级专政在苏联已完成了它的历史使命，从内部发展的观点来看已不再需要。无产阶级专政国家在新阶段已变为全民国家，变为表达全体人民的利益和意志的机关”，“苏维埃社会主义共和国联盟的新宪法是正在建设共产主义的全民的社会主义国家的基本法”。③ 如果赫鲁晓夫不是在1964年被苏斯洛夫、谢列平和勃列日涅夫等用密谋方式被迫辞职下台的话，苏联继斯大林于1938年制定的第三部宪法之后，制定的第四部宪法将是赫鲁晓夫搞

① ［俄］佩日科夫：《“解冻”的赫鲁晓夫》，新华出版社，2006年，第18页。
② ［俄］佩日科夫：《“解冻”的赫鲁晓夫》，新华出版社，2006年，第116页。
③ 中共中央文献编辑委员会：《邓小平文选》（第2卷），人民出版社，1994年，第333页。

的这部宪法草案，而不是1978年勃列日涅夫的那部宪法，而勃列日涅夫搞的那部宪法也是以赫鲁晓夫起草好的宪法草案作为基础，只是不提建设共产主义，而是提出苏联已经成为发达的社会主义国家罢了。苏联的这些档案材料也都清楚地证明，赫鲁晓夫在思想和政治路线上和在社会主义建设问题上继承的正是斯大林的学说和遗产。

就我所知，我国批判赫鲁晓夫"全盘否定斯大林"的论点最早是在20世纪60年代初中苏论战时于1963年9月13日发表的题为《关于斯大林问题——二评苏共中央的公开信》中提出来的。当时我党的基本路线就是以阶级斗争为纲，我国正处在"阶级斗争要年年讲、月月讲、天天讲"的年代。当时用"以阶级斗争为纲"的思维来看赫鲁晓夫，自然赫鲁晓夫就是修正主义，其要害就是否定阶级斗争和无产阶级专政，其核心就是"和平共处""和平竞赛""和平过渡"以及"全民党""全民国家"这"三和两全"。今天距那个年代已过40多年了，我党在遭遇"文化大革命"这场浩劫之后已否定了"以阶级斗争为纲"的路线，我们国家和世界的形势、我国同外部世界的关系已发生了巨大的变化，大量的历史真相已经变得清楚，大量的历史档案已经公开，所以我认为，从判断真理的标准来看，时至今日继续用以阶级斗争为纲的思维说赫鲁晓夫"全盘否定斯大林"，说他提出的"三和两全"论就是他的修正主义和右倾机会主义的核心，这样的论点是不能成立的，是站不住脚的。正如，我们在"冷战"结束之后观察世界局势时不能再用"冷战"的思维去观察世界一样，我们在抛弃"以阶级斗争为纲"的方针后，今天在研究苏联当年的历史事件时也不能继续用"以阶级斗争为纲"的思维去观察。

在探讨如何看待国家领导人个人和党与国家制度在国家兴衰上所起的作用问题时，邓小平同志说的一段话为我们研究这个问题提供了重要的指导思想。他说："不是说个人没有责任，而是说领导制度、组织制度问题带有根本性、全局性、稳定性和长期性。这种制度问题，关系到党和国家是否改变颜色，必须引起全党的高度重视。"我认为高放同志就是遵循邓小平同志的这个指导思想，对苏共的领导制度和组织制度进行研究并总结其亡党教训的。

在这方面，高放同志撰写了《从苏共兴亡看政党现代化问题》和《苏联共产党的党内民主怎样被破坏殆尽》这两篇论文。他认为弄清这个问题不仅对于彻底弄清苏共亡党、苏联亡国亡制这个历史大课题大有好处，而且对于我们如何以史为鉴，切实加强和改善执政党的建设，防止重蹈苏联覆辙，成功建设有中国特色的社会主义有直接的指导意义。他认为，从政党制度这个角度来看，苏共亡党导致亡国亡制最根本的一条原因，就在于苏联在“十月革命”后在当时的具体条件下形成了苏共单独执政的一党制国家，而后来在党内又长期缺乏民主，权力过度集中。斯大林在党的领导体制上也搞了六制，使苏共这个无产阶级的共产主义政党也变了形、走了样，使理应充分实行党内民主的政党变成了扼杀党内民主的专制主义政党。他在第二篇论文中根据苏共的历史事实具体说明了苏共发生这种演变的过程。他用事实说明，“十月革命”后苏共开始是同其他左翼政党多党联合执政的，之后不久俄共（布）因在立宪会议选举中失利，掌握不了立宪会议的多数，而用行政手段解散了立宪会议，并把参加联合政府的一些非左翼政党排除出政府，后来又因政策上的分歧而与几个左翼政党决裂。1919 年共产国际建立后，在 1920 年共产国际第二次代表大会作出了“每个国家只应有一个统一的共产党”的规定。在此之后，当时在俄国还存在另一个无产阶级政党——俄国革命共产党就宣布并入俄共（布），从此之后苏联就只有俄共一个政党执政，后来在斯大林执政时苏共又变成了一个斯大林个人集权制的政党。我参加革命虽已 60 多年，但并不熟悉共产国际的历史，所以是看了高放同志的文章之后才第一次知道共产国际做过上述规定的。苏共正因为在斯大林成为党的最高领袖后逐渐把党内民主破坏殆尽，在党的领导体制上也搞了六制，实行对“财产、真理和权力的垄断”①，长时期内又不进行改革，不是扩大而是压制党内民主，搞舆论一律，听不得不同意见，不探索进行苏共的现代化的路子，严重脱离群众、脱离实际，才最后落得个亡党的结局。

第五，高放同志写的这些论文还有一个特点就是视野广阔，能紧紧跟踪和把握世界的新变化和新走向，看到当代资本主义的新特点，从世界范围来看国际共运的起伏和苏联东欧社会主义国家的兴衰成败，并总结其经验教训，因此能把很多问题看得比较清晰，并具有新意。关于他对当代世界形势发展变化的看法，在他著的《纵览世界风云》一书中有许多分析和论述，他简练地归纳出六个世界进步大潮：第一个是科技进步的大潮，第

① 见俄罗斯共产党主席久加诺夫 1995 年 8 月 10 日和 10 月 24 日答记者话时说，“苏联和苏共垮台的基本原因是对财产、真理和权力的垄断”。

二个是市场经济的大潮，第三个是民主政治的大潮，第四个是全球多元一体文化的大潮，第五个是社会可持续发展的大潮，第六个是争取持久和平的大潮。在这些大潮面前，不管是哪个国家，都只能顺应历史潮流。高放同志在为此书写的自序中表达了他要紧跟世界六大进步潮流，争当促进派的心愿。

以上五点就是我最近阅读了高放同志发表的关于苏联剧变问题的一系列文章后得出的突出印象。我国的苏联问题研究工作者、学术界和理论界的许多学者在1991年苏联剧变后对苏联剧变的原因及其教训做了大量的研究工作，提供了许多有价值的科研成果。高放同志按照解放思想、实事求是的指导思想，以他的深厚的知识基础、宽广的学术视野、严密的逻辑推理、勇于寻根溯源和不断创新的精神在这方面的研究中做出了很好的贡献，这是值得我们赞扬和肯定的。

（注：上面这部分对高放同志关于苏联剧变的一系列文章的评论是我在2007年8月写作的。当时高放同志正值八十华诞，我向他表示了祝贺）

从那时迄今，十年已经过去了。在这十年中，高放同志在教研等各个方面又做了大量工作。十年来，他培养了九名博士研究生，出版了《高放文集》之十与之十一（即《苏联兴亡通鉴》和《马克思主义和社会主义新论》，领衔主编了《科学社会主义的理论和实践》第五版和第六版，并应中国工人出版社的约请主编了《世界社会主义历史人物传略》丛书二十本，又应北京师范大学出版社之约主编了《世界社会主义史》丛书四卷，2016年为纪念《乌托邦》出版和世界社会主义五百周年接连发表了七篇长文。《中国延安干部学院学报》从2013年起为高放同志开辟了一个《国际共产主义运动史讲座》专栏，迄今高放同志已在该学报上发表了十一讲。

我与高放同志是出生于1927年的同龄人，他比我大两个月，他生于1927年阴历一月，我出生于同年阴历三月，所以我在年龄上和学术问题研究上都认为他是我的学长。今年恰逢高放同志九十华诞，我除对他在学术研究方面所做的杰出贡献表示敬佩以外，还要衷心祝贺他的九十华诞，敬祝他健康长寿，万事吉祥如意！

（注：此文是作者以其10年前写的《评高放同志撰写的有关苏联剧变问题的文章》一文作为基础，于2017年4月改写而成）

融科学精神与理论创新为一体的重要学术精品

——读高放教授《苏联兴亡通鉴》有感

赵明义　高继文[①]

首先，让我怀着十分崇敬的心情真诚祝贺我的老师高放先生九十华诞。1956年9月初，我考入中国人民大学历史系国际共运史专业本科之后，不久就知道了高放先生的大名。特别是我看到他发表的关于科学社会主义研究对象的论文之后，对他的印象就更深刻了，真正和高放先生面对面坐在一起讨论问题则是改革开放以后的事了。1978年10月，山东大学发起并主办了全国性人文社会科学真理标准问题讨论会，高放老师应邀参加了这次会议，我同他在科学社会主义学科组进行研讨，他在关于科学社会主义研究对象及其理论体系的发言中，提出的真知灼见让与会者都极为赞赏，我至今记忆犹新。从这之后，我与高老师的交往就比较多了。山东大学科学社会主义系在济南、青岛、烟台、威海等地举办的"当代世界社会主义讲习班"，他都大力支持，在百忙之中挤时间与会作报告；他对我们主办的《当代世界社会主义问题》杂志和编辑的《社会主义年鉴》更是关怀备至，不仅经常将他的大文在我们杂志发表，他88岁高龄时还在电话中指导我们如何编辑年鉴。总之，几十年来，我通过阅读他的著作、文论，聆听他在多次学术讨论会上的演讲，学到了很多东西。当然，尽管高放先生是我的老师，但我们有一个共同点——都是学者，学者有个职业习惯，即往往自觉不自觉地在阅读别的学者的论文时，在学习借鉴的过程中会提出不同意见。对高老师的论文也是这样，我除了通过学习收获很大之外，对他提出的一些新问题、新观点也有不同看法。

2012年春，我收到了高放老师赠予的《高放文集》之十——《苏联兴亡通鉴——六十年跟踪研究评析》一书，备受感动，收到后一气读完，读后有很多感想，想很快写一篇读后感。之后我又将该书送给了山东大学科学社会

---

① 作者赵明义为山东大学终身教授、博士生导师；高继文为山东师范大学马克思主义学院院长、教授、博士生导师。

主义系毕业的学生，现山东师范大学马克思主义学院院长、教授、博士生导师的高继文同志阅读此书，因此我们一起写了这一篇文章。

《苏联兴亡通鉴——六十年跟踪研究评析》一书是从高放先生 1951 年以来发表的研究苏联问题的近百篇文稿中精选出 66 篇汇编成书的，是他长达近 70 年跟踪研究、不懈探索苏联社会主义兴亡及其经验教训的重要成果，可以说是他毕生心血和智慧的结晶之一。本书的书名和编排别具一格，意味深长。书名中的几个关键词表达了该书的显著特点。一是“通”，即全面系统。全书内容涵盖了从俄国劳动解放社成立到苏联剧变百余年来苏联社会主义兴衰的历史，按照建党、建国和建设社会主义的逻辑编排体系，对苏联党史、国史上重要的理论和实际问题都做了完整、透彻的研究。二是“鉴”，即以史为鉴。高放先生研究苏联问题不只是为了搞清楚事情的来龙去脉，更重要的是为了总结、借鉴其经验教训，为我所用，搞好中国特色社会主义事业。正如他所说：“作为中国公民和共产党员学者，我写出的每一篇关于苏联历史的文稿，都不是单纯出于历史癖好，都不仅是为弄清历史真相，而且还旨在明鉴苏联兴亡之道，为振兴中华而借力。”① 他还说：“近 20 年来我着重思考剖析苏联兴亡的各种根源，旨在借鉴他山之石，力求玉成中国模式社会主义。”② 事实正是如此。他所写的每篇论文都是在总结历史经验，启发人们思考，警示现在和未来。三是“评析”，即自我分析评价。70 年来，高放先生对苏联问题的研究与时俱进，逐步深化，前后观点有些变化。在文稿整理成书时，他在每篇论文之后另写了几百字的“记事说文”，不仅向读者说明了当时写作的情况，还指出当今应对原文如何评价、补充，提出了一些新观点、新资料，很值得重视。在苏联问题研究领域，迄今具有这几个特点的著作是罕见的，其学术价值和现实意义巨大。

就学术观点而言，本书具有以下的特点和优点：一是思想解放，提出了很多新思想、新观点和新论断，使人读后有耳目一新的感觉；二是坚持马克思主义立场和观点，遵循科学研究的精神和方法，实事求是，能够经得起事实和历史的检验。这两点是高放教授取得重大学术成就的重要条件，也表明他是与时俱进、开拓创新的马克思主义理论大家。

学界很多同仁认为，高放教授思想解放，独立思考，勇于创新，在苏联

① 高放：《苏联兴亡通鉴——六十年跟踪研究评析》，人民出版社，2011 年，第 3 页。
② 高放：《苏联兴亡通鉴——六十年跟踪研究评析》，人民出版社，2011 年，第 2 页。

研究中提出了独到的新观点、新见解。高放教授指出，理论研究贵在创新，一个有良知的学者理应遵照陈云同志“不唯上、不唯书、只唯实”的教诲，无私无畏，从推动社会进步、增进人民福祉、振兴国家民族出发，经过自己刻苦钻研，敢于讲真话、实话、新话、深话，在学术上有所建树，不能墨守成规，人云亦云，更不能“左”右逢源，见风转舵。这是他可贵的学术精神和方法，也是他坚定的立场和品格。他深刻地认识到，中华人民共和国成立后我国对苏联问题的认识和研究，包括他自己在内，长期深受“左”的思想影响，提出过一些错误观点，不利于党和国家的事业发展。因此，党的十一届三中全会后，他坚持解放思想、实事求是的思想路线，痛定思痛，痛极思改，勤学苦思，推陈出新，形成了全新的认识。正如他所说，其对苏联历史及其经验的认识经历了从一往情深、盲目崇拜到具体分析、着重借鉴的长达60年的进程。①

《苏联兴亡通鉴——六十年跟踪研究评析》一书的主题是研究苏联社会主义兴亡的过程、原因、影响及经验教训。经过多年深入研究，高放教授提出论证了以下发人深省的创新观点：苏联模式社会主义与马克思主义（科学社会主义）的关系分四种情况，即坚持马克思主义、发展马克思主义、教条式照搬马克思主义和歪曲马克思主义；苏联模式社会主义是社会主义发展史上的第二种形态，既取得了重大成就，又有严重弊端，不能全面肯定或全盘否定，应具体分析；俄国（苏联）是在特殊历史条件下建设社会主义，应正确处理社会主义与封建主义、资本主义、共产主义的关系，但苏联共产党始终没有掌握落后国家建设社会主义的规律，急于求成，长期犯“左”的错误，理论教条、体制僵化，严重妨碍了社会主义优越性的发挥，到戈尔巴乔夫时期改革失败，导致了苏联剧变；苏联模式社会主义在体制上的弊端集中表现为过分集权，实行过分集权的经济政治文化体制，具有严重的封建主义因素，使社会主义发生变形和扭曲，背离了马克思主义，是苏联剧变的重要根源；苏联模式社会主义长期存在三大矛盾，一是过“左”的路线和过度集权的党政领导体制同社会主义社会要求大力发展生产力、发展自由民主法治的矛盾；二是党政官僚集团同人民大众的矛盾；三是大俄罗斯主义同各民族人民的矛盾。三大矛盾导致三种危机和三大灭亡。苏联剧变是由各种原因相互交织造成的，外因与内

① 高放：《苏联兴亡通鉴——六十年跟踪研究评析》，人民出版社，2011年，第297页。

因、远因与近因、客观原因与主观原因、微观原因与宏观原因、下层原因与上层原因、浅层原因与深层原因等，从本质上说是封建主义和教条主义害了社会主义；苏联剧变的根源在斯大林时期的政策，但直接原因是戈尔巴乔夫的错误改革造成的，如果改革得当，苏联社会主义能够克服危机、走上振兴；西方国家和平演变苏联是以强大的经济科技实力为基础的，新科技革命的成就使西方国家在与苏联的竞争中处于明显优势；苏联共产党的错误，长期是“左”，到戈尔巴乔夫时期是右，“左”与右共同埋葬了社会主义；苏联模式社会主义的失败不是马克思主义、社会主义的失败，而是教条化的、扭曲了的社会主义体制模式的失败。基于以上分析，社会主义国家吸取苏联剧变的教训，主要应该坚持和发展马克思主义，破除教条主义，主要纠正“左”的思想，同时防止右的倾向；要从当今时代和各国国情出发，大力发展生产力和科学技术，实行社会主义市场经济体制，把经济建设搞上去；特别是要深化政治体制改革，发展党内民主、社会民主和党际民主，推进社会主义民主法治建设，加强对权力的监督和制约，实行社会公平正义等。另外，他还对普列汉诺夫、列宁、斯大林、赫鲁晓夫、勃列日涅夫、戈尔巴乔夫等俄国（苏联）历史上的重要人物进行了系统考证和研究，提出了新观点。比如，他提出要从两个框架、五个层面重新评价斯大林，就是认识上的新见解。[①] 总的来说，无论是在苏联社会主义兴衰这个基本问题上，还是在相关的一系列具体问题上，包括有争议的问题上，高放教授都有新的建树，以新思想、新观点为我国改革开放新时期苏联问题的研究做出了突出贡献。

高放教授在学术观点上的创新，与他坚定的理想信念和深厚的马克思主义理论修养有密切联系，是他以科学精神和方法孜孜探索的结果。他终生坚信马克思主义是科学，社会主义是人类的必由之路，为研究和宣传马克思主义理论奋斗了近70年，目标明确，矢志不渝。他对于坚持和发展马克思主义有科学的理解，致力于总结马克思主义发展中的经验教训，探索马克思主义在当代的发展命运，对马克思主义有必胜信心。他关于苏联问题的观点，是以马克思主义理论和方法研究出来的，显示了马克思主义的科学力量。同时，他治学严谨，精于考证，以史为据，史论结合，论从史出，言之有理。他写的每篇论文都不是空泛议论、理论推导，更不是简单重复马

① 高放：《苏联兴亡通鉴——六十年跟踪研究评析》，人民出版社，2011年，第291页。

克思主义的词句，而是以大量的史料为证，以事实说话，有理有据，让人信服。他的创新是以这样的信念、精神和方法为基础的，而不是主观臆想、盲目标新立异。

苏联社会主义问题是有难度的研究课题，其理论性、政治性和现实性都很强。如何认识和评价这个问题，不仅涉及苏联历史，还将影响到中国特色社会主义和中国的改革开放。因此，在研究中要有解放思想、敢于创新的勇气，还要尊重历史、坚持原则。高放教授的研究坚持了这两者的统一。改革开放以来，特别是苏联剧变以来，对苏联社会主义、苏联剧变及其教训等问题，学界一直有不同观点的争论。有些学者至今对苏联社会主义持高度评价、全盘肯定的态度，思想观点还停留在改革开放以前。部分学者对苏联社会主义持全面否定态度，甚至否定它是社会主义的一种模式。与这些观点相比，高放教授的研究要客观、深刻得多，学术价值和现实意义也大得多。

近70年来，高放教授精心教书育人，培养了大批优秀人才。他潜心科学研究，发表了大量有重大影响的科研成果。他的学术观点受到了几代马克思主义理论工作者的高度评价。如今他已90岁高龄，却还在工作，指导博士生研究问题、发表论文。他是当之无愧的马克思主义和社会主义专业理论工作者中的大师级名家。

2017年5月

学术研究中思想解放的典范——高放教授

郭春生[①]

提到高放教授，在学术界流行着“高放、高放，思想高度解放”的顺口溜。高放教授今年已90岁高龄，他从事研究和教学工作60余载，在此，仅以高放教授的“十月革命”研究为例，展现了他始终将思想解放贯穿于学术研究中的可贵品格。

① 作者系中国人民大学国际关系学院教授、博士生导师。

十月革命是世界社会主义运动史上非常重要的转折点，也是研究者非常重视的核心问题。高放教授的研究领域非常广阔，而社会主义运动史是他研究的核心聚焦点。在他的学术文章中，直接以十月革命为主题的论文有10篇以上。2011年，高放教授将他的苏联史研究集萃《苏联兴亡通鉴——六十年跟踪研究评析》交由人民出版社进行出版，其中，“十月革命的胜利和苏维埃国家政权的建立是苏联振兴的起点”专题就收录了10篇论文。之后，教授又有多篇关于苏联历史的著述，都或多或少涉及了“十月革命”。

关于“十月革命”，首要的问题是关于革命性质的争论。“十月革命”是社会主义革命，在改革开放之前，中国的研究界没有人对此提出过质疑。中国开始改革开放后，学术研究也空前繁荣，百家争鸣的氛围激发了学者们的探讨热情。其中，有的学者对“十月革命”的社会主义性质提出质疑，认为当时俄国面临的主要矛盾仍然是人民大众和封建势力的矛盾，所以十月革命不是社会主义革命而属于新民主主义革命的范畴。对此，高放教授进行了及时回应，他认为，“十月革命”的社会主义性质是毋庸置疑的，对这样的重大问题提出质疑，必须提出充分有力的证据，针对质疑者的观点，高放教授认为，“二月革命”后俄国社会的主要矛盾是无产阶级和资产阶级临时政府的矛盾，“十月革命”就是无产阶级推翻资产阶级、以建立无产阶级专政为目标的革命，所以革命的社会主义性质是确定无疑的。高放教授的这一观点，并不是说他坚持传统观点不放，而这恰恰表明他在学术研究中的严谨态度，在学术繁荣的新时期，观点创新十分流行，但是，在没有新思想、新资料的情况下，热衷于提出新的观点则是非常有害的，极有可能陷入老调重弹、张冠李戴等泥沼之中。

高放教授的这篇文章写于20世纪80年代。在戈尔巴乔夫执政后期和苏联解体之后，大量的苏联历史资料被解密出来，关于列宁和“十月革命”的新资料也大批出现。高放教授时刻关注着这些新资料的情况，并时刻将它们应用到自己的学术研究之中。到2010年，在纪念列宁140周年诞辰之际，高放教授撰文，充分肯定了“十月革命”的社会主义性质，肯定了列宁在苏联社会主义革命中的独特、奇特的历史作用，同时，他将列宁在探索并首先实现俄国社会主义革命胜利的历程中的失误与败笔、疏漏与悬念归纳为四类：第一类，犯过错误，但是在总结历史教训时已经纠正，如从战时共产主义政策转向新经济政策；第二类，认识到错误并决心改正，但还没来得及改正就过世了，如党政不分、以党代政的体制；第三类，认识到现实发展中存在的问题，但未能提出最好、最有效的对策，如对党中央分裂的担心；第四类，一些直到去世也未能发现，更谈不到改正的错误，如把孟什维克定位为小资产阶级政党的错误。在这里，高放教授认为，新的史料并未否定“十月革命”的社会主义性质，领袖人物也会犯错误，并且可能犯十分严重的错误。作为思想解放的学者，他根据新的史料客观指出了列宁所犯的种种错误，针对这些错误，他总结苏联共产党存在的重大症结为：党内缺少民主、一党专政等，这是重大的体制性根源。他认为：“政治体制是否健全较之路线是否正确，更为重要和关键。如果苏联真正拥有苏维埃民主，那么，即使苏共和苏联领导人的路线错了，社会主义民主自由的政治体制也能及时纠正错误。”①

对于列宁这样的革命领袖，能够根据新的史料而不断作出新的客观评价，科学地分析他的种种错误，由此体现出高放教授思想解放的理论勇气。无产阶级的领袖也会犯错误，必须进行体制机制建设，有效避免这种错误，这是从高放教授的研究中得出的顺乎逻辑的结论。

再以暴力革命与和平改革在历史上的地位和作用来看。毫无疑问，尽管十月革命的起义中伤亡极小，但它属暴力性质的革命，高放教授曾专门撰文指出十月革命是通过暴力革命取得胜利的。马克思、恩格斯多次强调暴力革命的重大历史作用，特别是在《共产党宣言》中强调无产阶级只有用暴力才能达到自己的目的，尤其是中华人民共和国是通过长期的暴力革命才取得胜利的。所以，中华人民共和国的政治家和知识分子长期对暴力革命存在很大的偏好。但是，和平改革曾同样在历史上起到巨大的历史作用，历史的发展从来离不开和平的改良和改革。高放教授曾于1963年撰文歌颂十月革命代表的暴力革命的胜利，多年之后的2011年他深刻反思自己，指出自己当时所言“十月革命所开创的暴力革命的道路乃是全世界无产阶级解放的康庄大道”是当时深受极“左”思想影响的错误结论，他同时批评当今的“要立足暴力革命”是极“左”思潮仍有市场的表现。1956年，高放教授发表了“十月革命前后关于和平过渡到社会主义的设想”一文，指出“达到革命目标所采取的斗争方式可能是比较和平的”，结果他因此文而受到严厉批判，在“文化大革命”中还被作为“反动学术权威”。但高放教授初衷未改，一贯秉持实事求是

① 高放：《苏联兴亡通鉴——六十年跟踪研究评析》，人民出版社，2011年，第162页。

和思想解放，在改革开放后，他从历史唯物主义出发，科学总结国际共运史的经验教训，多次论证指出和平过渡是进入社会主义的重要方式。

在高放教授九十华诞之际，我们对他在学术研究中一贯秉持思想解放的优秀品质致以崇高的敬意！

2017 年 5 月

以史为鉴　可以知兴替

——高放教授《苏联兴亡通鉴》学术研讨会述评

郭春生[①]

2011 年是苏联剧变 20 周年，2012 年是苏联成立 90 周年。90 年前，苏维埃社会主义共和国联盟的建立令世界社会主义者欢欣鼓舞；20 年前，苏联这个超级联盟大国的突然崩塌震惊了世界，苏联共产党的骤然消亡令无数的专家学者绞尽脑汁，苦苦探寻，试图解开苏联和苏共的兴亡之谜。

直属北京市社会科学界联合会的北京市国际共运史学会是研究世界社会主义运动的专家组织，作为世界上第一个社会主义国家，苏联的兴亡是这个学会的专家学者集中研究的一个课题。20 多年来，该学会的专家学者关于苏联问题的研究成果论文超过千篇，著作也有近百部。从 1950 年中国人民大学建校开始，高放教授就在这里讲授马列主义基础课，当时规定的教材是《联共（布）党史简明教程》。从此，高放教授也开始了他关于国际共运史（包括苏联历史）的研究道路，迄今已有 60 余年。2011 年 12 月，人民出版社出版了高放教授关于苏联史研究的结晶《苏联兴亡通鉴》。2012 年 9 月 23 日，北京市国际共运史学会围绕“苏联兴亡”的主题，对高放教授的著作进行了评析和探讨。

参加研讨会的有来自中国人民大学、北京大学、中共中央党校、中共中央对外联络部、中央编译局、中国社会科学院等单位的领导、专家学者和研究生共 40 余人。

---

① 作者系中国人民大学国际关系学院教授、博士生导师。

对于高放教授的学术人生，与会学者给予了高度的评价。高放教授用功勤奋，几十年如一日地潜心研究和写作，85岁高龄仍笔耕不辍，积累了丰硕的研究成果。近些年来，高放教授的研究文集已经出版多部，在学术界产生了非常广泛的影响。高放教授涉猎广泛，学术视野极其开阔，苏联历史是他的重点研究领域之一。60多年来，高放教授发表了多篇（部）苏联史研究的著作，《苏联兴亡通鉴》收入的66篇论文远不是高放教授研究苏联史的全部著作，只是精中选精的论文结晶。学术界对高放教授的研究用功之勤、成果之丰富，都广为称道。他的这种献身学术的精神，非常值得学习和传扬。

高放教授的苏联史研究实际上就是我国60余年苏联问题研究的学术史。新中国的苏联社会主义史研究经历了一个曲折发展的历程，从中华人民共和国成立之初完全受《联共（布）党史简明教程》的影响，到20世纪50年代中期之后开始独立研究，再从“文革”期间研究完全停滞，到改革开放之后逐步焕发勃勃生机，尤其是苏联剧变之后的20年，我国的苏联史研究进入一个高峰期，每年都有大量的研究成果问世。在这期间，高放教授的研究是我国苏联社会主义史研究的一面旗帜，在每一个时期，高放教授都站在苏联史研究的最前沿。因为受到时代的局限和多种外部因素的影响，他的研究也不免带有某种局限性和片面性，但无论何时，高放教授总是以严谨的学术态度和执着的对真理的追求，不媚俗，不媚权，建言立行，独立表达自己对苏联历史特别是对苏联共产党的历史观点和看法。他才思敏捷，善于归纳和总结，总是能够提出自己独特又令人信服的观点和看法，如对苏联剧变的基本看法，他总结为“三大矛盾导致三大危机导致三大灭亡”，这样的总结让人有耳目一新之感。

结合高放教授的著作，这次研讨会研讨的仍然是苏联社会主义兴衰成败的大问题。与会学者认为，苏联社会主义的历史实际上由三大问题组成，一是列宁主义问题，二是斯大林模式问题，三是苏联剧变问题。这三大问题涵盖了苏联70余年历史的全部问题。关于列宁主义问题，实际上斯大林的列宁主义定义是很不完备的，他忽略了列宁关于社会主义建设的重要理论和实践。高放教授在他的著作中对列宁主义有一个全新的定义：“列宁主义是列宁探索由俄国革命带头实现世界共产主义的思想体系。”① 这个定义科学地概括了

① 高放：《苏联兴亡通鉴——六十年跟踪研究评析》，人民出版社，2011年，第30页。

列宁主义的核心和实质内容。列宁的革命实践取得了十月社会主义革命的伟大胜利，同时列宁也在俄国进行了社会主义建设的有益尝试，但是列宁在多党合作、世界革命及军事共产主义的实施等问题上，都存在着不小的失误。

关于斯大林模式的问题，首先涉及的就是对斯大林的个人评价。斯大林在苏联社会主义革命和社会主义建设中的作用是没有被完全否定过的，就是赫鲁晓夫在“关于个人崇拜及其后果”的“秘密报告”中也没有完全否定斯大林。但是，斯大林所犯的错误也是非常严重的，尤其是他破坏社会主义法治的行为极大地损害了社会主义的声誉。对斯大林的评价，高放教授也提出了非常有见地的看法。他将斯大林分成两部分评价：对苏联国内事务来讲，斯大林是正三七开，即三分错误七分功绩；但斯大林作为马克思主义理论导师、国际共产主义运动领袖，其功过则是倒三七开，即三分功绩七分错误。[①]关于斯大林模式，实际上是关系到苏联兴亡的一个关键问题。近些年来，国内围绕斯大林模式存在着重大分歧，对这种模式的基本肯定和基本否定实际上涉及对苏联社会主义建设道路的基本认识，即到底是按照高度集中的体制建设社会主义，还是走社会主义民主之路，激发人民群众建设社会主义的积极性的问题。基本肯定这种模式者同时也基本否定了斯大林之后苏联出现的所有改革。事实上，斯大林模式存在着重大缺陷，必须对它进行必要的改革才能真正建设社会主义，尤其是在第二次世界大战结束后，这种改革的必要性已经越来越明显，同时也迎来了最佳的改革时机。正是因为没能完成对斯大林模式的必要改革，才导致了勃列日涅夫时期苏联社会主义的“停滞”局面。高放教授认为，斯大林模式在体制上表现为极权主义的国家政治体制和专制主义的党政体制两部分[②]。斯大林模式使得苏联在这一时期就患上了比较难治的早期癌症。到第二次世界大战结束后，斯大林模式已经越来越不适应苏联社会发展的需要，亟须进行改革。用高放教授的说法，治疗苏联这个“癌症病人”，需要有医术高明的“医生”。大多数学者认为，赫鲁晓夫虽开始治疗苏联的“疾病”，但他并不是一个高明的“医生”，他实行的一系列改革措施的基本方向是对的，是在有意识地鼓励和发挥社会的积极性和创造力，增强社会的活力，这应该是在努力发挥社会主义制度的优越性，在努力体现

---

① 高放：《苏联兴亡通鉴——六十年跟踪研究评析》，人民出版社，2011 年，第 291—292 页。

② 高放：《苏联兴亡通鉴——六十年跟踪研究评析》，人民出版社，2011 年，第 496 页。

社会主义“以社会为主义”“以社会为核心”的本质特征。值得注意的是，我们不能将一些我们这个时代的人才具备的认识强加给赫鲁晓夫，并以此否认赫鲁晓夫改革的意义。比如，有人认为对赫鲁晓夫改革的要求可能过于苛刻了，指责也过于严厉了。赫鲁晓夫改革毕竟是进行了有益的改革尝试，它也保证了苏联政治经济的不断发展。此外，“三和”路线也体现了赫鲁晓夫具有一定的远见卓识，他在那个时代对社会主义与资本主义关系的思考具有深刻性。赫鲁晓夫没有完全实现他的改革设想就被赶下了台。而勃列日涅夫时期则停滞了改革，使斯大林模式的病症不断加重，苏联政治、经济、社会全面停滞，到 1982 年年底勃列日涅夫去世时，苏联已成为“处于癌症晚期的重症病人”。之后就是关于戈尔巴乔夫改革的问题。

戈尔巴乔夫是一个改革者，上台之后他对改革的追求是值得肯定的，改革的方向也是基本正确的。将戈尔巴乔夫全盘否定并“一棍子打死”显然不符合客观事实。但关于戈尔巴乔夫在 1988 年 6 月苏共第十九次代表会议之后的举措，目前学术界存在着不同的看法。高放教授认为戈尔巴乔夫由此转向“民主的、人道的社会主义”，这是一个“大倒退”①。无论如何，除非将苏联剧变视为“历史进步”，否则苏联剧变的结果已经说明戈尔巴乔夫在这一时期的极端错误。笔者认为，戈尔巴乔夫的双重角色决定了他执政时期的行为趋向，他的一重角色是“改革者”，这使他懂得苏联面临的严峻形势，致力于改革；他的另一重角色是“特权阶层”的一员，特权阶层是在斯大林体制下长期孕育形成的一个特殊社会政治阶层，其重要特征是把个人利益放在第一位，而置党和国家的利益于不顾。高放教授则指出了苏联存在的三大矛盾，其中的第二大矛盾就是党、政、军官僚高薪特权集团同人民大众的矛盾。在 20 世纪 80 年代末到 90 年代初的几年里，戈尔巴乔夫越来越脱离了“改革者”的角色，而“特权阶层”的色彩则逐渐加重，他只顾自己个人的权力和利益，置苏联共产党的利益和苏维埃国家的利益于不顾，从而导致了苏联剧变的后果。对戈尔巴乔夫及其改革的基本评价，高放教授也是独具特点。在他看来，戈尔巴乔夫时期的苏联社会主义也并不是不可以通过改革渡过危机的，到这一时期，“苏联模式固然有沉疴宿疾，然而接近晚期的癌症在当今绝非绝症。只要治疗得法，还是能够起死回生的，被救活者大有人在”。而之所以造成了苏联剧变的结果，是因为戈尔巴乔夫是个庸人、“庸医”，他“私心太重，下

① 高放：《苏联兴亡通鉴——六十年跟踪研究评析》，人民出版社，2011 年，第 500 页。

错了药，把苏联治死了"①。

苏联是世界上第一个社会主义国家，苏联和苏共的兴亡对其他社会主义国家和社会主义政党有重要的借鉴和启示意义，因此研究苏联社会主义的历史也具有更重要的历史意义和现实意义。中国的社会主义与苏联社会主义有着割不断的联系，从"十月革命一声炮响，给我们送来了马克思列宁主义"，到新中国实行"一边倒"的外交政策，再到斯大林模式对中国社会主义建设的多方面影响，中国社会主义革命和建设中的苏联社会主义因素俯拾即是。即便是苏联剧变后，中国特色社会主义建设中仍存在许多这样的因素，当然，其中不乏亟须改革的因素。

参加会议的学者大部分都是来自科研院所的专家学者，他们都对苏联历史有着深入的研究。结合高放教授的著作，他们谈了自己的研究心得，大家认为，能够从高放教授的研究中得到许多启示。同时，一些学者也谈了自己对高放教授某些观点的不同认识，如针对高放教授根据苏联共产党曾实行年会制而提出的相关主张，有的学者就提出关键在于苏共党内缺乏民主，而是否坚持年会制只是一种形式。

（本文原载于《廊坊师范学报（社会科学版）》2013 年第 2 期）

一部深刻论述苏联兴亡历史理论的厚重著作

——读高放同志的专著《苏联兴亡通鉴》

曹长盛②

苏联兴亡是 20 世纪世界历史上具有全球性影响的重大事件，也是对人类社会发展具有重大影响的事件。如何认识苏联兴亡的历史进程、成败得失、经验教训，数十年来一直是国内外思想理论家和学界关心的话题，国内外学者已发表了难以计数的论著，可谓"仁者见仁，智者见智"，众说纷纭。在众多著作中，人民出版社出版的高放同志的专著《苏联兴亡通鉴》（以下简称《通鉴》），是一部深刻论述苏联兴亡历史理论的具有独特风格、独到见解的重

---

① 高放：《苏联兴亡通鉴——六十年跟踪研究评析》，人民出版社，2011 年，第 496 页。

② 作者系北京大学国际关系学院教授、博士生导师。

要著作，具有很高的学术价值和重要的现实意义。

目标鲜明，孜孜以求。《通鉴》是高放同志60多年来对苏联兴亡进行跟踪研究的文稿的汇编。目前，国内学术界能60多年如一日地不断发表评析苏联兴亡文稿的确实是“凤毛麟角”，正如作者所称“是唯一的幸运者、幸存者、幸福者”。60多年来围绕一个课题持续不断地跟踪研究，不知疲倦，不断探索，绝非偶然，这是由高放同志鲜明的治学目标决定的。正如《通鉴》自序所说：“我一生跟踪研究苏联问题，旨在借鉴苏联经验，振兴中华”，“写出的每一篇关于苏联历史的文稿，都不是单纯处于历史癖好，都不仅是为弄清楚历史真相，而且还旨在明鉴苏联兴亡之道，为振兴中华而借力”。作者在书斋中还挂有清朝戴震的对联：“治学不为媚时语，独寻真知启后人”，大概是作为他的座右铭。正是这样鲜明的治学目标，决定了他与时俱进、孜孜以求的治学精神。《通鉴》每篇文稿之末，均写有几百字的记事说文，点明本文为什么而写、怎样写出的、发表在何处、社会反应如何、现今的认识和有什么补充，这都反映了作者严谨求实的治学态度。全书66篇文稿及每篇的记事说文，都生动地反映了作者60多年来的心路历程，不论是顺境时还是逆境时、受到表扬时还是批评时，他始终坚持其治学态度和治学目标，实事求是、勇于探索、锲而不舍、从一而终。

视野宽广，逻辑性强。《通鉴》以宽广的视野、严密的逻辑揭示了苏联兴亡的历史轨迹，从纵向的100多年时间内揭示苏联兴亡的历史进程，具体划分为四篇（即苏联共产党的建立和成长是苏联兴起的源头；十月革命的胜利和苏维埃国家政权的建立是苏联振兴的起点；苏联社会主义建设的兴衰；苏联灭亡的过程、原因和教训）进行论述，在分析论述的基础上把苏联兴亡的历史进程高度概括为十个“三”（苏联建党建国建设的三大成就；苏联社会主义优越性的三次显示；苏联社会存在的三大矛盾；斯大林在苏联首创了三制；三制实行造成三大缺失：民主、自由、法治；一而再、再而三地延误改革；20世纪80年代爆发三大危机；苏联领导人分成三派；三派提出三种不同政策；最终造成三个灭亡：亡党、亡国、亡制），给人留下深刻印象。通过综合分析俄罗斯和苏联关于政治、经济、文化、历史、人物、政党、组织等的大量的事例和文献，旁征博引、寻根究底，多角度、多侧面、多学科地论述苏联兴亡的经验教训，进而系统地总结了十条主要的历史经验教训，全方位地给人以启示。《通鉴》研究视野宽广，理论分析循序渐进、层层深入，彰显了研究内容内在的严密逻辑性和全书结构的系统性。

创新观点，结论严密。《通鉴》在充分掌握材料的基础上，或是在吸收和借鉴相关研究成果的基础上，经过深入思考，提出了许多具有独到见解的创新性观点，并作了严密的论证。例如，关于斯大林的评价问题是国内外议论甚多、分歧很大的问题。党中央曾经提出，“斯大林是三分错误七分功绩”“是功大于过”。《通鉴》的《重评斯大林之新见》一文中，认为中央的评价一般来说是符合实际的，但要作进一步的、具体的分析。文章认为应该从两个框架、五个层面去看斯大林的功过。“第一个框架是把斯大林定位为苏联国家领导人、国务活动家，从这个框架来看，他是功大于过”“其功过是正三七开：七分功绩，三分错误”；“第二个框架是把斯大林作为马克思主义理论导师、国际共产主义运动领袖，从这个框架来看，他是过大于功的”“其功过是倒三七开：错误七分，功绩三分”。对斯大林的错误要从五个层面去考察：一是思想作风的错误，如欣赏个人崇拜，个人揽权过多，对人粗暴等；二是方针政策的错误，如过分强调发展重工业，急于实现农业全盘集体化，大清洗、大党主义、大国主义等；三是发展战略的错误，如急于一国建成低标准的社会主义，输出革命，与西方对抗等；四是理论观点的错误，如国内阶级斗争愈益尖锐化理论、一国建成共产主义理论、两个平行市场理论、资本主义总危机理论等；五是具体体制的错误，即权力过度集中的政治体制、经济体制、文化体制和对外关系体制。这样评价斯大林的功过较为客观、全面且中肯，也能较好地吸取其错误的教训，是具有创新性的评价斯大林功过的观点。《通鉴》的多篇论文中有许多类似的，经过深入研究、严密论证而提出的与众不同的具有创新性的观点，如苏联社会主义模式的四种情况，即坚持科学社会主义，发展科学社会主义，教条式照搬科学社会主义和背离科学社会主义；苏联社会主义社会的三大矛盾，即过“左”的路线和过度集权的党政领导体制同社会主义社会要求大力发展生产力、发展自由民主法治的矛盾，党、政、军官僚特权集团同人民大众的矛盾，大俄罗斯主义同各族人民的矛盾等。这些富有新意的理论观点，对于深刻认识苏联兴亡的经验教训有着重要意义。

当然，苏联兴亡问题是一个十分复杂和重大的问题，要客观、全面、系统、深入地进行解读，十分不易。而且人们的认识不可能不受到时代和条件的局限，尽管用了很大力气、花了很大工夫，得出的认识也不一定完全符合实际、完全正确，同时由于人们的知识水平、认知能力和看问题的角度不同，观点不同也是不可避免的，不可能要求认识完全统一。看待《通鉴》也是如此，尽管我对《通鉴》十分赞赏、由衷钦佩，但对其中有的观点并不赞同，如关于列宁主义的定义等。总体来说,《通鉴》对于深刻认识苏联兴亡的历史进程及其经验教训,对于推进中国特色社会主义事业的发展,是具有重要的理论意义和现实意义的。

(本文原载于《当代世界与社会主义》2012 年第 6 期)

一生苦思　求索真相

——读高放教授《苏联兴亡通鉴》一书

马龙闪　陆南泉①

高放教授的学术文集《苏联兴亡通鉴——六十年跟踪研究评析》出版了。全书共 55.8 万字,分四编:苏联共产党的建立和成长是苏联兴起的源头;十月革命的胜利和苏维埃国家政权的建立是苏联振兴的起点;苏联社会主义建设的兴衰;苏联灭亡的进程、原因和教训。这是高放教授从他跨越 60 年学术人生,在近百篇有关苏联党史和苏联社会主义问题的文章中刻意精选、结集而成的一部学术著作。

从《苏联兴亡通鉴》(以下简称《通鉴》)中,我们觉得有两方面的问题值得谈一谈,一是从文集内容,可透见高放教授 60 年的学术人生;二是可以把这部文集看作我国研究苏联社会主义模式学术史的一个剪影、一个侧面,从这个视角可以得到不少启迪。

一

《通鉴》收录了作者从 1951—2011 年研究苏联党史和苏联社会主义的代表性文章,涵盖整整 60 年,包括新中国成立后各个历史时期的学术观点,将其学术探索的曲折历程尽含其中,从某种程度上可以说反映出了作者的学术人生。

首先,从中可以看出高放教授的高度革命使命感和对社会主义真理的执着追求。

---

① 马龙闪为中国社会科学院世界历史研究所研究员,陆南泉为中国社会科学院荣誉学部委员。

高放教授从1950年（时年23岁）中国人民大学建校时起，就在这里讲授马克思列宁主义基础课，在当时以《联共（布）党史简明教程》为基本教材的教学与研究中，开始探索苏联社会主义问题。他60年如一日，执着顽强，潜心治学，笔耕不缀。由于这门课所涉及问题的尖锐性、敏感性以及与现实政治的密切关联，他走了一条并不平坦的治学道路。20世纪50年代初，他刚刚踏上这个学术领域时，正是我国全面学习苏联，“照搬照抄”斯大林社会主义模式之际，高先生的研究自然脱不开这个窠臼，所以，第一篇公开发表的文章都是以十月革命后镇压反革命情况为内容的——肯定苏联的一切，包括镇压反革命的经验，这是那个时代的明显烙印。相信高放教授那时对此也是深信不疑的。后来召开了苏共二十大，赫鲁晓夫批判个人崇拜。高先生又仔细梳理、深入研究了和平过渡问题，现在看来这一研究也是颇有价值的。中苏关系破裂后，在批判修正主义的时代洪流中，高先生首当其冲，其文章观点连带其本人，连续多年遭到不应有的批判。在这股批判浪潮中，有多少人或主动或被迫放弃了对苏联史和苏联社会主义问题的研究，但高先生却坚持下来了。

难能可贵之处在于，高放教授从来没有回避过重大尖锐的理论问题，一直不改初衷，顽强而坚韧地在苏联党史和社会主义问题领域探索。之所以能这样做，与他对社会主义的执着信仰和追求，与他强烈的革命使命感是分不开的。如果没有这种使命感，没有这种执着，不是坚信马克思主义关于社会主义一定取代资本主义的历史规律，在中国20世纪50—70年代那样的学术政治环境中，是难以这样坚持下来的。

高放教授在治学中有一般学者难以企及的顽强、坚韧和严谨。这从《通鉴》中看得清清楚楚。他不仅对苏联社会主义重大学术问题咬住青山不放松，60年一直坚持下来了，就是每逢一些具体的疑难或文献中讲得不太清晰的问题，他也总有一股拼命钻下去，表现出不弄个水落石出决不罢休的劲头。比如，对列宁所说的实现新经济政策是“长期地和认真地”一语，该怎样理解？列宁是在回答奥辛斯基讲到实行新经济政策的期限问题，涉及为期“25年”一说。苏联学者埃·鲍·根基娜《列宁的国务活动（1921—1923年）》一书的中译本，把涉及此期限问题的关键词“悲观”错译为“乐观”，加上《列宁全集》俄文第四版删去反对派人物奥辛斯基的言论，使这个问题在中国长期成为一笔糊涂账。经过高放教授刨根问底，既查阅了《列宁全集》第4版、第5版有关注释，又找到根基娜一书的中译者进行询问，才把这个问题弄了个水落石出。原来，列宁在新经济政策提出之初，认为奥辛斯基所说的25年太“悲观”了，只是随着新经济政策的实践，认识的深化，才认识到新经济政策“需要整整一个时代”。

在高放教授的研究中，对“乐观”和“悲观”这类问题的考证俯拾皆是，他往往以自己的研究去纠正译文的错误，甚至包括《列宁全集》这种权威译文的错误。由此可见高放教授治学态度的认真和严谨。

高放教授的治学精神，也突出表现在他60年如一日的顽强的探索精神和异常活跃的思维上。60年中，他写出了400多篇文章，撰写、主编了几十部著作，就是最好的脚注。从他20世纪80年代以来写作的高峰期算，除著作外，每10年发表100余篇文章，涉及这么广泛深入的学术问题，说明他的思想系统是高速运转的，几乎从未停顿过。他目前85岁，仍这样不逊当年，像创作力颇盛的年轻学者一样，笔耕不息，是相当惊人的。如果没有一股顽强刻苦的治学精神和严谨的生活态度，是难以企及的。

从《通鉴》中可以看出，高放教授的治学风格和治学特点是，既能以开阔的理论视野，对重大学术理论问题作出独到深刻的概括，又能不放过具体事件和微观问题的细节，寻根究底，具有相当的理论深度。

从理论视野、概括问题的广度来说，我们印象最深的，一是对马克思主义和列宁主义的概括，二是对有关世界现代化模式的分类。对马克思主义和列宁主义的概括，不仅仅表现出他的理论视野，还体现出他的理论勇气和学术魄力。他发现外文著作中把马克思主义与列宁主义用连接符“－”加以勾连这一写法，还指出马克思主义与列宁主义既有“一脉相承的历史联系”，又是“形成于不同时间、地点，基于不同世情与国情的两个主义”，认为二者有着“两相区别的理论观点”[①]。令人叹服的是，他敢于打破向来是属于领袖人物、党的首脑之特权和专利的对于马克思主义与列宁主义的定义权和论定权，对这个重大问题加以定义。他说“马克思主义是马克思、恩格斯创立的无产阶级和全人类解放的科学”，也是“人的解放学”；而列宁主义则是“列宁探索由俄国革命带头实现世界共产主义的思想体系”[②]。他特别指出，斯大林关于列宁主义的定义，“只提到政治方面的无产阶级革命和无产阶级专政，没有包括社会主义建设的各个方面”；他深刻地看到，“探索落后国家如何采用新

① 高放：《苏联兴亡通鉴——六十年跟踪研究评析》，人民出版社，2011年，第29页。
② 高放：《苏联兴亡通鉴——六十年跟踪研究评析》，人民出版社，2011年，第30页。

经济政策等来逐步建设社会主义新社会，正是列宁主义对马克思主义的重大新贡献”。他的这一论述，应该说是独到的、创新的，也是高屋建瓴的。斯大林从思想深处并没有真正理解新经济政策的意义，所以没有接受列宁的新经济政策，很快便让它“见鬼去了”；正因为斯大林没有看到列宁采取新经济政策在落后国家建设社会主义这一重大创新意义，所以，他才片面地把列宁主义定义为“无产阶级革命时代的马克思主义”，而仅认为是“无产阶级革命的理论和策略，特别是无产阶级专政的理论和策略”，而对列宁主义关于社会主义建设的新经济政策思想却不置一词。这无疑是不完全的，甚至可以说是片面的。不管人们对高放教授关于列宁主义的定义同意与否，他指出斯大林定义的片面性，则无疑是正确的。

高放教授对世界近代历史上几种现代化模式的概括、分类，也是独到的。他认为，由英国开辟、法美跟进的，是一条资本主义现代化的“老路”；德国率先实现，奥、意、日紧随其后的，是一条资本主义现代化的“邪路”；苏联开创的，有亚、欧、拉等 14 国紧跟的，是一条社会主义现代化的“歧路”；而中国 20 世纪 80 年代带头开创的，则是一条社会主义现代化的“新路”。这种大视野的概括是富有新意的。

高放教授还有一个突出的治学特点，就是博览群书，博采众长，在深入独到思考的基础上，善于用精练的语言概括复杂的问题。凡在我国重要报章杂志发表的重要文章，都逃不过高先生的眼睛，哪怕是后辈学者的文章亦然，对于思想界、学术界的任何一点重要成果，他都感受得到。

高放教授无论是阅读书报还是参加学术会议，对看到、听到的一丝一毫的知识或智慧的闪光，从来都不肯放过，用随身的本记下来。不仅如此，他更勤于开动机器，精于思考，所以，高放教授给人的突出印象，是善于对复杂的问题作出概括。在《通鉴》中，高放教授对各种问题的精练概括俯拾皆是。除上述对马克思主义和列宁主义的概括外，还从五个层次（思想作风、方针政策、发展战略、理论观点和具体体制）对斯大林的错误作了概括，从五个方面（政治、经济、文化、社会管理和对外关系）对苏联社会主义的具体体制作了概括。对苏联剧变原因这一重大而复杂的问题，他则用“苏联社会主义社会的三大矛盾”“导致三种危机和三个灭亡”来加以精练的概括。这“三大矛盾”是“过‘左’路线和过度集权的党政领导体制同社会主义社会要求大力发展生产力、发展自由民主法治的矛盾”“党政官僚特权集团同人民大众的矛盾”和“大俄罗斯主义同各民族人民的矛盾”；三大矛盾加深“三种危机”，即“经济危机、政治危机和民族危机”；而三大危机最终促使三个灭亡：“苏共亡党、苏联王国、原有的社会主义制度灭亡”。他这种严谨精练的概括，高屋建瓴、独到新颖的见解，渐次深化的严密逻辑，不能不令人服膺。

高放教授这种学问大家的渊博知识、理论功底、学术造诣来自何处呢？除顽强、勤奋、严谨外，还有最重要的一条，就是虚怀若谷，不耻下问。高放教授是随时随地都注意谦逊学习的人，他甚至能向晚辈学者虚心下问。

二

高放教授这部《通鉴》可当作是我国在苏共党史和苏联社会主义研究方面一部学术史的缩影来读。从纵断面来看，它收录了高放教授差不多从新中国成立后至今60年间在苏联党史和苏联社会主义研究方面的代表性著作，从1951年刊登在当时我国最权威的《学习》杂志上的处女作《十月革命后苏维埃政权怎样镇压反革命》，到2011年发表于《同舟共济》上的《中间阶层的历史景象与社会主义未来胜境》一文，跨越整整一个甲子，涵盖我国各个历史时期，从20世纪50年代前半期全面学习苏联、全盘肯定斯大林社会主义的经验，到苏共二十大后赫鲁晓夫批判个人崇拜、对斯大林的社会主义有所扬弃，再到中国反修斗争对赫鲁晓夫改革的批判，回到对斯大林的肯定，又经过70年代末以来中国改革开放的转折、深化和发展，进入新时期对苏联社会主义模式的逐渐深入的研究。所有这些政治发展的曲折，在高放教授各个时期的文章中，通过其各个时期思想观点的反映和折射，把中国学术界在苏联党史和苏联社会主义研究领域的学术状况、思想观点及其发展变化的脉络、线索作为一个侧面、一个缩影，基本反映了出来。高放教授的思想观点从20世纪50年代初至今，随着时代步伐的发展变化，是纵向递进的，是逐步发展、与时俱进的。同时，我们如果把高放教授各个时期对苏共党史和苏联社会主义的思想观点做一个横向放置，也就是说，把他以上各个时期的思想观点放在当今，这样就基本上变成了当今我国学术界在这一研究领域学术史缩影的一个横断面。从这个横断面来看，基本能够反映出当今我国各个学派在这个研究领域的思想观点：一是老“左”派，他们对斯大林社会主义是完全肯定的，连“大清洗”，即他们所说的“肃反”，也是肯定的，可以说他们还停留在高放先生于20世纪50年代提出的观点上；二是新“左”派，他们目前还难以承认赫鲁晓夫的改革，坚持认为他是苏联解体、苏共瓦解的根源，对赫鲁晓夫大肆挞伐，可以说他们还停留在高放先生于20世纪60年代提出的观点上；另有一些人对20世纪80年代以后，特别是苏联解体以后揭示出的大量资料缺乏了解，仍然处于落后时代，恪守旧说，基本上还停留在高放教授于20世纪80年代提出的观点上。然而，高放教授却是跟随时代步伐，不懈探索，积极思考，勤奋刻苦，笔耕不辍，与时俱进，他已经引领了时代的风潮。

当然，我们在通过《通鉴》透视高放教授的学术人生，领教其学术风范和与时俱进的探索精神的同时，也不能不指出书中还存在着一些可商之处。在此需指出来，请教于高放教授。

第一，关于俄国二月革命的问题。高放教授在写于1963年的《十月革命是通过暴力取得胜利的》一文中说："1917年2月，俄国无产阶级在布尔什维克党领导下，通过武装起义，推翻了反动腐朽的沙皇专制制度，实现了资产阶级民主革命。"① 这里有两点明显不符合历史事实：一是二月革命是由自发性罢工引起的，并不是布尔什维克党领导的，因为布尔什维克党的主要领导人当时都不在圣彼得堡：列宁在国外；其他主要领导人几乎都在流放中，所以也不可能进行领导。二是俄国二月革命时不曾发生过"工人起义"或"武装起义"，当时只有工人罢工。由于沙皇统治在当时已经腐朽不堪，在工人罢工势头的冲击下，其统治就已无法继续维持下去，所以沙皇被迫宣布退位。高先生此文是在1963年写成，明显带有时代化的痕迹，但这种痕迹的影响如今犹在。

第二，有关对列宁《怎么办?》一书的总体评价问题。高放教授在写于1957年的一文中认为，此书"是列宁于1902年为批判俄国经济派的机会主义观点而写的一部辉煌著作"②。当然，不可否认，此书有若干篇幅是用于批判经济派的，但总体而言，该书是一部为建党而写的理论著作，正是它奠定了布尔什维克党的思想基础和组织基础。它提出的目标是建立一个"绝对需要有集中化"的、具有"高度秘密性"和"严肃组织原则"的、"统一的全俄革命家组织"③。列宁曾用"战斗的革命家组织""集中的战斗组织""坚强的革命家组织"等短语来界定和称谓这个党，要求其成员不必多，但务必精干、

① 高放：《苏联兴亡通鉴——六十年跟踪研究评析》，人民出版社，2011年，第101页。

② 高放：《苏联兴亡通鉴——六十年跟踪研究评析》，人民出版社，2011年，第36页。

③ 中央编译局：《列宁全集》（第6卷），人民出版社，1986年，第172—173页。

坚强，是经过考验和严格训练的“职业革命家”，他们要“把组织的秘密职能集中起来”，并“集中在数量尽可能少”的人手中，如“‘十来个’职业革命家”手里；但围绕着这个组织的，“应当是一些形式尽量不固定、秘密性尽量少的组织”，这样的外围组织应该尽量的多，“必须遍布各地”①。列宁说：“给我们一个革命家组织，我们就能把俄国翻转过来！”② 很显然，这是一个以马克思主义为指导，以德国社会民主党为榜样，吸取19世纪俄国解放运动的斗争经验，以俄国“土地与自由社”和“人民解放协会”等革命民粹主义组织“为楷模”③，以全新面貌建立起来的一个新型无产阶级政党。这一切，都在《怎么办?》一书中得到了明确的阐述。由此可见，这个党有很深的俄国根基和传统。过去我国研究者对此的注意是不够的，往往过多从德国社会民主党、巴黎公社和法国大革命中去寻找布尔什维克的根源，实际上这个党的俄国传统因素、民粹主义根源的因素，较之域外因素要强烈得多。这一点，我国共运史学界过去的了解是不够的。高放教授未把《怎么办?》视为列宁的建党理论著作，而是将其看作与俄国经济派做斗争的著作，恐怕与此不无关系。由此，笔者以为，在共运史的研究中，对于苏共思想传统和组织渊源的研究，应更多地把目光转向俄国历史和俄国解放运动传统本身上来。

第三，有关斯大林在苏联创建的社会主义的看法值得商榷。高放教授在《通鉴》第279页写道，“斯大林体制和模式第一次把科学社会主义由理论变为现实，在苏联建立了社会主义制度。它基本上符合并发展了科学社会主义”。高放教授在1991年发表的文章中还说：“斯大林在主导方面是坚持和发展了科学社会主义”。我们认为，斯大林—苏联模式的社会主义，从本质上来讲，不是科学社会主义。与上一个问题相关，斯大林模式的社会主义是不是社会主义的基本制度呢？有人反映说斯大林—苏联模式的制度和它的体制，在某些方面尽管有缺点，但是它毕竟是社会主义的基本制度。我们认为，它并不能构成社会主义的基本制度。如果我们承认斯大林—苏联模式是一种基本的社会主义制度，等于给我们自己的改革套上了一个紧箍咒，你要改革就要改造这个制度，那你就动不了，因为一动就是修正主义，是反马克思主义。

这里，我们不妨看看斯大林—苏联模式的主要内容：

① 中央编译局：《列宁全集》（第6卷），人民出版社，1986年，第118—119页

② 中央编译局：《列宁全集》（第6卷），人民出版社，1986年，第121页。

③ 中央编译局：《列宁全集》（第6卷），人民出版社，1986年，第128—129页。

第一，决定社会经济性质起决定性作用的是生产资料占有方式。斯大林在苏联建立的公有制有两种形式：一是以国有企业为代表的全民所有制，它被认为是社会主义公有制的最高形式；二是以集体农庄为代表的集体所有制，它是公有制的低级形式，应该尽快向全民所有制这一最高形式过渡。国有企业是社会主义公有制的最高形式的这一理论，实际上并不来源于马克思主义，而是来源于斯大林主义。从斯大林的苏联社会主义实践可以看到，苏联那种国有制，支配生产资料的不是社会的劳动者，他们并没有取得用于集体劳动的生产资料的个人所有权，实际上支配生产资料的是依然党、国家和斯大林。

第二，从政治上来讲，斯大林—苏联模式主要包括实行一党制，主要问题都由党决定；党政合一，党国合一；实行不受法律限制的无产阶级专政；贯彻民主集中制原则过程中，实际上搞的是没有广泛民主（包括党内民主）基础的集中制，把权力集中在少数人手里，最后再集中到斯大林一个人手里；对文化、意识形态严加控制，垄断马克思列宁主义的解释权。在这些条件下形成的是高度集权的政治体制模式，最后发展成斯大林个人集权主义乃至专制主义。斯大林搞的是个人极权主义。

第三，在社会主义建设与社会改造过程中，在强大的阶级斗争压力下，用强制乃至暴力的手段，实行称之为斯大林的超高速工业化与农业全盘集体化的道路。

第四，以公有经济为基础，以产品经济观为理论，建立起与高度集权的政治体制模式相适应的高度集中的、指令性的计划经济体制模式。

第五，在民族问题上，历史实践表明，斯大林实际上是把联邦制变形为事实上的单一制，在斯大林执政时期，随着政治权力日益集中在中央，集中在斯大林一个人手里，因此各加盟共和国的独立自主权被大大削弱，民族自决权的原则实际上已经流于形式。

第六，斯大林—苏联模式在对外关系方面，往往表现为实行扩张与霸权主义。

第七，一系列赖以形成斯大林—苏联模式的理论，如“一国建成社会主义”；不受法律限制的无产阶级专政，“阶级斗争尖锐化”；国有企业是社会主义公有制最高形式；社会主义是产品经济；个体农民是“最后一个资本主义阶级”等。

我们上面列举的是构成斯大林—苏联模式的一些主要方面，它们相互之间有着密切的联系，互相促进，相互制约，互为条件。

随着对苏联社会主义模式研究的深入，学界对斯大林时期确立的斯大林模式的认识也有了很大变化，但占主导地位看法的是，它是社会主义的严重变形和扭曲。布坚科认为“根据现在的全部情况，是否应当这样说才是正确的：由于20世纪30年代末我国历史性建设新社会的特点，苏联建成的社会主义是斯大林式的，即国家行政、国家官僚、兵营式的社会主义，而不是科学共产主义奠基人所预见的社会主义”①。有些学者把斯大林模式视为“国家社会主义”“早期社会主义”或“封建社会主义”。

以上是我们阅读《通鉴》之后的点滴体会和感想，愿以此就教于学界同仁，也就教于高放教授。

（本文原载于《俄罗斯东欧中亚研究》2013年第1期）

执着·严谨·历久弥坚

——读高放教授《苏联兴亡通鉴》有感

周尚文②

不久前，有幸读到高放教授的《苏联兴亡通鉴——六十年跟踪研究评析》（以下简称《通鉴》）一书。我作为一个长期从事苏联历史教学和研究的后来者，自然感到十分欣喜。高放先生是我国科学社会主义、国际共运史学界德高望重的前辈，也是著述丰硕的知名专家。20世纪60年代初，我刚留校任教，在本专业的学科领域内继续钻研，我这时就读过他的文章，也知道他的大名。但直到改革开放后的80年代初，我才有机会在一些学术研讨会上聆听他的见解，才有机会参与他主持的科研项目，得以当面聆听他的教诲。由于专业相同，收录入《通鉴》的许多篇章我都曾经拜读过，也有一些是初次读到。粗读本书，深感一个学者能对同一专题进行60年的跟踪研究，其执着、严谨、历久弥坚，实属难能可贵。从一定意义上说，《通鉴》不但反映着时代的变迁、社会的进步，也反映着一个研究社会科学

① 转引自［苏］尤里·阿法纳西耶夫编《别无选择》，辽宁大学出版社，1989年，第764页。

② 作者系华东师范大学终身教授。

的知识分子的心路历程。我从《通鉴》中撷取一枝半叶，略作评价，以就教于先生和读者。

一

在《通鉴》收录的66篇文章中，5篇是“文革”前的论文，其余都是改革开放以后的作品。这表明，改革开放后迎来了科学的春天，党中央解放思想的号召为社会科学研究开辟了新天地，也勃发了一个追求真理的知识分子的写作热情。我注意到，青年时期的高放就是一个勤于思考和写作的学者，“文革”前的论文也不会很少。他在“自序”中说，60年来，除出版多部著作外，还发表过论文400多篇，其中有关苏联问题的近百篇。这样说来，还有1/3的文章未被收录进这本文集。原因是什么呢？我饶有兴味地读了他“文革”前发表的几篇论文，从中可以看到一个从事社会科学研究的知识分子走过的道路的曲折和艰辛。

《十月革命后苏维埃政权怎样镇压反革命》一文，是作者24岁时的处女作，发表在1951年《学习》第6期上。当年我刚踏入社会，还依稀记得这本杂志是当时国内最权威的理论刊物。今天读这篇60年前的论文，依然可以感受到高放先生青年时代的才华：论证严密，文笔流畅。当然，任何科学研究都不能不受时代和认识的局限。当时中华人民共和国成立不久，国内外环境都相当严峻，论文内容首先要服从当时正在开展的“镇反”运动的需要，而资料来源也只能从官方的著述中获取，因此，论文难免存在这样那样的瑕疵。在社会科学研究中，政治和学术本来是很难截然分开的，在那个激情高涨的年代，一个青年学者在论文中运用苏俄新政权建立初期“契卡”打击恐怖破坏活动的事例，论证镇压反革命的必要性，用以为现实政治运动服务，本无可厚非。可贵的是，这篇论文在收入文集时，作者以反思的态度点评了自己早年的作品，认为“当年对苏联镇压反革命的经验评价过高”，并用最新的历史资料说明苏维埃政权初期也“犯过镇反扩大化的错误”[①]。这种自我批评的态度，是值得肯定的。

20世纪50年代中期后，国内“左”的倾向愈演愈烈，社会科学领域首当其冲。这在《通鉴》的两篇论文中得到明显的反映。1956年2月，苏共二十大召开，赫鲁晓夫在会上所作的报告中提出了“三和”的新观点，即通常

① 高放：《苏联兴亡通鉴——六十年跟踪研究评析》，人民出版社，2011年，第147页。

所说“和平相处、和平竞赛、和平过渡”，引起各方的强烈关注。高放先生敏锐地察觉到这些观点中蕴含着时代变迁的声息，试图用马克思主义的观点和国际共运的若干史实，解读其中一些观点，于是撰写了《十月革命前后关于和平过渡到社会主义的设想》一文，发表在当年《教学与研究》月刊上。文中说：“和平过渡到社会主义的道路是我们马克思列宁主义者最愿采取的道路，共产党人是人民群众利益的坚决代表者，也就必然希望走牺牲最少、痛苦最轻的通往社会主义的道路。”根据第二次世界大战后国际环境的新变化，又说：“我们可以预期，在马克思列宁主义的指导下，其他尚未取得革命胜利的某些国家，将来在特定的历史条件下，也是可能创造出和平过渡到社会主义的新范例的”①。

这些言论，如今看来没有什么错误，但在苏共二十大后，中苏两党高层在一些重大问题上出现分歧。在1957年莫斯科会议上，双方争论的一个焦点就是关于和平过渡问题。中共中央不同意赫鲁晓夫提出的和平过渡方针，并专门为此立下备忘录备考。但当时中下层毫不知晓高层的分歧，广大干群还沉浸在中苏“蜜月”的氛围中。时隔不久，由上而下、由内而外的一场反修斗争逐步推开，这篇文章被视为“修正主义大毒草”，高放先生也因此而“多年遭到严厉批判”。

中国从事人文社会科学研究的知识分子，在那个思想禁锢的年代受到批判的并不少，其中有的人以沉默来应付，但由于对标榜革命的“左”的方针认识不清，特别是政治学科的学者，绝大多数人总是归咎于自己觉悟不够，就会竭力“转变立场”“紧跟形势”，努力“以功补过”。看了《通鉴》收录的1963年发表的《十月革命是通过暴力革命取得胜利的》一文，相当典型地反映了这个过程。在这篇长文里，作者的结论已经改变为：“十月革命所开创的暴力革命的道路乃是全世界无产阶级解放的康庄大道”②。作者在该篇的“记事说文”里，反思了自己因为“上一篇关于十月革命前后和平过渡到社会主义的设想的文章，多次受到严厉的批判，再加上1957年以来中苏两党关于暴力革命与和平过渡两种观点的尖锐对抗，所以本文完全立足于暴力革命来论证十月革命，而且把十月革命胜利后三年的内战与外战也作为十月暴力革命的继续”③。

---

① 高放：《苏联兴亡通鉴——六十年跟踪研究评析》，人民出版社，2011年，第94页，第99页。
② 高放：《苏联兴亡通鉴——六十年跟踪研究评析》，人民出版社，2011年，第118页。
③ 高放：《苏联兴亡通鉴——六十年跟踪研究评析》，人民出版社，2011年，第119页。

读了收录在《通鉴》里的这两篇“文革”前的论文，我深有感触。一个人的作品离不开时代条件的制约，也与作者当时的思想认识密不可分，从这两篇有代表性的文章中可以看出，作者既没有因写下经得住历史检验、却曾受到错误批判的论文而自诩自夸，也没有因“紧跟形势”写下“左”的色彩浓重的论文而文过饰非，而是袒露心扉，尊重历史，不加改动地将原文收录进文集，以供后人了解那个年代知识分子的处境，看到事实的真相，并从中吸取必要的经验教训。今天的年轻人也许认为，那个年代的知识分子太过软弱，但在“左”的指导方针愈演愈烈的情况下，知识分子的独立思考是很难的，他们既难以识别和抵制“革命”口号满天飞的思想政治压力，又面临着谋生计的生活压力，因此，“挨批”和“紧跟”，常常成为那个年代许多知识分子的宿命。这固然是个人的悲剧，但更是时代的悲剧。

二

高放先生在60多年的治学生涯中，思维活跃，治学严谨，求实创新，这在业内同行都是认同的。他有很深厚的理论功底，很敏锐的理论概括能力，很生动的理论表达方式，这是他在专业领域内取得丰硕成果的奥秘所在。

苏联剧变，无疑是20世纪最重大的世界历史事件之一。20多年来，国内外学者从不同视角研究和剖析剧变的原因和影响。对如此复杂而重大的课题，各种意见交杂，众说纷纭，是完全正常的，人们不必非要去寻求一个权威的“终极”结论，也许永远也不会有这样的结论。作为这个领域的专家，高放先生对苏联剧变的分析自有其独到之处。

在《通鉴》第四编的多篇论文中，高放先生对苏联历史的进程、原因和教训作了多方位的分析，并将其概括为“矛盾→危机→灭亡”的公式，即“三大矛盾”造成“三大危机”，导致“三个灭亡”。“三大矛盾”是指：过“左”路线和过度集权的党政领导体制，同社会主义社会要求大力发展生产力、发展自由民主法治的矛盾；党政官僚集团同人民大众的矛盾；大俄罗斯主义势力同各族人民的矛盾。作者认为，斯大林模式使苏联社会蕴含着三大矛盾；赫鲁晓夫、勃列日涅夫时期继续搞党政合一、个人集权和个人崇拜那一套，导致经济、政治、民族三大危机日渐加深；到1985年戈尔巴乔夫上台时，“苏联已经像一个老朽病人，重病缠身。从病夫治国无方到治病夫之国乏善”，致使苏联晚期各种危机的全面爆发，直到把苏联送上“三个灭亡”（亡党、亡国、亡制）的不归之路。

应当说，上述观点是作者研究苏联剧变的一个重要视角，这样的分析有一定的深度，观点鲜明，逻辑严密，又易于理解和记忆。当然，苏联模式社会主义的主要矛盾是什么，这样的概述是否全面、准确，是一个可以讨论的问题。这一研究路径侧重于政治方面的分析，对斯大林模式经济发展的根本弊端缺少必要的剖析，把社会主义国家的经济危机归结为“长时期的生产不足、供应短缺”，似也有所偏颇。事实上，单一的国有制（苏联的集体农庄是变相的国有制）和高度集中的、僵硬的计划经济体制，使苏联经济自我封闭、畸形发展，人民生活水平长期得不到提高，从根本上背离了现代经济发展的客观规律，造成了大量显性和隐性危机，使苏联经济从高速到低速、从停滞到崩溃，并在与西方国家的竞争中处于劣势。经济是一个国家和社会赖以发展和稳定的基础，是苏联剧变的根本性原因，应在这一分析系统中占有较重的分量。

熟悉高放先生的人都知道，他有一个特点，能从人们习以为常、普遍流行的一些概念解读、史实考证中提出自己独有的见解，或者纠正某种误解和误传。在《通鉴》中，有两篇文稿很值得关注。

一篇是对列宁主义的再认识。长期以来，在我国广为流传“马克思列宁主义”这一术语，还简称“马列主义”。高放先生考证这个提法最早出现在1924 年共产国际五大的文件中，但在外文中是用连接号“—”将两个概念连接起来使用，而中文译法却将两者变为一个概念，将“马克思主义”和“列宁主义”变成一个主义，因而造成一系列误导。不可否认，马克思主义和列宁主义有不少相同之处，两者有继承、发展的一面，但由于两者诞生于不同的时代条件下，又在不同的土壤上形成，需要面对的问题和所要解决的任务不同，因此两个主义是既一脉相承但又有重大区别的两个理论体系。虽然恩格斯说过“马克思首先是一个革命家”，但纵观马克思的一生，无疑应定格为一个“理论家”，或者说是一个“革命的理论家”，恩格斯也是如此。因此，在他们的著述中，有更多的学理思考，而不是策略的制定和实践的总结。而列宁的一生确有不少重要的理论建树，但他最重要的是以革命实践家的姿态出现在俄国和世界的历史舞台上的，他有大量著述是根据斗争形势的需要而提出的战略策略。高放先生的这个考证十分重要，可以帮助我们厘清哪些是两个主义中的“普遍原理”，哪些是针对不同时代、不同国情、不同形势作出的理论判断和斗争策略。分清两者的联系和区别，可以更好地把握两个主义的真谛，避开教条主义，指导我们的事业沿着正确的方向前进。

引起我注意的还有《通鉴》中的一篇短文，考证“十月革命一声炮响，响自何方”。长期以来，我们中国人对苏俄怀着特殊的感情。尽管自近代以来，中俄（苏）之间存在很多恩恩怨怨，但苏俄曾帮助中国建立共产党，在中国新民主主义革命中，在新中国初期的各项事业中，苏联都曾给予不少援助，因此，“以俄为师”“走俄国人的路”成了先进中国人的箴言。称苏联为“老大哥”“苏联的今天就是我们的明天”，是中华人民共和国成立初期耳熟能详的话语。“十月革命一声炮响，给我们送来了马克思列宁主义”，从此改变了中国的前途和命运，这句话在知识界流传十分广泛，印象很深刻。过去的史书都说，这声炮响是从“阿芙乐尔号”巡洋舰上发出的，于是，这艘停靠在涅瓦河畔的舰艇就成为革命的标记和象征。

记得10年前去圣彼得堡，我特地前往参观，但“阿芙乐尔号”舰上的讲解者竟说“不知晓这回事”，弄得我一头雾水。前两年读到高放先生的这篇文章，顿感言之有理，豁然开朗：其一，根据俄国最新公布的史料，作者考证认为，当时确有炮响，但轰打冬宫的实弹来自相隔稍远的彼得—保罗要塞，而“阿芙乐尔号”距冬宫太近，无法瞄准开炮，所以只打了一发空炮。据此，该文说，“十月革命一声炮响确实是空炮与实弹先后配合”“宣告了伟大社会主义纪元的开始”①。高放先生根据史料记载和几篇权威论文的论证得出的这个结论，我认为是合乎情理的。其二，原先教科书上的说法来自《联共（布）党史简明教程》，以讹传讹。但自从有关史料公布“空炮说”以后，有人据此认为，“十月革命一声炮响”纯属子虚乌有，伪造历史。对此，作者反驳这种说法，并论证说，起义前夕，布尔什维克已经与彼得—保罗要塞和“阿芙乐尔号”内部的革命组织取得联系和协调，“约定当晚先由舰艇向空中开空炮，如果临时政府不投降，再由要塞发射实弹进行轰击。后来实际情况正是这样进展的”②。对于90多年前发生在外国的一件往事，高放先生如此认真地搜集史料，一丝不苟地加以辨析，提出令人信服的结论，表现了一个学人孜孜不倦的探索、求实和创新精神。

三

作为一名把自己的一生都献给社会科学研究的知名学者，尽管人生道路

---

① 高放：《苏联兴亡通鉴——六十年跟踪研究评析》，人民出版社，2011年，第121—122页。

② 高放：《苏联兴亡通鉴——六十年跟踪研究评析》，人民出版社，2011年，第121页。

并不平坦，研究工作的环境也不尽如人意，但高放先生无怨无悔，一直耕耘在这片时有争议且需与时俱进、不断汲取时代养料的土地上，堪称是一名永不停息的“老黄牛”式的学者。正如他在“自序”中说，对“文革”前发表的文章，“每篇都作了自我批评”[①]。改革开放以后，虽已迈入老年的门槛，高放先生却青春焕发，才思横溢，著述丰腴。他的立论常经过详细论证，独立思考，尽管一些观点引起学界争议，但他勇于坚持自己的见解，也注意倾听他人意见。他特别喜欢对一些学术上的疑难问题，旁征博引，寻根究底，力求得出较为合理的解释，这使他在学术思想方面形成了自己的风格。

在《通鉴》中，一篇关于罗曼·罗兰《莫斯科日记》的评论文章最初刊登在《中华读书报》上，后被《新华文摘》转载，并在文化界引起反响，该文足以代表高放先生的功底和功力。众所周知，罗曼·罗兰是法国著名作家，他的《约翰·克利斯朵夫》曾蜚声世界文坛，他同高尔基有着深厚的友谊。1935 年，苏联政府邀请一批世界著名作家、诗人访问苏联，目的是让他们“亲眼看看苏联”，并通过他们向世界传递苏联社会主义建设辉煌成就的信息。由于各人的立场和态度不同，后来发表的对苏联的观感也各不相同。被邀访苏的三位法国作者回国后写下三本书，亨利·巴比塞写了《从一个人看一个世界》，书中竭力歌颂斯大林和苏联的成就，当然备受苏联当权者的欢迎和褒奖；安德列·纪德 1936 年出版《访苏归来》，书中对苏联的成就和体制颇多微词，得罪了斯大林，因而被视为“反苏”分子；罗曼·罗兰回国时，曾在《真理报》上发表一封致斯大林的热情洋溢的告别信，却把亲眼观察苏联而写下的《莫斯科日记》尘封起来，并慎重地写下亲笔留言：“在 50 年内都不得发表”。翌年，苏联国内政治生活日趋严酷，刮起“大清洗”的风暴，引起西方世界一片哗然。第二次世界大战前，苏联是世界上唯一的社会主义国家，西方国家一直对其持敌对的态度，这几位作家也因对苏联体制的褒贬而受到褒贬。罗曼·罗兰作为最有影响的大作家，自然受到人们的极大关注，然而，面对亲友、同行和舆论的追问和责备，他却对苏联发生的事情始终缄口不言，于是，罗曼·罗兰和他的《莫斯科日记》成为一个“历史之谜”。一直到 50 多年后，罗曼·罗兰夫妇均已离世多年，这部书稿才公开出版，此后不久，苏联这个“超级大国”竟然突然崩溃了。于是，这部日记所揭露的内容又一次引起人们的关注。

---

① 高放：《苏联兴亡通鉴——六十年跟踪研究评析》，人民出版社，2011 年，第 3 页。

当世人终于看到《莫斯科日记》的内容后，不得不再一次为这位伟大作家的洞察力而感叹，也引发了人们解读这一“历史之谜”的兴趣。罗曼·罗兰在这本书里，既有大量讴歌苏联社会主义建设成就的记载，也有对当时苏联社会已经出现的弊害的陈述。例如，他在书中描述了在莫斯科郊外高尔基豪华别墅做客时所看到的情景，别墅内外金碧辉煌，有四五十人在这里服务，家中还常住一群亲友和食客，常有贵宾和官员造访，宴会不断，餐桌上摆满山珍海味和名贵烟酒。对此，他深有感触地写道：“苏联消灭了旧的贵族、地主、富农和资产阶级之后，身为国家和民族卫士的伟大的共产党人及其领导人，正在不顾一切地把自身变成一种特殊的阶级，并且比什么都严重的是，欲变成特权阶级”，“高级官员及其家人们过着特权阶级的生活，而人民则不得不依然处于为一块面包与一股空气（我想说的是住房）而艰难斗争”。当然，再伟大的作家也不是万能的上帝，他无法通过40天走马观花式的访问去仲裁一种“新社会”的利弊得失，他只能把自己的观察记录下来并略加评论。

那么，罗曼·罗兰为什么访苏后要将《莫斯科日记》尘封50年呢？高放先生试图解开这个谜，他分析了“长期封存日记的6种原因”。“怕得罪苏联领导、怕对自己不利、怕伤害好友”是罗曼·罗兰内心世界的三个深层原因。另有三个表面原因，即访问时间短，印象不深；所见所闻给他留下许多“正面”印象，也有不少“负面”印象，深怕公开发表有损苏联形象；当时正值欧洲法西斯势力猖獗，而苏联是反法西斯的社会主义国家，他不愿做贬损苏联的事情。这样的细分缕析是有见地的，我很钦佩高放先生的这种治学精神。然而，要解开一本纪实作品的历史之谜，似不必过度揣摩作家的内心世界，更不宜将其作为“深层原因”。罗曼·罗兰这样一个有良知的、正直的进步作家，长期生活在西方国家，对资本主义社会有着深切的感受，对苏联这个“新世界”则有期待和朦胧的印象，所以访苏期间，一方面为见到许多新鲜事物备受鼓舞，另一方面也为看到不少负面的消极现象感到困惑。罗曼·罗兰毫不讳言自己是“苏联的老朋友和维护者”，他访苏归来说了一些赞颂的话，而将一些尚不充分的观察印象和不成熟的批判意见尘封起来，指望经过一个较长时间的社会变迁，使这个社会主义的“新世界”得以自我完善。这是完全可以理解的，或许这也是作家在书中表达的原意。

这里值得一提的是，中国社科院世界史研究所闻一先生对《莫斯科日记》研究得出了不同见解。他根据新的档案和史料，认为罗曼·罗兰原先并不打算把日记封存起来，后来在某种“压力”下才作出封存50年的留言，因此，他不同意将罗曼·罗兰说成是一个“能预知斯大林和苏联未来命运的先知先觉的贤哲之士”。[①] 这也是一家之言。

历史是昨天的现实。现实生活千姿百态，纷繁复杂，扑朔迷离，不可避免地留下种种谜团。后人又总是从自己的立场和把握的资料对历史事件和历史人物作出判断，因此，历史学家常常对同一问题作出不同的结论，这是十分正常的。也许正是在这种不同观点的碰撞、争论和考证中，历史才能更接近于真实。然而，总会有一些永远解不开的历史之谜。正因为这样，历史研究才蕴藏着无尽的苦与乐、艰辛和甘甜。

（本文原载于《探索与争鸣》2012年第7期）

特色鲜明　精髓荟萃

——读高放教授《苏联兴亡通鉴》一书读后感

俞　邃[②]

著名学者高放教授享誉国内外，著作等身，成果多达500万字。20世纪50年代初他执教中国人民大学的时候，我是那里的学生，所以本文概以高老师尊称。人民出版社于2011年12月苏联解体20年之际，出版了高老师题为《苏联兴亡通鉴——六十年跟踪研究评析》的近60万字的文选，堪称集老师苏联问题研究之大成。作为当代研究科学社会主义与苏联问题的一位先驱，高老师的研究贯穿甲子，这不仅取决于惊人的勤奋精神与深厚的学术造诣，还必须具备高寿的条件。高老师的这部作品显示了“三最”：起步最早，涉猎最广，见解最深；“三真”：含真情，说真话，护真理；“三不”：不唯书，不唯上，不随波逐流。精髓荟萃，每篇加上“记事说文”，更有画龙点睛之妙。

限于篇幅，这里仅列举国内外学界容易出现争议的几个主要问题，简要

① 闻一的大作最初发表在《读书》1999年第4期，标题为《关于封存日记50年的神话》。2003年广西师范大学出版社推出袁俊生译的《莫斯科日记》新版，该文作为“代序”收入该书。

② 作者系中共中央对外联络部当代世界研究中心研究员。

地谈谈高老师的见解和贡献。

对十月革命和列宁的评价

这是研究苏联问题的基点，高老师充分肯定成就，但也不掩盖缺失；对于苏联解体后的一些给列宁与十月革命抹黑的谬说则明确加以否定。他认为苏联共产党的建立和成长是苏联兴起的源头，十月革命的胜利和苏维埃国家政权的建立则是苏联振兴的起点。他强调指出，列宁在建党初期不仅重视党的思想建设，而且强调党的组织建设；正由于思想建设与组织建设两手抓，科学指导与民主基础并重，所以布尔什维克党才能够在1917年十月革命中领导人民群众取得了社会主义革命的胜利。

书中列举四件大事来说明列宁主义独特的新贡献，同时也“难免有欠缺和过失”。一是建立先进的工人政党；二是由党领导群众夺取政权；三是依靠工农政权开展社会主义建设；四是推进世界革命，帮助其他国家建党、开展革命斗争。高老师精心梳理了列宁在十月革命前后关于和平过渡到社会主义的设想，说明列宁“并非醉心于暴力革命”。他特别指出：“现在学术界有人把苏联的灭亡归咎于列宁和列宁主义，这显然不符合实际。”

高老师于2010年发表的《没有列宁就没有俄国社会主义的首先胜利》一文，还批判了两种奇谈怪论：落后国家先搞社会主义革命是走错了路；十月革命不是社会主义革命，只是向社会主义革命准备阶段过渡。他反复论证，十月革命的社会主义性质不能否定，所谓十月革命“政变论”是极不严肃的。还指出，苏联灭亡之后，又有人著述说事实证明当年普列汉诺夫反对十月革命是对的，列宁的十月革命是错的。这种观点违背历史真相，是不能成立的。他强调说，苏联兴盛起于十月革命，苏联衰亡并不起于十月革命，而是起于“二战”胜利后拒不进行体制改革。

值得一提的是，为了澄清中国报刊上有几位专家著文说“阿芙乐尔”号发射炮弹是子虚乌有、伪造历史一事，高老师细查了俄文与中文历史资料，得出了准确的、全面的结论：“阿芙乐尔”号巡洋舰和彼得—保罗要塞向东宫轰击的炮声，虚实结合，宣告了新纪元即伟大社会主义纪元的开始。这个“细节”也体现了高老师治学之严谨。

二、对苏联模式成败的认识

这是苏联解体之后争议最多的问题之一。高老师坚持历史唯物主义，下面列举一二。

高老师于1982年发表的《苏联社会主义制度三次显示出优越性》一文，肯定在20世纪30年代、40年代和50年代苏联社会主义制度三次显示出的优越性。尽管如高老师在“记事说文”中所说，“现在看来对第二次尤其是第三次的论述不够充分”，但关于苏联社会主义制度优越性的基本论断还是成立的，也就是说苏联模式的历史作用不能一概抹杀。高老师还补充说：“苏联领导人后来由于长期拒不进行改革开放，所以不仅不能继续显示出社会主义制度的优越性，而且终于自我断送了社会主义!”

他于1985—1986年先后出版的《列宁、斯大林时期苏联社会主义经济建设的历史经验》和《列宁、斯大林时期苏联社会主义政治建设的历史经验》作为高校教材，对苏联经济政治建设的正反面经验作了较为全面的分析。这是20多年前的作品，其翔实与客观性，今天依然值得肯定。

他1993年发表的《苏联领导人对计划与市场关系认识的变化及其局限性》一文，从另一角度说明了苏联模式在一个时期的进步和优点。文中指出：“马克思、恩格斯比空想社会主义者前进了一大步，他们从社会发展的规律科学地论证了未来社会将实行计划生产与分配，消灭商品、市场与货币。这样才实现了社会主义历史上的第一次飞跃”；“苏联模式的社会主义不是简单地把马克思、恩格斯的科学社会主义理论付诸实践，而是在计划与市场的关系上实现了第二次飞跃”；“1992年中共十四大的论断和决议突破了计划经济的旧体制，着力建立有计划的市场经济的新体制，应该说是社会主义历史上对计划与市场关系的第三次飞跃”。

谈到苏联模式，不能不涉及对斯大林的评价。高老师的基本观点是：首先，斯大林是伟人，是苏联和国际共运的伟大领导人。同时又是一个非常复杂的人物，他是带有一些凡人弱点并且犯有若干错误的伟人。其次，斯大林时期的具体体制不是高度集权而是过度集权。最后，斯大林在苏联发展方面功大于过，在国际共运发展方面过大于功。高老师从剖析斯大林实行的政治体制的弊端，以及苏联几代领导人一而再、再而三延误政治体制改革，来揭示苏联灭亡的政治根源，是他“长期研究的独立见解和重要成果”。他还认为，“勃列日涅夫执政年代正是苏联从兴盛顶峰变为停滞，再变为衰落，从而一再延误改革，使得苏联模式沉疴宿疾更加深重而难以挽回了”。

三、对苏联亡国亡党原因的剖析

这是苏联解体之后又一个争议较多的问题。该书第四编以“苏联灭亡的进程、原因和教训”为题。其中文稿《对苏联兴亡的基本看法》带有概括性：俄国在特殊历史条件下第一个走上社会主义道路；苏联共产党始终未能掌握不发达国家实现社会主义的特殊规律；苏联社会主义社会存在三大矛盾：一是过“左”的路线和过度集权的党政领导体制同社会主义社会要求大力发展生产力、发展自由民主法治的矛盾；二是党政官僚特权集团同人民大众的矛盾；三是大俄罗斯主义同各族人民的矛盾。三大社会矛盾导致三种危机（经济危机、社会政治危机和民族危机）和三个灭亡（苏共亡党、苏联亡国、原有的社会主义制度灭亡）。

笔者进一步综合各篇文章得出以下观点：一是从军事封建帝国主义到军事封建社会主义，这是俄国近五百年的历史脉络，认识这种历史继承性与变异性，对于认清苏联的兴亡很有启迪。二是从罗曼·罗兰在1935年写的《莫斯科日记》可以看出，罗曼·罗兰“眼见目睹的苏联领导层享有很多特权、与广大人民的生活差距很大的事实，这确是千真万确的”“正是这个特权势力为维护自身特权利益而千方百计阻挠社会主义改革，或者使社会主义改革变形”。因此，俄共主席久加诺夫说的苏共垮台的基本原因是对财产、权力和真理的垄断的话，是非常精辟的。三是列宁在苏联社会主义建设中认识到要利用市场经济，可是后来斯大林急于实行指令性计划经济，只在消费品领域保留极有限的市场交换。到勃列日涅夫时期进而大力批判市场经济，思想僵化，没有与时俱进，终于导致苏联灭亡。四是苏联的失败有多方面的原因，是各种合力的结果。如果戈尔巴乔夫掌握马克思主义、列宁主义的精髓，本来可以从发展党内民主起步，进而发展苏维埃民主，逐步清除军事扩张性和军事封建专制性的弊端，使苏联重新焕发社会主义的青春。可惜他也是在斯大林模式和体制下一帆风顺地爬上政治权力顶峰的。他和斯大林一样，具有刚愎自用、专横独断的弱点。在头三年沿着旧的轨道改革受阻之后，他从1988年6月第十九次代表会议起，急剧转向右的方面……结果对外一味退让，让西方资本主义对苏联的压力和影响大为增强；对内领导不力，使国内潜藏已久的经济、政治和民族矛盾激化，政局动荡。这就给叶利钦背叛社会主义、共产主义，完全转向自由主义、资本主义提供了可乘之机，在短短两年时间内煽动群众，终于毁掉了苏共和苏联。五是并非只有叶利钦一个人是苏联掘墓人，苏共领导人自20世纪30年代起自己培植的党政官僚特权集团才是苏联的掘墓人，叶利钦等人不过是这个集团的政治代表。六是苏联、东欧社会主义的失败并不是马克思主义、科学社会主义的失败，而是封建主义、教条主义使得马克思主义、科学社会主义未能在不发达国家得到全面的、创造性地运用与发展，才害了社会主义。苏联弊病虽然严重，但如果本着解放思想、实事求是的原则，是可以探寻出一条体制内改革的成功之路的。

四、对中国特色社会主义的厚望与信心

高老师对苏联模式弊端的批判虽是严峻的，但并不认为苏联模式根本不可救药，因此坚定了建设中国特色社会主义的信念。高老师于 2009 年 5 月发表的《苏联模式失败令我沉思》一文，强调从苏联的失败中学到的一条最重要的经验是，社会主义一定要与时代变化和本国实际相结合，不能照搬历史和外国的模式，要探索各具本国特色社会主义新模式。要逐步渐进，不能狂飙突进。

2009 年 12 月，高老师独创性地总结了世界各国现代化的四条路：老路、邪路、崎路、新路。一是 18 世纪英国带头开辟的资本主义现代化老路，随后法、美等国紧跟；二是 19 世纪德国率先实现的资本主义现代化邪路，随后奥地利、意大利、日本等国紧跟；三是 20 世纪苏联开创的社会主义现代化崎路，随后有欧、亚、拉等 14 个共产党执政的社会主义国家紧跟；四是 20 世纪 80 年代以来中国带头开创的社会主义现代化新路。指出苏联之路由崎路变歧路再变末路的教训一定要深切吸取，只有这样才能开创中国特色社会主义新路。

2004 年 10 月，他还提出借鉴苏共兴亡经验，要依靠执政三大法宝，这就是科学执政、民主执政与依法执政。三位一体，互相依存，各有倚重，不可偏废，其中科学是关键，民主是基础，法治是规则。我们党只要真正明鉴苏共兴亡之道，切实妥善运用执政的三大法宝，就能长久葆有执政的青春活力，达到共产主义的美妙和谐胜境。

世事是复杂多变的，一个人的认识难免要有一个发展与深化的过程，像高放老师这样的大学者也不例外。在这本书中，我们多处见到高老师严以律己、自我批评的话语。例如，在谈到 1982 年和 1993 年关于《联共（布）党史简明教程》的两篇文章和辞条时，说他“把该书与我国的《史记》和《资治通鉴》等书并列为优秀历史文化遗产，则是不恰当的”。再如，在回顾 20 多年前撰写的关于列宁、斯大林时期苏联社会主义经济建设和政治建设的历史经验时，一再表示有些方面“没有讲够讲透”。又如，他还曾提到，因受

“左”的思想影响越来越深，曾经把赫鲁晓夫“三和”（和平共处、和平竞赛、和平过渡）视为修正主义总路线。这些都体现了高老师的实事求是与谦虚品格。

高老师已是耄耋之年，但仍笔耕不辍，实在令人感佩。我熟悉的国防大学一位的同行教授曾对高老师说：“我们是一般的教师，更高一层次是学者，最高层次是理论家、思想家，您是当之无愧的理论家、思想家。”我赞成这样的评价。综上所述，难免挂一漏万，谨供读者参考。

（本文原载于《当代世界》2012 年第 11 期）

对苏联兴亡独立思考、独具匠心的著作

——读《苏联兴亡通鉴》有感

韩　冰[①]

一、独具匠心的著作

20 世纪边界社会主义史上的头等大事莫过于苏联的兴亡。1917 年，这个横跨欧亚大陆的社会主义国家灿然兴起，仅仅经过 74 年，这个曾经辉煌一时的大国，竟在没有发生战争的条件下迅速灭亡。可谓“其兴也勃焉，其亡也忽焉”。考察苏联兴亡的历史进程，总结苏联兴亡的历史经验已成为我国学者关注的热点，报刊上评价与论述的文章迭出，有关专著也已出版多部，各有各的见解。国际共运史专家高放教授对苏联问题进行了长达 60 年的跟踪研究，最近人民出版社出版了他自己汇编的《苏联兴亡通鉴——六十年跟踪研究评析》一书。我有幸先睹为快，披读之后，受益良多，感到全书是经过作者独立思考完成的一部独具匠心的著作。

第一，书名独特。

较早使用“通鉴”一词作为书名的是史学名著《资治通鉴》。所谓“通鉴”，王夫之解释为：“虽扼穷独处，而可以自淑，可以诲人，可以知道而荣，故曰‘通’也。”“‘鉴’者，能别人之所妍媸者，而整衣冠，尊瞻视者，可

① 作者系中华女子学院讲师，博士。

就正焉。”意思是把历史当作镜子，随时对照，警戒言行。“鉴往知来、以史为鉴”是史家治史的目的与责任。唐代魏征作《隋书》，是告诫“殷鉴不远，在夏后之世。以隋为鉴，则存亡治乱可得而言之”。明内阁首辅张居正编《历代帝鉴图说》，目的是“视其善者取以为师，视其恶者用以为戒”。作者很好地继承了我国史学的这一优良传统，特别注意在研究中总结经验教训。在自序中，作者把60年跟踪探索的感悟总结为十条主要历史经验，这近万字的总结是全书的核心与精华所在。读者如能仔细品味，必会有所收获。而作者也指明他“着重思考剖析苏联兴亡的各种根源，旨在借鉴他山之石，力求玉成中国模式社会主义”。费心编著本书的目的更是“明鉴苏联兴亡之道，为振兴中华而借力”。可见，作者使用“通鉴”一词作为书名，正是表明了他的夙愿、点明了全书的核心。

此外，国内已出版的著作，大多数只介绍苏联解体，很少用兴亡对写。本书兴亡对照，相互比较，也益于读者自己总结出苏联兴盛衰亡的经验教训。这种书名安排既指明了内容，又彰显了目的，可谓独具匠心，在全国同类出版物中是独一无二的。

第二，体裁独创。

在体裁编排上，作者没有按论文发表的时间顺序编排，而是按照逻辑体系，辅以事件发展的时间顺序来安排。第一编“苏联共产党的建立与成长是苏联兴起的源头”，介绍了俄国最早的马克思主义政党雏形———劳动解放社、俄国最早的工人阶级政党———俄国社会民主工党，重新评价了俄国早期的马克思主义传播者普列汉诺夫、列宁等；第二编“十月革命的胜利和苏维埃国家政权的建立是苏联振兴的起点”，主要阐明了十月革命的性质、过程、作用；第三编“苏联社会主义建设的兴衰”，阐述了苏联社会主义建设的背景、进程与经验，特别分析了列宁与斯大林时期对苏联建设的贡献与错误；第四编考察苏联灭亡的进程、原因和教训。这种按照苏联建党、建国、建设兴衰过程排列文章的方法，令整个文集浑然一体，摒除了文集分散的缺点，使这本文集恰似一部专著，便于读者系统了解苏联的党史和国史。

特别值得一提的是，作者在每一篇文稿末尾都增加了“记事说文”。本部文集收集了作者60年来各阶段的研究成果，每个时期的作品必然会留下时代的烙印。现在作者重新评价这些文章，勇于做自我批评，在“记事说文”中不仅向读者说明了每篇文章的写作缘由、文章出处、当时的社会反响，还指明了当今对原文应该如何评价、应该有何补充。记事说文可以说是作者对60年研究的回溯与总结，旨在抛砖引玉，所以作者特别指出："恳切希望读者特别关注，其中不乏新资料、新见解。"

第三，思考独立。

这部著作是作者60年来独立思考苏联问题的结晶。从1950年中国人民大学创办起，作者就从事苏联历史教研工作，并结合教学进行科学研究，先后发表过关于苏联问题的百余篇文章。收入本书的作品，最早的刊登于1951年《学习》杂志，最晚的编排在2011年《同舟共济》杂志，前后正好一个甲子。在研究过程中，作者的思想也受到过"左"思潮的影响，经历过从全面肯定苏联经验到具体分析苏联经验的过程，但作者勇于探索，敢于提出新观点，真正做到了解放思想，实事求是。比如，在评论普列汉诺夫时，作者特别注意与时俱进。《论普列汉诺夫功大于过》一文发表于1979年，文中指出普列汉诺夫功大于过，四六开，当时刚刚"拨乱反正"，这种观点难能可贵。但作者没有囿于这一看法，在文末的"记事说文"中，通过新材料、新实践，指出"普氏功过，现在看来，三七开是恰当的"。辨析列宁主义与布尔什维主义时，作者敢于打破传统观点，提出列宁主义诞生于1894年，与布尔什维主义既有联系又有区别，不可混为一谈。在斯大林问题上，作者敢于不唯上、不唯书。关于斯大林的评价，毛泽东同志在1956年指出："中央认为斯大林是三分错误七分功绩。"作者依据半个多世纪以来新的实践经验重新审视了这一结论，提出对斯大林的评价应该从两个框架、五个层面来看。在苏联发展方面，斯大林功大于过；在国际共运发展方面则过大于功。这种提法勇于解放思想，突破了长期以来的"三七开"评价。作者独立思考、与时俱进的精神，有利于哲学社会科学的发展，便于我们更好地总结历史教训，推进我国社会主义事业取得新发展，值得人们赞赏与敬佩。

第四，见解独到。

关于苏联剧变的原因，国内外基本上形成了"葬送说""和平演变说""错误路线说"等近十种说法。作者没有人云亦云，而是结合自己60年研究的亲身体会，潜心思考，逐渐把整个苏联社会的兴亡过程精炼为十个"三"。肯定了苏联社会主义建设的成就，辨清了苏联长期以来存在的矛盾与弊端，彻底揭示了苏联灭亡的原因及教训。作者指出，苏联在马克思列宁主义的指引下，近百年来在建党、建国、建设方面取得了令世人瞩目的三大成就，先后三次显示出社会主义的优越性。但是由于日后路线和决策的错误，使苏联出现了三大矛盾，这些矛盾又因斯大林首创的三项制度造成了苏联缺失社会主义民主、法治与自由。斯大林之后，苏联由于延误改革，矛盾疾重难返，终于在20世纪80年代末爆发了政治、经济、民族三大危机。面对危机，苏共领导人分为三派，提出了三种不同的解决对策，但都因不对症而最终造成了苏联亡党、亡国、亡制，其教训令人痛心！这种提纲挈领的总结，使读者对整个苏联兴亡过程一目了然，容易抓住剧变的主要矛盾去总结教训。苏联解体固然是多种因素综合作用的结果，但不可否认一个“权”字对苏联的深远影响。由于苏联模式的社会主义能够高度集权，在特定的历史条件下迅速集中人力、物力和财力，苏联实现了以重工业为中心的国家工业化、农业集体化和国民经济计划体制，初步建成了社会主义制度，取得了卫国战争的胜利。但是权力配置出现不合理、不恰当的问题后，苏联由高度集权向过度集权转化。党和个人的过度集权使苏共“由民主政党开始变为极权政党，党内外缺少自由、民主与法治”；干部特权造就了一个官僚高薪特权集团，他们越来越脱离群众，社会两极分化严重，引起人民不满；在民族问题上，大俄罗斯主义势力在党和国家权力中心占主导地位，使民族矛盾严重。这些弊病与矛盾长期积蓄，最终爆发，使苏联出现政治强震。权力配置不合理、不恰当，既与个人因素有关，也与苏联长期以来没有剔除的封建主义、教条主义和实用主义密切相关。社会如同人体一样，有其基因继承性，俄国自1497年建立起中央集权的农奴制后，就一直有封建专制的惰性。共产党人只有利用客观环境，发展主观能动性，才能改良基因，彻底消除各种弊病，发展社会主义民主，真正建成科学社会主义。这是我们应当吸取的深刻教训。

此外，作者在分析苏联兴亡问题时，没有完全拘泥于历史或政治研究方法的范畴。作者独辟蹊径，从社会学角度入手，指出中间阶层的缺失也是导致苏联模式灭亡的重要原因。中间阶层是促进社会稳定与和平转型的中坚，我们应该以史为鉴，壮大中间阶层，实现共同富裕，使葫芦形、橄榄形的社会结构发展为陀螺形的社会结构，真正实现中国特色社会主义的胜境。作者这一分析可谓独出新裁，使人读后眼前一亮。

二、中国需要借鉴苏联兴亡的经验

作者在书中多次提到“借鉴”一词，书名也起为“通鉴”，可见作者希望我国借鉴苏联兴亡之道，振兴中华大业的一片苦心。古人曰：前车覆而后车戒。这是指前人成功的经验，可以奉之为法，照着他做；前人失败的教训，应当引以为戒，力图避免。我国历来有“以史为鉴”的传统。周，原是一个小邦国，竟然灭了大邑商。这多少令人感到震惊。周的统治者看到了殷人灭亡的原因，一再告诫周人：我不可不鉴于有夏，亦不可不鉴于有殷。并以殷的历史教训为诫，制定了一系列缓和社会矛盾的政策，这就是所谓的“殷鉴”。之后，“殷鉴不远”几乎成了封建统治者们的醒世警钟。在中国历史上，凡是“盛世”“治世”，如文景之治、贞观之治等，大都与吸取前人的历史教训有密切关系。作为新时代的共产党人，我们理应更加注意吸取一切先进成果，借鉴所有应注意的历史教训，只有这样才能避免重蹈覆辙。苏联作为第一个社会主义国家，其许多建设经验都被后来的社会主义国家所模仿借鉴。所以只有真正吸取苏联兴亡的经验教训，才能真正兴利除弊，全面建成中国特色社会主义。

苏联兴亡的历程表明，改革是社会发展进步的重要推动力，世界上任何制度都需要不断改革。恩格斯早在1890年就指出：“所谓‘社会主义社会’不是一种一成不变的东西，而应当和任何其他社会制度一样，把它看成经常变化和改变的社会。”① 不发达国家探索社会主义道路，筚路蓝缕，更需要不断探索、及时调整、逐步改革，才能真正增强社会活力，吸引广大人民。在建设社会主义没有经验的情况下，列宁曾急于消灭市场与商品经济，推行了战时共产主义政策，但实践很快证明这一政策的错误。列宁及时发现错误并调整了政策，于1921年提出新经济政策。这是改革的生动事例。但是，此后苏联的领导人由于教条式地理解马克思主义与计划经济，过早地结束了新经济政策，推行高度统一的计划经济体制，完全排斥市场。在政治上又实行过度集权的党、政、军领导体制，使社会主义缺少生机与活力，内部矛盾重重，加之日后不能实施有效改革，最终导致矛盾总爆发，苏联出现亡党亡国亡制。相反，在苏联教条式地理解计划经济、拒不改革之时，资本主义社会勇于调整自身政策，从社会主义中吸取了许多优点。比如，1933年，在经济危机席卷资本主义世界，美国面临严重困难之际，罗斯福总统采纳了智囊团建议，吸取苏联宏观调控的方法，实行改革。再如，改善劳资关系，加大国家宏观调控力度，以国家为主导兴建公共工程、调节工业生产，推出《紧急救济法》

① 中央编译局：《马克思恩格斯全集》（第37卷），人民出版社，1971年，第443页。

等，这些政策吸取了社会主义计划经济中的有益因素，有利于消除资本主义市场经济的盲目性、自发性和投机性，最终取得了成效，使美国在一定程度上摆脱了危机，进而挽救了资本主义。

随着新科技革命的迅猛发展，特别是第三次工业革命的兴起，人类社会在不断进步，发展已经成为整个世界的主题，如果不能很好地解决发展问题，社会主义就不能吸引人们。从这点来看，社会主义国家面临着以改革求发展、以发展求进步的迫切任务。我国从 1978 年实施改革开放以来，经济实力显著增强，2011 年，全年国内生产总值达 471564 亿元，超过日本位居世界第二，人均国内生产总值也已达 5000 美元左右。但不可否认，当前中国既处于发展的重要战略机遇期，又处于社会矛盾凸显期。目前我国经济社会矛盾、城乡矛盾、劳资矛盾、生态矛盾凸显，改革进入攻坚期与转折期。要真正实现平稳过渡、闯过难关，必须实施全面改革。一是要把握好改革机遇期，避免重蹈苏联覆辙，纵深推动经济改革，真正启动政治体制改革；二是要吸取苏联、东欧的经验教训，我们要在改革开放中清除苏联模式“党主立宪”的消极影响，克服西方模式带来的两极分化的积弊痼疾，特别注意发展社会主义民主，才能冲出瓶颈，实现中华民族振兴的“中国梦”。

三、本书也有不足

第一，由于本书是由各时期的论文汇编而成，因此在内容侧重方面不容易做到均衡。书中大多论文集中侧重论述列宁与斯大林两个人以及两个时期的苏联状况，对以后的赫鲁晓夫、勃列日涅夫等时期的苏联状况论述不多，不免有畸重畸轻之嫌。另外，在一些问题的论述上还不够深入。比如，民族矛盾是苏联剧变产生的一个重要原因，但书中关于苏联以邦联制解决民族问题所造成的缺陷和弊端等问题讲得不够深入。苏联 1924 年《宪法》正式规定了联盟的三大原则，即各民族平等原则、各加盟共和国拥有自己独立的主权和民族自决权。不可否认，苏联在以后的 67 年时间里对发展各民族的经济文化起了有力的促进作用。但是由于苏联的政治经济体制逐渐向过度集权方向发展，使联盟扭曲变形成了中央集权的单一制，权力更多地集中于联盟中央，各加盟共和国的权力名存实亡。特别是苏联大俄罗斯主义死灰复燃，忽视民族特征与权利，如推行民族语言一体化、以俄语取代少数民族语言，20 世纪 40 年代实行少数民族大迁徙等，都破坏了各民族平等的原则。联盟规定的前两条原则都无法落实，最终民族矛盾成为苏联解体的导火索。此外，书中对20世纪30年代初农业集体化运动造成的严重后果、苏联计划经济的教条理解等讲得也不够透彻。

第二，囿于篇幅，本书中不少文章是节选，虽然作者在收入本书时做了精心调整与修改，但仍不免有疏漏。比如，《苏联领导人对市场经济认识变化的三个阶段》一文，是摘自1992年发表的《社会主义市场与市场社会主义》的第二部分。文中主要讲了社会主义者对市场经济认识的各阶段，并没有针对苏联来讲。读者必须读完文末的“记事说文”后，才能有所理解。

第三，本书限于篇幅，只收录了已发表的文章。《苏联社会主义政治建设经验》与《苏联社会主义经济建设经验》两文分析透彻，对读者有很大的启发意义。但是关于列宁、斯大林时期苏联社会主义文化建设、国防建设、对外关系建设、执政党建设等方面的经验，作者因为文章没有公开发表而没有收录到本书中，让读者有意犹未尽的感觉。

瑕不掩瑜，作者在全书66篇文章中分四个专题提出的真知灼见，切中苏联问题要害。它既可供资政参考，又能唤起更多学者探究如何借鉴苏联兴亡经验、尽快完善我国社会主义体制、振兴中华等问题。总之，这是一本不可多得的苏联问题研究力作，值得读者细细品味。

（本文原载于《中国浦东干部学院学报》2013年11月第6期，本文原标题是《社会主义发展的再思考》）

苏联兴亡研究的独特视野

——评高放教授《苏联兴亡通鉴》一书

李心华①

著名学者高放教授的《苏联兴亡通鉴——六十年跟踪研究评析》（人民出版社2011年出版）一书，是作者研究苏联问题60年的论文集粹。综观全书，

① 作者系鲁东大学教授。

可见以下几个显著特点。

第一，该书客观地评价了苏联成功的历史经验。高度评价了普列汉诺夫在传播马克思主义理论和筹建马克思主义政党中所做出的重大贡献，尤其是高度评价了列宁在发展马克思主义和指导俄国社会主义革命中所发挥的无可替代的巨大作用。作者针对学术界一些人否定十月革命的社会主义性质的观点进行了批驳，指出把十月革命说成“新民主主义革命”或“社会主义革命的准备阶段”是毫无根据的；从苏联解体中得出落后国家不应搞社会主义革命，也是毫无根据的。对于苏联的社会主义建设，作者认为，其中无疑包括了在创造性地发展马克思主义的指导下取得成就的一面，这是应该予以肯定的。苏联的社会生产力在二三十年中得到巨大发展，由一个落后的帝国主义国家发展成为一个与英美匹敌的强大的社会主义工业国，因此证明它是一个“够格”的社会主义国家。

该书肯定了列宁、斯大林时期苏联社会主义经济建设中的正确方面，认为实行国有化、奠定社会主义公有制经济的基础，确立以经济建设为中心的基本方针，实行由战时共产主义政策转向新经济政策、探索过渡到社会主义的新路，实行租让制和租借制、利用资本主义建设社会主义等政策都是正确的，对苏联经济的恢复和发展起了积极作用。该书肯定了列宁、斯大林时期社会主义政治建设中的正确方面，认为打碎旧的国家机器、建立新型苏维埃政权系统，解散立宪会议，全部政权归苏维埃，注意镇压反革命，用联邦制解决民族问题，注意法制建设等政策都是正确的，在苏联的政治建设中发挥了重大作用。作者的这些评价都是实事求是的，对于苏联解体之后学术界存在全盘否定苏联历史的观点，无疑是一个有力的回击。

第二，该书辩证地分析了苏联失误的原因。苏联在社会主义建设中出现的失误，主要是因为体制的缺陷。斯大林时期苏联政治经济体制的主要特点、优点和缺点表现在许多方面。其特点主要表现为高度集权。高度集权在特定的历史条件下是具有一定意义的，它在苏联实现国家工业化、农业集体化，建立社会主义制度的过程中，起了重要作用。但是高度集权超过限度，并且趋于僵化，就变为缺点，即形成了过度集权的体制和模式。由于斯大林过度集权，政治上就很难发扬民主，经济上就缺乏活力。斯大林体制和模式总体上是社会主义的，但它是有严重弊端的社会主义。对于斯大林时期苏联政治经济体制的形成，作者提出了两方面的原因。客观因素包括国际环境，存在帝国主义的包围，1918—1920 年、1941—1945 年两次遭到帝国主义入侵；历史传统，经济文化落后，专制主义和对外扩张的深远影响；现实状况，农民占多数，阶级斗争复杂，党内斗争尖锐等。主观因素主要是斯大林的个人原因。他在思想认识、思想方法、思想意识、思想作风等方面，除了一些正确的东西之外，还存在严重的缺点。

作者指出，如今重新总结历史经验，以科学社会主义为准绳来衡量，既不能全面肯定苏联模式，也不能全面否定苏联模式，应该细加解剖，具体分析。苏联社会主义模式大体上可以区分为四种情况，即坚持科学社会主义、发展科学社会主义、教条式照搬科学社会主义和背离科学社会主义。例如，消灭剥削制度，消灭剥削阶级，实现生产资料社会主义公有制，实现工农大众当家做主等，这些都是坚持、符合科学社会主义原理的。生产资料社会主义公有制采取全民所有制和集体所有制两种形式，人民当家做主采取苏维埃政权形式，要在过渡时期结束之后仍然保留无产阶级专政等，这些都是创造性地发展了科学社会主义。在不发达国家急于过渡到社会主义产品经济，把全民所有制规定为国家所有制，把计划经济规定为国家指令性计划等，这些都是对科学社会主义的教条式理解和简单照搬。经济上存在大量自然经济、半自然经济的条件下急于用行政手段实现农业集体化，分配中的平均主义倾向，政治上的专制体制，文化上的专制主义、教条主义，对外关系上的大国主义、大党主义、霸权主义、扩张主义等，这些都是背离、扭曲科学社会主义的。总的来看，斯大林领导时期形成的苏联模式的社会主义是够格而不够好，甚至有严重弊病的社会主义，是渗透进不少军事封建因素的社会主义。这种社会主义在特定历史条件下虽然也能显示出优越性，但是必须对其弊端进行改革。如果不改革，社会主义与资本主义进行和平竞赛时就会失去竞争力；不改革就很难使下一代青年相信社会主义的优越性。老年人和中年人从亲身经历出发，习惯于做纵向比较，而年轻人却喜欢做横向比较。社会主义国家如不进行体制改革就容易出现信任、信心和信仰危机。斯大林体制的弊病束缚和阻碍许多社会主义国家的进一步发展。认真研究和消除它的弊病不仅有助于认清科学社会主义，也有助于社会主义事业的发展，有助于我国的体制改革，总之，会大大促进世界社会主义运动和国际共运向前发展。

第三，该书全面地总结了苏联灭亡的历史教训。作者认为，从1936年苏联宣布建成社会主义社会起，苏联社会就存在三大矛盾。其一，过“左”的路线和过度集权的党政领导体制同社会主义社会要求大力发展生产力、发展自由民主法治的矛盾；其二，党政官僚特权集团同人民大众的矛盾；其三，大俄罗斯主义同各民族人民的矛盾。三大矛盾的长期存在，致使苏联经济危机、政治危机和民族危机不断加深。1989—1991 年，社会三大危机加剧，最终促使三个灭亡：苏共亡党，苏联亡国，原有的社会主义制度灭亡。

针对有人过分强调西方的和平演变战略在苏联剧变中的作用，作者指出，辩证唯物论认为，外因是通过内因起作用的；内因是变化的内在根据，外因只是变化的外部条件。西方的和平演变战略从根本上说是以其新科技革命的成果为物质后盾，针对苏联路线和体制上的弱点和弊病使用三大武器：以市场经济攻计划经济，以议会民主、多党制攻过度集权的党政领导体制，以多元文化、思想自由攻文化思想专制主义。要防止西方的和平演变战略得逞，就要端正路线，加快体制改革，加速发展新科技，追赶新科技革命潮流；就要自觉地从传统的计划经济体制逐步转轨到市场经济体制；就要自觉地从传统权力过度集中的党政领导体制转轨到党政分开，权力合理配置的民主政治；就要自觉地从传统文化思想专制主义转轨到真正实行学术自由、创作自由的文化体制。苏共领导长期思想僵化，抱残守缺，未能端正路线，未能改革有严重弊病的经济政治文化体制，未能追赶上世界新科技革命潮流，严重脱离各族人民群众，终于未能有效地抵制西方的和平演变，其教训是深刻的。

本来，苏联的改革是有可能取得成功的。但是，1987 年以后，戈尔巴乔夫的思想急剧右转，改革的思路和方向不对头，犯了历史性的错误，把国家搞乱了，以致最后丢掉政权，甚至连党本身都消失了。其改革的思路和方向不对头，主要有以下五个方面：一是提出了“人道的民主的社会主义”，抛弃了科学社会主义的基本原理，造成理论上的改向；二是经济体制改革从计划经济到市场经济转变太快，造成经济严重混乱；三是政治体制改革不注意充分发展社会主义民主，盲目引进西方的议会制和多党制，造成政局动荡；四是在思想文化领域，放松、削弱甚至放弃马克思列宁主义的指导，任凭资产阶级自由化思潮泛滥，造成思想迷惘；五是在对外关系上对西方过于迁就退让，过早过急从东欧撤军撤手，不断丧失阵地。总之，苏联发生剧变，直接原因是执政党指导改革的思路不对头，在理论上、政治上、经济上、思想文化上和对外关系上有一系列的错误。但是从长远来看，最根本的原因还是由于原来“左”的理论、体制和政策根深蒂固，在长达 30 多年的改革中难以改正。与西方近 30 多年新科技革命蓬勃发展的形势相对比，苏联共产党长期领导改革不得力，现代科技发展缓慢，生产力水平不高，人民生活提高不快，使人民对共产党和共产党所领导的改革失去信心。1991 年戈尔巴乔夫宣布解散苏共时，近1500万名党员俯首听命，无动于衷，两亿多人民也无激烈反应，这说明苏共在人民心中已经丧失了应有的地位。因此，作者认为，把苏联发生剧变的原因归结为戈尔巴乔夫的“叛变”，过于简单化了。

该书认为，苏联从20世纪30年代起形成了党、政、军高薪特权官僚集团。这个特殊利益集团成为维护个人集权制和权力过度集中政治体制的政治基础和社会基础，因为他们可以从这种政治体制中分享到不等的特权。后来苏联长期延误政治体制改革和最终灭亡的结局，证明了正是这个特权官僚集团、这个特殊利益集团成为苏联进行政治经济体制改革的主要阻力和苏联社会主义模式的掘墓人。这是作者的一个独到见解，不同于有人将苏联的垮台归结为赫鲁晓夫的现代修正主义背叛列宁、斯大林路线的观点。笔者完全赞同高放教授的意见，并在此做一点补证。对于苏联在斯大林时期就产生了一个特权阶层的问题，当时的一些开明人士就已经有所发现。法国著名作家、诺贝尔文学奖获得者罗曼·罗兰在1935年访问苏联时就察觉到了苏联在制度层面上开始营造的一个特权阶层。他在《莫斯科日记》中说：“然而共产党的伟大军队在其将领的统率下，肩负着保卫国家的重任，他们不该形成有别于其他阶级的阶层；最严重的是，不该形成特权阶层，这是绝对不应该发生的，这并非局势所使然。这些精英应当成为民族的中坚；作为中坚，他们的责任就是要融于民族之中，与整个民族融为一体，去创造卓越的功勋。军队不应为自己攫取荣誉、福利或捞取金钱。从总体上看，当局会注意采取措施防止出现这种局面，或至少在涉及金钱方面，尽力避免发生此类事件。为党员制定的最高待遇不应高于非党员的优秀工作者。但千万可别上这种制度的当，因为要避开制度的束缚那真是易如反掌。党员虽然没有挣到更多的钱，但能享受到其他的福利待遇（住房、食品、交通工具等），这些福利就意味着舒适的生活条件，意味着特权，更不要说他们为自己及亲属获得好处所能施加的影响。”（罗曼·罗兰：《莫斯科日记》，袁俊生译，广西师范大学出版社2013年版，第171页）这里只是说到金钱以外的特权，因为当时干部与群众的工资差别还不是很大。虽然20世纪30年代干部与群众的工资差别已由20年代的几倍扩大到30多倍，但比起20世纪50年代的50多倍和80年代的100多倍，那真是小巫见大巫了。

社会主义国家的干部是社会公仆而不是社会主人，这是维护无产阶级政权性质的根本保证，也是实现社会主义制度的政治前提。世界上第一个工人阶级政权——巴黎公社为防止公职人员由社会公仆变为社会主人，实施了两条重要措施，一是普选制与罢免制，二是普通工人工资制。马克思、恩格斯和列宁都曾高度评价巴黎公社的这两项重要措施。恩格斯指出：“为了防止国家和国家机关由社会公仆变为社会主人——这种现象在至今所有的国家中都是不可避免的——公社采取了两个可靠的办法。第一，它把行政、司法和国民教育方面的一切职位交给由普选选出的人担任，而且规定选举者可以随时撤换被选举者。第二，它对公职人员，不论职位高低，都只付给跟其他工人同样的工资。公社所曾付过的最高薪金是6000法郎。这样，即使公社没有另外给代表机构的代表签发限权委托书，也能可靠地防止人们去追求升官发财了。”① 恩格斯在这里说得非常清楚，只要坚持普选制与撤换制，坚持普通工人工资制，就可以防止那些追求升官发财的人进入国家政权机关，而无须再给代表机构的代表签发限权委托书，买官卖官、贪污受贿等腐败现象就可以消除。

作者在书中提出了一系列独到的见解。诸如，关于普列汉诺夫功大于过，应做四六开的观点，关于赫鲁晓夫的“秘密报告”并没有全盘否定斯大林的观点，关于赫鲁晓夫的“三和”路线不是修正主义的观点，关于苏联“成也苏维埃，败也苏维埃”的观点，关于苏联模式的社会主义是军事封建社会主义的观点等。当然，对于这些观点，大家未必都同意，但可以进行讨论和展开争鸣，以促进学术和理论的发展。概言之，《苏联兴亡通鉴》是一部难得的好书，值得广大理论工作者和在校大学生认真一读。

（本文原载于《鲁东大学学服（哲学社会科学版）》2014年第4期）

整体把握苏联兴亡的教训：既不走封闭僵化的老路，也不走改旗易帜的邪路

——读高放先生《苏联兴亡通鉴》有感

肖　枫②

最近，我拜读了一向尊称其为老师的著名国际共运史大家高放先生的大作《苏联兴亡通鉴》（以下简称《通鉴》）。这部长达60万字的专著是高

① 《马克思恩格斯选集》（第3卷），人民出版社，2012年，第55页。

② 作者系中共中央对外联络部当代世界研究中心研究员。

老师跟踪研究长达 60 年的学术成果，其时间跨度很大，涉及问题广泛，读后感受良多。但限于篇幅，这里仅就其方法论上的一个问题谈点感想。高放先生 20 年前就主张要运用“系统论”的方法来研究复杂的苏联问题，从整体上把握苏联兴亡的经验教训。应当说，这一方法至今仍切中时弊，很有现实意义。

《通鉴》在研究方法上主要坚持两点：一是强调实事求是、论从史出；二是强调要用“系统论”的方法，从整体上把握苏联兴亡的经验教训。作者指出，对苏联剧变的复杂原因，要“全面的而不是片面的、联系的而不是孤立的、发展的而不是静止的、重点的而不是平均的用系统论来进行分析”。

20 世纪 90 年代初苏联解体不久，作者在一次全国性学术会议上曾做了题为《苏联东欧剧变原因探究》的专题报告，强调苏东剧变原因的复杂性，认为这是多重因素和条件综合作用的结果，并高屋建瓴地就苏东剧变的原因做了“6 对 12 点、各有重点”的分析和概括。这就是：（一）外因与内因，内因为主；（二）远因与近因，近因为主；（三）客观原因与主观原因，主观原因为主；（四）微观原因与宏观原因，宏观为主；（五）下层原因与上层原因，上层为主；（六）浅层原因与深层原因，深层为主。随后，作者又将这些原因归纳为“近因”和“远因”两大类：所谓“近因”，也就是“直接原因”，是苏共“使改革改变方向，由社会主义急剧转变到资本主义”“引进西方的议会制和多党制，造成政局动乱，进而发生剧变”；所谓“远因”，指的是“历史原因”，苏共执政 74 年，约有 60 年之久都是推行封闭僵化的过“左”路线，只有 1921—1929 年这 9 年奉行的新经济政策是正确的，其间也还有局部“左”的错误，如 1925 年前后党内斗争过火，1928 年对粮食收购危机的处理不当。从 1929 年起，斯大林转向推行“左”的路线，虽然在实践中也取得了不少成绩，但却付出了沉重代价。1953 年斯大林逝世之后，赫鲁晓夫虽然在对内对外政策方面作了局部调整，但是主导面依然是“左”。赫鲁晓夫搞“全民党”“全民国家”是要在 20 年内赶超美国，实现共产主义，这是“左”而不是右。20 世纪 80 年代中期，戈尔巴乔夫上台的前两年依然是“左”。只是到 1987 年年底抛出《改革与新思维》，尤其是 1988 年 6 月，苏共第十九次代表会议之后接受“人道的民主的社会主义”思想路线，引进西方的议会制和多党制，才全面转向右。这些精练的概括，是符合苏联历史事实的，也是符合“论从史出”的史论原则的。

《通鉴》中的这些观点虽是20多年前提出的，但至今仍具有重要现实意义。纵观近年来国内对苏联解体问题的研究，对什么是“根本原因”存在两种截然不同的看法。一种看法强调苏共垮台、苏联解体的“根本原因”不在于斯大林模式（即苏联模式），而在于自赫鲁晓夫反斯大林以来直到戈尔巴乔夫的各任领导集团逐渐背叛马克思主义和社会主义；另一种看法则强调高度集中封闭僵化的苏联模式，即苏联体制长期不改革是导致苏联解体的“根本原因”。这两种观点本是可兼容并蓄的，但相当长时间以来，却各执一端，相互对立。原因就在于缺乏系统论思想，未能统筹考虑各方面的因素，没有从整体上去加以把握。

近年来，我出版的《苏联解体我的解读》，与《通鉴》所主张的“系统论”方法是一致和相通的。这表现在：一是强调必须坚持“论从史出”的原则。对苏联解体的研究，虽然政治性很强，但它首先是“史论”而不是“政论”，不能脱离历史事实去空发议论，更不能按自己“立场、观点”的需要去对历史事实进行裁剪。二是强调苏联解体是多重因素综合作用的结果，要坚持“合力论”与“重点论”相统一的原则。对苏联解体的研究应按系统论的要求，从整体上把握，统筹考虑各方面的因素，而不要孤立片面地抓住某一方面，犯瞎子摸象的错误。

此外，我还强调了两点：一是关于苏联解体原因的分析，概括出一个公式：合力论 + 重点论 = 内外远近因 + 党与体制问题。这个公式的意思是：苏联解体的原因，要坚持“合力论”与“重点论”相统一；而“合力论”与“重点论”相统一，就是指“内、外、远、近”因素的综合作用，加上“党”与“体制”这两个重点。“党”与“体制”（或制度）这两方面是密不可分的。在一个复杂的系统中，“根本性”问题未必只有一个，不同角度和层面可有不同的“根本性”问题。二是将中国应吸取的教训，从整体上概括为既不能走“邪路”，也不能走老路，而要走“新路”。苏共是长期的“左”，发展到后期的右。苏共演变具有“长期性”，但整体质变具有“快捷性”，垮起来快得很。吸取苏共的教训，整体而言，就是既不能走“邪路”，也不能走“老路”，而要走“新路”。对马克思主义既要“坚持”，又必须强调“发展”。党的十八大报告强调：我们要坚定不移高举中国特色社会主义伟大旗帜，既不走封闭僵化的老路，也不走改旗易帜的邪路。这既是我们党长期探索的根本经验的总结，也是吸取包括苏联兴亡经验教训在内的国际共产主义运动历史经验教训的结果。

总之，高放先生这部著作对苏联兴衰的研究贵在方法论上运用了“论从史出、整体把握”。我与他在方法论上是一致和相通的，因此我们有许多共同的看法和语言，并使我们的研究走到了一起。

（本文原载于《北京日报》2015 年 3 月 17 日第 024 版）

明鉴苏联兴亡之道，夺取改革开放社会主义圆满成功

——读高放《苏联兴亡通鉴》

奚广庆[①]

在苏联垮台 20 周年之际，我国世界社会主义研究著名学者高放教授出版了《苏联兴亡通鉴——六十年跟踪研究评析》一书（人民出版社 2011 年 12 月版）。这部 56 万言的史著汇编了作者 60 年来跟踪研究苏联和苏共兴亡的历史实践和经验教训的 66 篇精选文稿。除自序外，全部文稿按历史逻辑分作四编：苏共是苏联兴起的源头；十月革命是苏联振兴的起点；苏联社会主义建设的兴衰；苏联灭亡的进程、原因和教训。本书集中了作者关于苏共、苏联研究的重要学术建树，对苏联兴亡事变中的许多重要问题从理论和实践结合上给出了科学的总结。这部书的重头戏在自序和第四编对苏共、苏联崩溃的原因和教训的总结研究上。不仅有深刻的理论剖析，更有对难点、焦点问题的回答，是全书的学术制高点。

作为高放老师的学生，笔者拜读这部书，进一步体认高老师 60 年来为中华民族的伟大振兴、为坚持和发展中国特色社会主义、推进全人类解放和发展的宏伟事业，殚精竭虑、思索不辍的高尚情怀和敬业精神，不能不对 85 岁高龄的恩师表示出极大的崇敬。

显然，全面评述这部历史性著述不是一篇书评可以完成的。这里只就笔者较为熟悉的几个问题作些评介，谈些认识。

---

① 作者系国家教育部社会科学司原司长，中国人民大学马克思主义学院教授，山东大学当代社会主义研究所研究员，博士生导师。

一

在世界历史已经进入21世纪的今天，为什么还要选编这部系统的《苏联兴亡通鉴》呢？正如作者在自序中所说："刻意选编《苏联兴亡通鉴》，切实明鉴苏联兴亡之道。"这凸显了该书对苏联兴亡74年全部实践和历史地位的科学认识，符合马克思主义历史观和20世纪世界历史发展的实际。历史不以成败论英雄。作者把苏联兴亡的历史作为一个整体给出了10个方面的深刻总结，既包括成功经验，也涵盖失败教训。一个核心观点是，十月革命开辟的伟大历史变革和社会建设，是20世纪世界历史进程中，苏联人民在马克思主义党人带领下，进行的波澜壮阔的争取解放、民主自由、创建美好社会的复杂艰难的伟大尝试。它不仅在许多方面取得了巨大成果：推进了苏联的工业化现代化，改变了俄罗斯的历史面貌，打败了不可一世的德国法西斯，极大地开拓了世界马克思主义党人的历史视野，有力地支持和推动了发达世界劳动群众争取权利、改善劳动与生活条件的斗争、不发达世界民族民主解放运动的奋斗进程。可以说，20世纪的世界，如果没有苏联，将会是另外一个样子。德国社会民主党理论家托·迈尔认为，没有"现实社会主义"，就不可能使资本主义接受社会民主的改良措施。① 而且它的崩溃及其历史教训，也为先进阶级怎样在资本主义主导的世界体系中创造历史、改变世界的斗争，提供了难得的借鉴，特别是为经济文化落后国家怎样结合自己的国情吸取资本主义的积极成果，去建设新的社会组织斗争，提供了宝贵历史经验。人们看到全世界马克思主义党人通过对苏共和苏联兴亡的历史总结，深化了对人类社会发展规律、社会主义建设规律、共产党执政规律的认识，把以人为本的、改革开放的社会主义、把批判与变革资本主义的社会思潮和历史运动蓬勃地推向前进。世界社会主义运动在吸取这些历史经验教训中走向新的历史阶段。苏联社会主义的失败，并不是马克思主义、科学社会主义的失败，而是坚持教条主义和封建主义的灾害。② 这就强有力地驳斥了借苏联失败完全否定社会主义运动和理论的反共主义观点，为坚定人们的社会主义信念提供了极有价值的历史观。

---

① ［德］托马斯·迈尔：《对资本主义的批评——我们需要马克思主义的复兴吗?》，载《科学社会主义》2012年第6期。

② 高放：《苏联兴亡通鉴——六十年跟踪研究评析》，人民出版社，2011年，第478页。

二

关于苏共解体和苏联崩溃的根本原因是近年来研究讨论的一个热点问题。有一种观点认为，根本原因在于斯大林之后几代苏共领导人的背叛和错误。针对这种片面认识，高老师指出，苏东剧变有内因和外因，远因和近因，上层的原因和下层的原因，浅层的原因和深层的原因，要综合进行分析，不能把复杂的问题简单化。[①] 长期“左”、后期“右”，先“左”后右、内外夹攻，合葬了社会主义苏联模式。其中内因和远因更带有根本性。按照马克思主义社会基本矛盾的原理来分析，根本原因就在于苏联社会主义社会长期存在的过“左”的路线和过度集权的党政领导体制同社会主义社会要求大力发展生产力、发展自由民主与法治的矛盾，党政官僚特权集团同人民大众的矛盾，大俄罗斯主义势力同各族人民的矛盾这三大矛盾。由于苏共历届领导人对此认识不到，更无法妥善加以解决，终于酿成全面经济危机、社会政治危机和民族危机，导致亡党、亡国和亡制。这是非常独到的科学的唯物史观分析，如著名学者徐葵教授所评述，“高放同志能抓住事物的主要矛盾，梳理和归纳出苏联模式社会主义社会长期存在的三大矛盾，从这三大矛盾去寻找导致苏联剧变的深刻原因，这是抓住了问题的要害”[②]。恩格斯早在1851年就指出：“研究和揭示革命失败的原因，不应当从一些领袖的偶然的动机、优点、缺点、错误或变节中寻找，而应该从每个经历了动荡的国家的总的社会状况和生活条件中寻找。”“如果一个政党的全部本钱只是知道某某公民不可靠这一件事，那么它的前途就太可悲了”[③]。显然，把苏联崩溃这种重大历史事变简单地归结为某个人犯错误，是可悲的唯心史观。坚持唯物史观必须全面分析事变发生的社会条件和历史环境，真正搞清楚其根本原因和历史教训，从而找到建设社会主义的正确道路和战略。

有些论者完全不懂得苏联的整个历史发展，说什么苏联解体发源于反斯大林，全盘否定斯大林，赫鲁晓夫是罪魁，戈尔巴乔夫是祸首。按照他们的逻辑，我们批评和坚决改革苏联模式是错误的，应当退回去搞斯大林模式。对这种无视历史事实的有害的看法，本书的多篇文章给予了有力的回答和

---

① 高放：《苏联兴亡通鉴——六十年跟踪研究评析》，人民出版社，2011年，第537页。

② 高放：《苏联兴亡通鉴——六十年跟踪研究评析》，人民出版社，2011年，第538页。

③ 《马克思恩格斯选集》（第1卷），人民出版社，1972年，第483页。

澄清，用确凿的历史事实阐明，赫鲁晓夫并没有全盘否定斯大林；从赫鲁晓夫到勃列日涅夫、戈尔巴乔夫，苏共领导人都一脉相承地坚持斯大林建立的社会主义模式，并把苏联社会主义制度推入了绝境。一个建立了74年之久、有两亿多人口大国的社会主义制度，竟然很容易地被几个人摧毁，只能说明其体制已经衰朽、模式已经走到尽头。

本书坚持历史的、具体分析的观点，虽批评斯大林的错误体制，但反对全盘否定斯大林，对斯大林的功过给出了一个符合历史的新界定。在过去三七开评断的基础上，把斯大林的功过分为：在苏联发展方面功大于过，在国际共运发展方面过大于功。这个评价深化了我们的认识，得到了同行的赞许。这说明，对斯大林的研究，对苏联兴亡史的研究，都需要不断加深，以获取新的认识。只有真正建设起思想政治组织统一又充满活力的、民主科学依法执政的强大的党，才能够永葆党的战斗力、创造力和凝聚力，不断推进社会主义实践创新、理论创新和制度创新，使社会主义国家长治久安、发展繁荣，永远立于不败之地。

三

本书关于苏共官僚特权集团形成和作用的一系列重要观点很值得重视和讨论。事实表明，这个特权统治阶层是“社会主义苏联模式的真正掘墓人，党的几代领导人无非是这个官僚集团的首脑”①。这是必须深入研究和探讨的问题。首先一个问题就是，它在什么时间形成和怎样形成的。国内外都有论者宣称苏联特权官僚集团是赫鲁晓夫上台后推进改革而造就出来的。针对这个错误观点，本书运用大量第一手材料证明，早在20世纪30年代，斯大林就违背恩格斯总结巴黎公社经验提出的防止社会公仆变为社会主人必须实行选举制、罢免制和取消高薪的基本原则，在苏共干部中实行了高薪制度和等级授职制等。1934年薪酬差别是30倍，1953年达到44—56倍。勃列日涅夫时期更达到顶点，超过了100倍。同时，在过度集权体制下，党政干部垄断了经济政治文化社会等一切大权，进而形成了具有稳定特殊利益和特权地位的官僚统治阶层，终于堕落为背弃社会主义、高高在上、作威作福、骄奢淫逸的新贵族阶层。人们还看到，第二次世界大战后那些走上社会主义道路的国家，也多效法苏共，程度不一地建立了这种官僚特权统

① 高放：《苏联兴亡通鉴——六十年跟踪研究评析》，人民出版社，2011年，第541页。

治体制，这成为那时现实社会主义的一大特征。早在20世纪40—50年代，南斯拉夫共产党领导人M.吉拉斯的“新阶级论”，就尖锐批评社会主义国家这种官僚特权统治体制和阶层的现象，可见是斯大林体制的根本弊端造就了特权官僚阶层，把苏联官僚特权统治阶层的形成归罪于改革显然是违背历史事实的，是完全错误的。

这里，笔者对苏共领导集团蜕变为官僚特权利益阶层、社会主义的掘墓人的社会历史根源问题作些讨论。有论者肤浅而简陋地认为，这只是苏共领导人的背叛。笔者认为，依据唯物史观分析，这是斯大林以来苏共领导在错误理论指导下实行错误制度和错误路线的历史产物，需要很好地进行研究。

恩格斯指出，现代社会主义力图实现的变革，简言之就是无产阶级战胜资产阶级，以及通过消灭一切阶级差别来建立新的社会组织。但这“并不是由于人们认识到阶级的存在同正义、平等相矛盾，也不仅仅是由于人们希望废除阶级，而是由于具备了一定的新的经济条件。社会分裂为剥削阶级和被剥削阶级、统治阶级和被统治阶级，是以前生产不大发展的必然结果。社会总劳动所提供的产品除了满足社会全体成员最起码的生活需要以外只有少量剩余，也就是说，只要劳动还占去社会大多数成员的全部或几乎全部时间，这个社会就必然划分为阶级。在这些被迫专门从事劳动的大多数人周围，形成了一个脱离直接生产劳动的阶级，它掌管社会的公共事务：劳动管理、国家事务、司法、科学、艺术，等等。因此，分工的规律是阶级划分的基础”①。虽然采取革命手段消灭了剥削阶级，由于没有高度发达的生产方式与相应的社会条件，十月革命后从苏联到中国，都不能够超越分工的规律，消灭一切阶层差别，在从事体力的和服务劳动的大多数人周围，始终存在一个脱离社会生产劳动的、掌管和从事劳动管理、社会管理、国家事务、司法、科学、艺术等社会的公共事务的社会阶层。也就是说，不发达国家建立的新社会，事实上会长期存在着统治阶层和被统治阶层的本质性差别。吉拉斯观点的意义就在于看到了这个历史难题和社会风险。因此就这样否定社会主义学说的意义和人民革命的伟大成果，放弃建设新社会的追求探索是完全错误的。但是不认识、不发达社会主义的这个历史特殊性，不去探索新的道路和政策，正是后来陷入失败的一个社会历史根源。列宁看到了这

① 《马克思恩格斯选集》(第3卷)，人民出版社，1972年，第272页、第756页。

一点，提出新经济政策，认为必须走一条改良的、渐进的、缓慢的、迂回曲折的道路。问题在于自斯大林以来，执政的苏联共产党在理论和实践上都忽视了这个唯物史观的原理，认识不到这个新统治阶层长期存在及其可能产生的社会风险，更没有制定和实行相应的路线和有力对策。在人民革命胜利之后，经历斗争考验的头两代领导人，能够正确对待和运用自己手中的权力，当社会公仆，坚持社会主义方向和保障人民福祉。而此后由于思想的僵化麻木和体制的缺陷漏洞，逐步形成一种官本位理念和制度，越来越多地追求升官发财、投机钻营之徒，进入了党政高级干部队伍，经过几代人的时间，这个社会主义的统治阶层就蜕变为一个背离社会主义和人民的、具有特殊利益和享有特权的官僚统治集团，成为埋葬社会主义苏联的掘墓人。这个历史教训告诉我们，在不发达国家建设社会主义，必须从新的实际出发，开拓一整套建设社会主义的新理论、新体制和新道路，发展人民民主和党内民主，特别是解决好党和国家的领导制度和组织制度的建设问题，切实保证培养、选拔和任用那些真正忠于社会主义和人民的优秀人才，不让那些升官发财、投机钻营之徒成批进入干部队伍，占据领导岗位；既要按照社会分工的规律，保证这个政治经济文化干部精英阶层的合理利益和必要权力，又必须建章立制，训练、规范、制约和监督他们正确运用权力，保证人民各项权益，防止他们以社会主义的名义，垄断权力，鱼肉民众，巧取豪夺，谋取私利，维护既得利益，成为官僚特权统治阶层，由社会公仆变为社会主人。当前，我国一些地方和领域以权谋私、贪腐猖獗现象还很严重，就是加强改革体制、严防蜕化变质的响亮警钟。我们要高度重视苏共领导集团蜕变的教训，充分认识领导制度、组织制度问题的根本性、全局性、稳定性和长期性，坚定不移地建设、改革和完善中国共产党的领导组织制度，只有发扬党内民主，防止个人崇拜，独裁专断，坚决整肃惩处一切贪腐，才能够保证党和国家的发展改革稳定推进，永不改变颜色。

四

最后笔者要特别强调，本书阐明的关于苏联的社会主义不是毁于改革，而是毁于拒不进行改革这个最重要的观点。原苏联政府总理雷日科夫认为，苏联垮台于“激进”改革。美国学者大卫·科兹更在中国和其他地方大肆宣扬，改革搞垮了苏联。改革在中国的主要作用是培育了新资产阶级。在我国，也有一些人认为改革埋葬了苏联。高放老师尖锐地指出，这是极端错误的看法，完全违背苏联发展历史事实、不认识苏联体制、斯大林模式根本弊端和历史祸害，是妄图开历史倒车的荒谬观点。苏联体制的弊端、斯大林模式的错误，本不是不可救药的。苏联从战时共产主义向新经济政策的成功转变充分证明了这一点。问题在于斯大林以来苏共完全拒绝改革。由于思想上的教条主义，组织上的封建专制主义，政治上形成的具有特殊利益的官僚特权统治集团，僵化封闭、讳病忌医，忽视人民期待，落伍时代潮流，维护特权利益，压制一切革新，六次错过了进行体制内改革的机遇，致使苏联经济政治社会体制生机耗尽，经济每况愈下，政治日益僵滞，人民生活无以改善，社会主义变成贫困落后的同义语，使一个有近两千万名党员的苏共落得个宣布自行解散、没有人起来维护和保卫它的悲惨下场。历史的事实和现实的发展，特别是中国特色社会主义的伟大成就，都充分证明，僵化停滞没有出路，社会主义社会应当是一个与时俱进、变革创新的社会，改革开放是社会主义复兴发展的历史必由之路。最为值得称道的是，高放老师深刻总结历史教训，精通科学社会主义的本质、精髓和原则，研究中国改革开放的成就经验，对改革开放和社会主义的胜利前景，充满信心，矢志不渝。早在 1984 年他就坚信不移地阐明，社会主义国家经过体制改革，将以崭新的面貌迎来并进入 21 世纪。只要中国社会主义改革取得全面成功，必将促进世界社会主义在 21 世纪获得大发展。① 进入 21 世纪以来，他更是及时总结我们党改革开放的伟大成就和宝贵经验，反复强调，一定要正确借鉴苏联灭亡的教训，加快改革，扩大开放，大力发展社会主义自由、民主和法治，切实贯彻宪法和党章，真正扩大人民言论、出版和创作自由，维护宪法赋予的各种人权，那么，中国就必能取得全面建设中国特色社会主义的圆满成功。② 这极大地表现了中国共产党人坚持和发展马克思主义、建设中国特色社会主义的坚定信念和崇高追求，是中国特色社会主义伟大事业必定胜利的思想精神理论的最坚实基础和不可战胜的力量。

（本文原载于《中共四川省委省级机关党校学报》2013 年第 6 期）

① 高放：《苏联兴亡通鉴——六十年跟踪研究评析》，人民出版社，2011 年，第 280—281 页。

② 高放：《苏联兴亡通鉴——六十年跟踪研究评析》，人民出版社，2011 年，第 543 页。

以苏为鉴，吸取教训

——读高放《苏联兴亡通鉴》有感

刘显忠[①]

高放教授是享誉海内外的国际共运史和科学社会主义的著名专家，年届耄耋，仍不断钻研思考，笔耕不辍，经常提出一些引人深思的独到见解。近年来，高放先生陆续推出几部个人专题文集，《苏联兴亡通鉴——六十年跟踪研究评析》（人民出版社 2011 年版）就是其中的一部。该书近 56 万字，凝聚着高放教授 60 年跟踪研究苏联问题的心血。从书中可以看到他研究苏联问题的心路历程，也可以看到他对苏联兴亡之道的独到分析和强烈的忧国忧民情怀。

《苏联兴亡通鉴——六十年跟踪研究评析》一书收录最早的文章《十月革命后苏维埃政权怎样镇压反革命》发表于 1951 年，最晚的《中间阶层的历史景象与社会主义未来胜境》发表于 2011 年，时间跨度 60 年。将不同时期的文章进行对比可以看出，作者对苏联问题的认识前后是有变化的。对有些文章，作者在篇后的“记事说文”中做了自我批评。例如，在《十月革命后苏维埃政权怎样镇压反革命》一文后面的“记事说文”中，作者指出：“这是我 60 年前（时年 24 岁）开始跟踪研究苏联问题发表的第一篇文稿。今天看来，当年对苏联镇压反革命的经验评价过高。十月革命胜利初期苏维埃政权在紧急情况下就犯过‘镇反扩大化’的错误。至今未见到冤假错案的准确统计数字，可以肯定被错杀、错关者总有成千上万人。末代沙皇尼古拉二世和皇后及其皇子（14 岁）、四个皇女（17—22 岁），连同御医、仆人，共有 14 人，于 1918 年 7 月 17 日凌晨在关押地被处决。虽然并非由列宁下令，但是事后列宁也未批评这种违法、株连举措，也未总结过‘镇反扩大化’的经验教训。”再如，对 1982 年写的《重评〈联共（布）党史简明教程〉》一文，作者在“记事说文”中也指出，“在文末把该书与我国的《史记》和《资治通鉴》等书并列为优秀历史文化遗产，则是不恰当的。看来，

---

① 作者系中国社会科学院俄罗斯东欧中亚研究所研究员。

当时我对该书在我国广大干部中所造成的深重恶果还认识得很不够”。类似的自我批评还很多。在学习研究的过程中不断深化自己的观点，对自己已有成果进行自我否定、自我批评、自我检讨，正反映出高放先生实事求是的治学态度和求真精神。实际上，高放先生在苏联问题研究上思想认识的变化，在某种程度上也反映了中国苏联问题研究的变化轨迹，对新中国的学术史研究具有参考意义。

该书内容丰富，信息量大，很多直到现在都没有多少学者研究的问题，在高放教授的书中都涉及了。比如，“马哈伊斯基与马哈伊斯基主义”“苏俄昙花一现的另外两个共产党”等。再如，关于苏联的工资问题，现在好多人都说不清楚，而高放教授在20年前的文章中就已经涉及了。他在文中指出，十月革命初期，干部工资差别不大。列宁很强调巴黎公社原则。1917年12月14日，人民委员会作出决议，宣布把高薪降到中等工人工资的水平，规定人民委员（包括人民委员会主席列宁在内）最高工资为500卢布，这相当于当时工人的平均工资，和工人最低工资差别是1∶2.78，这完全符合巴黎公社原则。1918年1月28日，人民委员会决定发给高级科学技术旧专家以较高工资。1921年实行新经济政策后，列宁提出了反对分配中的平均主义问题。1922年制订了全国统一的十七级工资等级表，其中徒工为一级至四级，工人为五级至九级，会计和办事人员为十级至十三级，行政领导干部和工程技术人员为十四级至十七级。学徒最低和行政最高级十七级的工资差距为1∶8。1922年8月决定党的领导干部工资提高一些，其中中央委员和州委书记相当于职工的最高级，即与十七级中最低工资相差8倍。1931—1933年全国范围实行工资改革，普遍实行八级等级制，这时党政干部的最高工资和工人的最低工资扩大到相差30倍。1945年苏联实行特定职务工资制，对少数人可以实行特定职务工资。苏联干部的生活待遇同群众生活差距越来越大。这样的一些信息对深入认识和理解苏联的变化无疑是大有裨益的。

当然，该书旨在让执政党以苏为戒，吸取苏共丧权的教训，提高执政能力，以免重蹈苏共丧权的覆辙。正如作者在自序中所说的：“我写出的每一篇关于苏联历史的文稿，都不是单纯出于历史癖好，都不仅是为弄清历史真相，而且还旨在明鉴苏联兴亡之道，为振兴中华而借力。”这种情怀在作者苏联解体后写的文章中得到了充分体现。作者这一时期的文章反复强调，苏联模式弊端的根子在于20世纪20年代末定型的政治体制的极权主义。苏联解体的根源在于苏共几代领导人一而再、再而三地延误改革，斯大林推行的权力过度集中的政治体制，为体制外力量主导改革创造了条件。这可谓看到了问题的本质。苏联时期并不是没有进行改革，在苏联存在的70多年中，可以说改革不断，实施了新经济政策、赫鲁晓夫改革、柯西金改革、戈尔巴乔夫改革等，实际上20世纪30年代斯大林中止新经济政策也是对新经济政策的一种改革。但这些改革只是在管理上兜圈子，并没有触动过分集权的政治体制，没有进行过政治体制改革，也就不可能真正解决问题。随着城市化进程的加快，人们的生活条件、生活环境日渐改善，人们对权利的要求也日渐增强，人们要求减少控制，扩大自由的空间，苏共没有满足民众的这些要求，最终只能被民众抛弃。正如中国科学社会主义学会会长赵曜教授所说，历史上只有“不自由毋宁死”的，没有“不富裕毋宁死”的。

正因如此，作者认为我国执政者应当从苏共丧权中吸取的教训是：加快政治体制改革，大力发展社会主义民主。具体来讲，就是要改革党政权力过度集中的体制，政府管好该管的事情，不要管不该管也管不好的事；要自觉铲除党政官僚的特权；要发展党内民主，发展人民民主，实行党政分离。高放教授所呼吁的以苏为戒，进行政治体制改革，并不是要求打碎重建，而是希望中国共产党自上而下自觉地进行政治体制改革，自我完善，把握改革的主动权，防止体制外的力量控制改革的主动权，以避免像苏共那样丧失政权。这反映了高放教授忧国、忧民、忧党的情怀。

书中也有一些值得进一步探讨的地方。比如，高放教授对斯大林功过的分法就很值得进一步探讨。高放教授在书中所说的斯大林的那些功绩，正是通过他所列举的斯大林的过错所达到的。功过是密切相关的，根本无法分开。再有就是高放教授的书中突出了列宁和斯大林的不同，似乎斯大林的功过都与列宁无关。这忽视了历史发展的继承性和连续性。这也是需要仔细斟酌的地方。

还需要指出，作者的文章是以资政为目的的，透着很强的对现实政治的关怀，故其重点在于总结苏联的经验教训，阐发自己的思想，这就使得有些地方对历史事实的表述不够准确，如在书中有几处（第11页、156页、243页）提到1922年的苏俄时，在国名中删去“俄罗斯”，改称为苏维埃社会主义共和国联盟，简称苏联。实际上，1922年成立的苏联并不是苏俄从国名中删去了“俄罗斯”，改名为苏维埃社会主义共和国联盟，而是按列宁的要求建设“再建一层新楼——平等的共和国联邦”①。成立苏联后，俄罗斯苏维埃联邦社会主义共和国仍然存在，它是与乌克兰、白俄罗斯、外高加索联邦一同加入苏联的。

《苏联兴亡通鉴——六十年跟踪研究评析》一书虽非完美，但无疑是一本现实感很强的著作，这在其 20 世纪 90 年的文章中表现更加明显。书中提出了很多发人深省的问题，对深化我国的改革无疑具有借鉴意义。每一位关心国家命运和社会主义前途的人，不论是否同意高放先生的观点，都会从书中获得有益的启示。

（本文原载于《当代世界社会主义问题》2013 年第 1 期）

执着探究苏联兴亡的厚重之作

——评《苏联兴亡通鉴》

张万杰②

人民出版社 2011 年 12 月出版的《苏联兴亡通鉴——六十年跟踪研究评析》，是中国人民大学资深教授高放先生的第十部文集。高放教授自 1950 年执教于人大起，60 年间围绕苏共党史和苏联国史问题发表过近百篇文稿，该书从中精选出 66 篇汇编而成，最早的一篇发表于 1951 年 6 月，新近一篇刊发于 2011 年 3 月。从 24 岁指点江山的青年才俊到 84 岁宝刀未老的学界泰斗，时间跨度整整一个甲子，厚重而沧桑之感跃然纸上。通览该书，笔者认为至少有如下四大特点：

第一，文集的编排特色鲜明。该书按苏联建党、建国和社会主义建设盛衰兴亡的过程排列为四编（苏联共产党的建立和成长是苏联兴起的源头；十月革命的胜利和苏维埃国家政权的建立是苏联振兴的起点；苏联社会主义建设的兴衰；苏联灭亡的进程、原因和教训），各篇之内又以逻辑关系为主、写作时间为辅进行排列，这便于读者系统了解百年上下的苏共党史和苏联国史，也使该书恰似一部史论专著。该书编写的另一特色是每篇文稿

① 《列宁全集》（第 43 卷），人民出版社，第 213—214 页。

② 作者系浙江工商大学马克思主义学院副教授。

末都有“记事说文”部分，旨在说明写作缘由、发表于何处、社会反响、当今的评价与补充等，从中可窥见高老思想解放、实事求是、与时俱进的治学态度。他对在极“左”思潮盛行时写的文章，每篇都做了自我批评，如1956年发表的《十月革命是通过暴力革命取得胜利的》文内提到“十月革命所开创的暴力革命的道路乃是全世界无产阶级解放的康庄大道”，他自我批评“是当时深受极‘左’思想影响的错误结论”，还联系现实指出：“迄今我国理论界有人还在强调‘要立足暴力革命’，可见极‘左’思想实难消除”。这展现了一位从特殊年代艰难走来的老学者严以律己、勇于自我批评的风骨。同时，“记事说文”中也不乏新资料、新见解，还有针对学界一些有违史实的论断进行的辨误或考证。

第二，对苏联兴亡的看法见解独到。书中归纳并提出了苏联兴亡“十个‘三’”的独到观点：在苏联兴盛方面，肯定其近百年的“三大成就”（建党、建国、建设）和社会主义优越性的“三次显示”20世纪30年代社会主义工业化实现，在经济上显出优越性；40年代战胜法西斯，在军事、政治上显出优越性；50年代上半期以苏联为首的社会主义阵营欣欣向荣，在与资本主义制度初次和平竞赛的世界规模上显出优越性）；在苏联灭亡原因和轨迹方面，认为因斯大林路线和决策错误，苏联社会长期存在“三大矛盾”（过“左”的路线和过度集权的党政领导体制同社会主义社会要求大力发展生产力、发展自由民主法治的矛盾；党政官僚特权集团同人民大众的矛盾）；在斯大林之后的30多年时间内由于一而再、再而三延误改革开放，致使苏联模式的弊病积重难返，终于到20世纪80年代末爆发“三大危机”（经济、政治、民族危机）；对此苏共领导人分为三派（叶利钦为首的党外民主派、戈尔巴乔夫为首的苏共当权派、利加乔夫为首的苏共保守派），分别提出三种不同对策（激进转向西方自由主义、温和实行民主社会主义、固守苏联模式仅做小修补），都不能对症下药治愈沉疴宿疾，结果造成“三个灭亡”（亡党、亡国、亡制）。如此归纳和概括，既抓住了问题的要害，又展现出兴衰演变的轨迹，堪称精辟。

第三，对学界不同观点的评析及回应有理有据。国内学界有关苏联兴亡，尤其是有关苏联解体、灭亡原因的看法，至今仍有很大争议。本书对不同观点进行了有理有据的评析和回应。比如，有人著述认为，当年普列汉诺夫反对十月革命是对的，而列宁实现十月革命是错的，认为十月革命是“原罪”，本书经考察史实，认为此观点违背历史真相，不能成立。苏联兴盛是起源于十月革命，苏联衰亡并不起于十月革命，而是起于在“二战”胜利后长期拒不进行体制改革。针对有人认为是赫鲁晓夫的“非斯大林化”导致苏联灭亡的观点，本书认为这完全不符合史实，并指出：事实上，赫鲁晓夫对斯大林的错误不但纠正得很不够，而且还承袭了斯大林的个人崇拜、个人集权、急于建设共产主义等体制和路线的错误。还有一种代表性见解认为，苏联灭亡主要是由于末任总书记戈尔巴乔夫或者再上推至赫鲁晓夫起推行右倾错误路线而导致；与该观点相对，本书侧重从深层次探寻远因，认为主要是从斯大林时代起长期推行过“左”路线并实行过度集权体制埋下了病根与祸根。该书的分析是站得住脚的，体制问题才是更具全局性、长远性的原因。把苏共亡党亡国的原因归结为个别领导人个人或管理制度方面的问题，是不能令人信服的。

第四，提出了诸多创新性观点，引人深思。细阅该书，提出了许多经潜心思索、精心提炼的独创观点。例如，书中提出苏联模式的三大病根是学理教条主义、封建专制主义和军事扩张主义，还从“苏维埃”的开创及运作的视角认为苏联的兴亡是“成也‘苏维埃’，败也‘苏维埃’”。在《苏联开创的社会主义现代化崎路》一文中，把苏联现代化之路概括为“崎路”（崎岖曲折之路），后来因各种弊病“崎路”变成了“歧路”，又长期多次延误改革，终变为“末路”，这些归纳和提法非常到位。书中还提出“中间阶层的缺失是导致苏联模式灭亡的重要原因”，从社会阶层结构的角度来看，这一观点对当代中国的社会主义实践具有极大启迪意义。在《戈尔巴乔夫时期关于党政领导人任期的新规定》一文中提出的“无产阶级还没有出现自己的华盛顿”的看法，是很值得深思和探究的社会主义民主的重大议题。

“以史为鉴，可以知兴替。”这是一部厚重的史论文集，也是一本极具现实感的对当今社会主义改革有深刻启迪的力作。高老长久持续不懈关注、研究苏联问题的用意，正如他在《自序》中所说，“都不是单纯出于历史癖好，都不仅是为弄清历史真相，而且还旨在明鉴苏联兴亡之道，为振兴中华而借力”“如能促人思考，增进共识，推进我国的社会主义改革开放事业，则幸甚”。相信这一不懈探究能够引起读者的关注和反思，也定能对当代中国改革起到重要的启示作用。

2017 年 5 月

启迪中国社会主义改革的史论力作

——读《苏联兴亡通鉴》

张万杰[①]

人民出版社出版的《苏联兴亡通鉴——六十年跟踪研究评析》(2011年12月出版)一书是中国人民大学资深教授高放先生的第十部文集。该书在苏联解体20周年、中国社会主义改革深入推进之际适时推出，颇具学术价值和现实意义。

一、积淀厚重、编选独特的文萃

高放教授自1950年执教于中国人民大学，60多年来发表过400多篇文章，其中近百篇文稿是有关苏共党史和苏联国史的，该文集即是从中精选出66篇汇编而成的。从发表时间来看，收入的文稿最早的一篇是1951年6月刊于当时最权威、最有影响的《学习》杂志，题为《十月革命后苏维埃政权怎样镇压反革命》；最近一篇是刊于2011年3月的《同舟共进》杂志，题为《中间阶层的历史景象与社会主义未来胜境》。从24岁指点江山的青年才俊到84岁宝刀未老的学界泰斗，作者发表的这两篇文稿正好跨越60年，整整一个甲子，厚重而沧桑之感可见一斑。正如该书《序言》中所言，在当代中国学界，能够在长达一个甲子之久的时间内持续发表评析苏联兴亡文稿的，高放教授是唯一的幸运者、幸存者、幸福者。其同时代的一批老战友，迄今许多都已离世，健在的或早已改行或病重不能工作，唯有高老至今仍然奋斗在中国人民大学教研的第一线，仍然活跃在学术研究的前沿。

该文集的编排特色鲜明。66篇文稿并非像经典作家的全集或选集那样按照写作与发表年月的先后顺序进行排列，而是按苏联建党、建国和社会主义建设盛衰兴亡的过程排列为四编(苏联共产党的建立和成长是苏联兴起的源头；十月革命的胜利和苏维埃国家政权的建立是苏联振兴的起点；苏联社会主义建设的兴衰；苏联灭亡的进程、原因和教训)。在各篇之内，文稿又以逻辑关系为主、写作时间为辅进行排列。如此编排便于读者对百年上下的苏共

---

① 作者系浙江工商大学马克思主义学院副教授。

党史和苏联国史有更为系统的了解，使该文集又恰似一部史论专著。

文集编写、选排的另一重大特色是每篇文稿末尾都写有字数不等的“记事说文”，旨在说明当时写作的缘由，发表及转载于何处，社会反响如何，当今对原文如何评价、又有何补充等。通读每篇“记事说文”，即可窥见高老思想解放、实事求是、与时俱进的治学态度。他对20世纪50—60年代极“左”思潮盛行之时发表的每篇文章都做了自我批评。例如，1956年发表的《十月革命是通过暴力革命取得胜利的》文内提到“十月革命所开创的暴力革命的道路乃是全世界无产阶级解放的康庄大道”，高老对此的自我批评“是当时深受极‘左’思想影响的错误结论”，还联系当今现实指出：“迄今我国理论界有人还在强调‘要立足暴力革命’，可见极‘左’思想实难消除。”再如，对于1951年发表的《十月革命后苏维埃政权怎样镇压反革命》一文的观点，他亦在文末补充道：“今天看来，当年对苏联镇压反革命的经验评价过高。十月革命胜利初期苏维埃政权在紧急情况下就犯过镇反扩大化的错误。”这些都展现了一位从特殊年代艰难走来的老学者严于律己、勇于自我批评的风骨。在知识和观点方面，读者也能从“记事说文”中发掘出许多新资料、新见解，亦会获益匪浅。又如，《1986年切尔诺贝利核殇是苏联灭亡的不祥预兆》文后补充了这次核事故爆发后戈尔巴乔夫向当时最权威的苏联科学院院长兼原子能研究所所长亚历山大罗夫咨询的细节；在《重评赫鲁晓夫的“三和”路线》文末对冷战的起源问题作了新的补充，指出：“斯大林当时的言行对于引发冷战也起了催化作用”（斯大林曾于1946年2月9日在莫斯科选民大会上的演说中强调“资本主义的世界经济体系包藏着总危机和军事冲突的因素”），高老认为斯大林对资本主义制度的猛烈批判及其对东欧各人民民主国家的严密控制，以及1947年欧洲几国共产党情报局的建立，使英美政要感到东西方已无法继续合作，共产主义还要向西方扩张，因此才挑起冷战。又如，在《苏俄昙花一现的另外两个共产党》文后，高老通过考察苏俄政治史断定，从1918—1920年间，苏俄曾经出现过两三个共产党联合执政的体制，由此看出“社会主义国家并非注定只能是一个共产党执政的体制”。

各篇文章后的“记事说文”有的还与正文相呼应，针对近几年国内学界一些有违史实的论断进行辨误或考证。针对近几年国内多位学界名人著文赞扬的普列汉诺夫“政治遗嘱”，高老经考察后指明：“其实普氏自3月18日起开始吐血，病情恶化，时常发高烧，到4月根本不可能与人作长时间谈话。这份‘政治遗嘱’是后人假托他的名义伪造的。”为澄清近几年国内报刊上好几位专家学者著文说十月革命时“阿芙乐尔”号巡洋舰发射炮弹是子虚乌有、伪造历史一事，高老经过细查俄文与中文历史资料，得出了准确而全面的看法：“‘阿芙乐尔’号巡洋舰和彼得——保罗要塞向冬宫轰击的炮声，宣告了新纪元即伟大社会主义纪元的开始”，“阿芙乐尔”号巡洋舰发了空炮是作为信号弹，空炮与实炮的紧密配合起到了既威慑、打击敌人，又号召、鼓舞革命群众的作用。

二、对苏联兴亡的独到见解

国内学界有关苏联兴亡，尤其是苏联解体、灭亡原因的见解至今争议很大。“每一个历史争论都是围绕主要原因而展开的”①，对于不同观点，本书也作出了评析和回应。比如，有人把苏联的灭亡归咎于列宁和列宁主义，甚至上推至马克思主义，只要细读书中《列宁主义再认识》一文，就会认识到这种观点显然走向了极端，是不符合实际的。有人著述认为，当年普列汉诺夫反对十月革命是对的，而列宁实现十月革命是错的，认为十月革命是“原罪”，本书经考察认为此观点违背历史真相，不能成立，苏联兴盛是起源于十月革命，苏联衰亡并不起于十月革命，而是起于在“二战”胜利后长期拒不进行体制改革。针对当今学界有人硬说赫鲁晓夫的“非斯大林化”导致苏联灭亡，本书认为这完全不符合历史实际，并深刻指出：事实上，赫鲁晓夫对斯大林的错误不但纠正得很不够，而且还承袭了斯大林的个人崇拜、个人集权、急于建设共产主义等体制和路线的错误。还有一种代表性见解认为，苏联灭亡主要是末任总书记戈尔巴乔夫或者再上推至从赫鲁晓夫起，他们推行右倾错误路线，因而造成恶果。要么认为戈尔巴乔夫是坏人、是叛徒，存心下毒药害死苏联；要么认为他是好人，好心下猛药使苏联暴毙。这种看法的缺陷显而易见，仅侧重于从浅层次上强调近因或偶然因素，一个建立 93 年、执政 74 年之久，拥有近两千万名正式党员的老牌执政党怎么可能因党内出现几个施行错误路线的领导人就灭亡了呢？与此种看法相对，本书侧重从深层次探寻远因，认为苏联主要是从斯大林时代起长期推行过“左”的错误路线并实行过度集权体制埋下了病根与祸根。体制问题才是更具有全局性、长远性的原因。针对有关戈尔巴乔夫的“坏人”“好人”之说，高老认为戈尔巴乔夫是个庸人，私心太重，下错药把苏联治死，他下的错药并非政治体制改

① ［英］爱德华·卡尔著，陈恒译：《历史是什么?》，商务印书馆，2007 年，第 189 页。

革超前，而是政治体制改革改向，不是去发展社会主义民主（包括党内民主和苏维埃民主），而是引进西方的议会制、多党制、总统制，他是个不顾国家兴亡而只图个人权益的庸人。该书归纳并提出的苏联兴亡的十个“三”的见解是实事求是、客观公允的，既充分吸收了众人研究成果的精华，又不是人云亦云、随风转舵，而确是以史实立论、论从史出，有翔实的史料支撑，绝非空发论断。

除对苏联兴亡的总体见解外，作者还在文集各篇中提出了许多经潜心思索、精心提炼的独创观点，在此试举几处。书中提出苏联模式的三大病根是学理教条主义、封建专制主义和军事扩张主义，还从“苏维埃”的开创及运作的视角认为苏联的兴亡是“成也‘苏维埃’，败也‘苏维埃’”。在《苏联开创的社会主义现代化崎路》一文中，把苏联现代化之路概括为“崎路”（崎岖曲折之路），后来因各种弊病“崎路”变成了“歧路”，又长期多次延误改革后，终变为“末路”，这些归纳和提法是非常到位的。书中还提出“中间阶层的缺失是导致苏联模式灭亡的重要原因”，从社会阶层结构建构的角度而言，这一观点对当代中国的社会主义实践具有非常重大的启迪意义。在《封建社会主义不同于社会封建主义》一文中，高老提出了“社会封建主义”的新概念，并认为“苏联模式社会主义实为封建社会主义”，而当今称其为“极权社会主义”更为恰当。《戈尔巴乔夫时期关于党政领导人任期的新规定》中提出的“无产阶级还没有出现自己的华盛顿”的看法，是非常值得深思和探究的社会主义民主的重大议题。

三、明鉴苏联兴亡核心价值，启迪中国社会主义改革

文以载道。高老长久持续不懈关注、研究苏联问题的用意，正如他在《自序》中所说，“都不是单纯出于历史癖好，都不仅是为弄清历史真相，而且还旨在明鉴苏联兴亡之道，为振兴中华而借力”“如能促人思考，增进共识，推进我国的社会主义改革开放事业，则幸甚”。他把自己60年跟踪探索研究的感悟，从社会主义政党领导、多党合作、执政及过渡、党内民主、制度建设、民族问题、改革开放等角度归纳概括为十大要点，这十条主要历史经验也是后人应从苏联兴亡中引以为鉴的核心价值之所在。对于当代中国而言，苏联遗产的最重要价值莫过于对中国社会主义改革的启示。一部苏联兴亡史在很大程度上也是一部改革与反改革的历史。

中国古人有云：前车之覆，后车之鉴。英国著名历史学家阿诺德·汤因比也指出：“我相信，人可以在力所能及的范围内自由地作出选择。我还相信，历

史告诉我们，人类可以学会如何作出选择，只要学会与超越人类的现实达成和谐关系，这种选择不仅是自由的，而且是切实可行的。”① 明鉴苏联兴亡的核心价值，联系中国之现实，当代中国的社会主义改革至少应注重做好如下几方面：

首先，必须把握好改革机遇，适时改革，绝不能错过改革机会。要切实吸取苏联第二次世界大战后六次错过自我改革机会的教训。如果能够早点推动改革，苏联的体制性弊病是有可能改掉的。中国当前面临着重要战略机遇期，经济社会改革进一步推向纵深、政治体制改革实质性推进的时机也已成熟。

其次，必须充分发扬社会主义执政党的党内民主。苏共的垮台鲜明揭示了党内民主是党的生命。列宁曾对党内民主进行过重大制度探索，被斯大林破坏殆尽后，苏共由民主政党变为极权政党，使党内外都缺少自由、民主与法制。当今中国必须吸取苏共缺失党内民主的教训，借鉴列宁对党内民主探索的经验，切实推进党内民主实践。

最后，要通过社会改革，加大力度培育壮大中间阶层。正如书中所指出的，苏联模式灭亡的一个重要原因就是中间阶层的缺失，苏共领导人从 20 世纪 30 年代起加速培植起一个党政高薪特权官僚集团，导致出现新的两极分化，社会并未成长起强有力的中间阶层。中国 20 世纪 80 年代改革开放以后，中间阶层才开始起步，当前应加大培育力度，重视并发挥社会中间阶层的调节、缓解和带头富裕的独特作用。

（本文原载于《探索》2013 年第 2 期）

苏联兴亡是当代中国的一面镜子

——读高放著《苏联兴亡通鉴》

陈嘉陵②

我国著名的国际共产主义运动史和苏联问题研究专家高放所著《苏联兴亡通鉴——六十年跟踪研究评析》一书，由人民出版社于 2011 年 12 月出版。

---

① ［英］阿诺德·汤因比著，刘北成、郭小凌译：《历史研究》，上海世纪出版集团、上海人民出版社，2005 年，第 421 页。

② 作者系湖北省社会科学院研究员。

这本论文集，是高放先生从20世纪50年代以来发表过的近百篇论文中精选出66篇汇编而成的。它独树一帜，编排新颖，结构严谨，内容丰富，自成体系，恰似一部宏伟专著。反映了作者建国以来各个时期对苏联研究的心得体会，又在“记事说文”中说明作者今天的反思与看法，使读者清楚地看到一个终身从事苏联历史教研工作的学者，一辈子是怎样探求苏联历史经验的真知的。其理论与现实意义是非常大的。

第一，全面深刻地总结苏联兴亡的历史经验教训，为当代中国提供了一面可避覆辙的镜子。

苏联共产党是从1883年成立的劳动解放社逐步发展壮大起来的。在列宁领导下的苏联共产党（劳动解放社——社会民主党——布尔什维克），“特别重视发扬党内民主，一直坚持党员要认真学习，独立思考，自由讨论，平等争论，服从真理，实行民主参与，民主选举，民主决策，民主管理，民主监督，防止党内一派一人或几个人专断”。因此，这一时期的党才能够团结全国人民，取得十月革命的胜利。列宁逝世后，苏联共产党在斯大林的领导下，打着捍卫列宁主义的旗帜，打倒了托季联盟和布李集团，清洗了一切不满斯大林独裁统治的干部和党员，实行专制政治体制，等等。结果使苏联酿成三大矛盾，即过度集权的党政领导体制与发展社会生产力和自由民主及法治的矛盾；高薪特权官僚集团与人民大众的矛盾；大俄罗斯主义势力同各民族的矛盾。以及三大缺失，即缺失社会主义自由、民主、法治。这些矛盾与缺失发展激化的必然结果就是1991年苏联的解体。

第二，在论述苏联兴亡的过程中，注意分清列宁和斯大林的功过是非，为正确对待马列主义树立了榜样。

人们常常把斯大林看成列宁忠实的继承人，把他所编著的《列宁主义基础》与《列宁主义几个问题》，看成是列宁思想的精华。其实，这两本小册子完全违背历史背景，断章取义地摘选列宁语录，是按照斯大林自己的政治主张编串起来的斯大林主义。例如，列宁主张在革命胜利后，要建立新型的民主国家和新型的专政国家，使“苏维埃政权比最民主的资产阶级共和国要民主百万倍”。苏维埃应当高于一切政党，党不能凌驾于苏维埃之上，“劳动者在不满意自己的政党的时候，不必进行任何革命，只要改选自己的代表，就可以把政权交给另一个政党和改组政府”。但是，斯大林为其实行一党专政制造理论根据，他在《列宁主义几个问题》中摘引了大量列宁语录，证明党是高于苏维埃之上的领导者，苏维埃和工会、青年团、合作社一样，只是党联系群众的“引带”。因此，人们常把斯大林在苏联搞的一党专政理论归罪于列宁，这显然是不对的。所以高放说：“现在国内外都有人认为苏联的灭亡是根源于马克思主义和列宁主义，斯大林的错误都来自马列主义，这完全不符合实际。事实上，苏联的灭亡是源于20世纪20年代以来斯大林越来越背离马列主义。他既背离了马克思、恩格斯对社会主义的设想和对巴黎公社经验的总结，又背离了列宁的新经济政策和党政领导体制。”

第三，为当代中国冲出“百慕大”，建设中国特色社会主义指明了前进的道路。

斯大林驾驶苏联社会主义这艘远洋航船，开进“百慕大”的海底了。中国曾以俄为师，紧跟苏联，也开进了“百慕大”，造成“文革”大灾难，几乎沉没海底。幸好粉碎了“四人帮”，端正了航向，在改革开放中，改掉了斯大林的经济模式，我国经济才得以迅速发展。但若不改掉斯大林的政治模式，就不可能完全冲出“百慕大”。所以，高放说：“当今中国只要加快改革，大力发展社会主义自由、民主和法治，切实贯彻宪法党章，真正扩大人民言论、出版和创作自由，维护宪法所赋予的各种人权，那么中国就必能彻底冲出‘百慕大’，取得全面建设中国特色社会主义的圆满成功。”

（本文原载于《江汉论坛》2013年第10期）

一部评论苏联模式的好书

——向读者推荐高放著《苏联兴亡通鉴》

田　森[①]

我以极大的兴趣拜读了高放教授前不久刚完成的《苏联兴亡通鉴》，这是一部颇具特色、客观地总结苏联变迁和兴亡的巨著。高放教授是我的一位多年好友，他以自己的道德文章受到人们普遍的尊敬。国际问题大专家、权威

---

① 作者系中国社会科学院社会学研究所研究员。

人士陈翰老对高放教授赞扬有加，说他是一位不可多得的、很有根底的学者，还说高放的名字也起得好，称得上名副其实。高放者，高度开放之谓也。陈翰老生前虽然无法看到高放教授总结苏联盛衰经验的巨著，但平素对他的思想之解放是有深刻印象的。陈翰老对高放教授的称赞，他是当之无愧的。

大家知道，自从人类于20世纪中叶进入微电子时代后，社会发展突飞猛进，可谓日新月异。任何制度要想图存，都必须不断改革，这是一个改革图存的时代，这一点对任何社会制度都没有例外。资本主义要图存必须改革，社会主义要图存也必须改革，大家都要在改革中求生存、求发展、求进步，这就是微电子革命时代的一大特征。其实列宁早在他临终前《给代表大会的信》中就明确提出了苏联政治体制改革的必要性，可惜斯大林并没有照着列宁的想法去做。长期以来，斯大林始终奉行的过“左”路线，极大地妨碍了社会主义生产力的高速发展，最后甚至葬送了苏联，这个教训实在是太深刻、太沉重了。历史已经证明，不论是谁，也不论他有多么大的权力，如果拒不进行改革，结果等待他的只能是失败。斯大林模式的结局，就是一个有力的说明。

是否善于吸取苏联等社会主义国家长期闭关锁国、不思改革的沉痛教训，是否敢于大胆开放以吸取世界现代文明的丰富经验，关系到社会主义制度的发展，不可不细察之。如果长期封闭自己，拒绝现代文明的宝贵经验，其结果只能是作茧自缚，自取失败。中国之所以能飞速发展，正是由于它拒绝走闭关锁国的道路，坚定地打开了国门，奉行改革开放的正确路线，从而使自己得以阔步走在中国特色的社会主义大道上。高放教授在他主编的《科学社会主义的理论与实践》一书中强调指出：“1991年苏联的灭亡，正是由于苏联领导人长期对其教条式照搬科学社会主义和歪曲科学社会主义的弊病，拒不进行改革，讳疾忌医，终于垮台”，这一看法是很有道理的。

此前，高放教授于1982年在北京出版了《社会主义的过去、现在和未来》，书一出版即受到读者广泛的欢迎，当时新闻出版界的朋友要我写一篇文章评说高放教授的新著，我也照办了，并以《社会主义前途似锦》为题在报上发表了。高放教授正是在这本书中首次提出了社会主义未来学的新概念，并论述了19世纪是资本主义世纪，20世纪是帝国主义世纪，21世纪是社会主义世纪等一系列重大问题。

高放教授是一位海内外著名的多产作家，过了几年，他又出版了《社会主义在世界和中国》，我有幸为他的这部新著写了评论文章。记得我曾在拙文中告诉读者说，高放教授在这部新著中“详尽论述了400多年来社会主义者从否定市场和市场经济得到发展的四个阶段，指出只有发展社会主义市场经济，才可能克服以往贫穷、平均、过度集权的弊病，真正建设富强、民主、文明的现代化社会主义。这部分写得有声有色，令人信服”，今日读来，尤有此感。又过了没有多久，在21世纪来临之际，他又写了一篇题为《对苏联兴亡的基本看法》的佳作，后来把它收录到《苏联兴亡通鉴》的巨著之中。在这篇重要的文章中，他进一步论述斯大林模式社会主义社会的三大矛盾，把这三大矛盾概括为：“第一，过‘左’的路线和过度集权的党政领导体制同社会主义社会要求大力发展生产力、发展自由民主法治的矛盾。苏共执政74年，从党的基本路线来看，约有60年之久都是推行过‘左’路线，只有1921—1929年这9年奉行新经济政策是正确的，其间也有局部‘左’的错误。”“第二，党政官僚特权集团同人民大众的矛盾。从20年代起，苏联党政领导官员享有的特权越来越多，到20世纪30年代中期，宣布建成社会主义社会时显然已经形成了一个官僚特权集团。他们的工资待遇高出熟练工人几十倍，还实行兼职兼薪，高干享有特种供应、别墅等特权。赫鲁晓夫想做一些改革，却遭到强烈反对。”“第三，大俄罗斯主义同各民族人民的矛盾。历史上俄国帝国主义殖民统治的特点主要是压迫国内各少数民族，而非海外占领殖民地……苏联多年来向各民族地区掺沙子，大量移民，推行俄语，多次批评地方民族主义，反犹太主义，实行民族大迁徙，排斥民族干部，在宗教、语言等问题上推行过“左”政策……波罗的海沿岸爱沙尼亚、拉脱维亚和立陶宛三国人民和领导人认为被苏共和苏联领导欺骗了几十年，率先带头从苏联分裂出来。”

高放教授在深入地指出了斯大林模式社会主义社会面临的三大矛盾长期未能得到解决后，进一步论述了苏联崩溃的最深层次原因必须到这里来寻求，唯其如此，才能真正找到问题的科学答案。高放教授写道：“苏共领导长期思想僵化，抱残守缺，未能采取正确路线方针，未能改革有严重弊病的经济政治文化体制，未能追赶上世界科学的新潮流，严重脱离各民族广大人民群众，终于被人民群众抛弃。”

这里值得强调指出的是，高放教授是一位乐观的革命主义者，面对当年苏联的宿疾，他不是悲观绝望，更不认为已无计可施，而是主张应采取有力的措施来应对。只要万众一心，群策群力，认真地吸取教训，这样还是有可能使社会主义苏联再度振兴，而不致毁灭的。高放教授在他的新著中多次指出，要拯救苏联只有改革一途。他强调指出："在改革中要首先解放思想，实事求是，提高全党的马克思主义水平；要端正党的路线；要改革党政权力过度集中的体制；要自觉铲除党政官僚的特权；要发展党内民主，以增强党的战斗力和领导力；要发展人民民主，以发挥人民群众的决定作用，全面推进社会主义改革。"

长期以来，高放教授潜心研究国际共产主义运动史，成绩卓著。高放教授这部新著详尽地评说了苏联这个世界上第一个社会主义国家所走过的74年的道路。对苏联的兴衰，特别是导致它覆灭的进程和根本原因都做了深入的探索，文中他对个人崇拜现象也做过许多研究，并以大量客观的事实论证了个人崇拜现象也是苏联最终败亡的重要原因之一。读者通读此书后，对于如何借鉴苏联兴亡经验必有所获，这是迄今为止我看到的国内外论述苏联兴亡的一部很成功的著作，全书论之有据，以理服人，文风严谨而流畅，给读者留下的印象是极为深刻的。

我相信，任何关心苏联问题的读者，定会从高放教授这部新著中得到新的进一步的启示，所以我乐意写此短文，把它推荐给海内外的读者朋友们。

2017 年 5 月

新见迭出

对《国际共产主义运动史纲》的评论

研究马克思主义诞生的六个创新点和闪光点

朱妙宽①

《中国延安干部学院学报》2013 年第 3 期刊登高放先生文章《马克思主义人的解放科学第一次应运诞生》②（以下简称《诞生》）。该文全面而精辟地论述了马克思主义科学应运诞生的诸多主客观条件。文章中至少有以下六个创新点和闪光点。

一、突出了科学发现和技术发明在马克思主义诞生和社会发展中的重大作用

《诞生》一文把马克思主义诞生的客观条件概括为五个“三”：即“科学三大发现惊人，技术三大发明震世，资本主义三大矛盾凸显，工人运动三大浪潮叠起，思想理论三大成果凝聚”。这一概括把“科学三大发现惊人，技术三大发明震世”列为前两位的客观条件。以往学术界对马克思主义诞生客观条件的阐述，一般侧重于讲资本主义三大矛盾和三大工人运动，对科学三大发现和技术三大发明往往放在次要地位轻描淡写地提一下；而高放教授却将科学技术放在优先地位，浓墨重彩地条分缕析。他指出：18 世纪一系列科学新发现，特别是科学的天文学极大地拓宽了人们的视野，突破了狭隘的人类中心论，促进人们用辩证唯物主义来认识宇宙。力学和电学引起了工业革命，

---

① 作者系中共江苏省兴化市委党校教授。

② 为贯彻落实习近平总书记关于各级干部要重视学习历史的号召，《中国延安干部学院学报》自 2013 年第 3 期起开辟“国际共产主义运动史专题讲座”专栏，约请中国人民大学荣誉一级教授高放先生撰稿。他根据自己 65 年来教学实践经验和积累的丰富史料、思考的深层问题，把 170 年来国际共运史归纳为 20 个专题讲解，定名为《国际共产主义运动史纲》。迄今该刊已经连载 11 个专题 11 篇文稿，每篇都有四五万字，在读者中引起广泛关注和热烈反响。该刊于“热评”和“续评”国际共运史专题讲座中先后发表 10 篇专业教授来稿，分别对高放教授的前 10 篇文稿进行评论。现在把这 10 篇评论文章全部收入本书。另外还增加中央民族大学宫玉涛撰写的以评论高放教授的《国际共产主义运动史纲》为主题的祝贺高放教授九十华诞的贺文。经专家推荐，陕西师范大学出版社已把高放教授在《中国延安干部学院学报》发表的前十个专题整理为《国际共产主义运动史纲》（从第一个共产党创建到俄国十月革命胜利）专著。经高放修改和增补后将在年内公开出版，以纪念第一个共产党创建 170 年和十月革命胜利 100 年。

造就了工业无产阶级，从而为马克思主义的诞生提供了阶级基础、科技基础和物质基础。正是在这样的基础上，才有了资本主义的三大矛盾凸显、工人运动的三大浪潮叠起、思想理论三大成果凝聚，从而才为马克思主义的诞生形成了社会客观条件和社会发展需求。

二、指出了空想共产主义是科学共产主义不可忽略的重要理论来源

以往学术界通常认为科学社会主义的思想来源是空想社会主义。高放教授以其严谨的科学态度和长期的学术积累，精辟论证了不仅空想社会主义、空想共产主义也是、甚至更是科学共产主义的思想来源。他指出，德国空想共产主义理论家和实践家托·闵采尔、法国空想共产主义理论家和实践家格·巴贝夫、法国空想共产主义者路·布朗基更是马克思、恩格斯的科学共产主义的理论来源。这样精深的研究和全面的观点，突破了学术界的传统观点，堪称是创新性成果。

三、突出了“参加三种社会实践，实现三个根本转变”是马克思主义诞生的重要主观条件

高放教授把马克思主义诞生的主观条件，也概括为五个“三”：这就是马克思、恩格斯两位亲密战友参加三种社会实践，实现三个根本转变，批判三个思想来源，进行三场思想斗争，构建科学三大组成部分。这一概括把马克思、恩格斯“参加三种社会实践，实现三个根本转变”列为五个主观条件中前两位的条件，同样是富有新意的。以往学术界研究马克思主义诞生的主观条件，都比较重视批判三个思想来源，构建三大组成部分；而对马克思、恩格斯“参加三种社会实践，实现三个根本转变”往往不够重视。他说：“马克思、恩格斯的家庭出身，查三代都不是无产阶级。”这就需要他们实现三种根本转变，即阶级立场的转变、哲学观点的转变和政治观点的转变。而人的立场观点的转变并不是凭空实现的，这就必须有对客观现实的深切了解，有对社会实践的亲身体验。为此就必须参加三类社会实践，包括参加政治斗争实践、工人运动实践和科学研究实践。正是在这三大实践中，马克思、恩格斯才最终完成了由资产阶级知识分子到无产阶级知识分子、由唯心主义者到唯物主义者、由民主主义者到共产主义者的转变。以往学术界的研究往往对阶级立场的转变研究不够、不透。高放教授对此进行了深入研究。他指出，马克思拒绝了高官厚禄，恩格斯放弃了上流社会生活，他们在英国和法国经常

到现代产业工人中去调查研究，同工人多交往、勤交谈，使他们大开眼界，并使他们在思想认识和感情上发生了质的飞跃，使他们认识到工人阶级的革命性和组织纪律性，认识到工人阶级是革命的主力军，是新生产力的代表者，是最有前途的阶级，是资本主义的掘墓人、共产主义的创建人。

四、对马克思主义定义作出了精辟概括

《诞生》一文的标题点明了马克思主义是人的解放科学。文章第一段就明确指出：“可以用22个字把马克思主义定义为：马克思、恩格斯创立的无产阶级和全人类解放的科学，或者可以用更简明的五个字表述为人的解放学。”他指出，这一定义完全符合马克思、恩格斯思想的本意，符合马克思主义的精神实质。以往研究者定义“马克思主义”众说纷纭，但是比较而言，人的解放学的定义言简意赅，内涵丰富，是最简洁、最彻底的。无论是掌握各种规律，还是建设社会主义、共产主义，归根结底都是为了人的自由解放，为了造福人民大众。认识规律，进行建设都是手段，人的自由解放和全面发展才是目的。因此，高放教授的这一定义具有其独到的创新性、全面性、彻底性、简洁性。

五、提出了马克思恩格斯主义的新概念

高放教授在这篇文章中创造了一个新词汇：马克思恩格斯主义。他认为，“马克思主义并非马克思一个人单枪匹马、孤军独战的成果，而是马克思、恩格斯两位神交知友终生……合作完成的。”因此，把他们的学说叫作马克思恩格斯主义是有充分理由的。提出这一新概念，“是提示人们要全面认识到马克思主义是马克思、恩格斯两个人的思想结晶，而且要特别重视马克思谢世之后的12年间（即1883—1895年），恩格斯对发展马克思主义的独特新贡献。

六、指明了马克思主义三大主要部分的核心是社会主义和共产主义，并对社会主义、共产主义的定义作出新的科学概括

《诞生》一文最后提出了一个重要的问题，那就是在马克思主义三大组成部分中何者是核心的问题，并对此作出了明确回答：核心是社会主义、共产主义。他以马克思、列宁、邓小平的经典论述有力地论证了这一观点，并对社会主义、共产主义这两个基本概念作出了新的科学概括。

对什么是社会主义，人们也下过各种定义。高放教授在《诞生》一文中

指出："当今我认为可以各用 21 个字给社会主义和资本主义下定义。社会主义是以社会化劳动为基础、由劳动人民掌权的社会形态；资本主义是以私人资本为基础、由资本家阶级统治的社会形态。社会主义顾名思义要以社会为主义，为社会而主义，由社会出主义，靠社会显主义。这四句话点明了社会主义治理的对象、目标、力量源泉和目标体现。换言之，社会主义不能只以一党为主义，只为国家而主义，只由领袖出主义，只靠宣传显主义。"显而易见，高放教授对社会主义的这一定义和四个要点同样具有其独到的创新性、全面性、彻底性。

对共产主义一词的翻译，高放教授指出，日本人于 19 世纪 80 年代用汉字译为共产主义，可是，1927 年中国人把共产主义译为公共主义。当今看来，把共产主义译为公共主义的确更符合西文原意。因为共产主义很容易被理解为只是主张把私有财产归公共所有。而公共主义含义更为宽广丰富，它表明共产党的奋斗目标不仅要实现生产资料公有制，而且更要善于管好公共资产，增加公共产品，力谋公共福祉，发展公共事业，扩大公共服务，完善公共选举，厉行公共决策，加强公共治理，严密公共监督，维护公共利益，提高公共理性，弘扬公共精神，等等。一言以蔽之，就是要造福公共大众。大家认为如果从公共主义来理解共产主义，这样就确切、贴切、亲切得多了，这样就能大为增强我们的共产主义信念、信仰和信心。高放教授这样来理解和阐释共产主义，也同样具有其独到的创新性、全面性、彻底性。

总之，《诞生》一文是研究马克思主义诞生的创新性成果，可谓匠心独运，全面深刻，新颖独到，令人叹服。

细读第一个共产党创建史的三点感受

林建华①

我认真细读了高放教授的《世界上第一个共产党——共产主义者同盟创建启动》一文，感到很有新意、深意和远意。

---

① 作者系北方工业大学思想政治理论教研部教授、博士生导师。

第一，该文考究国际共产主义运动的源头，梳理世界上第一个共产党诞生的来龙去脉，具有深厚的历史感。

高放教授在文章中集中回答了“为何要建立共产党？为何要建立国际性共产党？”共产党的本来面目应该是什么样子？这就是从源头上立论。

国际共运的源头就是世界上第一个共产党——共产主义者同盟于1847年6月在英国伦敦的诞生，它的开门礼炮就是共产主义者同盟的纲领——马克思和恩格斯撰写的《共产党宣言》，于1848年2月在英国伦敦的发表。

高放教授详细论述了世界上第一个共产党建立的动因以及党的建立过程的艰难性、曲折性和复杂性。当时，马克思和恩格斯认为，共产主义的实现不能只局限于某一个国家，所以建党也一定不能只局限于某一个国家，应该建立一个国际性的共产党，统一领导英、法、德等国的工人阶级和人民大众开展国际共产主义运动，以便使共产主义革命几乎同时在这些国家取得胜利。后来的实践证明：必须在各国建立独立自主的共产党，善于把共产主义原则与本国实际相结合，才能探求各国通往共产主义之路，这就是100多年来国际共运发展的历史轨迹。

高放教授早在1980年就提出，1847年6月2日共产主义者同盟第一次代表大会的开幕日可以视为国际共产主义运动的诞生日。

第二，该文对共产主义者同盟的纲领《共产党宣言》进行深入研究，进一步揭示共产党何以成为共产党的真谛，具有明晰的方向感。

高放教授对体现在《共产党宣言》中的共产党的基本原则进行了新的概括和归纳，主要是：①在资本主义制度下形成的高度发展的社会生产力必然与资本主义私有制发生不可避免、不可克服的矛盾，并要求实现共产主义公有制。②包括从事“精神生产”的脑力雇佣劳动的知识分子在内的无产阶级是资本主义的掘墓人和未来共产主义的建设者，它是改变资本主义和实现共产主义的主要依靠力量。③共产主义政党是无产阶级完成改变资本主义、实现共产主义的历史使命的领导核心。④共产党人必须领导无产阶级和人民大众开展各种形式的斗争去夺取政权、执掌政权，并以政权作为基本阵地来逐步改造社会、改变世界。⑤无产阶级掌握政权之后要经历一个从资本主义到共产主义的过渡时期，在过渡时期利用无产阶级政权来逐步对社会进行改造。⑥共产党人最终的奋斗目标是通过消灭资本主义私有制，实现共产主义社会所有制，消灭阶级和阶级差别，达到每个人的自由解放和全面发展，建立“自由人联合体”，实现社区自治，从事愉快创新劳动，过着幸福美满生活。

这六个新概括无疑指明了人类社会发展的大方向。

高放教授还纠正了《共产党宣言》翻译中的一个讹误。通过对历史文献的再耙梳，他认为“共产主义的幽灵”的译法应该改为“共产主义的精灵”才符合实际。他坚持认为，“‘精灵’译法既符合原意，又具有中国特色。精灵者精巧灵异之物。在古汉语中有‘精灵’一词，犹指精怪、神仙。在《宣言》中‘共产主义的精灵’特指第一个共产党——共产主义者同盟，它拥有近四百名党员，在欧洲‘地下’出没活动，这使多国反动统治者惊恐万状，所以他们联合起来对之进行围剿。‘共产主义精灵’的说法暗含着：当今像精怪般的共产党人将来会变为神通广大的神仙，会磨练为顶天立地的巨人。”

第三，该文对共产主义者同盟党章所体现的共产主义政党的先进性、民主性、组织性和纪律性，给予了异乎寻常的关注，精心演绎共产党作为战略组织的力量源泉，具有独特的责任感。

高放教授尤为关注共产主义者同盟的组织原则。他集中论述了民主制、民主集中制、集中制的联系与区别。长期以来，苏联、民主德国以及我国众多学者认为马克思和恩格斯参与制定的世界上第一个共产党党章所确定的党的组织原则是民主集中制。经过多年研究，高放教授提出，共产主义者同盟的组织原则是民主制，即确认党员是党的主人、党的主体，并包括四项具体规定：一是党的各级领导人均由民主选举产生，每年改选一次。二是各级委员会“至少每两周开会一次”，每两个月或三个月要报告一次工作；中央委员会每三个月作一次全党状况的报告。三是党的代表大会是党的“最高权力机关”，中央委员会只是“权力执行机关”。四是党的代表大会实行年会制，规定每年八月召开，遇紧急状况中央委员会应召开非常代表大会。高放教授认为，正常的民主都包含不同程度的集中，可以说没有不集中的民主，却有不民主的集中，那就是个人集中制、官僚集中制。这是很有见地的。

高放教授还语意深长地提出，共产主义者同盟的党纲和党章的制定体现了党员是党的主体，理论精英、政治精英是党的主脑，而主脑和主体的结合则体现了科学与民主的统一。高放教授关于党的主体和主脑的论述，非常精致、精准，这对于我们今天推进党的建设具有极其重要的现实意义。

阐发欧洲1848年革命的四个突显

张中云[①]

高放教授发表的《第一次共产党人参加的欧洲1848年革命流光溢彩》一文史论紧密结合，从更高和更深层面对欧洲1848年革命进行总结和阐发，给人新的认识和启迪，具体为“四个突显”。

第一，突显革命的广度、深度和深远意义。

该文强调，欧洲1848年革命不仅是欧洲几个主要大国的革命，而且是具有全欧洲性的革命，它从1848年1月由意大利起义开始，至1849年9月匈牙利革命失败结束，历时1年9个月，波及意大利、法国、德国、奥地利、比利时、荷兰、瑞士、西班牙、英国、瑞典、挪威、丹麦、匈牙利、罗马尼亚、波兰、捷克斯洛伐克、塞尔维亚、希腊，总计18个国家，法、德两国是此次革命的中心，其他国家的革命也各有特点。但这次革命显著的特点是，欧洲多国的工人阶级已经成长壮大起来，初步受到社会主义思想的熏陶，成为革命中的重要力量，其中，法国革命已带有浓厚的社会主义色彩，响亮喊出“民主和社会主义共和国万岁”这样争取实现社会主义理想的口号。

该文正是从这一新特点出发，强调这次革命对于促进世界社会主义运动的历史作用：一是在资产阶级民主革命中，无产阶级要善于提出自己的独立要求。二是把民主革命与社会主义革命联结在一起，进行不断革命。三是在革命斗争中，要争取各国工人国际主义的支持和联合行动。四是欧洲1848年革命运动改变了马克思、恩格斯对社会主义的看法，使他们完成从否定社会主义到肯定社会主义的转变。之前，社会主义通常被看作资产阶级和小资产阶级的思潮和主张，而“从50年代至80年代，在马克思、恩格斯的著作中，‘社会主义’与‘共产主义’通常是作为同义语来使用，而且更多使用‘社会主义’，较少使用‘共产主义’”。这样总结历史经验，对我们很有启迪。

此次欧洲革命虽然失败了，但它在促进历史发展进步上，仍有重大历史意义。该文具体概述了四个方面：一是这次革命严重打击了封建主义。一些

① 作者系中共中央党校教授、博士生导师。

国家的君主制最终被推翻了，东欧一些争得民族独立的国家实现了民主权利。二是这次革命暴露了资产阶级虚伪、残忍和卑鄙的本性。三是这次革命给了以前的“这些喧嚣一时五花八门的社会主义形式以致命的打击。”四是这次革命使工人阶级和共产党人经受巨大的考验和锻炼，增长了革命见识，积累了政治经验。此次工人阶级革命斗争的实践及其经验教训，成为发展国际共产主义运动的重要指导。

第二，突显共产党人第一次参加的革命。

1848 年 2 月，法国巴黎工人举行了武装起义，同盟中央委员会敏感地意识到，这场革命风暴即将席卷欧洲大陆，便果断采取行动，号召并组织全党投入革命，使这次革命深深打上共产党人的烙印，突显了共产党人的贡献。该文标题特意冠名并强调为“共产党人第一次参加”的革命，是以往著述所未见，具有独创性，颇有深层的意义。该文主要突出以下几点重要思想。

一是共产党是适应时代发展要求，应运而生的。共产主义者同盟的前身正义者同盟中的革命者，在革命形势的影响和促进下，主动接受马克思主义的思想指导，并邀请马克思、恩格斯改组并领导同盟，从而宣告世界上第一个共产党诞生。

二是刚刚诞生的共产党对这次革命形势、性质和特点有比较清醒的认识，并以科学的革命理论和战略策略作指导。该党将《共产党宣言》的基本原理和策略运用于德国革命的实际，提出了《共产党在德国的要求》，以此作为自己参加革命运动的指导，以此来组织和宣传群众，争取广大群众支持和直接参加革命。

三是共产党在此次革命中发挥了先锋模范作用。马克思和恩格斯作为党的领导人，在革命中起着带头示范的作用。广大党员或在当地或赴他国积极参加革命，他们面对各种迫害甚至生命安全受到威胁都义无反顾。

四是共产党人在革命中不仅表现出英勇无畏的献身精神，而且经受了革命锻炼和考验，积累了政治斗争经验，为迎接下次新的革命的到来作了思想、理论和政治准备。

第三，突显了马克思、恩格斯在革命中发挥的多方面作用。

马克思、恩格斯在欧洲 1848 年革命中发挥的作用在文中得到具体全面的展示，给人以深刻的印象。首先，他们撰写了指导和总结此次革命实践及其经验教训的一批经典文献，从理论上武装了全党和无产阶级。除《共产党宣言》成为此次革命的基本指导外，在革命进程中，他们又在亲自创办的革命报刊上撰写和组织一系列指导性文章，宣传民主主义、爱国主义、共产主义和国际主义。由马克思亲自任总编辑、恩格斯任编委的《新莱茵报》在1848年6月1日后将近一年的时间，对内宣传《共产党在德国的要求》中的主张，对外支持各国的革命运动，声援巴黎、布拉格、维也纳等地的起义和波兰的反俄民族解放斗争，号召欧洲革命者行动起来，对欧洲反动势力的强大支柱——沙皇俄国进行一场正义的战争。在欧洲革命失败后，马克思、恩格斯于1850—1852年，又撰写出总结此次革命经验教训的重要名著，为迎接下次革命的到来进一步作好思想理论上的准备。

其次，亲自领导和指导共产党人参加革命斗争。欧洲革命爆发，1848年3月11日，同盟中央委员会在巴黎成立，马克思和恩格斯是六人中央委员会成员，马克思当选为中央委员会主席。鉴于德国三月革命爆发，马克思、恩格斯立刻率领一大批党员集中在巴黎，组织了德国流亡国外的几百名党员，一起回国参加革命。在德国，马克思、恩格斯决定让各地党员分别参加民主运动和民主团体以成为运动和团体的左翼，做到把秘密斗争和合法斗争相结合来推进民主革命，以便为逐步过渡到共产主义革命作准备，这也就是同盟中央当时采取的策略路线。

最后，直接参加革命斗争实践。该文全面概括了马克思、恩格斯直接参与革命的五大斗争：报刊斗争、群众斗争、议会斗争、武装斗争和革命斗争。马克思常到当时革命活跃地柏林和维也纳活动，密切与那里的民主团体和工人组织的联系，直接宣传和传授革命理论和策略，强调要像巴黎六月起义一样开展反对资产阶级的斗争而不要局限于政府内阁的更迭。马克思为这次革命解囊相助，遭到当局逮捕，承受牢狱之苦。5月11日，恩格斯曾回到爱北斐特参加起义，他被委派领导构筑防御工事和安装大炮工作，并检查全部街垒。他还加入巴登—普法尔起义军，直接参加了四次战斗。

第四，突显了《共产党宣言》（以下简称《宣言》）在革命中的理论与实践意义。

1848年3月，德国革命爆发了，马克思、恩格斯为参加这次革命拟定了具体的行动纲领《共产党在德国的要求》（以下简称《要求》），让侨居法国回国参加革命的德国共产党人带回国内指导革命实践。该文强调："《要求》是把《共产党宣言》的基本原理，尤其是把其中十大纲领，同德国具体情况相结合的产物，《要求》中的好些条款甚至同十大纲领是完全一致的。"该文把《要求》十七条的主要内容归纳为政治、经济和文教三个方面。也就是说，以《宣言》原则为指导，从德国当时革命面临的实际任务出发，德国只能直接进行民主革命，并在民主革命胜利的基础上，逐步过渡到共产主义革命。《要求》十七条可以说是《宣言》革命理论和原则的丰富和发展。

德国三月革命历经一年有余最终失败了，而其经验教训又进一步丰富和发展了《宣言》的思想和理论。该文概述：1850 年年初，马克思在伦敦的德国工人教育协会里讲解《共产党宣言》时更明确具体地指出："共产主义在完全确立以前，要经过四个阶段。"即在当时，小资产阶级和无产阶级共同进行反对王权的斗争；当小资产阶级取得政权的时候，共产党采取反对派的立场；"然后便是建立社会共和国，继之以社会共产主义共和国，最后让位于纯粹的共产主义共和国。"而与此同时，在革命不断发展的各个阶段中，无产阶级政党要采取多种多样的斗争形式，武装的与和平的，秘密的与合法的，从上而下的与从下而上的等。也就是说《宣言》指导了革命实践，而此次革命实践又具体和丰富了《宣言》的理论和原则。

高放教授对第一国际的定性、定位和经验概括光芒四射

杜康传①

我与高放教授是老知交，在同一个单位合作共事 60 余载，他既是我的同事，又是我的良师益友，几十年来，他的治学态度，学者风范，都深深地影响着我，我竭力地向他学习，但望尘莫及。

他已远超耄耋之年，仍然笔耕不止，令人羡慕，这来源于健康的身体，来源于长期的资料积累，更来源于报效祖国的赤子之心。高放教授是一位多产的作家，著作等身，每篇作品都有新意，给人以启迪，给人以教益。新意何来，新意来自他长期坚持的旁人难以做到优良的治学态度，这就是他常说的和长期实践的秘诀：勤学习、勤积累、勤思考、勤讲课、勤写作。每逢无论大小问题的讨论，他的笔记本都记得满满的，而且常常发问，弄清楚对方的观点，事件的前因后果。他深刻理解孔夫子的教诲——学而不思则罔的道理，对问题，对事件，对历史是非，一一进行独立思考，探索它的来龙去脉，因而提出不是人云亦云的创新观点。作为教授，他认为，不上讲堂是不称职，

① 作者系中国人民大学国际关系学院教授。

上讲堂是一份贡献，是独立思考的总结，也是独立思考的继续。勤写是对独立思考的总结，也是独立思考的继续，他劝告朋友不要做笔尖上的懒汉。

高放教授治学思想的核心就是独立思考。独立思考是一种探索，是一种比较，是一种创新。独立思考的目的是要还原事物的本来面目，使它回到原点上。所以，独立思考，不是标新立异，不是哗众取宠，实在是难能可贵。

我还体会到高放教授与生俱来，长期坚持的一种治学精神，那就是呕心沥血，穷追猛打，不达目的决不罢休的钻研精神。对事件、人物、思想等他从不想当然，贸然下结论，而是刨根问底，弄清来龙去脉，并且去伪存真，多方比较，达到弄清事物本来面目的目的。所以，他立论有据，掷地有声。

近年读高放教授在《中国延安干部学院学报》2014 年第 1 期上发表的《第一个政党性的国际工人组织——第一国际光芒四射》宏文，我仿佛又一次经受了他治学风范的洗礼，又一次见到了他独立思考、刻苦钻研精神的成果。我想借用宏文标题的表述，体会其思想精髓：第一，对第一国际定性精准，光芒四射；第二，对第一国际定位合理，光芒四射；第三，对第一国际经验总结独到，光芒四射。

把第一国际定性为第一个政党性的国际工人组织，是高放教授在研究中独立思考的结果，他还原了事实的真相，是科学的定论。这一定性，并不是就事论事，而是探索国际组织发展的必然。文章以大量篇幅介绍了“19 世纪 50—60 年代国际经济、政治、思想背景”和“从国际委员会、国际协会到国际工人协会的演进”，从而说明了国际工人运动的水平已达到了要建立政党性国际组织的程度。

事物的本质决定于它的内在规定性。为了确定第一国际为政党性的国际工人组织，文章深入分析了作为革命纲领的第一国际成立宣言，指出：成立宣言不仅出自马克思的手笔，而且更重要的是明确规定了“夺取政权已成为工人阶级的伟大使命”。一般的国际工人阶级群众组织，只能领导工人群众进行争取日常权益的斗争，不会上升为夺取政权的诉求。我觉得，这种分析是科学的，以此来定性是准确的。为了证明第一国际是政党性的国际工人组织，文章还仔细分析了《国际工人协会共同章程》，无论从它的组织结构、运作体制还是会员条件等方面的设置和规定，都是属于政党性的组织所能采取的。国内外学者多年来都认为第一国际是群众性的国际工人的联合组织，而今高放教授把它定性为政党性的国际工人联合组织，还原事实真相，这对于第一国际的研究，岂不是光芒四射，大放异彩！

对第一国际的定性，就是对它的定位奠定了基础。定性不准确，定位就不会合理，正因为现在定性准确了，所以定位也就十分合理。文章说："第一国际的历史地位可以简明概括为：它是世界上第一个共产主义同盟1852年解散之后第二国际1889年成立之前两者之间承前启后、继往开来的桥梁和引擎"。这就是对第一国际的功劳作了充分的肯定和褒扬。第一国际是政党性的国际工人联合组织，正是由于它的活动，催生了在民族国家范围内建党，也可以说，国际正好为建立这样的工人阶级政党做了政治上、思想上、理论上的准备。事实正是如此，继1869年德国社会民主工党建立之后，从1870—1889年有瑞士、匈牙、葡萄牙、丹麦、美国、捷克、俄国、挪威、瑞典等十几个民族国家范围内的工人社会主义政党相继诞生。这些政党的建立，就为1889年第二国际的建立做了组织准备。由国际性联合的工人政党到民族国家范围内的工人政党，再到各国政党的国际联合，这是国际共产主义运动的巨大发展，也是国际共产主义运动发展的客观规律。高放教授对第一国际作出"桥梁"和"引擎"的历史定位，完全符合国际共产主义运动的客观规律，给人以启迪，确实是文章的一大创新，光芒四射。

高放教授怀着一颗爱国爱党爱民之心，治学态度严谨，从不为学术而学术，所以他的学术研究，都是站在现实的基础上展开思考的。对第一国际，他也认真总结其经验，以启后人。他分析了《国际工人协会共同章程》和它的实践，指出："全协会工人代表大会是协会的权力中心和最高权力机关，它实行年会制；总委员会是协会的领导机构和执行机关，它要由全协会工人代表大会选举产生并向代表大会报告工作；各个基层支部和加入的工人团体有相对独立的自主权。由此可见，第一国际的组织原则是民主制，而不是民主集中制。"这一论断打破了多年来国内外学者关于"民主集中制"的结论。他独到地指出："民主制本身包含必要的正常的集中"，他认为，"没有不集中的民主，却有不民主的集中。"这一论断可贵之处不仅在于它的科学性，更重要的是它的现实性。

除了上述三点突出的创新之外，高放教授的文章中还着重论述了马克思在第一国际中如何善于联合英国工联主义、法国蒲鲁东主义、德国拉萨尔派，等等。这比之以往讲国际共运史过分强调马克思主义与这些流派的斗争，更为还原历史本来面目。文章当中还详细考证了第一国际总书记职称的由来和作用以及七位总书记的前后变迁，等等。这些内容也都很有新意。总之，高放教授对第一国际的研究，富有创见，读后深受教益。

21 世纪巴黎公社革命研究最新重要成果

奚广庆①

在笔者看来，高放教授发表在《中国延安干部学院学报》2014 年第 3 期上的“国际共产主义运动史纲”连载之五：《第一个工人阶级政权巴黎公社崭新创举》是重头篇章，文字多达 4.3 万多字，它的学术创新含量也很重。文章在 20 世纪马克思主义发展和世界社会主义运动研究成果基础上，从 21 世纪人类解放事业伟大进程的时代高度，系统、翔实地对 1871 年 3 月创立的第一个工人阶级政权——巴黎公社，从建立历史背景与民主选举产生过程，政权结构、性质与领导集体特色，到历史贡献、悲壮失败与重要意义，特别是巴黎公社民主选举和民主执政等方面进行了一系列崭新开掘、深刻总结、精辟阐明。可以说，是新世纪以来我国学界关于巴黎公社研究最高水平的学术成果，也是丰富和推进了科学社会主义实践与理论的研究，为发展和完善中国特色社会主义提供了重要的学术理论支撑。

首先，《国际共产主义运动史纲》（以下简称《史纲》）史纲在研究国际共运史、巴黎公社革命实践与经验的理论基石方面与时俱进地进行了创新。在第一篇中，《史纲》就对马克思主义作出了新的界定：马克思、恩格斯创立的是无产阶级和全人类解放的科学。同时进一步阐明，工人阶级和劳动人民要建设的社会主义，就是实现人的解放、全面而自由发展的新社会，并把这个基本观点作为指导思想贯穿史纲的始终。可以说，这部《史纲》成功的根源与最高的成就，就在于义无反顾地把国际共运史的研究、巴黎公社研究坚定地引上用新的思想观点继承和发展马克思主义和科学社会主义的正确轨道。20 世纪世界社会主义运动曾经走过弯路，也遭遇过挫折。邓小平早在 1989 年就深刻总结说，在世界社会主义运动中，“多年来，存在一个对马克思主义、社会主义的理解问题。”这就是，“马克思去世以后一百多年，究竟发生了什么变化，在变化的条件下，如何认识和发展马克思主义，没有搞清楚。”“不

① 作者系中国人民大学马列主义发展史研究所所长、教授、博士生导师。

以新的思想、观点去继承、发展马克思主义，不是真正的马克思主义者。”①应当明白，在那个时代，我们的马克思主义史和国际共运史研究也是有很大偏差的。《史纲》在巴黎公社革命研究上取得时代性成果，首先在于端正了指导思想，以马克思主义中国化最新成果作为理论基石。我们今天学习研究国际共运史和巴黎公社革命一定要牢牢把握这个根本精神。

其次，《史纲》第五篇最重要的学术贡献是，适应发展和完善中国特色社会主义需要，从新的时代高度来阐明马克思关于巴黎公社是“新社会的光辉先驱”的思想，对巴黎公社革命在什么是社会主义、怎样建设社会主义，什么是工人政权、怎样建设工人政权方面的实践经验和思想成果，进行了全面新开掘和深入新总结，形成了新的认识、新的观点。在第三章第三节里，作者把它们归纳为六个方面。我们知道，在新时期，我们党深刻总结20世纪世界社会主义的经验教训，贯彻解放思想、实事求是、与时俱进的思想路线，重新搞清楚“什么是社会主义，怎样建设社会主义”的根本问题，深化了对人类社会发展规律、社会主义建设规律、共产党执政规律的认识。本篇对巴黎公社实践和经验的研究成果，进一步丰富了我们的科学认识，有利于坚定对中国特色社会主义道路、理论和制度的自信。

再次，《史纲》第五篇的另一个重要建树，就是针对20世纪社会主义政权建设的历史实践，对公社政权建设创新从理念、体制和路径等方面作出深入总结与系统阐述。一是坚持“政权与财富公有”的理念。二是坚持民主执政，实行集体领导的体制。三是巴黎公社工人政权具有四重的性质，即工人阶级政权、社会主义政权、多派联合政权、爱国主义与国际主义联合政权。四是全面开展政法建设、财经建设、文化建设、社会建设和外交建设，也就是说，社会主义政权建设应当是全面的，不能够顾此失彼。恩格斯在1891年为马克思《法兰西内战》单行本写的导言中，对巴黎公社为防止国家和国家机关由社会公仆变为社会主人而采取的可靠办法，曾作出深刻总结和阐明。20世纪的实践证明，这是一个关系社会主义生死存亡的根本问题，一切社会主义执政党都必须结合自己国家的实际认真解决。本篇的总结，丰富和发展了恩格斯对公社经验的科学总结，阐明保持工人政权人民公仆本质是一项系统的社会建设工程，必须在坚持“权力与财富公有”，发展人民民主基础上，进行政法财经文化社会外交，制度体制机制等各个层

① 《邓小平文选》（第3卷），人民出版社，第291—292页。

达资本主义国家在生产力、科学技术等方面还有新的很大发展？对青年学生迫切关心的这些重大现实问题，作者没有回避、敢于直面，勇于探索，尽力给出令人信服的答案。对一些可能会提出的学理方面的问题，也尽量顾及。在教学中我发现，为数不少的研究生，对“科学社会主义理论与实践”这门课一开始就有抵触情绪，心想：社会主义遭受如此严重挫折，社会主义还处在初级阶段，比较定型的社会主义远末形成，你现在就能写出、讲出“科学社会主义”的道道？原来高教授早已考虑到这个问题，他也觉得，“科学社会主义”这个名称不是很完美的，会“给人以它一诞生似乎就是完满科学的印象”①。在他看来“科学社会主义、科学共产主义，像马克思主义哲学、像马克思主义，经济学一样，完全可以另称为马克思主义社会主义学、共产主义学。”他认为这样至少有两个好处：“一是与其他学科一致，‘学’字也放在学科名称之后，更鲜明地表明社会主义是一门科学，不是某几个人制定的神圣的原理汇编，要求众多的人们来掌握、研究、探索、运用、发展这一门科学；二是社会主义既然是一门科学，不可能一诞生就十分完善、完备，同其他任何科学一样。社会主义学、共产主义学也有一个从不完善到逐步完善的发展过程，也需要后人在总结新实践经验的基础上不断加以丰富发展、变化革新。”② 这番话说到青年学生的心坎里了，逆反情绪没有了，疑惑烟消云散了，同时还增添了一份研究、探索、丰富和发展科学社会主义的责任。在尔后的学习中，他们始终保持着极大的热情。“科学社会主义理论与实践”这门课能受欢迎，与有这部好教材是分不开的。

接下来，围绕“社会主义思想认识的三次飞跃”问题，谈点粗浅意见。高教授在前言中写道：“全书以100多年来社会主义思想认识的三次飞跃作为主线。”这是颇有新意的，并切合实际，自有社会主义思想以来，确实存在这三次飞跃。以此为主线，编排各章节，是本书的一大特色。这有助于人们如实地认识社会主义理论是如何在实践中不断发展的，有助于克服僵化思想和教条主义，有助于人们坚定社会主义必胜的信念。但在具体阐述时，我发现有以下问题：

第一，“社会主义思想认识”与“科学社会主义认识”相混淆。如前所引，“前言”中讲的是“社会主义思想认识的三次飞跃”，可导论部分第三节

---

① 高放：《科学社会主义的理论与实践》（修订本），中国人民大学出版社，2003年，第10页。
② 高放：《科学社会主义的理论与实践》（修订本），中国人民大学出版社，2003年，第9—10。

标题却换成“科学社会主义认识的三次飞跃”①，同在导论部分，又出现类似“前言”中的提法：“社会主义思想认识的第一次飞跃——马克思、恩格斯使社会主义由空想变成科学”②，人们不禁要问三次飞跃的主体究竟是“社会主义思想认识”还是“科学社会主义思想认识”？也许在作者看来这两者是同一概念，是一回事。但这是不能自圆其说的。“社会主义思想认识”与“科学社会主义思想认识”是一般与个别、大概念与小概念的关系，不能等同。关于“科学社会主义”，该书有个界定：“就狭义而言，科学社会主义是马克思主义的三大组成部分之一，就广义而言，可以说科学社会主义就是马克思主义”③。可见，即使从广义上理解，“科学社会主义”也并未包含“空想社会主义”。而“社会主义思想认识”外延则要大得多，它不仅涵盖科学社会主义认识，而且也包括了空想社会主义者的认识。对此该书也承认，“社会主义思想从无到有，最初形成的是从16世纪初叶到19世纪中叶的空想社会主义”“作为科学社会主义的理论先驱的空想社会主义也是社会主义的一种理论形态”④。“社会主义思想认识的三次飞跃”这一概括完全正确；而“科学社会主义思想认识的三次飞跃”的命题，我认为难以成立。因为迄今为止，科学社会主义思想认识还只有两次飞跃，即科学社会主义从理论到实践，通过改革开放完善和发展社会主义。至于书中所言的“社会主义从空想到科学的发展”，不在其列。理由是：这次飞跃发生的时间，“是在19世纪40年代”，不在“从科学社会主义产生以来”这一区间。换句话说，此时它还处在“阵痛”、呱呱坠地的过程中，还不会“飞”；社会主义从空想到科学的发展，无疑是种认识上的飞跃，但其飞跃的主体不是科学社会主义思想认识，虽然作者有时也认为是“社会主义思想认识”⑤。

第二，把苏联社会主义模式的形成作为第二次飞跃的标志，是一大缺憾。第一次飞跃形成了马克思主义社会主义理论，第三次飞跃形成了改革开放的社会主义理论（如中国的邓小平理论），对第二次飞跃的理论成果，该书表达如下：“第二次飞跃中形成了科学社会主义的第二种理论形态——苏联模式的

① 高放：《科学社会主义的理论与实践》（修订本），中国人民大学出版社，2003年，第18页。
② 高放：《科学社会主义的理论与实践》（修订本），中国人民大学出版社，2003年，第23页。
③ 高放：《科学社会主义的理论与实践》（修订本），中国人民大学出版社，2003年，第5页。
④ 高放：《科学社会主义的理论与实践》（修订本），中国人民大学出版社，2003年，第19—20页。
⑤ 高放：《科学社会主义的理论与实践》（修订本），中国人民大学出版社，2003年，第23页。

科学社会主义理论。”[①] 由此会产生两大问题：其一，列宁主义社会主义理论被撇除在科学社会主义的第二种理论形态之外。列宁的社会主义理论，同他的哲学理论、政治经济理论一样光彩夺目，博大精深，值得大书特书。他首次提出了社会主义革命首先在一国胜利的理论。他领导十月革命，使俄国建立了世界上第一个社会主义国家。这是科学社会主义关于无产阶级革命、武装夺取政权，建立无产阶级专政学说的一次伟大的实践，是打碎旧世界建立新社会的一大创举。十月革命胜利后，为了捍卫新生的苏维埃政权，以列宁为首的布尔什维克党领导人民粉碎了帝国主义的武装干涉，击溃了国内的反革命叛乱，逐步巩固了无产阶级专政的社会主义国家。在他晚年，提出了有关社会主义建设的一系列新思想，为社会主义者留下了一份珍贵的历史遗产。也许有人要说，苏联模式社会主义理论已经包含了列宁的社会主义理论。对这种看法，想必该书的作者们也不会同意。对“苏联社会主义模式”，该书有明确界定：“苏联社会主义模式或者说世界上单一社会主义模式，实质上就是斯大林社会主义模式。”[②] 对这一模式我们不能也不该全盘否定，但是在分析研究它的形成过程剖析其特征的时候，也毋庸讳言，不管其主观上如何，客观上是与列宁主义社会主义理论有许多不相吻合，甚至背离之处。该书中也多次指出，斯大林抛弃或背离列宁晚年关于社会主义的一系列新设想的问题。这一模式也不是在吸纳党内各种正确意见基础上形成的，“尽管党内有分歧、争论，但一直是斯大林的社会主义思想占主导地位，斯大林用专制手段压制、打击了各种不同观点，在实践中逐步形成了苏联社会主义模式。”[③] 其二，第二次飞跃的伟大意义将被大打折扣。这不是因为人们对苏联社会主义模式有什么偏见，而是由这一模式本身的性质、特征所决定的。高教授在导论中说：“苏联社会主义模式大体上可以区分为四种情况，即坚持科学社会主义，发展科学社会主义、教条式照搬科学社会主义和背离科学社会主义。”[④] 这样各次飞跃的理论成果的真理含量及人们对其的认同度势必就有极大的反差，对第一次、第三次的理论成果我们是旗帜鲜明地强调要坚持、要高举；对第二次的能讲高举、坚持吗？“一分为二地看”“历史地评价”“批

---

① 高放：《科学社会主义的理论与实践》（修订本），中国人民大学出版社，2003 年，第 200 页。

② 高放：《科学社会主义的理论与实践》（修订本），中国人民大学出版社，2003 年，第 179 页。

③ 高放：《科学社会主义的理论与实践》（修订本），中国人民大学出版社，2003 年，第 167 页。

④ 高放：《科学社会主义的理论与实践》（修订本），中国人民大学出版社，2003 年，第 26—27 页。

判地继承”等已算温和，见之报端（也包括该书）与之相连的词更多的是“弊端”“弊病”，要予以“突破”“冲破”“革除”，等等。如此一来，第二次飞跃的伟大意义何在？三次飞跃间的深化、发展的逻辑关系又从何体现？

事实上，第二次飞跃是有伟大意义的，社会主义由理论变为现实，开辟了社会主义新时代，丰富和发展了科学社会主义理论，这都是令任何人都无法否认的活生生的历史事实。如果凸显列宁主义社会主义理论、斯大林领导的社会主义建设的实际成就，减少对苏联社会主义模式的渲染，那对本次飞跃的伟大意义青年学生是能心服口服地接受的。顺便指出，对苏联社会主义模式作弱处理，只就第二章而言。“苏联社会主义模式的基本特征、理论根源和历史地位”这节本身写得很好、很精彩，但不宜放在第二章，应移至第三章“社会主义国家改革的理论与实践”中。社会主义国家为什么纷纷要改革，一个根本原因就是要突破苏联社会主义模式。所以在本章第一节，介绍苏联社会主义模式的基本特征、理论根源及其影响，是顺理成章的。

上述的问题，也许并不是“疵”，因此，敬请高教授及各位同仁谅解、指教。

2011 年 9 月

科学社会主义学科教材创新的典范

——评《科学社会主义的理论与实践》(第三版)

于建荣①

由高放、李景治、蒲国良主编的《科学社会主义的理论与实践》（第三版）由中国人民大学出版社出版。这本教材创造性地运用马克思主义的唯物辩证法，构建了历史与逻辑相结合、以理论演进为主线的结构体例，在翔实而丰富的新内容中，蕴含着作者提出的视角独特的新观点，这三者的有机结

① 作者系焦作工学院社科系副教授。

合，使这本教材成为科学社会主义学科教材创新的一个典范。

一、创造性地运用马克思主义的唯物辩证法

唯物辩证法是马克思主义方法论的重要内容，也是从事社会科学研究的普遍方法。但是，如何将它具体运用到《科学社会主义的理论与实践》这门学科的教学与研究中，却是人们面临的最基本问题。该教材在这方面为我们提供了一个较好的示范。作者以马克思主义唯物辩证法为指导，以国际共运的内在联系与规律为依据，根据科学社会主义理论自身发展的辩证法，提出了理论联系实践、世界联系中国、成功联系挫折、现实联系历史、现在联系未来的五种方法，形成了以理论联系实际为核心的方法论体系。这是马克思主义唯物辩证法的基本原理创造性地运用于科学研究的具体体现，生动地展示了150多年来国际共运历史发展的辩证法。一部国际共运史，就是科学社会主义理论与实践的结合史，就是成功与挫折并存与交织的曲折史，也是从历史走到现实、再从现在通向未来的发展史。从历史辩证法的角度去研究国际共运，能够客观地反映具体的历史进程与规律。同时，这些研究方法，也是科学社会主义自身发展的辩证法的反映。理论与实践的矛盾运动与对立统一，是科学社会主义发展的内在动力。科学社会主义理论是与实践密切联系的开放的理论体系。科学社会主义实践的发展变化，要求科学社会主义理论随之发展变化，要在实践中进一步完善和发展。理论与实践的辩证统一成为科学社会主义完善而丰富的内涵。

所谓理论联系实践，是指科学社会主义理论来源于实践，服务于实践，要在实践中得到检验、丰富和发展。这是最基本、最重要的方法。世界联系中国，是指中国特色社会主义是世界社会主义的重要组成部分，同时也为世界社会主义运动做出了巨大贡献，我们既要研究世界社会主义的经验教训，更要立足中国，全力推进中国特色社会主义事业。力求做到立足中国，了解外国，借鉴世界。成功联系挫折，是指失败与挫折乃取得胜利与成功不可或缺的要素，要辩证地看待成功与失败，要善于从失败与挫折中总结教训，更好地促进社会主义事业的健康发展。现实联系历史，是指社会主义理论与实践发展到当今这个态势，是社会主义历史长期发展合乎规律的产物，要深入了解社会主义的现实，就必须认真联系社会主义的历史进行系统考察，搞清哪些历史因素是成为现实社会主义发展的阻碍因素。现在联系未来，则是指一方面，现在是未来的起点，科学社会主义的现在孕育着未来发展的基本方

面；另一方面，我们要恪守科学社会主义的发展方向，要为崇高理想、远大目标而奋斗，切不可只顾眼前的利益而放弃长远的目标与理想。虽然目前世界社会主义处于低潮，但这只是历史发展长河中的短暂现象。只要无产阶级及其政党善于总结历史经验，把握现实特点，采取正确对策，通往社会主义之路比过去应该更加通畅；只要现在联系未来，就能开阔视野，豁达胸怀，就更加明了世界社会主义今后发展的轨迹。总之，要从世界与中国的实际、取得成功与经受挫折的实际、现实与历史的实际、现在与可预见的未来的实际出发，全方位、多角度地研究科学社会主义理论与实践中的基本问题。

二、历史与逻辑相结合、以理论演进为主线的结构体例

任何一门学科的开创都要涉及理论体系的建构问题。构建一个相对完整科学的理论体系，成为每门学科的研究者努力解决好的问题。《科学社会主义的理论与实践》这本教材，将历史发展的顺序与理论演进的逻辑结合起来，同时以理论演进为主线，构建了一个相对完整且有自身特色的结构体例。

社会主义是对资本主义矛盾及其解决办法认识的产物，是对改变资本主义世界、建设社会主义世界实践经验的科学总结。自托马斯·莫尔发表《乌托邦》以来，社会主义作为一种学说、运动与制度，经历了近500年的历史，其间发生了许多历史事件。同时，随着资本主义和社会主义的发展，人们对社会主义的认识在不断提高与深化。因此，系统研究社会主义发展的历史进程是必要的，但仅仅停留在对社会主义历史事件的描述上，还不足以完整地了解和把握社会主义理论与实践中生动而丰富的内涵，需要在坚持按时间的顺序进行历史研究的同时，也从中归纳并概括出社会主义理论自身发展的内在逻辑。

自科学社会主义产生以来，人们对社会主义的认识经历了三次历史性飞跃，形成了相对独立、各具特色的理论形态。第一次飞跃发生于19世纪40年代，社会主义由空想到科学，形成了马克思主义的科学社会主义理论；第二次飞跃发端于1917年的俄国十月革命，以苏联一国建成社会主义为标志，社会主义在由一国到多国的实践中，完成了由理论到实践的飞跃，形成了苏联模式的社会主义；第三次历史飞跃是社会主义各国在改革开放中形成的，这一进程方兴未艾。当今社会主义执政党在新的实践中，在有关当代社会主

义基本问题的认识上形成了比较一致的看法，反映了当代社会主义发展的一些基本规律与特征。虽然各国的理论成果各有特色，提法也不一样，但都是对本国实践的客观反映，从各自的特色中丰富并完善着正处于形成阶段的科学社会主义的第三种理论形态。也由于当今世界社会主义正处于从单一模式到多种模式、从以往僵化、封闭的模式到充满生机与活力的新模式的转换过程中，也由于在改革中提出的各种新观念还有待实践检验，还没有成熟、定型，因此需要我们密切重视，冷静观察，跟踪研究，细心比较，不断总结，加深认识。当然，当今资本主义世界各国工人阶级和其政党以及众多有识之士，在新的历史条件下对各具本国特色的社会主义新道路和新模式的新探索，也属于对社会主义认识第三次历史性飞跃的范畴。

该教材着实考虑了科学社会主义理论发展的三次飞跃这一显著特征，结合历史发展的前后顺序，以社会主义思想认识的三次历史性飞跃为主线，来划分章节、展开论述的。第一章集中说明科学社会主义认识的第一次历史性飞跃是如何实现的，扼要阐述科学社会主义的理论先驱空想社会主义和马克思、恩格斯的科学社会主义的基本观点及其产生和发展。第二章主要叙述科学社会主义认识的第二次历史性飞跃的实现过程，现代苏联模式社会主义的基本特点及其是非、利弊和得失。第三章专门论述科学社会主义认识的第三次历史性飞跃逐步实现的进程以及当代改革开放的社会主义的基本内容。第四章主要内容是环顾世界资本主义在新科技革命推动的全球化进程中的新变化，分别纵论发达资本主义国家和发展中国家以及原苏联东欧地区各国共产党人和众多有识之士对社会主义道路和社会主义目标的新探索。第五章总揽世界全局，指明当今我们所处的新时代的新特点和新主题，说明科学社会主义在当代面临的两大挑战，揭示世界社会主义的新战略，综述世界社会主义与世界资本主义关系的新调整，展现世界社会主义发展的新态势及其必然取得巨大发展和最终胜利的新前景。此外，该书还设有导论和终论两部分。导论部分提纲挈领，简要论述了科学社会主义的研究对象与学科性质，科学社会主义认识的三次飞跃和科学社会主义理论的三种形态以及学习与研究科学社会主义的意义和方法。终论部分则重点论述了世界社会主义理论与实践的基本经验和主要教训以及世界社会主义发展的曲折性与光明前景。

三、翔实而丰富的新内容中蕴含着视角独特的新观点

体例结构的开放性也是这本教材的显著特征。这一特征具体体现在内

容的丰富性与广泛性上。既有作为科学社会主义理论先驱的空想社会主义，又有三种理论形态的科学社会主义，也有全球化时代当代资本主义的新变化与新发展；既有当今五个执政的共产党对科学社会主义理论的新探索，也有非执政的共产党在资本主义世界对科学社会主义理论的新探索；既有马克思主义的科学社会主义，也有在当今世界具有重要影响的其他社会主义流派的介绍；既有科学社会主义在当代世界命运的深层理论思考，也有对世界社会主义运动历史经验与教训的科学总结。这些内容有助于我们加深对科学社会主义的理性认识。比如，对科学社会主义的积极方面与消极因素的客观而全面的分析，有助于我们深入理解科学社会主义的理论来源以及它与空想社会主义之间的继承与批判关系；对于苏联模式的社会主义的全面介绍与系统分析，有助于我们客观评价苏联模式的积极作用与历史局限性，公正地看待科学社会主义的第二种理论形态；对当今社会主义国家各具特色的社会主义理论的介绍，以及资本主义世界的共产党的最新理论探索，反映了科学社会主义在当今世界发展的状况，有助于我们关注并继续研究科学社会主义的第三种理论形态。值得一提的是，作为中国共产党立党之本、执政之基、力量之源的“三个代表”重要思想，该教材也有比较完整、准确的阐述。“三个代表”重要思想既是中国特色社会主义的重要理论成果，也是科学社会主义理论的重要组成部分。把这个内容添加进去，进一步充实了科学社会主义理论，体现了科学社会主义与时俱进的理论品格。

在翔实而丰富的新内容中，蕴含着作者提出的视角独特的新观点。比如，作者认为，科学社会主义又可称马克思主义社会主义学，科学社会主义是一门综合性科学，而非社会主义政治学；与时俱进是科学社会主义持久生命力之所在，马克思主义是一个开放的发展的科学体系；苏联社会主义模式的基本特征是“过度集权”，而非通常所说的“高度集权”，虽然一字之差，但却准确地概括了苏联模式的本质特点；苏联屡次错过改革的机遇，而这一时刻并非始于赫鲁晓夫，从斯大林执政后期开始，苏联国内就已经存在改革的要求和条件，等等。当然，该教材在体例上也有一些值得商榷的地方。比如，是否可以把“终论”改为“结束语”。“终论”虽然是相对于前面的“导论”而言的，但“终论”的内容是世界社会主义经验教训的总结，而任何经验教训都是人们在一定历史条件下的认识，难免有时代的局限性，这与教材的开放性的体例结构似乎存在一定的矛盾。再如，在谈到科学社会主义在当代世界面临的挑战时，作者可能囿于篇幅的限制，只谈到了发达资本主义和民主社会主义这两大挑战。这两大挑战实际上是科学社会主义面临的外部挑战，而实践中的科学社会主义也存在来自各国内部的其他方面的挑战。若能从这些方面作些分析，论述将更全面。当然，这只是作者的管窥之见。瑕不掩瑜。从总体上看，《科学社会主义的理论与实践》这本教材以其科学的研究方法、独特的结构体例、创新的理论观点，不愧为科学社会主义学科中教材创新的一个典范。

（本文原载于《聊城大学学报（社会科学版）》2003 年第 4 期）

社会主义研究的新视角

——评《科学社会主义的理论与实践》（第三版）

张光明[①]

在我国，科学社会主义虽是一门普及的学问，但现状却不能令人满意。其重要原因之一，是许久以来我们的教材和授课内容单薄，论理简陋，缺少独立分析和彻底思考的科学精神。要改变这种不愉快的状况，依我的看法，首先应当从研究者做起，极大地改进我们的研究和教学，真正把科学社会主义当作科学来研究。《科学社会主义的理论与实践》第三版（高放、李景治、蒲国良主编，中国人民大学出版社 2003 年版）表现出了一些新的特点，值得重视。本书的前两版分别在 1990 年和 1994 年出版，作为高校研究生的教材，产生过不小的影响，这次新版又作了重要的修改和补充，其中大部分章节是重新撰写的。

一

社会主义是一个历史演进的过程，从近代资本原始积累时期的空想社会主义到蒸汽机革命时期的马克思科学社会主义，从西方发达国家工人阶级与资本主义剥削抗争的思想武器到东方落后民族反帝和现代化运动的工

---

① 作者系北京大学教授。

具，从19世纪西欧社会的小小思潮到当代的世界性多元思潮和运动，世界社会主义与更为广阔的世界历史总进程始终处在互动之中，彼此影响相互作用，从而它的原理也处在不断的演进积累和改变之中。因此，从历史发展进程中阐述理论的演化，细心地分辨出在不同时期不同地域中原理的变化，要比脱离历史而静观地叙述原理更合理得多。当然，这种做法并非这一新版所独有，但本版在这方面表现得更为突出。它从体系、视野到论述都比以前的版本大大扩充了，把历史叙述的范围一直扩展到了世界社会主义的近期发展。在吸取社会主义的最新经验的基础上，这个新版以当代的眼光重新总结了到目前为止的100多年社会主义史，这是本版比以往的教材优越的地方。

这本新教材力图面对事实，说出实话和真话。这一点讲起来简单，做起来却是科社研究和教学中一直需要解决的问题。从马克思、恩格斯时代起，社会主义100多年发展中的起伏曲折，远比最初人们的浪漫预测来得复杂。其间理论所经历的挑战和变化，实践中的反复和挫折种种深刻的矛盾与冲突，是任何真正的科学研究必须正视，不容回避的。马克思和恩格斯是真诚的科学家，他们始终把科学的利益放在第一位。马克思曾尖锐地提出：一个人如果不是从科学本身的要求出发，而是服从某种外部利益的要求，那他是卑鄙的（见其所著《剩余价值学说史》第二卷）。恩格斯则说，科学越是毫无顾忌大公无私，就越是符合工人阶级的利益（见路德维希费尔巴哈和德国古典哲学的终结）。然而在苏联斯大林时代，这种科学的毫无顾忌精神在舆论钳制下消磨殆尽了！在这种情况下，理论必然付出代价，在人民中失去自己的声誉。自改革开放以来，我国的相关研究有了很大的发展，与整个理论界一起，科学社会主义领域也有很大进步，但不可否认的是，和其他学科相比，进步仍然不够。在许多问题上，我们的科学社会主义研究仍然不只受思想僵化之苦，还受到外部非科学因素的干扰，既缺少理论的深刻性，又缺少现实的敏锐性，结果就付出了日益边缘化的代价。为摆脱尴尬，不少科社学者纷纷逃离到其他相近学科去另寻出路。对个人来说，这诚然是一种出路，但对整个学科来说却不是办法。我认为，根本的出路还是在于立足本学科，以真正的科学态度和彻底的反思精神，对我们的历史和现实中的重大问题做理论上的深刻探讨，用令人信服的理论来为自己争回荣誉。值得高兴的是，近年来一些有责任感的学者已经在这个方向上迈出了坚实的步伐，而新版的科学社会主义的理论与实践则在历来把稳妥放在首位的教材编写领域中把这个方向又推进了一步。我的感觉是，在这本书中，对许多重要问题的分析是大胆的和鲜明的，对我们时代发展方向的感觉是敏锐的；它力图本着马克思主义固有的深思精神去解决人们久已关心的一些根本理论问题。

由此出发，在这本近46万字的书中，有不少部分是写得十分认真和扎实的。在对空想社会主义的论述中，在对经典马克思主义的叙述中，在对苏联模式的社会主义的分析中，在对当代中国和国外各种社会主义思潮的介绍和分析中，都看得出作者是下了一番功夫，在收集分析了大量材料，对研究对象有了确定的评价之后才下笔的。从而本书也就比我以往读过的不少教材更具学术性和说服力。在这个基础上，有些章节和有些论点应当说是精彩的。例如，论述空想社会主义的部分，并非简单重复马克思主义经典作家的论点，而是对空想社会主义思想家们进行了独立的研究，可以说具有相当高的学术价值。关于经典马克思主义的部分，也比过去的各种教材更讲求对马克思、恩格斯思想逻辑自身的分析，更多说理而更少空洞乏味的吆喝。再如，对当代托派作出的分析和评价比以往更符合事实：一方面指出了托派的“左”的固有特性，另一方面又承认它信奉科学社会主义，并注意到它对苏联模式的根本弊病和失败原因的揭露所具有的深刻意义。我认为，有心者如果从这些地方出发做进一步的研究，有望取得引人注意的成果。

二

笔者不准备说，这本书是完美无缺的。在某些问题上笔者有自己的不同看法。

前面刚刚说过，书中论述马克思主义的一章是很好的章节。可是在谈到晚年马克思关于俄国社会发展非资本主义可能性的论述时，观点似乎不够清楚，似乎是模糊地沿袭了时下流行的“跨越卡夫丁峡谷设想说”（尽管已经承认了西方无产阶级革命在这一设想中的重要地位），而此说在我看来是一种对晚年马克思的误解。例如，本章没有特别指出无产阶级自我管理在马克思社会主义设想中的重要性，而我认为，这一思想在马克思社会主义学说中应该居于核心地位。再如，书中断言说马克思恩格斯认为从建立无产阶级政权到这一政权的消亡是一个漫长的历史过程（见该书第118页），也与我对马克思、恩格斯思想的理解不同。第二章则一开始就从经典马克思主义跳到了列宁，中间似乎流下了一大段空白，既没有对列宁主义之前俄国社会主义思想发展的回顾，也没有对第二国际社会主义国际运动的论述。这样做，似不易看出列宁主义产生的复杂的民族和国际背景，并多少给人以领袖个人一手包办思想创新的印象。书中关于苏联模式是不成功的社会主义模式的基本观点是笔者同意的，但把苏联模式的基本特征规定为过度集权，仍有可商榷的余地。我认为，苏联模式的根本特征在于，由于国家生活从根本上缺少民主，它是一种由领袖及其执行者代替人民大众对社会实行管理的代管制社会主义（如罗莎·卢森堡早就表示过担忧的那样），而不是像马克思所规定的那种由人民大众实行自我管理的社会主义。这样的社会主义，从性质上说是专制的，似不宜仅仅归结为一个集权是否过度的量的问题。当然，以上这些都只是笔者的一孔之见，愿意提出来与本书编写者商讨。

本书强调了马克思关于社会历史是一个自然史过程的基本观点，这是很正确的。近代以来人们的理性能力大增，主动选择和主动创造的范围无比扩大，理性也由此自我膨胀，从而产生出类似罗素所说的权能哲学的思想。这种权能哲学对百多年来的社会主义运动史有过重大影响。在这种情况下，科学社会主义研究今天的任务就是要在人们心目中牢固树立起历史是自然史进程的信念，恢复历史唯物主义的本意。我们应当意识到，科学社会主义虽然以对历史规律的自觉认识为基础，并由此给能动的行动开辟了新的天地，但它没有也不可能改变人类自然史的性质。而且，所谓历史发展规律从来都是具体的，以为在一个特定时代可以一劳永逸地把它们发现出来，而不需要根据历史的发展变化去不断重新把握它们，是一种完全错误的看法。我们的社会主义研究应当跳出以往只总结经验教训的做法的局限，对历史发展中那些明显违背我们的既定理论的重大现象重新作规律性的认识，换句话说，重新总结马克思以来的世界历史，重新总结马克思以来的世界社会主义，并由此对未来发展趋势提出我们的预见。这才谈得上是创造性地发展马克思主义。为此就需要一批通过独立的学习思考，既培养起理论勇气和志向，又积累起深厚的理论素养的探索者来从事这项工作。对他们来说，这次新版的科学社会主义的理论与实践应当能成为重要的参考书。

（本文原载于《教学与研究》2003 年第 11 期）

评《科学社会主义的理论与实践》（第四版）

张光明[①]

不久前，高放教授送给我一本由他和李景治、蒲国良主编的《科学社会主义的理论与实践》第四版（中国人民大学出版社 2005 年 9 月出版）。此书初版于 1990 年，作为高等院校的研究生教材，当时就受到教育界以及其他各个领域众多人士的欢迎。此后一版再版，一直保持着很大的影响。第三版在 2003 年出版，我曾经写过一篇书评，发表在该年度第 11 期的《教学与研究》上。没想到时间刚刚过去两年多，第四版现在又问世了。前后两版相隔时间如此之短，由此可以推想此书畅销的程度。在科学社会主义的理论与实践这个问题早已变得不那么受人关注，甚至在不少人心目中已被视为无意义的陈词老调的时候，谈论这个问题的书还能遇到如此欢迎，确确实实是一件值得高兴和祝贺的事情。

收到新版后，和上一版对照了一下，感觉是，虽然总的结构、观点和叙述没有大的改动，但还是有不少局部变化、补充和更改。此书以前各版材料丰富，内容扎实，涉及范围广泛，原是突出的特点和优点，对此，我在第三版的书评中也已经指出过。这个第四版在保持这些优点的基础上，又进一步使之发扬光大了。这既表现在对材料的取舍和对许多具体史实的叙述上，也表现在对一些主要观点阐述的改进上。

首先，新版的信息量更大了，使用的材料更为丰富了。民谚有“外行看热闹，内行看门道”之说。熟悉本专业的内行细读此书，从中大约不难发现一些常人容易忽略的事实。有心人由此开拓思路，按图索骥，进一步去寻找相关材料，相信可以找到新的研究起点。特别是书中对当代社会主义在世界各国的理论和实践的评析，对当今世界上各种社会主义流派的介绍和评价，述之甚详，观点也十分公允，颇值得一读。例如，对冷战结束以来托派的分析，对“左派”共产党的分化、僵化与进化的分析，对原苏东地区社会主义各派的新态势的分析等，都是第三版和本版中很好的部分，其中既吸取了近

① 作者系北京大学教授。

些年来国内外的学术成果，又结合了编写者们自己的研究所得，写得相当细致，并且提出了许多独到而有启发意义的观点。我愿在此再次（第三版的书评中已提及）指出本书对托派的评价。众所周知，托派这个名词，在过去长时期中在我国完全等同于反革命，除了对它一味诅咒漫骂之外，不允许再有任何别的评价。改革开放以来情况虽有变化，但研究者们大都还是尽量绕开，少有人愿意去碰这个费力不讨好、说不定还可能惹麻烦的领域。而这本书不但不回避麻烦，而且在较详细地介绍和批判地分析了托派当代的理论主张和组织活动后，最后作出这样的评价：托派组织 70 多年来一直在坚持其科学社会主义的实践活动。这个结论观点鲜明，毫不含糊；在我看来，它也是完全客观正确的。

其次，在一些地方，本书新版做了值得注意的补充更新，关于这些，读者大可自己去对照比较。一个有趣的例子是本版序言中已经提到了的，这就是导论中的一处主张。这个主张认为：对共产主义这个术语，实际上译为公共主义更为准确。初看起来，这个提法近乎无谓，共产主义一词久已成定译，可谓家喻户晓，妇孺皆知，现在为什么又要标新立异呢？然而读下去便可以发现，这个标新立异并非没有意义。本书提出了一个掌故：八十多年前已有人将 communism 这个外来词译为公共主义。从原意看，communism 这个词本来确实具有由整个社会共同管理自己的事务、共同推动社会公共事业发展的含义，公共主义的译法就包含了这层意思；而共产主义的译法则似乎主要只强调了把财产归于公有的意思。这样看来，公共主义的译法自有其优越于共产主义之处。当然，我在这里所转述的只是本书作者们自己的看法，别的学者未必都会接受；此外，对于共产主义这类早已为公众所熟悉和接受的术语，即使有缺陷，现在恐怕谁也都无法再作改动了，本书作者们对此也是很清楚的。但不论如何，提出这一主张的确包含着对事物作更深入、更全面理解的启发性思路，具有积极的意义。

最后，仔细对照一下可以发现，本版与以前相比，在观点上也有了一些改动和变化，它们反映出作者们注视时代发展，跟踪最新事态，不断总结经验并吸取近年来新的学术成果的事实。仅举一例：关于一国社会主义理论的问题。众所周知，这是一个历来争议极大的问题。按照当年斯大林的说法，是列宁首先提出了这个一国社会主义理论，即在一国取得政权并建成社会主义的理论，而这个理论被赞誉为列宁对马克思主义的重大发展。然而了解马克思主义发展和演变源流的人都知道，对此说历来争议极大。特别是除了苏联和中国以外，持反对意见的大有人在，认同斯大林看法的反而不多。近年来，随着学术气氛的改变，国内学者也已经敢于提出自己的不同观点了，越来越多的学者认为这个理论实际上是斯大林假借列宁名义自己的创造。在这种情况下，本书新版在大体仍持原来看法的基础上，缓和并修改了先前的说法，不再讲斯大林坚持列宁的主张，而是改为斯大林另提出一国建成社会主义理论（见第四版第 112 页）。从作者的立场出发，我认为这种做法是可取的，反映出作者对新的学术进展既吸取又谨慎的态度。

我希望从上面所举出的这几个例子，能使读者看出这一新版所作的改进。当然，依我之见，本版还是有一些缺陷，其中有的是原来版本中遗留下来的。除了我个人持不同看法的地方之外，还可以举出一些说法欠准确和欠妥当的地方。在新版第 85 页上说：马克思发现，东方社会由于灌溉和兴修水利的需要，那里普遍存在着土地公有制度，并在此基础上形成了强大的中央集权，这就是所谓的亚细亚生产方式的基本特征。但据我理解，马克思在这个问题上的观点是这样的：土地公有制度是从原始公有制那里继承来的，而并非由于灌溉和兴修水利的需要。这一需要并不是造就了这些土地公有的公社，而是在它们之上竖立起了无所不能的集权政治，即所谓东方专制主义。可见，上述说法是不够准确的。另外，下面紧接着说这两个特点结合起来，就使得东方社会在某种程度上偏离了马克思原先所归纳的人类社会的一般规律，也未必合适。因为据我所知，马克思早在 19 世纪 50 年代就认为，直到近代以前东方始终具有不同于西方的独特发展道路，他并没有把东方的发展看作一般规律的例外，因而，偏离的说法似乎也不太恰当。

近年来，根据新的时代需要和新的经验对社会主义历史进程作宏观理论反思的著作增多了，出现了一些饶有新意、值得认真研读的书籍和文章。例如，韦定广的《世界历史语境中的人类解放主题》（人民出版社 2004 年版）、边鹏飞等人的《反思与求索当代资本主义和社会主义发展进程问题研究》（中国社会科学出版社 2004 年版）等。这是令人高兴的事情。马克思以后的社会主义者曾以拥有完整而有说服力的理论而自豪。但是，一个多世纪以来历史的实际发展显示比理论预测更加复杂，从而向理论提出了一系列重要的挑战：社会主义革命并没有按预期的那样在西方发生，东方却意外地举起了社会主义革命的旗帜；由此所决定，社会主义并不是作为资本主义发展到顶点之后的替代形态，而是演变为发达工业化社会中的改良力量和落后地区加速实现现代化的手段，对历史发挥自己的影响。由于理论体系遇到了这些棘手问题而不能得到合理的解决，世界社会主义运动在现代和当代，到处都愈益放弃或淡化其科学说明世界的企图，重新退回到了伦理主义的领域。这些现象都是现实的、可以理解的，然而真正的理论探索却不能满足于现象，不能满足于对既有的存在做支离破碎的、实用的解释和辩护，而应当深入现象内部，本着科学的和批判的精神认真考察分析本质之所在。当这样做时，唯一有效的方法就是重新回顾并总结历史，包括马克思以来的社会主义历史。换句话说，运用马克思学说所创造的、至今仍然有效的历史唯物主义方法，去检验和分析马克思主义以来的全部社会主义演进史，仍应是当今研究者的一项重要任务。如不如此，社会主义便失去其理论说服力，沦为令人生厌的官房学。因此在我看来，到目前为止我们在这个领域中的著作，无论在数量上还是质量上都还远远不够，还需要有更多更好的著作出现。科学社会主义的理论与实践在以往各版迄今已经发挥了重大的作用，这使我们有理由期待它在未来的新版起到更大的作用。

（本文原载于《教学与研究》2006 年第 5 期）

精益求精，更上一层楼

——《科学社会主义的理论与实践》（第四版）评介

刘雅贤[①]

高放、李景治、蒲国良主编的《科学社会主义的理论与实践》（第四版）于 2005 年 9 月由中国人民大学出版社出版发行。该书第三版（以下简称第三版）于 2003 年 1 月问世后曾在两年之中连续印刷五次，在社会上引起很大反响，好评如潮，很多高校都将此书首选为研究生公共政治课通用教材。2004 年第三版被北京市教育委员会评为北京高等教育精品教材，原本是可以在简单修订后重印发行的，但是编者们并没有沉酣在既得的荣誉中，而本着高度负责的精神和严谨的态度，精益求精，再次对第三版细加修改，由此才有了

① 作者系苏州科技学院政治与公共管理系教师，中国人民大学国际关系学院博士生。

本书第四版（以下简称第四版）。

第四版在保留第三版优点的基础上又作了大量的修改。在高放教授为该书所作近6000字的序言中，不仅体现了该书主编的精妙构想，而且也对各章新修改的主要之处作了简要说明。全书从头到尾改动1000多处，几乎每一页都做了修改和补充。单目录方面就修改了29处，其中一级目录修改3处、二级目录修改7处、三级目录修改19处。在字数方面也并不是单一的增加，而是有增有减，甚至减大于增：第三版的总字数是45.7万字，第四版的总字数是44.9万字。第四版总体上更加突出了精、准、深、新的特点，即内容精练、观点准确、思想深刻、体系与材料新颖。在此，笔者不再赘述第四版与第三版共同的优点，而是以一名科社专业读者的身份谈谈第四版与第三版比较后的一些新特点。

第一，基本概念的界定及来源更为精准。对任何一门学科而言，基本概念都是构建该门学科理论结构的逻辑元件。基本概念界定得准确与否将直接关系到理论大厦的稳定性。该书第四版更加强调了这一点。长期以来学界对马克思主义这一基本概念的界定是多种多样的，这使人们难以弄清马克思主义的真谛。编者在第四版导论中开宗名义，用22个字给马克思主义下了简明定义：马克思主义是马克思、恩格斯创立的无产阶级和全人类解放的科学。这个定义就令读者有顿然彻悟之感。例如，共产主义也是科社中的一个基本概念。在第三版中，编者追溯了共产主义的词源。在第四版中，编者更加详细地增补了共产主义一词最初由日文移植到中文的经历（第四版第7页），进一步说明了中国人自己译为公共主义较之于日本人译为共产主义更为精确的原由。

第二，内容更为客观、真实。一门学科对人们是否具有强大的吸引力在于它能否客观、真实地反映事物本来的面貌。这一非常简单的原则在科社学科领域是知易行难。令人高兴的是第四版在这一方面更加向前迈进了一步。全书越来越摆脱了戴有色眼镜看问题的传统弊病，其内容更为客观、真实，这在很大程度上增强了读者对该学科的兴趣和信任度。如编者所言：科学社会主义诞生的时候，科学一词还只是表明对客观事物分科、分类进行实证研究，其研究结果未必全是正确的。由此可见马克思、恩格斯的科学社会主义还包含有空想社会主义成分。而且它的很多原理还缺少实践检验，甚至会被实践证伪。（第四版第96页）对此，恩格斯在反杜林论中也作了明确的说明。例如，对韩国民主劳动党新材料的增补（第四版第360页），不仅拓宽了读者的视野，而且也客观地反映了为实现社会主义奋斗的政党不再单纯是共产党一家这一客观事实，提示人们需注意外国一些新建的社会主义政党在未来可能成为领导人们走社会主义道路的领导力量甚至成为执政党的这一新趋势，这也使读者对这些新生政党产生了浓厚的兴趣，从而继续关注它们未来的命运。

第三，观点更加清晰、更具针对性。该书的主编们不仅是学者而且也是社会主义国家建设的谏言者。他们以客观、宽广、深邃的目光环顾并透视了历史与当今的资本主义与社会主义各国，以史为鉴，道出了自己的肺腑真言。与第三版相比，第四版观点更加清晰具体，主要是针对现今的资本主义国家和社会主义国家，这里不妨列举一二。例如，第三版中曾引用恩格斯强调民主共和国甚至是无产阶级专政的特殊形式这一观点（第三版第117 页），在第四版中，编者进一步指出：即是说，资产阶级通用的三权分立的民主共和国也可以作为未来无产阶级社会主义国家政权的结构形式（第四版第 83 页）。这表明现今资本主义国家未来走上社会主义道路可以沿用它们现存的国家结构形式。再如，第三版中在总结苏联模式失败的历史教训时曾指出要清除君主专制制度的影响（第三版第 216 页），在第四版中编者将君主专制制度对苏联模式的影响进一步具体化，指出其影响的具体内容等（第四版第 162 页），这说明当今社会主义各国要根本革除苏联模式过度集权的弊病，要发展社会主义民主、自由与法制，依旧任重道远。为了避免重蹈苏联东欧各国覆辙，必须加快社会主义改革开放的力度与步伐（第四版第 166 页）。

第四，对或然判断的进一步肯定。该书第三版与第四版间隔虽然只有短短的两年，但其间世界形势变化多端，也使编者们不断审视自己的观点，进而删除一些不合时宜的提法，同时也对原来的一些或然判断作了进一步的肯定。例如，第三版中编者指出：社会主义国家同资本主义国家长期和平共处、防止用战争手段来解决不同社会制度国家之间的矛盾，是有现实可能的（第三版第 445 页）。在第四版中编者进一步肯定地指出：社会主义国家同资本主义国家的和平共处完全可能是长期的，完全可能不必用战争手段来解决不同社会制度国家间的矛盾，因而当今的和平共处就不是一时权宜之计的策略，而是长期持续有效的战略（第四版第 344 页）。

尽管主编们精益求精，但笔者感到该书仍有些许不足之处。一是书中提到的学习与研究科学社会主义的方法笔者认为不够充分。马克思曾指出：一种科学只有在成功地运用数学时，才算达到了真正完善的地步。[①] 而目前，如何运用数学的方法对科社领域进行更深入的研究还是有待解决的一个新问题。此外，当代西方社会科学研究中出现的一些新的研究方法也是值得我们借鉴的，如采用图表、模型、系数等进行逻辑推理与理论论证。二是书中有的章节结构在表述上还存在不协调的情况，如第三章第一节第一个标题是“毛泽东思想对中国特色社会主义的初步探索”，如果改为“毛泽东思想与中国特色社会主义的初步探索”就能与第二标题“邓小平理论与中国特色社会主义的形成”等相一致。另外，本书虽是阐述科学社会主义理论与实践的精品，并且主编在第四版中也增加了对欧洲1848年革命、巴黎公社革命和第一国际、第二国际、第三国际的简介，但笔者建议其他读者的是：如能先对国际共运史有更具体的了解的话，那么再读此书就会起到事半功倍的效果，而且在阅读中也才能真正深刻领会编者们的观点。

总之，总体上看，读罢此书真有王之涣诗中所云“欲穷千里目，更上一层楼”之感，令人更加清晰地认清了科学社会主义的真谛及其来龙去脉。

（本文原载于《教学与研究》2006年第5期）

一本对实际工作极为有用的理论书

——评高放等主编的《科学社会主义的理论与实践》（第四版）

马军亮[②]

目前，科学社会主义理论的宣传和教育面临的困境主要是理论和现实工作脱节，一般的理论写作多半枯燥乏味甚至有不少的僵硬教条气息，回避了实践提出的亟待解答的一些重要问题。但在最近，笔者有幸拜读了中国人民大学出版社新出版的该校国际关系学院高放、李景治、蒲国良三位教授主编的《科学社会主义的理论与实践》（第四版），深感这是一本对实际工作极为有用的理论教科书。

① 保尔·拉法格：《回忆马克思恩格斯》，人民出版社，1957年，第73页。

② 作者系中共中央纪律检查委员会干部。

这本书具有以下三个突出的优点。

一、作者有许多与众不同的论述，有助于人们完整准确地理解科学社会主义理论，从而坚定社会主义和共产主义的理想信念

本书开篇这样定义马克思主义：马克思主义是马克思、恩格斯创立的无产阶级和全人类解放的科学，也可简称为人的解放学。人的解放始终是资本主义时代以来人类进步力量所追求的根本目标，只要这个目标还没有实现，科学社会主义的历史使命就没有完成，因而马克思主义和中国特色社会主义事业具有强大的生命力。

“苏东剧变”后，很多人对社会主义的前景感到迷茫，他们提出：苏东剧变难道只是由于领导人推行右倾的错误路线造成的？为什么罗马尼亚共产党直到最后还坚决反对政治多元化和市场经济，却同样也遭到覆灭？从本书的论述中，我们终于明白：苏东剧变的深层原因在于苏联模式有诸多根本背离马克思主义的地方，如在落后国家急于实现一大二公三高四纯的社会主义，没有清除封建专制主义的历史影响，实行权力过度集中的专制政治体制，等等。所以，苏东剧变并不是科学社会主义的失败，而是由于教条式地照搬科学社会主义，或者从根本上背离科学社会主义而导致的。社会主义的发展前途在于克服苏联模式的种种弊病，善于把科学社会主义与当今时代和本国实际相结合。

值得关注的是，本书的第五章详细分析了发达资本主义对科学社会主义的挑战以及如何应对这种挑战。例如，在解释为什么腐朽、垂死的资本主义还能带头掀起第三次科技革命、从而使资本主义更加发达这一读者关心的问题时，作者没有像一些理论工作者那样求解于意识形态批判，也没有对这一现象视而不见，而是从实际出发，指出科技的大发展除了科技人员的主观努力之外，还需要有利于科技大发展的诸多客观社会条件。发达资本主义国家由于具备了这些条件，所以能够引领科技革命。社会主义国家如果具备这些条件，它的科技也一定能够得到更快的新发展。这就破除了资本主义制度本身有利于科技发展这一神话，既有利于坚定人们对社会主义的信心，也为我们今后的改革提供了思路。这样的解答没有引经据典，却高屋建瓴，具有很强的说服力。

二、提出了不少具有启发意义的新观点，有利于突破教条主义的僵化思维

科学社会主义理论要创新很难，有学者指出目前科学社会主义理论界的现状是回顾多而前瞻少、注解多而创新少、务虚多而务实少，而本书除上述前瞻性的研究外，还提出了不少值得深思的新观点。例如，作者从大量经典文献中挖掘出了恩格斯的一个看法，即资产阶级以权力分立为特征的民主共和国也可以作为未来无产阶级社会主义国家的政权形式。我们传统的科社理论向来过于强调社会主义和资本主义国家政权形式的绝对对立，对于其中可供借鉴的地方少有提及。恩格斯的这一观点对于我们颇有启发意义。在阐述民主社会主义对科学社会主义的挑战时，作者指出，民主社会主义影响越来越大的原因在于它能够顺应时代发展的要求，不断调整政策，力争群众支持，接受群众监督，取消高官特权，注重发展经济给群众以实惠。作者预计，只要各国资本主义的固有矛盾没有激化到出现革命形势的地步，奉行民主社会主义的社会党就还有发展空间，即便还没有建立社会党的国家也会出现社会党。执政的共产党只有加快改革才能从根本上防止共产党的社会民主党化。但是，作者又指出，作为应对其挑战的战略，共产党要善于联合各类社会主义政党，尤其是民主社会主义政党，为此要在各个方面对社会党及其民主社会主义进行具体分析，区别对待。

三、提供了大量丰富的有关世界社会主义运动的历史与现实的新材料，对于开阔从事实际工作的读者的视野大有帮助

书中指出，共产主义这一概念在中国历史上还有另一译法，即公共主义，共产党也曾称为公共党，而后一译法也许比共产主义更为恰当。因为共产主义容易被误解为只是主张没收私有财产，而公共主义则是表明立党为公，要发展公共事业（包括实现生产资料公有制），要造福公共大众。邓小平提出社会主义要实现共同富裕，其着眼点也是要造福公共大众。可见这一史料不仅可以提供新的知识，也是具有现实意义的。作者充分运用史料来总结社会主义的经验教训。例如，作者指出1920年列宁创立的监察委员会从原来不隶属于各级党委，到1934年斯大林把各级监委划归各级党委领导，是导致权力缺乏制约的一个重要原因。对于世界范围内的社会主义运动，本书不仅以很大篇幅论述了一些社会主义国家对各具本国特色社会主义的新探索，有利于当前我国社会主义实践的探索与借鉴；也用很大的篇幅介绍了发达国家民主社会主义的思想与实践，即使对一般不被关注的托派第四国际这些现象也作了适当的介绍。这对于认识当代资本主义的现实及演变趋势，对于帮助从事实际工作的人员开阔眼界、拓展思路、反思实践也是有帮助的。

总的来看，该书以实事求是的态度和开放的心态，在坚持马列主义为指导的前提下，尽量做到言之成理，持之有故。展读其书，这样从经典著作中梳理出来的新意比比皆是。最后，有必要提及的是该书的写作风格也非常吸引读者，能够非常恰当地注意文风的活泼，在平实中见新意，在严谨中显活力。这也是该书能够得到从事实际工作人员认同的重要原因。

（本文原载于《科学社会主义》2007 年第 3 期）

一部体现“三个面向”视野的教材力作

——读高放教授等主编的《科学社会主义的理论与实践》（第五版）

曾亚雄　林怀艺[1]

科学社会主义是马克思主义的核心，用科学社会主义武装全党、教育干部和群众，引导他们科学认识社会主义发展的历史进程，坚持走中国特色社会主义道路，是我们国家思想政治建设中的一项重大任务。自 1988 年原国家教委根据党中央的有关规定把科学社会主义的理论与实践作为全国高等学校硕士研究生的一门公共政治理论课后，高放教授便呕心沥血，致力于编写高质量的科学社会主义的理论与实践教材。在 20 年的时间里，高放教授带领他的学术团队五易其稿，一稿胜过一稿，一稿优过一稿，把最美好的精神食粮奉献给广大教师、学生和读者，充分体现了一个共产党员理论工作者的执着追求和高尚品格。

由高放、李景治、蒲国良三位教授主编、中国人民大学出版社 2008 年出版的《科学社会主义的理论与实践》（第五版），优点突出，特点鲜明，它纵横交错、博古通今；史论结合，以理服人；是非对比，启迪思维；简洁明了，精而管用。最让人印象深刻的，是它体现了三个面向：面向现代化、面向世界、面向未来的视野，读来令人心胸开阔、学有所获；讨论令人各抒己见、研有所得；掩卷令人回味无穷、思有所成。因而，说它是一部教材力作，一点儿也不为过。

---

[1] 作者系华侨大学马克思主义学院教师。

首先，这是一部面向现代化的教材。正因为它面向现代化，所以它充满现代气息，真正地做到了把社会主义建立在现实的基础上，赋予社会主义以崭新的人类文明的生机活力。“两个必然”是科学社会主义的核心内容，但在一球两制、资强社弱的情况下，要向学生理直气壮地阐释“两个必然”的原理，绝非易事。一些科学社会主义教材之所以说服力不强，一个很重要的原因就在于它们缺乏与时俱进的理论自觉，不但体系陈旧，而且所使用的材料、所表述的观点、所得出的论断，还停留在以往的水平，难怪读者觉得不解渴甚至有被欺骗的感觉。与此不同，《科学社会主义的理论与实践》（第五版）不但在结构、体例上推陈出新，而且在理念、内容上新意迭出，它着眼于全球化时代资本主义生产方式、上层建筑、阶级结构和国际关系的新变化，既肯定资本主义对人类文明进步的贡献，又剖析当代资本主义的种种弊病，特别是揭示了资本主义社会中社会主义因素在不断积累的事实，表明社会主义仍然是人类历史发展不可逆转的总趋势。紧密结合当代资本主义的最新发展来阐释两个必然，这对学生坚持理想、坚定信念、打破资本迷信，意义十分重大。

其次，这是一部面向世界的教材。正因为它面向世界，所以它以“海纳百川，有容乃大”的气魄，通览世界社会主义。《科学社会主义的理论与实践》（第五版）从马克思、恩格斯的科学社会主义说起，分析了苏联模式社会主义的出现、定型、推广和失败，探讨了当今社会主义国家各具特色的社会主义道路，评价了资本主义世界各类社会主义流派，在此基础上，把当代世界社会主义归纳为九家，划分为大三家（共产党的科学社会主义、社会党的民主社会主义和民族主义政党的民族社会主义）、中三家（绿党的生态社会主义、托派的社会主义和极左派共产党的社会主义）和小三家（无政府社会主义、西方学者的社会主义和当代空想社会主义）。可以说，如果没有对社会主义思想史、社会主义流派史、社会主义运动史、社会主义政党政治史等的深刻把握，是很难做出这种独到的划分的。以往我们曾经犯过用苏联模式来卡社会主义的错误，现在又有些人用中国经验来框社会主义，把本该多样化的社会主义的实现形式，变成一种非此即彼的教条主义，所以觉得社会主义的路越走越窄，这是很可悲的。只有打破这种唯我独社、唯我独尊的思维，以世界眼光看待社会主义，以科学态度对待科学社会主义，我们才能深信，只要人类对公平、共富、自由、民主、人权、和平等理想的最美好追求没有泯灭，社会主义在世界各地就必将通过那里的人民自愿选择的方式，为自己开辟成长壮大的道路；才能寻求科学社会主义迎接其他社会主义流派的挑战，依靠真理的力量重新赢得尊严和荣誉的必由之路。

最后，这是一部面向未来的教材。正因为它面向未来，所以它充满了对人类未来走向的人文关怀，坚信社会主义是世界人民的人间正道。2007 年，党的十七大报告提出中国特色社会主义道路既坚持了科学社会主义的基本原则，又具有鲜明的中国特色，从那时起，科学社会主义的基本原则就成为理论界关注和研究的一个重点问题。《科学社会主义的理论与实践》（第五版）在厘清科学社会主义基本原则与马克思主义基本原则、历史唯物主义基本原则和科学社会主义基本原理的区别和联系的基础上，揭示了科学社会主义的六条基本原则，即人类社会从资本主义发展到社会主义、共产主义是一个客观的、自然而然的历史进程；人类社会由资本主义向社会主义、共产主义的进化必须经过工人阶级和人民群众自觉的、长期的斗争才能实现；人类社会从资本主义发展到社会主义、共产主义的目标是实现人的解放；人类社会从资本主义发展到社会主义、共产主义必须要有社会主义、共产主义政党的正确领导；人类社会在资本主义发展到社会主义、共产主义，工人阶级和劳动人民必须掌握政权；人类社会要从资本主义发展到社会主义、共产主义，工人阶级和劳动人民掌握政权后，还要经历几个历史阶段才能逐步建成社会主义、共产主义。这六条基本原则高屋建瓴、气势磅礴，划清了科学社会主义与形形色色的社会主义流派的界限，点明了科学社会主义学科命中注定、义不容辞的主旨和探求社会进步、人类解放的规律，致力于实现每一个人自由全面发展的崇高事业。读者不难从中明白，既然社会主义、共产主义与每一个人的福祉密切相关，那么，为了人类更加美好的明天，我们就要既尊重社会发展规律，又发挥主观能动性，以促进社会主义、共产主义事业的健康发展。

《科学社会主义的理论与实践》（第五版）既坚持三个面向，又十分重视联系中国、突出中国，跳动着一颗为中国共产党的治国理政和中国特色社会主义的兴旺发达出谋划策的拳拳之心。这也是该教材值得提及的一个品格。

邓小平在晚年曾深情地说：“社会主义是可爱的，为社会主义奋斗是值得的。”仔细品读高放教授等主编的《科学社会主义的理论与实践》（第五版），我们对这一句话的深刻内涵和无穷意蕴，又有了更加深刻的体味。

（原载于中共重庆市委党校学报《探索》）

与时俱进的科社经典教材

——《科学社会主义的理论与实践》(第六版) 评介

刘雅贤[①]

在众多科学社会主义专业的学人眼中，有一本颇有影响力的经典教材是必读的，即由国内著名学者、中国人民大学荣誉一级教授高放先生牵头主编的《科学社会主义的理论与实践》一书。该书 1990 年 7 月第一版问世，2014 年 1 月最新修订的第六版出炉。翻看该书的第一版到第六版，体会最深的是该教材一直秉承着“思想解放”“与时俱进”的特色，这两个特点也正是高放教授所带领学术团队的学术品格。跟以往修订版相比，第六版有两个鲜明的特点：一是经典的权威性不变，二是与时俱进的前沿性突出。

一、经典的权威性不变

“经典”教材最重要的特征是其权威性，并且这种权威也要得到各方所公认。新出的第六版从编者、观点、发行量等方面延续了这种权威性。

首先，编者们有权威。高放教授从第一版到第六版一直牵头主编，并做了大量的实际编写工作。高放教授是国内学术界公认的科社与国际共运的学科带头人，是身兼中国国际共运史学会和中国科学社会主义学会这两个学会顾问的唯一学者，在科学社会主义和国际共运史领域是公认的领军人物。多年来他站在科社和国际共运学科的前沿，引领着学科发展的方向。此外，另外两名主编——李景治教授和蒲国良教授不仅是中国人民大学科社和国际共运的学科带头人，也是在国内多年从事社会主义研究的著名学者。

其次，观点有权威。观点的权威不是因为编者们是学术界名人，而是在于其观点得到大众认可，并经得起时间和实践的考验。例如，在“什么是马克思主义?”这个问题上，早在本书的 1990 年第一版时，高放教授就指出“马克思主义是马克思、恩格斯创立的关于无产阶级和全人类解放的科学”

---

① 作者系苏州科技学院教育与公管学院副教授。

（见第一版第1页）。当时这个定义并没有引起学术界的太大关注，对于马克思主义的定义还是仁者见仁。2003年在本书第三版中，高放教授把“马克思主义”的定义又精减掉“关于”2个字（见第三版第1页）。2005年本书第四版发行，高放教授将“马克思主义”的定义再次精化，最终用“人的解放学”这5个字来诠释（见第四版第1页）。这个定义在2005—2006年间引发了学术界的争论，一些学者不同意这个观点，但更多的人对这个新解表示欢迎和支持。2007年高等教育出版社出版的全国本科生通用的公共政治课教材《马克思主义基本原理概论》一书中，绪论的标题就是“马克思主义是关于无产阶级和人类解放的科学”。这表明高放教授这个观点已经被理论界和社会大众所公认。

最后，读者公认。1990年本书第一版问世时，发行量5000册，随即有人认为此观点失之偏颇不让公开发行，结果在内部很快脱销。1994年第二版（修订本）发行，初次印刷11000册，之后8年先后重印20多万册。2003年第三版发行，两年之中连续印刷5次，并在2005年被北京市教委评为“北京高等教育精品教材”。2005年第四版发行，3年中5次重印，并被当作国内社会主义书籍中的首选译为日文，2012年由大阪株式会社在日本出版。日文版得到“了解中国之经典”的称誉，还获得了中国图书对外推广计划资助。[①] 2008年发行第五版，6次重印，累计20万册，并被教育部高等教育司列入“普通高等教育‘十一五’国家级规划教材”。2010年，教育部将硕士研究生的公共政治课由“科学社会主义的理论与实践”调整为“中国特色社会主义理论与实践研究”。这种调整固然与本硕公共政治课教学内容有所衔接，但在实际操作中容易出现两个问题：一是本科生阶段开设的“毛泽东思想和中国特色社会主义理论体系概论”课程与研究生阶段的“中国特色社会主义理论与实践研究”课程在教学内容上有重复；二是硕士研究生们，特别是理工科专业的学生，对社会主义的前世、今生、未来了解较少，造成他们对社会主义理解的历史积淀和国际视角都备受局限。所以，尽管课程做了调整，但本书仍作为其辅导教材在全国畅销。从第一版到第六版的24年中，该书市场的发行量超过百万册。在众多的科社教材中，试问有哪一本教材是翻译成外文出版的？又有哪一本教材的发行量能赶超其上？没有官方的硬性

---

① 《与时俱进不断更新——〈科学社会主义的理论与实践（第六版）〉简评》，载《光明日报》，2014年第7版。

规定和摊派，是社会、市场及各高校自主选择了该书，这也说明民众公认了该书的权威性。

二、与时俱进的前沿性突出

“与时俱进”既是高放教授的学术品格，也是本教材的一贯特色。因为与时俱进，所以能站在学科前沿，引领学科发展方向。本书第六版在编者、结构、观点、材料等方面均体现出与时俱进的特色。

首先，编者队伍与时俱进。本书从第一版到第六版，其编者队伍中不时补充新鲜血液，秉承了该学术团队的梯队建设、新老交替、提携后人的原则。1990 年本书第一版问世时，主编只有高放教授一人，其编者团队中都是中国人民大学老一辈学者：邝文陵、向美清、洪肇龙、牛继升、张泽森。2003 年第三版出炉时，主编增加了两名教授：李景治、蒲国良。编者团队中老一辈的学者们隐退，新学者涌现，如陈新明、汪亭友。2008 年第五版发行，在编者的团队中少了汪亭友，同时增加了一批新成长起来的年轻学者：郭春生、谢小燕、韩冰、宫玉涛。20 多年来，该书的一版再版，是高放教授带领其学术团队集体智慧的结晶，也是高放教授作为学科带头人不断培养接班人的辛苦过程，正如高放教授在第六版序言中所说：“主编重担超荷负，副手齐心共挺肩”（见第六版序言第 10 页）。令人担忧的是高放教授如今已经 87 岁高龄，李景治教授也已经 71 岁了，只有 48 岁的蒲国良教授年轻力壮。看来本教材日后的与时俱进、再续新篇、市场大卖等重任要逐渐落在蒲国良教授带领的新学术团队身上了。

其次，结构与时俱进。当年，本书第一版问世，就以独树一帜的结构和体系征服了读者。笔者翻阅了 20 世纪八九十年代出版的科社教材，有的教材是按照把科学社会主义归纳为若干条原理、划分为若干个专题分别展开论述，如赵明义主编《科学社会主义》（1983 年版）、郑建邦主编《科学社会主义原理》（第二版）（1983 年版）。有的教材是按照科学社会主义的过去、现在、未来分篇铺叙的，如陆莉娜主编《科学社会主义理论与实践》（1988 年版）。本书第一版时，是以 100 多年来社会主义思想认识的三次飞跃作为主线，在纵向上说明了百年来科学社会主义理论是如何在继承前人成果和总结实践经验的基础上创立并逐步发展起来的，在横向上论证了科学社会主义的各个原理是如何在实践中得到验证并不断增加新内容的。这个纵横交错、理论联系实际的结构体系一直沿用至今。尽管结构大的方面承袭、沿用，但在细节上却一直与时俱进，每次修订都有新变化。相对于第五版，第六版的结构在目录上的新变化共有七处：五处表述更精准，两处内容有增加。表述更精准的五处有：绪论中的研究意义由原来的“理论与现实意义”变为现在的“多方面意义”，突出了科社对其他科学和专业学科的意义，强调通晓社会主义的一般规律和建设中国特色社会主义的特殊规律的重要性；第三章的标题由原来的“当今社会主义国家对各具本国特色社会主义的新探索”变为现在的“当今社会主义国家对本国社会主义的新探索”，去掉“各具特色”的原因在于“‘中国特色社会主义’只是中国共产党的提法，其他各党并未明确提出本国特色社会主义”（见第六版序言第7页）；第五章第一节的第二个标题由原来的“人类社会正面临两种制度和平共处、合作、竞争和斗争的新时代”变为现在的“人类社会正面临世界各国和平发展、合作共赢的新时代”，编者对时代的新研判跃然纸上；第四章第三节第一个标题由原来的“原苏联东欧地区左翼政党的重组与迭起”变为“原苏联东欧地区左翼力量的重组与迭起”，“左翼力量”相对于“左翼政党”的范围更加宽泛和准确；原来第四章第三节第二个标题调整为现在的第三个标题，表述上也由原来的“原苏联东欧地区左翼政党对社会主义的新探索”变为“新建共产党对社会主义的新探索”，着重阐述了原苏联东欧地区新建共产党对社会主义的认识。目录内容增加有两处，均在第四章第三节，即“原苏联东欧地区左翼力量迭起的原因”和“原苏联东欧地区社会主义运动发展的前景”。这两部分内容原是书中的两个分题目，本次的单独列目使得读者对原苏东地区社会主义运动的过去、现在、未来有了更清楚的把握，相对于以往结构更清晰。

再次，观点与时俱进。无论本书的哪一次修订、再版，其与时俱进的特点都保持不变。本次新发行的第六版中，有很多观点也都跟上了时代的步伐，如对社会主义的新解。“什么是社会主义？什么是共产主义?”这些问题是科社的核心问题。对于社会主义和共产主义的认识，该书在刷新版本的同时，其观点也不断刷新。本书第一、第二版时，只是阐述了社会主义和共产主义的词源和词义（见第二版第8页）。第三版时新增了把“共产主义”译为“公共主义”更为准确的观点（见第三版第7页）。到第四版时，新增内容具体解释了为什么把“共产主义”译为“公共主义”的原因，即共产主义容易被误解为只是主张没收私有财产归公共所有，而公共主义则是表明立党为公，要发展公共事业（包括实现生产资料公有制），要造福公共大众（见第四版第

7 页）。到第五版时，新增了在历史文献中社会主义、共产主义含义的不断演变（见第五版第 7—8 页）。新出的第六版，对社会主义的认识又有了新解：以社会为主义，为社会而主义，由社会出主义，靠社会显主义。而不能只以政党为主义，只为国家而主义，只由精英出主义，只靠媒体显主义（见第六版第 7 页）。第六版在讲到科社六原则之一“人类社会从资本主义发展到社会主义、共产主义，工人阶级和劳动人民必须掌握政权”时，增加了政党在掌握政权后的执政原理，即“凡是通过暴力革命取得政权的党一定要发展党内民主和人民民主，使党员有权利来选举党的领导人，使公民有权利来选举国家政权领导人，这样才能保证党的长期科学执政。凡是通过议会民主执掌政权的党，都要精心采取逐步渐进的方略，争取能够连续执政；更要做好在下届议会选举中落败的准备，以便总结经验教训，争取东山再起，重新执政（见第六版第 67 页）。”像这样的新观点，书中还有很多，这里就不一一举例了。

最后，材料与时俱进。本书的每一次改版，都新增了很多材料，本次也不例外，略举几例。比如，当年，斯大林利用基洛夫被杀事件发动政治“大清洗”运动。那么基洛夫到底是怎么死的呢？新出的第六版新增史料，加注进行揭秘：“基洛夫以权猎色，拥有多名情妇。其中之一米尔达·德劳列是基洛夫秘书处服务员，她丈夫尼古拉耶夫发现后凭自己的党证进入基洛夫办公大楼开枪杀死了他”（见第六版第 108 页）。可见，基洛夫是死于情杀而非政治谋杀。又如，资本主义国家共产党新变化一直是读者所关注的。第六版中增加了新材料指出当今资本主义国家共产党的最新概况：“现在资本主义世界大约 100 个国家有新老共产党共约 130 个，其中欧洲 55 个，美洲 32 个，亚洲 29 个，非洲 8 个，大洋洲 3 个。参加中央和地方政权的参政党有 20 个。共产党党员总数约 700 万，党员超过 10000 人的党有 25 个”（见第六版第 243 页）。再如，第六版的第三章中，编者对当今 5 个社会主义国家在材料上均有所新增，这里不一一列举。

纵览该书第一版到第六版，其中研究方法与时俱进的速度和力度还需要加大。该书自第一版开始就提出了研究科社的五个基本方法：理论联系实际、世界联系中国、成就联系挫折、现实联系历史、现在联系未来。第五版中提出了：“学习与研究科学社会主义还要采用数学的方法”（见第五版第 27 页）。第六版中与时俱进地提出现代数学的一个新分支——博弈论“对研究社会科学，尤其是研究科学社会主义具有方法论上的指导意义”（见第六版第 28

页）。令人遗憾的是，书中尽管对数学方法有一些运用，但是用数学图表、数学模型来阐释问题的还未见。可见，在研究方法方面，科社学人们还需要加大对新兴研究方法的投入和运用。此外，书中还有一些小的笔误，如第二版的出版时间是1994年4月，不是1994年8月（见第六版序言第2页）。俄共四大是1997年召开，不是1991年（见第六版第272页）。

总的来看，正是因为高放教授在科社和国际共运领域思想解放、与时俱进的新解较多，所以中国科学社会主义学会会长赵曜教授2007年在“高放教授八十华诞学术研讨会”上指出：“从高放教授的渊博学识、独树一帜的学术思想和观点，以及培养出众多的追随他的学生和弟子，可以说我国学术界已经形成了马克思主义的高放学派。”[①] 本书可以说是高放学派的一本代表作。我们期望高放教授带领其学术团队今后能继续解放思想、追踪国际共运时代大潮，为科社学界带来更多的学术精品。

（本文原载于《中国延安干部学院学报》2014年第6期）

百炼千锤出上品，集思纠“左”拒西偏

——评《科学社会主义的理论与实践》（第六版）

吴韵曦[②]

一本好教材的影响是广泛而深远的。高放、李景治、蒲国良三位教授主编的《科学社会主义的理论与实践》（第六版）的正式出版，增添了不少新见解、新材料、新亮点、新启示，体现了解放思想、实事求是、与时俱进、求真务实的精神。这不仅是一本常看常新的好教材，更是立足前沿的好著作。它不仅是相关专业研究生的权威教材，还能作为了解世界社会主义五百年的通俗读物和党校培训的理论读本。从1990年第一版问世到2014年第六版修订，该书累计发行量高达百万册，还被译成多国语言，成为业内标杆。其中，第三版被评为“北京市精品教材”，第五版被教育部高等教育司列入“普通高

① 中国人民大学国际关系学院编：《高放学术思想评论集》，黑龙江人民出版社，2008年，第20页。

② 作者系中国政法大学马克思主义学院讲师。

等教育‘十一五’国家级规划教材”。纵使自2010年起高校硕士研究生思想政治理论课调整为“中国特色社会主义的理论与实践”，这本教材依然具有不可替代的价值，发挥着十分重要的作用。

《科学社会主义的理论与实践》（第五版）恰逢2008年出版。自国际金融危机爆发以来，资本主义制度内在矛盾再次暴露；中国经济稳步发展，总量跃居世界第二位，中国特色社会主义愈益兴盛；社会主义与资本主义两制关系发生不少变化。该书紧跟时代步伐，把握理论前沿，反映了科学社会主义理论的新进展和世界社会主义运动的新气象。全书更新多达几百处。试举几例独具匠心的变动。

第一，绪论开宗明义地指出：社会主义顾名思义，当今应该理解为“以社会为主义，为社会而主义，由社会出主义，靠社会显主义。而不能只以政党为主义，只为国家而主义，只由精英出主义，只靠媒体显主义”。从历史文献来看，社会主义最早相对于个人主义而言，被欧洲传教士用于说明人的社会性。随后，19世纪，“空想社会主义者”逐渐视其为不同于资本主义的新社会思潮、新社会制度。20世纪，“左”倾教条主义与封建专制主义残余相结合形成了以党代政、以国家压制社会、过度集权的苏联模式，与社会主义发展自由与民主的本质要求产生了矛盾，引起广大人民群众的日益不满。既然编者把社会主义定义为“以社会化劳动为基础、由劳动人民掌权的社会形态”，那么重新凸显社会主义的社会性，有助于正本清源，正确树立建设社会主义的指针，避免国家主义、精英主义和教条主义。

第二，绪论把资本主义的现代化文明成果概括为劳动社会化等十个“化”，把制度弊病归纳为资本私有化等十个“化”。概念的厘清和特征的提炼难在严谨精确，重在客观全面，贵在通俗易记。这样评析资本主义的成就和问题，不仅令人信服，而且便于教学。在资本主义发展不足、经济文化相对落后的东方国家，社会主义由理论学说率先变为现实制度。然而，社会主义国家建设者长期脱离实际，奉行急于求成的“左”倾路线，教条地按照经典作家规定的方式去改造生产关系、组织生产劳动，试图迅速建成人人平等的共产主义社会。这种全盘否定资本主义文明成果、彻底背离现实社会发展规律的做法导致生产关系超前于生产力水平。过早建立的、僵化的公有制和计划经济终究难以推动生产力的持续健康发展。因此，社会主义作为资本主义的继承物、对立物、取代物和创新物，只有正视资本主义的成果，才能克服资本主义的缺陷，从而建成优于资本主义的理想社会。

第三，学习和研究科学社会主义的基本方法要借鉴现代博弈论的方法和理念。一个学科的持续发展离不开科学方法的支撑。恩格斯在《社会主义从空想到科学的发展》中指出：“为了使社会主义变为科学，就必须首先把它置于现实的基础之上。”面对纷繁复杂的人类社会，多学科、多方法综合运用的研究乃大势所趋。根据实际需要，进一步强调方法论意识，加强与其他学科的联系交流，引入价值观念中立的具体研究方法，有利于拓展学科生存空间，防止先入为主的研究和苍白无力的说教，避免固守哲学思辨的立场和照搬实证主义的误区，不断增强理论的逻辑性、客观性、说服性。例如，概念的操作、假设的验证、抽样的调查、定量的分析等现代社会科学研究手段，均可用于论证社会主义的比较优势。

第四，第五章把“人类社会正面临两种制度和平共处、合作、竞争和斗争的新时代”改为“人类社会正面临世界各国和平发展、合作共赢的新时代”。这不仅是单纯的学理问题，更关乎现实的政策方针。无论是斗争、对立，抑或竞争、交融，认识当代资本主义与社会主义之间的互动关系需要新思路和新视角。对于资本主义的现代形态，有全球资本主义、社会资本主义、垄断资本主义、国际资本主义等不同观点，但是资本主义的社会化程度变高、国家社会职能变强、社会主义因素变多等特征已经不容忽视。虽然两大制度并存对立的体系依然存在，但是全球近两百个主权国家有不同的国情，恐怕难以简单套用传统的“一球两制”“零和博弈”来形容，而需要更开放的心态、更广泛的讨论来重新审视。在对外开放的过程中，要注意反“左”防右。既维护社会主义国家的主权与利益，不能过分迁就与退让，也要加快改革内部体制，避免被外部势力找到可以利用的突破口。

新版教材还有一些值得注意的补充。例如，指出通过暴力革命取得政权的党要发展党内民主和人民民主，通过议会民主执掌政权的党则要采取逐步渐进的战略；对于基洛夫事件，则加注说明其是死于情杀而非政治谋杀的依据；对于苏联模式的政治弊病，在“一党专政”的基础上，进一步指明了一派专政、一人专政的问题；介绍越共、老挝党、古共吸收宗教信徒入党的经验；介绍古巴“输出保健”、开展医务外交的做法；正视民主社会主义和民族社会主义的影响力；大胆预测基因工程将改善人类本身，促进共产主义社会的实现；及时加入中国共产党十八大和十八届三中全会的重要内容，等等。

该书还提出了一些引发思考的问题。例如，社会主义五百年划分为社会主义思想从空想到科学的发展（1516—1848）、社会主义运动从理论到实践的

转变（1847—1917）、社会主义制度从一国到多国的演进（1917—1991）、社会主义革新从地区到全球的拓展（1978 年以来）。诚然，中国共产党十一届三中全会初步确立了改革开放的方针，掀起了社会主义国家新一轮改革浪潮。除此，不妨探讨 1953 年作为社会主义革新的起点。斯大林去世后，赫鲁晓夫对苏联模式开始进行第一次大规模改革。1956 年苏共二十大破除了斯大林和苏联模式的迷信，催化了“二战”后社会主义国家的第一次改革浪潮。以《论十大关系》《关于正确处理人民内部矛盾的问题》为代表性成果，中国也在“以苏为鉴”的口号下尝试走自己的路。这时候，社会主义国家已达 13 个，一国到多国的进程基本完成（古巴在 1960 年，老挝、柬埔寨在 1970 年走上社会主义道路）。此外，编者认为中共七大党章写明“以马列主义理论与中国实际之统一的新民主主义理论作为自己一切工作的指针”能避免个人崇拜的助长以及新民主主义的提前结束。

该书语言表达严谨、流畅、清新、老练，深入浅出，挥洒自如，颇见功力。譬如，提到朝鲜把斯大林体制的党天下变为家天下时，写道：“这种体制要经受长期实践的考验和检验。”这种不偏颇、不预设、不轻易下结论的学风值得学习和倡导。

高放先生在新版的序言末尾赋诗一首：“殷殷砥砺垒胸间，屡遭风摧信念坚，频发新言携后进，激扬壮志步先贤；主编重担超荷负，副手齐心共挺肩，百炼千锤出上品，集思纠‘左’拒西偏。”这首诗可谓高放先生无私奉献和提携后辈的贴切概括，也是先生带领团队实事求是、精益求精的生动写照。

一本好教材对于莘莘学子的影响是难以估计的。大二的时候，在华中师范大学的图书馆踱步，偶然翻阅该书 2003 年第三版。新颖的观点、合理的编排、翔实的内容和缜密的论证，极大地冲击了我的思想，化解了我的困惑，扩展了我的视野，激发了我的兴趣。硕士、博士期间，我先后求学于北京大学、中国人民大学，有幸近距离得到高放先生的指点和关怀。我的学习旨趣悄然改变，从本科的国际政治专业转向攻读科学社会主义与国际共产主义运动专业，关注点从国际转向了国内，从政策转变为制度，从政治拓展为社会，开始从史论结合的角度，思考“什么是社会主义、怎样建设社会主义”的重大问题。面对经济管理的热门和急功近利的风气，这种选择显得颇为“异端”。幸运的是，三所母校是国内政治学的学术重镇，更是这个专业的老牌基地，为我的学术成长提供了一流的环境，帮助我毕业后顺利走上了教学科研道路。

相信这本经典教材会引领更多有识之士，投身建设人类理想社会的壮丽事业！

（本文原载于《中国浦东干部学院学报》2015 年第 6 期）

读《科学社会主义的理论与实践》的感悟

宗士彪①

我为了把自己有关中国共产主义未来的独到见解系统理论化，想要了解有关马克思创立的共产主义理想的原始论述，却又难以埋头于浩繁的原著书籍苦心研读的时候，高放教授向我推荐了他领衔主编的“普通高等教育‘十一五’国家级规划教材”——《科学社会主义的理论与实践》。

在《科学社会主义的理论与实践》的绪论中，作者开宗明义地指出：马克思主义是一门科学，而不是一种宗教。既然是科学，就存在对于其所内含的各种学说、理论、论断的证明，而不存在宗教先知教义之中所讲述的那些自命的绝对真理！我们努力认清官方政治与现实政治之间的差距，何尝不是在实际上的通过事实进行科学的证明呢！

在《科学社会主义的理论与实践》一书中，涉及“共产主义”一词的原始来源。中国人最初是把 Communism 翻译为“公共主义”“公共党”，而明治维新之后的日本人用汉字翻译西方文字 Communism 所造出的新名词，即“共产主义”“共产党”，到 20 世纪初，被中国人移植到中文中来。表面上看，这似乎是意义并不明显的咬文嚼字，可我认为其中实际蕴含着深奥哲理的精髓！其原因是，我认为既然共产党的理想是实现共产主义，就应该追求“共有制”而不是“公有制”！因为公有制是通往理想社会的迷途……由于此文不是我阐述自己闭门造车出来的诸多理念之处，有意深入详解者请另行探讨。

由于我阅读《科学社会主义的理论与实践》的目的，只是为自己独到的见解寻找不谋而合的论点依据，而不是为了针对理论与实践相悖之处寻求答疑解惑。所以，我注重的只是对于某个客观真理，认识途径的“殊途

---

① 作者系北京同仁医院耳鼻喉科主治医生。

同归”。尽管如此，当我看到《科学社会主义的理论与实践》中论述的有关传统理论与社会实践，发生矛盾冲突的地方，我仍会产生耳目一新的豁然感觉。比如，为什么垄断、腐朽、垂死的帝国主义，不但可以战胜苏联模式的社会主义，而且在以信息化为龙头的新技术革命浪潮中似乎还焕发出了勃勃生机……

作为教材使用的《科学社会主义的理论与实践》，不但内含诸多与马克思共产主义理论有关的其他论述，而且陈述了许多以往教科书（或者确切地说是我所见过的教科书）中没有出现过的历史事实，以及与其有关人物与作用的前因后果。更难得可贵的还有编者对这些人物与事件的深入剖析与概括归纳，从而对抽象复杂的政治理念进行了易懂且深遂的简单定义。比如，苏联十月革命的首都武装起义，其实是由托洛斯基指挥的；乌克兰早在1947 年的春天就在库尔斯克地区实行了“生产到组”的农村生产承包责任制；斯大林的历史功过及其个人生命的最终归宿（死因）；在公开文字中很难找到的有关朝鲜政治体制的形成渊源及所谓“主体思想”的主旨内涵。最让我铭记在心的是高放教授指出，马克思主义可以用简单的五个字加以定义——人的解放学。

总而言之，我认为《科学社会主义的理论与实践》一书被列入国家“十一五”规划，是实至名归的。

新意迭出，精益求精

——《科学社会主义的理论与实践》（第六版）评介

张万杰[①]

高放、李景治、蒲国良主编的《科学社会主义的理论与实践》（第六版）承继了前几版的特点和优点，又有着自己的特色，具体而言，其新意有以下几点：

其一，结论观点上善提新见解。关于对社会主义概念的理解，开宗明义地指出：社会主义顾名思义，当今应该理解为：以社会为主义，为社会而主

① 作者系浙江工商大学马克思主义学院副教授、硕士生导师。

义，由社会出主义，靠社会显主义；而不能只以政党为主义，只为国家而主义，只由精英出主义，只靠媒体显主义。关于对资本主义现代化的文明成果及其弊病的看法，分别都简明地概括为十个“化”：劳动社会化、生产机械化、国家工业化、经济市场化、政治民主化、社会法制化、文化多元化、大众知识化、农村城市化、思想自由化；资本私有化、利润最大化、贫富两极化、危机周期化、失业普遍化、环境污染化、人际金钱化、思想利己化、战争经常化、世界殖民化。关于对科学社会主义基本原则的理解和认识，新增见解认为：凡是通过暴力革命取得政权的党一定要发展党内民主和人民民主，使党员有权利来选举党的领导人，使公民有权利来选举国家政权领导人，这样才能保证党的长期科学执政；凡是通过议会民主执掌政权的党，就要精心采取逐步渐进的方略，争取能够连续执政，更要做好在下届议会选举中落败的准备，以便总结经验教训，争取东山再起，重新执政。关于苏联模式的政治弊病，新增见解认为：首要弊病是其政治体制被演变为一派专政、总书记一人专政，苏联模式失败的最突出原因在于苏联几任领导人一再延误了政治体制改革。

其二，论据内容上提供新资料。关于苏联历史，该书通过史料研究指出，在1934年苏联政治局委员基洛夫被害事件上，基洛夫以权猎色，拥有多名情妇，他是死于情杀，而不是政治谋杀；1964年赫鲁晓夫被迫辞职下台，是因为他未掌握军权、轻信由其妹夫担任国防部部长；1991年6月叶利钦在竞选俄罗斯总统时，打出“反极权，反特权，反官僚主义”的口号，击中了苏共的软肋，赢得多数选民支持，获得了57.3%的选票，而俄共候选人雷日科夫只得到16.8%的选票落败。关于社会主义国家对社会主义的探索，书中讲到，“中国特色社会主义”只是中国共产党的提法，其他党并未明确提出本国特色社会主义；越共从1990年起积极在宗教徒和僧侣、专职人员中发展党员；古巴有40%以上的人是天主教徒，古共自1991年四大后已吸收5000多名先进宗教徒入党，还有几名神职人员，古巴作为“世界医院”向六七十个国家“输出保健”。对于当今资本主义世界各国共产党的概况，书中提到，大约100个国家有新老共产党约130个，其中欧洲55个、美洲32个、亚洲29个、非洲8个、大洋洲3个；参政党有20个，党员总数约700万人，超过10000人的党有25个。还增补了委内瑞拉推行“21世纪社会主义”、印度共产党（毛派）的一些新情况。

其三，思潮倾向上力求纠“左”。针对理论界有人发表长文看好印共

（毛）的斗争前景，在当今仍采用中国革命经验、通过武装游击战争夺取全国政权，认为这在当前情况下是急于求成的集中表现，并不符合实际。针对仍有一些思想保守人士认为经典作家所讲的资本主义社会中的“新社会因素”只有在无产阶级革命胜利夺取政权后才能在新社会中显示出来，认为他们完全无视当代资本主义的新发展已经使社会主义因素在资本主义社会内部逐步积累的种种新现象，应该看到民主社会主义在当今资本主义世界是远比共产党信奉的科学社会主义势力和影响都要大得多的社会主义流派；思想理论界有一些人迄今仍坚持认为民主社会主义本质上是资产阶级思潮的表现，是不大符合客观实际的。其关于对当今时代主题方面的纠正，批驳了理论界有人认为“当前仍处于近百年前列宁所提出的帝国主义和无产阶级的时代，和平与发展是时代主题”只是短时间的事，言外之意是将来战争与革命还会成为时代主题的基本观点；指出当今应深刻认识到和平与发展将长久成为世界主题、时代主题的原因，应深切观察今后世界社会主义将会通过和平发展逐步取代世界资本主义。

与时俱进再出新版本。该版本出版后，从近几年情况来看，深受高等教育界读者和学习者欢迎，销售状况非常好，被诸多高校列为研究生和博士生必修课程的教学参考书，扩大了学生的理论视野。近几年，国内外形势亦发生了很大变化，中国国内以习近平为核心的中共中央在全面建设小康社会中不断推进中国特色社会主义的理论与实践，取得了很大成就。正如高放教授在本书序言中所言，应“与时俱进，不断更新”，我们期待，党的十九大后该书能够再出与时俱进和更新、推出新的版本。

中国特色社会主义将有力促动科学社会主义第三次历史性飞跃的实现

——读高放主编《科学社会主义的理论与实践》（第六版）

张万杰

一、社会主义思想认识经历了三次历史性飞跃

社会主义是对资本主义制度性弊病的反映，是试图用社会调节和社会控制的

办法克服资本主义的制度性弊病以实现社会公正从而达到社会进步和人类解放的一种思想、运动和社会制度。五百多年来，随着资本主义和社会主义的发展，人们对社会主义的认识也在不断提高和深化。自科学社会主义诞生以来，人们对社会主义的认识经历了三次历史性飞跃。第一次历史性飞跃是社会主义从空想到科学的发展。1848 年 2 月 24 日，由马克思和恩格斯经过充分讨论，马克思执笔完成的《共产党宣言》出版，标志着科学社会主义理论的诞生，完成了社会主义思想认识的第一次历史性飞跃。到 20 世纪，俄国在科学社会主义理论指导下，于 1917 年取得了十月革命胜利，建立了世界上第一个共产党执政的社会主义国家，“二战”结束后社会主义国家数量又进一步扩展，科学社会主义由思想理论转向社会制度的实践不断扩大。这实现了科学社会主义第二次历史性飞跃，即科学社会主义从理论到实践、从一国实践到多国的探索。基于第二次历史性飞跃中的经验教训，科学社会主义第三次历史性飞跃是仍处于实践中的通过改革开放对本国社会主义的新探索。

在第二次历史性飞跃中，斯大林时期形成的苏联模式社会主义在经济、政治、文化和对外关系体制等方面都存在严重弊病。20 世纪 50 年代中期以来，越来越多的社会主义国家深刻地认识到，须对日益僵化的社会主义体制本身进行重大改革，不能仅限于在原来过度集权体制的基础上进行细枝末节的修补。各国共产党的社会主义实践历程也说明，苏联模式在特定历史条件下曾显示出优越性，但如不对其具体体制进行重大改革，社会主义基本制度相较于资本主义制度的优越性就无法充分、持久地展现出来；如果一再延误改革或长期改革不力，这种带有严重弊病的体制终究会出问题。由此，大多数社会主义国家开始了空前规模的内部改革浪潮，试图改革传统模式，探索新的社会主义建设道路。苏联曾经出现过赫鲁晓夫、柯西金的改革；东欧国家有南斯拉夫、波兰、匈牙利等国家的尝试，捷克斯洛伐克甚至还出现过“布拉格之春”；中国也试图“以苏为鉴”，探索一条符合自身特殊国情的建设道路。

改革极大地促进了各社会主义国家对建设有本国特色社会主义的探索。迄今为止各社会主义国家的改革过程，可以说是一个不断突破苏联模式束缚，探索具有本国特色社会主义建设道路的过程。从 20 世纪 50 年代到 80 年代，在相当长的时期内，虽然各国的探索都曾在不同程度上受到过苏联模式的压制，但历经多次改革浪潮的冲击，走属于自己的社会主义建设道路已成为各国共产党的共识。在率先冲破苏联模式的南斯拉夫，其领导人铁托曾明确提出："我们自己在我国建设社会主义。我们不再照搬任何套套，而是以马克思主义科学为指南，考虑到我国的特殊条件，走我们自己的路。"① 南斯拉夫的改革探索，初步形成了具有其本国特色的南斯拉夫模式。在匈牙利社会主义模式的改革探索过程中，它曾这样宣布："要创造性地运用马克思列宁主义，按照匈牙利特点和当前的历史要求建设社会主义。它不会机械抄袭其他建设社会主义的国家的做法，而要考虑到历史经验和成就，根据本国情况，沿着匈牙利独特的社会主义建设道路前进。"② 在波兰，改革领导人哥穆尔卡曾说道："社会主义模式也可以是不同的，它既可以是在苏联产生的那种模式，也可以是像我们在南斯拉夫看到的那种模式，它还可以有别的不同模式，只有通过各个建设社会主义国家的经验和成就，才能产生在一定条件下最好模式的社会主义。"③ 在中国，"文革"十年内乱结束后，邓小平复出并深刻总结了中国社会主义建设曲折发展的经验教训，认识到，"我们的现代化建设，必须从中国的实际出发"④，"照抄照搬别国经验、别国模式，从来不能得到成功。这方面我们有过不少教训。把马克思主义的普遍真理同我国的具体实际结合起来，走自己的道路，建设有中国特色的社会主义，这就是我们总结长期历史经验得出的基本结论"⑤。在随后的改革探索中，中国逐步形成了符合自身国情特点的中国特色社会主义。经过改革开放三十多年艰苦的理论与实践探索，中国特色社会主义已经大体勾勒出社会主义当代形态的基本轮廓⑥。

社会主义国家的改革使人们对社会主义的认识不断深化。社会主义的制度实践尽管已经历过相当长的时期，但现实社会主义国家对社会主义一直持一种简单化的认识，对许多重大理论问题的认识并没有真正搞清楚。邓小平曾就此指出，社会主义究竟是个什么样子，苏联搞了很多年，也并没有完全搞清楚。这种认识状况所导致的结果是，许多并不利于甚至严重阻碍生产力发展的、不属于社会主义本质属性的东西，或者仅适合于特殊历史时空背景下才存在的东西，被当成"社会主义原则"严以固守；而许多在社会主义条件下有利于推动生产力发展，有利于促进生产的社会化、现代化、市场化，

① 《铁托选集（1926—1951）》，人民出版社，1984 年，第 180 页。
② 刘祖熙主编：《东欧剧变的根源与教训》，东方出版社，1995 年，第 142 页。
③ 《关于波兰目前局势》，世界知识出版社，1957 年，第 23 页。
④ 《邓小平文选》（第三卷），人民出版社，1993 年，第 2 页。
⑤ 《邓小平文选》（第三卷），人民出版社，1993 年，第 2—3 页。
⑥ 蒲国良：《浅论社会主义的当代形态》，载《科学社会主义》2007 年第 3 期。

有利于改善民众生活水平的措施，却时常被当作可能“复辟资本主义”进行反对。这些导致的结果都是严重阻碍了社会主义国家生产力的发展，阻碍了社会主义优越性的充分发挥。中国在社会主义建设中，对什么是社会主义的认识，过去也“不是完全清醒的”[①]。中共 1978 年以后实行的改革开放政策，就是在总结前三十年社会主义建设经验教训的基础上制定出来的，其中“最根本的一条经验教训，就是要弄清什么叫社会主义和共产主义，怎样搞社会主义”[②]。

由于历史和国情因素，共产党执政的社会主义国家都是经济文化落后的国家，实践中对社会主义的认识存在很大局限性。“二战”后的当代资本主义发达国家，由于其在新科技革命中全方位、加速度大发展，当代资本主义社会的经济结构、产业结构、阶级结构、工人阶级状况以及政治文化社会生活、国际关系等方面都发生了重大新变化，资本主义社会内部也已出现了越来越多的社会主义因素。当代资本主义世界各国的有识之士、工人阶级及其政党也都在新的历史条件下不断加深着对社会主义的认识，努力探索实现社会主义的新道路、新模式。他们对于社会主义的新探索也正处于世人对科学社会主义认识第三次历史性飞跃的过程之中。当今世界，社会主义经过艰辛探索最终取代资本主义的历史大趋势没有改变，当代资本主义国家在未来实现社会主义制度后，人们对社会主义的认识还将产生一次新的飞跃。

二、中国特色社会主义与科学社会主义第三次历史性飞跃的实现路径

中国特色社会主义从思想萌发到实践推进历经多年探索，取得了重要成就，从中可以初步总结出实现科学社会主义第三次历史性飞跃的以下基本路径。

第一，认识并吸取苏联模式社会主义的弊端和教训，走适合本国国情的发展道路。

1956 年 2 月，赫鲁晓夫在苏共二十大上批判斯大林搞个人崇拜、个人专断等严重错误，暴露出了苏联一国社会主义建设中的弊端，促使中共开始逐步纠正因照抄照搬苏联经验而出现的问题。毛泽东认为，这对中国最重要的

① 《邓小平文选》（第三卷），人民出版社，1993 年，第 63 页。
② 《邓小平文选》（第三卷），人民出版社，1993 年，第 223 页。

社会创造的一切文明成果，但我们不能数典忘祖，不能照抄照搬别国的发展模式，也绝不会接受任何外国颐指气使的说教”。[①] 为不断适应世界新形势的变迁，他还指出：“对世界形势发展变化，对世界上出现的新事物新情况，对各国出现的新思想新观点新知识，我们要加强宣传报道，以利于积极借鉴人类文明创造的有益成果。”[②]

三、中国特色社会主义在科学社会主义第三次历史性飞跃中价值独特

总体来看，在科学社会主义第三次历史性飞跃中，中国特色社会主义已经显现出了独特的价值。中国特色社会主义的探索将有力助推第三次历史性飞跃的实现。这主要表现在两个方面。

一方面，对当代世界社会主义国家的社会主义实践产生示范性效应。

通过考察越南、古巴、老挝的建设实践可以看出，中国特色社会主义的探索经验已对其建设或改革产生了重大影响。

在农业和农村改革方面，越南于1988年4月颁布了改进农业生产承包制的规定；次年3月，又放开了粮食市场；1993年7月国会通过了《土地法》，以法律形式规定农民可长期承包土地。老挝于1986年开始实行革新后，农村家庭承包制迅速推行；1993年5月颁布了《土地法》，规定国家“保护农民长期享有土地使用权，包括继承权和承认土地可以按国家规定作为财产担保，享有转让权”[③]。古巴自1993年开始允许将国营农场改建为较小规模的“合作生产基本单位”，实行自主经营；1994年开放农牧业市场；2002年颁布的《农牧业生产合作社、信贷和服务合作社法案》，进一步扩大了合作社经营自主权。

在国企改革方面，越南于1987年停止了政府对企业经营管理的包办代替；1989年开始把企业推向市场，推动企业转变经营机制；1991年越共七大后，更多领域企业被推向市场，国家经营被限定在特定部门和领域；2001年8月越共九届三中全会后开始国企股份制改革，通过的《国有企业法》规定了国企的权利和义务以及重组、解散、破产等。老挝于1988年提出了政企分开、取消指令性计划管理方式，实行企业责任制；1990年颁布的《关于把国

---

① 《习近平谈治国理政》，外文出版社，2014年，第30页。

② 《习近平谈治国理政》，外文出版社，2014年，第156页。

③ 马树洪：《老挝近况——1991年的回顾和1992年的发展趋势》，载《东南亚纵横》1992年第2期。

营企业转变为其他所有制形式的决定》规定，除有重要作用的企业外，不需要保留的国企以租赁、出售、股份制或承包经营形式转为其他所有权形式。古巴从1998年开始减少对企业直接干预，国企先通过自我评估提出改革方案，然后实行新的管理体制，经济效益开始提高。

在允许并扶持非公经济发展方面，越南自1986年开始允许私企进入农业、养殖业、手工业、服务业和小型制造业领域；1992年宪法承认和保护私有财产，允许私企进入除军工以外的所有领域；2001年12月通过的宪法修正案把个体、外资经济与国有、集体经济一起视为“社会主义定向的市场经济”的重要组成部分。老挝1991年8月通过的第一部宪法开始允许多种经济成分长期共存，规定“国家保护和促进国内外所有投资者在老挝的投资方式，包括国家、集体、个体和私人所有制。国家鼓励所有经营单位进行竞争和相互合作的经营活动，所有经营单位在法律上一律平等”；1995年实行浮动货币兑换制。古巴自20世纪90年代以来开始支持非公经济发展，个体经济保持了较高年均增长率，各种合资、外资经济增长迅速。

在实行全方位对外开放方面，越南1987年颁布了《外国在越南投资法》，1996年出台了更完善的《外资法》，2001年开始实行稳定的《进出口商品管理法》，放宽对外资投资限制及对部分商品进出口配额的限制；先后与150多个国家地区建立经贸关系；还借鉴中国深圳和浦东新区经验，建立数十个工业园区、出口加工区、自贸区，2006年11月正式入世。老挝1988年出台《外国在老挝投资法》；1994年通过《外商投资促进与管理法》，规定原则上不限制外商投资领域，简化申请程序；2002年1月建立国内第一个经济特区；推行全方位务实外交，1986年四大提出：“随时准备扩大与各国正常的经济合作，在互利和相互尊重独立与主权基础上首先考虑与泰国及东南亚各国人民发展经贸关系。”① 2011年九大重申要继续坚持和平、独立、友好与合作外交路线，争取国际经济技术援助；到2012年已同132个国家地区建交。古巴1995年正式制定并出台《外国投资法》，1996年制定《自由区和工业园区法》，鼓励国外投资，扩大企业外贸自主权，与近200个国家发展对外贸易；苏东剧变后及时调整了外交战略，推行全方位外交政策；2015年7月，与美国恢复邦交，结束了半个多世纪的敌对状态。

可以说，中国改革开放经验使当代社会主义国家总体上对社会主义的认

① 马树洪：《老挝的经济改革与对外开放》，载《东南亚》1989年第4期。

识得以提高，并不断深化，提高了各国对特色社会主义探索的积极性、主动性，引导它们逐步调整对外政策，处理好与资本主义的关系，更好地融入当代世界，加入全球化进程。

另一方面，对当代世界社会主义运动产生重大影响。

关于中国坚定走社会主义道路、坚持推进改革，中国社会主义对于世界社会主义的重大意义，邓小平1989年11月曾在应对国内外复杂政治形势时强调指出，“中国坚持社会主义，不会改变”，“一个中心，两个基本点”的战略布局“一定要坚持下去，永远不改变。什么威胁也吓不到我们”，“只要中国社会主义不倒，社会主义在世界将始终站得住”。[①] 中国特色社会主义实践将会对当代世界发展中国家的社会主义运动产生重大推动作用。

对当代发展中国家有重大影响的共产主义政党［诸如印度共产党（马克思主义）、印度共产党、摩尔多瓦共产党人党、尼泊尔共产党（联合马列）、俄罗斯联邦共产党、巴西共产党等］而言，中国的社会主义探索经验有着直接启发，许多共产党一直非常注重介绍和研究中国的社会主义建设经验。以印共（马）为例，1999年中华人民共和国成立50周年时，印共（马）中央委员会主办的《马克思主义者》季刊（The Marxist）特别刊发了四篇专栏文章，分别为：《江泽民在中共成立78周年大会上的讲话》《中国通往社会主义的道路》《中国革命的教训》《中国与印度的形势之比较》；2001年刊载了中央党校原副校长杨春贵的文章《邓小平理论与社会主义的命运》，2003年刊发过原中国社科院院长李铁映的文章《21世纪的中国经济》，2007年特别翻译、刊发了胡锦涛中共十七大报告，2010年刊发过中宣部部长刘云山的文章《中国如何应对世界经济危机》，[②] 不断关注并介绍中共的社会主义建设和改革经验。中国的实践经验至少在以下方面对于当代发展中国家共产党有重要启示：在经济文化落后国家如何走上社会主义道路的问题上，中国不输出革命；在当今和平与发展的时代不能再坚持极“左”路线、通过革命武装夺取政权，难以再依靠战争引起革命去实现并走上社会主义道路；世界社会主义运动没有中心，也不可能有中心，不能再通过以一个国家为中心的模式来推动；不能急于求成，不可急速取消资本主义经济形式，要长期保留并发展非

---

① 《邓小平文选》（第三卷），人民出版社，1993年，第345—346页。

② 参见http：//cpim.org/the－marxist。

公经济；成功走上社会主义道路以后，要立足本国，以自身建设为基点，独立自主探索符合国情的建设道路，通过改革大力破除旧社会各种封建主义的或半封建的遗毒和糟粕，逐步建构符合国情和民众意愿的社会主义民主政治体制，更加注重经济建设质量，加快推进政治体制改革，首要大力改善并提高民众生活水平，使人民获得实惠。

中国特色社会主义实践对于当代发达资本主义国家共产党（如日共、法共、葡共、意共、西共等）也有重要启发。中共对当代资本主义发展阶段、发展状况问题的认识和看法，将会直接影响到发达资本主义国家共产党对于当代资本主义的认知，推动其在社会主义运动中积极调整战略和策略；发达资本主义国家共产党基本上都在实践议会民主的发展道路，中共的施政方略有助于它们在议会选举中作出较为正确的竞选承诺；中共与国内各民主党派进行政治协商、推动党际民主的实践，对它们在国内团结友党、结成巩固的左翼统一战线有着重要启发。

高放领衔主编《科学社会主义的理论与实践》六个版本值得比较研究

郿显俊①

时逢高放教授九十华诞即将到来之际，我有幸获此良机给一直敬仰的学界泰山北斗写一篇贺寿小文，倍感荣幸之至。

高老“德行文章，素驰日下声名”。我斗胆自称为高老的私淑弟子和“高放学派”的一个忠实拥趸，在全国高校和众多科研机构之科社和国际共运学术圈内，心同此感的后生晚辈一定芸芸众众，高老大概早习以为常、不会嗔责吧。

我和高老的师生之缘应该有两个时段。

1985 年我考入中国人民大学中共党史系攻读本科，首闻高老赫赫学术声名。当年人民大学有“三大理论系”（邮箱代号分别为 1、2、3，足以彰显其在人民大学特殊的尊荣和学术地位），即哲学系、科学社会主义系和中共党史

① 作者系云南大学马克思主义学院教授。本文是祝贺高放教授九十大寿的贺文，标题是编者从文中摘引的。

系。刚一入学，热心的学长和老师们都会如数家珍，隆重推介各系的大咖教授，以提振这些因为种种原因考入上述声名显赫但却“高处不胜寒”的“三大理论系”的莘莘学子那忐忑不安的心。科学社会主义第一大牛就是高放教授。此后在一门三个学院学生均必修的专业基础课《国际共产主义运动史》学习中，我们用的教材就是高老编写的，厚如砖头。无比遗憾的是，这门大课由好多老师分头上（估计都是高老门下的弟子以及弟子的弟子），可就是没有高老。这是我首次接触“国际共运”这门高深的学问，以当时的浅陋，学得实在是云山雾绕、一知半解。但高老的大名我是牢牢记住了。

我和高老的第二段师生之缘是因为《科学社会主义的理论与实践》这部享誉学术界的、与时俱进的“第一教科书”而得以再续。2005年，我准备报考科社和国际共运领域的在职博士，当年最想报考的学校自然是母校，于是乎把高老和李景致、蒲国良老师主编的《科学社会主义的理论与实践》（第四版）和《“科学社会主义的理论与实践”疑难解析》《“科学社会主义的理论与实践”研究述评》买来一丝不苟认真研读。这一读，算是弥补了当年的学习缺失。这一读，也对高老的学问和人格敬仰不已。虽然最后未能赴母校读博而是在云南大学完成了科社和国际共运的博士学习，可我在内心深处已经认定自己是高老的私淑弟子。

高老主编的《科学社会主义的理论与实践》从1990年的第一版写到2014年的第六版，无论国际风云如何变幻，无论“两制关系”如何错综复杂，更无论中国特色社会主义的前进道路如何荆棘丛生，亦无论学术界见风使舵之辈、见利忘义之徒如何风起云涌，都无阻高老在学术观点上的执着与坚韧，如诗有云：“大雪压青松，青松挺且直，欲知松高洁，待到雪化时。”

回顾既往，我之所以能够在科社与国际共运这个学术领域学有感悟，学有所获，百分之百得益于把高老主编的这套“学科第一经典教材”，从第一版拜读到第六版。依此学习秘诀使我得以洞悉社会主义变革发展的坎坷史和中国特色社会主义异军突起的奋斗史，其间，中外学界的学术争锋、百家争鸣，学术思想史上的“左”“中”“右”激辩引人入胜、发人深省。因为这个学术发现，使得日后我在给科社与国际共运专业硕士研究生上《科学社会主义理论与实践》这门专业课时拥有一个犀利方法，即规定该专业研究生也像我一样，把高老主编的《科学社会主义的理论与实践》从第一版精读到第六版，去用心体悟每一版教材的“变与不变”，课程论文也与此有关。事实上，当这些研究生读懂“高放版科社教材”的变迁史，一部精彩纷呈的学术思想史也就呈现在眼前，蕴藏其后的是必须在与时俱进的马克思主义指导下求新求变的社会主义实践史和波澜壮阔的改革史。“高放学派”的这个“武功秘籍”，我特别愿意借此机会和所有同行分享也向尚未谋面的高老汇报。窃以为，这是后学面对浩瀚的科学社会主义学术思想史，欲登堂入室的唯一捷径。

作为后生晚辈，我佩服高老，第一，为学为人，表里如一，坚持真理，矢志不渝；第二，文以载道，学以致用，与时俱进，理论常青。

我有幸在一直敬仰的高老九十华诞之际，恭成此小文以为锦上添花之用，要感谢我的知心同事、云南大学马克思主义学院科社与国际共运专业的新任博导袁群教授的热心推荐，并得高老欣然应允得成此文。我很羡慕袁群十多年前与高老有过一段无比珍贵的交往，想必定得高老耳提面命之真传，这是我虽为人大校友却不曾有过的幸运。

敬祝高老“学如东海长流水，寿比南山不老松”。言为心声，以表敬意。

学术对话

高放教授访谈录

中国成就越大，对各国共产党的影响就会更大

——专访著名国际共运史学家高放

国际共运没有统一领导和中心

也有很多共产党希望中共能挑头建立国际组织，但我们从历史经验出发，不赞成成立国际组织，坚持邓小平讲的“绝不当头”。

《国际先驱导报》：现在还有国际共运吗？或者当今时代下的国际共运出现了哪些新变化？具有哪些新特点？

高放：我刚参加了一个“纪念中国共产党 90 年”的研讨会，会议期间有很多人也问我“现在还有国际共运吗”“中国共产党在国际共运中处于什么样的地位”等。

我说，国际共运是存在的，但理解这一问题我们首先要认清时代发生了什么样的变化。当今时代是新科技革命迅猛发展的时代，集中特点就是信息化。我们从产生马克思主义的蒸汽化时代，产生列宁主义的电气化时代，一步步发展到当今信息化时代，信息化时代会形成各具本国特色的社会主义理论。

全球以前的时代主题是战争、革命与斗争，现在的时代主题已经转变为和平、发展与合作。

全球时代主题变化后，当前的国际共运呈现出 5 个新特点。

第一，没有国际组织统一领导；没有共运中心集中指挥，各党独立自主发展。20 世纪，统一指挥国际共运的是共产国际（1919—1943 年），中共就是在共产国际的领导下成立的。共产国际解散后，1947 年到 1956 年是欧洲共产党和工人党情报局，虽然它是地区性组织，但还是共运的组织中心。情报局解散后，没有国际组织统一领导了，但还有共运中心集中指挥，这个中心就是苏联。

“波匈事件”以后，赫鲁晓夫的大党主义、大国主义充分暴露出来，也引起其他国家共产党对苏共的反感。在 1957 年的莫斯科会议上，毛泽东出面劝

其他共产党：我们社会主义国家需要一个“头”，你们能当这个“头”吗？中共维护了社会主义阵营以苏联为首的团结。不过也是从20世纪50年代中期到70年代末，中国为争当世界革命中心，在长达20多年的过程中照搬苏联模式，我们为此付出了惨重的代价。

改革开放后，邓小平总结历史经验，明确提出国际共运没有中心，不可能有中心，独立自主才是马克思主义真正的体现。1991年苏联解体后，国际共运再没有中心了。现在世界130多个共产党，都在独立探索通往社会主义之路。如果国际共运不存在，那么这130多个共产党在干什么？所以现在的国际共运依然存在，只不过没有统一领导和中心而已。

第二，各国共产党指导思想多元化。共产党都是以马克思主义为指导，从这个意义上讲，指导思想是一元化的；但是各党对马克思主义有不同的理解，所以也可以说是多元化的。

以革命任务为例，发达资本主义国家的共产党传统上认为要进行社会主义革命，因为民主主义革命早就完成了，但是日本共产党提出仍然要进行民主主义革命。美国共产党现在也不提“社会主义革命”，因为它认为这条道路在美国走不通。再有对“民主集中制”，各国共产党原先都以它为组织原则，现在法国共产党改为“民主制”，认为过去过于强调集中，而民主集中的本质是民主。日本共产党表面上还是贯彻“民主集中制”，但是它取消了“少数服从多数，下级服从上级”，把过去共产党要“完全服从”党的决议改为“自觉服从”。

第三，各国共产党实践行动多样化。绝大多数党从事不同的合法斗争。有的党参与议会斗争；有的党没法参与议会斗争，如美国共产党，美共从来没有一个人当选参议员、众议员，参选也不可能当选；还有党继续搞武装斗争，如印度共产党（毛派）、尼泊尔共产党（毛派）。所以不同国家，共产党的实践行动多样化。

第四，各国共产党组织建设多党化。一个国家出现了好几个共产党，这是以前绝不允许的。1920年共产国际二大有一个决定，一个国家只能有一个共产党，有两个就要合并。但实践证明，只有一个共产党时，党内斗争非常尖锐、残酷。因为人们对共产主义和本国实践相结合总有不同看法，不同看法出现了不能妥协怎么办？所以非要进行你死我活的斗争。

现在有不同看法，可以另组一个共产党。分裂虽然分散了党的力量，但如今来看，分裂未尝不是好事，避免了党内斗争的尖锐化、残酷化，从而把不同主张公开诉诸群众，和平争夺群众支持，也可能通过一段争夺，最后还会联合。

第五，国际共运虽然是各党独立自主发展，但相互之间还有联系，不是孤军奋战。双边的、多边的、地区性的、国际性的联系都有。比如，我们党和尼共（毛派）就有联系，还有交往，同时和尼共（联合马列）也有联系。而地区性的联系，如拉美地区举行过共产党的一些论坛、活动；更重要的是，各国共产党和工人党召开的国际会议，从1998年起迄今几乎每年都开，至今已经开过11次大会了。

当然，也有很多共产党提出国际共运还是应该有组织，希望中共能挑头建立国际组织。但我们从历史经验出发，不赞同成立国际组织，坚持邓小平讲的“绝不当头”。

中国对外输出价廉物美的制度产品

中共是世界共运的“后起首秀”，过去苏联模式是输出革命，目前我们是输出价廉物美的制度产品。我们通过改革开放，促进国家繁荣富强，这样我国才可能更多地切实帮助别国。

《国际先驱导报》：回顾中共建党的历史，90年来，中共的诞生、发展与壮大和国际共运密切相关、相互影响。您如何评估中共在国际共运中的历史地位、历史贡献？

高放：中共是世界共运的后起之秀。这90年间，我们有挫折、失败，但毕竟一步步总结历史经验后，每一阶段的发展都更上一层楼。所以中国社会发生了三次巨变：从半殖民地半封建社会到新民主主义社会；从新民主主义社会到社会主义社会；从原来的社会主义社会到中国特色的社会主义社会。

在这些过程中，我们既得到过苏联和共产国际的帮助，也受到过苏联和共产国际的错误干扰。然后独立思考，走出了有自己特色的道路。

我查了历史资料，按共产党成立的先后顺序，中共在世界共产党里排名第34位，不是第一批成立的共产党。到共产国际1943年解散为止，世界各国的共产党共成立了66个，我们正好处于后半部分的首位。

比我们先成立的33个共产党，如今基本处于三种情况：一是垮台。有的解散了，有的改名了，有的改性质了；二是党还存在，但力量缩小，基本上被边缘化，在本国政治舞台上起到的作用很小；三是分裂成几个党，比如印度共产党分裂为四个党，美国、英国、意大利都有两个共产党。

这样一比，可见中共不仅是后起之秀，而且是后起首秀。中共现在是国际共运中取得的成就最大、力量最强的共产党。也可以说，是最伟大、最强大的共产党。最伟大，可以理解为我们拥有世界第二大的经济体，取得的成就最大；最强大，意指我们有 8000 万党员，占世界共产党总数的 85%，其他四个小国、小党执政国的党员数量加起来是我们的十分之一。对此，我们一方面自信、自豪；但另一方面也要自谦、自省，因为我们也还存在很多问题，还面临很多挑战，千万不可自满自足，自负自傲。

《国际先驱导报》：苏东剧变后，国际共运一度陷入低潮，因此有学者提出“历史终结论”，但如今随着中国的崛起，可以说终结了“历史终结论”。应该说，中国的崛起已经是不争的事实。根据最近国际货币基金组织的预测，按购买力平价计算，到 2016 年中国 GDP 将超过美国，成为世界第一大经济体。如何看待中国的崛起？社会主义中国的崛起能否带来国际共运的新高潮？

高放：从国际共运来讲，我们可以把中国的崛起和 20 世纪二三十年代苏联的崛起进行比较。一个很明显的差别就在于，中国是在对外开放中崛起的，不再推进世界革命，而是推进世界逐步改良。

世界革命就是武装斗争夺取政权，现在中国尊重各国共产党走自己的路，我们从 1982 年十二大以来，坚持并信守党际交流的四项原则：各国共产党独立自主、完全平等、互相尊重、互不干涉内部事务。过去苏联模式是输出革命，目前我们是输出价廉物美的制度产品。我们通过改革开放，促进国家繁荣富强，这样我国才可能更多地切实帮助别国。

但我认为国际共运不可能再出现以往的革命高潮了，因为时代条件变了，过去之所以有革命高潮，就是武装革命夺取政权。第一国际时期有巴黎公社革命，第二国际时期有俄国革命，第三国际时期有中国革命和东欧一些国家革命。今后也不会再出现武装斗争夺取政权的高潮，大部分党将会逐步改良，和平渐进。当然，并不排除个别国家可能通过武装斗争夺取政权。

中国特色社会主义建设成就越大，对其他共产党执政的国家影响越大，也会促进他们学习中国改革开放的经验，逐步渐进。比如，越南和老挝也在 1986 年的改革开放后取得了显著成就。再比如，卡斯特罗曾两次来中国考察，最近闭幕不久的古共六大也释放了不少改革信息。近年来金正日多次来中国参观访问，也很重视中国改革开放的经验。

“中国模式”正在形成中

“中国模式”远未定型，目前形成的其实是一种“摸式”，即“摸着石头过河”。

《国际先驱导报》：说起中国的崛起，主要原因是中共探索出一条独特的发展道路，即中国特色的社会主义模式。中国发展模式引起国际舆论的高度关注，西方甚至出现了“中国模式威胁论”。您如何看待中国模式的特点、内涵、实质？中国模式的优势在哪里？

高放：其实“中国模式”最早是邓小平于1980年、1988年提出来的，不是外国人提出来的。而现在的中国领导人更多使用“中国道路”“中国经验”，因为“中国模式”还没有定型，还正在形成中，目前形成的其实是一种“摸式”，即邓小平所说的“摸着石头过河”，还有很大的变化和可塑性，最终是要形成“中国模式”的。

“中国模式”全称就是中国特色社会主义模式。“模式”这个词不是“模范”之义，而是“模型”“样式”。它是中性的，在某种程度上偏于褒义，即便是好的模式，也要与时俱进、不断更新。不好的模式更要大力改革。

目前来看，我把“中国模式”称为“四不像模式”，这并非贬义，而是反映实际。第一，它具有中国社会主义特色：从以阶级斗争为纲转为以经济建设为主，从否定中国传统文化转向弘扬中国传统文化，从崇拜领袖转向以人为本，从人治转向法治，从坚持斗争哲学转向构建和谐社会，从过分强调产量、产值增长转向落实科学发展观，从对外封闭转向对外开放，从推行世界革命转向营造和谐世界等。从这些方面可以看出，中国模式确实与苏联模式是有区别的，并正在形成中。

第二，中国现在仍然掺杂着苏联模式的成分。表现在经济方面，即社会主义市场经济的发育还不够健全，传统计划经济和国营经济的观念和做法仍然在起消极作用；在政治方面，党和国家领导体制的改革任重道远，官本位现象严重；在文化方面，也还需要进一步改革。

第三，中国现在一定程度上受到美国模式的影响。例如，高管和普通员工的收入差距过大，高管年薪可以达到数千万元，基层员工年薪不过5万多元，这是华尔街模式。美国模式中鼓励竞争的好的方面我们应该积极吸收，但贫富差距扩大这个问题应加以重视。

第四，中国还受到欧盟一些国家模式的影响。例如，采用工党、社会民主党执政过的国家实行的让国有经济和私营经济并排混合发展的模式，私营经济已经大大超过了国营经济，而国营经济关系国计民生的重要行业居主导地位。

我们要做的是探索一条全面有中国特色的社会主义模式，而不是照搬、照抄外国模式。我想，今后的主要任务是剔除其他模式的影响，要把世界上好的东西都汲取过来，熔于一炉，以社会主义为主体，把不好的东西都剔除，这样才能形成中国特色社会主义模式。

未来之路要发展公共权力

社会主义要在与资本主义的竞争中取得胜利，也应当吸取资本主义的优点。

《国际先驱导报》：您对未来国际共运的前景、世界社会主义的前景有何估计?

高放：我是乐观的。只要有资本主义的压迫和剥削存在，社会主义就必然会兴盛发达。社会主义就是要取代资本主义，建立一种比资本主义更发达的制度。但在新科技革命时代，未来社会主义道路应该和以往有所不同。

这些不同包括前面讲到的——过去是武装革命夺取政权，现在各国共产党独立自主探索。但在这当中，共产党不仅独立自主、探索社会主义，还应该擅于联合其他社会主义派别，如社会党、绿党、托派等。过去认为“只有共产党一家在搞社会主义，其他国家在搞假社会主义”的观点需要改变。我曾经说过，现阶段应该把“全世界无产者联合起来”改译为“全世界劳动者联合起来”。事实上，1888 年恩格斯校订的、赛米尔·穆尔翻译的《共产党宣言》英文版就将“无产阶级”干脆翻译为“劳动者”。

狭义的劳动者指雇用劳动者：自己不占有生产资料，被资本家雇用。我们如今应该依靠五颜六色衣领的劳动者：西方的蓝领工人越来越少了，所谓的管理者、白领工人，还有金领工人（工程技术人员）、灰领工人（维修人员和知识产业的开发者、营销者）、绿领工人（环保领域）、粉领工人（女工）等，也都是未来社会主义要依靠的对象。

更重要的是，今后社会主义应该看到资本主义发展到了新阶段。我曾把资本主义的发展分为四个阶段。第一阶段：封建资本主义，资本在封建社会内部孕育着（16 世纪至 18 世纪）；从 18 世纪末到 19 世纪，是自由资本主义时期；19世纪末到20世纪70年代，是垄断资本主义时期；20世纪70年代以后，随着信息化的发展，资本主义进入了新阶段，即社会资本主义。之所以叫社会资本主义，有三个主要特点：社会化程度更高、国家的社会职能大大加强、社会主义因素在逐步增长。此外，近些年来，资本主义社会也实现了政治权力逐步公共化。对这种资本主义，不能使用传统世界革命的办法来打倒它。

美国最大的危机莫过于1933年那场经济危机，但罗斯福总统上台后推行“罗斯福新政”，实行社会保障法案，使美国资本主义躲过了这场危机。国内理论界有人说，“罗斯福新政”使美国资本主义死里逃生。我的看法更进一步，不仅是死里逃生，更是“重获新生”，让资本主义获得了新的活力。新的活力是什么？就是吸取了社会主义中有利的一面来补救资本主义危机。“罗斯福新政”中的重要措施是“指导性计划”，就是汲取苏联指令性计划的精华，加强了政府对宏观经济的调控。

所以社会主义要在与资本主义的竞争中取得胜利，也应当吸取资本主义的优点，使政治权力公共化。社会主义优越于资本主义，在于公共权力和，财产公有化。如果财产公有化再加上公共权力，那就能全面取代资本主义。

我认为，未来的社会主义之路，要重视自我更新，发展公共权力，走社会主义民主道路。这包括三个层面上的民主：党内民主，主要指党的权力机关的制度改革；党际民主，主要指多党合作领域；人民民主，主要指基层民主政治。

马克思曾经说过，镇压革命的人往往成为革命遗嘱的执行人。所以可见，“革命遗嘱”是历史大势所趋。总体来看，应该讲，社会主义的前途是光明的，道路是曲折的，而现在的希望就在中国。

（本文原载于《国际先导报》2011年6月17日第10版“核心报道”栏目，记者陶德言、邓亚君）

“我们要对世界共产主义运动的前景充满信心！”

——中国人民大学国际关系学院高放教授谈话录

当今世界共产主义运动还在继续，总体上难以很快全面振兴，还有很长的路要走。我们要坚定共产主义信念，同时还要做好再次遭受挫折的思想准备。

20 世纪 80 年代末 90 年代初，苏联解体、东欧剧变，世界共产主义运动遭受了空前的重大挫折。然而，世界共产主义运动并没有如西方所言走向终结，而是在新的国际形势下继续曲折前进，并出现了许多新特点。当今的世界共产主义运动面临哪些新挑战、未来之路又将走向何方呢？带着这些问题，本报记者采访了中国国际共产主义运动史学会顾问、中国人民大学国际关系学院教授高放。

在谈到当前世界共产主义运动的新特点时，高放认为有以下三点值得重视。第一，与过去相比，冷战后的世界共产主义运动，既没有统一的国际组织领导，也没有所谓的“中心”，各党是独立自主地发展，独立自主地探索本国实现社会主义、共产主义的道路。他说：“各国共产党可以分为四种类型：一是长期执政的五共产党。它们各自在探索如何建设本国特色的社会主义，竭力摆脱苏联模式的弊病。其中，中国和越南取得了很大成就。二是苏联东欧地区的。它们的任务是总结失败的经验教训，重新建立共产党，争取群众，准备东山再起。比如，摩尔多瓦共产党已经从 2001 年开始执政，俄罗斯联邦共产党也在努力当中。这些国家的共产党大都认识到，要使国家得到健全发展，不能采取武装夺取政权的形式，而要通过合法斗争，上台执政。同时也大都认识到，今后的社会主义不能恢复为苏联模式，而且也不可能在短期内实现执政。三是亚非拉广大发展中国家的。它们面临三种外部矛盾：南北矛盾、南南矛盾、东南矛盾，还有内部阶级矛盾、部族矛盾、地区矛盾。现在三南地区——南非、南美、南亚——共产主义运动各有成就。南非共产党有 8 万多名党员，参加以非洲国民大会为主导的联合政府，约占 1/3 职位。巴西共产党有 20 万党员，支持劳工党卢拉政府。在南亚，印共（马）、尼共（联合马列），已在地方执政 30 年之久或已经四度参加中央政府执政。四是西欧、北美、日本等发达国家的。这些国家的共产党面临反对垄断资本主义、霸权主义，维护广大劳动人民的权利的任务。美国和英国共产党比较弱，只有几千人；日本共产党比较强，在议会有几十个议席，在地方上也有不少当选参政的。”

第二，很多国家共产党的多元化、多党化。高放说：“虽然从 1919 年第二国际成立以来，就要求各国党一元化，统一为一个党，统一服从第三国际指挥。但是，一个不容回避的问题是，很多国家共产党在建立之初，对发展道路、政策路线等就有不同的主张。苏联解体后，共产党更加多元化、多党化。现在只有五个共产党执政的社会主义国家是一个共产党，在资本主义世界的许多国家都有两三个，甚至是四五个共产党。它们有的彼此合作，有的相互对抗。比如，俄罗斯现有 7 个共产党，它们观点不同，甚至对立。”

第三，各国共产党注意加强国际联合。高放说：“1956 年欧洲九国共产党工人党情报局解散后，各国共产党曾经采取不定期召开国际会议形式，加强联合与团结，1957 年、1960 年、1969 年三次在莫斯科召开过各国共产党工人党代表会议。20 世纪七八十年代，各国共产党没有大范围的国际联系。1998 年以来，各国共产党基本上采取年会的形式，召开各国共产党、工人党代表国际会议。各国共产党在独立自主的基础上交流彼此的经验、分析当前的形势、明确自身的任务。2007 年的第九次代表会议将于 11 月 4 日至 5 日在白俄罗斯首都明斯克召开，由白俄罗斯共产党主办。召开这样的各国共产党代表国际会议，不是要建立新的国际组织，也没有产生领导机构，更没有以某党作为领导中心，也没有制定各国必须统一服从的决议。”

对于其发展前景，高放认为，一方面，由于社会生产力的迅速提高和社会的全面进步，共产主义理想的实现是更加接近了；但另一方面，从现实的道路来看，又更加长远了。因此，各国共产党要总结新经验，明确新道路，要建立新型的共产党。世界共产主义运动要重新搞起，但并不是从头搞起，历史上好的经验和做法必须要继承和坚持，同时还要与时俱进，勇于开拓创新。

高放说：“为什么我提出世界共产主义运动要重新搞起呢？简单地说，当今世界出现了和马克思、恩格斯、列宁、斯大林、毛泽东时代不同的新形势。在新科技革命的推动下，当今世界资本主义国家的社会、经济、政治、文化都发生了巨大的变化。我们应该看到，过去，战争与革命是时代的主题，共产主义的实现是依靠世界革命，采取狂飙突进的方式。现在，和平与发展是时代的主题。我们要乘新科技革命之风，和风徐进、迎风渐进、顺风推进，既要反对帝国主义、霸权主义、反对资本主义残酷剥削压迫，又要推动构建和谐世界。共产主义的理论、路线、方针、政策都要与时俱进。从世界全局来看，要善于长期奋斗，通过逐步改良，来完成世界革命的任务，但并不否定某些地区、某些国家由于社会矛盾激化而可能爆发革命。大多数尚未执政的共产党只能长期坚持合法斗争，争取逐步扩大劳动人民权益，争取得到多数选民支持上台执政，逐步改变资本主义、建设社会主义。不仅依靠干重活、低收入的蓝领工人，更要依靠五颜六色衣领的工人——白领（管理人员）、灰领（技工、技师）、绿领（环保人员）、金领（高级管理人员）等。此外，还有“黑领工人”，也就是机器人。更为重要的是，各国共产党自身要进行改革，彻底革除苏联模式的弊病，把共产党建设成民主的政党。”

高放最后强调：“总之，当前世界共产主义运动面临新形势、新任务，因而，各国共产党独立自主探索共产主义道路，进行改革，还要经历十几年甚至几十年才能收到比较全面的效果。当今世界共产主义运动还在继续，总体上难以很快全面振兴，还有很长的路要走。我们要坚定共产主义信念，同时还要做好再次遭受重大挫折的思想准备。”

（本文原载于《中国民族报》2007 年 11 月 2 日第 6 版，记者田建明）

从暴力到和平

——专访国际共运史学家高放

162 年前，世界上第一个共产党成立，由马克思和恩格斯起草纲领，即著名的《共产党宣言》。162 年过去了，从第一国际到第四国际，从“十月革命”到苏联解体，从 20 世纪早期的大萧条到 21 世纪的金融危机，在社会主义和资本主义共存的 100 多年里，世界经历了无数战火和运动的洗涤，人类社会也几经变迁，共产主义的幽灵依然在游荡，资本主义的丧钟还没有敲响。曾由苏联负责的东欧发生剧变之后，国际共产主义运动陷入了低潮。近 20 年过去了，曾由中国负责的东南亚诸国状况又如何呢？

从两个中心到各自为政

《南风窗》：在国际共运史上，在苏联解体之前，中国和苏联曾经是两个中心，这一格局是如何形成的？

高放：这应该说是 1949 年年底毛泽东和斯大林莫斯科会谈达成的默契。在苏联解体之前，共产主义运动一直是由国际组织统一领导的。1876 年第一国际解散了，1914 年第二国际分化了，俄国十月革命胜利后，由俄国共产党发起，在1919年3月成立了第三国际，也就是共产国际。中国共产党就是在第三国际帮助下成立的。1943年，“二战”期间，苏联为了更好地联合英、美、法等国反法西斯，所以1943年共产国际解散了，取而代之的是1947年成立的九国共产党情报局，创立之初有九个国家的共产党参加，全是欧洲的共产党。后来南斯拉夫因对实行苏联模式提出异议，被情报局清除，只剩下八个国家，称为八国共产党情报局。这八国中，当时除了在法国和意大利革命还没有胜利，其他国家都已经是共产党执政。

1949年年底，毛泽东第一次到苏联访问，在和斯大林的会谈中，毛泽东提出，中国共产党是不是也可以参加八国共产党情报局？斯大林明确表示，因为八国全是欧洲国家，中国还是不要参加了。不过斯大林提出，苏共着重负责参加情报局的东南欧的共产党，希望中共负责东南亚的共产党，意思是东南亚归中国协调领导。按照斯毛在莫斯科会谈达成的默契，中国一直对东南亚的共产党帮助比较多。20世纪50年代后期至中国改革开放前，国际共运明显呈现中苏两个中心，造成了分裂，一些国家甚至出现了两个共产党，分别跟随中国和苏联。

通过几十年的实践，我们看到历史的结局：1989年到1992年，东南欧的共产党几乎全军覆没，现在还保留共产党名称的只有捷克的共产党，但其指导思想也转向了民主社会主义。中国负责的，现在除越南和老挝还是共产党执政外，东盟10个国家中其他八个国家的共产党都覆没了。

现在回头看，1991年苏联解体之后，共产主义运动在中国周边国家和全世界的一个显著的新特点就是，各国共产党独立自主发展，不再由统一的中心指挥领导。1986年，邓小平在一次和日本人的谈话中，说国际共产主义运动没有中心，各国党应该独立自主发展。中国共产党明确提出党与党关系的四大原则，即独立自主、完全平等、互相尊重、互不干涉内部事务。

《南风窗》：现在中国周边国家的共产党发展如何？

高放：中国周边国家中，和中国领土接壤的有15个国家，还有八个国家和中国隔海或隔山相望。这23个国家中，只有不丹历史上没有过共产党，其他国家都曾经成立过共产党。现在中国周边还有共产党的国家共有九个，大体可以分为三类，第一类是和中国相近的，共产党长期执政的国家，有越南、朝鲜和老挝；第二类是共产党半执政的国家，包括印度和尼泊尔；第三类是共产党基本处于在野状态的国家，有俄罗斯、日本、哈萨克斯坦和塔吉克斯坦。

在共产党长期执政的国家中，越南和中国最为接近，越南共产党也是中国周边国家中仅次于朝鲜的第二大共产党。老挝只有500多万人，共产党员不足10万人，原来是越南共产党的一部分。老挝国家整体发展比较落后，现在有超过30%的人还信仰原始宗教，信佛教的占60%。朝鲜现在依然实行苏联模式，苏联解体的时候，其之所以没有像东欧诸国一样随之垮台，是因为朝鲜在中苏论战中一直保持中立，与苏联保持距离。现在朝鲜最关心的是金正日之后会有什么样的变化。

共产党半执政的国家是指共产党在该国曾短期执政或在部分省份取得执政权。在国内属于在野党的有一个共同点，那就是在国内都是小党。现在日本共产党是发达资本主义国家中力量最大的共产党，在众议院中有9个席位。金融危机后，共产党受到关注，日本国内加入共产党的人数在以每个月1000人的速度增加。苏联解体前，在1991年，苏共有1500万名党员，解体后影响力减弱。1992年成立的俄罗斯联邦共产党有50万人，在杜马中还有一定势力。苏联解体后，哈萨克斯坦和塔吉克斯坦独立出来，当时哈共和塔共宣布脱离苏共，自己独立，改名为社会党，党内一些人对改名为社会党很不满意，重新建立哈共和塔共，继续合法斗争，在议会中也争取到一些席位。塔共影响比哈共大，曾支持拉赫莫诺夫（中间派）当选为塔吉克斯坦共和国总统，但是1998年后，随着右翼政党上台，塔共受到压制。

共产党的分化

《南风窗》：在国际共产主义运动不再有统一的指挥领导中心后，各国共产党都走上了自己的发展道路，和1991年之前相比，共产党的发展出现了哪些大的变化？

高放：各国共产党开始独立自主探索后，共产党的指导思想也多种多样，对马克思主义和科学社会主义的理解也不一样。造成的结果就是党本身也多样化了，并出现了一个国家不止一个共产党的现象，有的国家甚至会有好几个共产党，这些都突破了传统模式。现在俄罗斯有六个共产党，最大的叫俄联邦共产党，印度有四个共产党，日本有三个共产党，尼泊尔甚至有十几个共产党。

多样化也突破了历史的框架。1919年成立共产国际后，好多国家不只成立一个共产党，美国就成立了两个，但是各国共产党必须是共产国际的支部，两个共产党都申请加入共产国际，共产国际便要求它们合并。1920年，共产国际第二次代表大会明确规定，一个国家只许有一个共产党，有两个以上的都要求合并。这用意是好的，为了加强团结，力量不要分散；但“副作用”也很大，各国共产党制定纲领路线方针的时候，难免有不同看法，仁者见仁，智者见智。按民主集中制原则，此时一国共产党内部应该民主讨论，少数服从多数，但人们有不同看法后，很难做到这点，这就加剧了党内矛盾和斗争，最终导致掌握党内权力者把不服从的开除出党，排除异己。党内斗争非常残酷，被开除的往往被置于死地，因为一国绝不允许再成立一个新的共产党。原先属于第三国际的共产党，所在国中都只能有一个共产党；现在意见不同可以另外成立一个新的党，党内有不同意见也被允许存在。

《南风窗》：在中国周边还存在共产党的九个国家中，每个国家共产党的发展都不完全一样？

高放：现在因为没有统一的指挥领导中心了，各国都根据自己的情况独自发展，所以发展情况不尽相同。很重要的一点历史经验是，这些国家的共产党，原来不能真正把马克思主义和本国实际相结合，独立自主去探索本国怎样走向社会主义，而是主要依靠苏联和中国的帮助。但中苏都犯了输出革命的错误，把自己的模式扩大了。靠长期的武装斗争和游击斗争夺取政权，现在看来已经不太合适。从历史发展来看，一个国家发展共产主义只依靠外来的帮助，是不太可能成功的。

各国都在沿着自己的道路发展。比如，越南共产党的执政理念和1949年中华人民共和国成立之初相比，发生了很大变化。越南的改革开放取得了很大成就。目前越南虽然也存在严重的腐败等发展中的问题，但越南的社会主义民主发展比较快，政治体制改革推进得也比较快。早在2001年，越南便取消了政治局常委，党的日常工作由书记处负责。实行党政分开，总书记是专职，不在国家和军队兼职，所以有足够的时间和精力处理党内事务，普通党员可以通过电话等方式预约，直接面见总书记。越南党规定，中央委员只能连任一届，65岁必须退休，超过55岁不准进入中央委员会。

俄共很响亮地提出要建立21世纪社会主义，但是拿不出多少新的方案，缺少具体内容，这表明它和原来苏联共产党难以划清界限。俄共甚至主张恢复苏联，恢复苏维埃制度，所以没有得到太多人认同。俄共党员人数也从50多万人降到了15万人左右。

重新认识几个主义

《南风窗》：苏联解体之后国际共产主义运动呈现新的特点，社会党和共产党的关系好像正逐渐由敌对转向共存互容？

高放：共产党的传统观念认为资本主义危机重重，要退出世界舞台，所以要全世界无产者联合起来，用暴力推翻资本主义。现在总结历史经验，目前这一点是做不到了。资本主义的生产方式仍然没有过时，还能发展。金融危机不会使资本主义灭亡，只会使其通过调适变得更强盛。现在资本主义国家的社会主义因素在增长，如维护劳苦大众的利益。劳苦大众不仅生活能维持，还能改善，没有多少人还要搞暴力革命。现在美国和欧洲、日本有矛盾，但绝不会再发生两个资本主义列强集团之间的战争。

现在要重新认识封建主义、资本主义、社会主义、共产主义。资本主义还有相当强的生命力，现在的资本主义是社会资本主义，尽管危机重重，但绝不会短期灭亡，想消灭绝对做不到，世界革命搞不起来。对待这样的资本主义就不能搞世界革命，而是因势利导，逐步改良推进，和平渐进。和平与发展是当今世界主题，马克思主张的暴力革命、不断革命、世界革命看来都难以实现，应该改成和平改良、不断改良、世界改良。全世界无产者联合起来，过去我们是号召全世界无产者联合起来搞世界革命，现在应该改为号召全世界劳动者联合起来逐步改良。但这不等于改良主义，改良主义是停留在资本主义范畴内，我们是推进到社会主义，是通过逐步改良达到完成革命的目的，就是社会主义取代资本主义。重新认识就知道共产主义应该怎么搞，共产党应该怎么发展。

对社会主义也要有新的认识，绝不能再搞苏联模式，不能急于求成。共产党受封建主义影响太深。苏联共产党和中国共产党都是在封建专制主义传统很深的国家发展起来的。

（本文原载于《南风窗》2009 年 11 月 18 日第 24 期，特约记者杨军）

国际共运史权威专家高放：苏共亡于官僚特权集团

反腐败与改革，是中国 2013 年政治生活的两条主线。党的十八大召开迄今不过 14 个月，已有 16 名副部级以上高官落马，其中蒋洁敏、李东生还是中央委员。舆论普遍预期，中央还要打“更大的老虎”。

关于腐败的成因，有经济学、政治学、社会学、心理学等各种解释，主流的观点归因于“体制问题”。

中国人民大学荣誉一级教授高放是我国著名的共运史学家，今年已 87 岁高龄，被学术界誉为“思想高度解放”的学者。他有一个很有影响的观点：官僚特权集团是苏联社会主义掘墓人。

自苏联 1991 年分崩离析以来，中国一直在研究苏共亡党、苏联亡国的经验教训。高放教授的这一观点在学术界有巨大影响，并已超越学术领域，成为我们党借鉴苏共亡党、苏联亡国经验教训的重要共识之一。

习近平总书记在中纪委十八届二中全会上指出：“反腐倡廉建设，必须反对特权思想、特权现象。”

肃清特权思想、消除形形色色的特权现象，成为一个事关巩固党的执政基础的重大政治问题。

特权现象关乎党运国运

所谓“特权”，最简单的理解就是“特殊化”，即在一般人拥有的正当权利之外，有些人拥有更多的权利或自由。在很多人心目中，公务人员的“三公消费”是一种特权，他们的退休金、高干病房、机关幼儿园等也是特权。

在专家看来，这些特权有的是制度规定的，有的是掌握权力的人擅用权力“拟制”的。中央党校教授林喆指出，权钱交易之外的许多特权，是通过制度化形式确认下来的。经济学家吴敬琏则打比方说，因为股票是审批制，一看是某人亲戚就放行了，亿万的财富就来了，所以这是个制度问题，这是一种制度性腐败，而不是说哪一个官员触犯了哪条法律。

反腐败，长期以来我们关注的是权钱交易，也关注特权现象，但相对来说关注不足。

高放教授则通过他的国际共运史研究，把特权问题提高到亡党亡国的高度。他认为，苏联从斯大林时期开始就培植了一个党、政、军干部高薪特权集团，这个官僚集团同人民大众的矛盾是苏联社会内在的第二大矛盾。

知名制度反腐专家、中国纪检监察学院副院长李永忠也认为，从斯大林开始，苏联建立起高度等级化、稳定化、优厚化的特权制，从而从上至下形成“苏维埃国家内部的一种圣剑骑士团”。

把特权集团同人民群众的矛盾认定为苏联的第二大社会矛盾，这在国际共运史研究中属于创见。

其实早在30多年前，邓小平就在《党和国家领导制度的改革》的讲话中指出："形形色色的特权现象"是党和国家的领导制度、干部制度中"主要的弊端"之一，并且认为如果不坚决消除这一弊端，则"势必使我们的干部队伍发生腐化"。

高放并不讳言，其苏联特权研究及立论就是为了使中国从中获得镜鉴。

特权背离共运史优良传统

特权，往往是通过制度供给的，所以很多领导干部觉得自己享乐是有法可依、合情合理的。

还有人提出，"廉政不能理想化"。在他们看来，在现实条件下，工农差别、城乡差别、体力劳动和脑力劳动的差别是客观存在的，领导干部享受某些特权也是难免的，甚至带有某种"历史必然性"。

但高放指出，国际共运史有两个优良传统：一是不搞个人崇拜；二是社会主义国家领导人是人民公仆，要经民主选举产生，其工资不得超过熟练工人。两个优良传统，都是1871年巴黎公社首创的。工人阶级政党既不搞平均主义，也不搞特权。巴黎公社领导人的工资，与当时法国熟练工人的工资相等。

对于巴黎公社的规定，马克思给予了高度评价。他认为，这样的措施可以保证领导不变色、不变质。

俄国建立苏维埃政权后，列宁严格限制领导干部的特权。有一次，克里姆林宫总务长看到列宁生活很艰苦，便自作主张为列宁每月加薪500卢布，列宁知道之后，对这个总务长作了行政记过处分。

不过高放也指出，随着国民经济的恢复，苏维埃政权并没有完全机械地照搬巴黎公社的经验。早期列宁认为最高与最低工资相差不应该超过5倍，但是到了列宁晚年，最高与最低工资相差已经达到了8倍。应当说，这样的差别还是可以的。

整个列宁时期，俄共领导人没有什么特权，更没有特权的制度化。但从斯大林开始，苏联的特权现象开始泛滥。

苏共亡于官僚特权集团

马克思曾经断言，无产阶级是资本主义的掘墓人。按照这个思路，曾经有人在讲堂上向高放教授提出一个问题：苏联是世界上第一个社会主义国家，谁是苏联的掘墓人？

对于这个问题，有人认为是戈尔巴乔夫和叶利钦。高放不认同这种看法，他认为：苏联社会主义的掘墓人是苏共自己培养的高薪特权官僚集团。

在这一点上，李永忠与高放“英雄所见略同”。他在发表于《人民论坛》上的《既得利益是如何搞垮苏联的》一文中认为，在“议行监合一”权力结构和等级授职制用人体制的巨大惯性下，苏共不断形成和固化各种既得利益群体，为苏共亡党、苏联解体作了制度上、能力上和队伍上的铺垫。

高放为我们分析了高薪特权官僚集团的两大“副作用”：一是撕开了共产党同广大人民群众的血肉联系，二是反对任何改革。苏联需要改革的是集权、特权体制，但苏共的官僚特权集团不愿意放弃自己获得的特权，而集权则是保护特权的手段，最终苏联的各种矛盾和问题积重难返。

法国思想家西耶斯在《论特权》一文中指出：“对于获得特权的人来说，特权是优免，而对其他人来说则是丧气。”

到苏共被戈尔巴乔夫解散时，苏联民众普遍与之离心离德。叶利钦向苏共发动的政治攻势，正是主攻集权与特权两根软肋。

所以，习近平总书记在十八届中央纪委第二次全会上告诫全党：我们国家无论是在体制、制度上，还是在所走的道路和今天所面临的前所未有的境遇，都与苏联有着相似或者相近乃至相同的地方。弄好了，能走出一片艳阳天；弄不好，苏共的昨天就是我们的明天！

采访札记

——“陆军部”里的思想者

去年12月28日，我从北京西站打的赶到东城区张自忠路3号，准备如约采访高放教授。但这个3号院到底指哪个院，我没弄清楚。

正趑趄间，看到一座红色柱子的高大门楼，旁边一块石碑刻着“全国重点文物保护单位清陆军部和海军部旧址”，我马上决定进去看一看。

绕着大院溜了大半圈，既看到几幢砖砌西洋古典形式的建筑，也看到很多老旧居民楼。高放教授说他住红楼丁组8号，院子里红楼有好几栋，我隐隐觉得：难道高放教授住这儿？

碰到两位正巡视的保安，遂问：红楼丁组8号在哪里？保安问：你找谁？我告诉他，我想找一位老教授。保安问：是高放吗？我大吃一惊：高放教授原来还蛮知名！

原来这座院子，就是中国人民大学的东城老校区。高放教授住在一座老旧的教工宿舍楼4楼，面积只有数十平方米，可以说十分寒碜。一间书房，书架上、桌子上堆满了书和手稿。

外面的这个大院，曾经作过袁世凯的总统府和国务院、段祺瑞的临时执政府，1949年后成为中国人民大学校舍。高放教授一辈子在这里教书，从事他的国际共运史研究，著作等身。

整座北京城阳光灿烂，但高放教授很少出门，他是“清陆军部海军部”大院里的一名思想者。但他绝不是坐在象牙塔里的老学究，不时有单位邀请他前去作学术讲座。

他的研究撑起了中国人民大学的一个特色学科——国际共运史，2009年，他被评为中国人民大学9位荣誉一级教授之一。

（本文原载于《长江日报》2014年1月19日理论周刊，记者杨于泽）

苏共在政党政治建设方面的失误

——访中国人民大学高放教授

徐鹏堂：党的十六届四中全会通过的《中共中央关于加强党的执政能力建设的决定》指出，加强党的执政能力建设，是关系中国社会主义事业兴衰成败、关系中华民族前途命运、关系党的生死存亡和国家长治久安的重大战略课题。这也是我们党总结世界上一些大党、老党丧失执政能力直至丧失政权教训的深刻结论。现在越来越多的人开始关注、研究政党现代化以及政党政治方面的问题。您是我国著名的国际共运专家，又是较早在大学开设苏共党史学科的，鉴于您在苏共党史以及在国际共运领域内深有研究，您认为苏共丧权直至垮台、苏联解体、社会主义在苏联消亡与苏共在政党政治建设方面出现失误有必然的联系吗？

高放：是的，苏共执政74年，不是注定必然要灭亡的，而是违背了政党的特性，违背了政党政治的发展规律。有人提出一个问题，一党执政是否必然要垮台，我不那么认为。一党执政如果有党内民主的话，仍然可以执政成功，并且可能会长期执政。苏共垮台关键不在于一党执政还是多党联合执政，而是它根本就取消了党内民主。苏共亡党导致亡国、亡制，最根本的一条原因，从政党制度这个角度来看，就在于苏联长期以来缺少党内自由与民主，权力过度集中，党的路线方针政策一旦出错，无法自我及时调整和改正。在苏共 74 年执政史上，大约有 60 年都是急于求成，推行过“左”路线，积重难返，最后四年急剧转向右倾路线，先“左”后右合葬了社会主义。苏共又培植了一个高薪特权官僚集团，严重脱离人民群众。党的极权化、官僚化、特权化，终于使苏共被广大人民群众抛弃了。追本溯源，政党是民主政治的产物。苏共本来是民主的政党，但一步一步违背政党的本性，最后变成专制的政党，长期得不到纠正就会灭亡。因此，彻底弄清楚苏共亡党、亡国、亡制的原因，对于我们如何以史为鉴，切实加强和改善执政党的建设，不断巩固执政地位，具有重要的理论和现实意义。

徐鹏堂：既然苏共垮台是由于它违背了政党的特性，违背了政党政治的发展规律。关于政党政治，您在一些文章里指出，它首先发生在近现代资本主义社会，目前在西方一些发达资本主义国家搞得已比较成熟。您能否总结一下西方资本主义国家在政党政治建设方面有哪些特点?

高放：如果认真研究一下资本主义历史便知，现代政党政治最早形成于资本主义社会。通常它有两种产生方式。一种方式是在最先发展资本主义商品市场经济的国家，如英、法、美等国，新兴资产阶级起先是在资产阶级革命中形成不同的政派，进而通过革命斗争夺取政权，取得政权之后才在议会斗争中逐步组成正式的政党，再经由多党竞争，选民投票，实现轮流执政或联合执政，形成政党政治。另一种方式是后发资本主义国家，如德、意、俄等国以及广大被压迫民族国家，则是在资产阶级革命和民族独立之前，先组成各类政党，由政党领导或推进革命斗争，到革命斗争取得胜利后才形成完全的政党政治。政党政治不论通过何种方式产生，都具有以下几个主要特性。

第一，公开性。任何政党都要公开它所制定的党纲、路线、方针、政策等政治主张。还要公开它的组织章程、组织机构、领导成员和普通党员。政党还要从事公开的政治活动。总之，党内外都有公开性的问题，当然党内公开性与党外公开性是有区别的，但是都要有公开性。即使在特定的历史条件下，某些政党的政治主张、政治组织和政治活动仍具有保密性，但是终究大都要逐步公开化。这样才有利于争取群众。

第二，群众性。任何政党要想有所作为，成为政治生活中有影响的政治组织，都要发展党员，扩大党的队伍，增强党的群众基础。同时要把党的各种政治主张公之于众，争取广大群众的了解、认同和支持。党还要密切联系群众，听取群众意见和呼声，反映群众要求和利益。总之，党内外都有群众性问题。一个政党要取得政权并且执掌好政权，都要反映党内外广大群众的要求，代表他们的利益，得到他们的拥护。人心的向背是政党成败的关键。

第三，竞争性。政党既然是代表一定阶级、阶层和集团利益的政治组织，因此不可能由一个政党来代表所有全体人民的利益；政党既然是商品市场经济竞争的政治产物，因此政党政治必然是平等竞争的民主政治。这种竞争性表现在内外两力面。在政党内部，由于对许多社会问题的认识和解决办法有不同的看法，必然形成不同的思想派别。对选举哪些人作为党的领导人也时常会有分歧意见。一个民主政党的决策和产生领导人这样重大问题上应该有党内民主自由，有竞争意识和竞争程序，通过正常公开竞争，遵照少数服从多数、多数尊重少数的原则作出决定。在政党之间，按照法律规定，通过定期的公开竞选，依得票多少、多赢少败的原则，决定由哪个政党执政或者哪几个政党联合执政。

第四，选择性。民主政党在党内党外都具有选择性。党内选择性指党的重大决策和领导人选，要由作为党的最高权力机关的党代表大会在各种不同意见自由讨论的基础上进行比较，作出选择。各党之间的选择性指各党在定期民主选举中要提出自己的政纲和候选人，在自由平等的竞选中，按照法律程序，由选民选择。

第五，轮替性。民主政党的政纲要与时俱进，不断调整变化；党的领导人要有任期。这样才能使党永葆生机与活力，不断增强战斗力、竞争力、领导力与执政力。

徐鹏堂：您所总结的属于现代资产阶级政党政治的这些特性，能否适应于像苏联这样的只存有共产党的一党制国家呢?

高放：上面谈到的政党政治的这几个特性，可以说是现代政党政治区别与古代家族政治或“朋党”政治的优越性所在，是现代人类政治文明的新成果。但是，资产阶级的政党政治仍然有其阴暗面和局限性。各种资产阶级政客和政治投机家善于利用政党政治，拉拢、愚弄、欺骗选民，以达到维护、巩固资产阶级统治的目的。无产阶级应继承资产阶级政党政治的文明成果，又克服其弊病，在扬弃资本主义政党政治的基础上，创造出更高类型的社会主义政党政治。即便在当年苏联一党制的条件下，如果有充分的党内自由和党内民主，仍然可以长期执政，并且能够带领苏联实现现代化。

社会主义国家的政党政治具有区别于资本主义国家政党政治的新特点。在社会主义国家，无产阶级政党处于执政地位，政党政治表现为无产阶级政党对国家政权和社会团体实行政治领导。政党政治虽然是资产阶级革命胜利的产物，但是随着近代国家民主政治和政党的发展，政党政治已成为普遍的现象。社会主义国家理应也是政党政治，但它要扬弃资本主义政治文明的成果，即扬其精华，弃其糟粕。绝不能说社会主义国家不是政党政治。我认为苏联共产党自斯大林执政后越来越背离政党政治的常规，使苏联的政党政治有重大缺陷，而且长期无法自我改革、自我改正，最终被广大人民群众抛弃，落了个丧权亡党的下场。

徐鹏堂：您向来提倡“追本溯源”地研究问题，这对于进一步认清事物的来龙去脉有很大帮助，也便于人们把握事物的历史，进而认清事物的发展规律。您认为苏联共产党最初是注意继承资本主义国家政党政治的特性，遵循政党政治准则的，联系俄国的历史和苏共最初的情况，您能否详细谈谈它是怎样注意继承资本主义国家政党政治的特性，遵循政党政治准则的？

高放：历史上俄国资产阶级是软弱无能的，而无产阶级却能紧跟西欧先进国家，并先于资产阶级在 1898 年建立了俄国社会民主工党，后因政见不同，党内分成布尔什维克与孟什维克两派。1902 年成立主要代表农民阶级和城市小资产阶级的社会革命党。1906 年其右翼又从中分出另立人民社会党。1905 年形成资产阶级的立宪民主党和大资产阶级、大地主阶级的十月党。在 1905 年俄国第一次资产阶级民主革命中，各政党纷纷登上政治舞台，公开亮出自己的政纲，各自开展政治活动，争取群众的支持，初次出现政治竞争的局面。到 1907 年革命失败后，各政党还继续在沙皇专制政府被迫虚设的国家杜马中进行政治角逐。

1917 年 2 月，俄国爆发第二次资产阶级民主革命，推翻了沙皇专制政府。政权落到了资产阶级市宪民主党控制的临时政府手中。此外，广大工人、革命士兵代表却组成了各地工兵代表苏维埃组织，出现了与资产阶级临时政府两个政权并存的局面。临时政府是全国性的正式的中央政权，全俄工兵代表苏维埃也是全国性的非正式的民间政权。这两个实际存在的政权按其阶级本质来说是完全对立的。可是由于社会革命党和孟什维克占据了苏维埃中的多数席位和领导地位，推行与临时政府妥协的路线，因此这两个政权才能够和平并存。临时政府始终推行战争政策，使人民陷入苦难深渊。俄国的唯一出路在于进行社会主义革命，推翻资产阶级临时政府，这样才能解救人民疾苦。但临时政府受到社会革命党和孟什维克这些社会主义政党的大力支持，甚至由社会革命党人克伦斯基挂帅，这样就增加了布尔什维克社会主义革命的难度。4 月底，布尔什维克党召开第七次全国代表会议，即四月代表会议。列宁在会上指出，一切革命的根本问题是政权，俄国应该过渡到社会主义革命，把政权交给在苏维埃中联合起来的工人和贫农，并提出“全部政权归苏维埃!”的口号作为党的最近任务。四月代表会议在决议中强调：“必须在工兵代表苏维埃中进行全面的工作，增加苏维埃的数目，加强苏维埃的力量，在苏维埃内部团结我们党的无产阶级国际主义分子。”会后，布尔什维克通过报刊、集会等各种渠道向广大群众公开宣传自己的政治主张。6 月上旬，全俄工兵代表苏维埃在首都彼得格勒召开第一次代表大会。在 822 名代表中，社会革命党人 285 人，孟什维克 248 人，布尔什维克只占 105 人，其余代表属其他小派别。列宁虽然出席发表揭露临时政府本质的演说，但是由于妥协党的代表占绝对多数，因此“全部政权归苏维埃”的要求被否决。俄国是个小资产阶级占绝大多数的国家，这个阶级必然动摇于资产阶级与无产阶级之间，妥协党正是反映了这个阶级的目前状况。因此，只有耐心地继续争取群众，提高群众的认识与觉悟。7 月间，临时政府因在前线进攻失败，恼羞成怒，疯狂镇压了举行反战示威游行的人民大众，严厉取缔布尔什维克的政治活动。8 月，前线总指挥科尔尼洛夫将军调兵遣将，举行叛乱，妄图彻底消灭苏维埃，结果遭到工人和士兵奋起反击。布尔什维克鲜明地提出人民最迫切需要解决的“和平、土地、面包”为口号来争取群众。于是参加各地苏维埃组织的工、兵、农群众纷纷开始转向布尔什维克方面。这时全俄苏维埃中央委员会中尽管仍然是社会革命党人和孟什维克占居多数，但被迫于 10 月下旬召开全俄苏维埃第二次代表大会。9 月底，列宁在《工人之路报》发表《革命的任务》一文，指出：“如果苏维埃掌握全部政权，现在还能够（看来这是最后一次机会）保证革命的和平发展，保证人民和平地选举自己的代表，保证各政党在苏维埃内部进行和平的斗争，保证通过实践来考验各政党的纲领，保证政权由一个政党转到另一个政党手里。”也就是说，布尔什维克党还是力争在苏维埃内部通过各党之间的竞争，争取得到大多数群众拥护，来实现政党的轮换更替执政。这时社会革命党和孟什维克已发生分化，出现了左派社会革命党人和孟什维克国际主义者等。后来尽管布尔什维克抓紧时机于10月25日凌晨在首都举行武装起义，推翻资产阶级临时政府，逮捕立宪民主党头目，但是在起义胜利的当天晚上立即召开第二次全俄苏维埃代表大会，宣布全部政权已经归苏维埃。出席大会的代表645名，代表全国各地400多个苏维埃组织。其中布尔什维克390名，占60%以上，社会民主党人153名，孟什维克72名，孟什维克国际主义者14名，左派社会革命党人7名，还有一些是更小的党派的代表。很多农民苏维埃的代表也出席了大会。大会在26日晚选出了由15个布尔什维克组成的工农政府，列宁当选为人民委员会主席（即政府总理）。大会还选举产生了由101人组成的全俄中央执行委员会作为全俄苏维埃代表大会闭会期间国家最高立法、号令和监督机关。其中布尔什维克62名，左派社会革命党人20名，社会民主党国际主义统一派6名，乌克兰社会主义者3名，社会革命党最高纲领派1名，全俄中央执行委员会主席为布尔什维克的加米涅夫。到1917年12月初，布尔什维克党进而吸收了7个左派社会革命党人参加中央工农政府，分别担任司法、农业、城市、邮政、国有资产、城市自治等部人民委员（即部长），实现了两党联合执政，即建立了共产党领导执政、左派社会革命党参与执政的联合政府。1918年1月中旬召开全俄工农兵代表苏维埃第三次代表大会。出席代表起初有707名，其中布尔什维克441名，占62%多。大会宣布俄国为工兵农苏维埃共和国，是各苏维埃民族共和国的联邦。同年3月，左派社会革命党人因不同意苏俄政府同德国签订《布列斯特条约》而退出政府。然而该党一部分左翼革命者于9月间又另建民粹主义共产党和革命共产党，继续参加政府，担任全俄肃反委员会副主席、交通人民委员部部务委员等，实现俄共（布）领导的三个共产党联合执政。从上述可见，布尔什维克党正是遵循政党政治的一般原则，以公开的政纲和政治活动，争取到广大工农兵群众的拥护，在竞争中打倒了资产阶级立宪民主党，击败并且取代了代表小资产阶级的妥协党（社会革命党和孟什维克），成为苏维埃政权的执政党，而且成为执政党后还注意联合同盟者，实现共产党领导的两党或三党联合执政，对资本主义政党政治进行了必要的扬弃，实现了政治体制转轨，在历史上第一次创立了社会主义政党政治的雏形。可以说俄国社会主义革命的胜利、苏维埃政权的建立，正是俄国共产党现代化斗争的政治成果。

徐鹏堂：研究苏共和苏联问题，如果要追本溯源的话，就必须从研究列宁开始。由于列宁所处的那个年代比较特殊，加之在十月革命胜利后不久就病逝，所以他根本就来不及进一步探索社会主义国家，尤其是在经济文化落后的情况下建立起来的社会主义国家该怎样建党，您认为列宁有哪些关于建党的问题没有解决好并对后来产生了很大影响？

高放：以列宁为首的布尔什维克党虽然在创建社会主义政党政治方面有理论创新和制度创新，但是有四个问题还需要列宁等人加以解决，但有的没有解决好，有的他从来没有考虑到。这方面很值得我们重新总结历史经验教训。

第一，关于社会主义国家的政党政治体制是否只能是共产党一党独存。如前所述，从1918年9月起俄共（布）同民粹主义共产党和革命共产党实行三党联合执政。可是仅隔两个月时间，民粹主义共产党因人数很少，于11月间决定自行解散，其成员全部加入俄共（布）。至此俄国保留俄共（布）与革命共产党两党联合执政。到1919年3月建立了作为各国共产党的国际组织——共产国际之后，又出现新问题，即一个国家成立了两个共产党，如美国于1919年8月新建立了美国共产主义工人党，9月又另建美国共产党。那么凡是一个国家出现两个共产党的是允许其并行发展，还是必须合并为一个共产党呢？为此，1920年7月举行的共产国际第二次代表大会明文规定："每个国家只应有一个统一的共产党。"列宁等共产国际领导人之所以作出这样的决定，显然是考虑到统一为一个共产党便于统一各国工人阶级的力量与行动。依此，9月间俄国革命共产党就宣布并人俄共（布）。从此，俄国开始形成一党独立执政的政治体制，这样俄共（布）自行砍去党外合作的政治伙伴。不仅如此，俄共（布）还在全俄苏维埃代表大会和中央执行委员会中清除了孟什维克和其他各派社会主义者。

第二，如何解决以党代政。十月革命胜利后，俄国在1918—1920年三年反对国内反革命叛乱和外国帝国主义武装入侵期间，由于党刚刚夺取政权，政权机关还很不完善，为了加强党的领导，不得不由布尔什维克党直接发号施令，由党的机关和领导人直接处理该由政权机关管辖的事情，于是形成了以党代政、党政不分、党权高于政权的政治体制。这样是背离政党政治常规的。政党政治固然要求由政党来执掌政权，但是政党不是政权机关，所以不能以党代政，党政不分。战争结束后，列宁已经发现以党代政体制的弊病非改不可。他于1922年3月23日在写给中央全会的信中提出："必须十分明确地划分党（及其中央）和苏维埃政权的职责……党的任务则是对所有国家机关的工作进行总的领导，不是像目前那样进行过分频繁的、不正常的、往往是琐碎的干预。”但是列宁只是提出了解决党政分开问题的总原则，并没有真正解决好这个大难题。

第三，如何发扬党内民主。在一党制条件下，缺少其他政党的制约和制衡，发扬党内民主是使党在执政中尽量减少失误的主要途径。党内民主的主要点是要重视党的全国代表大会的作用，因为它是党的最高权力机关，党的中央委员会只是党代表大会的执行机关。列宁在十月革命后领导党工作的六年之中，以身作则，召开了六次党代表大会，按照马克思主义的建党学说，在党执政之后确立了党代表大会年会制，做到每年重新审议、调整党的重大决策。这是列宁对共产党现代化、对社会主义政党政治的重要贡献。然而在党代表大会召开之前和在党代表大会上，对于如何运用马克思主义来进行决策，党内难免时常发生分歧，由此形成不同派别。十月革命后，俄共（布）党内曾出现过“左派”共产主义者集团、军事反对派、工人反对派、民主集中派等。通过党内思想斗争和自由讨论，终于都按照少数服从多数的原则统一到党代表大会的决议上来。为了保持党的队伍的统一和团结，1921 年 3 月，俄共（布）第十次代表大会通过了列宁起草的决议。其中指出：“任何派别活动都是有害的，都是不能容许的”，同时又强调“党将继续不断地采取一切手段并试验各种新的办法，来反对官僚主义，扩大民主，发扬自主精神，检举、揭发和驱逐混进党内来的分子，如此等等。”在如何发扬党内民主问题上，列宁已发现存在不少矛盾，但是也没有解决好。实践证明，后来苏共终因缺少党内民主而灭亡。

第四，成为执政党后，共产党会不会失去执政地位。从马克思、恩格斯以来，直到列宁等人，一直都认为：只要共产党领导人民夺取了政权之后能够巩固政权，而不像 1871 年巴黎公社革命那样只维持 72 天就被颠覆了，那么经过一个不太长的从资本主义到社会主义的过渡时期，就可以很快地增加生产力总量，改造各种私有制，建立社会主义公有制，消灭阶级，建成社会主义社会。一国带头实现社会主义革命后发生连锁反应，引起世界革命。世界革命成功后各国都进入社会主义社会，那时国家和政党都逐步消亡。

列宁的设想比马克思、恩格斯更加具体。他于 1921—1923 年间认为，赢得三年内战、外战胜利之后，第一个社会主义国家苏俄已经站稳了脚跟。俄共今后对内要领导各族人民加快社会主义建设，对外要领导社会主义世界革命。他认为俄国工兵农创造的苏维埃就是当年马克思所赞扬的巴黎公社式的“世界共和国”的再现和进一步发展。所以遵照列宁的意见，1922 年年底俄罗斯社会主义联邦苏维埃共和国改名为苏维埃社会主义共和国联盟，中文简称苏联。采用这样一个既无民族标志又无任何其他标志的异常奇特的国名，对内是为了不突出俄罗斯，有利于克服大俄罗斯主义，对外是为了表明其国际主义、世界主义性质，便于未来各国社会主义革命胜利后新建立的社会主义共和国，都可加入苏联，苏联将成为未来世界无产阶级社会主义共和国的联合国。即是说，共产党执政后永远不会下台，直到国家和政权消亡，世界共产主义普遍实现。可惜事与愿违，1924 年列宁逝世后苏联和苏共党内大俄罗斯主义一直难以消除，世界革命虽然有所进展，但是远没有实现。如果苏共体制的弊病和决策的失误长期改正不了，世界资本主义依然还有相当强的生命力，那么，苏共会怎么样呢？显然这是列宁等人无法想象得到的。

徐鹏堂：斯大林是位不能不谈的人物，在他执政的年代，苏联形成了过度集权的政治体制与过度集中的经济体制，这对苏共的政党政治建设有何影响？您认为他是怎样使苏共一步一步地背离政党政治常规的？

高放：斯大林共执政 31 年之久。他不仅在消灭了社会革命党和孟什维克之后还要捕风捉影地清查各种反革命政党，而且进一步加强了以党代政、党政不分的体制，加强了他的个人集权。他破坏党代表大会年会制，相隔二年、三年、四年、五年甚至十三年之久才召开代表大会。在 1952 年他参加的最后一次党代表大会即十九大上，在党章中规定每四年才召开一次代表大会。而且在代表大会上只能歌颂他，不许不同意见发表出来，搞一言堂。他把党内在制定党的路线、方针、政策时同他持有不同观点者先后打成托洛茨基派、季诺维也夫派、反党联盟和布哈林——李可夫反党集团，不仅把他们都开除出党，而且用逼供信等手段定案，都当作敌特、暗害分子和卖国贼加以处决或长期监禁。如果能够像列宁那样允许党内在决策方面可以自由争论，甚至在党刊上开辟“争论专页”，不轻易把持有不同政见者定性为反党集团，苏共就不至于长期执迷不悟，积重难返。

如果说在列宁时期变社会主义多党制为一党制还拥有党内民主的话，那么在斯大林时期则进而消灭了反对派，取消了党内民主自由，大搞个人崇拜和个人专制。斯大林的悲剧在于他自以为是受亿万人民群众拥护、代表亿万人民群众根本利益的领袖，他是无产阶级民主自由集中的化身。斯大林晚年搞的个人专制已严重背离社会主义民主制，把现代化的无产阶级政党变成专制政党，使政党政治的特性大受损害，甚至荡然无存。

徐鹏堂：斯大林之后的几位领导人在苏共政党政治建设方面怎么样？

高放：斯大林于1953年73岁去世后，苏联经过38年的改革，更换了五任领导人，依然改不掉斯大林带头确立的专制政治体制等固有弊端，不能回到社会主义民主制，不能认同现代社会主义政党政治的特性，致使亿万人民群众对苏共失望了。

斯大林自1922年担任总书记，他本来指定曾担任过他秘书的马林科夫为接班人，这从1952年马林科夫破天荒第一次取代斯大林来作中央工作总结报告可以看出。可是他最后嫌马林科夫太软弱，又想换人。但还来不及安排后事，3月5日他就突然中风身亡。马林科夫只继任九天，就辞去苏共中央书记，并成立以赫鲁晓夫为首的书记处。赫氏担任党中央第一书记之后，又搞新的个人崇拜和个人集权，在经济方面乱改一气，引起中央内部很多人不满，于1964年10月被辞职。勃列日涅夫从1964年到1982年执政长达18年之久。新的个人崇拜和个人集权搞得更厉害，勃列日涅夫自己不断给自己授勋章，76岁死在任上。随后由68岁的安德罗波夫接任总书记，但只有一年零三个月就病故了。再由73岁的契尔年科接任总书记，只有一年零一个月又病故。苏共在短短两年多时间内三易其首，你说他们在政党政治建设方面还会有什么作为？

徐鹏堂：不可否认，苏共是在戈尔巴乔夫执政时期垮台的，这说明苏共在这期间已经出现了相当严重的政党危机，奇怪的是苏共是由作为总书记的戈氏本人自行宣布解散的，您说苏共政党政治的最致命的缺憾在哪里？为什么一个人就能决定一个组织严密的执政党的命运？戈氏对苏共的垮台负有怎样的责任？

高放：戈尔巴乔夫于1985年3月上台担任总书记，时年54岁，较为年轻，大家对他曾经寄予厚望。可是几十年来社会矛盾重重，问题堆积如山，戈氏依然独断专权。头两年多，他照样推行“左”的路线方针，要加速发展。然后在国内外党内外各种压力之下，急剧转向右倾方面。从1988年召开苏共第十九次代表会议起，其指导思想发生重大变化。他不再以科学社会主义为指导，在社会主义体制内去寻找一条发展党内民主与苏维埃民主的体制更新的改革新路，而是转向以“人道的民主的社会主义”为指导，亦即要走西欧社会民主党的改良主义旧路。更为严重的是，这次党代表会议竟同意实行“社会团体多元化”，实际上是开始开放党禁。不加限制地允许成立各种非社会主义、反社会主义政党，只能是制造混乱，使政局失控。可以说到这时苏联社会严重的经济危机、政治危机和思想文化危机已集中表现为政党危机。如何寻求出路，党内主要形成了三派，即以戈尔巴乔夫为首的社会民主主义派，以利加乔夫为首的保守主义派，以叶利钦为首的自由主义派。这三派指导思想虽然有区别，但是都一致同意实行西方那种多党制。到1990年5月居然建立了立宪民主党，它公开表明继承1918年被取缔的立宪民主党。甚至连主张恢复沙皇制度的君主立宪党也出笼了。在短短两三年内在坚持一党制长达近70年之久的苏维埃大地上一下子冒出了一百多个乌七八糟的政党。苏共既然无力主动地进行政党现代化，建立符合常规的政党政治，就只能被动地被迫转轨到资本主义多党制。戈尔巴乔夫在1990年2月苏共中央全会上同意推行西方那种多党制，从此苏联多党激烈竞争，政局急剧动荡。到1991年发生“8·19事变”，显然这是苏共中央以副总统亚纳耶夫为首的保守派企图力挽狂澜的重大举措。可是广大苏联人民非常担心此举如果成功，苏联又将回到原先一党制个人专断严酷统治的旧体制。保守派由于得不到人民群众甚至军队和克格勃的支持，所以事变迅即失败。同年6月刚当选俄罗斯第一任民选总统的叶利钦则在8月23日发布停止俄共活动和限制苏共活动的决定。8月24日戈尔巴乔夫眼看苏共大势已去，为保住自己的总统地位竟宣布辞去苏共中央总书记并建议苏共自行解散。此时尚有近1500万党员的苏共就这样悄然消失，没有多少人出面去保卫苏共。到12月21日叶利钦又暗中联络苏联十一个加盟共和国首脑宣布各自独立并成立独联体，完全脱离苏联。至此苏共亡党之后进而亡国亡制。

苏共既然无力自我改革，实现共产党的现代化，回到社会主义政党政治的正轨，最终必然滑到资本主义政党政治的老路。

徐鹏堂：社会主义国家执政党在进行政党政治建设方面应从苏共覆亡的惨痛事实中吸取怎样的教训？政党现代化问题是否也要和本国的实际情况结合起来，在吸收现代政治文明成果的同时，也要走自己的路？

高放：苏共是深受教条主义、封建主义、实用主义三害而亡党亡国亡制的。因此从党的指导思想到组织结构和思想作风都要进行改革，与时俱进，使党始终站在时代的前列，才能保持共产党的先进性。共产党，顾名思义应该以共产主义科学的指导，关键是各国共产党要彻底现代化就要善于把共产主义科学同当今信息时代各国的实际相结合，来制定路线、方针、政策，探索各国通往社会主义、共产主义的新路，而不要停留在蒸汽时代形成的马克思主义、电气时代出现的列宁主义之上，更不能教条式地照搬马克思主义、列宁主义。

共产党在政党政治建设上就要改变传统苏联模式对待世界资本主义的路线方针：社会主义国家对外封闭，同资本主义国家对立、对峙、对抗，推动世界革命，推翻世界资本主义。实践证明，资本主义既然能带头掀起作为第三次科技革命的信息化浪潮，足见资本主义还有相当强的生命力。因此社会主义国家要在对外开放中同资本主义国家和平共处，既要交往、合作，又要竞争、斗争，善于借鉴、吸收当代资本主义的各种文明成果，逐步增强社会主义国家的综合国力和国际竞争力，做到共同生存，共同发展，共荣共赢。各国的革命留待各国的党和人民独立自主地去探索。

共产党在政党政治建设上要着力清除渗透到苏联模式中的封建专制主义的传统影响，改革权力过度集中的领导体制。首先，要杜绝个人崇拜、个人集权，切实加强集体领导、分工负责。其次，要改革和完善党内选举制度。铲除等级制、特权制，防止形成特殊利益集团。要牢记苏联因采取干部任命制和高薪特权制而培植了一个官僚集团而遭致覆灭的深刻教训。再次，要实现党的权力中心向党的全国代表大会转归，要确认党代表大会是党的最高权力机关。最后，要改革和完善党的领导体制和工作机制。党要集中精力管党的理论建设、政治建设、思想建设、组织建设和作风建设，抓党员的培训和考察工作，不断大力提高党员的思想理论水平和科学文化水平，使每个党员在各个岗位不仅起螺丝钉作用，而且起发动机作用。这样就会极大地增强党的战斗力、竞争力、领导力和执政力。在政权机关做领导工作的党员要遵照党的路线、方针、政策，依法独立自主地管好立法、司法和行政工作，接受党和人民群众的监督。要发扬民主，这包括党内民主、党际民主和人民民主。民主权利首先是知情权，不全面知晓真实情况，就难以正确行使民主选举、民主决策、民主监督、民主质询、民主建议等权利。理论联系实际、密切联系群众、批评和自我批评，这是共产党人应有的思想作风。可是在苏共历史上，时常教条式地照搬马克思主义理论，或者庸俗地从苏联一国和俄罗斯狭隘民族利益出发背离马克思主义理论；官僚主义、形式主义横行，严重脱离群众，甚至愚弄群众、欺压群众；以领袖至高无上的原则，随意批评下级和群众，从大国主义、大党主义立场，随意批评别国别党。这些恶劣的思想作风极大地败坏了苏联共产党的声誉。

要提高党的执政能力，必须加强党内生活的原则性，认真开展批评与自我批评，提高解决自身问题的能力。在党的各级代表大会上既讲成绩与正确，又讲缺点与错误，让代表们畅所欲言，有不同看法就要展开争鸣，真正发挥党代表大会的作用。

总之，能否正确吸取苏共失败和灭亡的教训，能否真正改掉像苏共那样的种种弊端，使党不断提高执政能力，这是涉及我们党的命运和前途，切不可等闲视之。我认为苏共兴亡的最基本经验教训，集中到一点，就是共产党要始终站在时代最前列，始终保持自身的先进性，这样才能领导社会主义现代化事业取得全面成功。这也正是我们党提出“三个代表”重要思想的历史背景之一。

（本文原载于《苏共丧失执政能力原因名家访谈》，河北人民出版社 2006 年 10 月出版，采访人中共中央党史研究室徐鹏飞）

反思苏联劫难　共圆中国梦想

——访中国人民大学国际关系学院荣誉一级教授高放

应吸取苏共的经验教训

《人民论坛》：新一届政府领导班子已履新几个月，您对总书记及新班子抱有怎样的期待？

高放：新的中央领导层开局形象良好，他们有决心，有抱负，强调自己责任重大，表示一定要在任期内把国家治理得更好，并且已经在采取务实的措施。他们比 10 年前的上一届班子上任时，更年轻一些。

习近平同志特别强调“空谈误国、实干兴邦”，不讲空话，注重实干；李克强强调要把改革的红利让人民更多分享，这些都是积极的姿态，他们讲新的语言，表现出了新的作风。随着新的领导层的良好开局，中国再次实现了最高权力的如期、平稳交接。

《人民论坛》：权力的平稳交接为下一届任期的扎实工作打下坚实基础，但中共应当吸取苏共的哪些经验教训呢？

高放：从国际共运史来看，执政党领导人的终身制是从斯大林开始的。列宁 1924 年患重病，去世时年仅 54 岁。有人猜测说，如果列宁不是因病早殁，是不是也会终身任职呢？这个不能假设，我根据一些史料以及他一贯思想来看，我认为他是不会搞终身制的。1917 年十月革命掌握政权前夕，列宁曾跟托洛茨基谈过，他说咱们掌握政权后，55 岁就要退下来。说 55 岁是因为俄国著名文学家屠格涅夫有篇作品里写到，人到 55 岁就会变得愚蠢。列宁说要记住屠格涅夫的话，55 岁就要退下来。

不久前，我在北京大学法学院作讲演，谈到苏联的宪法和宪政，我认为苏联的宪法有优点也有缺点。缺点是对领导人的任期无限制，这是一个严重漏洞，以后果然暴露出严重的问题，使得终身制无法避免。列宁去世之后，斯大林接任党和国家领导人，斯大林原来只是苏共中央总书记，主要职责是集中力量治理好党。1922 年 4 月，苏共十一届一中全会开始设总书记一职，是为了加强从严治党，不让总书记在政权机关任职。可是斯大林并没有遵照这项规定，在列宁过世后，斯大林不但继续终身担任总书记一职，而且逐步独揽党、政、军三大权。列宁在世时，只担任政府总理，加里宁任国家主席，托洛茨基任共和国军委主席。苏共中央从未设立中央军委，军队是国家重要组成部分，这并不等于军队没有党的领导。托氏是党中央政治局委员，他担任共和国军委主席，依然体现了党对军队的领导。这样，党、政、军三驾马车就可以并驾齐驱。列宁当时建立的是这样一个既有权力分工、又有制约的政治体制，但列宁也有疏忽的地方，他在设总书记一职时，并没有设主席一职，如果再设个党中央主席兼政府总理就好了。苏共中央总书记本来只是苏共书记处第一把手，在政府中并不担任职务。列宁不贪图权力，不设党中央主席一职，就留下了缺口。如果列宁逝世后就要另选出一个人来接替列宁的职位。这样，斯大林就无法以总书记身份再去独揽党、政、军三大权。由于未设党中央主席一职，所以斯大林后来成为党中央第一把手，并于 1941 年兼政府总理及国防委员会主席。托洛茨基早在 1927 年被他整下来了，斯大林完成了逐步独揽党、政、军的三大权。斯大林严密控制了政府和军队，带头搞起了个人集权制，直到他 1953 年中风去世才放弃权力。斯大林去世前，指定做过他秘书的、后来担任中央组织部部长的马林科夫接班。

斯大林带头实行专制政治体制，晚年的他觉得马林科夫比较软弱，想换人，但还没来得及换，就猝然谢世了。马林科夫果然随即被赫鲁晓夫取代。

赫鲁晓夫上任后，最初想对权力过度集中的体制进行改革，他把总书记的名称改成第一书记，表明要加强集体领导，党政分开，第一书记不兼政府总理及国防委员会主席。但几年后，他感觉总理不听他的话，遂将总理撤换，他自己又去担任总理，恢复斯大林党政一体的体制。他虽没兼国防部部长，但国防部部长是他妹夫，他认为信得过。可他万万没想到，他搞的新的个人集权和个人崇拜，引起了党中央很多人不满，也让他妹夫不满，后来趁他外出休养时，发生了政变，逼迫他辞职。勃列日涅夫上台后，吸取赫鲁晓夫的教训，一定要掌握军权，为此，又设立了国防委员会，由他兼主席。勃氏刚上台时，苏共中央曾经作出决定：今后党中央第一书记不能再兼任政府总理。所以，他最初不兼任政府总理，实行党政分开。可是几年后，还是觉得在政权机关没有职务权力不够大，后来就改为兼最高苏维埃主席团主席，即国家主席，这是 1977 年的事情。这样，从勃列日涅夫起，苏联的政治体制又开始实行集党、政、军三大权于一身，这样的政治体制给苏联带来很大危害，实行老人政治、病夫治国。勃列日涅夫之后的两个领导人安德罗波夫和契尔年科都是七十多岁接班，结果一年多就过世了。直至 1985 年，选出了年富力强、54 岁的戈尔巴乔夫当总书记。虽然，戈尔巴乔夫也想改革，但由于原有的政治体制长期延误改革，导致政治体制改革难以推动，党内民主不充分，各种矛盾堆积如山，积重难返。在各种压力下，戈尔巴乔夫思想出现差错，他从科学社会主义转向人道民主社会主义，把西方多党制、三权分立制引入苏联，使苏联政局大乱，最后导致苏共垮台。

《人民论坛》：苏联这种政治体制的恶果有哪些?

高放：斯大林之后的苏共历任领导人，虽然也有过改革过度集权体制的做法，但最后都回到过度集权体制的路子上去了。斯大林的专制政治体制对整个国际共运有广泛深远影响，危害很大。

中国梦最迫切的是要实现民主梦

《人民论坛》：习近平总书记提出了“中国梦”，有学者总结说包含七个梦，即复兴梦、民主梦、改革梦、强军梦、民生梦、统一梦、和平梦，您认为是否全面，其中哪个梦是重中之重，要中之要?

高放：这七个梦总结得比较全面，但我还想再加一个和谐梦，包括两个方面的和谐，对内，建设和谐社会；对外，促进和谐世界。

在这几个梦中，中国人民最迫切要求实现的是民主梦。因为民主梦就是要把宪法真正、彻底地付诸实践，实现依宪治国，实现民主政治。苏联非常重视宪法，先后制定了四部民主宪法，但没有全面实现民主政治，是因为苏联实行的是“党主政治”，即党为人民做主，党替人民做主。主要表现为，一方面，国家的发展战略、路线、方针都由党中央制定，交给苏维埃代表大会和政府执行。如果党的决策都是对的，人民自己不能做主也行，但实际上，党中央的决策屡犯错误，从一国孤立地建成社会主义到一国孤立地建成共产主义，一直急于求成。列宁犯过一次急于过渡到共产主义的错误，1921 年他纠正了。斯大林又犯了两次急于过渡到共产主义的错误，赫鲁晓夫、勃列日涅夫还继续犯急于过渡的错误。另一方面，干部任用制度及党管干部方面，应该由苏共提出干部名单交由人民选择，实际上不是这样，谁当总理、谁当部长，都是苏共中央政治局决定。苏联各级党政主要领导人包括各级苏维埃代表的选举一律都是实行等额选举，没有差额选举，候选人实际上全部由各级党委决定，这种在党控制下的选举，人民没有选择的余地。党替人民做主这种党主政治，在落后国家有历史必然性和历史合理性，因为落后国家缺少民主法治传统，但是这种体制也有历史局限性和非理性。把“党主政治”改革为民主政治其实并不难，社会主义国家需要党的领导，但需要的是党的正确领导，如果共产党的决策不正确或局部不正确，最高苏维埃应该加以修改或否定，但是苏共一直坚持党主政治不改。虽然 1977 年出台苏联新宪法，规定苏联公民可以对国家工作提出建议和批评，但只限于提些鸡毛蒜皮的小事。如果真提出重大问题，不仅不会被接受，还会被扣上“持不同政见者”政治大帽子，如有人提出要实行社会主义市场经济，即被扣上修正主义、复辟资本主义帽子。

我国也制定过四部宪法，我国过去实行的民主在很大程度上受苏联模式的影响，这也是需要改革的。民主梦，实现的难度是要中之要、重中之重。随着国家的发展和人民要求与水平的提高，应该改变那种不正常的党主政治，实现真正的民主政治，这样才能维护人民当家做主的社会主义制度，从根本上避免苏联剧变那样的劫难。

实行民主政治，关键是要建立起违宪审查机制，对于不按宪法办事的行为要有监督机构予以纠正。苏联的宪法和实践的教训就是无人监督宪法的实施，这给我们提供了一种借鉴，我们应该引以为戒。习近平同志强调宪法的权威在于实践。社会主义民主政治的实现，才能保障社会主义制度固若金汤，犹如铜墙铁壁，任何风浪都难以摧毁之。

《人民论坛》：您刚才说，在上述七个梦之外，还要增加一个“和谐梦”，为什么？

高放：构建社会主义和谐社会，这是 2004 年 9 月中共中央十六届四中全会的决议中提出的，2006年10月中共中央十六届六中全会进而通过《关于构建社会主义和谐社会若干重大问题的决定》。近几年来，我们主要采取一些行政手段来维护社会和谐。党的十七大和十八大都把富强、民主、文明、和谐并列为我们党到2049年中华人民共和国成立一百周年时的奋斗目标。到那时，不仅会在国内形成和谐社会，而且还会在国际上构建和谐世界。我把和谐梦添加进去，这样就有八个中国梦。我国古书《尚书·舜典》中有一句成语是“八音克谐”，意指古代用金、石、丝、竹、匏、土、革、木八种不同材质制成的乐器，能够合奏出赏心悦耳的和谐优美的乐曲。这是国家富强、民族振兴、人民幸福，真、善、美的最强音，也是中华民族的大幸，炎黄子孙的至福。

（本文原载于《人民论坛》，记者徐艳红）

科学社会主义面临的问题和出路

——高放教授访谈录

自20世纪80年代以来，社会主义的实践不论在世界还是在中国都发生了巨大变化。作为指导、反映社会主义实践的观念形态——科学社会主义理论面临着如何正确且深层次地解释社会主义在世界范围内的挫折并总结经验教训，如何在坚持科学社会主义基本原理的前提下对传统社会主义观进行修正并对社会主义在中国的新实践给予合理的说明，如何理性地、实际地论证社会主义的现实出路和未来发展等重大问题。带着这些问题，笔者专程走访了中国人民大学高放教授。

科学社会主义是一门重要科学，但是“三害”使它失去吸引力

《党校科研信息》：从科学社会主义这门学科的研究对象和任务来看它无疑是一门非常重要的科学，但实际上，这门学科的发展并不尽如人意。这几年，有志于从事这门学科教学和研究的青年人越来越少，科学社会主义理论的教学和研究缺乏理论的活力、说服力和吸引力，您对此有何看法?

高放：你讲的问题确实存在。就以中国人民大学为例，其在1978年复校时就建立了科学社会主义系，当时这在全国是独一无二的。建系前两年的情

况还不错，但从1981年以后报考这个专业的人越来越少，而且大都是第二志愿。科社系到1983年办不下去，本科招不到好学生，而且学完了也不好分配。1984年6月，恢复国际政治系原名，科学社会主义成为设在国政系中的一个专业。此后，科社专业逐步缩小，现在大学本科已取消了这个专业，科社课已不再作为专业课和必修课，而成为其他系的选修课，选修的学生也很少。社会主义国家学社会主义专业的学生很少，即使学也不感兴趣，学完了没地方分配，这是令人深思的现象。到底是什么原因，很复杂，我认为主要是教条主义、实用主义、虚无主义这“三害”使科学社会主义失去了吸引力。这三个主义实质上反映的都是理论和实际的关系。教条主义主要是理论陈旧，跟不上实际发展；实用主义是理论虽然正确，但实际行为背离理论；虚无主义是理论和实际的双重盲目性，两者都不正确。

具体地讲，教条主义往往是把马克思列宁主义几十年前甚至百年前讲的原封不动照搬到当代，与当代实际对不上号。这种情况很容易带来对科学社会主义理论本身的误解，有些学生听完科社课后，觉得讲的不是真理，这是原因之一。例如，现在很多科社原理、马克思主义原理教材，包括近年来新出版的某些教科书还是写暴力革命是无产阶级革命的一般规律，和平过渡的道路在特定条件下可以设想。这样写的人可能认为，这种表述没有完全否定和平过渡，已经算是思想解放了。但是，他们没有看到这样讲至少不符合当代发达资本主义国家的实际。从当前的新科技革命出发，西方国家工人阶级的地位、生活状况、劳动条件、阶级关系发生已很大变化，虽然资本主义的基本矛盾还存在，但形成暴力革命形势的可能性已经不存在了。现在发达资本主义国家的共产党没有一个讲暴力革命是一般规律，尽管如此，他们的处境仍然很艰难，如果再讲暴力革命，更要吓跑一大批群众，甚至会被统治阶级作为取缔、镇压共产党的借口。1991年，我去美国访问半年，找了很多留学生交谈。从交谈中，我看到，出国留学生有80%—90%不信马列，坚定相信的不到10%，他们举的突出例子都是关于暴力革命是一般规律的原理。他们都认为，美国历史上劳资矛盾尖锐时都没有爆发无产阶级革命，现在在新科技革命条件下，劳资矛盾缓解，更不可能发生暴力革命。有些教科书中还有一种观点，认为在资本主义条件下，工人阶级“连改善自己的经济地位也只能是一种空想”。这样的写法完全无视今天资本主义国家工人阶级状况的改善。这样的东西还说是科学社会主义原理，当然不会有人相信。正是这种教条主义，使理论与现实生活对不上号，造成科学社会主义声誉大受损害。

实用主义表现为，科学社会主义的原理是正确的，但有些口头讲着社会主义理论的人实际上做的与理论背道而驰，这种情况也造成人们对科学社会主义理论的怀疑，最突出的例子就是腐败问题。从理论上讲，腐败不是社会主义制度本身产生的问题，社会主义公有制是工人阶级劳动人民当家做主，劳动人民勤劳俭朴，不搞腐败。社会主义的“官”是社会公仆、人民勤务员，也不搞腐败。有一些腐败现象是旧社会遗留下来的。因此，从道理上讲，社会主义国家应该腐败最少，但我国改革开放以来，腐败问题却一直存在。

虚无主义的表现是，理论上不对，实际做的也不对。例如，理论上或者主张全盘西化，鼓吹资产阶级自由化，或者拜金主义盛行，享乐主义泛滥。实践中，不是为了发展生产，促进经济发展，而是一切为了钱，为了实现个人价值，为了追求个人享乐。社会主义理论和实际、社会主义精神文明和物质文明都不要了。

总之，这三个主义表现出来的东西，对科学社会主义的理论和实践危害极大，正是它们使科学社会主义失去了光辉。

从横向、纵向来看，各有三大问题亟须研究

《党校科研信息》：我很赞成您的看法，要想使科学社会主义理论不沦为苍白无力的说教，真正成为一门科学来反映和指导活生生的社会主义实践，必须克服三个主义，彻底突破陈旧的理论框架的束缚，摒弃功利主义的对现实的图解。下面请您谈谈科学社会主义作为一门科学，从学科建设的角度讲，当前重点应该研究哪些问题。

高放：从学科建设的角度讲，横向看，有三类大的问题需要研究。第一，关于发达资本主义国家。当代资本主义发展有什么新特点，处于什么新阶段，资本主义经济结构、阶级结构、经济发展规律有什么新变化，发达资本主义国家通往社会主义的道路是什么等，都需要重新研究。在这方面的教条主义观点比较多，如刚才讲到的暴力革命问题。还有一种观点，认为目前资本主义处于国家垄断资本主义阶段，我不同意这种看法。当代资本主义很难说是国家垄断资本主义，它有国家调节，但国家不仅调节垄断资本，还调节数量越来越多的大量的非垄断资本和中小企业，跨国公司也不都是垄断资本，很多是技术密集、知识密集型企业。当代资本主义到底发展到什么阶段，值得研究，用国家垄断资本主义概括未必准确。

第二，关于社会主义国家。对苏联、东欧剧变的原因，要深入研究，总结经验教训不能简单化。不是用帝国主义和平演变，国内出现机会主义叛徒，就可以简单回答。苏共出现了戈尔巴乔夫和叶利钦两个人，还有近两千万党员，有人退党后还有近一千五百万党员，为什么没有人起来强烈反抗？有人幽默地说："大概是在深更半夜被悄悄出卖的。"果真如此，一旦天亮群众醒来，也会群起反抗的。可是苏联为什么两个人就能把党和国家弄垮？而我们出了"四人帮"却被一举粉碎。这是个很复杂的问题，需要认真研究。还有社会主义国家在当代应该怎样坚持社会主义？苏联、东欧就是不善于坚持社会主义，如何吸取苏东教训，真正坚持社会主义？我认为，建设有中国特色社会主义的中心意义就在这里。借鉴苏东等其他国家社会主义兴衰成败的经验教训，与中国国情相结合，通过改革开放，建设有中国特色的社会主义。

第三，关于第三世界不发达国家。不发达国家究竟走什么样的发展道路？过去社会主义世界力量强大时，我们认为有可能在我们影响下，走社会主义道路。周总理20世纪60年代到非洲访问，认为非洲社会主义还是有希望的。现在苏东垮了，亚非拉自称走社会主义道路的也垮了很多，这其中有哪些国家可能挤入发达资本主义国家，有哪些不能挤入发达资本主义国家的行列，它们将来的发展方向和道路是什么？这个问题也要重新研究。

以上是从横向看，即三个世界、三类国家在新科技革命条件下怎样走向社会主义。我们既要坚持科学社会主义基本原理，又要结合当代新科技革命的实际，创造性地研究。除三类国家各自的问题外，还有三类国家如何共处的问题。

从纵向看，科学社会主义需要重点研究的问题是：第一，总结历史经验。社会主义一百多年来，由理论到实践的发展过程中，遇到一系列问题。19世纪，科学社会主义理论创立；20世纪，科学社会主义大放光芒，社会主义从一国扩展到十五国。意想不到的是，在20世纪80年代末90年代初，苏东社会主义发生剧变。为什么20世纪末社会主义发生这样大的挫折？怎样从中真正吸取教训，使社会主义在改革中自我完善，这是一个大的课题。第二，研究当前时代特点。现实课题方面最重要的是新科技革命以后20世纪90年代的变化。现在科技革命可以说是方兴未艾，它使资本主义发生着变化，社会主义也在发生着变化。每一次科技革命都对社会产生重大影响。第一次科技革命是以蒸汽机为标志的时代，这时正是科学社会主义创立的时代，社会主义从空想到科学发展的时代；第二次科技革命以电气化为标志，这时是资本主义由自由竞争发展到垄断的时代，也是科学社会主义由理论变为现实，从一国发展到多国的时代；当今世界第三次科技革命，以电子信息为先导，这次革命必然会给资本主义和社会主义都带来巨大变化。时代的特点是科学社会主义理论需要研究的新的课题。第三，预测未来趋势。未来学是当代发展很快的一门学科。科学社会主义也应该建立社会主义未来学，对社会主义在未来的发展前景，社会主义在新科技革命条件下的发展趋向，社会主义在发展中可能遇到的挫折以及可能取得的突破作出理论预测，指导社会主义实践，顺应历史潮流不断向前发展。

怎样才能繁荣科学社会主义这门科学

《党校科研信息》：当前的时代及实践对科学社会主义理论提出的挑战呼唤着这门科学的发展，而理论的发展除理论工作者的主观努力外，还要创造一种有利于理论探讨的客观环境和学术空气。请您谈一谈怎样才能繁荣科学社会主义这门科学?

高放：要使一门科学繁荣，需要贯彻百花齐放、百家争鸣的方针。既然是科学，就不能由任何人、任何一家一派加以垄断。科学是众多科学家和学派共同研究、互相借鉴的成果。可能某个人、某一家的立场、观点、方法正确，对这门科学的研究取得了比别人更大更多的成果，经过实践检验，这些成果一定会得到大家的认同。不要认为自己的观点是唯一社会主义的，唯我独社，反对我的就是反对社会主义，轻易给别人扣上反社会主义的帽子。实践证明这种做法是不对的。其实，许多自认为是唯一代表科学社会主义的却被实践证明其许多观点都是错误的。不要说一般的理论工作者，就是杰出的无产阶级革命家、马克思主义者的观点也未必就被实践证明都是正确的。当然，在科学社会主义理论的研究中，贯彻“双百”方针比其他学科有更大的难度，因为这门学科与现实政治关系非常紧密，很多问题很难说是纯粹的学术问题。即便如此，我认为，在坚持四项基本原则的前提下，对一些理论问题还是应该允许理论工作者在不同场合进行自由探讨。不宜在报刊公开发表的，可以在内部刊物发表；不宜在内刊发表的，可以在内部形成意见，作为内部材料上报，提供给某些部门参考。这样，科学社会主义的理论工作者就会感到自己的研究有价值，不至于形成这门学科只有领导人才能研究、才能发展的误区。必须坚决彻底纠正用权力来垄断真理的现象，马克思主义、科学社会主义才可能繁荣。

（本文原载于中共中央党校主办的《党校科研信息》，于1979年发表，记者常欣欣，但未收入高放教授之前的文集。考虑到访谈内容至今仍有现实意义，故收入本书。）

全面准确地领会和掌握马克思主义科学的真谛

——访中国国际共运史学会原副会长、中国人民大学荣誉一级教授高放

《上海党史与党建》：高教授，您好！最近，由您领衔主编的《马克思恩格斯要论精选（增订本）》已由中央编译出版社出版，本书无论在体系结构还是在内容选择上，都颇有新意。那么，能否谈一谈您主编增订此书的初衷？

高放：马克思主义在我国是广大党员干部、高等院校青年学子都必须学习和掌握的一门首要科学。但是，这门首要科学博大精深，卷帙浩繁。《马克思恩格斯全集》已出版的中文第一版，就有50卷、53册，总字数有几千万字，这是一般人难以卒读的。即使是1995年出版的《马克思恩格斯选集》中文版第2版4卷本，也近300万字之多，也不易通读。那么，究竟应该怎样学习和掌握马克思主义呢？在这方面，我们要吸取前人，尤其是马克思的亲密战友、马克思主义另一创始人恩格斯的亲身经验。恩格斯早在1890年写给柏林大学学生布洛赫的信中就指出："我请您根据原著来研究这个理论，而不要根据第二手的材料来研究——这的确要容易得多。"邓小平在1992年南方谈话中进一步指明："学马列要精，要管用的。长篇的东西是少数人搞专业的人读的，群众怎么读？要求都读大本子，那是形式主义的，办不到。我的入门老师是《共产党宣言》。"

在我们党的历史上，1943年党中央曾经开列马列主义经典著作《共产党宣言》等5本作为"干部必读"，1949年增加到12本，1963年又扩充到30本。也就是说，精读若干本马克思主义原著是通晓马克思主义的诀要。除此之外，选读马克思、恩格斯的名言警句汇编，更是领会马克思主义的捷径。这比读若干本原著涵盖面更广泛、更丰富，论点更集中、更精粹，也更便于

全面准确掌握，入脑记忆，缺点是多半只有结论，论证不够充分。关键是要选编全面、准确。例如，1942 年延安整风运动期间，解放社编辑出版的《马克思恩格斯列宁斯大林思想方法论》一书就编得很好。

20 世纪 90 年代，高哲、温元著、贾建梅同志开始主编一本概括马克思主义全部要点、近 40 万字的《马克思恩格斯要论精选》，约请我为学术指导。选编这本书，我们跳出把马克思主义分为三大组成部分的旧框架，从马克思、恩格斯对自然、人类、社会的认识入手，进而概括他们对无产阶级和全人类解放这个总命题的系统看法。本着理论联系实际、历史和逻辑相统一的原则，既着眼于理论的完整性，又考虑到实际需要的现实性，经过编者几次修改，于 2000 年 4 月由中央编译出版社出版。2011 年，本书改为由我牵头，与高哲、张书杰同志共同主编，重新修改、增订，篇幅有所扩大。

《上海党史与党建》：为什么仅仅隔了十年多一点的时间就对这本《马克思恩格斯要论精选》进行修改和增订呢？

高放：对《马克思恩格斯要论精选》进行增订，主要有三个原因。一是 2005 年我国把马克思主义确立为一级学科，随即开始在高等学校招收马克思主义专业的本科学士生和硕士、博士研究生，众多教研单位都建立马克思主义研究所、研究部以至研究院，在大学各个专业普遍开设马克思主义基本原理课程。这个新形势促使我们要为社会提供一本全面、准确反映马克思主义科学真谛的基本读物。二是我们在使用中发现，2000 年出版的《马克思恩格斯要论精选》内容不够全面、丰满，我们深感必须下功夫重新出版更好的增订本。三是 2009 年 12 月人民出版社新出版十卷本《马克思恩格斯文集》，这是我国马克思主义理论研究和建设工程的重点项目，是中共中央编译局编译的译文更准确、资料更翔实的文本。所以，我们选编的增订本的引文都要改用这本最新的译文。

《上海党史与党建》：那么，这本《马克思恩格斯要论精选（增订本）》有哪些突出新意和鲜明特点？

高放：第一，在定位上：力求把本书定位为“马克思恩格斯主义”科学真言录。因为突出选编“马克思恩格斯主义”的科学真言录，这要比原来的书名《马克思恩格斯要论精选》更为精确，凸显了马克思主义不只是重要理论，而且是一门博大精深的科学，是指引全世界劳动人民和全人类获得自由解放、全面发展的一门首要科学。这门首要科学并非只由马克思一个人孤军奋斗、单独鼎成，而是马克思与恩格斯两位亲密战友从 1843 年至 1883 年携手合作40年，珠联璧合共同玉成的。1883年马克思辞世后，恩格斯又苦心孤诣，接续耕耘12载，到1895年恩格斯仙逝才使这门首要科学登峰造极，达到绝顶。马克思大智若愚，他生前一直不赞成“马克思主义”这种过分颂扬他个人功绩又歪曲他本意的提法。他生前甚至多次表示：“我只知道我自己不是马克思主义者。”直至1883年他谢世后，他的众多信徒不约而同地出自内心对他的景仰，才从正面褒意上逐步广而使用“马克思主义”一词，表明众人都要学习马克思主义科学。恩格斯一向以“第二提琴手”自居。他于1884年在《路德维希·费尔巴哈和德国古典哲学的终结》一书中特别声明：“马克思比我们大家都站得高些，看得远些，观察得多些和快些。马克思是天才，我们至多是能手。没有马克思，我们的理论远不会是现在这个样子。所以，这个理论用他的名字命名，是理所当然的。”可是，纵观恩格斯一生，尤其是在马克思逝世后的12年间，他又做了大量理论工作，把马克思的《资本论》第2卷、第3卷手稿精心加工整理出版，还为马克思的多部名著写了新的序言再版问世。他自己还留下四部名著（即《反杜林论》《自然辩证法》《家庭、私有制和国家的起源》和《路德维希·费尔巴哈和德国古典哲学的终结》）以及大量有创见的雄文。客观公正地说，恩格斯是为创立和发展科学共产主义理论独立做出了独特的重大贡献的。所以，我提出了“马克思恩格斯主义”的新概念，现在通行的“马克思主义”一词可以说是马克思、恩格斯主义的简称。本书正是马克思、恩格斯这两位伟大科学家为创立马克思主义这门首要科学发自肺腑的真诚之言、真切之言、真实之言、真谛之言、真理之言的辑录。他们的这些科学真言构成了一个完整的科学传奇。

第二，在体系上：本书把马克思、恩格斯的主要科学真言，依据马克思主义科学的内涵划分为科学世界观、科学历史观、科学现状观和科学未来观这样四个板块。这四个科学观都贯穿着唯物辩证法的方法论，其中科学世界观是他们对世界的辩证唯物主义的总体系统认识，科学历史观、科学现状观和科学未来观则是他们依据科学世界观对人类社会过去、现在和未来分时段纵向连贯的整体系统认识。可以说，科学世界观是马克思、恩格斯主义的精髓，科学历史观是马克思、恩格斯主义的源头，科学现状观是马克思、恩格斯主义的起点，科学未来观是马克思、恩格斯主义的目标。马克思、恩格斯主义的这四大组成部分是紧密依存，互相渗透，融为一体，不可或缺的。这个增订本全书分为七章，第一章辑录的是马克思、恩格斯对自然、人类和社会这三类客观实体及其内在关系的辩证唯物主义系统观点，这可以说是马克思、恩格斯主义的科学世界观。第二、三、四章辑录了马克思、恩格斯对社会结构、社会变革、社会形态及其内在和外在关系和发展变化的系统看法，这三章的历史部分可以说是马克思、恩格斯运用其辩证唯物主义世界观观察人类社会历史的科学历史观。这三章当中，有关论述近现代资本主义社会结构、社会变革和社会形态部分，则是属于马克思、恩格斯的科学现状观。第五章社会问题与第六章重点地区和国家的发展以及国际关系，主要内容都是属于马克思、恩格斯运用科学世界观论析资本主义世界的科学现状观。第七章论未来社会的发展，显然是马克思、恩格斯运用科学世界观预测人类社会发展前景的科学未来观。只要细心通览全书，我们就能对马克思主义的科学世界观、科学历史观、科学现状观和科学未来观获得较为系统的科学知识，奠定较为坚实的理论基础。

第三，在侧重点上：本书各章节内容尽量全面又有重点地反映马克思恩格斯的科学思想，力求避免片面性和随意性。由于长期受根深蒂固的“左”的指导思想影响，思想理论界在选编和阐释马克思主义时，往往侧重于从资本剥削、阶级对抗、阶级斗争、暴力革命、不断革命、世界革命和无产阶级专政来理解和把握马克思主义。其实，马克思、恩格斯还多次讲到资本的文明作用、阶级合作、阶级妥协、和平实现、社会改良和无产阶级民主问题。所以，本书有关章节专门辑录标明资本的积极和消极双重作用、阶级斗争与阶级合作、阶级斗争与阶级妥协、暴力革命与和平实现、革命与改良、无产阶级专政与无产阶级民主等专题。马克思说：“无论哪一个社会形态，在它所能容纳的全部生产力发挥出来以前，是绝不会灭亡的。”当资本主义还有自我调节能力，还能促进科技和生产力的发展时，不要以为一旦爆发资本主义经济危机，资本主义制度就要崩溃；当今依然不能急于消灭资本主义建成社会主义，更不能急于实现共产主义。对此，我们都要切实了解、深刻领会。这样，我们才能全面准确掌握马克思主义的精神实质，避免片面性和急性幼稚病。马克思在1844年发表的第一篇科学要论《〈黑格尔法哲学批判〉导言》中鲜明提出“人的解放”问题。马克思、恩格斯在《共产党宣言》这本集中阐发科学世界观、科学历史观、科学现状观和科学未来观的最重要代表作中，用最简明的22个字，揭示了共产党人的最终奋斗目标是要建立“每个人的自由发展是一切人自由发展的条件”的自由人“联合体”。据此，我们认为“人的解放”“人的自由发展”是马克思主义科学世界观的真谛和精髓，是共产党人世代奋斗的终极目标和胜境。所以，本书第一章专门把“人的解放”和“人的自由”作为两个专题，集中辑录了马克思、恩格斯的一批精辟的科学真言。例如，马克思、恩格斯早在1844—1845年合著的《神圣家族》中就曾经一语道破地指出：“当人们还不能使自己的吃喝住穿在质和量方面得到充分保证的时候，人们就根本不能获得解放。”这是对人们获得解放的主观努力和客观条件的精辟论述，说得多么具体而深刻！在同一本著作中，他们又说：“既然从唯物主义意义上来说人是不自由的”，“既然环境造就人，那就必须以合乎人性的方式去造就环境。”即是说，我们必须尽力以合乎人性的方式去造就环境，使人的自由能够得到充分的发展。这是对人们获得自由发展的主观努力和客观条件的另一句精彩真言，说得既全面又有重点。

《上海党史与党建》：您刚才谈到本书在选编上跳出把马克思主义分为三大组成部分的旧框架。这无疑是一个重大的突破和创新，从根本上说无疑也关涉着对马克思主义内容和体系的界定。那么，您是如何理解和界定“马克思主义”的呢？

高放：长期以来，我们通常理解的马克思主义在内容上主要是包括哲学、政治经济学和社会主义学三个组成部分。这是列宁于1913年写的《马克思主义的三个来源和三个组成部分》一文中提出的独到见解。这样划分有利于人们掌握马克思主义最主要的内容。但是长期以来列宁的这个独特体会被绝对化了，以致造成马克思主义就只有这三个组成部分的传统观念。其实，无产阶级和全人类解放这个特大系统社会工程，需要好多门科学为它服务。马克思、恩格斯毕生悉心研究的科学，也不仅限于这三个组成部分、三门科学。我认为，马克思主义是马克思和他最亲密的战友恩格斯于1843—1895年间创立的无产阶级和全人类解放的科学，可以简称为“人的解放学”。它给全人类指明了在减免资本主义剥削、压迫，减免重、脏、险、差的体力劳动之后，人人得到自由解放和全面发展，建立“自由人联合体”，实现社区自治的愿景。因为马克思主义是关于全人类彻底解放的科学，所以它赢得世世代代众人的尊崇。马克思主义是完备而严整的科学，除了包括哲学、政治经济学和社会主义学三个组成部分之外，还应该包括人学、政治学、法学、军事学、社会学、历史学、文化学、教育学等十几个组成部分，十几门科学。在本书中，我们把马克思、恩格斯毕生创立的科学理论，按照他们对世界总体和人类社会发展进程纵横交错的系统观察，划分为科学世界观、科学历史观、科学现状观和科学未来观这样四个部分。

《上海党史与党建》：您主编的《马克思恩格斯要论精选（增订本）》在增补过程中有何新的视角和新的发现？

高放：第一，突出现实针对性。我们学习马克思主义的目的不能仅限于全面、准确掌握马克思主义的科学原理和科学知识，更重要的还在于要善于运用马克思主义的立场、观点和方法来观察、思考、分析和解决当前面临的诸多现实问题。有鉴于此，本书专门列出第五章社会问题与第六章重点地区和国家的发展以及国际关系，这两章可以说是主要针对当前国内和国际的现实问题而精选的。第五章列出战争与革命、和平问题、殖民地问题、工人问题、农民问题、知识分子问题妇女和儿童问题、教育问题、爱情婚姻与家庭问题、住宅问题、自杀与卖淫问题。其中除了战争与革命、和平是国际问题之外，其余大多是国内外要妥善解决的迫切问题。第六章着意列出欧洲地区和俄、美、印、中四国的社会发展。其中，主要是当前众人都十分关切的欧洲地区和四大国的发展，也是我国要主动处理好的与欧盟和俄、美、印三大国的关系问题。在这一章中，我特别增补一节，标明“工人政党应对国际关系的准则”，辑录了14段真言。从马克思、恩格斯在19世纪对资本主义社会的总体论析，以及对资本主义面临的各种社会问题和大国发展的具体评议中，我们能够领悟到当今应该如何应对这些“老大难”问题。本书第七章论未来社会的发展，专门论述了马克思、恩格斯主义的科学未来观。19世纪还缺少实现社会主义、共产主义的实践经验，所以马克思、恩格斯对此的论证，主要还是依据他们的科学世界观、科学历史观、科学现状观的推理演绎，大都不是对实践经验的实证总结。即使这样，他们的科学预见对当今中国特色社会主义现代化建设和未来世界社会主义的发展依然有重要的启迪作用。

第二，突出思想指导性。在本书选编过程中，我还着意增补一些平时被很多人忽视，当今特别有重大现实意义的马克思、恩格斯的科学真言。这样能够使广大读者愈益深感马克思主义科学的持久生命力、深远影响力和现实应用力。这里仅举几个突出的实例。马克思早在1844年发表在《德法年鉴》上致卢格的信中就一针见血地指出：“人类要洗清自己的罪过，就只有说出这些罪过的真相。”这对于人们认清和改正自己的过错和罪过是非常有启迪的。如果隐瞒真相，讳疾忌医，就必然会延误诊治，过早丧命。马克思在《1857—1858年经济学手稿》中肯定了“资本的伟大的文明作用”“资本的伟大的历史方面”。马克思两次赞扬“资本的伟大”，就是因为资本加速了社会生产力的发展，促进了社会的不断革命化和人类的全球交往，推动了人类要善于与自然和社会共处共生。马克思在《资本论》第3卷中还异常敏锐地从股份制的发展预见到它将成为从私有制转变到公有制的关键的过渡点和过渡形式。他在《资本论》第3卷中说道："资本的文明方面"，同资本所有权结合在一起的股份公司的职能会成为"转化为联合起来的生产者的单纯职能，转化为社会职能的过渡点"。"资本主义的股份企业，也和合作工厂一样，应当被看作资本主义生产方式转化为联合的生产方式的过渡形式"。在作为《资本论》第4卷的《剩余价值理论》第3册中马克思还明确指出："资本家在生产过程中是作为劳动的管理者和指挥者出现的。""这种与剥削相结合的劳动（这种劳动也可以转给经理）当然就与雇用工人的劳动一样，是一种加入产品价值的劳动"，"也必须和劳动者本人的劳动一样给予报酬。"这就证明了马克思的剩余价值理论不仅充分论证工人的劳动创造价值，而且也肯定参与管理的资本家同样参与创造价值，也同样要给予报酬。当然资本家的丰厚利润还是剥削了工人的剩余价值。马克思在《政治经济学批判（1857—1858年草稿）》中还科学预见到信息时代到来后工人的劳动将被机器取代，那时个人会得到全面发展。1893年6月恩格斯在回答英国《每日纪事报》记者提问是否会成立"欧洲联邦"问题时，明确表示："当然。一切都在朝这个方向走，因为我们的思想正在全欧洲传播。"恩格斯到晚年，已感悟到资本主义还有相当强的自我调节力，已认识到共产主义是比社会主义更为长远的奋斗目标。他于1894年2月13日回复第二国际理论家考茨基的信中，郑重指出："共产主义一词我认为当前不宜普遍使用，最好留到必须更确切的表达时才用它。即使到那时，也需要加以注释，因为实际上它已30年不曾使用了。"我补选入本书的马克思、恩格斯的这些科学真言，对于观察、思考与解决当今我们面对的国内外重大问题，是很有指导意义的。

第三，突出学术创新性。我根据近70年来我所读过的马克思、恩格斯原著，并且吸收国内外学术界众多学者的研究成果，细心考察还应该补充哪些真言，排列顺序还要做哪些调整，各章节标题还要做哪些修改，真言中提到的人物、事件和专有名词还要加上哪些必要的注释，才有助于读者加深理解，等等。这里特别说明一下，本书中对马克思、恩格斯一些重要论断我另加上必要的注释，这样对于理解原著颇有好处。例如，马克思说："宗教是人民的鸦片。"我注明：鸦片是19世纪欧洲医药上用的镇痛剂，并非毒品。意即宗教信仰可以缓解其信徒的心灵痛苦。《共产党宣言》中说："工人没有祖国。"我注明：应该理解或改译为"工人没有国家"。因为祖国是祖籍之国，任何人生来都有祖籍之国。但在资本主义社会，国家是资本家阶级统治、压迫工人的政权机关，不是工人自己的国家，同时任何工人都可以到外国当劳工，工人打工的国家也不是自己的国家，所以"工人没有国家"。再如，本书第四章论社会形态，我加上一条脚注说明：马克思关于人类社会形态的划分有"三形态"和"五形态"等多种划分，在这一章中我们选出两段关于"三形态"和"五形态"划分的不同论述，作为全章引言。马克思在《政治经济学批判》序言中所说的"亚细亚的、古希腊罗马的"实际上主要是指原始社会和奴隶社会。本章内容故按原始社会、奴隶社会、封建社会、资本主义社会和社会主义、共产主义社会五种社会形态编排。但是这五种社会形态只是人类社会大致的历程，并非依次直线性的发展，更不是每个民族国家的必经之路。纵观人类几千年文明史，我深切地感受到，虽然有成千上万思想家和科学家留下卷帙浩繁的论著，但是还从来没有哪两位思想家、科学家像马克思和恩格斯那样对人类社会面临的世界观、历史观、现状观和未来观这四大问题做过如此广博而深刻的科学论述。但愿本书能够为众多马克思主义学习者与教研者掌握马克思主义科学真谛与精髓提供一本简明的读物。

（本文原载于《上海党史与党建》2017 年第 1 期，记者林文哲）

今年是我成为马克思主义者 70 周年

今年，正好是我成为马克思主义者 70 周年。1944 年，读高中的我开始接触马克思主义，《共产党宣言》、斯诺的《西行漫记》可谓我的马克思主义启蒙教育读本。1946 年，我在北京大学读到毛泽东的 3 本著作后才成为马克思主义者。

1946 年，我从福建福州英华中学毕业，那时我心目中的偶像是邹韬奋和苏联作家爱伦堡，因为我高中就曾创办级刊、校刊，所以当时我的理想是做一名记者。报考北京大学时，因当时没有新闻系，在亲友的建议下报考了政治系。入学后，我便在地下党和进步同学的帮助下，开始阅读晋察冀解放区出版的一些著作，这是我第一次读到毛泽东的《中国革命和中国共产党》《新民主主义论》《论联合政府》三大著作，对我的影响很大。我感到新民主主义指明了中国的出路，这时我才开始信仰马克思主义。之后，我在北大积极参加学生民主运动和地下党领导的民主青年同盟，反对国民党专制独裁、贪污腐败。1948 年 1 月，我越过封锁线，奔向解放区。本想到前线当记者，却被送到晋冀鲁豫边区的北方大学文教学院学习；8 月，北方大学与晋察冀边区的华北联合大学合并为华北大学，我又被吸收为华北大学历史研究室研究生。

由于对马克思主义、共产主义的信仰，我于 1948 年提交了入党申请，在组织考察一年后，于 1949 年年底加入了中国共产党。入党宣誓时的庄重感与荣耀感、宣誓的地点与场景，我至今都记忆犹新。从 1950 年起，我在中国人民大学教授苏共党史、国际共产主义运动史、科学社会主义等课程，1981 年被评为我国第一批博士研究生导师。

我深感，要与时俱进地理解马克思主义，马克思主义是无产阶级和全人类解放的科学，可以被称为人的解放学，它旨在实现每个人的自由解放和全面发展。

（本文原载于《中国文化报》2016 年 6 月 29 日第 4 版，记者张妮）

中国模式是一个混合模式

——高放谈“社会主义五百年”

84 岁的高放教授家住在段祺瑞执政府旧址院子里，房子在 4 楼，90 平方米，没有电梯，每天爬楼上下也习惯了。书房里堆满了书，几乎没有下脚的地方，杂志堆到了走廊。房间没有装修过，摆着 20 世纪七八十年代的家具。

高放是 1950 年中国人民大学创办时期的元老，从 23 岁开始走上讲台到现在 61 年了，自称“平民教授”。1981 年他被评定为全国第一个国际共产主义运动史专业博导，因为在学术界的敢言，“高放”的名字被同行解读为“思想高度解放”。

2009年教育部在人大设了文科一级教授的试点，高放被评为人大唯一的政治学科的荣誉一级教授，“相当于荣誉院士或荣誉学部委员”。教育部至今还没有规定一级教授该享受的相应待遇。

“别人到我家里一看，说你住的房间怎么还这个样子？我说，学校没有亏待我，学校前年颁发荣誉一级教授证书时还给我照了相，校长给我送了鲜花。”高放告诉南方周末记者。

博士生定期来他家挤着上课，他眼睛有病，不能用电脑，学术活动还很繁忙。这些天，他在为几家杂志撰写有关建党九十周年的论文。

中国本应从新民主主义再到社会主义

《南方周末》：你研究社会主义60多年了，关于社会主义话题，你最关心的是什么？

高放：最关心一点，就是社会主义现在什么样、将来往哪里去。

最近于幼军、黎元江出了一套书《社会主义五百年》，这个题目是我建议的。书前两卷早就出版了，当时叫《社会主义四百年》。我说社会主义不只400年，社会主义思想从1516年托马斯·莫尔出版的《乌托邦》算起，到现在应该是近500年了。

现在中国人最迫切需要了解的，就是作为第一个实现社会主义的国家，苏联为什么到74年的时候垮了？苏联模式垮了不止苏联一国，还要加上整个东欧一共八国，还有亚洲的蒙古和柬埔寨，社会主义在世界上本来已经有三分之一的江山，人口、地理、工业产量几乎都是三分之一天下了，这十一国为什么稀里哗啦地在20世纪90年代初整个垮台了？

现在还在坚持社会主义的共产党领导的国家只剩下五个，中国、朝鲜、越南、老挝和古巴，中国取得的成就最大，用我们中国的说法叫中国特色社会主义。现在古巴、越南、朝鲜、老挝要借鉴我们的经验，建设越南特色、朝鲜特色、老挝特色、古巴特色的社会主义。

《南方周末》：中国搞的社会主义，现在来看是什么样的社会主义？

高放：我觉得从中共建国到改革开放前，中国这段搞的社会主义，基本上是苏联模式的社会主义。

俄国原是资本主义国家、帝国主义国家，中国原是半殖民半封建国家。中国共产党的突出贡献是从20世纪30年代起，以毛泽东为代表的领导人认识到革命不能照搬苏联模式，将来的社会主义建设也不能照搬苏联的模式，中国应该经过新民主主义，再到社会主义。但是中华人民共和国成立以后，中国共产党的领导人认为不能长期搞新民主主义，应该尽快走社会主义道路。

当时已经形成了以苏联为首的社会主义阵营，我们一建国就宣布“一边倒”，倒向苏联这边，东欧八国大都是在苏联红军的帮助下取得政权，通过人民民主形式走上社会主义道路的。如果中国还是停留在新民主主义，就跟人家差了一截。当时那样的国际环境迫使我们加快进入社会主义的步伐。

中国进入“社会主义”以后，也没有完全照搬苏联模式，中国的农业社会主义改造分三步走，资本主义改造也分了三步走，先是加工订货，后来发展到公私合营，最后全行业合营，不是简单地对资本家剥夺和排挤。但是也因为从1949年到1956年我们取得的成就很大，领导人对自己的主观能动性估计过高。1958年搞了“大跃进”、人民公社，实际是比苏联模式的社会主义更“左”。1958年要破除资产阶级的法权，想取消工资制，要在全国改为供给制。“文化大革命”就更“左”了，这个教训太大了。

苏联垮台是因为缺少社会主义民主和自由

《南方周末》：你认为苏联体制的最大问题是什么？

高放：苏联这个国家垮台，最根本的原因是缺少社会主义民主和自由，不能让群众集思广益，推动国家的进步。

苏联是1954年最早建立第一个核电站，1957年苏联第一颗人造卫星上天，1961年苏联第一个载人宇航飞行。苏联科技领先，给美国很大刺激，这两个制度展开在科技方面的竞争。1969年美国第一个载人宇航在月球降落，超越苏联了。苏联这个体制只注意了军工的发展，忽视了民用企业的发展，苏联人民勒紧腰带发展航天事业。到1986年苏联切尔诺贝利核电站爆炸，死了20万人，且辐射将影响100年。

建切尔诺贝利核电站的时候有人就提出来了，技术不过硬，有很多毛病，结果领导没有很好地采纳这个意见。苏联在20世纪六七十年代核电站就出过好几次事故，报纸都不公布，宣传上报喜不报忧。

1986年4月26日凌晨就发现核电站出事了，结果往上报的时候，没如实向总书记报告说核电站爆炸了，仅仅跟总书记说核电站出了问题。凌晨五点多，戈尔巴乔夫还在睡觉，接到电话，马上就问科学院院长兼原子能研究所所长亚历山大罗夫，他就是这个核电站的设计者，这个 83 岁的老官僚还没退休，他说不会出问题，可能出了一点小毛病，而且还开玩笑说，你可以喝一杯酒、睡一个好觉。

有人说切尔诺贝利核电站爆炸是苏联灭亡的一个预兆，我同意这个看法。因为它没有及时总结经验教训，切尔诺贝利的爆炸暴露了苏联过度集权的官僚体制的严重弊病，几十年都没改。现在很多人在总结苏联灭亡原因时，都是说由于苏联“高度集权”，我认为应该说是“过度集权”。“高度集中”是集权与分权的关系，是集权多还是分权多的问题，根据每一个国家具体条件应该有所选择。但是“过度”集权，在任何情况下都是错误的。

《南方周末》：苏联体制“过度集权”的表现是什么？

高放：比如以党代政，这就是过度集权了。苏联规定最高苏维埃是苏联国家最高权力机关，把国家的权力都集中到党中央去了，国家权力机关被架空了。最高苏维埃实际上后来变成了橡皮图章表决机器，一切都由苏共中央来决定。苏共中央不是集体讨论的，有不同意见作为反对派都被斯大林消灭了，最后在党内是斯大林一个人说了算。

苏联十月革命以后出现过党政不分，列宁说党、政体制要分开，首先从党入手，设一个总书记，专门管党员工作，这就是苏共设总书记的原意。斯大林自 1922 年开始担任总书记直到他去世，当了 31 年。

资本主义有缓解局部矛盾的机制

《南方周末》：欧洲的社会主义运动也一百多年了，如果没有社会主义思潮，资本主义怎么发展？

高放：按马克思、恩格斯的设想，19 世纪资本主义就应该灭亡了，《资本论》里明确讲丧钟敲响了，马、恩多次讲了 19 世纪的秘密是无产阶级解放。他们提出这个理论以后，就引起资本主义国家当权者的注意和研究，英国、法国、德国都分头在搞社会保障制度。它们开头仅仅搞了一个济贫法，济贫法仅仅救济一部分穷人，后来搞社会保障法，保障全社会的安全，给你提高工资，缩短劳动时间，让你参加企业管理，调动你劳动的积极性，当然有工人斗争的原因，最终还是靠科技。

《南方周末》：资本主义有许多弊病，但它为什么灭亡不了？

高放：很重要的原因是它有修复机制，资本主义的所谓民主和自由。所以，每一次危机，总有人起来给它出主意。资本主义危机渡不过，只有两次，一次是第一次世界大战，那个危机没有渡过去，苏联布尔什维克党夺取政权；第二次危机没有渡过去，是第二次世界大战后，东欧、东亚这些社会主义国家的革命胜利。

资本主义总结它两次失败的教训，不断改进。战后美国危机已经发生了十多次了，都渡过去了；而且每次危机之后，资本主义还是具有活力的。美国 2008 年很大的危机，现在才三年，基本上复苏了。

美国这次危机还有一个很深层的原因，本 · 拉登 2001 年 9 月 11 日对世贸大楼的袭击，使美国失去两千多管理层的精英分子，这些人会从各个方面给美国政府提出警告。美国报刊经常登出来这样的文章，对政府敲警钟。

我们现在搞市场经济，苏联历史上不是没有人提出搞市场经济，但被认为是修正主义，认为是资产阶级自由化思想，社会主义就是计划经济等。邓小平在我们国家提出“市场经济”，也遇到很大的阻力，实际上邓小平 1979 年就谈社会主义可以搞市场经济，但到 1991 年才能公开地说出来。资本主义有很多人给它出主意，虽然不能根本解决其矛盾，但是能缓解局部的矛盾。

中国模式是四种模式混合

《南方周末》：《参考消息》最近刊登哥伦比亚大学的一个研究报告，他们质疑中国模式的属性，认为是“中国特色的资本主义”，现在中国没有社会主义。你怎么看?

高放：这个看法当然是片面的，中国现在有社会主义。2010 年我们学校研究生采访我对中国模式问题怎么看。简单地说，我不同意两种极端的观点。一种观点认为，没有什么中国模式，模式就是标准的显示，中国领导人现在都不用中国模式，用的是中国经验、中国道路；另外一种观点认为，有中国模式，中国模式好得很，现在很多国家都向我们学习。

据我考证，邓小平 1980 年就提出了中国模式，不仅有中国革命模式，还有中国建设模式。后来为什么我们领导人都不讲中国模式了？因为中国模式还在形成过程中，中国社会主义路子走过来了，模式还没有完全形成，所以我们现在的领导人都不用中国模式这个提法。

那么，现在中国模式是什么样的模式？我认为现在中国模式是一个混合模式。

中国模式是针对苏联模式提出来的，我们要改革苏联模式，才出现中国模式，跟苏联模式比较起来，政治、经济、文化、对外关系都有很大的变化，这几个方面都是中国特色社会主义的东西，是有目共睹的，把中国模式说成完全的资本主义模式，不符合实际情况。

我们不能否认，中国模式受到美国模式的影响。最明显的，社会出现两极分化，社会主义不应该有这么严重的两极分化。

我们还有欧盟模式的东西，国营经济主要是国家垄断的行业，像石油部门，电信部门。但私营经济的成分比例越来越大，我们叫非公经济。

所以，中国模式现在还在形成中，中国今后的发展就应该增强中国特色社会主义，减少苏联模式的弊病，减少美国模式的弊病，减少欧盟模式的弊病，这样使中国特色能够全面形成。

《南方周末》：我们应该如何完善中国特色？

高放：关键看我们今后怎么实践了，因为现在从理论上来说，党的文件已经把中国特色社会主义说得很圆满，但是还有待在实践上落实。我作为一个平民教授，最切身的体会是我们党提出来的“以人为本”，这非常好，要真正做到以人为本、全面协调可持续的科学发展。

（本文原载于《南方周末》2011 年 6 月，记者朱又可）

近距离接触高放教授

认识高放教授已有 3 年多了，他淡泊人生，孜孜不倦求真探索的精神深深地感染了我，同时给我以莫大的教益。

2006 年初秋，一个风和日丽的上午，一位友人带我去拜访我国著名的马克思主义理论家、中国人民大学知名学者高放教授。当我们走近北京东四十条著名的人大红楼教师宿舍时，面容清癯、精神矍铄的高放教授早已站在门口微笑着迎接我们。那温暖坦诚的笑容化解了我的紧张和拘谨，也开启了我们愉快的合作之门。

我们合作的第一部书稿是《马克思主义和社会主义新论》。书中关于马克思主义部分的论述，都是高放教授在 2006 年前后发表的新作，特别是那篇《马克思中年为什么后悔结婚》，一经发表就在理论界引起震动。高放教授虽已年近八十，但却头脑清晰，思维敏捷。当我对书中一段的出处和真实性表示怀疑时，他便马上拿来中英文两部书，引出这段研究的论述，让我对他超凡的记忆力深表敬佩。而此后他让我查找的一些书的详细书名和作者情况，更是证明了他卓越的记忆力。

接下来的审稿、校稿过程中，我也时时向高放教授求教，他虽然年事已高，但仍坚持严谨治学，编辑出版时，对书中的错别字和年代的准确性，均是逐字逐句地审查修改，校稿出来后，还要再三核对。即便是书的封面设计，他也都提出了自己的想法和修改意见。即便在出版付印前的最后一刻，他还打来电话指出封面上中英文“社会主义”一词的选词不准确，并指出了正确用法。

2007 年 4 月，《马克思主义和社会主义新论》正式出版，当我带着样书再去拜会高放教授时，他那卓绝的人生品质又再次打动了我——尽管是一位耄耋老人常年疾病缠身，但他没有一丝懈怠，总是充满了激情和干劲，至今他的新观点和研究成果仍不时发表在各种杂志上；在他简陋的居室里，堆叠着按年月摆放整齐的各种书刊和各种理论杂志。谈笑皆鸿儒，往来无白丁，对于每一个前来拜访的朋友，都展示出博大的胸怀，流露出慈爱的关心。

（本文原载于《中华读书报》2009 年 7 月 8 月第 7 版，记者冯海燕）

高放先生访谈录

《史林》：很荣幸能够采访您，一开始听说您拒绝采访，我们感到非常遗憾，能告诉我们您从拒绝到接受我们采访的原因吗？

高放：前天我从学校国际交流处得到这个消息。我为什么不愿意谈？因为我不是专门研究文史哲的，我教的课跟文史哲有关系，但不直接，所以我担心谈不出什么，很难谈深入。你们后来直接来电话找我，舒女士远道而来，还是应该谈谈，能谈多少算多少，希望对你们有所帮助。

《史林》：那就先谈谈您的大学时代，好吗？

高放：我是 1946 年到 1948 年间在北京大学学习，读政治系，当时是学生民主运动的高潮，我已自觉开始接受中国共产党的理论和政策。我觉得大学所学太脱离中国政治。政治系读的书都是英文本的，我的任课老师钱端升、楼邦彦教授，都指定我们读英文原著，当时读的原著是一个美国教授的《政治学》，而且每两周得写一篇 paper，我觉得太脱离中国实际了。另外，当时中国共产党领导的解放战争发展很快，我那时没想当学者，我想当记者，想到解放区去当个随军记者。当时我还不满 21 岁。就这样不读书了，放弃了学业，跟我最要好的两个同学一起，投奔解放区了。

《史林》：在北大读书的时候，有没有接触马克思主义的著作？

高放：已完全接受了马克思主义。到解放区以后见到了艾思奇。

《史林》：请您谈谈这个故事，好吗？

高放：我到解放区，进了北方大学，这是共产党办的大学，简称也叫北大，我从这个北大到那个北大，当时艾思奇就在北方大学。所以，我也算是他的学生。最近我写回忆录还讲到这件事情。艾思奇当时跟我说："你是从旧北大来，现在到我们新北大，要重新学。"

《史林》：在北京大学读书时，哪些老师对您影响最大？

高放：我在北京大学学哲学的时候，石峻是我的老师，他给我讲过本体论。还有郑昕老师，他住西郊的北大，1950 年中国人民大学建立，他专门跑到城里头，到人大马列主义教研室听苏联专家讲苏共党史。还有张岱年教授。也是在 1950 年到 1951 年，专门从北大到人民大学来听课，他们那时还年轻，自己坐公共汽车过来听课，每周都来听一次，听苏联专家讲苏联共产党的历史。这可以看出旧的知识分子是多么渴望了解苏联的社会主义新社会。当时把苏联社会主义看成非常美好的，中国流行一句话就是："苏联的今天，就是我们的明天。"也就是说，中国的明天就要变成苏联那样，但苏联什么样，我们没去过，也不知道苏联共产党发展的历史，所以专门请来苏联人。到我们人民大学的专家差不多有一百多人。我前几年见到张岱年教授的时候，他还跟我谈起人大马列主义教研室一些同他交往的老教师的情况，当时我在马列主义教研室算最年轻的教员。

《史林》：这一百多人都是从事人文科学的？

高放：对。人民大学是怎么办起来的呢？1949 年 7 月中华人民共和国成立前，刘少奇到莫斯科跟斯大林会谈。我们本来希望在莫斯科再办一所类似 20 世纪 20 年代莫斯科中山大学那样的学校，要求苏联帮助我国培养建设人才。斯大林认为这样的大学应该在中国国内办，苏联可派专家来讲课，斯大林跟刘少奇提出来，你们要加快培养财经、政法类干部，进行国家建设，应该在北京办一所像莫斯科大学这样新型的大学，以区别于北京大学、清华大学这些旧的大学。当时国家需要管理人才，特别是财经、政法方面的管理人才。中央讨论的结果是，要办新的大学，那就只能以解放区迁来的华北大学为基础，把它改名为中国人民大学。改过来以后，很多新的课谁来讲啊？所以斯大林就答应派专家来，派了一百多个专家，全部是文科的。中华人民共和国成立初期，办中国人民大学就是要照搬苏联模式，消除英美对我国旧大学的影响。

《史林》：这些苏联专家全在中国人民大学吗?

高放：对，人大专门给苏联专家建了招待所，在一个大院里，大院住不下，有些就分散他处住。那时大家觉得苏共历史好像很神秘：中国共产党1949年夺取政权，苏共1917年就夺取政权了；苏共1898年建立，十九年后就夺取了政权，中国共产党用了二十八年；而且苏联在30年代就建成了社会主义，20世纪40年代又打败了德国、日本法西斯，战后从事和平建设，所以当时苏联威信很高。

《史林》：还记得苏联专家的名字吗?

高放：记得，先后到我们马列主义教研室的专家有十个，如高尔尼洛夫、莱米卓维奇、阿芙节伊、奥高扬、贝斯特利赫、捷米多夫、巴甫洛夫等，现在健在的只剩下一个，搞哲学的，叫克列，前几年还来中国访问过。他大概是在苏联科学院，或者是在莫斯科大学。当时他也就二十七八岁的样子，刚拿到副博士，苏联没有硕士。

《史林》：他都讲些什么呢?

高放：他来是讲哲学。当时我们人民大学还没有哲学系，也没有哲学教研室，哲学就附属在我们马列主义教研室，因为辩证唯物主义与历史唯物主义本来是联共（布）党史的第四章第二节内容。1952年以后，哲学才成为一个独立的教研室。当时来的苏联专家有五十几岁的、有四十几岁的，现在都过世了。克列只有二十几岁，他前几年来中国，跟我们说，过去一起来中国人民大学讲学的那些老人都过世了，现在就他一人健在。他对中国还很友好，前四五年，他来中国访问过。

《史林》：他会讲中文吗?

高放：不会。当年给他做翻译的人还在，叫钟宇人，英文也好，你们可以找他谈谈。

《史林》：苏联人用的教材是不是都翻译过来给你们用?

高放：对。用的标准教材，就是苏联出版的《联共（布）简明教程》，1938年出版的。苏联专家的讲稿也都印出来，让我们中国的教员先学习，经过我们消化以后，再结合中国的情况，由我们再给学生解说。不仅有我这个年轻教员，我们教研室也有三十几岁、四十几岁的老教员，大家都一起学，一些老教师也跟我们一起学，大家对苏联历史都不熟，当然他们人生经验比我们丰富，社会阅历比我们多，他们理解得要比我们深刻，知识也比我们渊博。所以老教师对我们加深理解有帮助。我们给学生讲课前，要先试讲。也就是说，准备一个讲稿，讲个十几分钟，别人可以提提意见，在小组里大家集体讨论。我们有个通俗的说法——彩排，犹如戏剧正式演出前的彩排。

《史林》：当时觉得适应吗？

高放：我个人对于20世纪50年代的看法，仅供参考。我觉得对20世纪50年代要做具体分析，不能全部肯定，也不能全部否定。现在中国的学术界有人对20世纪五六十年代全部否定，这个做法不对。即使是“文化大革命”这十年，不等于中国什么都没有进步，不属于“文化大革命”范畴之内的，中国还是有一些进步的，比如说科学技术方面，还是有所发展的。两弹一星里头有一弹有一星，就是1967年发射的一颗氢弹，1971年发射的人造卫星，还有袁隆平的杂交水稻，那也是这一时期就试验出来的，但它并不是“文化大革命”的产物，跟“文化大革命”没有直接关系。当然，没有“文化大革命”的干扰，那十年会发展得更快。特别对文史哲来说，如山东大学的《文史哲》杂志就是1954年创办的，当时是毛泽东支持的。这份杂志在全国大学当中是独一无二的、很优秀的一个大学杂志，现在还在出版。2004年，《文史哲》在北京召开创刊50周年纪念会，还请我参加了。我在《文史哲》也发表过多篇文章，去年我在这个杂志还发表了一篇文章，在国内影响比较大。等一下我还要顺便请教来访的这位舒女士。我的文章去年在《文史哲》第一期上发表，题目是《“全世界无产者联合起来”74种中译文考证评析》。经过多年的资料积累，我考证出先后有74种翻译。最早是陈望道翻译的，他译为“万国劳动者团结起来”，现在中央编译局译为“全世界无产者联合起来”，跟陈望道译的完全不一样，基本的三个词都不一样。当年《文史哲》杂志影响很大，毛泽东欣赏李希凡、蓝翎，关于《红楼梦》问题讨论，就是在《文史哲》杂志上登出来的，毛泽东看了非常欣赏，后来李希凡就调到了北京。

《史林》：你那时就认识李希凡吗？

高放：他在人民大学研究班学习过，我给他讲过课，他见到我，还尊称我为高老师。他发了那篇文章以后，就到人大的马列主义研究班学习。

《史林》：如果20世纪50年代不能否定，是不是学苏联也不能否定？

高放：不能说当时学苏联完全学错了，应该具体分析，有可取的东西。至于对《红楼梦》的批判、对胡适的批判、后来对梁漱溟的批判，现在来看，都过“左”，都错了。中华人民共和国成立以后，恐怕1951年批判《武训传》，也是错的，批得过了头。从共产党的指导思想来说，一方面提倡发展文史哲、提倡“双百”方针、提倡不要照搬苏联经验，要求同中国实际相结合，这是好的；另一方面，“左”的东西还是越来越多。所以整体上说，20世纪50年代的学术繁荣还是受到很大的限制。我不专搞哲学，但对胡适的批判，我也参加了，在一些研讨会上也发言了，但没有发表文章。对梁漱溟的批判，我发表了批判文章。用马列主义的观点来看，胡适、梁漱溟有一些观点是错误的，和共产党的观点不一样，但是他们的历史贡献还是应该肯定的。

《史林》：为什么要选择胡适作为批判的靶子呢？

高放：要彻底否定英美的东西，然后用辩证唯物主义和历史唯物主义来代替。

《史林》：你们那个时候讲联共（布）党史，重点是不是就讲其中的《辩证唯物主义和历史唯物主义》一节？

高放：对。这一节很重要，就是要用这两个“主义”来指导所有的人文科学研究，唯心的那一套东西都被看作反对共产党的，都要拿掉。

《史林》：作为北大的学生，你以前认识胡适吗？

高放：他是我的校长，我在北京大学念书时，他是校长。他于1946年当校长，1948年年底才到美国去的。

《史林》：他那个时候对学生影响非常大吗？

高放：是，很大。因为他是“五四”运动的老将。胡适到北大当校长之前，傅斯年还是代理校长，胡适一来就是正式的校长。我听过好多次胡适的讲演。

《史林》：你那时思想已经很倾向于共产党了，同时还对胡适很尊敬？

高放：尊敬，他是一个有学问的人，我跟胡适校长还合过影。我在北大也听过许德珩教授的课，他讲社会学，实际上是讲马克思的社会学，唯物史观这一套。他的课中心就是用唯物史观观察社会问题。胡适当校长不上课，但是他给我们做讲演。

《史林》：许德珩先生讲授的唯物主义对你影响大吗？

高放：大！我们本来没有选他的课，是去旁听的。那时我住在宣武门内北大第四院，就是现在新华社的那块地方。我每周都到沙滩去听许德珩的课，他让我了解到马克思主义的基本内容。

《史林》：上课有课本和讲义吗？

高放：没有发课本，但有讲义。

《史林》：1950 年以后在中国人民大学上课，是有课本的，对吗？

高放：当时印的是苏联专家编的课本，中国人自己还没有编出来课本。

《史林》：俄文的还是中文的？

高放：都译为中文了。有《政治经济学》，苏共党史不叫苏共党史，叫《马克思列宁主义基础》《辩证唯物主义历史唯物主义》。唯独《中国革命史》不是用苏联的，而是用我在华北大学当研究生时的老师何干之先生主编的《现代中国革命史》。

《史林》：苏联专家主要参与教学方面，还是也参与行政方面呢？

高放：不参与行政，只是在教学方面。

《史林》：他们有没有对中国老师进行评判？比如说，哪些人思想转变得好？

高放：没有。因为他们语言有障碍，他们不知道我们课讲得怎么样。现在的大学出版社中，中国人民大学出版社是最早成立的。它当时不叫出版社，叫中国人民大学出版科，是一个科，1950 年就建立了，1955 年正式成立出版社，才叫中国人民大学出版社。为什么呢？出版科的任务就是大量印刷苏联专家的教材，如合作经济、计划经济、企业管理，还有刑法学、民法学。

《史林》：1949 年后，艾思奇先生就在北京讲辩证唯物主义和历史唯物主义，各高校的老先生都去听，这是怎么回事？

高放：1950 年 6 月以前，艾思奇在我们中国人民大学，他是人民大学马列主义教研室第一任主任。然后被调到马列学院去了，即后来的中共中央党校。他在那里还是讲社会发展史，讲辩证唯物主义和历史唯物主义。艾思奇的讲稿在社会上流传过，但还不是正式出版的正规教材。话说回来，艾思奇讲的基本内容与苏联专家是一样的。要说有创新的话，那就是他联系中国的实际，体系方面没有什么大的创新。虽然我不专门教哲学课，但是我知道这个背景，艾思奇是一个杰出的哲学家，但 20 世纪 50 年代他敢提出来一套跟苏联不同的哲学体系和观点吗？那是不可能的事情。

《史林》：但他的影响比苏联专家是否还要大些呢？

高放：他对中国干部的影响比较大，对大学生有一定的影响。但大学都不用他的教材，大学都还是用苏联专家的教材。

《史林》：艾思奇讲课的地点，都在大礼堂，有上千人去听，包括老教授也去听，为什么他有这么大的影响？

高放：对。因为他是解放区来的，解放区有影响的理论家没有几个人。艾思奇在解放区时也讲哲学，他是1937年抗战初期去延安的，当时他是跟何干之、周扬、李初黎一起从上海到延安去的。因为1937年共产党想要成立一所陕北大学，国共合作时期，成立大学得报国民政府批准，蒋介石政府没有批准，说陕西已经有一个大学。毛泽东说换个名称，叫“陕北公学”。这个来历，现在很多人不知道，我在人民大学待得时间长，我知道。为什么要叫“陕北公学”？因为大学不能只学三个月到半年，这是短期训练班性质，所以叫公学。民国以后，中国有办公学的传统，所以在延安办的也叫“陕北公学”。学两三门课，如社会发展史、中国社会与中国革命、新民主主义论，对共产党的理论路线方针有个基本的了解，然后就分配工作。所以艾思奇、何干之到了解放区以后就是教书。

《史林》：艾思奇先生讲课是不是很生动？

高放：艾思奇讲课不生动。因为他是云南人，口音很重，他普通话讲得不标准，但是云南口音比较好懂，云南人讲话跟普通话比较接近，比广东人要好懂得多。我老师何干之是广东台山人，他如果讲台山话，就不好懂，但是何干之的普通话比艾思奇讲得好。艾思奇讲课的特点是比较朴实，他的课没有多少煽动力、鼓动力，但是他道理讲得比较深刻。我到北方大学，也听过他的课，讲辩证唯物主义基本原理。

《史林》：能谈谈您和他交往的趣事吗？

高放：艾思奇是云南腾冲人，他本姓李，叫李胜轩。现在很多人不知道这段历史。当时在解放区我们都不叫老师，也不叫教授，也没有教授这个职称，都是叫教员，我说：“艾教员，你是不是有什么奇思妙想才起名为艾思奇啊？”他解释：“没有什么奇思妙想，我姓李，因为热爱马克思、伊里奇，所以才改名为艾思奇的。”艾思奇的名字就是这么来的。现在他的一些秘书也写艾思奇名字的来历，有好几种说法，有人问他夫人，他夫人也不清楚，她说艾思奇没有给我讲过他名字的来历，我说我这是第一手材料，我是他的学生，他给我讲过。

《史林》：他那个秘书就叫卢国英，是吗？

高放：对，卢国英。他写了一本很厚的书。他书里讲了艾思奇名字的由来有好几种说法，我这种说法里面也提到，但是他没有举出第一手材料的来路。去年是华北大学成立50周年，学校要出一本回忆录，我们学校校史研究室就找到我，我下了功夫写的，写了近十万字。从旧北大到新北大，从新北大又到华大，再从华大到人大。

《史林》：书出版了吗？

高放：还没有，已交给他们了。回忆录里面，我谈到艾思奇为什么叫艾思奇，艾青为什么叫艾青，何干之为什么叫何干之。何干之不姓何，姓谭，广东人。“何干之”就是想做什么，他说我就是给自己提出问题，我要革命，我要做学术研究，何干之这名字就是这么来的。他本来叫谭秀峰，“何干之”一名跟原来名字没有关系。20世纪50年代，全国的大学都在学人民大学，把人民大学看成新中国第一所共产党办的新型的大学，社会主义大学。而别的大学，如中山大学、复旦大学，都是旧大学改造过来的。所以，从20世纪50年代到20世纪60年代，北京的大学排名是人、北、清、师。“人”是人民大学，“北”是北京大学，“清”是清华大学，“师”是北京师范大学。人、北、清、师，人民大学在全国人民心目当中就是第一所共产党创办的马列主义社会主义大学，解放区来的大学，其他大学都是旧大学改造过来的。现在对这段改造，不能全面肯定，有很多是改造坏的，也不能全面否定，也有好的。

《史林》：赵俪生先生回忆录里讲到，华北大学在1949年年初准备到北京接管高校的时候，成仿吾副校长有一句话，旧式大学的教授先生们都要到他们那里报到登记。当时有人提出，陈寅恪先生年纪已经很大了，是不是照顾照顾，不用自己来。成仿吾回答：来不来是个态度问题。您知道这件事吗？

高放：我知道。赵俪生出文集送了我一套。我和他很熟。他过世了，他夫人还健在。赵俪生当时是华北大学的研究员，我是华北大学的研究生，我也在历史研究室，何干之指导我研究中国社会史，所以我们一起共事过。我最近写回忆录还提到他，他回忆的事，有些符合事实，也有些不符合事实，因为他凭记忆来写，没有查材料。他讲得不准确的地方，我一一作了纠正，包括艾思奇名字的来历，他跟艾思奇交往多，他说艾思奇的名字是从英文来的，这就不对。

《史林》：他讲成仿吾先生的这件事是真的吗？

高放：这应该说是真的。成仿吾这么说了，后来并没有这么做。为什么成仿吾敢这么讲？是因为党中央进北京之前——党中央当时在河北平山，派周扬到正定跟吴玉章校长交代任务，说北京很快就要解放了，中央要华北大学进北京后，负责接管社会上的大学。没有周扬的指令，成仿吾怎么会有这么大的口气呢！成仿吾接了指示以后，找人座谈，赵俪生也去了，他是个心直口快、性情豪爽的人，学识也很渊博，所以他大胆跟成仿吾提出来，但实际上后来没有这么做。为什么呢？进城以后成立了军管会，北京大学、清华大学就到军管会登记，没有到华北大学登记，因为不能一个大学到另一个大学登记。最初中央也没有经验，还没考虑到这一点，只考虑各个口应该由解放区对口接管，实际上各个大学是不能由华北大学来接管的。

《史林》：华北大学那个时候的感受就是一个胜利者吧，一个新型的大学来接管旧式的大学。成仿吾的话，是不是代表了共产党里很多人对旧式学者的态度?

高放：我们是 1949 年 3 月 5 日进北京的，3 月 4 日这天，成仿吾给我们还有一个讲话。我把他的话记在小本子上了，我写回忆录时把他的原话都写进去了。他说，我们华北大学进城以后，一定得做出表率，跟北大、清华校风有所不同，因为你们是革命青年。我们一定要保持解放区的传统，艰苦奋斗，加强组织纪律性。他还说，你们进北京城以后，不要随便上街，上街一定至少要两个人，另外要穿解放区的服装。那时我们是供给制，给我们发下来的全是土布的衣服，我们一律都推平头，戴跃进帽。至于让教师登记的事，确实有。但是北大是去军管会登记的，当时叫北平军管会，叶剑英是军管会主任。因为不去登记的话，教员的工资都发不出来，国民党政府已经撤退，北大那么多教师，谁给发工资？当时国民党政府要把清华、北大都迁到台湾去。清华迁去了，梅贻琦校长带了一批人走了，胡适说他可以送一批教师到台湾，但他本人不去，他是自由主义者，跟台湾蒋介石还保持着一定的距离，他到美国去了。他说北京大学顾名思义，只能在北京办，不能搬到台湾，所以北大没迁。胡适一走，北京还没有解放，北大不知道该怎么办，就成立了一个校务委员会。推选汤用彤教授做校务委员会主席。是主任还是主席，有不同说法。我写这段回忆录时，专门给汤一介打了个电话，他是我的同班同学，他是哲学系，我是政治系，我问他："你父亲究竟是校务委员会主任还是主席?"汤一介说："你等一等，我查查手边的文件。"过了几分钟他告诉我："是主席，校务委员会主席。"从 3 月起，北平市政府给发放工资和口粮。当时情况的确就是这样，最先是想派华北大学接管各大学，后来没有这么做，而是由军管会接管。接管之后，华北大学的确是要在各方面给旧的大学做出表率和榜样，所以整个 20 世纪 50 年代都是由中国人民大学出教材。但是北大仍然保留自己的传统，因为它仍然有一些人民大学没有开过的课、苏联专家没有开设的课。比如，中国哲学史，人民大学没有开这个课。那时北大的一些教师，一方面学习新的东西，另一方面还继续讲旧的东西。从 1951 年起，为了加强对全国高等学校理论教师的培养人民大学办了一个马列主义研究班，吸收高校年轻教师或者新教师，培养马列主义的教员。一共上四门课：哲学、政治经济学、苏共党史和中国革命史。除了中国革命史，其他三门都用苏联的教材。

《史林》：哲学主要是讲辩证唯物主义和历史唯物主义吗？

高放：对，用的也是苏联专家的教材。当然也有学校用艾思奇的教材，艾思奇在中央党校讲的内容跟苏联专家也差不多。1951 年《毛泽东选集》第一卷出来以后，艾思奇无非就是矛盾论、实践论方面讲得更多一点，毛泽东哲学思想讲得更多一点，但哲学体系基本上还是苏联的体系。

《史林》：人民大学哲学系是什么时候建立的？

高放：1956 年，不过成立辩证唯物主义与历史唯物主义教研室是在 1952 年。那时不叫哲学教研室，现在也不这样叫，现在叫哲学院，但里头仍然有一个辩证唯物主义与历史唯物主义教研室。这无非是表示马克思主义哲学跟西方哲学还是有所不同的。

《史林》：何干之先生当时讲中国革命史？

高放：对，他讲现代中国革命史。影响很大，各大学都用他的教材，后来“文化大革命”中批斗他很厉害，说他是反动学术权威。

《史林》：放在马列主义研究室？

高放：不是，单独一个中国革命史教研室。

《史林》：属于哪个系呢？

高放：最初没有设立系，四门政治课理论课分设四个教研室，负责全校各系的公共理论课。为什么没有成立系？因为没有招收本科学生，一直到 1956 年才招本科学生，这时才成立三个系，即哲学系、经济系和历史系。成立历史系时，把中国革命史和苏共党史合在一起，属于历史系，第一任系主任就是何干之。原来我是他带的研究生，1956 年以后，又在他领导下工作过。1956 年把苏共党史课改为国际共产主义运动史，因为 1956 年苏共二十大批评了斯大林的错误，我们觉得只讲苏共历史太窄了，应该扩大，扩成国际共产主义运动史。哲学系也是成立于 1956 年，现在哲学系是一个学院了，我们系也是一个学院了，叫国际关系学院。

《史林》：那就是马克思主义学院，是吧？

高放：不，另外还有一个马克思主义学院，我们不放在马克思主义学院里。

《史林》：你们是在国际……

高放：历史系后来又分为中共党史系和国际政治系，我在国际政治系，现在扩大为国际关系学院，简称国关学院。所以这本书（指 1956 年出版的《哲学论文集》——编者注）里的作者大部分我都认识，有的是我的老师，有的是我的同学。赵俪生也写了一篇嘛！汤一介是我在北大时的同班同学，孙长江也是人民大学的。石峻是我的老师，他给我讲哲学。我在北大上学的时候，他已是讲师。大学一年级的哲学课是必修课，我听过他的课。我记得他讲本体论，他好像在 1958 年才转到人民大学，他是在人民大学过世的。任继愈跟我也很熟，开会也多次在一起，后来他担任国家图书馆馆长。

《史林》：这本书里的很多文章，常常引用列宁的《哲学笔记》，为什么？那个时候列宁的重要性超过马克思了吗？

高放：因为马克思没有留下什么专门的哲学著作，就有一个短篇，即《费尔巴哈论纲》之类，恩格斯有哲学著作《自然辩证法》，这也是被重点研究的。恩格斯最大的一部哲学著作就是《自然辩证法》，列宁比《哲学笔记》更重要的一本哲学著作就是《唯物主义与经验批判主义》。所以那个时候读《唯物主义与经验批判主义》比读《哲学笔记》的人更多一点。既然如此，为什么《哲学笔记》被引用得更多呢？因为它里面讲的内容，比《唯物主义与经验批判主义》更广，里面有列宁读黑格尔哲学的理解，列宁对黑格尔哲学有一个全面的摘录和评论，所以《哲学笔记》也成为研究哲学中重点的重点。我的理解是，《唯物主义与经验批判主义》是论战性的著作，批判当时俄国的波格丹诺夫那些人，《哲学笔记》不是论战式的著作，它对欧洲的哲学史做了全面的概述。当时黑格尔的很多东西还没有翻译成中文。北大老教授贺麟是专门研究黑格尔的，当时的人都觉得贺麟这些人都是老的学者、旧的学者，不完全是马克思主义的学者。所以把列宁的东西看成真正的马克思主义，当时与其说是学列宁的《哲学笔记》，不如说是通过列宁的《哲学笔记》去学黑格尔等人。黑格尔是什么样，大家不是很清楚，看列宁《哲学笔记》就清楚了。列宁对黑格尔的介绍、摘要，还有评论，大家就觉得比看黑格尔的原书更重要，因为有列宁的评论为根据。

《史林》：对黑格尔的关注，是 1957 年才开始的？还是一直比较关注？

高放：应该说 1956 年以后关注更多一些。开头那几年中国懂得黑格尔的人很少，专门学哲学的才会关注，像贺麟。郑昕专门研究康德，冯友兰专注于他的《中国哲学史》。1956 年以后，哲学在中国才更普及一些，学哲学的人越来越多，大学里头哲学系招生也就更多，还有些新办的大学也都设了哲学系。

《史林》：您怎么看待 1952 年的院系调整？哲学系只保留北大的，其他学校的都撤消了，为什么要这么做？

高放：1952 年的院系调整是在周恩来总理的领导下进行的。他领导政务院这一段——开头不叫国务院，院系调整还是在政务院阶段——现在来看，院系调整都是学苏联的，是不成功的。中国大学的体制，原来是按照英美体制建设的，1952 年才完全转向苏联的大学体制。按苏联体制，清华变成工科大学，把清华的文科都并到北大，所以清华的哲学系也被并到北大的哲学系。这也反映了毛泽东本人对当时旧大学的看法，他觉得问题很大。倒不是说共产党自己不重视哲学，毛泽东写《实践论》《矛盾论》，还是很重视哲学的。他为什么把其他大学的哲学系都砍掉呢？他认为都是搞旧的一套哲学，但他也不能都砍掉，所以留一个在北京大学。人民大学是第一所新的大学，1952 年成立了辩证唯物主义与历史唯物主义教研室，中央党校也成立了哲学教研部——当年叫教研室，不叫教研部。1956 年中国人民大学成立了哲学系，为什么？因为这都是研究新的哲学，起初是何思敬兼系主任。1957 年把吴江调来当哲学系系主任，他学识很渊博，现在已 91 岁了，还在勤奋著述。现在看来，20 世纪 50 年代以后推广的苏联的辩证唯物主义和历史唯物主义，有不少教条主义的东西，对西方哲学的新成就，吸收得不够。

（本文原载于《史林》2014 年增刊，采访者王维江为复旦大学历史系教授，舒秦玉凤（Yvonne Schulz——Zinda）为汉堡大学亚非学院教授）

附录　高放主要论著

著作：

1. 《论我国过渡时期的工农联盟问题》，华东人民出版社，1954 年版。

2. 《社会主义的过去、现在和未来》，北京出版社，1982 年版。

3. 《普列汉诺夫评传》（与高敬增合著），中国人民大学出版社，1985 年版。

4. 《普列汉诺夫年谱》（与高敬增合著），中国人民大学出版社，1986 年版。

5. 《社会学与科学社会主义》（上册），中国展望出版社，1986 年版。

6. 《社会主义在世界和中国》，云南人民出版社，1993 年版、1998 年增订版。

7. 《马克思主义与社会主义》，黑龙江教育出版社，1994 年版。

8. 《历史的丰碑：从马克思到邓小平》（与寇玲、彭大中合著），河南人民出版社，1998 年版。

9. 《三个国际的历史》（与洪肇龙等合著），中国青年出版社，1999 年版。

10. 《高放政治学论萃》，团结出版社，2001 年版。

11. 《政治学与政治体制改革》，中国书籍出版社，2002 年版。

12. 《国际共产主义运动别史》，中国书籍出版社，2002 年版。

13. 《纵览世界风云》，中国书籍出版社，2002 年版。

14. 《中国政治体制改革的心声》，重庆出版社，2006 年版。

15. 《高放自选集》，中国人民大学出版社，2007 年版。2015 年土耳其新生出版社翻译出版了英文版和土耳其文版。

16. 《马克思主义与社会主义新论》，黑龙江人民出版社，2007 年版、2012 年增订版。

17.《苏联兴亡通鉴》，人民出版社，2011 年版。

18.《清末立宪史》（与韦庆远、刘文源合著），华文出版社，2011 年版。

19.《社会主义运动：从理论到实践的转变（1848－1917）》，北京师范大学出版社，待出版。

20.《国际共产主义运动史纲（1847－1917）》（上卷、下卷），陕西师范大学出版总社，待出版。

21.《科学社会主义学科基本问题研究》，中国人民大学出版社，待出版。

22.《〈共产党宣言〉探真——六十多年来持续探究文汇》，天津人民出版社，待出版。

23.《高放自述》，天津人民出版社，待出版。

24.《高放序跋书评集》，电子工业出版社，待出版。

25.《中外古今论丛》，电子工业出版社，待出版。

主编：

26.《国际共产主义运动史文献史资料选编》（1－5 卷），中国人民大学出版社，1983－1985 年版。

27.《国际共产主义运动史概要》，福建人民出版社，1985 年版。

28.《国际共产主义运动史教本》，天津人民出版社，1986 年版。

29.《国际共产主义通史教程》（上册），北京师范大学出版社，1986 年版。

30.《评〈第三次浪潮〉》，光明日报出版社，1986 年版。

31.《社会主义思想史》（与黄达强联合主编），中国人民大学出版社，1987 年版。

32.《当代世界社会主义概论》，中国人民大学出版社，1989 年版。

33.《当代世界社会主义文献选编》（与张泽森、曹德成联合主编），中国人民大学出版社，1990 年版。

34.《科学社会主义的理论与实践》，中国人民大学出版社，1990 年版，1994 年修订版。

35.《建设有中国特色社会主义理论（教学纲要）》，中国人民大学出版社 1994 年版。

36.《当代世界社会主义新论》，云南人民出版社，1998 年初版，2002 年、2004 年修订版。

37.《科学社会主义的理论与实践》（第三版至第六版）（与李景治、蒲国良联合主编)，中国人民大学出版社，2005 年、2008 年、2011 年、2014 年版。

38.《世界社会主义五百年历史人物传略》(20 册)，中国工人出版社，2014 年版。

39.《马克思恩格斯要论精选(增订本)》(与高哲、张书杰联合主编)，中央编译出版社，2016 年版。

40.《世界社会主义史》(四卷本)，北京师范大学出版社，待出版。

编后记

中国人民大学国际关系学院教授高放先生是我国著名学者。他在马克思主义学、社会主义学、政治学及国际问题等诸多领域都有深厚的造诣，他提出的许多观点和主张在学术界乃至社会上都产生了重大影响，被国内出版的多部辞书称为“马克思主义理论家”“政治学家”“社会主义学家”“国际共运史学家”。

2007 年 9 月，中国人民大学国际关系学院联合北京市国际共运史学会、北京市政治学行政学学会等单位联合举办了“高放教授八十华诞学术研讨会”，会后，我们选编出版了《高放学术思想评论集》（黑龙江人民出版社，2008 年版）。文集收录各类评论文章 101 篇，这些文章分别从不同角度、不同侧面对高放教授的学术成就进行了分析和梳理，对于理解和把握高放教授的学术理路大有裨益。

近十年来，高放教授仍坚持在教研第一线做了大量工作，2009 年被中国人民大学授予荣誉一级教授。他新培养了 9 名博士研究生，出版了高放文集之十、十一（即《苏联兴亡通鉴》和《马克思主义与社会主义新论》），领衔主编《科学社会主义的理论与实践》第五版和第六版，并应中国工人出版社约请主编“世界社会主义五百年历史人物传略”丛书 20 本，又应北京师范大学出版社之约主编“世界社会主义史”丛书 4 卷。2016 年，为纪念《乌托邦》出版和世界社会主义 500 年，高放教授接连发表了 7 篇长文。《中国延安干部学院学报》从 2013 年起为他开辟《国际共产主义运动史专题讲座》专栏，迄今已发表 11 讲，约 50 万字。此外，他还撰写了其他大量文稿，并通过接受各类媒体采访阐述自己的观点。这些著述问世后，都在学术界产生了重大的影响，报刊杂志上又陆续发表了各种类型的评介文章数十篇。这些文章从一个侧面反映了学术界对高放学术思想的持续关注，是理解高放学术思想的一把钥匙。

今年是高放教授九十华诞，先生谦逊，不愿举行任何庆祝活动。我们特发专函，恭请并诚约有关部门领导同志和学界同仁惠赐贺信或宏文。承蒙各位领导和众多同仁抬爱，专函发出后，我们陆续收到各类贺信、贺词、贺文、贺诗或评论文章。我们拟把近十年来报刊上发表的对其论著评论的数十篇文稿连同收到的各类文章汇编一本新的《高放治学评论集》出版。

在本书编辑过程中，高放教授的女儿高华研究员、中华女子学院讲师韩冰、《求是》杂志社编辑郝遥，以及中国人民大学国际关系学院博士生乔镜蜚、罗涛涛、曹鹏、黄帅、马立杰等做了大量工作，特此致谢。

有十几位朋友挥毫寄来贺诗，因版式原因没有照排，特表歉意。因选编者水平有限，书中舛误之处在所难免，敬请读者批评指正。

编者谨志

2017 年 7 月 31 日

高放教授九十华诞
社会各界贺辞

賀

目　录

中国人民大学党委书记靳诺教授贺信

尊敬的高放教授：

在您喜迎九十华诞之际，在中国人民大学即将迎来建校八十周年的时候，请允许我代表学校全体师生并以我个人的名义向您致以诚挚的祝贺和崇高的敬意！

您作为马克思主义的传播者，自1946年起就在北京大学积极参加学生民主运动，1947年加入民主青年同盟并在政治系学习，1948年只身前往晋冀鲁豫解放区，进入北方大学攻读马列主义理论，自此与马克思主义结缘，把马克思主义作为自己的毕生信仰。中国人民大学命名组建后不久您就到学校马列主义基础教研室任教员，自此长期致力于马克思主义理论、科学社会主义等方面的研究教学，多次受邀为中央有关部门讲座授课，就社会主义发展、政治体制改革等问题提出了自己的真知灼见，为学习宣传、研究阐释、传播普及马克思主义和科学社会主义理论做出了突出贡献。

您作为科学社会主义与国际共产主义运动学科的奠基者，是最早研究国际共产主义运动、科学社会主义的学者之一，您长期执教国际共运史、科学社会主义、当代世界社会主义等课程，在科学社会主义、社会主义思想、当代世界社会主义等领域做出了卓越的学术贡献，被誉为“共运史学家”“政治学家”“社会主义学家”；您主持编写的《国际共运史教学大纲》《社会主义思想史》《科学社会主义的理论与实践》等著作影响广泛；1981年，您被评为我国第一批博士生导师，并先后担任国务院学位委员会学科评议组成员、中国政治体制改革研究会副会长等职务。这些都对学界产生了重要而深远的影响。

您作为中国人民大学教育事业的开拓者，自1948年入读北方大学至今，您见证了北方大学、华北大学、中国人民大学各个时期的发展，为党领导下的高等教育事业和中国人民大学的建设发展做出了重要贡献。您主持在中国人民大学建立了全国第一个国际共运史博士点；您在长期的从教岁月中培养了一大批栋梁之才，可谓桃李满天下；您在多年执教经验的基础上总结出悉心、精心、倾心的“三心”教学法，即课前悉心准备、写出讲授要点，课堂精心讲解、力求引人入胜，课后倾心交流、征求听者意见，在实践中收到了良好效果，为广大老师上好课、育好人树立了标杆与典范。

在2016年5月召开的哲学社会科学工作座谈会上，习近平总书记全面深刻地阐述了新的历史时期我国哲学社会科学发展的使命和方向，前不久中共中央印发《关于加快构建中国特色哲学社会科学的意见》，进一步强调坚持和发展中国特色社会主义，必须加快构建中国特色哲学社会科学。中国人民大学是我们党亲手创办的第一所新型正规大学，是一所以人文社会科学为主的大学，始终与党和国家同呼吸共命运，始终为繁荣发展中国特色哲学社会科学而不懈努力。金秋十月，学校即将迎来八十华诞，在这个承上启下的重要时刻，我们应当从您身上汲取人生启迪、智慧光芒和精神力量，学习您治学严谨、学问不止、一生清廉、甘于奉献的高尚品格，努力推进马克思主义中国化、时代化、大众化，为构建中国特色哲学社会科学做出新的贡献。

最后，请允许我再次表达对您的崇高敬意，并祝愿您生日快乐、身体健康、学术之树常青！

靳　诺

2017年5月18日

中国人民大学校长刘伟教授贺信

尊敬的高放教授：

在您迎来九十华诞之际，谨向您致以热烈的祝贺和诚挚的慰问！

自1948年入读北方大学至今，您已在中国人民大学学习、工作近70年，见证了北方大学、华北大学和中国人民大学各个时期的发展，为党的教育事业和学校的建设发展做出了重要贡献。您长期致力于马克思主义、科学社会主义、政治学等方面的研究，在相关领域卓有建树、著作等身。您注重理论联系实际，多次受邀为中央有关部门讲座授课，就社会主义发展、政治体制改革等问题提出了自己的真知灼见。您在长期的从教岁月中培养了一大批栋梁之才，可谓桃李满天下。在此，谨向您致以最崇高的敬意！

尤其难能可贵的是，您虽然已至耄耋之年，却一如既往地辛劳耕耘在教学科研一线，近十年来，您又新培养了九名博士研究生，出版了《苏联兴亡通鉴》与《马克思主义与社会主义新论》两部文集，主编多部丛书，还撰写了数十篇学术文稿。您在取得如此成就的同时始终保持着谦逊低调的态度，身体力行、生动诠释了“以德立身、以德治学、以德施教”，这种精神值得我们认真学习和大力弘扬。

2016 年 5 月，习近平总书记在哲学社会科学工作座谈会上强调，坚持和发展中国特色社会主义，哲学社会科学具有不可替代的重要地位，哲学社会科学工作者具有不可替代的重要作用；广大哲学社会科学工作者要立志做大学问、做真学问，严肃对待学术研究的社会效果，以深厚的学识修养赢得尊重，以高尚的人格魅力引领风气，在为祖国、为人民立德立言中成就自我、实现价值。中国人民大学以人文社会科学领域的优势和特色著称，始终把人文社会科学作为立校之本、强校之基，为创建具有中国特色、中国气派、中国风格的哲学社会科学而不懈努力。在新的形势下，我们要学习您这种忠诚于马克思主义的坚定信念，学习您这种严谨求实、谦虚谨慎的优良学风，学习您这种为哲学社会科学事业奉献终身的可贵品质，努力培养人格高尚、学识深厚、勇于创新的学术人才，营造风清气正、互学互鉴、积极向上的学术氛围，把中国人民大学真正建设成为研究传播马克思主义和繁荣发展哲学社会科学的坚强阵地。

最后，请允许我再次表达对您的崇高敬意，并祝愿您寿比南山之高，学术之树常青！

刘　伟

2017 年 5 月 8 日

中国人民大学国际关系学院院长杨光斌教授贺信

尊敬的高放教授：

在您喜迎九十华诞之际，请允许我代表国际关系学院全体师生并以我个人的名义向您致以诚挚的祝贺和崇高的敬意！

清晰地记得您30年前在中国高校中最优美的大礼堂——河南大学礼堂作学术报告的情景，讲的是中苏大论战。讲座到下午5点，整个大礼堂依然座无虚席。当时我作为政治教育系的大三学生，折服您渊博的知识，仰望您深邃的思想，并梦想有朝一日能成为您那样高度的学者。您是包括我们“60”后在内的几代学人的学术指路人！

您是我国科学社会主义学科和国际共运史学科的开创者。可以想见，在社会主义中国建立之后，马克思主义学科对于中国社会科学、中国政治是多么重要，对于这些学科的开创者而言，是多么崇高、荣耀而艰难的事业，您这一代思想事业的开创者的辉煌成就，并不亚于研究出“两弹一星”的科学家们。即便到了今天，社会主义学说的研究依旧是政治思想研究中的重中之重。社会主义是以“社会”为本，也是事实上的民本学说，因此不管各种新概念、新理论、新思潮多么时髦，都比不上“民本”学说的重要性。在您长达70年的学术生涯中，一直都在从事最重要学说、思想的研究，将人生价值弘扬到极致！从学科渊源上说，科学社会主义学科就是中国人民大学国际关系学院的“初心”，不忘初心，继往开来，人大的社会主义学科应该得到进一步的发展。

您是思想的常青树。在20世纪80年代解放思想运动中，您是思想解放的排头兵，提出的党内常任制受到中央重视。90年代，您关于苏联模式的反思、关于传统社会主义和现代社会主义的提法，都引领着中国思想界的深入思考等。到了九十高龄的2017年，您又在中国最有影响力的学术刊物《中国社会科学》上发表了关于“乌托邦史”的长篇论文。如若不是一个思想家型学者，是不可能拥有如此长周期的学术创造活动的。

高山仰止。由衷地对您怀着最真诚的敬仰和感激之情，感谢您作为人大国际关系学院的历史见证人，感谢您对社会主义学科建设、乃至整个中国社会科学所做出的思想性贡献。

最后，祝您生日快乐、身体健康、工作愉快！

杨光斌

2017年8月15日

中华人民共和国文化部部长雒树刚[①]贺信

尊敬的高放教授：

您几十年潜心学术、孜孜以求，成就斐然、桃李芬芳，大师风采、名高望重。值此先生九十华诞之际，作为您的学生，致以深深的祝福，祝您身体健康，学术之树常青。

学生　雒树刚

2017 年 6 月 12 日

国务院新闻办公室副主任郭卫民贺卡

恭祝高放教授九十华诞。

郭卫民

2017 年 6 月 28 日

中共中央党史研究室原主任石仲泉贺信

高放同志九十华诞，恭喜恭贺！

我与高放同志既不是人大校友，也没同在一个机关共过事，但我们都从事人文社会科学研究。他成名颇早，且长我 11 岁。40 年前，我那时还算年轻人，自然仰慕在心。

我与高放同志的学术往来，始于 20 世纪 90 年代末在中共党史研究室主

① 雒树刚现任中华人民共和国文化部党组书记、部长，中共第十七届中央纪委委员，中共第十八届、第十九届中央委员会委员。

编《中共党史研究》杂志时期。尽管他不是专门研究党史的，但非常关注党史研究成果和信息动态。在此之后，我们也一起参加过学术会议。高放同志给我的突出印象有这样四点：

一是高度开放，思想活跃。党的十一届三中全会以来，在人文社会科学领域，“拨乱反正”时期讨论“实践是检验真理的唯一标准”，思想很解放的不乏其人；在邓小平“南方谈话”以后，国家确立社会主义市场经济体制和机制时，思想很解放的同志也不少。但同时也有一些同志，不是过了头踩了红线出事，就是船到码头车到站，离退休便不再活跃在这条战线上了。难能可贵的是，也有一批像高放同志这样的学者，40 年来一直在人文社会科学领域，保持高度的思想解放精神状态，活跃在文坛上，文章还是那样犀利，新识创见屡屡迭出。因此，有人称他为“思想高度解放”的学者。

二是高清思维，烂熟学典。人活七十古来稀。高放同志九十高寿，为稀中之稀了。但他作为稀中之稀还不在于仅仅高寿，更在于如此高寿时头脑还异常清晰，思路跟年轻人一样敏捷。一般老人多记忆衰退，不少往事模糊错位。但高放同志的文章还处于高清思维状态，叙述史实准确，论理条分缕析细腻；一些历史事件的来龙去脉能道得一清二楚，一些专有名词的学术典故能娓娓道来。这是一种“功夫”，这种“功夫”对于盛年期学者可能不算困难，但对于垂垂老矣的耄耋高龄者来说已相当不易，更何况他到了台背之龄。没有勤勉严谨的治学精神，没有长期不懈的学术积累，是很难出手不凡的。

三是高观学问，贯通三史。高放同志在中国人民大学长期从事国际共产主义运动、科学社会主义、当代世界政治等学科的教学和研究。高校的不少老师做学问搞研究，往往囿于自己的专业领域，将视野局限于所熟悉的长项。但就我与高放同志不算很多的接触来看，他不满足于自己所熟悉的专业，还不断扩大认知空间。他不是平面地静观学问，而是在攀登学术之峰的艰难行进中动观学问，眼界比较开阔，既能高瞻，也能远眺，因而也是高观学问。他尽管已学富五车，但总有不满足的求知欲望和学无止境的动力。他虽不研究中共党史，但他的著述中涉及不少中共党史方面的内容。也就是说，他能将马克思主义史、国际共运史和中共党史贯通起来，这在人文社科学界是不多的。他可称得上名副其实的学问大家。

四是高产作家，著述等身。隔行如隔山，高放同志的具体著述情况，我不甚了解。由于前些年我也是中国人民大学马克思主义学院的兼职博导。据马院的老师们讲，在“文化大革命”前的 1963 年，中国人民大学被评为副教授的屈指可数。在马列主义基础教研室有高放等同志。这一批人大多在30岁至40岁之间，正是年富力强的“壮丁”，也那一代学者中的佼佼者。很难得的是，在“拨乱反正”和改革开放以来40年间，他在学术田园里仍不断耘耙，精耕细作，收获丰硕。这些年，我从报刊上也常见高放同志有大作面世。据了解他的同志告诉我，数十年来，他发表的论文有200篇，出版的各类著作达20多部。这在当代有影响力的大学者中也不多见。

更难得的是，高放同志还身体硬朗，脑子好用，笔耕不辍。衷心期望高放同志继续放声高歌，学术常青。也祝福高放同志到期颐之年，我能再次表示对学术不老松的祝贺！

石仲泉

2017年7月27日于北京

中共中央编译局原局长宋书声贺信

高放兄：

1948年春夏，先在晋冀鲁豫边区北方大学外文班；秋后，又在正定，华北大学二部外文班——我们相识，共生活，共学习。

那时，你21岁，我20岁，你在英文班，我在俄文班，都是班里最小的学生。如今，70年过去了，我们老了，但还算健康。今年，正好是你九十大寿。祝贺，奔向95岁、100岁，也许更远。

全国著名的人文社会科学领域的首批一级教授，国务院总理批准的全国第一批博士生导师——久负盛名，当之无愧。

国际共运史学专家，马克思主义学专家，社会主义学专家。科研成果卓著，著作丰硕。仅1993年以来出版的九本高放文集，就有四百万字。佩服，北大、华大同学中大概还没有人超过你的学术成就。

你对《共产党宣言》情有独钟，研究颇深。这里就《共产党宣言》中“消灭私有制”的“消灭”（autheben）一词的译法是否正确提一提马恩写的共产主义者同盟《中央委员会告共产主义者同盟书》。文中说到在所有制问题上同小资产阶级民主派的区别，马恩用了“vernichten”，只能译为“消灭”，同《共产党宣言》中的“autheben”和《共产主义原理》中的“abschaten”是同一个意思——向你这位大专家讲这些，真有点儿班门弄斧，见笑。

祝健康长寿!

宋书声

2017年5月9日

中共中央对外联络部原副部长于洪君[①]祝辞

——高放先生九十华诞祝辞

高放先生是中国人民大学的一位资深教授，同时也是中国社会科学界的一位领军人物。作为研究国际共产主义运动、世界社会主义进程、马克思主义中国化的一位重量级专家，他不仅在国内享有很高的学术名望和地位，在海外也拥有良好的学术声誉和影响。我作为他早年指导毕业的一位博士研究生，深为自己拥有如此出色的导师而骄傲和自豪。

早在20世纪五六十年代，高放先生在研究国际共产主义运动史、研究苏联东欧和世界社会主义、研究马克思主义基本理论、评述国际共运著名人物等方面就已经卓有建树。20世纪80年代中期，我在东北师范大学读国际共运史研究生时，开始全面接触高放先生的学术思想，详读了他的主要代表作之一《社会主义的过去、现在和未来》。高放先生浓厚的文史知识、广博的观察视野、坚定的思想信念和许多具有先见之明的思想主张，给我留下的不仅是强烈的学术印象，更重要的是矢志学习科学社会主义理论、终生探索国际共产主义运动的思想动因。

1986年秋，我离开吉林省委党校，进入当时的中国人民大学国际政治系，投在高放先生门下，专攻当代世界社会主义问题。

1986—1989年，国际舞台风云变幻，苏联东欧各国的社会主义改革先是几生水起，而后坠入迷途，最终陷入全面危机而无法自拔。高放先生在指导我们

---

① 于洪君于1989年在中国人民大学获得国际共产主义运动史专业博士学位后，进入中共中央对外联络部工作；2010—2014年任中联部副部长兼当代世界研究中心主任；现任全国政协外事委员会委员，中国人民争取和平与裁军协会副会长。

观察、思考苏东时，反复研读马克思主义经典著作，特别是《共产党宣言》，亲自为我们讲授国际共产主义运动史上发生的一些重大事件。面对当时令人迷茫的国际形势，他明确地向我们指出，国际共产主义运动正在遭遇前所未有的重大挫折，世界社会主义进程已跌入新的历史性低潮期，世界社会主义力量将出现更大范围的分化改组和重新整合。对此，我们要有清醒的认识和估计，要对世界社会主义可能出现更为严峻的局面，做好充分的思想准备。

后来世界发生的一切，诸如华约崩溃、东欧剧变、苏联解体、亚非拉地区的民族社会主义全面退潮、发达国家共产党和左派力量政治大面积右倾，充分证明了高放先生当时的真知与灼见，使我们这些之后仍在坚持进行世界社会主义研究的年轻学者们受益终生。

冷战结束20余年来，世界力量对比和国际战略格局持续发生深刻而复杂的历史变迁。以美国为首的西方国家曾经对继续坚持社会主义发展道路的中国发动新冷战；以苏联为首的世界社会主义大家庭瓦解后仍然存在的几个社会主义国家，无论内政外交还是相互关系，均呈现出许多新情况新问题。在困境中艰难求索的世界社会主义进程，面临越来越多的压力、风险和挑战，许多研究国际共运、世界社会主义问题的专家学者放弃了自己原有的专业和学科，转向了其他研究领域。高放先生则不然，他初心不改、矢志不渝，孜孜不倦地继续研究国际共产主义运动、世界社会主义问题以及马克思主义的理论和实践。同时，他也兼顾国际关系、大国政治、中国外交、地缘战略格局等各种问题，不断得出新的认识和结论，不断形成新的思想和观点，不断推出新的学术成果。作为一位学术上能够承前启后、思想上能够继往开来，观点立场总是与时俱进的前辈与师长，高放先生对我国社会科学，特别是政治学和马克思主义理论研究不断发展繁荣所作的独特贡献，既有目共睹，也有口皆碑。虽然作为学者和理论工作者，他对某些历史人物和事件的评述，不时有人与其商榷；他对世界社会主义思潮、运动和流派的分类思考，也有人提出异议并与其争鸣，但总体上说，作为一位出色的马克思主义理论工作者，高放先生那坚定不移的价值理念、实事求是的思想方法、精益求精的治学态度、开放包容的长者胸襟以及诲人不倦的师道情怀，永远值得我们这些后辈尊为表率和楷模！

值此高放先生九十华诞之际，谨奉此文，诚祝恩师身体健康，生活安好，思维永健，风范长存！

于洪君

2017年6月10日

中国人民大学原副校长杜厚文教授贺信

今年是中国人民大学荣誉一级教授、著名学者高放教授的九十华诞，我表示衷心祝贺，预祝高放教授健康长寿。

高放同志的一生，是追求真理、追求进步的一生。1946 年中学毕业的高放同志考上了北京大学，积极投身民主运动，站在了反对国民党反动政权的前列。1948 年投奔晋察冀鲁豫边区梦想参加人民解放军当随军记者，未能如愿，却被华北大学历史研究室录取为研究生，从而开始了人民教师的生涯。1981 年被国务院学位委员会评定为我国第一批博士生导师。高放教授培养了一批又一批的学生，真可谓桃李满天下！高放教授著作颇丰，在理论界、学术界影响很大，是我尊敬的老师之一。几十年来，他出版了《高放文集》十一卷。领衔主编《科学社会主义理论与实践》，此书多次出版，受到读者一致好评。主编了《世界社会主义史》丛书四卷。离休后，他应邀去延安干部学院等单位授课，深受广大干部的好评。《科学社会主义的理论与实践》内容十分丰富，具有重大的理论和实践意义。它赞扬了什么思想，有何现实意义呢?我认为起码有以下几个方面：第一，立党为公、执政为民。“二战”后许多国家的共产党成为执政党，什么是社会主义、怎样建设社会主义成为各国共产党面临的共同课题。以高放为代表的一批知识分子，提出了立党为公、执政为民的主张，并强调指出：人民大众的共同愿望便是我们的最终目标。这使人民群众的共同愿望具体化为我们党的信仰目标。

第二，反腐、防腐既要治标又要治本。经典作家都认为，执政者是人民公仆，人民享有一切权利。但事实上，中国共产党成为执政党后，容易产生贪污腐败、以权谋私等恶劣行为。以习近平同志为核心的党中央提出了一系列的防腐、反腐的重要措施，如各级领导干部财产申报制度及财产状况，婚姻状况，家庭及亲属工作、就业情况，这些措施都有力地对从根本上反腐、防腐起了积极作用。这些措施使党不忘初心，坚持了中国共产党的先进性，反映了普通党员和广大人民群众的愿望和要求。

第三，坚持法制建国的原则。坚持公平、正义是中国共产党的基础要求。高放同志是最早提出民主与法制建设的人之一，他抨击以阶级斗争为纲的理论，认为这一理论严重破坏了党与人民群众的联系、损害了党的威信。广大人民群众在社会主义社会当家做主，是真正的主人，怎能成为阶级斗争的对象呢？依法治国思想的提出是几十年来中国共产党执政经验的科学总结。服从法律、信仰、尊重法律，一个社会才能稳定，一个国家才能安康。

第四，以公有制为主体、消灭剥削、实现共同富裕是我们的共同目标。社会主义要消除两极分化，消灭贫富过于悬殊，这是高放同志的一贯主张。高放同志认为，不要使国有制沦为个人的私有制，更不能成为厂长、经理、书记所有制。公有制是全民的财产，要使人民群众有获得感。

高放同志的这些思想具有超前意识，是几年前提出来的，现在读起来仍然具有新鲜感。高放同志是位勤思索、善于反思、与时俱进的人。他有不唯书、不唯上、只唯实的精神。他坚持中国人民大学实事求是的优良传统，是我们广大知识分子学习的好榜样。

杜厚文

2017 年 5 月

北京大学原党委书记王学珍[①]贺信

高放同志是我大学时代的同学，他最近来信，说评论他的学术思想的新作即将出版，让我写几句话。但我在今年 4 月摔了一跤，右胳膊骨折了，至今无法执笔，只好讲几句，让其他同志记录下来，权当作我的贺词。

1947 年，我考入北京大学，在法律系就读，而高放在政治系学习。当时，北京大学有六个学院，分布在北平城的不同地方。文、法学院一年级的同学，上课和住宿都在北大四院（在国会街，即今天的新华社所在地），我和高放同在四院生活和学习。那时的高放，名叫高元浤，学习很优秀，但起初，我们并不认识，在后来的一系列学生运动中，才逐渐相识。记得那时候，我参加了“风雨社”，高放加入了另一个社团，不久，我们先后都参加了中共地下党领导的民主青年同盟，积极参加了当时的爱国民主运动，这样就认识并熟悉

① 作者系第八届全国政协委员、中国共产党第十二届和第十三届中央委员会候补委员。

了。但到1948年春节过后，新学期开学时，校园里却不见了高放的身影，直到解放后，我才知道他和其他许多进步同学一样，秘密奔向解放区去了。

1949年解放后，高放同志回到北京，在新成立的中国人民大学从事教育工作，而我在北京大学做行政管理工作。在那个时代，大家都一心扑在工作上，个人的业余时间很少，我和他来往也很少。“文化大革命”结束后，在北大校庆或老同学聚会时，我们才有较多的机会碰面。对他的工作，我也有了更多的了解。

高放同志在青年时代就树立了马克思主义的信仰，后来在教学和科研工作中，长期讲授国际共产主义运动史、科学社会主义、当代世界社会主义等课程，对马克思主义、科学社会主义、政治学等领域的一些问题进行了深入研究和探讨，并做出了卓越的学术贡献，成为知名专家。作为老同学，我为他所取得的成绩感到高兴。

我也曾经有所耳闻，高放同志在一些重大问题上，提出了自己独立的见解和观点，有些观点引起了讨论和争鸣，我对这些理论问题没有研究，对他的观点不好妄加评论。但我认为，高放同志提出的这些观点，都是基于他长期的钻研和思考，基于他严谨的学术态度，基于他对国际共产主义运动包括中国革命实践的经验教训的总结，因此，即使人们不赞成他的某些观点，但他勇于探索、勤于思考的学术品格仍然值得尊敬和学习！正因如此，他在学术理论界享有很高声誉，被学术界誉为“思想高度解放”的学者。

高放同志在数十年的教学生涯中，培养了一批又一批的学生，拟定了几百万字的文稿。他至今仍保持着旺盛的学术生命力，在他90岁高龄时，仍然笔耕不辍，不时有论文发展，我对他这种老骥伏枥、锲而不舍的精神由衷地钦佩！近日，知悉他新的一本思想评论集要出版，我觉得这是一件特别值得庆贺的喜事。在此，祝愿他继续保持一贯的精神状态，健康长寿！

王学珍

2017年6月22日

中共中央党校原副校长徐伟新教授贺信

——贺高放教授九十华诞

高放教授是我非常尊敬的老师——长者、尊者和智者。

高老师从教60年，桃李遍天下。虽未师从高老师，却深受其学术思想滋养。十几年前，我先生刘德福遗著《中国大势》出版，高老师为此拨冗抬笔《人生三部曲仍在回响》，给予高度肯定和鼓励。高老师厚爱晚辈，砥砺后人的师德、师风和师情，令我感动不已。

高老师学识渊博，学养深厚，在马克思主义、科学社会主义、国际共产主义运动、政治学、历史学等多个领域深有造诣。在中国这样一个社会转型、思潮流变的大改革时代，高老师的理论建树给予我们强大的精神定力，如列宁所说：沿着马克思的理论道路前进，我们将越来越接近客观真理（但绝不会穷尽它）；而沿着任何其他的道路前进，除了混乱和谬误之外，我们什么也得不到。

高老师独立的学术个性以及对中国改革开放理论与实践的真知灼见、智者之识，代表了新时代中国知识分子的顶天立地。把马克思主义与中国的具体实际相结合，在世界范围的历史性大变动、大转折之中，探索形成具有中国特色的社会主义理论、社会主义制度以及社会主义发展道路，中华民族的梦，一个民族长久以来的梦，离我们越来越近了。

值此高老师九十华诞，衷心祝愿先生福如东海，寿比南山，思想常青。

徐伟新

2017年5月

中共黑龙江省委宣传部副部长刘光慧贺信

尊敬的高放老师：

欣逢您九十华诞，我谨代表黑龙江省社科理论界并以我个人名义向您致以最诚挚的祝贺和良好的祝愿。对您矢志不渝，几十年来为推进马克思主义中国化、时代化、大众化做出的卓越贡献致以崇高的敬意！

您作为著名的马克思主义理论家、政治学家、社会主义学家、国际共运史学家，在马克思主义、科学社会主义、政治学等学科领域做出了一系列开创性探索、填补了一系列学术史空白；您于耄耋之年坚守讲坛、笔耕不辍，不遗余力推动学科体系与时俱进、学术精神薪火相传，近十年来又培养了9名优秀博士，发表了《苏联兴亡通鉴》《马克思主义与社会主义新论》等重要著述50余万字；您兼济天下、著作等心的学术追求，解放思想、叩问真理的治学品格，厚植桃李、育才兴国的教育理念，体现出老一辈思想家、理论家的高风亮节与人生境界，给年青一代作出了杰出榜样。

衷心感谢您对我的悉心培养与谆谆教诲，对我们在理想信念、学术操守、人生轨迹方面给予的正确引领与无私指导。祝您生日快乐，身体健康，阖家幸福！

您的学生　刘光慧

2017 年 5 月 8 日

中共福建省委党校原副校长林俊德教授贺信

在高放教授九十华诞之际，作为他的学生，我向他表示诚挚的祝福和崇高的敬意！

我是中国人民大学国际政治系 1962 级学生。虽然在人大课堂，但只在 1965 年秋至 1966 年春听过高放老师讲授国际共产主义运动史课，但是，几十年来我多次在全国性学术研讨会和讲习班上听到高老师的精彩发言和生动讲授，经常在各类报刊上读到高老师的宏文大作，还不时见到高老师的系列著作出版。对于这一切，同是理论工作者的我在赞叹敬佩之余，深感有认真向高老师学习的必要，尤其是以下几方面：

第一，坚守阵地、不懈努力。高放老师作为马克思主义理论教员，具有牢固的信念、执着的追求。他自从 1949 年 3 月担任华北大学学习助理员起就开始从事马列主义政治理论教育工作，1950 年 3 月以华北大学为基础创办中国人民大学后，他便在这里执教马列主义政治理论课，近 70 年来一直坚守在这个阵地上，心无旁骛，为传播马克思主义、扩大马克思主义的影响，特别是传授马克思主义发展史、国际共产主义运动史、科学社会主义等与革命建设密切相关的课程，发挥马克思主义的威力，进行了大量的艰辛的工作，做出了重要的贡献。

第二，笔耕不辍、硕果累累。高放老师作为造诣深厚的理论教师，一个鲜明的特点是教学与科研紧密结合。教学出题目，科研出成果；科研成果转化为教学内容，提高了教学水平，教学过程的展开不断向科研提出新要求，促进了科研的深化。几十年来，他在承担繁重教学任务的同时，时刻关注马克思主义发展史、国际共产主义运动史、科学社会主义、政治学等学科的建设，关注这些学科的前沿问题，关注革命、建设、改革中的重大理论和实践问题，进行了艰苦的、深入的研究，编写出一大批教材、辞书，创作了相当数量的专著，发表了难以计数的文章，说他著作等身，一点也不为过。高放老师是中国人民大学少有的讲课水平高、效果好，著作数量多、质量高，又带出数量可观的国际共运史、科学社会主义等专业优秀人才的名家大师。

第三，严谨治学、学界翘楚。高放老师作为享誉全国社科界的著名学者，最突出的品格是治学严谨。他善于独立思考、独立探索，绝不人云亦云、随机应变；他对涉猎的任何问题都要穷根究底，弄个一清二楚，绝不浮光掠影，一带而过；他无论坚持什么观点，还是否定什么观点，都能既讲清道理，又用确凿的事实佐证，所以，听他的发言，读他的文章，不管赞成不赞成他的观点，都不能不佩服他说理的透彻、论证的严密、材料的充实。值得一提的是，他对一些事件、人物、文献、名词、概念等所作的详尽考证，不仅澄清了许多问题上的模糊认识，解开了许多事情上的迷团，让人们明白了许多事情的来龙去脉、前因后果，而且挖掘、提供了大量翔实的资料，涉及古今中外、天文地理、历史、经济、政治、文化、国防、外交等诸多领域，具有很高的知识价值、史料价值。他从事主编教材、辞书类书籍的工作，总是亲力亲为，不仅提出编写思路、设计总体框架，而且拟定大纲小目，勾画每个问题的编写要点，具体承担某些重要部分的编写任务，撰写前言、后语，还要进行统修统改，直至帮助一些编写者改写某些部分。他是名副其实的主编，他主编的书籍真实地体现了他的思路，深深地打上他的印记，得到学界的普遍认可。不像某些所谓“名家”主编的书籍，那些“名家”根本就没看过，更谈不上对书的质量有何影响，署名而已。其实，这类打着“名家”主编旗号的书籍，“名家”是怎样主编的、质量如何，编者自然是心知肚明，读者也是一清二楚的，只不过不点破罢了。应该承认，这是当前学术不端的重要表现：“名家”不干事光署名，是欺世盗名；编者拉“名家”装门面，是弄虚作假。这些人难道不应当从高放老师的行为中学点什么吗？

第四，关爱学子、奖掖后俊。高放老师作为一位深受中国教育优秀传统影响的老教师，具有关心、爱护学生的美德。不管是他教过的或没教过的学生，也不管这些学生离校时间有多长，在什么场合遇见了，他总是非常热情，问长问短，尤其关心学生们读书做学问的情况；对于学子们的请教，哪怕是打电话、写信，他都不厌其烦地予以解答。即使不是他的学生，甚至不是中国人民大学的学生，只要向他请教，他也尽可能予以指教，满足他们的要求。有一个突出的事例：厦门市委党校青年教师尹彦，2001 年被派往中央党校当访问学者，在导师的启发、帮助下成功申请一项国家社科基金项目：《列宁时期的党内民主》，经过两年努力，完成了一本十五六万字的小册子。但他感到书稿比较单薄，就想能否附录仰慕已久的高放先生的一两篇宏文？如果高先生肯赐一小序，那更是求之不得了。他抱着试试看的心态致函高先生。想不到素昧平生的高先生对两个要求均予满足，特别是为他写下长达两万六千多字的序。高老师在这篇序的末尾讲到为此书作序的缘由："尹彦同志是埋头苦干、成绩显著的新一代理论工作者。他富有敏锐的时代使命感和强烈的政治责任心，在结合教学工作紧密开展科研工作时，不是紧跟滥抄，而是选择了对推进我国政治体制改革有现实意义的列宁时期的党内民主问题……我拜读全部书稿之后，认为确有很多新意，应该尽力奖掖学界新秀。于是冒炎夏酷暑、高温热浪，以耄耋之年、昏花老眼，勉力写下这篇两万六千多字长序。庶几对于本书有所补充和增益"（见《列宁时期的党内民主》，厦门大学出版社 2003 年版，第 25 页）。这篇长序对那本小册子的意义是显而易见的，尹彦十分明白："高先生极精彩、极正确的论断，大大补充了拙书的空缺，同时还修正了某些错误，从而使拙书的质量大为提高，并且较为完整了。"这位年轻人感激万分，"高先生慨允作序，想不到竟长达二万六千多字。对于耄耋之年的人，绝不轻松，何况是冒炎夏酷暑、高温热浪？此情此景，愧煞后生小子。感动感激之情难以言表，当铭感终生"（同上书第 166 页、第 165 页）。中国向来有文人相嫉、生怕别人冒头超过自己的陋习，高放老师一改此种陋习，真诚关心、热情扶助年轻的同行，激励他们迅速成长，后来居上。这是值得当今文人效法的高尚品质。

我认为，以上所述是理论工作者极为宝贵的品格，值得我好好学习。尽管难以企及，但我由衷地赞赏。"虽不能至，心向往之！"

最后，衷心祝愿高放老师健康长寿、再创佳绩，生命之树常青，学术之花常艳！

林俊德

2017 年 5 月

江苏省文化厅党组书记、厅长徐耀新教授[①]贺信

中国人民大学国际关系学院：

3 月 6 日来函收悉。今年是高放先生九十华诞，先生谦逊，不愿举行任何庆祝活动。我应邀特致贺信。

忆当年，惠树兰滋。高放先生是我的硕士研究生导师，20 世纪 80 年代前半期，高放先生对我的谆谆教诲，使我获得了许多马克思主义真理和人文社会科学新知。此后 30 多年，我们一直保持密切联系，他的广博学识和高尚人格，一直深深影响和激励着我。师恩如山，我将永远铭记先生对我孜孜不倦的教诲和指导，把他对马克思主义真理的执着追求作为我自己奋斗的动力源泉。

工作万忙之余，谨以此简短贺词表达自己的感恩祝贺之情。谨祝先生身体健康长寿，学术之树常青！

徐耀新

2017 年 7 月 31 日

中国科学社会主义学会原会长赵曜贺信

——恭贺高放教授九十华诞

高放教授刻苦勤奋，才华出众，桃李满天下，一生最大的成就和贡献，是以其独树一帜的渊博学识和众多学子的敬仰，形成了中国马克思主义的高放学派，这是难能可贵的，也是学术界几乎绝无仅有的，是其个人和学界的骄傲。衷心祝福高放教授健康长寿！

赵　曜

2017 年 5 月

① 徐耀新现任江苏省文化厅党组书记、厅长，南京师范大学教授、博士生导师，主要研究领域为科学社会主义、国际共运史。1986 年毕业于中国人民大学科学社会主义系，获法学硕士，导师高放教授；1998 年毕业于华东师范大学国际问题研究所，获法学博士，导师姜琦教授。

中国科学社会主义学会原常务副会长严书翰教授贺信

蒲国良教授：

你好！

《恭请、诚约赐文祝贺高放教授九十华诞专函》已经收到。高放老师是我景仰的教授，我们之间友谊也很深，原以为高放老师九十华诞会以座谈会的形式举行，那我一定会参加，没想到他谦逊低调、考虑全面，以这种形式庆祝自己九十大寿。

得到这个消息后，我一直想写一篇敬仰、祝福高放老师的文章，还搜集了相关材料，在这个过程中，我看了2013年我写的读《高放自选集》的文章，此文发表在是年第11期《中共福建省委党校学报》上。我读自己写的这篇文章，感到我在此文中不仅是写读后感，而且还对高老师作了很高而中肯的评价，虽然这些评价未能充分展示高老师一生的峥嵘成果，但因我是用心来写这篇文章，所以我觉得这篇文章，今天仍然能够代表我对他的高山仰止之情。因此，我决定以此文作为祝贺高放教授九十华诞的文章。此外，我会择日专门去高老师家中看望他老人家。

祝好！

严书翰

2017年5月6日

中国科学社会主义学会会长、《科学社会主义》总编辑王怀超贺信

尊敬的高放教授：

春秋迭易，岁月轮回，在纪念“十月革命”100周年之际，迎来了您的九十华诞，谨向您表示衷心的祝贺和诚挚的祝福！

高放老师是我国著名马克思主义理论家、政治学家，曾任中国科学社会主义学会顾问，是我国科学社会主义学界德高望重的著名学者，是国际共运史和当代世界社会主义研究领域的一面旗帜。

高放老师主编的国际共产主义运动史、社会主义思想史、当代世界社会主义、科学社会主义等领域的教材，为学科建设做出了巨大贡献，影响了几代人。

高老师最令人敬佩的精神是思想解放、求真求实和开拓创新，70 年奋斗历程中一如既往，不断探索，提出了许多新思路、新见解，影响深远，90 岁高龄还发表纪念十月革命的宏文，文中见解依然深刻新颖，启发后学。

学高为师，德高为范，高老师思想解放、严谨治学、勇于创新、老当益壮的精神，是我们科学社会主义学界的楷模和学习的榜样。在此，我谨代表中国科学社会主义学会、《科学社会主义》杂志社和我本人衷心祝福高老师生命长青、思想长新、心情长乐！

王怀超

2017 年 5 月 12 日

中国政法大学终身教授李德顺贺信

高放教授是我敬仰的老一辈马克思主义学者。在人大刚刚复校的 1978—1979 年，我曾作为哲学系的一名硕士研究生，听过高老师给我们讲的国际共运理论课。后来在一些学术活动中，亦曾多次领略他的风采。高老师和肖前、宋涛、张腾霄等他那一代的很多人一样，虽然专业和具体观点彼此不尽相同，但都以坚定的马克思主义者的立场和风格，给我们树立了治学与为人相统一的崇高榜样，也塑造了中国人民大学特有的优良学风传统。

在我的印象中，高放老师一向严谨求实，坚守实事求是的理论原则。不迷信、不畏难、不跟风、不避险、不媚俗、不邀宠，唯以尊重事实、从实际出发为原则，思考和回答重大问题。给我印象特别深刻的是，在有争论的事情上，他也是只究理、不责人。在晚辈面前，他从不以身份资历盛气凌人或倚势压人；面对权势和潮流，他也无意投合奉迎，而是平心静气，以理相待。这一切，都是为了弄明白马克思主义的基本理论和实践经验，为中国特色社会主义事业服务。我觉得，老一辈的这种治学风格，和他们著述中所积累的学术成果一样，是我们最宝贵的精神财富。

不知不觉间，高老师已届九秩旺龄，作为学生的我们，也已达古稀之齿。知历史没有止步，叹人生之不得停歇。唯祝高老师健康长驻，宝刀不老！

愿老一辈开创的治学良风，世代流传！

李德顺

2017 年 4 月 10 日

华东师范大学终身教授周尚文贺信

——贺高放先生九十华诞

中华人民共和国成立之初，我国高校普遍开设四门政治理论课，中国人民大学是培养这四门课教师的主要基地。记得 20 世纪 60 年代初，我刚从华东师大政治教育系毕业留校任教，分配在国际共运史教研室工作，姜琦、陈钟、王松等老师都在中国人民大学进修过，又有施子年、吴克、吴玉有、陆善炯等很多位从中国人民大学毕业分配来的同事，他们常常谈论中国人民大学的一些人和事，其间，他们对高放老师的学养都十分赞誉，因此，“高放”这个名字就留在我们一批从事这门学科青年教师的心目中，我当然也不例外，总想有一天能亲聆高老师的教诲。可当时这个机会一直未能实现。

中共十一届三中全会以后，改革开放的春风吹拂神州大地，也给高校政治理论课的改革发展带来生机和活力。记得 20 世纪 80 年代初，中国人民大学和国际共运史学会在北京动物园联合举办国际共运史学科改革座谈会，会议由高放老师主持，教研室委派我出席。会上我作了一个简短的发言，意思是：原先国际共运史教研侧重于马恩时期，对共产主义者同盟、第一国际、巴黎公社、第二国际的研究较为深入，基础较厚实，这是优势，但对十月革命后的苏联，尤其是第二次大战胜利后的苏东国家，由于资料匮乏，学术禁区很多，研究者寥寥。可是，苏联、东欧国家的社会主义建设，以及共产党执政的经验教训，对刚迈入改革开放大门的我国来说，有着重要的借鉴意义；在高校，面对高考恢复后进校的 1977 级、1978 级大学生，他们也迫切要求学习和思考与我国改革开放相关联、可比较的历史经验。由于我们教研室对苏东问题的关注较早，也有一定的资料积累，所以我在发言中提出："要将国际共运史教学和研究重点放到十月革命以后"的倡议，高放老师敏锐地发现这一倡议的价值，就在休息时与我交流看法，嘱附我回去后将发言稿整理成文，交给他在他主编的《国际共运》期刊上发表。这是我第一次同高放老师近距离接触，他对晚辈谦和、平等的态度以及他的学术敏感，一直深深印在我的脑海里。

此后，我与高放老师的交往开始多了起来。1984 年，由我主编的《国际共运史事件人物录》由上海人民出版社出版，这部大型资料工具书在国内出版物中首次列入苏联及东欧国家发生的冤假错案相关资料，在社会上引起较大反响。高放老师特地为这本书写了书评，发表在 1985 年 3 月 18 日的《光明日报》上。值得一提的是，高放老师写的书评，从来不作空泛的溢美之词，而是在仔细阅读的基础上指出作品的特点和缺点，表现出十分严谨的治学精神。

几十年间，我同高放老师一起参加过多次学术讨论会，参与过他主编的若干书稿，也曾数次到他张自忠路的寓所造访。令人敬佩的是，近十多年来，进入耄耋之年的他仍思路清晰，笔耕不辍，有时还与我通电话交流学术体会。我虽然没有直接师从于高放老师，但在同他的长期交往中，深受教益，他是我最敬重的老师之一。

周尚文

2017 年 5 月

山东大学终身教授赵明义贺信

——祝高放先生九十华诞

喜闻高放先生九十大寿，值此之机，我以极其兴奋的心情向高放老师由衷祝贺九十华诞。

1956 年至 1960 年在中国人民大学学习期间，我虽然没有机会聆听高老师的教诲，但这在改革开放后得到了弥补，经常能倾听他的报告、讲座，读他的社会主义学科高水平著作和文章，使我受益匪浅。高放先生从事国际共运和科学社会主义学科教学与研究七十余年，他为我国社会主义学科建设做出了突出贡献，是我学习的榜样。

在这个大喜的日子里，谨送给高老师八个字作为我的祝福：仁人长寿，学者无疆。

赵明义

2017 年 7 月 14 日

北京大学政府管理学院院长、教授俞可平贺信

尊敬的高放先生：

欣闻您迎来九十华诞，谨致以最诚挚的祝贺！祝您健康长寿，幸福快乐！

先生毕生研究和教学马克思主义、社会主义和国际共产主义运动史，不仅成果丰硕、著作等身、桃李已满天下，而且视野开阔、思想深邃、学问必传后世。先生把马克思主义理论当作科学而不是教条，把国际共产主义运动史当作学问而非政治，您是真正的马克思主义学者，为国内的马克思主义和社会主义研究树立了杰出的榜样。您的道德文章和学术风范深受学界，特别是年青一代学者的爱戴。我深信，您的学术事业一定会不断发扬光大。

愿您保重身体，为我国的马克思主义和社会主义研究做出更多贡献。

晚学　俞可平　谨贺

2017 年 4 月 16 日

清华大学国际关系研究院教授张利华贺信

——高放教授九十大寿贺词

2017 年 2 月 4 日，是高放先生 90 岁生日。我衷心祝福先生健康长寿，幸福永远！

30 年前，当我拜读完高放先生的大作《社会主义的过去、现在和未来》

时，敬佩之情油然升起。先生那宏大的社会主义历史视野、清晰的社会主义流派梳理、精辟的社会主义认识，给了我振奋鼓舞。

20 年前，当我进入北京大学国际政治系攻读国际共运史专业的博士研究生时，我曾一次又一次迈入高放先生的家门，带着疑惑不解的问题向他请教，先生耐心细致的讲解、睿智透彻的分析、高度解放的思想，使我收获满满。

在北京大学国际政治系毕业后，我到清华大学人文社会科学学院从事科学社会主义理论与实践教学研究，高放先生的著作文章是我备课讲课的必读文献。从他的著述里，我感受了宏大的思维视野，汲取了丰富的思想营养，收获了深刻的理论思考。虽然后来我转到国际关系领域从事教学研究，但高放先生给予我的有关马克思主义、社会主义的启蒙教育，影响了我一生的为学为人。

10 年前，我到中国人民大学参加高放教授八十华诞庆祝会，聆听了众多高老先生的“粉丝”讲述他的故事时，不禁感慨万分，激动不已。

高放先生 80 岁后的耄耋之年依然勤奋工作，笔耕不辍，出版了 3 部文集，发表近百篇文章，指导了 9 名博士研究生。在这样的高龄著立说，他用的不是电脑，而是自己的手，笔走龙蛇，字字珠玑。

高放先生用自己一生的上下求索，展示学者的智慧；用自己一生的信仰追求，奉献人类社会。他坚定的社会主义信仰，强烈的忧国忧民意识，严谨扎实的治学态度，一往无前的奋斗精神，激励着成千上万的莘莘学子，也激励着我乐于学问、认真为学、踏实做人。

在高放先生九十华诞之年，感谢他带给我的光明与美好。祝愿高放先生福如东海寿比南山，满面春风贤同北斗！

张利华

2017 年 6 月 22 日于清华园

国家行政学院教授、博士生导师刘熙瑞贺信

尊敬的高放老师：

值此您九十华诞之际，特写信表示热烈祝贺，祝您身体康泰，学术青春

永驻，生活幸福！

我1963年进入中国人民大学马列主义基础系（1964年改为国际政治系），尽管直到“文革”也没有直接听您的课程，但由于您的学术地位，一直引起我们这些求知学子的特别关注。在与您所带研究生和系里其他老师的不断交流中，已基本了解了您的学术思想与为人。“文革”后，则一直在关注您写的文章，并从中继续受益。对此我深深表示感激和敬意。

我觉得您最值得敬仰的地方，首要是有一个坚定的信念，这就是社会主义和共产主义。您1944年接触马克思主义之后，可以说是步步深入，时时精进，特别是随着广泛的革命活动，历久而弥坚。尽管后来国家政治上有曲折，但您未曾须臾动摇。在当今，国际形势风云变幻，国内形势也发展很快，而且复杂因素交织，引得思想界众说纷纭。但您无一时犹豫，不忘初心，矢志于社会主义，这一点实在难能可贵。至于您70多年来有关马克思主义知识积累之广博，对其精神实质把握之准确，相关资讯之全面，对社会现象分析之精到，在我国当代学者中实为翘楚，非常值得我们学习。显然，这与您从革命早期就下定了献身马克思主义的决心有关，以至于你90岁高龄仍笔耕不辍，还在为马克思主义中国化、用马克思主义推动中国社会主义事业、实现中华民族伟大复兴而奋斗。

在探求中国应走什么道路问题上，考虑到中国目前形势，我觉得您的下列贡献实在是别人难以企及的：

一是您一直坚定而明确地区分什么是社会主义，什么是资本主义。您在一篇文章中强调：资本主义是“以私人资本为基础，由资本家阶级统治的社会形态”，而社会主义是“以社会化劳动为基础，由劳动人民掌权的社会形态”。另外您又说“社会主义是旨在减免资本主义剥削压迫、争取劳动人民福利权益、实现劳动人民当家做主的社会思潮、社会运动、社会制度和社会形态”。至于两者的区别，您则明确归结为“资本主义私有制和资产阶级国家政权占统治地位还是社会主义公有制和劳动人民国家政权占统治地位”。用这样简明的言辞说明如此复杂的问题，这实在令人敬佩。二是对当前社会主义的任务，您也作出了明确概括：“社会主义就是既要继承资本主义开创的现代化文明成果，又要克服资本主义造成的不文明恶果，建成比资本主义更高的社会形态。”试想，在有些人不信社会主义的情况下，这样的结论是何等的振聋发聩！两者的复杂关系，一语而明示出来。三是您准确概括了社会主义的核心内容，这就是：“社会主义是资本主义的继承物、对立物、取代物和创新物，即是说社会主义既要继承资本主义的文明成果，又要克服资本主义的矛盾，更要取代资本主义，开创比资本主义更新更好更高的文明社会，使劳动人民得到自由解放和全面发展，享有幸福美满的生活。”“社会主义的核心内容理应是在生产社会化高度发达的基础上以生产资料社会所有制取代生产资料的资本主义私有制。”我觉得，这种归纳简直是一针见血。四是您特别关注和鼓励大家研究、掌握“不发达国家实现社会主义的特殊规律”。您认为，“落后国家率先走上社会主义道路是符合20世纪特殊历史条件的、合乎规律的现象”，只要搞得好，也能照常健康茁壮成长，并对如何搞好社会主义归纳了几个要点。这无疑对中国的改革开放有极大的助益。而其中，您也曾多次提到尤其要解决社会主义公有制与市场经济结合的途径问题，确实抓住了我国改革开放的关键。五是您有针对性地提醒我们学界，要研究共产党与社会党、社会民主党的关系。鉴于后者确实把许多社会主义因素带到了资本主义社会，肯定不能把它视为一个完全消极的东西，我们共产党人有必要对之采取新的态度，“既要联合、借鉴社会党，又不要改旗易帜、社会党化”，您认为“这是世界社会主义发展中的一个老大难问题”。与此相应的，还有发达国家、发展中国家两股工人运动和社会主义势力如何在新水平上加强合作、共同推进世界社会主义的问题，也非常值得大家关注。

以上所说，当然是挂一漏万，不是您研究问题的全部。以您丰富的阅历和广博的知识，您的贡献是多不胜数的。比如，您研究了世界社会主义500年的历史发展态势，归纳了运行规律，其中，对社会主义思想如何从乌托邦到科学发展、社会主义运动如何实现从理论到实践的转变、社会主义制度又如何从一国到多国演进、苏东剧变后社会主义革新又怎样从地区到全球拓展，您都有深刻见解。而且，其内在精神完全与我国革命、建设和改革开放的伟大实践相吻合，这无疑已起并将继续起重要的推动作用。尽管您自谦地认为，面对博大精深、犹如浩瀚海洋的马克思主义，您只是一个岸边的拾贝者，但客观评价，您作为仍然活跃在马克思主义研究和宣传阵地上的我国老一代学者，在90岁高龄仍在著书立说，您的贡献肯定是独一无二的。

最后，再一次祝贺您的九十华诞！

刘熙瑞

2017年7月

北京师范大学教授孙秀民贺信

——高放教授九十华诞贺信

久仰高放教授大名。记得第一次见到高先生是20世纪80年代中后期读研期间，听先生做关于政治体制改革的报告；第二次见到高先生是2013年7月31日陪同张静如先生，到中国人民大学参加《胡华文集》出版座谈会。这两次见面或碍于人多，或过于匆忙，都未有交流。当面聆听高先生教诲是今年7月4日送张静如先生的回忆录到先生家。高先生虽已鲐背之年，仍耳聪目明，思维敏捷，学贯中西，高谈阔论，纵横天下……我对高先生的敬仰之情迅即由感性升华至理性再到科性。

高先生老当益壮，笔耕不辍。截止到2017年7月5日，仅中国知网不完全统计，先生自20世纪80年代在《中国社会科学》《中国延安干部学院学报》和《北京日报》等报刊杂志上公开发表论文441篇，年均近12篇。其中，70岁离休前、70—80岁和80—90岁期间，分别发表103篇、166篇和172篇；文章总下载数分别为17365、71106和82713，篇均下载数分别为168.59、428.35和480.89。文章的数量和质量及影响力年年攀升！

高先生思想解放，不断创新。先生著作等身，但不唯上、不唯书、不新瓶装旧酒、不人云亦云，只唯实、实事求是、解放思想、勇于探索、潜心钻研，敢于发表自己的独到见解，令人耳目一新，由衷地折服。例如，先生在考察分析了列宁、斯大林有关“马克思主义”的定义后，提出了22个字的新定义，即马克思主义是“马克思、恩格斯创立的无产阶级和全人类解放的科学”，已被学界普遍认同。再如，传统观念认为社会主义是社会主义思想、运动和制度三位一体，先生则在此基础上鲜明地提出社会主义是旨在减免资本主义剥削压迫、争取劳动人民福利权益、实现劳动人民当家做主社会思潮、社会运动、社会制度和社会形态的四位一体。

高先生自觉良知，信仰坚定。先生之所以不断推陈出新，固然有各种缘由，但与先生渊博的学识、大家风范及自觉良知是分不开的，更重要的是先生具有坚定的马克思主义信仰。早在中学时，先生就受到马克思主义的启蒙教育。考入大学后，在学生民主运动中学到了更多的马克思主义著作。1949年加入中国共产党，从 1950 年中国人民大学创办伊始就一直从事马克思主义政治理论教学和研究工作，其后又经受过“反右”和“文革”的磨难，越发坚定了先生对马克思主义和社会主义的信仰和探索，在反“左”防右的道路上砥砺前行。

值此高放先生九十华诞之际，以上只言片语权作贺信！

祝愿高放先生健康长寿！学术之树常青！

孙秀民

2017 年 5 月

中国人民大学国际关系学院教授杜康传贺词

——六句感言致贺

高放教授九十大寿，理应热烈祝贺。

我与他共事六十四载，交往甚深，受益匪浅，感恩良多。仅写六句感言，衷心祝贺。

从事马列七十载，
坚守继承又创新。
著作等身不歇步，
堪称一派众口赞。
造福世人贡献大，
再接再厉谱新篇。

杜康传

2017 年 4 月 22 日

中国人民大学历史学院教授何黎萍贺信

——文江学海、老当益壮：记高放教授的学术教导

高放教授是我国著名的国际共产主义运动史学家、马克思主义学家、社

会主义学家。作为老一辈杰出学者，早在1949年前，他就已从事马克思主义理论研究。中华人民共和国成立后，高放教授长期在中国人民大学任教，执教国际共产主义运动史、科学社会主义、当代世界社会主义等课程。先后培养了数十名博士生，撰写了大量著述和文章，成果卓著，荣获各种奖励和政府特殊津贴。今年是高放教授90岁诞辰，他仍然笔耕不辍，还担任各种学术机构顾问，主持核心期刊的共运史栏目。

高放教授是我一直敬仰的学界泰斗和前辈，早在20世纪90年代初我还在中国人民大学历史系攻读硕士研究生时，就知道了当时于国政系任教的高放教授在我国国际共产主义运动史研究领域的造诣和影响。那时我选修了一些苏联史方面的课程，却不知为何未能选修高老师的课程，只是旁听了他的几次课，但给我留下了很深的印象。但此后我们彼此仍然没有交流和相识。在后来我读博士和回到人大工作的十多年里，虽然一直没有机会与高老师相识，但他的学术研究和思想却始终留在我的记忆里，伴随着我的科研和教学。

此后，一个偶然的机会终于让我有幸结识了高老师。2009年我出版专著《西方浪潮影响下的民国妇女权利》一书，想请高放老师写序言。当我将这本45万字的专著送到他手上时，心里并不平静。我知道他的研究领域是国际共运史和社会主义理论，妇女问题并不是他重点关注的内容。不过，书中涉及不少国际女权问题和女工问题，与高老师的研究又有联系。当时他已经80多岁，如此篇幅的专著对他的身体也是一个负担。然而，他却慷慨应允。应该说，我之前并不真正了解高老师。当我们彼此交谈的时候，我的不安立即消失了。高老师清晰的思维、深邃的思想和渊博的学识让我非常惊喜。我没有想到高老师的精力还这么旺盛，思维还这么敏捷，完全没有一般高龄老人大脑的“迟钝”，我能得到高老师这么热情的帮助，非常值得庆幸！这无疑十分有助于我的研究和教学。

其实，按照我的设想，我以为高老师年事已高，依照某些惯例，不必大费周折来详细评述，只是略微总结评价，千字即可。但是，当我拿到高老师手写的序言稿时，六千多字的序言出乎我的意料。更让我感动的是，他的序言中肯到位、总结全面、实事求是，一看就知道他花费了相当多的时间和精力来阅读这本专著，让我从中看见了他严谨治学的态度、科学研究的风范和认真负责的精神。

首先，他并没有一味地称赞我的专著，而是在提出个人见解的同时，指出了本书的四个优点与四个不足。高老师开篇就总结出了“妇女解放的重要地位和中国妇女所受的五大绳索束缚”，然后分别从体例、视角、内容和方法四个方面总结了专著的突出优点与特点。同时，他也实事求是地指出了专著存在的四个不足之处：一是对英雄人物带头示范的作用书写不够；二是对近代中国妇女立法的进步论述不足；三是对女工、女农和女兵等劳动妇女英勇奋斗的事实描述不多；四是对妇女个体的近代化过程以及相关资料缺乏研究。应该说，这样实事求是、负责认真的评价，无论对读者还是作者都是有益的。我深深地感到，他不仅深入细致地阅读我的专著，而且还进行了深刻的思考，其分析有理有据，让我十分信服。其实，在我出版该书之前，我也进行了较长时间的修改，也很愿意得到朋友和同事的宝贵意见，但是，鉴于各种原因，真正愿意给予我中肯意见的人很少，而本人学识尚浅，以致在上述四个方面做得很不够，留下了缺憾。毫无疑问，有价值的意见是我们进行学术研究的重要保证。因为个人的研究视野都有一定的局限，如果能获得学术名家的指教，倾听来自不同角度的建议，将有利于提升我们的研究水平，保证研究质量。可以肯定地说，高放老师的意见对我来说正是极具价值的宝贵财富。

其次，他引导我关注了国际妇女节的起源问题。实际上，最初我对国际妇女节的研究不多，在专著中几乎很少论述，更没有解决国际妇女节的渊源问题。然而，对女工问题和与之相关的国际妇女节问题的研究是重要的，本不应该忽略。正是高老师对妇女节的研究以及他对相关信息的介绍，促使我在专著中关注了这部分内容，并进行了相关研究。高老师说，妇女节究竟是起源于美国还是俄国引起了他的高度关注，并为此狠下功夫查阅了多种书刊，还写信向黄绍湘、刘绪贻等多位美国史权威学者请教，并让他在美国工作的子女就近查寻，最终肯定了国际妇女节是起源于纪念纽约女工 1908 年 3 月 8 日的示威游行斗争。但是，他表示还没有查清楚“关于妇女节起源于为纪念芝加哥女工 1909 年 3 月 8 日的斗争这一子虚乌有的说法，最早是我国 20 世纪 20 年代书刊中何人杜撰出来的”。现在，每当我读到这一部分内容时，我都会回忆起高老师最初提醒我应该关注妇女节的建议。为此，我对他充满了感激和敬佩。他对学术问题的执着、负责和精益求精的精神时刻激励着我。当今，在快出成果、多出成果的思想引导下，越来越多的学者注重“批量生产”，以至于不去做深入细致的考察和研究工作，导致研究成果的价值贬值。我们这一代的学者应该继承老一辈学者做学问的精神，踏踏实实，拒绝浮躁。

但是，我也很遗憾，高老师交托给我的任务——查找中国庆祝国际三八妇女节的起源，我却始终未能找到明确可信的资料和详细记载。

总之，高老师对我专著的评价以及由此展现的老一辈知名学者深厚扎实的史学功底和对待学问的严肃态度，让我很受启发，并由此成为我和高老师交往的开端。以后，虽然事务的繁忙限制了我与高老师来往的时间，但是高老师依然关心着我的学术情况，还几次打电话询问我的研究，向我传递他的最新学术信息和成果。我深深地为他不惧高龄、坚忍不拔的毅力而折服。于是我也有意利用与他见面的机会，向他请教学术问题。记得有一次我向他请教我在世界近代史教学中遇到的一个问题——如何看待 19 世纪末西方工人运动和社会主义运动的新变化？为什么会出现伯恩施坦修正主义的泛滥？这是我一直在思考的问题。传统的说法和评价缺少说服力，无法解释这些现象背后的原因。没想到高老师的观点完全突破传统的约束，研究视野相当宽广，令我耳目一新。我为他人老心不老，大胆开拓创新的学术眼界而叹服！我从内心体会到，高放教授不愧是我国研究国际共运史的旗手，尽管他已经 90 岁高龄，却从未停止过自己的学术活动。他放眼世界，潜心创作，培养人才，始终站在国际共运史和社会主义研究的前沿！

故而，时值高老师九十大寿之际，作为晚辈、高老师的学生和人大的教师，我深有所感，写下寥寥数语以表达我的深深敬意和感激之情！最后，我再写拙诗一首，以为庆贺。

祝贺高放教授 90 华诞

人称七十古来稀，
九旬益健不老松。
岁月沧桑伴书卷，
刻苦钻研不觉苦。
遍览群书硕果累，
教书育人如春蚕。
学界泰斗名四海，
德高望重率垂范。

何黎萍

2017 年 4 月 22 日

复旦大学国际关系学院教授朱文忠贺辞

——祝贺高放老师九十大寿

福如东海，思著潮湧，
寿比南山，劲松长青，
老有所为，文似警钟，
爱国爱党，赤子情怀，
资政育人，万民福祉。

朱文忠

2017 年仲夏于复旦

中共中央编译局研究员戴隆斌贺信

——恭祝高放教授九十大寿

中国人民大学荣誉一级教授高放先生今年九十大寿，可喜可贺！

我与高放老师认识，是在我从兰州大学研究生毕业分配到中央编译局工作后。那时我工作的研究所是中央编译局国际共运史研究所，高放教授是国际共运史学界的权威，自然就多了了解和认识的机会。每次开国际共运史方面的学术讨论会，高老师一般都参加，而且每次都发言，每次发言总有新鲜的观点出来。所提观点与建议总是不断针砭时弊，其拳拳赤子之心随处可见；其创新与独到处，于我之小辈，望尘莫及。

高先生勤奋在学界是出了名的。他在年轻的时候勤奋，到了八九十岁，还那么勤奋。不仅饱览群书，而且笔耕不辍，几乎每年都有大量的学术文章和著作问世，可谓“著作等身”。其工作时间之长，一般年轻人都难以达到。

高先生关心年轻人，培养国际共运史专业之后辈学者也是出了名的，到了八九十岁还在招收博士研究生，培养年轻人。不敢说他是最老的博士生导师，至少也是其中之一。

高先生对国际共运史专业的学科建设也贡献颇多。1979 年就主持编写《国际共运史教学大纲》；在中国人民大学建立全国第一个国际共运史博士点；中国国际共运史学会成立后，曾经当选为学会的副会长，他还被选为北京市国际共运史学会会长，高先生至今还是学会的顾问。高先生还非常关心国际共运史专业的史料建设。早在20 世纪80 年代初，就极力主张出版《国际共产主义运动史文献》。在中共中央编译局、中国社会科学院马列主义毛泽东思想研究所和近代史研究所、中共中央党校和中国人民大学等单位专家学者的共同努力下，陆陆续续出版了23 卷，到2001 年，由于经费等各方面原因出版完全停顿，但高先生始终在关心这套文献的命运。2010 年，在中共中央编译局和中国国际共产主义运动史学会的鼎力支持下，中央编译出版社以这套文献申报国家出版基金项目，获得立项资助。高先生满怀热情地将原来出版的各卷次借给这套文献的新编委会，他还是我们编委会的顾问之一，对编辑、出版工作给予指导。他多次当面或者打电话询问这套文献的编辑出版情况，给我们鼓劲打气，对我们的工作给予高度赞扬和肯定。这套文献目前已经出版了50 卷51 册，计划今年全部出齐，总卷数为64 卷65 册，字数约为3000 万字。这些成就的取得与高先生的支持、鼓励是分不开的。

高先生在学术界被誉为“思想高度解放”的学者，被誉为学术研究的“常青树”。我们期望高先生提供更多的学术饕餮大餐，但我们更期望高先生健康长寿。这是我衷心的祝愿。

戴隆斌

2017 年6 月27 日

广州社会主义学院教授黄济福贺信

尊敬的高放教授：

在您九十华诞之际，学生谨向您致以热烈的祝贺。祝您健康长寿，学术上再创辉煌。

在我的印象中，您永远活在学术中。1962 年，我刚入读人大马克思主义基础系，就听说 20 世纪 50 年代人大有两位被苏联专家赞誉的讲师，您是其中之一。您那时给我们班讲的是国际共运史课“十月革命”这一章。您的课引起一些政治敏感的同学的质疑，他们认为您在讲课中，居然宣扬“和平过渡”的理论。不过大多数同学都认为您口才很好，又能写文章，长处是能说会写。我的看法是您首先擅长动脑。在“一条道路，一种模式”在国际共运史界占统治地位的情况下，您居然用列宁的语录来表达无产阶级革命另一途径，即“和平过渡”的想法，您够大胆，够有学术勇气。

不过，在“文革”中，这成了您“打着红旗反红旗”的一大罪行，作为国政系唯一的“反动学术权威”，一切学术活动都停止了。1980 年，在“文革”后一次学术会议上，我和您劫后重逢，问起您在“文革”中都做了什么，您说学了一门日语。为什么选中日语，记得您告诉我：中国早期的马克思主义著作有许多是从日文翻译过来的，光懂英、俄、德语还不够，必须懂日语。这样，马克思主义传播的脉络才能搞清楚。虽然“文革”迫使您中断了学术研究，但您却为“文革”后的学术研究准备了更多的工具。

改革开放以来，您是“高度解放”的先锋。从“社会主义”概念开始，您在马克思主义、科学社会主义、国际共产主义运动史、国际关系等学术领域，都有自己的独特见解，有新见，有创见。尽管 20 世纪 90 年代也有人认为您反社会主义，您依然故我，在学术海洋酣畅遨游。我虽然无法通读您的全部大作，但每当看到您的新作，总感到新风扑面，新意盎然。特别是近年来，您在苏联解体的经验教训等方面的大作、在社会主义发展的一系列问题上的真知灼见、在两岸关系“解套”上的建议，无不以史为鉴，剖析现实，令人启迪，发人深思。耄耋之年，您照样带博士生，仍然笔耕不辍，您是学术领域中一棵不老松。

您在八十华诞时，曾表示争取过九十岁生日。现在，该做新的十年规划了吧。

在您九十大寿之际，我没有新的祝词，仍然是您八十华诞时的祝词：祝您高寿、高兴！

学生　黄济福

2017 年 7 月 11 日

武汉市四位学者潘德斌、颜鹏飞、尹光志、丁爱军联名贺信①

2010年10月，著名政治学家及科学社会主义专家、中国人民大学教授高放先生在上海出版的《毛泽东邓小平理论研究》上发表了《权力结构合理化献议》一文，该文意义重大，不愧为当代中国马克思主义研究的重要内容，也为社会主义体制改革进一步完成了具体的理论研究。该文是在详细介绍树结构、果结构等权力结构以后展开的。但要深刻理解高放先生的文章，我们还必须添加一些说明。高放先生的这篇文章本来是为我们几个人合写的《权力结构论》一书撰写的序言。他在文中充分肯定了我们的研究成果，指出我们所说的权力的树结构就是封建社会权力单向高度集中的专制政体，这是适应于封建社会小农经济基础的，而权力的果结构就是近代资本主义实现现代化以后的民主政体，权力结构是双向的，有制约的。他以长期教学的经验说明苏联的政治体制深受沙皇君主专制的影响，一再延误政治体制改革，以致最终被人民抛弃。为了吸取苏联灭亡的教训，我国理应改革，促进社会主义民主的发展，社会主义理应克服封建专制主义残余，开创出比资本主义更高类型的民主。高放先生说得好：我们现在应该“加快改革，促进社会主义‘果结构’的形成”。

高放先生撰写的这篇文章，是理论界促进改革的心声，至少在理论上，是社会主义运动及理论成熟的表现，是中国社会主义体制改革走向成功的信号，也是中国2000多年以来彻底摆脱“封建残余”的信号。我们深信，伟大的政治家、改革家一定会走向真正伟大之路。我们衷心地向科学社会主义专家、著名政治学家、中国人民大学高放教授九十华诞致敬。

潘德斌　颜鹏飞　尹光志　丁爱军

2017年5月

① 这四位作者系武汉市研究权力结构的合作者。

苏州科技大学马克思主义学院
副院长刘雅贤贺信

敬爱的高放教授:

欣逢您九十华诞，学生在此向您致以最诚挚的祝贺和良好的祝愿！您在国际共运史领域风标独具，开别史先河。在科学社会主义领域匠心独运，与时代同行。您的“治学不为媚时语”的学术品格、“啼血杜鹃唤改革”的家国情怀，不仅让学生深受感动，也时刻指引我在学术上的追求与使命。

衷心感谢您多年来对我的指导和培养，学生期待10年后再祝贺老师100华诞！祝贺高放学派发扬光大！

刘雅贤

2017年3月

中共中央对外联络部研究室原副主任、
研究员肖枫贺联

——恭贺高放先生九十华诞

学贯中西　独树一帜

造诣高深　人寿文丰

学生肖枫题赠于中联部寓所

2017年7月5日

中国人民大学国际关系学院教授李如海贺联

——为高放教授的学术文风点赞

持坚守白①

不磷不淄②

高放教授从教70年来，在教学、研究和著述中，一直遵循既实事求是，又与时俱进的学术文风。不因外界的影响和压力而随波逐流，堪称我们学习的楷模。在他今年九十华诞之际，谨呈如上古语，以示庆贺！祝高老师健康长寿！再长寿！

学生　李如海

2017年5月1日

湖南师范大学马克思主义学院院长吴家庆贺联

——敬贺著名学者高放先生从教七十周年暨九十寿辰

究马恩精义，谋人之解放，八斗五车南岳高仰；

播桃李春风，梦国兮复兴，九旬七秩东海深流。

吴家庆

2017年5月

① 持坚即执着，守白即守住纯洁。

② 磷即薄，不磷就是质地坚硬，磨也磨不薄；淄即黑，不淄就是洁白，染也染不黑。

南京大学政府管理学院奚金芳[①]贺联

上联：热血衷肠著好书　世界公理书中藏；

下联：春蚕到死丝方尽　蜡炬成灰泪始干。

横批：一代宗师　民族脊梁

奚金芳敬贺于宁寓

2017 年 5 月

103 岁著名作家马识途[②]贺诗

——步高放教授七律诗原韵致贺

高放教授学富五车，著作丰厚，提携后进，道德说说是，海内驰誉。际兹九十华诞，特依教授七律原韵，作七律诗一首致贺。

危言危世我心忧，奇序奇文[③]赞上游。
人类消亡谁胜败，地球毁灭孰劣优。
大同世界人皆望，天下为公众所求。
九秩鸿文仍苍劲，纵横大笔写春秋。

马识途

2017 年 4 月 20 日

附：

高放教授七律原诗

英华起步路悠悠，北大逐波挺上游。

---

① 作者长期在南京大学政府管理学院执教，中国现代史研究专家。2004 年发起创建江苏省历史学会陈独秀研究分会，任副会长兼秘书长。

② 作者系著名作家，四川省委宣传部原副部长，四川省原文联主席、四川省原作协主席。

③ 指高放教授为黄彦著《但箸危言济盛世》一书撰写的奇特的序文。

投笔从戎终断梦，登坛执教竞评优。
精读宝典深思辨，勤写华章苦探求。
民育薄材兴有用，披肝沥胆谱春秋。

中国社会科学院俄罗斯东欧中亚研究所所长李永金[①]贺诗

高瞻远瞩观风云，
放眼世界著文章。
老骥伏枥志千里，
师育桃李竞芬芳。
长思华夏千古事，
寿比劲松沐朝阳！

李永全

中国社会科学院监察室原主任张联瑜贺诗

高峦起八闽，放耀五百年[②]！
教誉满华夏，授业赤坤乾！
九秩华诞荣，十全功勋满。
大业催壮志，寿超万重山！

张联瑜

① 李永全现任中国社会科学院俄罗斯东欧中亚研究所所长、《俄罗斯东欧中亚研究》杂志主编。这首诗每句第一个字连读为“高放老师长寿”。

② 指高放教授著书论述社会主义五百年历史。

北大老五届（1961—1965）学子王志敏、王智钧、高大晨、张从恭贺高放先生九十华诞贺诗

贺高放先生九十华诞

王志敏①

行践初衷主义真，情笃博雅燕园亲。
引吭共运百年祭，图谱青衿五子吟。
精卫衔石剖赤胆，杜鹃啼血鉴忠魂。
伏枥老骥复何冀，九宇大同天下春。

贺高放先生九十华诞

王智钧②

未名湖畔望红楼 ，题序同怀历劫忧。
著作等身精共运，良知报国砥中流。
三千桃李荣三界，九秩松华耀九州。
宗旨最高人解放，初心不泯续春秋。

贺高放先生鲐背之寿③步王智钧兄韵

周大晨④

谁能巨笔续红楼？历劫深知五子忧。

---

① 作者系 1964 年进入北大，就读于地质地理系地球化学专业。先后在工厂，县委、县政府机关，文化、教育部门工作。

② 作者系 1965 年考入北京大学化学系，华夏出版社原社长、总编辑，中国残疾人联合会党组成员、副理事长。

③ 鲐背之寿，指九十大寿。

④ 作者系 1963 年考入北大化学系，1980 年石油勘探院硕士研究生，毕业后留本院研究生部任教。

去伪理疑书共运，铲封除左立中流。
三权集毒污三界，九秩聚光耀九州。
愿作八千[①]门下士，犹期黄发[②]正春秋。

贺高放教授九十华诞

张　从[③]

高山仰止蕴清芬，放眼全球万里云。
老马识途行正道，师恩受教育新人。
九州风雨书青史，十载炎黄捧赤心。
大爱无疆昭日月，寿星白首返童真。

王智钧赞高放诗七首

（一）

困惑

困惑人生路，迷茫时代中。
痴心跟领袖，骄子做农工。
理想成虚梦，雄鹰入雀笼。
春来清左毒，岁月转头空。

（二）

高放先生为《告别未名湖 2》题序

历史须牢记，大师修道深。
忘年交友谊，清“左”遇知音。
五届未名忆，三缘博雅心。
序文能量正，米寿杜康斟。

---

① 八千，指老五届之八千弟子。
② 黄发，指九十岁以上的老人。
③ 作者系 1963 年考入北京大学技术物理系，中国农业大学教授。

（三）

拜读高放先生题序感赋

民族复兴新启蒙，如椽巨笔扫长空。
情怀家国忧天下，五彩人生七彩虹。

（四）

和高放先生

阳光七彩当空照，五土中华社稷坛。
际遇青春登榜首，遭逢“文革”陷疑团。
书生一介除民瘼，广厦千间庇士寒。
博雅未名家国梦，自由民主万邦安。

附高放先生原诗

青春惊喜耀金榜，矢志兴邦拜杏坛。
博雅塔边聆教诲，未名湖畔理疑团。
腥风血雨从天降，剑影刀光遍地寒。
五彩人生堪细绘，根除“左”祸万民安。

（五）

读高放先生《中共指导思想及其提法的演变》

寰球共运百年潮，圭臬何来马列毛。
迷信个人终酿祸，自由民主比天高。

（六）

高放先生莅临北大同学会

未名博雅映红楼，塔影湖光尚自由。
血雨腥风桃李劫，童颜鹤发道行修。
著文不失鸿鹄志，谈吐皆为家国忧。
五届同窗天兆①会，悲歌慷慨唱千秋。

① 天兆宾馆，聚会地点。

（七）

咏高放先生

红楼丁组[①]拜鸿儒，著作等身天地图。
共运潮流收笔下，廓清“左”毒启荣枯。

王智钧
2014年3月19日于武陵驿

黄进[②]七绝·贺高放教授九十华诞

民惮天坍唤女娲，
主持彩炼炫光华。
集磐叁万陆仟伍，
中土穹高放晚霞。

周志文[③]咏师

吾师高放　颐年皓首　少年为学　矢志马列
毕生求索　老骥伏枥　峥嵘世纪　光辉百年
笔耕不辍　著作等身　教书育人　蜡炬成灰
乐道清贫　甘守千屈　淡泊名利　潜心学问
三尺讲台　传道授业　满腹经纶　学贯中西
为人师表　后辈楷模　傲对春秋　流芳千古

---

① 北京市张自忠路3号红1楼丁组是高放先生的寓所所在地。
② 作者系高放教授1989—1992年指导的博士研究生，商务部退休干部，现为执业律师。
③ 作者系北京服装学院副教授。

人如其名　初心无改　高风亮节　思想解放
桃李芬芳　不坠青云　不畏强权　不求偏宠
不哗庙堂　不欺江湖　不霸学坛　不压异见
与人为善　以文会友　温文恭谦　魏晋遗风
人民园丁　布衣大师　平生无好　呕心治学
所爱唯书　所信为真　恩泽四海　德载弟子
有教无类　爱生如子　提携后人　无论出身
破篱门户　力主争鸣　学士三千　硕博愈百
程门立雪　谆谆教诲　师德如炬　万世传颂
胸怀黎民　心系社稷　高瞻远瞩　学绕苍生
宇里本色　赤君之道　政法社经　无所不通
精学穷考　经世致用　秉文中央　立心立命
拾甚异器　书香怡庭　言传身教　桃李不言
薪火相传　满门英才　为生十载　醍醐灌顶
每思师范　高山仰止　余音绕梁　如芒在背
师恩浩荡　无以为报　寸草三春　不可全映
遂作小文　难穷感怀　项背熠熠　光耀后人
我辈不才　幸为师徒　奉承衣钵　上下求索

高放先生礼赞

高放先生者，马列主义研究一大师，国际共运史学界一泰斗，苏联兴亡研析一代宗师，更一高级思想解放者是矣！何以然者？先生六十又五年之系统研究、传播马列主义；科学评析国际共运；尤其，精准研判苏共、苏联兴亡得失，为振兴中华借力，为玉成中特理论建功之唯一幸运者、幸存者、幸福者之"三幸"学者是也！"三幸先生"舍高放先生其谁也者！

20 世纪后半叶，社会主义强劲东风，国际共运气势如虹。抱雄守雌，誓为天下式之先生教学、研究特重。数十载之潜心治学，数十载之辛勤耕耘，数十载之殚思竭虑，数十载之"论天下之精微，理万物之是非"（枚乘《七发》），数十载学海鳌游、纵然难免沉浮，然眉骨不锁，铁骨铮铮，傲视苍穹，实乃身在环宁，思游天表，《苏联兴亡通鉴》精神通灵之博大、精深、为世垂范之恢弘者是矣！“言，心声也；书，心画也！”2000年前，杨雄老先生为文人学者塑像如斯。予有幸成为先生弟子。先生耳提面命多多，谆谆教诲多多。予捧读先生著述多，更废寝忘食研究多多！先生所说之课，皆心声之语，肺腑之言。其娓娓道来时，如春风化雨。言及大节，如壮士拔剑，议立庙堂，颙颙昂昂，醍醐灌顶处，实乃人类灵魂守护者，更解放者是矣。先生说学，“人能弘道，非道弘人”（荀子）感同身受；“知穷其旺，皆资妙道”（培根）至诚至理。诚如刘安《屏风赋》感叹“不逢仁人，永为朽木”。予遇高放，高放者仁人也。先生育人，闻一知十。面对当今，百人变一人之教育界。予感慨良多，噫，如斯夫！先生著述，莫不中节。上善若水，大智大慧。“为天地立心”“心画也”！《苏联兴亡通鉴》乃先生六百万言著述中于苏共、苏联通鉴兴亡之独立、独特、独创之作矣。先生“三独”守正出奇：守理论自信、道路自信之浩然正气之正！出创思、创意、创建，言他不能言，言之不能出奇！《通鉴》笔墨顺时势，乃与时俱进！更能以势行气，以气布韵，以韵控式而势式相较，更力透纸背相得益彰是矣。先生之于《通鉴》，在地成形，在天成象，自成体系，一代宗师是也。先生“三独”研析出苏共、苏联“三垄断”而“三大缺失”而必然“三大矛盾”铸成“三大危机”之“三部曲”。而终极于“三亡”，尤其，弥足警世处，以此为基础，提炼出“其兴也勃焉、其亡也忽焉”经验教训之“十大要点”！既鉴当今，更鉴后世——宗师之告诫是也！何为“三垄断”？曰：财富、权力、真理。何为“三大缺失”？曰：社会主义民主、自由、法治。何为“三大矛盾”？曰：物质匮乏与老百姓生存需求、官僚特权腐化集团与老百姓尖锐对立、大俄罗斯主义与长期受挤压排斥百十个少数民族。何为“三大危机”？曰：官僚集团根本背离宪法之政治危机、面临崩溃之经济危机、民族矛盾激化为尖锐社会矛盾。何为“三部曲”？曰：矛盾、危机、灭亡。何为“三亡”？曰：亡党、亡制、亡国。何为“其兴也勃焉，其亡也忽焉”经验教训“十大要点”？曰：政党政治：列宁顺应时代潮流，抓住政党政纲，利用帝国主义战争制造之薄弱环节，成功举行“十月革命”——苏共兴旺，苏联兴制。

先生明析曰：苏共消亡，苏联瓦解，“苏共始终未能掌握不发达国家实现社会主义特殊规律！把特殊性作普遍性，既背离马列主义基本原理，又脱离世界实际；沙皇君主专制渗透苏联党政体制形成毒瘤，铸成不可估量之后患；长时期“左”，先“左”后“右”；“内因和远因更带根本性”，“自己吞下自己之恶果”而“自我葬送，人民之社会制度选择、执政政党选择；回天无术、回天无望。”“殷鉴不远，在夏后之世。”“往者已逝，来者可追！”

先生曰：20世纪以来，人类道路选择多多。主要四种：一为资本主义道路，不断改革尚有后劲；二为希特勒、东条英机、墨索里尼为首选择之法西斯邪路即死路；三为苏俄社会主义模式崎路而后走上歧路；四为建设有中国特色社会主义改革开放创新发展之路。

先生曰：“政治领袖之政治人格既光明磊落又要敢于担当。”“空杯状态应为领袖人物状态；斯大林政治、经济、文化、社会、外交，世界格局什么都懂完了？那是空想！”“普列汉诺夫，一个功大于过之马克思主义理论家。”“赫鲁晓夫，一个想改革，也跨出步伐，但最终屈服于自己既得利益之懦夫。”“戈尔巴乔夫，一个平庸，很不理性之失败改革家。”“民粹主义思潮要警惕，但其理论亦有助于中共认真检讨和对待数量庞大、作用十分巨大之中国农民兄弟。”“改革系全体中国人民关乎生死存亡之大事，我党应努力寻求最大社会改革公约数。”“毋庸讳言，至今我国的政治体制和文化体制还有相当浓厚之苏联模式烙印。诸如权力过分集中体制依然存在；官本位之现象依然严重，特殊利益集团依稀可见。”

先生近六百万言著述，涉及方面多多，振聋发聩之言多多！先生著作结构宏伟、材料丰赡，理论由博及约，博文约礼，“亦天地一大文也”！其论辩析至当，开拓心胸。以一生精力成之，遂为当代，亦为后世之不可无之书是也。

先生曰：“史学工作者以自己独特研究成果既供资政，更供育人通鉴。”

“呜呼！灭六国者，六国也；非秦也！灭秦者，秦国也；非天下也！”前有杜牧《阿房宫》传承千载！咏叹或哀叹千载！今有高放先生之“灭苏联者，苏联也；非天下也”之《苏联兴亡通鉴》传承于世。“秦人不暇自哀，而后人哀之。后人哀之而不鉴之，亦使后人而复哀后人也！”难道，杜牧之哀、后人唯能复哀后人乎？先生之“苏联兴亡通鉴”，但愿不唯今人哀苏联，而后人亦哀今人是也。

“惟天地之无穷兮，哀人生之长勤！”（屈原《远游》）

予受先生教诲多多，亦受先生人品、学识、远见卓识启迪更多多。予800余万言著述有二分之一乃先生启导、指导、悉心指导下完成。其中七部著述（六部专著）皆请先生作序。

1994年，予以博士学位论文《中共十一届三中全会在中共历史中的地位和作用再认识》在先生悉心指导下扩写成45万言专著《千秋功过——邓小平与中国政治》，由光明日报出版社出版印刷发行十数万册。

先生撰写了《伟大的转折，曲折的历程》序言（7800言）给予充分肯定。2014年，拙作《冲出百慕大——社会主义在中国》专著的主题思想乃受到先生苏联社会主义模式毫无生机活力的启迪，联想自然界的魔鬼三角即为“百慕大三角”，而人类社会形态也搞出这个斯大林模式、苏东垮掉、只有中国通过改革开放冲出“百慕大”。先生为该著作撰写了《冲出“百慕大”，建设新华夏》序言（6000言），除作出肯定外，亦明确指出该著作的不足。

先生在该序言结尾处三点：一是共同探讨如何冲出“百慕大”这个历史大课题；二是成功已过半，切勿遭垂败；三是一首《十六字小令》：“轰，冲出百慕大水宫，汲苏鉴，华夏定成功”。言简意赅，寓意鲜明深刻、发人深省。

2015年，专著《不朽遗产——为列宁主义辩护》一书，先生为其撰写《重评列宁主义新著作的四个新亮点》（近6000字），也给了该著作极高评析。

近30年来，先生于予乃严师、教诲多多、启迪恩重、呵护有加！先生于予亦益友、于予缺点、谬误严词批评。先生夫人谢教授生前至少两次嘱予：

“先生对你所以严厉，源于你乃先生最器重学生之一。”近30年来，予到北京，凡能挤出时间，必须出现在先生那插脚都难之书房里，政治、经济、文化、社会、国际格局、海阔天空。予亦经常向先生电话讨教！有师如此，予于何求！

予任教于（四川）大学。予与每届任教硕士、博士生结束教学，专题讲如何做学问时，须讲到作为研究生选择导师之重要。予为自己能成为巨人之学生幸运且骄傲。予期望能通过艰苦努力站到先生肩膀上以谢师恩。

2013年秋月，人民大学2013级新生入学典礼。主持典礼校领导介绍主席台上之先生：“这位白发苍苍、87岁高龄老人就是中国人民大学一级荣誉教授高放教授”时，全场数千新生起立，向先生报以长时间雷鸣般掌声以致敬！

先生仪表堂堂，温文尔雅，好一位不折不扣美男子！先生纵然满头白发，然而优雅睿智、光彩倜傥；他那由内而外儒雅气质、堂堂男性魅力，叠加溢于言表之鸿才博学，更是气象煌煌——天行健者，势接八方；地势坤者，源远流长！九十高寿之先生，依然神清气爽！尤其思维敏捷，思想俊朗！

老骥伏枥、志在华堂！

国宝级大师，苏联兴亡通鉴之一代宗师，长命百岁，共产党共和国之宝贵政治财富——国之幸、民族之幸、共产党之幸！

嗟夫！中华你好，“三幸先生”不老！咦吁嘻！

李济琛①

2017 年 5 月

中国国际共产主义运动史学会贺信

尊敬的高放教授：

欣闻您九十岁华诞，谨祝您吉祥如意！福如东海！寿比南山！您长期从事国际共产主义运动史的教学和研究工作。作为教师，您常驻杏坛数十载，传道，桃李满天下；作为学者，您博古通今，治学严谨，笔耕不辍，著作等身，成果斐然。您担任过中国国际共史学会副会长，并长期担任学会顾问，一直十分关心、支持学会工作，关注国际共运史学科的发展，为学会和学科的发展做出了重要贡献。

老骥伏枥，志在千里。十分感谢您对学会和学科发展做出的重大贡献，真诚希望您一如既往地继续支持学会工作，为国际共运史学科的发展做出更大贡献！

此致

敬礼

中国国际共产主义运动史学会

2017 年 5 月

北京市国际共产主义运动史学会贺信

尊敬的老会长高放教授：

欣闻您九十华诞，北京市国际共运史学会向您表示热烈的祝贺和衷心的

---

① 作者系四川大学研究员，四川大学非公经济研究所长。

祝福，谨祝您福如东海水，寿比南山松！

您是研究马克思主义、国际共产主义运动和科学社会主义的大家，是世界社会主义和国际共产主义运动研究领域的一面旗帜，德高望重，成就斐然，传道授业，遍育桃李，虽已90岁高龄，仍笔耕不辍，堪称学界楷模。

在您九十华诞之际，我们不会忘记您对北京市国际共运史学会在组织和团结从事世界社会主义和国际共产主义运动教学和研究方面的力量、开展对世界社会主义和国际共产主义运动历史及现状的研究诸多方面给予学会的支持与帮助。

您曾经担任北京市国际共运史学会第二届、第三届理事会会长。时间自1984年2月至1995年1月，前后长达十余年之久。其间，学会在您的关怀和支持下，开展了多种形式的学术活动，取得了多方面的成绩，受到学会会员的好评，也得到北京市社科联领导的肯定。

您卸任会长后迄今一直但任学会顾问，并始终关注学会的活动，关心学会的发展，支持学会的工作，培养新生力量，提携晚辈后学，为推动学会工作和国际共运史学科的发展做出了重要贡献。

谈笑越鲐背，健步奔期颐。值此高老九十华诞之际，十分感念您对学会和学科发展做出的重大贡献，并真诚希望您一如既往地关注、关心、关怀学会工作，为国际共运史学科的发展做出更大贡献。再次衷心祝福您生命之水长流，学术之树长青，身体健康，心情愉快！

北京市国际共运史学会

2017年2月

北京市政治学行政学学会贺词

欣逢高放老先生九十大寿，北京市政治学行政学学会表示热烈的祝贺！

高老是学会创立时的第一副会长。在学会的创立之初，他为学会的学术活动及自身建设做出了重大贡献。正因为有了高老师这一辈专家学者的不懈努力，学会才能始终把握好政治大局，推进政治学行政学研究，在建设中国特色社会主义伟大事业中发挥积极作用。

高老在卸任副会长后一直担任学会顾问，对学会的活动，他始终给予关心。在学会的学术研讨会上，高老几乎都会积极参加和发言，且观点鲜明，见解独到而深刻。因其在学术造诣上的盛名，他因此成为学会中一面学术思想的旗帜。无论是同辈抑或晚辈，跟他交流都会受到学术上的启迪。鉴于高老师对学会所做出的重要贡献，学会于2010年4月9日经过讨论决定，特授予他“有突出贡献专家”荣誉称号。相信有高老一如既往的学术引领，学会的事业将会继续兴旺发达！

高老九十大寿是北京市政治学行政学学会的大喜事，再祝高老师九十大寿，身体健康，期颐可待！

北京市政治学行政学学会

2017年5月4日

人民出版社贺信

中国人民大学并转高放教授：

欣逢高放教授九十华诞之时，在此谨致以诚挚的祝贺！高教授数十年从事马克思主义理论和科学社会主义研究，成果卓著，著作等身。在我社出版的《苏联兴亡通鉴——六十年跟踪研究评析》等著作在学术界产生广泛影响，深得读者好评。

衷心祝福高放教授学术之树常青，为我国哲学社会科学事业做出更大贡献！并祝生日快乐，身体健康！

人民出版社

2017年6月2日

中央编译出版社贺信

高放先生是著名的国际共运史、马克思主义、社会主义研究专家，在学术界素有思想创新的美誉。高先生数十年如一日，一心从事学术研究，笔耕不辍，探索不止，是我们的榜样。

高放先生长期以来热心关切中央编译出版社的学术出版事业，在马克思主义、国际共运史主题出版方面，给予我社极大的帮助和支持。当高放先生听说我们计划出版一套完整的《国际共产主义运动历史文献》时，无私地提供自己珍藏的图书、资料，为我社申请国家出版基金项目撰写专家推荐意见。在编辑出版过程中，又不时给予我们十分精到的指点和及时的帮助，为项目顺利出版做出重大贡献。《国际共产主义运动历史文献》共64卷，将于2017年年底完成全部书稿的出版工作。借此机会，也向高放先生表示诚挚的谢意!

虽然年事已高，但高放先生从未放弃对马克思主义在中国传播的推动，于2016年组织编选了《马克思恩格斯要论精选》，撰写两篇长文（序、后记），为读者快速掌握马克思主义真谛提供了重要读本，本书已由中央编译出版社于2016年10月出版。

目前，高放先生学术精华选本《高放文选》（选文到2016年年底）分《马克思主义与社会主义》《中国特色社会主义》《世界资本主义与社会主义》三册，正在我社编辑过程中，全套共计100万字，预计2017年出版，希望能成为先生九十华诞的献礼。在高放先生九十华诞之际，谨向高放先生一直以来深耕学术、锐意创新表达深刻的敬意，敬祝先生学术之树常青!

中央编译出版社

2017年夏

中国工人出版社贺信

中国人民大学：

在半个多世纪的学术生涯中，高放先生长期致力于马克思主义、科学社会主义、政治学等领域问题的研究，成绩卓著，在学术理论界享有崇高的声誉，是著名的共运史学家、政治学家、马克思主义学家、社会主义学家，在学术界被誉为“思想高度解放”的学者，被海外人士称为“中国大陆杰出思想家”。

先生一生著作等身，著有《高放文集》9卷400多万字，主编、合编、合译、合著、专著五十多部，逾500万字。其中，2013—2015年间，先生应中国工人出版社之邀，担任《世界社会主义五百年历史人物传略》丛书（20种）的主编，为丛书的出版做出了重大的贡献。该丛书获得国家出版资金资助，并得到出版界的广泛赞誉，产生了良好的社会反响。

值此先生九十华诞，谨向先生致以崇高的敬意和谢意。衷心祝愿先生健康长寿，春辉永绽！

中国工人出版社

2017年6月9日

中国人民大学出版社贺高放教授九十大寿

高放教授在中国人民大学从教近70载，终身学习与运用马克思主义，桃李满天下，在马克思主义、科学社会主义和政治学等众多领域都颇有建树，被学术界誉为“思想高度解放”的学者、“国际共产主义运动史学家”“马克思主义理论家”，其人、其学术成果，均为中国人民大学的宝贵财富。

高放教授多年前就与中国人民大学出版社结下了不解之缘。1990年，高放教授主编的《科学社会主义的理论与实践》第一版在中国人民大学出版社出版，到2014年第六版问世，20多年来一直深受广大师生的喜爱，累积发行上百万册，是国内影响最大的科学社会主义相关教材，还被作为“中国的经典”在日本出版发行日文版。2014 年 3 月，《人民日报》以《千锤百炼出精品》为题发表书评，推介该书，产生了强烈反响。

2007 年 8 月，《高放自选集》作为“中国人民大学名家文丛”之一，在中国人民大学出版社隆重出版。该书是高放教授自改革开放以来发表的近五百万字文稿中精选的文萃，体现了解放思想、实事求是、与时俱进、求真务实的精神。

值高放教授九十大寿之际，中国人民大学出版社向高放教授表示最崇高的敬意和最真挚的感谢，感谢高放教授多年来对我社的支持与厚爱！祝高放教授寿比南山！

中国人民大学出版社

2017 年 7 月

北京师范大学出版集团贺信

尊敬的高放先生：

适逢先生九十华诞，北京师范大学出版集团向您致以最诚挚、最热烈的祝贺。祝高先生生日快乐，健康长寿！

高先生是德高望重、学贯中西的著名马克思主义学家、社会主义学家、共运史学家和政治学家。高先生秉性耿直，勇于探索和创新；数十年如一日，辛勤耕耘，著作等身；教书育人，桃李天下。高先生筚路蓝缕，开创了国际共运史研究的新天地，为推动中国共运史研究的发展做出了不可磨灭的贡献。

高先生和北京师范大学出版集团保持着良好的合作关系。他应我社之邀主编的“世界社会主义史”丛书，即将出版。这套丛书全面反映了高先生近几十年来研究的学术成果，具有极高的学术价值和现实意义。

欣逢高先生期颐华诞，北京师范大学出版集团衷心地祝福高先生福如东海，寿比南山！

北京师范大学出版集团

2017 年 5 月 22 日

团结出版社贺信

尊敬的高放老师：

欣悉高放教授九十华诞纪念图书即将出版，我们谨向您表示热烈的祝贺！

您是著名的学者、政治学家、社会主义学家；在几十年的学术生涯中，您长期致力于马克思主义、科学社会主义、政治学等领域问题的研究，著述丰赡，泽被学界；您在各方面严格要求自己，以严谨的学术作风、勤勉的治学精神、创新的学术观点以及丰富的学术思想，在学术理论界享有很高的声誉；您在当代社会主义思想、世界社会主义学术领域的研究也做出了卓越的成就。

2001 年，您的大作《高放政治学论萃》在我社出版发行，并在学术界引起了很大的反响。当时，您已年过古稀，却依然兢兢业业致力于学术研究，将自己的学术成果惠及社会各界，现在想来依然感人至深。

如今您已年届九十大寿，依然心系国家，笔耕不辍，实乃后辈学习之楷模。在此，我们恭祝您健康长寿，学术之树常青。

团结出版社

2017 年 7 月

陕西师范大学出版总社贺信

尊敬的高放先生：

您好！值您九十华诞之际，我们在此向先生致以崇高的敬意！祝先生生日快乐，寿比南山！

先生一生潜心于马克思主义理论、国际共产主义运动史、社会主义学、政治学等学科的教学与研究，时间长达 70 余年，是我国国际共产主义运动史研究领域中公认的泰斗。先生受邀在《中国延安干部学院学报》上开辟的“国际共产主义运动史纲（从19世纪中叶到21世纪初）”专栏，更是广受学界关注和推崇。今年是世界上第一个共产党成立170周年和十月革命胜利100周年，为让更多的人系统理解和传播先生的学术思想、学习先生的治学态度与研究精神，我社拟以《国际共产主义运动70年（1847—1917）》为题结集出版先生这一学术新成果，并将此列入我社组编的“学术大家”丛书之中。为此，我们深感荣幸，备受鼓舞。

在组编该书的过程中，我社有关领导和编辑多次向先生请教，获益匪浅，深深为先生坚定的马克思主义信念、高远开放的视野、丰富渊博的知识、精辟独到的见解和严谨的治学态度与研究精神所感动。我们将以先生为楷模，严谨求实、精益求精地做好该书的出版工作，不负先生的信任、学界的期望，也以此向国际共产主义运动170周年献礼！

明月有恒，纪年合献九如颂；长春不老，添闰当称百岁人。我们衷心地祝先生学术之树常青，生命之水长流！寿诞快乐，春辉永绽！

陕西师范大学出版总社

2017年6月

天津人民出版社贺信

今年是著名学者高放教授九十华诞。一直以来，高放教授活跃在马克思主义学、国际共运史学、社会主义学、政治学等领域，传道授业、精于钻研，取得了丰硕的成果，为推动我国相关领域的研究发挥了积极作用。

我社有幸两度与高放教授合作，分别于1986年出版了高放主编的《国际共运史教本》、1991年又出版了高放主编的《社会主义学》两种教材。特别是《社会主义学》，是高放教授将科学社会主义理论与实践进行总结并使之学科化的探索，至今仍然是国内独一无二的版本。

近年来，我社在马克思主义研究成果的出版领域进行拓展，作为我社约请的专家，高放教授在我社的项目论证、新书推荐等方面做了很多有益的工作，为我社的选题版块建设提供了智力支持。对此，我们获益良多、深感荣幸，并致以诚挚的谢意。

值此高放教授九十华诞纪念文集出版之际，我谨代表天津人民出版社呈上我们的祝福——祝愿健康长寿！快乐幸福！

天津人民出版社社长　黄　沛

2017 年 6 月 8 日

黑龙江人民出版社贺信

尊敬的高放教授：

躬逢您九十华诞之际，谨以黑龙江人民出版社总编室名义，向您表示衷心的祝贺和崇高的敬意！

我社于 2007 年 4 月出版了您编写的《马克思主义与社会主义新论》第一版，是年 9 月 1 日中国人民大学国际关系学院联合北京市国际共产主义运动史学会和北京市政治学行政学学会举办“高放教授 80 华诞学术研讨会”，我社专门制作了腰封，内书“谨以此书献给高放教授八十华诞研讨会”。2008 年 8 月又出版了中国人民大学国际关系学院选编的《高放学术思想评论文集》，收入此次研讨会的发言和报刊的评论，共有 101 篇文稿。

《马克思主义与社会主义新论》第一版于 2012 年 8 月被国家新闻出版总署评为优秀理论著作，荣获 2012 年度国家出版资金资助。由我社重新修订再版，作为向党的十八大献礼的图书。为此，您在 85 岁高龄，体弱多病的状况下，重新审读了第一版，梳理了近五年来新发表的近 50 篇文稿。最后决定本书第二版增加 20 篇新文稿，字数由 45 万字增加至 55 万字。这样增删是力求使本书成为一本有分量的、有自己独立见解的作品，作为一名老共产党员奉献给党的十八大具有极其重大意义的礼物。本书立意高远，论证逻辑严谨，观点鲜明而不武断，开放而有原则，是一部不可多得的马克思主义中国化、时代化、大众化的优秀读物，对于推动我国马克思主义、社会主义研究和改革开放、对于资政育人起到实际的作用。

“德高堪称师之表，学富足为人中贤。”希望您在今后的日子里继续为哲学社会科学的发展做出更多贡献！祝愿您健康长寿，阖家幸福！

此致

敬礼

黑龙江人民出版社总编室

2017年5月9日

天舟文化股份有限公司总裁罗争玉贺信

高放先生今年九十大寿，许多教育机构、学术机构、出版机构，许多专家、学者或前往、或著文、或致贺信，表达对先生的庆贺。近日，中国工人出版社拟对这些文章、信函集结出版。作为晚辈、学生，也想趁此机会表达对先生的敬意。

高放先生是著名的政治学家、马克思主义学家、共运史学家、社会主义学家，是我非常尊敬的学者。我早在攻读博士学位之前即拜读过先生主编的教材，对先生是高山仰止。与先生成为忘年交是1999年秋天先生来湖南师范大学讲学后，我全程陪同先生去湘西访问，一路不断向先生求教。先生了解到我是在职攻读博士学位，建议我早日确定论文选题，然后撰写系列论文，开题时既有前期成果，又有研究基础，就比较容易完成论文写作，否则时间会很紧张。

在我博士学位论文答辩时，我对“文革”期间“五十字建党方针”中“吐故纳新”有这样的评论：不能因为“文革”中对“故”与“新”有着极“左”的理解而全盘否定“吐故纳新”在方法论上的意义，也就是“吐”与“纳”的方法论价值。一位答辩老师对此持完全反对意见，我却认为没有问题。我和高放先生通电话，说吾爱吾师，吾更爱真理，如果必须承认这一段话有问题，拟放弃博士学位。先生很有耐心地听完我的陈述，他说他看过这一段，没有问题，建议我不用修改自己的观点，但可以暂时删除，大可不必因此放弃学位。高先生的言传身教体现大家的气象。

我在湖南工作期间，每次去北京出差，都要去看望先生，汇报一下学习和工作情况，聆听先生教导。许多时候，我和先生会在他居所附近的路边小馆吃一较丰富的小餐，先生那时患有糖尿病，医生限制他的饮食，师母严格监督，先生悄悄地和我说，我们出来吃饭可以不被限制，饭后我们往往会一起散散步，他说这样多吃的营养就被消化掉了。

我调到北京工作后，仍然经常去看看先生，每次先生要么送我他的新著，要么给开一个书单，找他想要找却又找不到的书，我利用在出版系统工作的优势，每每都帮助先生完成任务。

后来我担任华文出版社社长，正值中国出版集团主持编辑出版《中国文库》，拟收入高放先生曾和两位同事合撰过的《清末宪政史》。先生了解到这一情况后，他提出需要重写，因为他认为清末并未形成宪政。先生花了几个月时间，进行了大量的修改，并增加了三分之一的新内容，最后形成《清末立宪史》，一字之差，学术观点发生重大改变，可见先生治学之严谨。

2012 年，人民出版社出版了拙作《企业的智慧》，我提出企业管理和公共管理关系应予重构；企业治理和政党治理、政府治理、社会治理可以相互借鉴；并提出了“商商”这一概念，希望用企业的智慧改善政党治理、政府治理和社会治理。高放先生支持我的观点，欣然作书评，在《人民日报》发表，该书评被《新华文摘》全文转发。这体现了大学者对后辈学人的关心。

据我不完全统计，改革开放以来，人民出版社、中央编译出版社、中国人民大学出版社等二十来家出版社，出版高放先生专著、文集和主编的教材二十余种，这些著作，先生多数都签名送我，多数我研读过，部分精读过。先生学识渊博，学贯中西，思想深邃，不仅对马克思主义经典极为熟悉，且始终站在时代的高度和理论的前沿，是真正的马克思主义理论大家，是当代中国马克思主义学科的泰斗，被誉为百科全书式的学者和思想高度解放者。

在中国工人出版社拟对祝贺先生九十大寿的文章、信函集结出版之际，先生告诉了我这一消息。除了对出版社表达谢意，更感慨先生以老骥伏枥之精神推动学术，以怀瑾握瑜之德行引领学界。

再次衷心祝愿先生健康长寿，学术之树常青。

天舟文化股份有限公司总裁　罗争玉

2017 年 7 月

中国人民大学书报资料中心贺信

瑶池果熟三千岁，海屋筹添九十春。值此高放教授九十华诞喜庆之际，中国人民大学书报资料中心谨向高老致以最衷心的祝福！

高放教授是我国马克思主义理论研究大家，学养深厚，学富五车，德崇望重。同时，高放教授也是一位热心学术出版事业的学者，在20世纪80年代初，书报资料中心为实施品牌战略、邀请知名专家组建学术顾问团队时，高放教授欣然接受聘请，成为书报中心首批顾问团成员。受聘多年，高放教授一以贯之，关心指导中心的事业发展，以广博的学识素养、敏锐的学术眼光、严谨的治学态度，直接参与复印报刊资料《科学社会主义》《治学》期刊的精选精编工作，为打造人大复印报刊资料学术品牌做出了重要贡献。

尤其令人敬重的是，高放教授潜心于马克思主义理论研究，居高反思，老而笔健，著述丰硕。他在马克思主义理论、科学社会主义、政治学、国际共产主义运动等诸多专业学科领域，都有高深的造诣和独到见解，甚至不乏振聋发聩的理论建树。高放教授的学术思想传播广泛，影响深远。自1979年《对个人迷信是国际共运史的优良传统》这篇论文第一次被复印报刊资料《世界史》全文转载，在近40年里，高放教授约有200篇论文被复印报刊资料《社会主义研究》《马克思列宁主义研究》《世界社会主义运动》《政治学》等期刊全文转载，或被《马克思主义文摘》《哲学文摘》《法学文摘》等文摘类期刊摘编。2017年，书报资料中心首次评选并面向全国优秀作者颁发《复印报刊资料重要转载来源作者》证书，高放教授获此殊荣实至名归。

室有芝兰寿自韵，人如松柏岁常新！感谢高放教授长期以来对书报资料中心事业的关怀和支持！德为世重，寿为人尊！祝愿高放教授身体健康，福寿无疆！

中国人民大学书报资料中心

2017年6月20日

求是杂志社、红旗文摘杂志社贺信

欣闻中国人民大学国际关系学院高放教授九十华诞，特致信向高放教授致以崇高的敬意和衷心的祝福！

高放教授是我国研究马克思主义、国际共产主义运动和科学社会主义的大家名师，数十年如一日追求真理、探索真理，潜心钻研、学贯中西，笔耕不辍、著作等身，诲人不倦、遍育桃李，德高望重、堪称大师。

高放教授在中国人民大学任教一甲子，具有历史使命感和强烈社会责任感，始终不忘追求真理、探索真知的初心，始终坚持解放思想、实事求是的原则，始终保持严谨、细致的工作治学态度，始终做到勤学习、勤积累、勤讲课、勤研究、勤写作，为我国马克思主义、国际共产主义运动和科学社会主义研究做出了重要贡献，培养出了大批优秀的教学与科研人才，深受学界同仁、后辈尊重，始终是我们学习的榜样。

值此高放教授九十华诞之际，敬祝高老师生日快乐、健康长寿！衷心地祝愿高放先生生命之源常流、学术之树常青！

求是杂志社、红旗文摘杂志社

2017 年 6 月 26 日

《中共党史研究》原主编王素莉[1]贺信

今年是十月革命 100 周年，有中国元素的国际共产主义运动 100 周年。在对过去、现在与未来进行历史思考的时间交汇点，国际共运史研究的领军人物高放先生也迎来九十华诞。

我与高放先生未曾谋面，联系的方式就是电话。高放先生是目前《中

① 作者系中共中央党史研究室研究员。

共党史研究》最年长的作者。能够不间断约稿的主要原因，是先生的思想没有随着年龄的增长而萎缩，我期望他为我们带来现实的关怀和思想的活力。在约稿的同时，我也关注先生公开发表的文章中所传递的理性思考，而每每被其思想火花触动的时候，往往忘记了先生是一位 90 岁高龄的长者。学者的学术年龄会因为思想的跃动而年轻，这在先生身上应验了。

中国要在未来世界政治风云变幻中前行，还需要思想者不断对过去 100 年国际共产主义运动的历史经验进行理性思考。所以，在为高放先生九十华诞送去祝福的同时，也真诚地祈盼先生以对过去百年进行理性思考的睿智启迪后来者。在砥砺学术的道路上，我们并肩前行。

王素莉

2017 年 5 月

上海社会科学院《世界社会主义研究动态》《世界社会主义研究年鉴》编辑部贺信

正值著名学者高放教授九十华诞之际，谨向对社会主义学和国际共运史领域的创新研究和学科建设做出重大贡献的老人家，表示诚挚的问候和崇高的敬意！

近几年，在您老人家的关怀和指导下，我们编辑的《世界社会主义研究动态》和《世界社会主义研究年鉴》正在开创新的局面，为学科的发展而不懈地工作着。我们相信，有您老人家的大力支持和鼓励，我们的工作将会有新的面貌和新的高度，为推动马克思主义中国化进程、为科学社会主义理论在中国特色社会主义伟大实践中的历史性展开而努力！

上海社会科学院《世界社会主义研究动态》

《世界社会主义研究年鉴》编辑部

2017 年 5 月 15 日

华中师范大学政治与国际关系学院及《社会主义研究》编辑部贺信

中国人民大学国际关系学院并转高放教授：

值此高放先生九十华诞之际，华中师范大学政治与国际关系学字及《社会主义研究》编辑部全体同仁谨向高先生致以诚挚的祝福和良好的祝愿！对您在马克思主义理论研究和教育事业中做出的卓越贡献致以最崇高的敬意。

先生是我国科学社会主义与国际共产主义运动研究领域的开拓者和领航人。六十余载德艺双馨，教书育人，提携后学，造就桃李满天下；皓首穷经，勤勉治学，著书立说，八百万字传播思想遍九州。不愧为科学社会主义与国际共产主义运动领域杰出的思想家和思想解放的推动者。

华中师范大学政治与国际关系学院是我国科学社会主义与国际共产主义运动学术研究与人才培养的重镇，40年来，我们的事业发展得到了高先生的关心和支持。《社会主义研究》创刊40年来，先生也一直关注、支持刊物的发展。对此我们表示衷心的感谢。

衷心祝愿高先生健康长寿，幸福安康！

华中师范大学政治与国际关系学院《社会主义研究》编辑部

2017年5月20日

山东大学当代社会主义研究所所长、《当代世界社会主义问题》杂志主编崔桂田贺信

——以高放教授对《当代世界社会主义问题》杂志的学术贡献为例

在高放教授九十华诞之际，首先衷心祝福先生健康长寿，感谢先生对《当代世界社会主义问题》杂志的支持和帮助！

作为先后两次出任《当代世界社会主义问题》杂志主编的我，在与高放教授的交往中，深深感受到先生那孜孜不倦的追求精神和创新精神、对当代世界社会主义重大理论和现实问题观察解读的敏锐与深邃、治学的认真与严谨，更体会到先生的平易近人和对后辈的支持与呵护。

高放教授在《当代世界社会主义问题》杂志成长的30多年间，不仅在办刊方向和特色的把握上给予了热心指导，而且不断贡献自己的学术思想和学术智慧。从1985年到2016年，在《当代世界社会主义问题》杂志上共发表11篇学术论文，既有学科和理论创新之大作，如《当代世界社会主义》（1985年第3期）等；也有学术探究和解惑答疑之宏论，如《香港之行观感》（1989年第1期）、《关于社会主义“同时胜利”和“一国胜利”问题辨析》（1995年第2期）、《社会主义理论的发展究竟有过几次飞跃——对两次飞跃和四次飞跃说的商榷》（1996年第2期）等。既有对当代中国社会主义重大理论与现实问题的学理性阐释和回应，如《我党十三大的三大贡献》（1988年第1期）、《党的十四大在理论上的贡献——关于建设有中国特色的社会主义理论》（1992年第4期）、《论中国社会主义经济体制与政治体制改革的关系和进程》（1993年第3期）等；也有对当代世界社会主义发生的重大事件和重大问题的科学分析和回应，如《资本主义与社会主义的历史命运》（1997年第3期）、《苏联剧变三部曲：矛盾、危机和灭亡》（1999年第2期）、《科学社会主义的理论与实践日文版序言》（2012年第2期）、《乌托邦与当代世界和中国》（2016年第4期）等。这些学术论文不仅提高和扩大了杂志的学术影响力，而且对当代世界社会主义学科发展做出了理论和学术贡献。

透过《当代世界社会主义问题》杂志这个窗口，多少人领略到了高放教授的理论智慧、学术视野和学者风采，窥视和把握了当代世界社会主义研究的国家急需和学术前沿，又有多少人在先生的影响下步入了当代世界社会主义教学和研究的殿堂。

最后，再次感谢高放教授对《当代世界社会主义问题》杂志和我本人的支持与帮助，感谢先生对当代世界社会主义学科和学人的学术引领，祝先生福如东海，寿比南山！

崔桂田

2017年5月

《探索与争鸣》编辑部贺信

适逢我国著名马克思主义理论家、国际关系专家、中国人民大学荣誉一级教授、《探索与争鸣》编委高放先生九十华诞，我们首先谨表示衷心的祝贺，并深情地祝愿他老人家健康长寿！

高放教授作为我国在国际共运讲坛上年龄最大、资历最高的长者，平易近人，谦逊好学，刻苦钻研马克思主义、科学社会主义、中国特色社会主义理论，为我国学术界贡献了大量真知灼见，其中长期以来为我刊撰写力作，题材涉及苏联兴亡史、乌托邦500年祭、马恩著作翻译、中国的改革开放和社会转型，以及大声疾呼反“左”等领域，这些文章均被《新华文摘》《人大报刊复印资料》等各种文摘报刊转载，从而为我刊赢得了荣誉。在多年交往中，编辑部同仁得以近距离耳濡目染高放教授严谨的治学态度和求真的治学精神，并与高放教授结下 了深厚的友谊。另外，高放教授百忙之中，为我刊以20多年来发表的反思苏联失败的文章集结出版的《警钟》作的长序，更为我刊作为研究苏东问题的重镇添彩增辉！

为此，我们编辑部全体同仁对高放教授表示衷心的感谢！同时，诚挚希望高放教授“老骥伏枥，志在千里”，继续为我国的理论园地做出卓越的贡献！

《探索与争鸣》编辑部

2017年5月8日

《求索》杂志社贺信

高放先生在学界是传奇性的人物：我国第一批博士生导师，中国人民大学荣誉一级教授；创建全国第一个国际共运史博士点，现在还带两名博士生；发表文章500多万字，出版《高放文集》九卷……

欣逢高放先生九十华诞，我们《求索》杂志社谨致热烈祝贺。祝贺高放先生身体安康，学术不老。

《求索》杂志是湖南省社科院主办的一个综合性学术期刊，1980 年创刊后，一度成为全国理论界一个引人注目的学术刊物，并在 20 世纪 80 年代走向了辉煌，周谷城等一批全国知名专家成为《求索》的作者。遗憾的是，21 世纪初，《求索》杂志经历了一段曲折的办刊历程，在期刊界造成了很大的负面影响。从 2014 年开始，《求索》杂志革故鼎新，重整雄风。为了提升品味，加大了向名家大家约稿的力度。去年，我们斗胆向高放先生约稿，得到了高放先生的大力支持，很快给我们提供了《编选马克思恩格斯科学真言的若干思考》一文。根据《求索》发文的规范，高放先生还对文章进行了很多的修改，先生谦虚谨慎、一丝不苟的精神让我们深受教育。先生的文章在《求索》2016 年第 11 期刊发后，《新华文摘》2017 年第 4 期予以详细转载。

让我们惊喜的是，90 岁高龄的先生建议本刊创办《国际共运史研究》专栏，并且应聘担纲主持，亲笔写下了 3000 多字的《专栏启动导言》。该文热情洋溢、语重心长，体现了一个大学者的真诚和担当："我虽然已经年满 90 周岁，而且多病缠身，还是乐意为办好这个栏目克尽绵力""人类社会的历史千头万绪，千姿百态。我认为，最辉煌、最壮丽、最重要的莫过于国际共产主义运动的历史。这是无产阶级和人民大众为全人类自由解放达到世界大同而奋斗的历史""我是科学社会主义和国际共运这个专业年龄最大、教龄最长的老教师。我想有生之年还要继续为振兴国际共运史学科而鞠躬尽瘁""170 年来的国际共产主义运动史积累了极其丰富的历史经验，国际共运史上举凡事件、组织、文献、人物、思潮、流派等，都有很多宏观、中观、微观的问题有待当今学者去探求、思索。《求索》杂志新开辟《国际共产主义运动史研究》专栏，为发表各种研究成果提供一个固定的阵地，为国际共运史学界提供一个交流信息、互相切磋的固定平台，刊登一些评介国际共运史上有较大影响的事件、政党和人物的相关文稿，把这个专栏作为向广大读者传播国际共产主义历史知识的固定讲堂，这对于重新振兴国际共运史专业是非常有意义的创新举措，可谓功德无量。当前尤需以马克思主义为指导来重新总结国际共运历史的经验教训。以期对其历史成就，获得新的认识，增强信心，推进国际共运的健康发展；对其历史挫折，探明真正的根源，提高觉悟，避免重蹈覆辙。对国际共运史上的疑难问题，尽力在深入研究的基础上予以破解；对国际共运史上被误解的问题，要以事实为依据予以改正；对国际共运史上有争议的问题，要心平气和、摆事实、讲道理予以澄清。我期待这个栏目启动后，对于促进国际共运史学科的重新振兴会起到积极的推动作用”。字里行间，饱含先生关心学术事业、发掘学术资源、提携学术后人的深情与厚望。

让我们感动的是，高放先生不顾年高体弱，放下大专家的架子，摆脱老学者的清高，发挥学高位尊、桃李满天下的优势招兵买马、四处约稿，为《国际共运史研究》专栏提供了源源不断的精品力作。先生亲力亲为，真正承担起一份“主持”的责任。他亲自撰写的《十月革命的十个问题》以丰富的史料、严谨的逻辑、独特的见解赢得了学术界的一致好评。连同华东师大终身教授周尚文的文章《两次争论与十月革命的合理性》一起在《求索》2017年第5期发表后，得到了湖南省委宣传部的肯定，湖南省委宣传部立即组织《理论阅评》予以推介。每每收到学者在求索公共邮箱中标示“高放教授约稿”的文章，我们便分外兴奋和激动。现在我们已经推出三期专栏，刊发了周尚文、孙兰芝、张光明等知名专家以及学术新秀的稿件，在学界引起较好反响，更让《求索》添光添彩。

先生为人为学皆称楷模。作为一座学术的丰碑，我们高山仰止。再次敬祝先生奋斗不息、求索不止，杰构迭出、永葆青春！

《求索》杂志社

2017年5月

新湘评论杂志社社长郝安贺信

高放先生居高放眼，文丰人寿，是我尊敬的大家、大学者。

心仪已久，初识高老，却是先闻其声。2009年仲春的一天，我接到一个电话，一听自报高放，先就惊了；再听便觉惊讶，其声中气十足，其音富含磁性；细听更感惊诧，八秩翁头脑清爽，思维清楚，表达清晰。不久后拜会，是在北京铁狮子胡同1号，现在叫张自忠路3号一栋红砖砌就的旧楼高老家中。睿智而又儒雅的先生坐拥书城，清癯的脸上挂着和蔼的微笑，灰白头发整齐地梳向后去。一种学者式的沉静和长者的慈祥在他身上做着最和谐的统一。

书信电话往来，缘结高放老师，都是因了毛主席亲笔题写刊名的中共湖南省委机关刊《新湘评论》。1960年，毛泽东主席回到长沙。在专列上，当时的省委领导把创办机关刊拟议的几个刊名送上，请主席题写刊名。毛主席欣然应允，圈定“新湘评论”，饱蘸浓墨，中锋行笔，顿时“新湘评论”四字飘逸纸上。高放老师对这本延续和蕴含《湘江评论》红色历史价值的地方党刊情有独钟，总是高看一眼，厚爱有加。记得一次聊起国际共运、党刊党史，高放老师兴致盎然，侃侃而谈，如数家珍。教导我们要借《新青年》《湘江评论》的磅礴之势，更好地去保护它、利用它，用新的实践去传承它、丰富它。他说，士兵的生命在战场，教师的生命在课堂。但课堂讲解受众有限，报刊发表文稿传播更广。以后，我们每每登门请教一些具体问题，先生总是抿着嘴，微倾身子，凝神谛听，稍加思考，便舒缓地娓娓道来，还不时随手抽出茶几、桌上看似凌乱摆放，其实都有手位的一本旧杂志、一份发黄的报纸，或是一页写满了字的纸，翻看指点着作答。新刊出版，他总是仔细地翻看，看到兴浓处，就笑着点头，十分满意。对自己的文章和刊发的哪怕是一篇文摘类稿件则近乎苛刻，慎重到一个提法、一个标点、一个年月、一个出处，都不容差池，绝不放过。心细如发、勤勉严谨的治学态度发人深省。2012 年 8 月，《新湘评论》更名改版 100 期，高放老师又专门赋诗以贺：承前启后接薪火，继往开来续乐章。鼓励我们“温故知新更灿煌”。

先生学问虽专、虽深，然真佛说家常，他的文风通俗易懂，明白晓畅。就是有关党史党建、政治文化、科学民主、理论概念，甚至很专的学术论著也深入浅出，条分缕析，准确、鲜明、生动。他不止一次赞颂毛泽东 1927 年的《湖南农民运动考察报告》和 1928 年的《井冈山的斗争》是不朽的历史名篇。谆谆告诫，文章首先用词要简练、鲜明、准确，还要生动活泼。马克思主义的经典原著就是用文学翻译政治、传播思想的光辉典范。谈到老祖宗，老人眼神越亮，兴致越浓，说古人评判佳作有所谓“豹头、熊腰、凤尾”之论，你看《共产党宣言》开头第一句话就是“一个幽灵，共产主义的幽灵在欧洲游荡”，收尾喊出“全世界无产者，联合起来”的口号，具有何等强烈的号召力。先生信手掰着：马克思把暴力比喻为社会变革的助产婆，把分散的小农比喻为一麻袋土豆，列宁把帝国主义比喻为“泥足巨人”，斯大林把社会主义与工人运动的结合比喻为罗盘与大船，毛泽东把资产阶级的腐蚀比喻为“糖衣炮弹”。马恩列斯毛的文章充满了政治家的气势、思想家的敏锐、作家的文采、学者的渊博和大师的幽默。那天，我们环坐，围拥着先生，老师讲得出神入化，学生听得全神贯注。他举例说，《马克思学说的历史命运》，这是一个多么宏大的题目啊，列宁却只用了两千多字，就把马克思主义诞生以来70年间的历史划分为革命风暴、和平发展和新的世界风暴三个时期，概述了马克思主义在这三个时期中遇到的问题、经历的斗争和取得的成就。这是经典作家大题小做的范文。须仰视的先生治学之志、文章之风、人格之美，当为机关、校园、学术界、全社会，尤其是宣传思想文化工作者和青少年所学、所重。而这一切，又都体现在先生的文章著作和他的躬身实践中。他告诉我们，文章是写给别人读的，是写给并非研究这个专题的读者读的。有人论及治学与著述的关系时，把它区分为四种类型、四个等级：深入浅出好学问，深入深出深学问，浅入浅出没学问，浅入深出假学问。语重心长嘱咐，党刊一定要力求约请、组到、写出、编发深入浅出的好文章。

端详面前修炼得一身缓带轻裘、雍容不迫的老者，再回望这位仙风道骨智者身后那一行长长的脚印，你就懂得了什么叫作信仰如山，什么叫作艰苦跋涉，什么叫作矢志不渝。1946年，他风华正茂，考进北京大学。1948年，他风尘仆仆，打点行装，改名高放，连同他的激情壮志，一起投奔解放区参加革命。初始想当一名随军记者，不料被华北大学选拔为社会科学研究生，从此改变人生志向，走上学者之路。1949年，他风发意气，在华北大学开始从事政治理论教育工作。1950年，他风云际遇，进入新中国创办的第一所新型正规大学中国人民大学。凡70年来，先生以老师、教授身份居校园，站讲台，搞研究，这所红色大学走过的每一步，都叠印有先生的脚印；那一行长长脚印每一个脚窝留下的印痕，都贮满了他的付出和贡献。90年风风雨雨的岁月流转，伴随着路径和地域的变更，加上丰富的阅历和渊博的知识，终于将高放不忘初心、咨政育人，老骥伏枥、矢志不渝的人生酿成浓香的醇酒。如今，高放是蜚声国内外的研究马克思主义和社会主义的权威专家；在国际共产主义运动和科学社会主义这个领域，公认高放是一位“百科全书”式的资深学者。几近百年，历史就这样洗磨出一位近百岁的老人，一个经典的中国知识分子学问大家形象。

只知晨钟暮鼓是算不得真佛的。从《共产党宣言》发表算起，国际共运和科学社会主义的探索已过去160多年。马克思主义第一次清楚地告诉人们，世界是什么，历史的发展规律是什么，我们该怎么办；告诉人们该怎样换个活法。高放继承了国际共运和科学社会主义的正宗一脉，终身从事马克思主义的学习、宣传、研究，对马克思主义原著原理烂熟于胸、稔熟于心，他得其精神，得其方法，警醒于政治，精耕于理论，厚积于文化，薄发于研究，满腹才学，发为著作，并由此得出结论：中国共产党自1921年建立以来屡遭挫折磨炼，不懈艰苦奋斗，只经过 28 年就在全国取得执政地位，执政 60 多年来使偌大中国发生 70 翻天覆地的惊人变化。中共在国际共产主义运动历史上真可以说是后起之秀，成为当前国际共运的中流砥柱。高放先生鲜明的政治立场、深厚的学术造诣、强烈的爱憎、精湛的文笔让人钦佩。虽学富五车，却水深越静，深水不波，并带出一批高徒。很多人曾问先生治学的“成功秘籍”。他肃然答道：扪心自问，唯有用唐朝鸿儒韩愈的箴言自勉：业精于勤，荒于嬉。士身唯勤勉，公心忧天下。德行越高，学问越深。高放的贡献和意义又远在其学问之上。1949 年，先生参加了史无前例的开国盛典全过程，开始他是用“千载难逢”来形容，后来用了“万年不遇”，他说“万年不遇”比之“千载难逢”更推长了九千年。1978 年，高放已过知天命之年，但他“仍然以不减当年的饱满热情迎来了空前沸腾的心灵振荡和再度燃烧的教研青春”。他本来可以躺在国务院特殊津贴、有突出贡献专家等任何一项大奖，共运史学家、马克思主义学家、政治学家等任何一项荣誉称号，或著作等身 500 多万字的学术成果上安享颐养，但先生没有，依然不忘初心，淡淡地生活、静静地思考、孜孜地进取，至老心无旁骛、悬梁刺股、卧薪尝胆。先生既是勤学之人，践行自己勤学习、勤积累、勤讲课、勤研究、勤写作的座右铭；又是饱学之士，直进到智慧高地，自由地驾驭规律，成长为具有强烈社会责任感和历史使命感的思想家型学者，永葆一种理性的魅力。

人在社会立身要有资本。资本，既可以是物质层面的财富，也可以是精神层面的学问、人品、力量、智慧。高放先生所拥有的，是富庶的精神资本。这些资本既垒起了一座平原上的高山，更立起了一座下临深谷的高峰——

云山苍苍，江水泱泱；先生之风，山高水长；高山景行，致敬高放。

郝　安

2017 年 5 月

《观察与思考》杂志社贺信

尊敬的高放教授：

喜闻您九十寿辰，《观察与思考》杂志社谨表示最热烈的祝贺！

您是我国著名的学者、政治学家、共运史学家、马克思主义学家、社会主义学家，中国人民大学国际关系学院的著名教授，也是我国人文社会科学领域首批受颁的荣誉一级教授。您学识渊博、治学严谨、师德高尚，在学界享有崇高的声望。长期以来，您在马克思主义、科学社会主义、政治学等学科领域的理论研究，成果卓著；在教学领域辛勤耕耘，为我国的人文社会科学培养出一大批优秀人才。尤其让我们感动的是，您对浙江省社会科学院主办的《观察与思考》这本政治理论刊物给予了极大的支持和帮助。近年来，您虽年事已高，但仍笔耕不辍，连续在本刊发表《世界社会主义五百年历史的观察与思考》《且看国外怎样评论中国特色社会主义》《恩格斯“梦游”中国》《发展农业合作社是精准扶贫、振兴农业的必由之路》等力作，并欣然接受担任本刊的学术指导委员会委员。在我们不断探索办刊的道路上，您给予了许多教诲和指导。在此，我们杂志社全体同仁向您致以崇高的敬意和诚挚的感谢！

祝您寿辰快乐，春秋不老，学术昌隆！

《观察与思考》杂志社

2017 年 5 月 11 日

《中共杭州市委党校学报》编辑部贺信

尊敬的高放教授：

欣逢您九十华诞，本刊谨向您致以诚挚的祝贺！

本刊多年来得到您的大力支持，相继刊发了您解读苏联问题的力作《从苏共兴亡看政党现代化问题》《从十个要点看苏联兴亡》《苏联的宪法与民主政治》等，这些文章解放思想、实事求是、富有新意，深化了对国际共产主义运动中的一些重要问题的理解。特别是您总结自己学习马克思主义经历的文章《70 年来我怎样学习和理解马克思主义》，发人深省，在读者中引起了热烈反响。

祝您健康长寿！也请您继续向本刊惠赐佳作！

《中共杭州市委党校学报》编辑部

2017 年 2 月 4 日

《中共宁波市委党校学报》编辑部贺信

2017年，我们宁波市委党校学报编辑部同仁怀着欣悦之情，与全国各地的学界朋友们一道，衷心恭贺高放教授九十荣寿！

多年来，我刊一直得到高老师您的悉心照护。正因有您的切心关爱——尤其是高老师您历年来相继赐予的各类煌煌大文（如2016年第6期《“乌托邦”五百年来的三次形态转变和八个观念创新——纪念“乌托邦”出版和世界社会主义五百年》、2013年第1期《共产党指导思想的来龙去脉——中共十八大党章解读》、2012年第3期《中国民主宪政的百年风雨进程——写在我国第一部民主共和宪法公布100年之际》、2011年第3期《中国共产党领导人民实现当代中国社会的三次巨变——纪念中国共产党成立90周年》、2008年第1期《科学与民主是社会主义的生命学习党的十七大文件体会》、2007年第2期《贯彻科学发展观，要解决三个问题》、2006年第1期《从马克思主义理论看共产党员的先进性》、2004年第1期《当今时代怎样认识世界社会主义》等），其影响遍播于学林，所有这些，足以使我们在前进的道路上奋扬不已。对此，我们敬佩不已，永远铭记！在此学界同仁上下共贺的喜庆日子里，我们由衷祝福高放教授寿高期颐，为我国社科界的学术思想大发展做出更大的贡献！

《中共宁波市委党校学报》编辑部

2017年5月26日

《中国延安干部学院学报》编辑部贺信

尊敬的高放教授：

欣逢您九十华诞，《中国延安干部学院学报》编辑部全体同仁，谨向您致以崇高的敬意和最诚挚的祝福，衷心祝愿您健康长寿！

您是我国著名的马克思主义理论家、政治学家、国际共运史学家，是我国国际共运史学科的创始人和奠基人之一。您从事国际共产主义运动史、科学社会主义、当代世界社会主义研究和教学六十余年，学贯中西，著作等身。“治学不为媚时语，独寻真知启后人”，您以严谨的治学精神、拳拳的赤子之心、深邃宏阔的学术视野、独树一帜的学术观点、博学周赡的思想体系，在学术界风骨独具、璀璨生辉。及至耄耋之年，您依然笔耕不辍，思维更加敏锐，见解更加深刻。

我刊作为一份面向广大党员干部和理论工作者的政治类学术刊物，创刊十年来，受到您的莫大关心与支持。自 2011 年以来，您先后在我刊发表《〈共产党宣言〉改变了中国的命运——〈共产党宣言〉汉译纪念版序言》等 18 篇重量级文章。尤其值得一提的是，为响应习近平总书记关于领导干部学党史的号召，为重新梳理总结国际共运史的实践和思考，鼓励后进，启迪后人，您不顾 86 岁的高龄，毅然启动《国际共产主义运动史纲》20 期连载的浩瀚伟业，自我刊 2013 年第 3 期起至今已完成 11 期。其中每一篇文章，都是您积数十年研究心得，仔细搜集史料、详尽考证、深刻分析、翔实论证，一笔一画，倾注纸上的心血之作，充满了新材料、新观点、新论断、新启迪，体现了您的学术关怀和历史情怀。自连载发表以来，在国际共运史学界产生广泛反响。因此，我刊先后在 2014 年第 4 期和 2016 年第 5 期设立《热评“国际共产主义运动史专题讲座”》和《继续热评“国际共产主义运动史专题讲座”》专栏，发表国内著名国际共运史专家撰写的 10 篇书评文章，反映了国际共运史学界对《国际共产主义运动史纲》的高度评价。

值此喜庆的日子，衷心祝愿您健康长寿，永葆学术青春，支持我刊继续完成《国际共产主义运动史纲》20 期连载这一浩大工程。期待着在期颐之年再给您贺寿！

《中国延安干部学院学报》编辑部

2017 年 5 月 15 日

《中国浦东干部学院学报》编辑部热烈祝贺高放教授九十华诞贺辞

敬爱的高放教授：

您好！

今年是您九十华诞。我们听说您谦逊删繁、淡泊就简，不愿意举行任何庆祝活动，只勉强同意由后辈晚学把近10年来在报刊上发表的对您论著评论的文稿汇编成评论集，作为10年前您八十华诞时大家为您编辑出版的评论集的第二辑，算是对您高寿整数年份的庆祝。祝贺您高寿华诞，您只作这样的安排，虽至为简约，但诚为移风易俗之举，也体现了您一贯的开明、进步、朴实无华的品质。

回顾创刊以来您对我刊的不吝赐稿、友情赞助、鼎力扶持、大度宽容等种种表现，我们领受之恩与日俱增，感激之情日积月累。我们粗略统计，近10年来得您襄助8篇论文，差不多每年一篇，且篇篇珠玑，均称上作。其中2008年发表于我刊创刊之年第6期的《“公仆”的理念与实践》被《新华文摘》全文转载，发表于2016年第4期的《世界社会主义500年历史大视野小总结》被《新华文摘》重要观点转摘，这些重要论文对我刊提升学术水平、增加美誉度发挥了无可比拟的重要作用。您今年又慨然应允，不吝赐稿，在百忙之中定向为我刊撰写了《从十月革命道路到中国特色社会主义道路》，为我们今年9月即将出版的第5期平添了压轴之作，对我们来说既是雪中送炭，也是锦上添花，且必将大放异彩。

古人云：“人生七十古来稀。”那是营养不调、医疗落后的古代人类的一般状况，而在科技跃进、医术高超的当代社会，人生跨越期颐之年也不稀罕。作为智者、泰斗、大师的您，现在仍思维敏捷、耳聪目明、笔耕不辍、文必佳作，充分证明您尚处于创作力和生命力都十分旺盛的中年，您还将10年、20年地长期陪伴支持我们成长进步，我们还期待着您继续进行更多更好的创作，持久地支持我们呢！

在此高老九十华诞的美好夏天，我们无比诚挚地祝愿高老：

童颜永驻，健康永年，文运长久！

《中国浦东干部学院学报》编辑部

2017 年 7 月 16 日

《北京日报》理论周刊主编李庆英贺信

——敬贺高放教授九十华诞及纪念文集出版

欣闻高放教授即将迎来九十华诞及纪念文集出版，特此表示最诚挚的祝贺与感谢！高放教授是我母校的著名学者、共运史专家和马克思主义学家。他长期执教国际共产主义运动史、科学社会主义、当代世界社会主义等课程，敏于思考，勤于治学，编著和出版的许多教材、专著在高校乃至学界都颇有影响。虽然我本人在中国人民大学中共党史系 1998 级硕士研究生学习期间未能聆听他的讲课，但工作后却因“业缘”而有幸多次编辑他的文稿，并向他请教问题，从而得以真切感受其学术思想和治学风范。

高放教授治学眼光深邃，视野开阔，在学界享有“思想高度解放”之赞誉。他在研究中坚持独立思考，不迷信“经典”，不人云亦云，而是遵循学术研究的规律规范，基于周密严谨的考证分析，秉持一位中国思想者的责任担当，勇于“立时代之潮头，通古今之变化，发思想之先声”，积极地为推动马克思主义和社会主义的发展建言献策，述学立论。高放教授还是一位从革命队伍中成长起来的大学者，他始终葆有昂扬的研究热情与旺盛的学术生命力，即便在耄耋之年仍笔耕不辍、著述甚丰，成为国内许多知名学术刊物的“铁杆作者”。

在此，我热切地期待高放教授纪念文集出版，相信这本文集必将为中国学术宝库增添一份有营养的精神食粮；同时也衷心地祝愿他健康长寿、思想不老，在期颐之年奏出更加精彩优美的学术乐章！

2017 年 5 月 16 日

《探索》杂志编审向波贺信

我最敬重的老师，是高放老师，从 1978 年我成为中国人民大学国际关系学院（当时叫科学社会主义系）的一名 29 岁的大学生起。

我最敬重的作者，是高放老师，在我先后作为《重庆行政》（1999—2003 年）和《探索》（2004—2016 年，含返聘）的编辑期间。

我在大学时期，乃至毕业以后在重庆工作多年，与高放老师并无单独的交往。

直到 1999 年，因为编辑工作之需，我与高放老师才开始了电话和书信联系。

这 10 多年来，虽然我一共只编发了高放老师的 8 篇文章，其间与他的电话和书信联系也并不多，见面也就两次，但我从中深受教益，因为我更加懂得并感动于他的忧、他的乐。

高放老师的忧，是“先天下之忧而忧”的忧，忧国忧民，忧党忧社（即社会主义）。

焚心之忧，忧而发声。

所以，数十年来，高放老师在教书育人的同时，坚持不懈地著书立说，诉往道今，析事论人，呼唤政改。课堂讲坛、书籍报刊，都是他发声之处。虽然“声道”不时发生干扰阻滞，但他始终初心不改，忧心不变，勤奋不辍，敢言而又善说，如补天之女娲、填海之精卫、啼血之杜鹃，其心昭昭，其情殷殷，取得丰硕成果，受到普遍赞誉。

高放老师的乐，是“后天下之乐而乐”的乐，勤于治学，乐在其中。

治学之乐，乐在启世。

所以，我在高放老师 1999 年 5 月 22 日的来信中读道：“左眼眼底出血已 10 个月，还在治疗中。忧国忧民，忧党忧社，吾辈只能以真正的马克思主义唤起民众，唤起领导。”

所以，长期住在催生了名句“不在沉默中爆发，便在沉默中死亡”的那个大院里的高放老师，从未沉默，“高放”真言。

所以，高放老师说，他在心里已经把自己的座右铭“治学不为媚时语，独寻真知启后人”（取自清朝戴震的名言）中的“独寻真知”改为“众寻真知”，将“启后人”改为“启世人”了。也就是说，治学是为了探索、传播、坚持并发展真理，而不能趋炎附势、阿世媚俗，而且，大家要一起来追寻真知，启迪当世之人。

所以，在高放老师家的书桌上，在四壁堆满了书报资料的窄小旧屋里，录戴震“治学不为媚时语，独寻真知启后人”句的书法上下联，只能分挂于两室，互不见面。

所以，高放老师无意也无暇装修装饰住房，室内墙面早已斑驳，墙上的电灯开关还是那种早已过时的拉线开关。

恰如我一同学看了我拍的高放老师家的照片后所言：第一感觉是心疼心酸，旋即又觉得这恰恰是高放老师心无旁骛、内心高贵的写照。

高放老师心怀天下、饱含大爱的忧与乐，深深感染了我，我则力图通过编辑高放老师的稿件，把他的这种忧乐之心更鲜明地传递给读者，感染读者。

于是，高放老师2006年的一篇文章有了这样的标题：《杜鹃再拜忧天泪　精卫无穷填海心——〈中国政治体制改革的心声〉自序》。

于是，高放老师2005年的一篇文章有了这样的标题：《对完善人民代表大会制度的长期思考——50年的忧乐回忆》，该文的结尾部分加进了这样一段话：“我已年近八秩，现在回忆起自己50年来的‘人民代表大会制度情结’，进而又回忆起自己近60年备尝甘苦的治学生涯，回忆起半个多世纪以来风云变幻的大千世界，真是感慨万千，有如登临岳阳楼，其情其景，所忧所乐，恰似岳阳楼上的一副名联：四面湖山归眼底，万家忧乐到心头！”

一晃近40年过去了。如今，学生我已退休，而高放老师还在工作，以他90岁的高龄，以他带病多年的身躯，以他一以贯之的忧乐之心。

在高放老师九十华诞之际，遥祝老师健康长寿！

向　波

2017年5月22日于重庆

《同舟共进》编辑部贺信

高放教授与《同舟共进》相识、相伴多年，系《同舟共进》的编委。多年来，高教授笔耕不辍，总是在文章中提出真知灼见，对问题的见解精辟独到，有深度，有广度，读者深感受益匪浅。

在治学方面，高教授一向坚持仰之弥高，钻之弥坚，学富五车，态度严谨，成果丰硕，并提携后辈，桃李满天下，是学术界公认的德高望重的泰斗。

高教授心系人民大众，对国家与社会的责任感不随年岁增长而稍减，一直呼吁当代知识分子应有责任意识，以不断推动改革事业的发展，是一位真正的智者。

出版高教授学术思想评论集，为后辈留下珍贵的思想财富，我们借此机会，表达对高教授的崇敬，并祝贺文集顺利出版。今天是五四青年节，在此祝愿高教授永葆长者的智慧与睿思，永葆青年的健康与朝气。

《同舟共进》编辑部

2017 年 5 月 4 日

《党政研究》编辑部贺联

——贺高放教授九十华诞

共运史学术昆仑，

科社界思想泰斗！

《社会科学研究》编辑部贺辞

——贺高放教授九十华诞

发思想之先声，

领学术之创新。

《理论探讨》编辑部贺联[①]

——贺高放先生九十华诞

智慧高扬，著作等身立真心；
思想解放，真知灼见启世人[②]。

《中华辞赋》执行总编辑黄彦贺联

——高放恩师九十大寿之贺

高天情致德学识才　万顷洪涛飞神韵
放任景行诗文论著　千钧健笔御长风

学生黄彦敬书
2017年6月21日夏至

《中华辞赋》编辑部贺辞并刊登高放诗三首

高放教授是我国数十年来专攻国际共产主义运动史的著名大家，著述颇丰，影响深远。他青年时期即发表诗歌散文，晚年亦酷爱诗词歌赋，其作品强烈表现一生的波澜起伏和对国家民族的炽爱。今逢高放先生九十华诞，特选其诗三首，以致贺忱。

① 两句中蕴含有高老的名字，灵感源于学界称高老“思想高度解放”。

② “启世人”源自高老改清朝学者戴震“治学不为媚时语，独寻真知启后人”为“治学不为媚时语，众寻真知启世人”。

八十五周岁感言

八五书翁志未移，痴迷教研最相宜。一生三幸难寻觅，四起跌沉更显奇。
百数拙篇抒管见，万千后秀举红旗。愚夫意气犹风发，尽瘁鞠躬勿质疑。

九十寿辰回眸平生展示晚景

英华起步路悠悠，北大逐波挺上游。投笔从戎终断梦，登坛执教竞评优。
精读宝典深思辨，勤写华章苦探求。民育薄材兴有用，披肝沥胆谱春秋。

赞翰老①

国魂人瑞世珍稀，道义文章互映辉。地下斗争生智慧，公开活动显神威。
已辞桂冠安学术，更培桃李遍京畿。北斗泰山高仰止，艺传后学共雄飞。

河南商丘市诗词楹联学会朱昆良会长率同道热烈祝贺高放教授九十华诞

可敬的当代伯乐、建树卓然的高放教授，今年您迎来了九十寿辰。我（任鸿文）在商丘诗词楹联学会朱昆良会长、马俊华名誉会长及许克章副会长等几位知交的鼓励下，于2017年5月12日召集25位楹联学会同仁，在虞城县高中对面的土菜馆，为您举办了九十华诞庆祝会，旨在对您感恩践诺。

参加这次聚会的有许克章、王培育、徐德先、刑献光、马俊华、朱昆良、何富贵、王广伦、任鸿文、刘克俊、袁长安、葛福臣、段志伟、刘清华、李世民、王明亮、谢言峰、张宗义、田壮演、杨正伟、任德民、赵国领、苏建亭、郭军涛、陈宏斌。

聚会中，首先由朱昆良会长向与会同志介绍高放教授的简要经历和卓越建树，说他是国内出版社多部辞书称为“马克思主义理论家”“社会主义学

---

① 翰老指陈翰笙（1897. 2. 5—2004. 3. 13）。他是我国跨越三个世纪的革命活动家和学界泰斗，是我非常尊敬的忘年交好友。他于1925年经李大钊介绍参加革命，长期出生入死从事秘密斗争与合法活动。1951年周恩来总理兼外交部部长，曾经要他担任副外长。他以自己不适宜当高官而坚辞，转而在中国科学院社会科学学部从事学术研究工作，著述等身，长期培育了众多后起之秀。好友田森同志于2012年为他树碑立传，撰写《国魂——三个世纪的陈翰笙》，2013年由浙江人民出版社出版，约请我为该书写序。我在序末赋诗《赞翰老》。

家”“国际共运史义家”“政治学家”“思想家”，中共中央党校赵曜教授认为“我国学术界已经形成马克思主义的高放学派”。

接着，由商丘诗词楹联学会名誉会长马俊华先生代表与会同志为高教授九十华诞致贺。马俊华先生在庆祝会上感情充沛地说：

> 尊敬的高教授，值此先生九十华诞之际，我们虽不能前往北京给您拜寿，但心仪已久！在此谨致以衷心的祝贺！
>
> 德高望重的高教授，您历经沧桑九十载，笔耕不辍，治学严谨翰墨如海；执着追求，通力探索，富有云水胸怀；坚持真理，实事求是，无私无畏，显现松柏气节。
>
> 还是鸿文同志说的好：“如果把中国看成一棵大树，那么您则是看护这棵大树的啄木鸟；如果把社会主义看成一个人，您则是为这个人看病的良医。”您的生命是一团燃烧的火，您在耄耋之年更是流霞溢彩！
>
> 我代表与会全体人员衷心祝愿您福如东海，寿比南山！

聚会第三项是商丘诗词楹联学会副会长章宗义先生向与会同志朗读刊登于中共中央编译局主办的《马克思主义与现实》杂志 2007 年第 5 期的《高放教授八十华诞学术研讨会综述》一文。

聚会第四项是谢言峰先生向与会同志朗读中国人民大学国际关系学院院长李景治教授在高放教授八十华诞学术研讨会上讲话，题目为《学术大师，青年楷模》。

聚会第五项是商丘诗词楹联学会办公室主任田壮寅先生向与会同志朗读北京大学资深教授赵宝煦在高放教授八十华诞学术研讨会上的发言，题目是《当前中国学界的一位大师级人物》。

答谢词

高　放

一、衷心感谢各方友人的祝贺和过高、过奖的评价

非常感谢我们国际关系学院世界社会主义研究所所长蒲国良教授和副所长郭春生教授带领几位博士研究生倾心尽力为祝贺我的 90 岁生日发信约稿并且汇总选编了这本厚重的《高放治学评论集》。其中有我校党委书记靳诺、校长刘伟和国务院文化部部长雒树刚等 14 位领导同志的贺信，有中共中央党校、北京大学、清华大学等 15 所院校同行教授的贺信，还有中国国际共产主义运动史学会、中国科学社会主义学会等 4 个学会的贺信，人民出版社、中央编译出版社等 10 家出版社和《科学社会主义》《社会主义研究》等 20 家期刊编辑部的贺信，并有 103 岁的老作家马识途等 30 位老中青朋友写的贺词、贺诗。全书收录贺信、贺词、贺联、贺诗共计 79 篇。衷心感谢四面八方朋友对我 90 岁生日的热情祝贺。尤其令人感动的是，河南商丘市诗词楹联学会的 25 位大都素不相识的朋友于 5 月 12 日聚会，热烈祝贺我的 90 岁生日。会上众人热烈发言并且宣读贺诗，其报道也已收入本书。收入本书的还有专门记述和评论我治学的贺文 88 篇。有多篇贺文说我是“学界楷模”“泰斗”和“旗帜”，这些显然都是过高、过奖的评价。本书另加上近十年来报刊上已发表的对我 4 本近著的书评和报刊记者的访谈。非常感谢中国工人出版社为我出版这样一本内容丰富的评论集。

今年适逢中国人民大学建校 80 周年纪念（从 1937 年中共中央在延安创办陕北公学算起）。我的一点学术成就引起社会上如此广泛的关注和高度评价，应该全部归功于中国人民大学 70 年来对我的长期精心培养。回望前程，我是 1948 年 1 月在北京大学刚肄业一年多就投奔晋冀鲁豫解放区参加革命。正是解放区的北方大学、华北大学把我从一名普通大学生培养为研究生和学习助理员（助教）。随后以华北大学为基础于 1950 年组建中国人民大学。这是新中国第一所综合性文科大学。这一年 8 月我即调到人大马列主义教研室任教，当时我才 23 岁，是教研室 25 个教员中最年轻的一个。在 60 多年中历

经暴风骤雨磨炼，教过苏联共产党历史、国际共产主义运动史、科学社会主义的理论与实践、中国特色社会主义等课程，指导过14名博士研究生，出版过10种论著。终于在2009年82岁高龄时中国人民大学授予我荣誉一级教授的最高称号，近八年来我又指导了9名博士研究生，出版了4套专著，主编了两套丛书，还领衔主编了一本获较大社会影响的《科学社会主义的理论与实践》教材。众多领导同志和学界同仁对我治学的肯定都是对我的鼓励，对我书稿中不足的批评都是对我的鞭策。我一定不负厚望，今后竭力要百尺竿头，更进一步，永不自骄自满，牢记马克思的箴言："在科学上没有平坦的道路，只有不畏劳苦沿着陡峭山路攀登的人，才有希望达到光辉的顶点"（《资本论》1872年法文版序言）。

二、众人肯定"高放学派"，令我欣慰，尤感困惑

在这里我还要就朋友们在贺信和贺文中肯定的所谓"高放学派"问题表明我的真实感受。记得那是十年前，即2007年9月1日中国科学社会主义学会会长、中共中央党校科学社会主义教研部原主任赵曜教授在祝贺我八十华诞学术研讨会上鲜明地提出："在国际共产主义运动和科学社会主义这个领域，说高放教授是一个'百科全书'式的学者是不为过，是毫不夸张的。"他说："我们党一向倡导，在学术界要提倡学派，不搞宗派。但是真正形成一个学派很不容易。从高放教授的渊博学识、独树一帜的学术思想和观点，以及培养出众多的追随他的学业的弟子，可以说我国学术界已经形成了马克思主义的高放学派。"赵曜教授在这次学术研讨会上的长篇发言，除了已收入2008年黑龙江人民出版社出版的《高放学术思想评论集》之外，还以《学术权威和理论大家》为题发表于黑龙江省委党校主办的《理论探讨》2008年第1期。

自从赵曜教授2007年提出"我国学术界已经形成了马克思主义高放学派"之后，在学术界小范围内就引起议论纷纷。有人表示赞同，认为赵曜教授言之有理，持之有故，应该加以肯定，给予鼓励；有人质疑，认为我的一些观点难以为官方所接受，以我国目前的状况，不可能形成马克思主义以学者个人命名的人文社会科学的学派；也有人认为所谓"高放学派"只是赵曜个人过于夸张的说法，高放的学术成就远没有那么多、那么大。当然，更有人反对，特别是那些反对我创新观点的思想保守者。我自己在多种场合一再表示：赵曜同志的说法，只是对我的鼓励和厚望，在目前我国不可能形成高

放学派。不同意我某些观点者，我欢迎批评指正。

光阴似箭，岁月匆匆。近十年来我依然独立研究，又发表了不少新论著、新见解。出乎意料的是，在这次祝贺我 90 岁生日的贺信中，85 岁高龄的赵曜教授又在今年 5 月间写的简短祝词中这样说道：“高放教授一生最大的成就和贡献，是以其独树一帜的渊博的知识和众多学子的敬仰，形成了中国马克思主义的高放学派，这是难能可贵的，也是学术界几乎绝无仅有的，这是其个人和学界的骄傲”（见《高放教授九十华诞社会各界贺辞》第 17 页）。他对我的学术成就作出比十年前更高的“绝无仅有”评价，真使我感到惊悚和汗颜。更使我惊奇的还有好几位同行教授不约而同地都撰文肯定“高放学派”。中共中央党校原科学社会主义教研部主任严书翰教授也在他发表于《福建省委党校学报》上对《高放自选集》的读后感中这样说：“高放老师对民主社会主义研究很深，所以国内学术界在研究民主社会主义方面实际上已经形成了‘高放学派’”（见《高放治学评论集》第 282 页）。更有三篇寄来的贺文都以“高放学派”为主题和标题。其一是河南大学 81 岁高龄的姜大为教授写的《高放学派无疑存在》，文中列举了我提出的不少创新观点来证明确已形成高放学派。其二是国防大学 75 岁老教授张玉良写的《关于“马克思主义高放学派”的几点感怀》，文中从三方面论证我国已形成高放学派。其三是西北大学 47 岁的华炳啸教授写的《沿着“高放学派”的学术路径前行》，表明他遇到挫折百折不挠、要沿着追求真理的路径前行。另外，现年 51 岁的北京外国语大学马克思主义学院院长林建华教授认为：“形成一个学派要有三个条件：第一，要有一位学术领军人物；第二，这位领军人物在较长时间内发表了一系列创新的马克思主义观点；第三，这些新观点要在社会上得到一批人的认同和响应。从这三点来看，我赞成中国已经形成马克思主义高放学派的说法。近十年来高放老师发表了更多新见解，可以说高放学派的羽翼更丰满了”（见《高放治学评论集》第 62 页）。云南大学马克思主义学院年近 50 岁的鄢显俊教授在他寄来的贺文中也说：“高老‘德行文章，素驰日下声名’。我斗胆自称为高老的私淑弟子和‘高放学派’的一个忠实拥趸”（见《高放治学评论集》第 484 页）。现年 35 岁的浙江工商大学马克思主义学院副教授张万杰在他寄来的《忆往昔求学岁月，贺导师九十华诞》一文中这样写道：“记得 2007 年 9 月 1 日参加祝贺高放教授八十华诞学术研讨会时，亲自听到中共中央党校教授赵曜教授在会上说‘我国已经形成了马克思主义高放学派’，甚感惊喜和振奋。根据我十年来紧跟高老师治学的体会，高放学派的确有越来越大的影响，我在多种场合都宣传高老师的很多新观点”。现年 34 岁、在中华女子学院执教的韩冰博士在《高放教授的温度、气度和高度》一文中也说：“作为年青一代学子，我跟随高老师十年，深感能够忝居高放学派实在收获良多，今后我还要与时俱进地跟随高放学派前进”（见《高放治学评论集》第 94 页）。“三十而立”之年的山东师范大学马克思主义学院教师曹鹏博士在《师恩难忘》一文中这样说：“在校学习四年，常听说中国已经形成了马克思主义高放学派。我亲身感受到高老师的确有一系列创新的学术观点。今后我要沿着高放学派的道路前进”（见《高放治学评论集》第 101 页）。年仅 28 岁、在中国劳动关系学院执教的黄帅博士在《师恩浩荡，永驻心间》一文中也说：“我是高老师指导的博士生中的关门弟子，在校学习时就听说我国已经形成了马克思主义高放学派，诚哉斯言。我作为高放学派最后一个私淑弟子，深感自豪和荣幸”（见《高放治学评论集》第 105 页）。

从以上我摘引的 12 篇文稿的材料可以看出，当今在中华大地包括东西南北中，有七八十岁、四五十岁、二三十岁老、中、青三代学者都在肯定性地谈论高放学派。这使我深感欣慰、尤感困惑。欣慰的是自改革开放以来我以马克思主义为指导总结历史经验，经过独立思考与探索后提出的一系列新观点新见解得到越来越多志同道合者的认同；困惑的是我在学术界真有那么大影响吗？当今中国真的已经形成了马克思主义高放学派吗？我认为这显然是难以成立的事。

我一直认为自己是一个平民教授、民间教授。我自 1978 年以来之所以能够在学术研究上不断提出一些新观点、新见解，主要是由于从 20 世纪 50 年代到 70 年代我多受“左”的思想影响，在教研工作中散播过不少“左”的言论。改革开放以来我深感“左”的路线给我国造成深重祸害。痛定思改，所以我决心按照党的要求，解放思想，实事求是，拨乱反正，正本清源，纠“左”防右，重新探索求真，敢于提出一系列新观点、新见解，旨在资政育人，推进我国的社会主义改革和建设中国特色社会主义伟大事业取得全面成功，进而推进世界社会主义和国际共产主义运动重新振兴。我的新观点新见解未必都正确，有待大家议论和探讨。我的学术思想还有很多欠缺，有待与时俱进地继续求索。学术界有人赞同甚至欣赏我的某些学术观点，这有利于学术发展，不同意我的观点者提出批评意见，展开争鸣，更有利于学术繁荣。在当今我国条件下，尤其是在人文社会科学领域难以形成以个人姓名命名的学派。即便在自然技术科学领域，也很难形成个人学派。回忆早在 20 世纪五六十年代我国地质科学曾经形成李四光学派，在那时也引起很大争议。我衷心感谢诸多好友肯定高放学派的深情厚谊。如果将来我国能够形成不同的学派，互相平等地探讨，定将促进我国各门学科的更大繁荣，这对我国的社会主义现代化事业建设和民族振兴定会起更大的作用。

三、切实贯彻习近平总书记指示，中国有望形成不同学派争鸣

习近平总书记于2016年5月17日《在哲学社会科学工作座谈会上的讲话》中要求“加快构建中国特色哲学社会科学”，要求哲学社会科学工作者“立时代潮头，发思想先声”。他指明：“创新是哲学社会科学发展的永恒主题”，“百花齐放、百家争鸣，是繁荣发展我国哲学社会科学的重要方针，要提倡理论创新和知识创新，鼓励大胆探索，开展平等、健康、活泼和充分说理的学术争鸣，要坚持和发扬学术民主，尊重差异，包容多样，提倡不同学术观点、不同风格学派相互切磋，平等探讨”（见新华社北京2016年5月18日电，《人民日报》5月19日全文刊载）。我认为只要真正切实贯彻习近平总书记这个重要指示，我国哲学社会科学是能够形成不同学派和各个不同学派之间的相互切磋和平等探讨的。

我在福建英华中学的同班老同学薛攀皋，他1951年在福建协和大学生物系毕业后一直在中国科学院生物学部工作，直到1992年退休，他曾担任生物学部副主任。他深知在我国自然科学界形成以个人姓名命名的学派非常不易，要在哲学社会科学领域形成某人学派就更是艰难。所以他在给我九十大贺信中最后一句话是“祝他健康长寿，青春常驻，见证高放学派诞生！”托诸位友好之福，我虽然已经是风烛暮年，但仍然要克尽绵力，为繁荣我国的人文社会科学而鞠躬尽瘁。看来我已不可能见证高放学派的诞生。我是以马克思主义科学为指导，以坚强的党性为保证，不满足于单纯注释、讲解党的文献，才能以探求新知为出发点，为推进中国特色社会主义和世界社会主义而刻苦钻研，提出一系列独立见解，供资政育人参考，丝毫没有考虑为个人争取什么荣誉。我的建言献议未必都对，领导不采纳我也不介意。受到批评，我会重新思考，有错即改，无则加勉。我的弟子们不接受，我从不强加于人。在共同学习期间，我向来欢迎弟子们提出与我不同的种种看法，以便深入探求真理。我的弟子们有的信服我，跟随我继续探索，有人毕业后在新工作岗位，做出卓越成就，我当然非常高兴。也有人受社会不良思想的影响，完全背叛我的学术思想，转向极“左”或者极右方面，只为追求个人利益，这也不足

为奇，我自然鄙视这种行径，不必为此痛心。

个人得失事小，科学繁荣事大。我想要促进我国哲学社会科学各种学派的形成与共同探讨，关键在于在切实认真贯彻习近平总书记所指出的：“百花齐放，百家争鸣，是繁荣和发展我国哲学社会科学的重要方针。”回顾历史，“百花齐放，百家争鸣”的方针，我们党早在1956年就已经响亮地提出，为何经过一个甲子之久，我国的哲学社会科学难以形成在不同学派的探讨与争鸣呢？根本原因在于多受“左”的思想的干扰，有人总把百家争鸣归结为无产阶级与资产阶级两家，而且命名为代表无产阶级，而把不同意的观点都指斥为资产阶级观点。其实学术问题不能简单地用贴阶级标签的方法来解决，要充分说理并且还要通过实践来检验。我想只要按照习近平总书记所指出的：既要鼓励哲学社会科学工作者勇于创新，大胆探索，又要为哲学社会科学工作者营造平等、健康、活泼和充分说理而不要乱扣帽子、乱贴阶级标签，要营造宽松、宽容、宽恕的学术环境，这样更容易促进哲学社会科学不同学派的形成。

最后，我想引用今年初正月初三我90岁生日之夜写下的一首“回眸平生，展示晚景”[①] 的七言律诗，以答谢各界朋友对我90岁生日的祝福。

英华起步路悠悠，北大逐波挺上游。
投笔从戎终断梦，登坛执教竟评优。
精读宝典深思辨，勤写华章苦探求。
民育薄材兴有用，披肝沥胆谱春秋。

2017年7月26日

① 1944年我在福建福州英华中学受到马克思主义启蒙教育，1946年我在北京大学成为马克思主义者。1948年1月，我投奔解放区参加革命，想当随军记者，却被华北大学选拔为研究生。1949年3月，我开始执教。2009年中国人民大学授予我荣誉一级教授。晚年我还要继续马克思主义的研究。